C000010483

Monatshefte Für Musikgeschichte, Volumes 27-30...

Robert Eitner, Gesellschaft für Musikforschung (1868-1906)

MONATSHEFTE

FÜR

MUSIK-GESCHICHTE

HERAUSGEGEBEN

VON DER

GESELLSCHAFT FÜR MUSIKFORSCHUNG.

27. JAHRGANG.

1895.

REDIGIERT

VON

ROBERT EITNER.

LEIPZIG,

BREITKOPF & HÄRTEL

Nettopreis des Jahrganges 9 Mark.

Inhaltsverzeichnis.

Gesellschaft für Musikforschung.

Mitgliederverzeichnis.

MONATSHEFTE

für

MUSIK-GESCHICHTE

herausgegeben

von

der Gesellschaft für Musikforschung.

| XXVII. Jahrgang. 1895. NEW | Preis des Jahrganges 9 Mk. Monatlich erscheint eine Nummer von 1 bis 2 Bogen. Insertionsgebühren für die Zeile 30 Pf. Kommissionsverlag .kopf & Härtel in Leipzig. Bestellungen Buch- und Musikhandlung entgegen. | No. 1. |

Die Nürnberger Musikgesellschaft.
(1588—1629.)
Von Dr. Wilibald Nagel.

Im Jahre 1588 traten eine Anzahl angesehener Nürnberger Bürger zusammen, um eine Gesellschaft zur Pflege der vokalen und instrumentalen Musik zu begründen. Sie führten ihr Vorhaben durch eine Reihe von Jahren mit einer in Anbetracht der schweren Zeiten bewundernswerten Energie aus und berichteten — in ihrem Sinne — sorgfältig über ihre Kränzchen. Das Protokollbuch der Gesellschaft, welches im Jahre 1796 im Besitze eines Mitgliedes der *Scheurl'*schen Familie war, gelangte später nach Paris; es befindet sich jetzt unter den Manuskripten des British Museum.*) Ein sorgfältig übermalter Stich eröffnet das Buch, welcher auf die erste Seite geklebt ist, auf welcher dann bunte recht geschmackvoll angeordnete Randleisten hinzugefügt sind. Eine weibliche Figur, deren Füße noch durch enges Schuhwerk nicht ihrer natürlichen Dimensionen beraubt sind, sitzt musizierend im Vordergrunde, weiter zurück liegt ein riesiger Hirsch in beschaulicher Ruhe und unbekümmert um einen Jäger, der am Fuße eines im Hintergrunde aufragenden Schlossberges mit seinen Hunden jagt. Den Vordergrund füllen mannigfache musikalische Instrumente. Darunter steht: *M. De Vos inuent.* und *Excipit Ipsa Sonos Autoris, Mentemq. Loqventis.* — Als kleiner und bescheidener

---

*) Eine genaue Beschreibung des Buches ist überflüssig. Es trägt die **Signatur:** Additional Manuscripts 25716.

Beitrag zur Geschichte des geselligen Musiktreibens in Deutschland
werden die folgenden Ausführungen, wie ich hoffe, nicht unwill-
kommen sein.

Der Beginn des 17. Jahrhunderts lässt in Deutschland überall
ein Steigen der Bildung und des Bildungsbedürfnisses erkennen; nicht
allein Astronomie, Mathematik und Geographie zeigen bedeutende
Fortschritte, auch die Philosophie sucht sich aus dem Aufeinander-
prallen der gegensätzlichen theologischen Ansichten auf eine freiere
Zinne zu erheben; die Literatur beginnt einen Aufflug, der ungeahntes
verhiefs. Die Dichtung wurde deutsch, in ihrer Tendenz deutsch.
Sonderbare Ironie des Schicksals: als die deutschen Dichter gegen
das Ausland Front zu machen anfingen, als sie sich anschickten, mit
ihren Genossen fremder Zungen in einen dichterischen Wettkampf,
den sie in ihrer Muttersprache zu führen gedachten, einzutreten, als
Opitz sein Büchlein von der deutschen Poeterey herausgab und
Wilhelm Zincgref „von der deutschen Nation klug ausgesprochener
Weisheit" handelte, da schlug die Stunde, welche Deutsche gegen
Deutsche zum furchtbarsten Kampfe, von dem die Geschichte weifs,
rief, welche auf Deutschlands Boden Heere von schrecklicher Gröfse
und Gewalt führte, Heere, welche die blutgetränkten Marken erst verliefsen, als das Land am Rande des Abgrunds angelangt war, seinen
materiellen Wohlstand wie seine Kultur nahezu vernichtet sah. Für-
wahr, so oft es auch schon gesagt ist, man wird nicht müde, seine
Bewunderung für die riesenhafte Schwungkraft des deutschen Geistes
auszusprechen, der sich aus all dem Elend, das sein Land mehr als
irgend ein andres umkrallt gehalten hat, immer wieder siegreich erhob, und der gewaltigen Aufgabe, welche ihm zu erfüllen bestimmt
war, trotz aller äufsern und inneren politischen Hindernisse, aufs neue
sich hingab. — Der deutsche Idealismus hat die sonderbarsten Formen
angenommen; seine Geschichte auch nur andeutungsweise geben, heifst
die Geschichte Deutschlands und der Deutschen erzählen. Ein Stück
deutschen Idealismus zeigt uns auch die kurze Spanne Zeit, welche
der deutschen Musikgesellschaft beschieden war.

Wir haben keinen Schlüssel zu der unmittelbaren Veranlassung
ihrer Gründung. Der Umstand jedoch, dass sich derartige musikalische
Kollegien oder Societäten, oder, um das gute alte Wort, das auch
unsere Nürnberger anwenden, zu gebrauchen, Kränzchen bisher nur in
protestantischen Kreisen haben nachweisen lassen, der Umstand, dass
für die Musikgesellschaft zu Mühlhausen i. Th. der Zusammenhang
ihrer Kunstübung mit der Kirche nachgewiesen ist, alles dies lässt

uns annehmen, dass der Aufschwung, welchen die Pflege der Musik in der protestantischen Kirche mehr und mehr nahm, auch von Einfluss auf den Entschluss der Nürnberger gewesen ist. Keinesfalls aber dürfen wir, wie sich sogleich ergeben wird, diesen Einfluss zu hoch bemessen. Die 12 Begründer der Gesellschaft (aller, auch der später eingetretenen Wappen sind sorgfältig gezeichnet und übermalt im Buche zu finden) waren die folgenden: *P. Koler*, *H. Nützel*, *P. Behaim*, *B. Volckhaimer* (Volckamer), *J. Khun* (resignirt 1593), *B. Scheurl*, *W. Im Hof* (resign. 1598), *W. Harsdorfer* (resign. 1595), *N. Rotengatter*, *L. Taig*, *L. Endres Bugel* (resign. 1594) und *Jorg Has*.

In dem Vorhaben dieser Männer erscheint zunächst etwas, das man den modifizierten oder modernisierten Standpunkt der Meistersinger nennen möchte: die Musik solle „Gott zu Lob und Ehren" „sonderlich an einem Sonntag" geübt werden. Aber die Stätte, an der man die Musikübungen abhalten will, ist nicht die Kirche, sondern das Rathaus „in einer darzu bestellten Stuben"; auch ist es nicht mehr die Schrift, welche die Richtschnur für den Gesang abgiebt, es ist nicht mehr das beschränkte Ideal, welches die Meistersinger zu ihrem Laiengottesdienste beseelte, nicht mehr deren arg begrenzte, spiefsbürgerliche, trocken-ehrbare Musikübung, welche die Begründer unsrer Gesellschaft im Sinne trugen: sie kamen ausdrücklich zusammen zur „Beförderung und Exercitio der löblichen Musica"; und darum beschlossen sie auch, dass „etliche gewisse Personen, welche solcher kunst vor andern erffarn, und geuebt, umb ain järlich honorarium bestelt werden" sollten. Die bestellten Musikanten waren:

Friderich Lindtner, welcher am 13. Septbr. 1597 starb; *Caspar Hassler*, ohne allen Zweifel Hans Leo's weniger berühmter Bruder, *Jacob von der Hoewen* und *Martin Pauman*, welcher im November 1598 sein Leben beschloss. Ob C. Hassler und Jacob v. d. Hoewen bis 1623, wo die Gesellschaft, wie wir sehen werden, neu konstituiert wurde, ob sie nur bis 1602, wo die regelmäfsigen Versammlungen plötzlich aufhörten, im Dienst der Gesellschaft standen, ergiebt sich nicht.*) Jedenfalls waren sie nach dem Jahr 1623 nicht mehr für die Societät engagiert. Jeder der Musiker bezog halbjährlich 5 Gulden, wofür sie alle vierzehn Tage, später jedoch immer seltener, Sonntag Nachmittags „mit ihren wolbestimbten Instrumenten" zur

---

*) Ich muss mir versagen, von hier (London) aus, den angegebenen Musikernamen weiter nachzugehen.

Verfügung zu stehen hatten. Wie die „Herren Kräntzlins Verwandten"
sollten auch die Musikanten an dem „zimblichen Undertrunck neben
Keefs, Brodt und Obs", was alles zur Vesperzeit aufgetragen wurde,
teilnehmen. Die erste, die Grundsätze der Gesellschaft allgemein dar-
legende Bestimmung*) datiert vom 1. November 1588, die erste Versammlung fand am Sonntag den 4. November statt. Ob das Rathaus
den 12 Herren nicht zum Musikmachen eingeräumt wurde, es ihnen
vielleicht nur gestattet war, in dem „bestellten" Zimmer daselbst ihre
vielen „leges" auszubrüten, weifs ich nicht; am 20. Novbr. nämlich
revidierten die Herren auf dem Rathause ihre Statuten; die Kränzchen
fanden jedoch, trotz der ursprünglich anders lautenden Bestimmung,
abwechselnd in den Wohnungen der Mitglieder statt. Die Gesellschaft
konnte nicht florieren; der Grund lag darin, dass sie an der auch
heute noch hochmodernen Krankheit aller Vereine, ewiger Statuten-
macherei, litt; aufserdem mischte sich die Gesellschaft zu sehr in die
Privatangelegenheiten des einzelnen Mitgliedes. Äufsere Gründe kamen
noch hinzu. — Was wir von den soeben angeführten Dingen hören,
ist in seiner naiven Breite und ehrbaren Trockenheit, welche ent-
zückend mit dem abgehandelten kontrastiert, oft überwältigend komisch.
Freilich würden wir dies alles gerne geben für einen ausführlichen
Bericht über die Musik, welche die Herren gemacht, für Angaben
darüber, welche Instrumente sie benutzt, wie sie Gesangsstücke instrumental besetzten, wie das Verhältnis von den Gesange- zu den
Instrumentalstimmen war. Das alles wird uns vorbehalten. Statt
dessen bekommen wir die endlosen Verordnungen, welche sich hauptsächlich mit der Regulierung des „zimblichen" Trinkens befassen,
welches schiefslich ziemlich unziemlich wurde. Nach Festsetzung
von Strafen für nicht erscheinen (Entschuldigungsgründe waren „ehehafte Ursachen") wurde der gewöhnliche Beitrag auf 4 Gulden für
Jahr und Mitglied festgesetzt; dies Geld sollte zum Unterhalt der
Musiker dienen. Um nun aber auch sogleich etwas in die „Püchse"
zu bekommen, musste jedes Mitglied, ausgenommen *Jörg Hase*,
welcher die Stelle eines Aktuars versah, als tüchtiger Musiker gerühmt
wird und allerlei Instrumente für die Übungen herlieh, wie am
20. Novbr. des Eröffnungsjahres beschlossen wurde, 1 Gulden in die
Kasse legen. Zwei der Herren fungierten als Kassierer; sie hatten
einmal jährlich Rechnung zu legen. Wollte jemand aus der Gesell-

---

*) Die Verordnungen sind im Beginn des Buches der Reihe nach auf-
geführt, die Protokolle der einzelnen Sitzungen folgen erst später.

schaft treten, so hatte er „zween Goldgulden, der bleibenden Gesellschaft zum besten, zu ainem freuntlichen Valete in die Püchsen einzustofsen". -- Ungefähr ein Jahr darauf wurde eine „Neue Ordnung" gemacht. Von jetzt ab wollte man nur einmal im Monat zusammenkommen. Anfangs war man um 5 Uhr nach vierstündigem Beisammensein auseinander gegangen, jetzt wurde festgesetzt, dass derjenige, „welcher mit dem Kräntzlein begabt" wurde, ein Nachtmahl zu geben hatte, das sich in bescheidenen Grenzen halten musste. Aufser dem „Herumbtrunck aus dem geordneten Kräntzlinsglafs" war es verboten, „Herumbtrünck mit grossen oder kleinen Trinckgeschirren" zu thun. Es wäre aber keine Versammlung deutscher Männer gewesen, wenn sie sich dabei hätten begnügen lassen: der Gastgeber durfte ein „Trinckgeschirr, so ufs maiste ain Seidlin Weins halt .. herumbgeen lassen. Daneben aber auch einem jeden sein Nottarfft (jedoch one uberflufs) nit allain zudrincken, unverwehrt sein, sondern sy .. sollen hierzu und zur frölichait auch freuntlich ermant und ersucht werden". Ferner ging man jetzt erst um 10 Uhr nach Hause, resp. es sollte, wie man sich sehr diplomatisch ausdrückte, keiner länger aufgehalten werden. Misstände konnten bei diesen Verhältnissen nicht ausbleiben. Man kam spät zusammen, safs zu lange bei Tisch, trank zu viel, wodurch „die Musica verderbt" und die Herren verhindert wurden, am nächsten Tage ihren Geschäften ordentlich nachzugehen. Nun schritt man zu einer „Leuterung der Ordnung", welche aber wesentlich auf die alte Geschichte hinauskam. Die ewigen Verklausulierungen, überhaupt das fortgesetzte Statutenmachen scheint mehrere Mitglieder vor den Kopf getreten zu haben, so dass sie austraten; daneben fielen auch Versammlungen aus „durch das laidige türkische Kriegswesen", welches Nürnberger Kaufleute in Mitleidenschaft zog. Am 9. Oktober 1595 beschloss man, bei jeder Versammlung solle jedes Mitglied 6 Kr. in die Kasse thun, damit man wenigstens den Musikern den ausbedungenen Lohn bezahlen könne. Die um diese Zeit in die Gesellschaft getretenen Mitglieder waren *Erckenbrecht Koler* (1594, resign. 1599), *Carl Albertinel, Jacob Pömer* und *Hieron. Cöser,* welche im Jahr 1596 Mitglieder wurden.

Die Sitzungen wurden in den folgenden Jahren immer seltener; in den beiden letzten Jahren des Jahrhunderts fanden nur je zwei Zusammenkünfte statt, 1601 gar nur eine einzige, im Jahre 1602 wiederum zwei — dann gab es eine Pause bis 1623! Die meisten Mitglieder waren gestorben, Nürnberg war mehrmals der Schauplatz grässlicher Seuchen; von den überlebenden Gliedern der Societät hatten nur *Paul Behaim* und *Georg Volckamer*, den wir wohl als den geistigen Mittelpunkt der Gesellschaft ansehen müssen,*) nicht resigniert. Der erstere that dies in dem genannten Jahre; er schickte die Becher des Vereins, welche er in seinem Verwahr hatte, gemäfs statutarischer Bestimmung an Volckamer, und zwar durch seinen Sohn *Lucas Friedr. Behaim.* Dieser jüngere B. kam nun mit V. überein, die Gesellschaft neu zu begründen. — Jetzt ist dem Beschlusse eine ganz andere Tragweite zuzumessen, als demjenigen zur früheren Gründung; jetzt erhoben sich vom Anfang an Schwierigkeiten aller Enden, die Wellen des Krieges schlugen höher und höher zusammen: trotzdem, oder besser gesagt, gerade darum flüchteten sich diese Männer, welche noch nicht unmittelbar in das Elend des Krieges verwickelt worden waren, aus der schweren Not der Zeit in den heitern Tempel der beseligenden, die Menschen über das Daseinsleid erhebenden Kunst. Wir dürfen diesen Schritt nicht nach unsern Vorstellungen beurteilen; wir würden ihn heute verächtlich, schimpflich nennen; damals bedeutete er — „draussen", im Reiche und im Kriege hatten diese Leute nichts zu suchen — einen gewissen passiven Heroismus, eine grofse, bewundernswerte Ruhe des Gemütes, welche selbst da noch nicht erschüttert wurde, als die Gefahr für die eigene Sicherheit mit Riesenschritten näher rückte.

Mitglieder waren im Jahre 1626 — denn drei Jahre dauerte es, bis wieder die nötige Anzahl — 12 — beisammen war und regelmäfsige Zusammenkünfte begannen — die folgenden Herren: *G. Volckamer* († 1632), *H. J. Tetzel* (resign. 1628), *L. F. Behaim, J. Hardefsheim, B. Richter, Joh. Müller* (resign. 1629). *Gabriel Tucher* († 1628), *Seb. Scheurl, Gabriel Scheurl, Paul Steinhausser, Georg* und *Chr. Schnabel, Walter Im Hof* (resign. 1628).

Als Musiker wurden angestellt: *Johann Staden*, sein Sohn *Sigm. Theoph. Staden*, der Komponist des Singspiels Seelwig, *Hieronymus Lang* und *Mathias Cuntz.*

Unter Nr. 16 der leges steht: „Unter den adjungirten Musicis solle bey ieder zusammenkunfft von dem Kräntzlins Herrn, erstlich *Johann Staden* 1½ R (Gulden?) pro honorario gereicht werden, hingegen solle Er schuldig sein alle Bücher, neben dem Instrument und seinem Regal (da man es vonnöten hat) zu verschaffen. Dessen Sohn *Sigmund Theophilo*, wie auch *Hieronymo Langen*, iedem 1 R,

---

*) Er ist aus H. L. Hassler's Leben bekannt.

dem Discantisten allein 30 kr. und dem Calcanten 24 kr. für ire bemühung bezahlt werden. Die solln hingegen sambt und sonders
obligirt sein, bey verlust ihres Soldts nicht allein umb ein Uhr nach
Mittag praecisè zu erscheinen und auff die Herren verwanthen zu
warten, sondern auch den Legibus, so vil das trincken und heimgehen
belangt, ohne mittel unterworffen sein. ... Decretum d. 22. Januarij
1626". Abgesehen von dem Interesse, welches diese „lex" wegen
des Umstandes, dass der Name *Joh. Staden's* in ir erscheint, erweckt, verdient die Stelle aus doppeltem Grunde Beachtung. Einmal
wegen der Sprache, in welcher sich noch nichts von den Purifications-
versuchen verrät, welche schon an manchem Orte gemacht wurden,
freilich ihren Hauptverfechter im Norden (Zesen in Hamburg) erst
noch bekommen sollten. Dann aber ist, und das ist das wichtigere,
die citierte Stelle für die Geschichte der sozialen Stellung der Musiker
von hervorragendem Interesse. Man erinnert sich, dass im Jahre
1617 zu Weimar die fruchtbringende Gesellschaft gegründet worden
war, eine der (späterhin) zahlreichen Nachahmungen der romanischen
Akademieen, besonders derjenigen della crusca zu Florenz. Diese
umfasste alle Stände, Fürsten wie die bürgerlichen Gelehrten. Man
weifs, dass Versuche, die Mitgliederschaft dieser halb schöngeistigen,
halb wissenschaftlichen Vereine auf die Kreise der Edelleute zu beschränken, selbst bei Fürsten den entschiedensten Widerspruch fanden!
Und in Nürnberg sehen wir einen Kreis angesehener Bürger einen
Tonkünstler von der Bedeutung Staden's, dessen Sohn Anton selbst
dem Kreise der „Gelehrten" angehörte (er war Jurist und daneben
allerdings auch Musiker) wenig anders als bezahlte Bediente traktieren!
Also von einem ethischen Principe, wie es sich in der Tendenz der
fruchtbringenden Gesellschaft zeigte, welche Veredlung des sittlichen
und sozialen Lebens bezweckte, kann bei der Nürnberger Societät
nicht die Rede sein. Wohl war der Einzelne im stande, im Musiker
den Künstler und Menschen zu ehren: so hatte Volckamer selbst
H. L. Hafsler mit begeisterten Worten gepriesen; und wenige Stunden
von Nürnberg entfernt hatte der grofse Orlandus Lassus Bewunderung
als Künstler, ungeteilte Achtung als Mensch errungen. Aber das waren
Ausnahmen; man erzeigte wohl dem einzelnen Ehren und Achtung,
nicht aber dem Stande. Das ist das Lied, das uns auf jeder Seite
der Geschichte der sozialen Verhältnisse der Musiker entgegentönt,
und zwar bis in unsere Zeit hinein!

Wenn in den „leges" der neuen oder erneuerten Gesellschaft
wieder betont wird, man solle und wolle sich der gröfstmöglichen

Sparsamkeit befleifsigen, so ist dies ganz im Sinne der Nürnberger
Obrigkeit gewesen,*) welche mehrmals energisch gegen das „Laster
der Hoffahrt", den überall eingerissenen Luxus einschritt, eine
Konsequenz nicht nur des bedeutenden Handels Nürnbergs, sondern auch eine Folge der die Sitten verderbenden langen Kriegs-
jahre.**) Im ganzen behielt die Gesellschaft die alten Statuten bei,
Exzesse, wie die früher vorgekommenen, gelobte man sich in Zukunft
zu vermeiden, damit die „Christlich und Gott wolgefällige recreation"
nicht Schaden leide. Am 22. Januar machte man „glücklich und
fröhlich" den Anfang; man hatte einen Gast (mehr als zwei Gäste
sollten nicht gleichzeitig eingeführt werden dürfen, ein Verbot, welches
aber in der Folge durchbrochen wurde) geladen, Herrn *Hans Paul
Stockamer*, „weiln er dem Herrn im Hause (L. Fr. Behaim) zu Ehrn
den Orpheum redivivum in Reymen gebracht und verehrt" hatte. Im
Jahre 1626 fanden die Kränzchen regelmäfsig statt; die guten Vor-
sätze des Kollegiums hinderten nicht, dass *Gabriel Tucher*, welcher
am Sonntag Quasi modo geniti das Kränzchen abhielt, sich dabei
„citra violationem legum einen guten Rausch" ankneipte. Am 29. Mai
als *Gabr. Scheurl* Gastgeber war, erschien zum erstenmale in der
Mitte der Herrn der Mann, welcher wenige Jahre darauf eine viel-
gefeierte Gesellschaft begründen und sich als Dichter einen auch
aufserhalb Deutschlands bekannten Namen machen sollte, *Philip Harsdörffer*. Der von ihm und *Klaj* gestiftete *Pegnesische Blumenorden*
ist zwar durchaus als die „Fortpflanzung der hochlöblichen fruchtbringenden Gesellschaft" zu betrachten,***) immerhin ist es nicht
ausgeschlossen, sogar sehr leicht denkbar, dass H. den ersten Anstofs
zu seiner spätern Gründung im Kreise der Musiker und Musik-
Dilettanten empfing, in deren Zirkel er sich wohlgefühlt haben muss,
da er in der Folge noch mehrfach der Gast der Gesellschaft war.
Überhaupt stand das Kränzchen im höchsten Ansehen: am 20. Oktbr.
erschienen die beiden „Regierente Herrn Bürgermaister" *Ph. Jac.
Tucher* und *H. Friedr. Löffelholtz* als Gäste. Im folgenden Jahre
wurden die Kränzchen vom 18. Februar bis zum 17. Juli unter-

---

*) Übrigens findet man ähnliche Vorschriften in fast allen erhaltenen
Städteordnungen u. s. w.

**) Nürnbergs Wohlstand wurde durch den 30j. Krieg vernichtet. Die den
übermäfsigen Putz untersagende Kleiderordnung von 1618 wurde noch 1657,
dann 1693 erneuert.

***) Vgl. Jul. Tittmann: Beiträge zur Literatur- und Culturgesch. 1847,
wo weitere Literatur angegeben ist.

brochen; an diesem Tage waren alle Mitglieder aufser *Georg Schnabel*, welcher in Italien weilte, anwesend. Der Grund der langen Pause war die „langwürige Ungelegenheit und betrübte Zeit wegen defs über drei Monat einquartirten räuberischen Kriegsvolckes unter Markgraf Hanfs Georgen und Julij Heinrichs zu Sachsen Lauenburg Commando". Man kam nochmals im August und September zusammen, dann setzte die ausbrechende Seuche den Versammlungen wiederum für einige Zeit ein Ziel. Am 28. Januar begann man mit neuem Mut und liefs „zu der neugeordneten Bethstundt bequeme Bufs- und Beth-Psalmen musiciren". Aber zu regelmäfsigen Vereinstagen kam es nicht mehr; erst im März fand die nächste Sitzung statt; man musizierte mit Rücksicht auf die Fastenzeit „piae lamentationes und Passionsgesäng". Dann war eine Pause bis zum 15. Juli: *Ph. Harsdörffer* und M. *Conrad Schurtzen Barbierern*, „welcher sich off der lauten hören liefs", waren als Gäste anwesend. Im ganzen fanden nun nur noch 5 Versammlungen statt, die letzte derselben am Sonntage den 26. Juli 1629 bei *Sebastian Scheurl*. Was hätten auch alle weiteren Bemühungen der wackeren Männer fruchten sollen? Das Netz, welches Nürnbergs Wohlstand ersticken sollte, wob sich dichter und dichter um die Stadt; von den Seuchen, deren furchtbare Gröfse uns die vielen behördlichen Verordnungen kaum genügend ahnen lassen, ist Nürnberg in jenen Jahrzehnten wohl kaum jemals ganz frei gewesen. Die Kriegsunruhen kamen hinzu, Tilly's, später Wallenstein's Belagerung der unglücklichen Stadt, dann das Danaergeschenk, welches Gustav Adolph mit seinen Ersatztruppen brachte. Lasten über Lasten bürdeten diese Ereignisse der Stadt auf — es waren Zeiten, welche alle edle Geselligkeit vernichten mussten. Zu alledem kam noch der Tod hervorragender Mitglieder, *Volckamer* starb 1632, *Joh. Staden* vier Jahre später. So fehlten auch wohl die rechten Männer, welche die Bestrebungen hätten fortsetzen können, nachdem Nürnberg am 17. Juni 1635 dem von dem Kurfürsten von Sachsen am 30. Mai geschlossenen Frieden beigetreten war. Musiziert wurde freilich noch genug, und besonders viel Instrumentalmusik gemacht, wie aus dem Rudimentum Musicum, welches *S. Th. Staden* 1636 erscheinen liefs, hervorgeht. Auch Musiker waren noch zur Genüge in Nürnberg, so *Valentin Dretzel*, Organist bei St. Sebald, *Caspar Neumeier* (St. Egidien), *David Schädlich* (Spital), *Joh. Ben. Hafsler* (u. l. Frauen), Männer, welchen der jüngere Staden sein 1637 herausgegebenes Psalmbuch, einen um eigene und von seines Vaters Werken vermehrten Neudruck von Psalmen H. L. Hafsler's, wid-

mete.*) Aber zu einer neuen Societät schloss man sich nicht mehr
zusammen. Das Protokollbuch, welches noch für viele Jahre gereicht
hätte, blieb ungefüllt. Die Bestrebungen, welche *Harsdörffer* mit dem
im Jahre 1644 in Gemeinschaft mit *Joh. Klaj* gestifteten Blumenorden verfolgte, hatten mit denjenigen der älteren Gesellschaft nicht
einmal mehr äufserliche Züge gemein.

Es ist müfsig zu fragen, was wohl die Gesellschaft erreicht haben
würde, wenn ihr glücklichere Zeiten beschieden gewesen wären?
Schwerlich hätte aus ihrer Mitte etwas hervorgehen können, was an
Wichtigkeit den theoretischen Erörterungen jener italienischen Dilettanten, welche den ersten Opern den Weg bahnten, sich hätte vergleichen lassen. Dazu fehlte, selbst wenn die Zeit eine günstigere
gewesen wäre, mancherlei an Vorbedingungen. [Ganz abgesehen von
dem Mangel eines Fürstenhofes, welcher der Mittelpunkt künstlerischer
Interessen gewesen wäre, war es den Nürnbergern gar nicht ums
theoretisieren, um den Versuch, neues, ungekanntes hervorzubringen,
zu thun. Sie begnügten sich mit der Musik, wie sie dieselbe bei sich,
in ihrer Umgebung, von den Meistern gepflegt fanden, welche sie sich
selbst als musikalische Leiter vorsetzten. Dass dabei neben deutscher
Musik auch die italienische, welche der alte *Staden* ja selbst nachgeahmt hat, eine Rolle spielte, ist ohne weiteres anzunehmen. Aber
selbst wenn etwa Staden mit Volckamer oder irgend einem andern
Mitgliede der Gesellschaft sich in theoretisierenden Betrachtungen
über das „Singspiel" ergangen haben sollte, der Gesellschaft als
solcher lag ein öffentliches Hervortreten in Sachen der Musik ganz
gewiss fern. Wäre dem nicht so, so wäre ganz gewiss das Protokollbuch anders ausgefallen, als es ist.

Die Nürnberger machten die Musik zu ihrer treuen Genossin in
Freud und Leid; um sich selbst Genüge zu thun, erschufen sie sich
ein musikalisches Zentrum, aber damit die Sache nicht in dilettanti-
scher Zerfahrenheit endige, riefen sie in der Kunst wohlerfahrene
Männer zu Hilfe.

Der Ernst, mit der sie ihr Vorhaben ins Werk setzten und immer
und immer wieder begannen, trotz der Ungunst der Zeit, ist nicht
genug zu bewundern. Und stöfst sich jemand daran, dass mancher
der ehrenwerten Herren zuweilen ein wenig tief in sein Glas geschaut,

---

*) Das Werk ist von S. Th. Staden aufser den genannten auch noch andern
Bürgern gewidmet worden.

wodurch ihm möglicherweise nicht ganz angenehme „ehehafte" Über-
raschungen erwachsen sind, so vergesse man nicht, dass deutscher
Idealismus und deutscher Wein von jeher zusammengehörten, namentlich damals, als die Magistrate noch mit handfesten Strafen gegen
die ruchlosen Weintäufer vorgingen.

Mitteilungen.

* Herr *Bernh. Friedr. Richter* in Leipzig hat im dortigen Tageblatt Nr. 600
1894 (24. Nov. Morgenausgabe) eine treffliche Biographie nebst Bibliographie über
Sethus Calvisius veröffentlicht. Sie zeichnet sich besonders dadurch aus, dass die
Werke desselben einer kurzen Würdigung unterzogen werden und zwar nicht nur
diejenigen welche die Musik betreffen, sondern auch seine anderen wissenschaftlichen Werke.

* *Madrigale* von *Orlando di Lasso*. Herausgegeben von *Adolf Sandberger*.
1. Teil. Lps., Breitkopf & Härtel. fol. Mir liegt das Vorwort von 37 Seiten vor,
worin der Plan, die Quellen, die Herstellung der Partitur, die Schlüssel, Textunterlage, die Dichter der Texte, über das Madrigal, Druckfehler und Abdruck der
Texte enthalten sind. Man muss dem Herrn Verfasser zugestehen, dass er es versteht sich in den Gegenstand gebührend einzuarbeiten, keine Mühe scheut alle
Quellen kennen zu lernen und sich über jeden Punkt Aufklärung zu verschaffen
sucht. Mit den Ansichten und Beschlüssen des Herrn Verfassers kann man sich
wohl einverstanden erklären, nur die leidige Schlüsselfrage bietet nach mehreren
Seiten hin einen fraglichen Punkt. Der Herr Verfasser will nämlich die Original-
schlüssel durchweg beibehalten, also Schlüsselzusammenstellungen anwenden, die
heute keine 50 Männer mehr verstehen und sich überhaupt nur Wenige die Mühe
geben sich im Lesen derselben eine Übung zu verschaffen, und warum? Weil man
an der originellen Schlüsselzusammenstellung die Tonart erkennen soll. Dies ist
wohl beim einstimmigen Gesange der Fall, denn dort gab es Regeln für den
Gebrauch der Schlüssel, also auch diejenigen, welche der Verfasser S. 10 nach Witt
anführt, bei Einführung des mehrstimmigen Gesanges aber mussten diese Vorschriften fallen, denn nach den Grundgesetzen der alten Tonarten sang nun jede
Stimme aus einer anderen Tonart, denn Anfangs- und Endton, sowie der Ambitus
waren in jeder Stimme andere. Die alten Komponisten kümmerten sich auch wenig
um die gegebenen Regeln und liessen ihren Gefühlen völlig freien Lauf, daher die
Klage der Theoretiker, dass selbst ein Josquin des Près die Gesetze der Tonarten
nicht beachte. Wenn also angenommen die Schlüssel mit der Tonart zusammen-
hängen, warum änderten dann die Komponisten mitten im Satze die Schlüssel?
Ging vielleicht von da ab der Satz aus einer anderen Tonart? O nein, nur die Lage
der Stimme, verbunden mit den fünf Linien des Notensystems bestimmte den
Schlüssel und sobald die Tonhöhe die fünf Linien überschritt, wurde zur Vermeidung
dessen der Schlüssel geändert. *Fux* war doch gewiss ein Verehrer der alten Tonarten und hat sie zeit seines Lebens streng beachtet, und doch wendet er in seinen
Gesangswerken nur die bekannten drei Cschlüssel und den Fschlüssel auf der vierten
Linie an. Heute wollen die Herren Gelehrten aber die Sache besser verstehen und
drücken ihren Ausgaben den Stempel der Unbrauchbarkeit auf. Denn was nützen

Neuausgaben, die nur von einigen Wenigen gelesen und verstanden werden. Die Franzosen gebrauchten einst für die Violinen den Violinschlüssel auf der ersten Linie, geschah dies auch wegen der Tonart? Es liefse sich noch manches Beispiel anführen, doch ist dies bereits in M. f. M. 8, 77 hinreichend geschehen. Man sollte doch bei Neuausgaben, die so grofse Unkosten verursachen, auch darauf Rücksicht nehmen, dass man eine Form wählt, die allgemein verständlich ist ohne das Original zu alterieren. Wenn übrigens der Herr Verfasser glaubt, die Alten hätten in den Partituren die Taktstriche nicht so gebraucht wie es heute geschieht, so ist er sehr im Irrtum. In den M. f. M. 5, 30 sind Beispiele aus einer Partitur von 1577 mitgeteilt, welche die Ansicht völlig widerlegen.

* *Otto Migge*: Das Geheimnis der berühmten italienischen Geigenbauer ergründet und erklärt von ... Frankfurt a. M. 1894. Gebr. Staudt. 80 S. mit dem Portr. des Verfassers. Pr. 3,50 M. Eine sehr verständige und beachtenswerte Schrift. Der Verfasser ist nicht gelernter Instrumentenbauer, sondern hat sich erst in späteren Jahren aus lebhaftem Interesse für den Bau von Streichinstrumenten derselben auch praktisch angenommen und nach und nach selbst eine Werkstatt eingerichtet, worin er bereits über 80 Instrumente angefertigt hat, die sich bei den gröfsten Violinisten unserer Zeit bester Anerkennung erfreuen. Das Geheimnis beruht in der Beobachtung, dass gebogenes Holz lackiert seine Elastizität verliert, also auch die Fähigkeit zu vibrieren, während Holz im natürlichen Zustande lackiert und dann gebogen, obige Eigenschaften in vollem Mafse behält. Man ist einigermafsen überrascht, wenn man auf S. 6 liest: Die schönen Instrumente (nämlich die von Stradivari, Guarneri u. a.) wurden zerschnitten und für die Nachwelt verloren. Verloren waren sie insofern, dass man den Lack ergänzte und zwar in gespanntem Verhältnisse der Decke und dadurch der Ton wesentlich beeinflusst wurde. Nach obigem Gesetze muss die Decke vor dem Lackieren auf beiden Seiten geöffnet werden und nur Hals und Sattel bleiben unberührt, dadurch tritt das Holz in seine natürliche Lage und der Lack kann nicht mehr störend auf den Ton einwirken. Aufser diesem geht der Verfasser auf die Stärke und Art des Holzes, auf die Lage des Balkens, des Halses, auf den Steg, auf die Höhe der Zargen ganz genau ein und liefert ein vortreffliches Material zum Geigenbau.

* *Leo Liepmannssohn*. Antiquariat in Berlin SW. Bernburgerstr. 14. Katalog 111, Musikliteratur nebst Vokal- und Instrumentalwerken, 309 Nrn. mit sehr wertvollen älteren und neueren Werken, z. B. Gerbert's Scriptores, Coussemaker's Werken; auch in der praktischen Musik sind äufserst seltene Werke angezeigt.

* *Richard Bertling*, Antiquariat in Dresden-A., Victoriastr. 6. Katalog 28, enthaltend Musikalien, Buchliteratur und Autographe, sowohl ältere als neuere Drucke in 1138 Nrn. J. F. Reichardt ist z. B. in 12 Drucken vertreten.

* Antiquarkatalog Nr. 43 von v. *Zahn & Jaensch* in Dresden, Schlossstr. 24. 1611 Nrn. neuere Werke über Musik, Theater, Porträts und Autographe.

* Der Mitgliederbeitrag für 1895 von 6 M ist im Laufe des Januars an den Sekretär und Kassirer der Gesellschaft für Musikforschung franko einzuzahlen. Restierende werden durch Postauftrag eingezogen. Die *Publikation* für 1895 ist Anfang Januar versendet worden und besteht aus den unten angezeigten Gesängen. Der Subskriptionspreis ist im Laufe des Januars an den Unterzeichneten einzusenden.

Templin (U./M.)   *Rob. Eitner.*

* Hierbei 2 Beilagen: 1. Schluss zu Dr. Nagel's Annalen, Bog. 10, bestehend in Titelblatt und Register. 2. Fortsetz. des Kataloges der Bibl. Zwickau, Bog. 21.

Verantwortlicher Redakteur Robert Eitner, Templin (Uckermark).
Druck von Hermann Beyer & Söhne in Langensalza.

MONATSHEFTE

für

MUSIK-GESCHICHTE

herausgegeben

von

der Gesellschaft für Musikforschung.

| XXVII. Jahrgang. 1895. | Preis des Jahrganges 9 Mk. Monatlich erscheint eine Nummer von 1 bis 2 Bogen. Insertionsgebühren für die Zeile 30 Pf. Kommissionsverlag von Breitkopf & Härtel in Leipzig. Bestellungen nimmt jede Buch- und Musikhandlung entgegen. | No. 2. |

Petrus Tritonius und das älteste gedruckte katholische Gesangbuch.

Von Dr. Fr. Waldner.

Die Summe alles dessen, was über die Person und das Leben dieses frühzeitigen und angesehenen deutschen Musiker bisher bekannt ist, fasst ein neueres deutsches Musiklexikon in folgenden kurzen Satz zusammen: „Tritonius ist auf jeden Fall der latinisierte Name eines deutschen Contrapunktisten, der zu Augsburg am Anfange des XVI. Jahrhunderts lebte." Auch dieses Wenige ist nicht ganz richtig. Dem Verfasser dieser Skizze ist es gelungen, den wirklichen Namen, annäherungsweise auch den Geburtsort, sowie einiges aus dem Leben dieses verdienstvollen Mannes, der nicht blofs ein tüchtiger Komponist und Musiklehrer war, sondern sich auch als gewiegter Humanist hervorthat, zu erforschen, und er hofft auf Grund der bisher erhobenen Daten noch weiter Ergänzendes ausfindig zu machen.

Tritonius hiefs mit seinem eigentümlichen Familiennamen *Treibenreif* (Treybenraiff), und entstammte einem alten Geschlechte, das im tirolischen Eisakthale heimisch war und heute noch in einer Familie im Dorfe Layen bei Klausen fortlebt. In Layen lässt sich das Geschlecht als ständig ansässig aus den Matrikenbüchern bis zu deren Einführung im Jahre 1572 zurück nachweisen. Im selben Jahre fungierte Caspar Treibenreif an der Filialkirche St. Katharina als

Messner. Es ist anzunehmen, dass das Geschlecht damals schon lange einheimisch war. Wir finden aber auch in der Stadt *Sterzing* im ersten Viertel des XVI. Jahrhunderts einen angesehenen Ratsbürger *Joerg Treibenreif* urkundlich vielfach genannt; desgleichen zur selben Zeit einen Bürger *Lienhard Treibenreif* in der angesehenen Stellung als Kirchprobst in der Stadt *Bozen*. Die Kosten, welche unserem Peter Treibenreif durch das Studium und durch den Aufenthalt in Italien erwachsen sind, lassen uns vermuten, dass er einer dieser angesehenen und vermöglichen Familien entstammte, und die Stadt Bozen oder die Stadt Sterzing seinen Geburtsort nannte. Er machte an der Universität in Padua seine Studien, verlegte sich namentlich auf die humanistischen Fächer und auf Musik und erwarb sich das Diplom als Magister der freien Künste.*) Es ist anzunehmen, dass er nach dem Brauche der damaligen Zeit auch auf den nahegelegenen anderen Pflegstätten der Wissenschaft — wir meinen hier namentlich Venedig und Bologna**) — berühmte Lehrer gehört hat. Vielleicht war es schon in Padua, dass er mit dem Dichter und Humanisten Conrad Celtes (Konrad Pickel) bekannt wurde, mit welchem er später im Briefwechsel stand, wie die im Codex epistolaris Celticus ***) noch erhaltenen beiden Schreiben aus den Jahren 1501 und 1503 bezeugen. Celtes besuchte nämlich im Jahre 1486 Italien und hielt sich auf dem Rückwege auch in Padua auf, um die Vorlesungen des berühmten Lehrers Johann Calphurnius aus Brescia und des Marcus Masurus aus Kreta zu hören.†)

Als Magister der freien Künste nahm Treibenreif nach der Sitte der damaligen Zeit einen lateinischen Namen an, und nannte sich fortan Tritonius.††) In die Heimat zurückgekehrt, verwertete er sein Wissen und Können zunächst an der Domschule in Brixen als Lehrer.†††)

Gegen Schluss des XV. Jahrhunderts wurde in Wien hauptsächlich durch die Bestrebungen des dahin berufenen Dichters Conrad Celtes ein Humanistenverein unter dem Namen „die gelehrte Donaugesellschaft" (Literaria Sodalitas Danubiana) gegründet. Es war dies

---

*) Aschbach: Geschichte der Wiener Universität, II. Bd., p. 251.
**) In Bologna las seit 1482 der Spanier Ramos de Pereja über Musik.
***) K. k. Wiener Hofbibliothek No. 3448.
†) Aschenbach: l. c. Bd. II., p. 193.
††) Triton nannten die alten Tonlehrer die übermäfsige Quart. Die Wahl des Namens dürfte wohl an diese Bezeichnung angelehnt sein.
†††) Aschbach: l. c. p. 80 u. 250.

eine freie Vereinigung von Gelehrten, Ärzten, Astronomen u. s. w. unter einem selbstgewählten Präsidenten zur Pflege und Verbreitung der humanistischen Wissenschaften. Diesem Vereine gehörte auch der Gelehrte und Musiker Petrus Tritonius an. Die Gesellschaft genoss den besonderen Schutz des Kaisers Maximilian, welcher überall unterstützend eingriff, wo es galt, Kunst und Wissenschaft zu fördern; ja meist gab der Kaiser selbst dazu den Anstofs. Celtes, der wie mehrere andere Mitglieder der Gesellschaft gleichzeitig Universitäts-Professor in Wien war und die besondere Vorliebe Kaiser Maximilians für die Musik *) kannte, wollte nun zur Vermehrung der musikalischen Kräfte an der Hochschule — es befand sich dort bereits der Komponist Magister Wolfgang Greffinger —, den Musikus Petrus Tritonius von der lateinischen Schule in Brixen bleibend nach Wien ziehen. „Celtes verkannte nicht," so schreibt Aschbach, „ein wie wichtiges Moment für den künftigen Dichter und Rhetoriker es sei, das Ohr frühzeitig an rhythmischen Tonfall und Harmonie zu gewöhnen, und daher die Musik, die ja zu den liberales artes gehörte, durch geschickte Meister nicht nur theoretisch vortragen zu lassen, sondern auch darin praktische Übungen zu veranstalten. Er selbst war ein passionierter Liebhaber der Musik und stand mit den namhaftesten deutschen Musikern seiner Zeit in lebhaftem Verkehr und inniger Freundschaft." Tritonius sollte auch im Dichter-Kollegium der gelehrten Donaugesellschaft den Unterricht im Gesange und in der Instrumentalmusik leiten. Er hatte eine grofse Anzahl Oden des Horaz und auch mehrere Gedichte des Celtes komponiert und gab nun zusammen mit Celtes diese Kompositionen unter dem Titel *Melopoeue oder vierstimmige Harmonie* in Druck heraus. Dieses Werk, welches ihn bei den Komponisten und Musikfreunden seiner Zeit in grofsen Ruf brachte, sollte die Grundlage für den musikalischen Unterricht bilden. Kaum war selbes aber erschienen (1507), so starb Celtes (am 4. Februar 1508), und mit seinem Tode löste sich die literarische Donaugesellschaft auf. Tritonius kehrte darauf nach Tirol zurück, und übernahm die Leitung der lateinischen Schule in Bozen.

Der genaue in Form eines Bechers gesetze Titel des bei Öglin in Augsburg gedruckten Musikwerkes lautet: **)

---

*) Die schon ursprünglich vorhandene Neigung des Kaisers für Musik soll noch besonders gefördert worden sein während seiner häufigen Jugendbesuche am burgundischen Hofe.

**) Siehe auch Ant. Schmid's Petrucci, Wien 1845, p. 158.

Melopoeae sive Harmoniae tetracenticae super XXII
genera carminum heroicorum elegiacorum, lyrico-
rum et ecclesiasticorum hymnorum per Petrum
Tritonium et alios doctos sodalitatis litterariae no-
strae musicos secundam naturas et tempora
syllabarum et pedum compositae et regulatae
ductu Chunradi Celtis Feliciter imprefsae.
Carminum dulces resonemus odas
Concinant laeti pueri tenores
Et graves fauces cythara sonante
Temperet alter.
Optime musiphile, strophos id est repetitiones carminum
Collisiones syllabarum, conjugationes et connubia pedum pro
Affectu animi, motu et gestu corporis diligenter observa.

Neben diesem Titel sind Krater und Bachi beigefügt. Dazu
kommen noch unterhalb ein Hexastichon Chunradi Celtis ad muso-
philos und ein Tetrastichon ad Jordanum Modulatorem Augustensem.
Es folgen dann die Titel der duo et viginti genera carminum mit
einem Verzeichnis der Namen der in Musik gesetzten Versarten der
meist aus Horaz und Celtes genommenen Gedichte. Ferner eine
sapphische Ode mit der Aufschrift: Benedictus Chelidonius Norimber
ad C. Cel. und einem Holzschnitte, den Parnass mit Apollo und anderen
Gottheiten darstellend. Auf den nächsten Blättern befinden sich die
vierstimmigen Oden. Discant und Tenor stehen auf der einen, Alt
und Bass auf der anderen Seite sich gegenüber. Nach den weltlichen
Carmina werden die Kirchenhymnen (hymni ecclesiastici) mit ihren
Metris vorgeführt und ein Lob von C. Celtes in einem Epigramm für
den Verleger und Drucker beigefügt: Imprefsum Augusta Vindelicorum
ingenio et industria Erhardi Oglin, expensis Joannis Riman, alias de
Canna et Oringen. Ad Erhardum Oglin impressorem:
Inter Germanos nostros fuit Oglin Erhardus*)
Qui primus nitidas pressit in aeris notas

---

*) Oglin war in Deutschland der erste Buchdrucker, welcher Notendrucke
ausführte und auch die von Petrucci in Venedig im Jahre 1502 gemachte Erfindung, Gesangsnoten mit beweglichen Typen zu drucken, verwertete. Das
vorgenannte Werk des Tritonius ist aber nicht mit beweglichen Metalltypen,
sondern mit beweglichen Holztypen gedruckt. Erst bei seinem Liederbuche
von 1512 wandte Oglin Metalltypen an (letzteres erschien im Neudruck in Partitur mit Facsimile im 9. Bde. der Publikation. Obige Oden gab Dr. R. von
Liliencron in Part. in Vierteljahrsschrift 3. Bd. heraus).

Primus et hic lyricas expressit carmine musas
Quatuor et docuit vocibus aere cani.

Von den zwei beigefügten Imagines liefert der eine Holzschnitt den Apollo mit der Geige unter einem Lorbeerbaum, der andere Phoebus mit der Lyra und Jupiter in den Wolken, zu dessen Seite Mercurius und Pallas: im Umkreis die neun Musen. Darunter die Insignia des Celtes.

Die auf 10 Folioblättern gedruckte Schrift ist für die Geschichte der Musik ein höchst merkwürdiges Stück, das nur äufserst selten sich noch auf Bibliotheken vorfindet. Eine zweite Ausgabe der Schrift auf 21 Quartblättern erschien noch in demselben Jahre in der gleichen Druckerei in Augsburg unter dem Titel: *Harmoniae Petri Tritonii super odis Horatii Flacci. Denuo impressae par Erhardum Oglin. Augustae 1507 vicesima secunda Augusti.* Die Notwendigkeit einer zweiten Auflage in so rascher Folge spricht am deutlichsten dafür, welch' grofsen Anklang das Werk bei seinem Erscheinen gefunden hat. Auch ist der erste Abdruck sehr fehlerhaft. Eine nochmalige Ausgabe im XVI. Jahrhundert finden wir bei Egenolph in Frankfurt im Jahre 1551/2 unter dem Titel: *Geminae undeviginti Odarum Horatii melodiae.*

Über die Thätigkeit und das Wirken des Tritonius in Bozen ist uns vorläufig Näheres nicht bekannt. Im Jahre 1521 finden wir ihn zu Schwaz am Inn. Dieser Marktflecken beherbergte damals zusammen mit der nächsten Umgebung wegen der reichen Ausbeute seiner Silber- und Kupferbergwerke eine Einwohnerzahl von nicht weniger als 30 000 Köpfen, und wies ein äufserst entwickeltes Kulturleben auf. Es ist erwiesen, dass eine lateinische Schule dort existierte. Treibenreif dürfte also wohl in derselben Eigenschaft wie früher in Brixen und Bozen als Leiter oder Lehrer an dieser Schule gewirkt haben. Die dort ansässigen reichen Kaufleute und Schmelzherrn machten viele Stiftungen für weltliche und kirchliche Zwecke. Zu letzteren gehört auch die im Jahre 1514 von den Gewerken und Gemeindsleuten zusammen ins Leben gerufene feierliche Frohnleichnams-Prozession im Markte für jeden Donnerstag im Jahre.[*] Möglicherweise dürfte bei Gelegenheit dieser Stiftung der Musiker und Komponist Treibenreif berufen worden sein. Zur Kenntnis seiner Anwesenheit in Schwaz bringt uns seine schriftstellerische Thätigkeit. Im September des Jahres 1521 wurde nämlich in der Privatdruckerei

---

[*] G. Tinkhauser, Beschreibung der Dioecese Brixen, Bd. II. p. 554.

des reichen Gewerken Georg Stöckl durch den Buchdrucker Josef Pyrnsieder eine kleine Broschüre gedruckt, welche den Titel führt: *Von dem Leben und Gelächter Democriti, kurzweilig und fast nutzlich zulesen.* In der auf der dritten Seite befindlichen Vorrede stellt sich uns als Verfasser oder Übersetzer Treibenreif selbst vor: „Dem vesten und fürnemen Gabriel Weidacher, derzeit verweser des Bawmeister ampts vnser frawen kirchen zu Schwatz, seinem günstigen lieben herren und alten freund erbeut *Petrus Tritonius, den man neñt Traibenraiff*, sein willigen Dienst." Im weiteren der Vorrede sagt er, dass er in diesen Blättern einen kleinen Bericht gebe, was die heidnischen Philosophen „für leut gewesen" und nehme den Demokrit als Muster. Da das Wesen dieses Philosophen am besten aus der Epistel des Hypokrates zu erkennen sei, so habe er selbe gestern aus dem Latein ins Deutsche übersetzt und widme sie seinem Freund, der ja selber ein großer Liebhaber der Weisheit und ein Verächter der menschlichen Thorheiten sei u. s. w. Geben zu Schwaz am 26. Tag Septembris im M.DXXI. Jar.*) Drei Jahre später (1524) lesen wir seinen Namen auf einem anderen daselbst ausgeführten Druckwerke,**) welches gleichfalls eine Übersetzung aus dem Lateinischen von seiner Feder enthält. In der Vorrede und Widmung spricht „Petrus Tritonius den man neōt den Traybenraiff" den Gewerken Georg Stöckl, welchem die Buchdruckerei zu eigen war, als seinen „günstigen und gebietenden Herrn" an. Sechs Monate darauf erscheint in derselben Druckerei ohne Nennung eines Verfassers folgendes Werk, welches mit Recht als das älteste***) katholische Gesangbuch bezeichnet werden kann: *Hymnarius: durch das gantz Jar verteutscht nach gewondlicher weyſs vnd Art zv synngen, so yedlicher Hymnus gemacht ist. Gott zu lob, eer vnd preuſs, Vnd vns Christen zu trost.* Dieser Titel ist von einer hübschen Bordüre umgeben. Auf der Rückseite des Titels befindet sich in einem Stich dargestellt ein Mann mit einem Eichhorn auf einem Kissen und im Wappen. Das Buch ist in Klein-Quart mit gotischen Lettern gedruckt, zählt 268 oben mit Ziffern bezeichnete und unten mit Buch-

*) In 4⁰ 12 ff., o. Seitenzahlen und Kustoden. Innsbruck Ferdinandeums Bibliothek.

**) Erasmi von Roterdam verteutschte Paraphrasis in das fünft capitel des Evangeli Mathaei u. s. w. In 4⁰, 16 p. m. Signat. Innsbruck, k. k. Universitäts-Bibliothek.

***) Als das älteste gedruckte katholische Gesangbuch wird bisher stets angeführt: Ein new Gesangbüchlin Geystlicher Lieder von Dr. Michael Vehe, Leipzig, Wolrab 1537.

staben signierte Seiten, und dazu 16 Seiten Register in Rot- und Schwarzdruck. Auf Seite 267 steht folgende Schlußschrift: *Gedrukht zu Sygmundslust*) durch Josephn Piernsyeder: in verlegung des Edln vnnd Vestn Görgen Stöckhls. An Sand Andreas Abent nach d' geburt Christi vnsers Säligmachers ym 1524. Jar säliglichen volendt. Omnis Spiritus laudet dominum.*

Dem Register voran geht folgende Erklärung:

„Das Register des Hymnuspuechls zaigt erstlich an, dye Zeyt vnd täg des Jars. Zum Andern der Hymnus anfang in latein. Zum dritten der plöter zal, daran ein yedlicher steet. Vnd zum vierdten die Melodey, nach welcher die Hymnus, so aynerlay art, durch aynerlay puechstaben angezaygt sind, in ayner weyß mögn gsungen werden. Der mit A verzaychnet seynd 86. So mit dem B 9. Mit dem C 11. Mit dem D 4. Mit dem E 7. Mit dem F 6. Mit dem G 3. Mit dem H 2. Wölch über dye mit aynem Hände- lein bezaychnet, sind all aynschichtig vnd sunderlich zu singen, dann sie sind mit der anderen khaynem gleychförmig." Den In- halt bilden 131 verschiedene Hymnen mit 4—8 Strophen mit Bezug auf die verschiedenen Festzeiten der Kirche vom Advent bis zum Schlusse des Kirchenjahres und auf die Apostel-, Marien- und Heiligen- feste. Viele darunter sind in schwerfälligen, gezwungenen deutschen Reimen wiedergegeben, aus denen man leicht abnimmt, dass der Ver- fasser des Buches sie aus dem Latein übersetzt hat und bemüht war, den deutschen Text silbenweise der bestehenden Melodie anzupassen. Jedem Hymnus sind vier Reihen 4zeilige Notenlinien mit unter- gedrucktem Text — jedoch ohne Noten — vorangestellt. Die Noten sollten demnach erst eingeschrieben werden. Das eine Exemplar aus der Innsbrucker Ferdinandeumsbibliothek, welches mir vorliegt, hat nirgends Noten eingeschrieben. Vielleicht ist dies bei dem von E. Weller und Malzahn angeführtem Exemplare in der Göttinger Bibliothek der Fall. Das Buch ist so selten, dass mir der Nach- weis eines dritten Exemplars nicht gelang. Es erschien im selben Jahre, in welchem Luther zusammen mit dem Torgauer Kapellmeister Johann Walther und mit Konrad Rupf das erste protestantische Ge- sangbuch ausarbeitete. Indem es einen großen Teil der damals in der katholischen Kirche üblichen lateinischen Hymnen in deutscher Sprache bringt und angiebt, welche von denselben mit gleicher Me- lodie gesungen wurden, ist es sehr lehrreich, und dem Verfasser

---

*) Siegmundslust ein Schloss und landesfürstliches Lehen unweit Schwaz.

— als den wir Treibenreif mit völliger Sicherheit hinstellen können —
gebührt für das Bestreben, dem Volke die Hymnen in der deutschen
Muttersprache geläufig zu machen, das vollste Lob. Durch diese
und andere Übersetzungen lateinischer Werke ins Deutsche hat Tritonius seine Liebe für deutsche Sprache und deutsches Wesen sicher
erwiesen; durch seine früher veröffentlichten Kompositionen hat er
sich auch als tüchtiger Kontrapunktist die Anerkennung seiner Zeitgenossen erworben. Er wäre somit vermöge dieser Eigenschaften
und seiner vieljährigen Praxis als Musiklehrer gewiss befähiget und
geneigt gewesen, nicht blofs den Text der Hymnen zu verdolmetschen,
sondern auch „die Noten, den Ton, den Accent und die Weise" im
Sinne Luther's „dem deutschen Gemüth anzupassen". Doch würde
ihm, dem einfachen Gesangslehrer, schon der Versuch, althergebrachte
übliche Kirchenhymnen irgendwie zu ändern, schlecht bekommen
sein und wäre aufserdem ohne den geringsten Erfolg gewesen.

Wir werden nun die Hymnen in derselben Reihenfolge, wie sie
im Hymnarius stehen, mit den lateinischen Anfangsworten und den
ersten Worten der deutschen Übersetzung bringen, und im gleichen
Sinne jene, welche nach derselben Melodie gesungen wurden, mit
dem gleichen Buchstaben A, B, C, D, E, F, G oder H bezeichnen,
zu jenen 7 aber, welche ganz eigene Melodieen haben, den Buchstaben X setzen.

1. Conditor alme syderum.   A.
   Der Gstirn o pschaffer, herzliger.
2. Veni Redemtor Gentium.   A.
   Erlediger der völkher khum.
3. Verbum supernum prodiens.   A.
   Der högst Christus herfür ist gang'.
4. Vox clara ecce intonat.   A.
   Eine helle Stimm, nimm war, erhilt.
5. Agnoscat omne seculum.   A.
   Erkennt nun alle, weyb vnd man:
6. Christe redemtor omnium.   A.
   Erlöser aller, o Christe u.
7. A solis ortus cardine.   A.
   Vom auf vnd nidgang d'Sunn.
8. Corde natus ex parentis.   X.
   Aus des höchsten vaters hertzen.
9. Sancte dei pretiose.   B.
   Heiliger vnd werder gottes erster marttrer sant Stefan.

10. De patre verbum prodiens.   A.
    Von got vater d'sun da kumbt.

11. Solemnis dies advenit.   A.
    Der hochzeitlich Tag ist khumen.

12. Hostis Herodis impie.   A.
    Herodes du gotloser veindt.

13. A patre unigenitus.   A.
    Vns khumbt von got d'aingeborn.

14. Gratuletur omnis caro.   B.
    Alle menschn mit frolokhn dem Herren yetzt new geporn.

15. Quod chorus vatum.   C.
    Das dy prophetn hochwirdig vor zeiten.

16. Lux maris gaude.   X.
    Des mörs ein liecht frey dich hymmlischer ziere.

17. Ave maris stella.   D.
    Pys grüest ein stern des mörs:

18. Fit porta Christi.   A.
    Christi portn wird durchgengig.

19. Dies absoluti pretereunt.   X.
    Die lafslichen schlechten täg zerge(h)n.

20. Ex more docti mistico.   A.
    Wir sein gelernt aufs geistlich Won

21. Christe, qui lux es et dies.   A.
    Der du das liecht pist vnd der tag.

22 Audi benigne Conditor.   A.
    Güetiger pschaffer vns erhör.

23. Clarum decus jejunii.   A.
    Der vastn klare zier vnd gab.

24. Jesu qnadragenarie!   A.
    Jesu der vierzigtäglichen.

25. Summi Largitor premii   A.
    Herre got, du höchster lon.

26. Vexilla regis prodeunt.   A.
    Des Khünigs panier khumen beer.

27. Rex Christe factor omnium.   A.
    Christ, Khünig aller ding schöpfer.

28. Gloria laus et honor.   H.
    Gloria, lob vnd grosse eer.

29. Pange lingua gloriosa pretium certaminis.   B.
    Mein zung erkling vnd frölich sing, gottes khampf vnd streyt.

30. Inventor rutili dux bene.   X.
    Du gueter fürst vnd des schymernden liechts pschaffer.

31. Rex sanctorum angelorum.   X.
    Der heyligen englen khünig.

32. Salve festa dies.   H.
    Grüest seyst heyliger tag.

33. Vita sanctorum, decus angelorum.   C.
    Christe, d' heiling leben vnd zier der Engln.

34. Ad cenam agni.   A.
    Zu des fürsichtigen lamp mal.

35. Chorus nove Jerusalem.   A.
    Dem hymlischen Jerusalem.

36. Martyr egregie.   E.
    Erwelter gottes martrer vnd auch wirdig.

37. Salve Crux sancta, salve mundi gloria.   F.
    Sey grüest o heyligs kreutz, ein glori aller welt.

38. Festum nunc celebre.   G.
    Der hochzeitliche Tag darzue dy grosse freid.

39. Jesu nostra redemtio.   A.
    Jesu, vnser Erledigung.

40. Veni creator spiritus.   A.
    Khum schöpfer heyliger Geyst.

41. Beata nobis gaudia   A.
    Säliger freyd vil hat vns dargepracht.

42. Pange lingua gloriosi corporis mysterium.   B.
    Mein zung erkling, vnd frölich sing von dem zarten leichnam fron.

43. Sacris solemnibus.   B.
    Den hochzeitlichen tägn zwgesellt sind alle freyd.

44. Verbum supernum prodiens.   A.
    Das hohe wort ward vns bekhandt.

45. Ut queant laxis resonare.   C.
    Das mügn mit aufgelöster eng erkhlingen.

46. Aurea luce et decore roseo.   F.
    In eim gulden liecht vnd rosnriechender zyer.

47. Assunt festa jubilea.   A.
    Die fest sind hye, vill löblichen.

48. O Christi mater fulgida.   A.
    O mueter gotz vill scheinende, ein quellender prun der gnade.

49. Ey miranda prodigia.   A.
    Schau an die werch so wunderleich.

50. Lucis huius festa.   D.
    Des Tages hohen fest-feyr.

51. Clara diei gaudia.   A.
    Die khlare freyd der heyling täg.

52. Jesu redemtor seculi.   A.
    Jesu, der Weldt erlediger.

53. Pangat turba clericorum.   A.
    Der Priester schar frölich singen.

54. Votiva cunctis orbita.   A.
    Der Widergang allen khumet, des tags so gnad vberwindet.

55. Jesu Christe auctor vite.   B.
    Jesu Christe des lebens pschaffer.

56. O nata lux de lumine.   A.
    O ewigs liecht vom liecht geporen.

57. Gaude civitas Augusta.   A.
    Frey dich Augspurg Lobliche stat.

58. Conscendat usque sydera.   A.
    Byſs über daſs gstirn dring frölich.

59. Martyris Christi colimus.   C.
    Des martrer Christi verlichen tryumphen.

60. Quem terra pontbus.   A.
    Den Erd, Mör und des Hymels thron.

61. Magne Pater Augustine.   B.
    Heyliger Sand Augustin.

62. Gaude visceribus.   X.
    Frey dich o mueter gotz aufs innigem hertzen.

63. Christe Sanctorum decus.   C.
    Christe, ein zier deiner heyligen Englen.

64. Tibi Christe, splendor patris.   B.
    Dyer Christe des vaters liechte hertzens khraft.

65. Omnes superni ordines.   A.
    All örden hymlisches thron.

66. Jesu salvator seculi.   A.
    Jesu diser weldt haylmacher.

67. Martine, confessor dei.   A.
    Peychtiger gottes Martine.

68. O dei sapientia.   A.
    O gottes weyſshayt ewige.

69. Omnes fideles plaudite.   A.
    Frolokhet all gelaubigen.

70. Eterni patris ordine   A.
    Durchs ewieg vaters ordnungen.
71. Ave Catarina.   D.
    Grüest seyst Catarina, Martrerin, Khünigin.
72. Eya fraterculi.   E.
    O yer brüeder in gott, erfüllt mit glawben.
73. Exorta a Bethsayda.   A.
    Aufs Bethsayda entsprung.
74. Eya carissimi laudes.   E.
    Jer allerliebsten saget grosses lobe.
75. Eya nos socii fide.   E.
    O yer brüder in got, erfült mit glauben: Sand Nikolaus fest u.
76. Laude virgo gloriosa.   R.
    Frey dich o erliche Junkhfrau.
77. O Thoma Christi perlustra.   F.
    O Thoma, der wunden Christi ein beschawer.
78. Salvete flores Martyrum.   A.
    Seyt grüest, yer plue der marter werd.
79. Cedat Tristitia cordis.   E.
    All Traurikhayt fliech weyt von vnserm hertzen.
80. Salutis reddunt gaudia.   A.
    Unsers hayls freyden khument her.
81. In Maria vite via.   A.
    In d' Junkhfrau Maria kamb vnser weg.
82. Ave vite vitis.   D.
    Des lebens reb sey grüest.
83. Sepe fidem quatiens.   X.
    Maniches mall war der glaub mit stätem ächten vervolget.
84. Plaudat letitia lux hodierna.   E.
    Mit wunn erfrey sich der heutige tage.
85. Exultet celum laudibus.   A.
    Von lob der hyml sich erfrey.
86. Eterna Christi munera,   A.
    Dye gab Christi vill ewige.
87. Ortu Phebi jam proximo.   A.
    Zum nahetern aufgang der Sunn.
88. Sanctorum meritis.   G.
    Der heyling erwölung, vil manche grosse freyd.
89. Eterna Christi munera.   A.
    Die gab Christi vill ewigen und der martrer sig heyligen.

90. Rex gloriosi martyr.   A.
    Der martrer Khünig lobesam.
91. Deus tuorum militum.   A.
    Herre got deiner ritter fron.
92. Martyr dei, qui unicum.   A.
    Der heylig, der dem aynigen des Vaters Sun thet nachvolgen.
93. Iste confessor domini.   C.
    Der dasig heylig beychtiger des Herrn.
94. Hic est verus Christicola.   A.
    Der ist ein warer gotz diener:
95. Jesu redemtor omnium.   A.
    Jesu aller erlediger, ewige khron deiner diener.
96. Jesu, corona virginum.   A.
    Ein khron d' Junkhfrauen.
97. Virginis proles opiferque.   C.
    Der Junkhfrau Sun vnd pschaffer seiner mueter.
98. Vana judicasti gaudia.   E.
    Du hast geacht zergänkhlich.
99. Urbs beata Hyerusalem.   B.
    Die heylig stat Jerusalem.
100. O lux beata trinitas.   A.
    O Liecht, säl'ge Dreyvaltigkhayt.
101. Te lucis ante terminum.   A.
    Vor dises tags zill vnd end.
102. Nocte surgentes vigilem.   C.
    Zu nachts aufsten und soll wier all erwachen.
103. Ecce jam noctis tenuatur.   C.
    Nembt war, dye vinsternifs der nacht wirt schwecher.
104. Jam lucis orto sydere.   A.
    So nun aufgangen ist der tag.
105. Nunc sancte nobis spiritus.   A.
    Kumb vns her o heyliger geyst.
106. Rector potens, verax deus.   A.
    Gwöltiger herscher, warer got.
107. Rerum deus, tenax vigor.   A.
    Aller ding, gott ein feuchte khrafft.
108. Deus creator omnium.   A.
    Got, pschaffer aller diser erd.
109. Jesu redemtor seculi.   A.
    Jesu erlöser diser erd.

110. Primo dierum omnium.   A.
     Am tag, so allererstlich ist dye weldt.

111. Eterne rerum conditor.   A.
     Ewiger pschaffer aller ding.

112. Lucis creator optime.   A.
     Des liechts allerpöster pschaffer.

113. Somno refectis artubus   A.
     Durch den Schlaff sein die glider gstörkht.

114. Splendor paterne glorie.   A.
     Des Vattern glori höchster schein.

115. Inmense celi conditor.   A.
     Bschaffer himels vnmäfsiger.

116. Consors paterni luminis.   A.
     Des vätterlichen liechts ewigleich
     Du liecht des liechts, du tag so reich.

117. Ales diei nunctius.   A.
     Der Han des tags ein heller bot.

118. Telluris ingens conditor.   A.
     O pschaffer der gantzen erden.

119. Rerum creator optime.   A.
     Dv pöster pschaffer aller ding.

120. Nox et tenebre et nubila.   A.
     Dye nacht, das gwülkh vnd vinsternefs.

121. Celi deus sanctissime.   A.
     Heyliger Got des hymelsthron.

122. Nox atra rerum contegit.   A
     Dye vinster nacht verdekhet ring.

123. Lux ecce surgit aurea.   A.
     Nembt war, das gulden liecht aufsteigt.

124. Magne deus potentie.   A.
     Gwöltiger got der mächtikhayt.

125. Tu trinitatis Unitas.   A.
     Du Ainikhayt der Dreyhayte:

126. Eterna celi gloria.   A.
     Ewige glori der hymlen.

127. Plasmator hominis deus.   A.
     Got der schöpfer aller menschen,
     der alle ding selbs thet ordnen.

128. Summe deus clementie.   A.
     O got der höchsten güetikhayt.

129. Aurora jam spargit polum.   A.
       Die Morgenröt Polum veryagt.
130. Vita sanctorum via spes.   C.
       Der heyling hoffnung, hayl, leben vnd wege.
131. Martyris sanctum celebrando.   C.
       So wier des martrers tryumph löblich feyren.

Am Schlusse ist noch für Hymne Nr. 28 eine Variante angemerkt behufs Verwendung derselben bei einer anderen liturgischen
Handlung.

Die Abfassung dieses Hymnariums müssen wir, wie schon bemerkt, notgedrungen Treibenreif zuschreiben, weil er als Musiker und
Gesangslehrer, als Komponist auf dem Gebiete der Hymnologie und
als geübter Übersetzer aus dem Lateinischen mehr als jeder Andere
in Schwaz dazu geeignet war, und weil er, — dem sicherlich die
Leitung des Kirchengesanges übertragen war — am meisten Interesse daran haben musste.

Wie lange Treibenreif in Schwaz noch gewirkt hat, wo und
wann er sein Leben beschloss, ist bis jetzt nicht bekannt. Vermutlich
ist er in Schwaz bis an sein Lebensende verblieben. Aufser den 1507
veröffentlichten „Melopoeae" sind uns keine Kompositonen von ihm
bekannt. Bei seiner eifrigen Thätigkeit ist es aber mehr als wahrscheinlich, dass solche Aufnahme in Sammelwerke gefunden haben,
wegen Nichtbezeichnung aber heute als Werke eines Unbekannten
gelten.

Mitteilungen.

 * Masque in honour of the marriage of Lord Hayes (!607) the words by
Thom. Campion, the music by various composers *(Campion, Lupo u. T. Giles)*.
Edited by G. E. P. Arkwright. London 1889, Jos. William. Oxford, Parker & Co.
In gr. 4°. 16 S. Text, 11 S. Musik. Die Ausgabe ist von der historischen Seite
aus betrachtet von grofsem Wert. Sie beweist abermals, dass die Engländer in
früherer Zeit dem Kontinent voraus waren. So unbedeutend die Musik zu der
Maskerade an und für sich ist, so beweist sie doch, wie formengewandt die Engländer in der Liedform schon damals waren und ihnen der einstimmige Gesang mit
Begleitung etwas wohl Bekanntes und lange Gepflegtes war, während der Kontinent
sich in Steifheit und Unbehülflichkeit bewegte und mit dem musikalischen Ausdrucke im Sologesange noch im Finstern tappte. Die Melodien des Engländers
fliefsen mit einer Gewandtheit und Formenvollendung dahin, dass man sich eher
ins 18. als in den Anfang des 17. Jhs. versetzt zu sehen glaubt, und zwar war es
nicht das Eigentum eines Einzelnen, sondern der Dichter *Campion* schreibt ebenso
gewandt als die Komponisten *Lupo* und *Giles*. Leider giebt der Herausgeber nicht

genau das Original, sondern setzt nur eine Klavierbegleitung dazu. Er spricht zwar in der Introduktion von der Besetzung des damaligen Orchesters, welches in drei Gruppen geteilt war: 1. Bass, Lauten, Bandora, Sackbut und Klavier mit 2 Violinen; 2. 9 Violinen, 3 Lauten; 3. 6 Cornets, 6 Sänger und Oboisten, doch lässt er den Leser im Unklaren, wie das Original der Masque geschrieben ist. Man kann nur mutmafsen, dass die Singstimme und der Bass notiert waren und die Lauteninstrumente nebst Klavier die Harmonie nach freiem Ermessen ausfüllten, wie es auch etwas später in Deutschland Gebrauch wurde (siehe Praetorius' Syntagma). Die erste Melodie kommt auch als dreistimmiger Gesangsatz vor, der aber gerade so steif und zum Teil ungeschickt ausfällt, als die Chöre in den ältesten italienischen Opern (siehe Publikation Bd. 10).

* Hispaniae schola musica sacra, Opera varia (saecul. XV. XVI. XVII et XVIII) diligenter excerpta, accurate revisa, seculo concinnata a *Philippo Pedrell.* Vol. I. *Christophorus Morales.* Barcelona, Juan Bta Pujol y Ca (zu beziehen durch Breitkopf & Haertel in Lpz.) fol. 32 S. Text und 55 S. Musik. Der Text enthält auch die Biographie Morales' nach einigen wenigen Dokumenten, die aber über die Lebenszeit und seine Stellungen genügend Auskunft geben. Der Text ist in spanischer und französischer Sprache abgefasst. Die Tonsätze bestehen aus 10 Nrn. Officii defunctorum, 3 Lectiones, 1 Magnificat, 4 Responsorien und einigen Motetten. Morales' Stil zeichnet sich durch grofse Klarheit und volle wohlklingende Harmonien aus. Er wendet zwar auch einmal den Kanon an, doch behält der Charakter seiner Musik stets den Grundton einer erhabenen, würdevollen, breiten Ausdrucksweise. Ganze Sätze bestehen bei ihm oft nur aus einfachen Akkordfolgen, kaum dass hin und wieder eine Durchgangsnote auftritt. Das Feierliche echt Altkirchliche ist durchweg vorherrschend und ruft einen erhebenden Eindruck hervor. Wie anpassend würden diese Gesänge für unseren heutigen Gottesdienst sein, doch die protestantische Geistlichkeit ist grundsätzlich gegen eine solche Erhöhung der Feierlichkeit, teils aus Engherzigkeit, teils aus Unkenntnis. Die Ausgabe bedarf mancher Nachhilfe und die „accurate revisa" könnte strenger gehandhabt sein: falsche Noten, fehlende Versetzungszeichen trifft man hin und wieder an, auch giebt der Herausgeber die Tonsätze nicht in der Originalhöhe, sondern setzt ohne weitere Bemerkung ♯ und ♭ in beliebiger Menge vor. Die Vortragszeichen und Tempobezeichnungen sind der praktischen Ausführung halber anerkennenswert.

* Anthologie des maitres religieux primitifs des 15.—17. siècles. Edition populaires par *Charles Bordes.* Paris, A. Durand & fils. fol. Die Samlg. von der die 1. Lfg. vorliegt ist zum allgemeinen Gebrauch eingerichtet, daher ist der Violinschlüssel gewählt und noch ein Klavier-Auszug beigegeben. Die alten Meisterwerke sind gröfstenteils nach demselben Gesichtspunkte ausgewählt. Die 1. Lfg. enth. die Missa brevis zu 4 Stim. von Palestrina und das Peccantem me quotidie, ferner zwei 4stim. Sätze von Vittoria und ein Tu es Petrus von Clemens non Papa. Die Gesänge sind auch einzeln verkäuflich.

* A collection of Songs and Madrigals by english Composers of the chose of the 15th century. Prepared for the members of the Plaisong and Mediaeval Music Society. London 1891, Bern. Quaritsch. gr. fol. 18 S. Text, 31 S. Musik. Eine moderne Bearbeitung mit Klavierbegleitung der alten einstimmigen und dreistim. Gesänge, nebst einem Klaviersatze König Heinrich des 8. in einer Prachtausgabe. Es ist stets eine misaliche und man möchte sagen verfehlte Bemühung, die Gesänge der ältesten Zeit, resp. bis zum 15. Jh. dem Dilettanten durch eine moderne Be-

arbeitung zugänglich machen zu wollen. Der Musikgelehrte verlangt das Original und der Dilettant will Musik nach seinem modernen Geschmacke haben. Für wen soll nun so eine moderne Ausgabe sein? Die Versuche sind in Deutschland oft genug gemacht worden, doch stets ohne Erfolg. Schon die Einzwängung der alten einstimmigen Gesänge in Takte und die Noten in bestimmte Wertgrenzen ist den alten Gesängen zuwider gehandelt, denn sie vertragen weder Wertgrenzen noch eine Takteinteilung und verlieren dadurch vollkommen ihren ursprünglichen Charakter. Die mehrstimmigen Gesänge dagegen sind so hart und unserem Gefühlsvermögen so fremd, dass der Gelehrte sie wohl als Zeugnisse alter Bestrebungen die Mehrstimmigkeit zu gewinnen mit lebhaftem Interesse studiert, der Dilettant dagegen als ganz abscheuliche Ausgeburten beiseite legt. Herr Dr. *C. W. Pearce*, der Bearbeiter der Klavierbegleitung, hat seine Aufgabe sehr geschickt gelöst, aber doch seinem modernen Gefühlsvermögen so weit nachgegeben, dass sich Singstimme und Begleitung wie feindlich gegenüber stehen. Solche alte Gesänge vertragen nur einen recitativischen Vortrag, und soll durchaus eine akkordliche Begleitung dazu gebracht werden, so darf sie nur, wie die alten Barden auf ihrer Harfe, durch hin und wieder auf Pausen fallende Akkorde angegeben werden, ähnlich wie das Secco-Recitativ im 18. Jh. noch behandelt wurde. Eine gebundene Begleitung stört vollkommen den Eindruck der alten Gesänge und zwängt ihnen ein Element auf, was ihnen völlig fremd ist.

* Dr. *Herm. Ludwig Eichborn:* Das alte Clarinblasen auf Trompeten. Lpz. 1894, Breitkopf & Haertel. 8°. 50 S. Eine lesenswerte kleine Schrift über die einstmalige Kunstfertigkeit der Trompeter im Clarinblasen, erklärt und erläutert . aus der Praxis und alten Büchern. Der Herr Verfasser beweist, dass es zum Clarinblasen keiner besonderen Trompete bedarf, dass vielmehr das Mundstück, die Stimmung der Trompete und die Übung das Nötige thut und sich noch heute auf jeder Trompete, die obige Bedingungen erfüllt, sich die chromatische Scala vom zweigestrichenen c bis zum dreigestrichenen f blasen lässt. Da aber in dieser Höhe der urkräftige Trompetenton vollständig verloren geht und wir heute andere Instrumente besitzen, denen diese Tonlage sozusagen angeboren ist, so wäre es widersinnig heute das Clarinblasen wieder bei Aufführung älterer Werke einzuführen, besonders deshalb, weil selbst dem besten Bläser bei allen Vorbedingungen dieser und jener Ton verunglückt, da die hohe Lage für das Instrument immer etwas Unnatürliches hat. Bekanntlich hat Julius Kosleck das Clarinblasen wieder hervorgesucht und sich durch grofse Übung eine Meisterschaft darin erworben. Da er jetzt in den Ruhestand tritt, war es dem Herrn Verfasser obiger Abhandlung darum zu thun das Clarinblasen historisch und praktisch zu beleuchten und zugleich nachzuweisen, dass bei unserem heutigen Stande der Blasinstrumente die Einführung des Clarinblasens ins Orchester weder wünschenswert, noch vom praktischen Standpunkte aus berechtigt wäre.

* Für Freunde von Ästhetik und Akustik seien die beiden kleinen Schriften: Wohlklang. Zur Musikreform von *Carl Schultz.* Berlin 1894, bibliograph. Bureau. 8°. 32 S. und Grundzüge der Ästhetik von *Eug. Dreher.* Samlg. pädagogischer Vorträge. Bielefeld, A. Helmich's Buchhandlung. 8°. 26 S. empfohlen.

* Herr Dr. *Emil Bohn* in Breslau setzt auch diesen Winter seine historischen Konzerte fort und hat als 57. Konzert einen Palestrinaabend und als 58. einen Chopinabend veranstaltet. Besonders weihevoll soll das Palestrinakonzert ausgefallen sein.

* Katalog 112 von *Leo Liepmannssohn*, Berlin 8 W., Bernburgerstr. 14. Autographe, darunter auch etliche von Musikern 491 Nrn.

* In der Mitgliederliste zum Jahrgang 1894 ist Herr L. Riemann, Gesanglehrer in Essen noch nachzutragen, sowie die neueingetretenen Mitglieder Herr Dr. Haym in Elberfeld, die kgl. Universitäts-Bibl. zu Heidelberg und der Paulus-Verein in Worms.

* Quittung über gezahlte Beiträge für 1895 von den Herren: A. Asher, Dr. Bäumker, Wilh. Bitter, Dr. E. Bohn, Musikdir. E. Friese, Theod. Graff, Joh. Ev. Habert, Dr. Haym, W. Kaerner, Dr. Köstlin, Prof. Kullack, G. Maske, von Miltitz, M. Nachtmann, G. Odencrants, B. Fr. Richter, L. Riemann, Joh. Rodenkirch, Geh. Hofrat Schell, Wm. Barclay Squire, W. Tappert, Pfarrer Unterkreuter, G. Voigt, Dr. Waldner, K. Walter. — Vereine und Universitäten zu Amsterdam Nord Nederl., Straßburg Univ., Worms Paulus Ver., Zschoppau Seminar, Zwickau St. Marien.

Templin, den 18. Jan. 1894.   *Rob. Eitner.*

* Hierbei eine Beilage: Katalog Zwickau Bog. 22.

Register I. und II. zu den ersten und zweiten zehn Jahrgängen der Monatshefte für Musikgeschichte. Leipzig, 1879 und 1889, Breitkopf & Haertel, Preis jedes Reg. 2 M.

Bei *Breitkopf & Haertel* in Leipzig ist erschienen und durch alle Buchhandlungen zu beziehen:

Quellen- und Hilfswerke
beim Studium der Musikgeschichte.
Zusammengestellt von
Rob. Eitner.
gr. 8° VI u. 55 Seiten. *Preis 2 M.*

Das Verzeichnis besteht aus 2 Abteilungen: dem Bücherverzeichnis der einschlägigen neuen Literatur und einem Sachregister, welches auf alle Fragen Antwort giebt. Ein Nachschlagewerk für Jeden, der sich mit Musikgeschichte beschäftigt.

Verantwortlicher Redakteur Robert Eitner, Templin (Uckermark).
Druck von Hermann Beyer & Söhne in Langensalza.

MONATSHEFTE

für

MUSIK - GESCHICHTE

herausgegeben

von

der Gesellschaft für Musikforschung.

| XXVII. Jahrgang. 1895. | Preis des Jahrganges 9 Mk. Monatlich erscheint eine Nummer von 1 bis 2 Bogen. Insertionsgebühren für die Zeile 30 Pf. ——— Kommissionsverlag von Breitkopf & Härtel in Leipzig. Bestellungen nimmt jede Buch- und Musikhandlung entgegen. | No. 3. |

De Coussemaker und Th. Nisard.

Von Dr. Jules Combarieu.

In seinem *l'Harmonie au moyen-âge* betitelten Buche, das im Jahre 1852 bei Didron in Paris erschien, hat Edmond de Coussemaker, damals Richter am Civilgericht in Dunkerque, zum ersten Male den Ursprung der einfachen Neumen von den grammatikalischen Accenten abgeleitet. Diese Entdeckung, die später durch eine Menge Zeugnisse und durch die Veröffentlichung mehrerer entscheidender Dokumente bestätigt wurde, ist so wichtig, dass man sie nicht noch besonders hervorzuheben braucht; sie ist von allen Musikschriftstellern anerkannt worden, die sich mit der Geschichte der Notenschrift beschäftigt haben; sie hat die Archäologie aus dem Wuste von Hypothesen gerissen, unter denen sich die Fétis, Kiesewetter, Nisard verirrt haben und eine Bahn gebrochen, auf der die Wissenschaft täglich wunderbar fortschreitet.

Wie die meisten Entdecker, deren Arbeiten gewissermafsen Epoche in der Geschichte machen und ein Studienfach gründlich umgestalten, hat man de Coussemaker die Ehre seiner Entdeckung streitig gemacht. Im selben Augenblicke wo das Buch erschien, das, obgleich etwas konfus und einige schwere Irrtümer enthaltend, gewiss den festesten Ehrentitel des flämischen Schriftstellers ausmacht, hatte eben Th. Nisard, ein Gelehrter, dessen Zeugniss immer auf seine Echtheit geprüft werden muss, vor dem gelehrten Europa feier-

liche Erklärungen abgegeben und zwar in seinen *Etudes sur les
anciennes notations musicales*, die 1849 und 1850 in der *Revue* von
Leleux erschienen. Er hatte sich geschmeichelt, die Lösung des
Rätsels gefunden zu haben, an der so viele andere Gelehrte fehl-
gegangen oder gescheitert waren; er hatte die Neumen mit den
tironischen Noten in Zusammenhang gebracht und erklärt, dass die
Aufgabe endgültig gelöst wäre; er hatte überdies die Eingabe einer
Denkschrift an das *Institut de France* angezeigt, welche zwar niemals geschrieben worden ist, in der aber alle gewünschten Erklärungen gegeben werden sollten; kurz, er hatte sich als ein Ver-
fechter der Archäologie aufgestellt und schien das Szepter der Musikwissenschaft in Händen zu haben.

Ein solcher Mann, der seine Stellung weniger dem positiven Ergebnisse seiner Arbeiten verdankte als vielmehr kühnen Versprechun-
gen, konnte nicht anders als sich an das Buch de Coussemaker's
zu stofsen und es als einen Störenfried zu betrachten. Allein Nisard
ging noch weiter. Er behauptete 1852 und in der Folge, dass er
zu gleicher Zeit wie de Coussemaker der Entdecker der neuen Lehre
wäre, nach der man die Neumen als eine Entwickelung des Acutus,
Gravis und Circumflexus ansehen sollte. In der *Revue archéologique*
vom Jahre 1852 (cf. pag. 380 und 381) schrieb er einen bibliographischen Aufsatz, worin man liest: „Diese Ansicht (die Neumen
mit den *tironischen Noten* in Zusammenhang zu bringen) ist vor
fünf oder sechs Jahren veröffentlicht worden. Seitdem haben, wie
begreiflich, das Studium und die Beobachtung meine ersten Erfolge
verbessert oder erweitert und das ist besonders in Hinsicht auf den
Ursprung der Neumen geschehen. Wenn ich auch fernerhin überzeugt bleibe, dass die neumatische Schrift eine kursive Semiologie ist,
wie es Guido von Arezzo mit bestimmten Worten sagt, wenn ich auch
behaupte, dass der Punkt eines der Grundelemente dieser Schrift ist,
so habe ich seitdem erkannt *(vor Erscheinen jedoch des Buches von
de Coussemaker)*, dass die Accente eine wesentliche Rolle in der
Semiologie der Neumen spielen." In seinen *Etudes sur la Restauration du chant grégorien* 1856, (cf. pag. 358) berief sich Nisard,
um seine Aussage zu bestärken, auf das Zeugnis eines Mitgliedes
vom Institut: „In der Dezembernummer vom *Journal des Savants*
erkennt *Vitet*, dass, wenn der Verfasser der Histoire de l'harmonie
au Moyen-âge in den grammatikalischen Accenten den wirklichen
Ursprung der Neumen gefunden hat, ich das Glück hatte zu gleicher
Zeit als de Coussemaker zur gleichen Entdeckung zu gelangen."

Endlich in den Anmerkungen, womit er die *Histoire de l'école de chant de Saint Gall, du huitième au douzième siècle* von Dom *Schubiger* versah, von *Brissod* aus dem Deutschen ins Französische übersetzt (1865), hat Nisard sich nicht gescheut zu sagen: „Dieser Ursprung der Notenschrift (der Accent) ist augenscheinlich; ihn habe ich als *der erste in Europa und in der Jetztzeit im Jahre 1849 der Wissenschaft entdeckt.* Durch ein glückliches Zusammentreffen bestätigte ihn de Coussemaker in seiner *Histoire de l'harmonie au Moyen-âge.*" (pag. 18.)

Das Publikum ist so sehr geneigt, denjenigen aufs Wort zu glauben, die sehr laut und mit dem Brustton der Überzeugung schreien, dass man auf dieses Ansinnen hat antworten müssen und dass der Unverfrorenheit des Herrn Nisard die Ehre einer Erörterung zu teil geworden ist. In einer Note, die in den ersten Band der *Paléographie musicale**) eingerückt worden, würdigten die Benediktiner von Solesmes diese letzte oben angeführte Behauptung nach Verdienst und sagten: „sie hätten die im Jahre 1849 erschienenen bemerkenswerten Aufsätze von Nisard durch und nochmals durchgelesen und das Wort *accent* wäre darin nicht einmal ausgesprochen: „cuique suum", fügte sie in einer Folgerung hinzu, die einer Verurteilung gleichkam. Trotz dem erdrückenden Gewicht dieser Note, ließ der Direktor der *Musica sacra* von Toulouse, *Aloys Kunc*, einen Protest vernehmen (Märznummer 1890). Er hat Nisard verteidigt und von dem Redakteur der *Paléographie* eine Berichtigung gefordert. Aus Gründen des Anstandes, der ihrer Gelehrtenehrlichkeit und Gewissenhaftigkeit Ehre macht, haben die Benediktiner eine Untersuchung eingeleitet und sich an das Studiencomité gewendet, das de Coussemaker in seiner Heimat gegründet hatte, und dem er vielleicht vor seinem Tode wichtige Papiere hinterlassen hatte. Dieses Verhalten wird erwähnt im *Bulletin du Comité flamand de France* (Protokoll der Sitzung vom 21. Oktober 1891, Bailleul, Ficheroulle-Beheyd 1891). Aus den wenigen Zeilen, die der Sache gewidmet werden, sieht man sofort, dass das flämische Comité die wahre Natur**) und die Wichtig-

---

*) S. 102.

**) Die Frage war von einem Mitgliede des Comités mit folgendem Wortlaut aufgestellt worden (S. 8 des oben erwähnten Bulletins): „War de Coussemaker der erste, der das Mittel entdeckt hat, die Handschriften der Kirchenmusik, die älter sind als Guido von Arezzo, zu lesen, in welchen *Accente und Buchstaben Neumen genannte Zusammenstellungen bilden,* die statt der Noten und des Liniensystems dienten?"

3*

keit der Frage nicht verstanden hat, die ihm unterworfen war; man
bedauert ferner darthun zu müssen, dass der frühere Mitarbeiter von
de Coussemaker, Abbé *Carnel* sich geweigert hat über die Sache
sich auszusprechen, „wobei er jedoch versprach Nachforschungen über
diesen speziellen Punkt anzustellen". Seit dem Jahre 1891 haben
weder das flämische Comité, noch Abbé *Carnel* ein Wort über den
Gegenstand verlauten lassen, der ihnen ziemlich gleichgültig zu sein
scheint.

Glücklicherweise ist es nicht nötig ungedruckte Dokumente nach-
zusehen, um eine Frage zu entscheiden, die niemals hätte aufgeworfen
werden sollen, und die man aus dem Wege schaffen muss. Die gedruckten oder allgemein zugänglichen Dokumente sind dazu weitaus
genügend. Ich will ihre Übersicht zusammenstellen, ohne eine andere
Absicht, als mit den Beweisen in den Händen einen Punkt der
archäologischen Zeitgeschichte festzustellen.

In der Nummer der Toulouser *musica sacra*, worin er auf die
Note der oben erwähnten *Paléographie* antwortet, hat sich *Aloys
Kunc* auf mehrere Zeugnisse berufen, um das Andenken von Nisard
zu „verteidigen". 1. Vor allem das Zeugnis von Nisard selbst.
Hier seine eigenen Worte: „ ... scheint es nicht jedem nicht Voreingenommenen, dass, wenn ein Musikforscher von dem Rufe und
dem Werte des offiziellen Abschreibers des Antiphonars von Montpellier eine auf Musik bezügliche Thatsache behauptet, man ihm aufs
Wort glauben muss?" — Auf diesen Schluss, der ganz wie ein
circulus vitiosus aussieht, kann man antworten, dass es eben die Aufgabe der Kritik ist, mit der gröfsten Sorgfalt die Behauptungen aller
derer zu prüfen, die sich mit den Dingen der Kunst oder der Geschichte befassen; dass, wenn die Kritik nicht abdanken will, sie ohne
Unterschied an alle angewandt werden muss, die schreiben, und dass,
wenn sie einmal aufhören sollte, alle Ideen zu sichten, die in Umlauf
gesetzt werden, die Welt gar bald den Marktschreiern zur Beute
fallen würde. Ich setze hinzu, dass, wenn es ein Gebiet giebt, wo
Misstrauen zur Gewissheit führt, so ist es das der Musikarchäologie.
Brauche ich an die Mistifikationen zu erinnern, die sich Männer
haben zu Schulden kommen lassen, die als sehr ernsthaft galten?
Fétis, dem es weder an „Wert" noch an „Ruf" fehlte, hat in der
Revue musicale vom 5. Februar 1843 geschrieben, dass bei Gelegenheit eines Besuches im Kirchenschatz zu Monza, er ein Graduale gefunden hätte, das mit „lombardischen Neumen" geschrieben war;
betrachtet man nun die Phothographie dieses Graduales, des einzigen,

das die Kirche zu Monza besitzt, so findet man darin nicht die geringste Spur von Neumen. Nisard selber, wie oft hat er seine Täuschungen für Wirklichkeiten gehalten? Sagte er nicht 1849 und 1850, dass „alles einfach und leicht ist in der Erklärung der Neumen", und veröffentlichte man nicht 1890 ein von demselben nachgelassenes Werk, worin gesagt wird, dass die Aufgabe der Erklärung der Neumen eine unlösbare Aufgabe ist? Hat er nicht in seiner *Archéologie musicale* (pag. 73 Note 3) Fétis der „Lüge" geziehen. während doch auf der Seite der *Histoire genérale* de la musique, auf die er zurückweist, kein einziges Wort steht, das eine so schwere Beschuldigung rechtfertigen, ja nicht einmal erklären könnte, wie sie hat zu stande kommen können.

Ohne weiter darauf zu dringen, begnügen wir uns damit über den ersten Beweisgrund des Direktors der *Musica sacra* zu lächeln und wir weisen ihn kurzerhand ab.

2. Es ist nicht nötig länger bei folgendem Zeugnisse *Vincent's* zu verweilen: „Nisard hat das Verständniss der Neumen so weit als möglich getrieben." Bekannt ist, dass in betreff dieses speziellen Punktes *Vincent* ein Skeptiker war und die Aufgabe als unlösbar betrachtete. *Vincent* hat zwar dem Nisard grofses Lob erteilt, aber dabei spöttelt er manchmal über dessen Täuschungen und lyrischen Schwung*) — niemals hat er ihm die Entdeckung des Ursprungs der Neumen zugeschrieben; ganz im Gegenteil, er schreibt sie de Coussemaker zu, wie folgende dem *Correspondant* vom Jahre 1853 (pag. 417) entnommene Stelle beweist:

„de Coussemaker scheint uns also diese Notenschrift vollkommen charakterisiert zu haben, wenn er sagt: „die Neumen, nach unserer Ansicht, entspringen aus den Accenten;" und weiter (pag. 159): „Die Funktionen, die die Accente versehen, die Stelle, die sie einnehmen, der Zweck, den sie verfolgen, alles beweist unwidersteblich, dass sie der Ausgangspunkt der Neumen sind, mit denen sie eine unter allen Beziehungen vollkommene Übereinstimmung haben."

3. Das dritte von *Aloys Kunc* angeführte Zeugnis ist das von *Vitet*. Es ist wichtiger und man kann sogar sagen, dass es allein den Gegenstand des Streites ausmacht. Nisard hatte es schon benutzt, wie wir gesehen haben, und als eine Art Schild gebraucht,

---

*) So macht er sich z. B. lustig über folgenden charakteristischen Satz Nisard's: „mit meiner Entdeckung erblickt man dunkel eine Wissenschaft; ohne sie kommt man aus den Finsternissen nicht heraus!" (*Correspondant* 1853.)

der ihn unverwundbar machen sollte. Selbst wenn *Vitet* genau die
Erklärung abgegeben hätte, die ihm Nisard zuschreibt, so kann man
behaupten, dass diese Erklärung trotz des Ansehens, das mit dem
Namen des berühmten Mitgliedes der Akademie verbunden ist, nicht
vorhält gegen die Thatsachen, die wir gleich vorlegen werden, im
Gegenteil von demselben entkräftet wird. Allein, in der Wirklichkeit,
Nisard hat den Redakteur des *Journal des savants* sprechen lassen,
wie es sein Vorteil erheischte ihn sprechen zu lassen; überdies hat
er die Tragweite seiner Erklärungen sonderbar übertrieben. Nehmen
wir vorerst im *Journal des savants* Dezember 1853 pag. 728 die wenigen
Zeilen, die dem Teile des Nisard gewidmeten Artikels vorangehen,
und die dieser sorgfältig hat im Schatten stehen lassen:

„Die einfachen Neumen sind reine Accente; die zusammen-
gesetzten Neumen, die neumatischen Gruppen, sind Accentzusammen-
stellungen. Diese Theorie ist geistreich, sehr wahrscheinlich auch wahr,
und de Coussemaker, der sie mit Überzeugung behauptet, beansprucht
nicht minder lebhaft die Ehre, sie entdeckt zu haben; in der That
ist er der erste, der sie *öffentlich* dargelegt, entwickelt, in allen ihren
Einzelheiten erläutert hat."

Das ist klar und bündig. Entstellen wir aber in nichts den Gedanken des Textes, den wir analysieren. Der ganze Streit ruht auf
dem Wort *öffentlich*, das ich unterstrichen habe. *Vitet* scheint zu
sagen, dass, wenn de Coussemaker der erste ist, der den wirklichen
Ursprung der Neumen zur Kenntnis des Publikums gebracht hat,
andere diese Entdeckung vor ihm in der Stille ihrer Studierstube
haben machen können. Er fügt nämlich unmittelbar hinter die Worte,
die ich eben angeführt habe, hinzu:

„Was die Idee selbst betrifft, die Idee, die Neumen von den
Accenten abzuleiten, so erinnert man sich vielleicht, dass bei Besprechung von *Th. Nisard* wir sie als die Hypothese angegeben
haben, an der dieser Gelehrte sich schliefslich zu halten schien, um
den Ursprung und die Abstammung der neumatischen Zeichen*) zu
erklären; das war kurze Zeit bevor das Werk de Coussemaker's veröffentlicht worden und als es schon zweifelsohne gedruckt war."

Im Folgenden setzt *Vitet* hinzu, dass es sehr wohl vorkommen
kann, dass zwei Gelehrte, ohne mit einander in Verbindung zu stehen,
zu gleicher Zeit dieselbe Entdeckung machen. Befinden wir uns
in einem solchen Falle? Das ist die Frage, die wir betrachten wollen.

---

*) cf. *Journal des savants* Februar fasc. 1852, pag. 118.

Kommen wir vorerst auf den Februarartikel 1852 zurück, auf
den *Vitet* verweist. In der Anmerkung zu Seite 118 liest man
folgendes:

„*Seitdem dieser Artikel gedruckt ist*, hat uns *Nisard* einige
neue Gedanken mitgeteilt, womit er seine Theorie über die Grundelemente der neumatischen Notenschrift vervollständigt. Nach ihm
sind diese Elemente nicht nur der Punkt, sondern der *gravis* und
der *acutus*.“

Wir wollen keine weiteren Erklärungen geben zu der Form und
der diesem Zeugnisse angewiesenen Stelle und uns damit begnügen,
die von ihm erwähnte Thatsache festzustellen. Erst nachdem der
Artikel des *Journal des savants* im Februarhefte 1852 *bereits gedruckt
war*, hat Nisard mit Vitet von den Abänderungen gesprochen, die er an
seiner Theorie der tironischen Noten angebracht hatte. Nehmen
wir grofsmütig an, dass diese mündliche Mitteilung in den letzten
Tagen des Jahres 1851 geschehen sei, und versuchen wir es festzustellen, welches um diese Zeit die genaue Lage de Coussemaker's
war. Wenn wir auch die Frage annehmen, wie sie von *Kunc* ins
Auge gefasst worden, das heifst, als von den gedruckten Werken
unabhängig, so fangen wir doch damit an eine vergleichende Übersicht dessen zu geben, was beide Archäologen im Jahre 1851 geschrieben haben; den Schluss ziehen wir später.

Die *Histoire de l'Harmonie au Moyen-Âge* trägt das Datum 1852.
Die *Bibliographie de la France ou Journal générale de l'Imprimerie
et de la librairie* etc. ... erwähnt sie in ihrer Nummer vom 7. Februar 1852 (824). Da diese Zeitschrift nur das annähernde Datum
angiebt, an welchem die Pflichtexemplare der gedruckten Bücher
hinterlegt wurden, so habe ich einige Nachsuchungen im Ministerium
des Innern angestellt, wo ich habe sehen können, dass das betreffende
Werk den 28. Januar deponiert worden war (*Register du Dépôt
légal, 1851 u. 1852, aux Archives, F*[18] *III. année 1852, Paris*),
Aber in der Wirklichkeit bedarf diese Angabe einer näheren Bestimmung. In der November-Dezembernummer 1851 der *Annales
archéologiques* von Didron, liest man auf Seite 374 folgendes:

„**Histoire de l'Harmonie au Moyen-Âge.** — Soeben hat endlich de
Coussemaker das schöne und gelehrte Werk veröffentlicht, das wir
vor einiger Zeit ankündigten.“

Diese wenigen Zeilen sind eine Einladung die Sache noch etwas
weiter hinauf zu verfolgen. In demselben *Annales archéologiques*,
in der Juli-Augustnummer 1851, findet man einen Artikel von

de Coussemaker über das liturgische Drama, und diesen Artikel begleitet pag. 211 und 212 folgende mit Didron sen. gezeichnete Anzeige:

„Die Arbeit de Coussemaker's über das liturgische Drama ist einem grofsen Werke entnommen, *das man fertig druckt*, und das betitelt ist „Histoire de l'Harmonie au Moyen-âge."

Also im Monat Juli 1851, um nicht mehr zu sagen, war das Buch, in dem der Ursprung der Neumen zum ersten Male dargelegt werden sollte, bereits im Druck und fast beendigt. Bedenken wir nun, dass dieses Buch 400 Seiten zählt und 80 Tafeln, dass sich in dem zweiten Teile 6 noch nicht herausgegebene Abhandlungen befinden über (die) Diaphonie und den Discantus im Mittelalter, dass der dritte Teil über 50 in Farbendruck hergestellte genaue Wiedergaben von Harmoniestücken enthält, die sich vom IX. bis zum XIV. Jahrhundert inklusive erstrecken, so wird man leicht erkennen, dass ein solches Monument nicht in kurzer Zeit geschaffen wird und eine lange Vorbereitung voraussetzt. Einige der in der *Histoire de l'Harmonie* enthaltenen Materialien sind von dem Verfasser bereits von dem Augenblicke an gesammelt worden, wo er sich mit Archäologie zu beschäftigen anfing; was den Ursprung der Neumen betrifft, so ist es sehr wahrscheinlich, dass er ihn vor 1850 entdeckt hat, während der Reise, die er nach dem Monte Cassino machte.

Sehen wir nun was Nisard in dem Jahre 1851 gethan, das für die Musikwissenschaft so glänzend gewesen ist.

Im Februar 1851 veröffentlicht Nisard eine *Dissertation sur les Odes d'Horace.* — Vom *Accent* ist darin keine Rede.

Den 21. Februar 1851 unterzeichnet Nisard, um es dem Institut de France vorzulegen, dieses *Graduale*, das er als monumental bezeichnet hat, obschon es nur die Abhandlung über eine einzige Melodie enthielt, und wegen dessen er später einen Triumph gefeiert hat, obgleich das Institut de France ihn einfach zugelassen hatte die Ehre einer — dritten Medaille zu teilen. In seiner Denkschrift und seinem Fascikel spricht er kein Wort vom *Accent* (das Werk, unediert, befindet sich in der Bibliothek des Instituts).

Den 22. August 1851 liest *Lenormant* vor dem Institut seinen Bericht über das obige Werk. In den Ermunterungen und dem Lobe, das er dem Verfasser erteilt, sagt er kein Wort vom *Accente.*

Den 25. September 1851 unterzeichnet Nisard in Montpellier die Abschrift dieses berühmten zweisprachigen Manuskriptes, das eine Zeitlang sozusagen das Palladium der Archäologie gewesen ist. In dem Vorworte, das er seiner Abschrift vorausschickt, spricht er kein

Wort vom *Accent*. (Es ist nicht uninteressant hier zu bemerken, dass, als er in der *Revue de Musique sacrée* vom 15. Oktober 1864, dieses Vorwort veröffentlicht hat, Nisard ein Schriftchen umdatierte und an Stelle des 25. September „März" 1851 setzte. Es hat den Anschein. als ob er durch dieses Hinaufschieben, das wahrscheinlich durch die in den *Annales Archéologiques* von Didron enthaltenen Anzeigen verursacht wurde. dasjenige hätte entfernen wollen, was seine späteren Einsprüche hätte stören oder ihnen widersprechen können.)

Endlich kann man auch als ebenso bedeutsam durch sein Schweigen, den Artikel anführen, den *Paulin Blanc*, der Bibliothekar von Montpellier. im *Messager du Midi* vom 29. März 1851 veröffentlichte. · In diesem Artikel, von dem ich mir eine Abschrift habe schicken lassen, kündet Paulin Blanc die bevorstehende Veröffentlichung des Buches von de Coussemaker an, das bestimmt sei, der Musikwissenschaft grofse Dienste zu leisten; zu gleicher Zeit bespricht er die Ode des Horaz, die mit der begleitenden Musik in einem der Manuskripte der medizinischen Fakultät eingetragen steht; er spricht von „wissenschaftlichen Reisen", welche die Regierung ins Werk gesetzt; mit einem Wort, er zeigt, dass er Nisard kennt und dass er mit ihm in Verbindung steht, was sehr natürlich zu sein scheint, wenn man bedenkt, dass zur Zeit, wo dieser Artikel geschrieben worden ist, Nisard gerade in Montpellier war, um im Auftrage des Ministers de Parien, den Antiphonar (oder was man damals als einen solchen ansah) abzuschreiben; dabei aber lässt Paulin Blanc kein Sterbenswörtchen vom *Accent* verlauten.

Wer nun die Gewohnheiten Nisard's kennt. und weifs, wie er sich beeilte, jedesmal, wenn ihm eine neue Idee einfiel, sie sofort an die grofse Glocke zu hängen, der wird diesem Schweigen eine entscheidende Bedeutung beilegen. Sicher ist, dass, wenn während des Jahres 1851 Nisard daran gedacht hätte, dass die Neumen auf die grammatikalischen Accente zurückbezogen werden könnten, er nicht verfehlt hätte es selbst irgendwo zu sagen oder seine Entdeckung mündlich, sei es *Blanc* oder besonders *Lenormant* mitzuteilen. Allein, wie wir eben gesehen haben, weder in den Werken, die er im Jahre 1851 geschrieben hat, noch in den Aufsätzen oder Reden derer, die in diesem Jahre von ihm gesprochen haben, steht ein einziges Wort, welches zu dem Glauben berechtigte, dass die von ihm 1849 und 1850 dargelegte Lehre irgend eine Umänderung erfahren habe. Wenn wirklich (wie wir es glauben wollen) *Nisard* mit *Vitet* über den Ursprung der Neumen gesprochen hat, als ein im Februar 1852

erschienener Aufsatz im *Journal des Savants* „gedruckt war", das
heißt im Januar 1852, oder im Dezember 1851, so ist diese mündliche Mitteilung zu spät geschehen, um Nisard zu erlauben zu sagen,
dass er eine Entdeckung *zu gleicher Zeit* wie de Coussemaker gemacht habe; denn im Dezember 1851 war die *Histoire de l'Harmonie
au Moyen-Âge* völlig gedruckt, und man sprach schon seit ziemlich
langer Zeit von ihr, wie es die *Annales archéologiques* von Didron
beweisen, und wie *Vitet* es selbst bekennt.   Streng genommen
könnten wir hier unsere Beweisführung abbrechen und jedes andere
Argument als überflüssig betrachten; wir müssen jedoch der Vollständigkeit wegen einen letzten Grund prüfen, den *Aloys Kunc* anführt, um sein Paradoxon zu stützen.

    4. Das letzte Zeugnis, hinter dem man sich verschanzt, um die
Ansprüche Nisard's zu rechtfertigen, ist das von Dom *Pothier*, dem
klassischen Verfasser der *Mélodies grégoriennes*.   In dem *De la
Virga dans les neumes* betitelten Schriftchen (Solesmes, 1882, pag. 27)
liest man folgendes: „Wenn wir wo anders behaupten, dass nach
Th. Nisard Dom Schubiger, de Coussemaker und anderen die Neumen
sich von den grammatikalischen Accenten herleiten u. s. w. ..." und
nachdem Nisard diese Zeilen gelesen, an die zu erinnern Kunc nicht
verfehlt hat, rief er in einer Note seiner *Archéologie musicale* trium-
phierend aus: „Dom Pothier hat mir endlich die Stelle und den Rang
gegönnt, die mir gebühren."

    In betreff dieses letzten Argumentes können dreierlei Bemerkungen
gemacht werden:

    Erstens, der Satz, der den Namen Nisard's an die Spitze derer
stellt, die den Ursprung der Neumen erklärt haben, muss (das ergiebt
sich aus der Note selbst von Nisard) als ein in letzter Stunde dem
Verfasser der *Mélodies grégoriennes* entrissenes Zugeständnis betrachtet werden, das eines seiner früheren Urteile abändert. Warum
hat der französische Meister der Wissenschaft des gregorianischen
Gesanges seine frühere Meinung in einem Sinne verbessert, die für
Nisard so günstig zu sein scheint? Ich habe einige Personen befragt,
die Dom Pothier gekannt haben; sie sagten mir, dass der gelehrte
Benediktiner ein friedlicher und gar wenig streitbarer Mann sei, ein
Feind der Federkriege, immer zur Versöhnung geneigt. Als er sah,
wie Nisard ihm sehr lebhaft opponierte und gar laut schrie: man
hätte ihm Unrecht gethan, so ist es wohl möglich, dass er diesem
Cerberus einen Honigkuchen zuwerfen wollte, um ihn zu besänftigen;
er hätte sich desto leichter dazu entschlossen, als es sich einfach um

eine Sache des Ehrgeizes, um einen Rangstreit handelte, und nicht
um eine Prinzipienfrage. Zweitens ist es nicht bewiesen, dass, als
er diesen Satz geschrieben hat: „nach Nisard, Schubiger, de Coussemaker" ... Dom Pothier hätte damit sagen wollen, dass historisch
und chronologisch Nisard der erste Champollion wäre, der den Ursprung der Neumen entdeckt hätte, denn in diesem Falle müsste man
aus demselben Satze schliefsen, dass Dom Schubiger der zweite
wäre und dass de Coussemaker erst an dritter Stelle käme. Da die
Reihenfolge, in der die Namen Schubiger und de Coussemaker erwähnt
werden, nicht der der Daten entspricht (was nicht bewiesen zu werden
braucht), so folgt daraus, dass der Satz im ganzen den Sinn verliert,
den man ihm beilegt und nicht mehr die Eigenschaft einer metho-
dischen Reihenfolge besitzt, die historisch begründet wäre.

Wenn übrigens die Erklärung von Dom Pothier wirklich die
Wichtigkeit hat, die man darin sieht, wenn sie nicht die Gefälligkeits-
erweisung eines Mannes ist, der, obschon ein Freund der Wahrheit,
doch den Plato nicht betrüben möchte, so fürchten wir nicht zu
sagen: Dom Pothier hat sich geirrt. Seine Worte, freiwillig oder
nicht, weichen von der strengen Wahrheit ab. Die Thatsachen, die
wir dargelegt haben, erlauben uns es zu versichern. Den Beweisen,
die ich geliefert habe, könnte man das Zeugniss der Kritiker hinzufügen, die zu dieser Zeit lebten und bei der Rezension des Buches
von de Coussemaker, ihm ohne das geringste Bedenken die Ehre
der Entdeckung zuschrieben.

„Die Neumen, schreibt *Félix Clément*, sind der Gegenstand einer
gründlichen Betrachtung, und de Coussemaker hat nicht angestanden
ihnen einen neuen Ursprung zuzuschreiben. Nach unserer Ansicht,
sagt er, leiten die Neumen ihren Ursprung von den Accenten ab."
(*L'ami de la religion*, 11. Mai 1852).

„De Cousemaker, sagt Jules Tardif, weist dieser Notenschrift
einen römischen Ursprung zu; dann weist er nach, dass die Zeichen,
aus denen sie bestehen, nicht vom *Punkte* abstammen, wie Th. Nisard
es behauptet, sondern vom *acutus*, *gravis* und *circumflex*; er stützt
diese geistreiche These auf bereits bekannte Texte und auf noch un-
veröffentlichte Dokumente, die er seiner Arbeit hinzufügt" (*Bibliothèque de l'Ecole des Chartes*, Mai-Juni 1852, pag. 489).

„Ich habe gezeigt", sagt Joseph d'Ortigue, „dass de Coussemaker
auf sehr geistreiche Art den Ursprung der Diaphonie im Mittelalter
erklärt hat. Nicht weniger Scharfsinn hat er bewiesen in betreff der
Neumen, deren Ursprung er den Accenten zuschreibt. Ich weifs

nicht, ob dieser Gedanke Einwände von Seiten der Musikologen hervorrufen wird, welche alle den Anspruch erheben, den Schlüssel zu diesen Musikhieroglyphen gefunden zu haben; aber von vornherein zieht er die Aufmerksamkeit auf sich und weist eine sehr neue und anscheinend wahre Ansicht auf." (*Journal des Debats* vom 11. Juni 1852) etc.

Übrigens, wenn Nisard daran gedacht hätte, die Neumen von den Accenten abzuleiten, so hätte dieser Gedanke einen Einfluss auf seine späteren Werke ausgeübt; nun sagt er im Gegenteil in seinen Études sur la restauration du chant grégorien (1856): „qui pourra jamais supposer qu'au moment où il (Grégoire le grand) détruisait en faveur des barbares du dedans & du dehors *jusqu'aux dernières traces le l'accentuation latine*, il ait songé à donner aux fidèles, autre chote qu'un chant simple & facile, planus cantus?" (S. 5).

Poena manifesti furti, capitalis erat, sagt der römische Jurisconsultus. Die Musikarchäologie kann sicher kein so strenges Strafgesetzbuch wie das des alten Roms haben; allein es genügt ihr die vollständigen Akten eines Prozesses zu veröffentlichen, damit der Leser selbst das Urteil fällen kann. Gewiss hat Nisard auf dem Gebiete des gregorianischen Gesanges eine Sachkenntniss und eine Thätigkeit bewiesen, die man nicht verkennen darf; er hat das Verdienst gehabt in seinen *Etudes* von 1849—1850 den ungereimten und sperrigen Theorien von *Fétis* über den Ursprung der Neumen den Gnadenstofs zu versetzen; er hat sogar eine Entdeckung gemacht, (deren ganze Wichtigkeit er selbst nicht verstanden zu haben scheint) als er sagte, dass die *Virga* keinen Wert der Dauer anzeige. Allein Gerechtigkeit und Wahrheit treten, wie wir es gesehen haben, Ansprüchen entgegen, die nichts rechtfertigen und die alles verurteilen. Ich wüsste nicht besser zu schliefsen, als indem ich die Worte wiederhole, die Dom *Laurent Janssens* auf dem Kongress zu Mecheln in betreff des Rhythmus im gregorianischen Gesange aussprach: „Er (Nisard) begnüge sich schon mit der ganz besonderen Ehre auf dem Postament zu stehen, weil er die Lösung der Aufgabe beschleunigt habe."

Zur Totenliste 1893.

Zusätze und Verbesserungen von C. Lüstner.

Basta, Frau Marie, ist zu streichen. Widerruf Lessm. 559. Wbl. 588.

Kometschar, Andreas, ist hinzuzufügen: Komponist von Männerchören.

Palmer, Percy, st. am 18. Aug., nicht d. 23.

Pichler, Karl, st. in München. nicht in Frankfurt a. M. Bühngen. 51.

Schirmer, Gustav, st. nicht in New York, sondern in Eisenach, wo er
sich zur Erholung aufhielt. Wbl. 476.

Schölcher, Victor, st. am 12. Dez. M. Tim. 1894, 101.

Uzès, Jules, Pianist und Komponist, st. 22. Sept. in Poissy bei Paris,
— geb. 1842 in Avignon. Ménestrel 352.

de Valdemora, lies Valdemosa.

Das Stammbuchblatt von Walter Rowe 1614.

In den Monatsheften 1894 S. 158 wurde eine Coranto für die
Viola bastarda mitgeteilt, die aber durch ein Versehen sehr unglück-
lich ausgefallen ist. Nach einem Vergleiche mit dem Originale muss
die Tabulatur wie folgt heifsen:

Mitteilungen.

* *Peiser, Karl*: Johann Adam Hiller. Ein Beitrag zur Musikgeschichte des
18. Jhs. Leipzig 1894. Gebr. Hugh & Co. 8°. 136 S. Eine sehr anerkennens-

werte auf sicheren Quellen basierende Biographie des alten Hiller. Sie spiegelt den
biederen einfachen, echt deutschen Charakter in trefflicher Weise ab, zeigt ihn
uns als Menschen und Künstler, als Schriftsteller, Lehrer, Dirigent und Komponist.
Der Verfasser verschmäht es seine Biographie, entgegen der jetzigen Manie, mit
einem breiten Hintergrunde auszustatten, der die ganze Zeit mit allen hervorragenden Männern umfasst und sich in einen Wirrwar stürzt, der wenig geeignet
wäre die Thätigkeit Hiller's zu heben. Gerade hier passt eine einfache Würdigung
und Erzählung seines Leben ganz vortrefflich, und wir können mit gutem Recht
dieselbe jedermann empfehlen. Selbst der Laie wird seine Freude daran haben.

* *Haberl*, Dr. *Franz Xav.* Kirchenmusikalisches Jahrbuch 1895. Zehnter
Jahrg. Regensburg, Pustet. hoch 4⁰. Pr. 2 M. Der diesjährige Jahrgang ist
ganz besonders reichhaltig an musikhistorischen Artikeln. Als Musikbeilage sind
2 Passionen von *Francesco Soriano*, dessen Biographie auch später von *Haberl*
folgt, mitgeteilt, dann folgt ein Auszug, halb im Original, halb in deutscher Übersetzung aus *Ugolino's von Orvieto* Musiklehre von P. *Utto Kornmüller*, der eine
biographische Skizze von *Haberl* folgt. Der nächste Artikel handelt über *Palestrina* und *Orlando di Lasso*, teils biographisch, teils kritisch. Dann folgen Excerpte
über die baiersche Hofkapelle in München vom verstorbenen J. J. Maier. *Johann
Buchner*, Biograph. von *Ernst von Werra*, darauf noch 24 Seiten Anzeigen und
Kritiken neuerer Werke.

* *Jakob Thomasius*, Rektor der Thomasschule (in Leipzig); wissenschaftl.
Artikel im Jahresberichte des Thomasgymnasiums in Leipzig von Prof. Dr. *Rich.
Sachse* (Leipzig 1894. Druck von Alex. Edelmann, Universitäts-Buchdr.) gr. 4⁰.
34 S. — Thomasius selbst hat für die Musikgeschichte kein Interesse, da aber der
Herr Verfasser die unter seiner Leitung stehenden Lehrer auch in den Bereich
seiner Untersuchungen zieht, so ist von S. 25 ab auch den beiden Kantoren:
Sebastian Knüpfer und *Johann Schelle*, über die wir bisher sehr wenig unterrichtet waren, eine dokumentarische Behandlung zu teil geworden. Über *Knüpfer*
ist die Ausbeute sehr gering, er starb bald nach dem Amtsantritte Thomasius' am
10. Okt. 1676, kaum 53 Jahre alt. Seine beiden Söhne, Joh. Magnus und Gottfried Christian besuchten damals die Thomasschule als Sekundaner und Tertianer.
Bis zur Wiederbesetzung des Kantorats versah die Geschäfte des Kantors ein
früherer Alumnus, der Student *Joh. Georg Krause.* Als Bewerber zum Kantorat
traten auf *Georg Bleyer.* Einflussreiche Gönnerschaft, ein gewandtes Benehmen
und vor allem Vertrautheit mit der italienischen Musik standen ihm empfehlend
zur Seite. Man sagt, er habe, um sich in der Musik auszubilden, sich 14 Monate
in Rom und 2 Jahre in Frankreich aufgehalten; dann hatte er in Rudolstadt bei
der Kapelle gedient und war später zur Dresdener Kapelle übergegangen. Dort
freilich hatte er sich mit den Italienern nicht vertragen können und war deshalb
seines Dienstes entlassen worden (letztere Stellung ist bisher unbekannt, nur die
in Rudolstadt ist durch sein bekanntes Druckwerk nachweisbar und zwar war er
um 1660 und 1670 dort Hofmusikus und „Cammerschreiber"). Sein Geburtsort
ist unsicher, Walther nennt Saalfeld, Wolfram und Karl Stiehl Lübeck, ohne Nachweise. Seine Ausbildung hatte er auf der Thomasschule erhalten (der Verfasser
schöpft obige Nachrichten aus dem Tagebuch und der Eingabe Bleyer's an den
Rat). Er sagt weiter: Bei seiner Bewerbung um die Kantorstelle suchte er alles
geltend zu machen, was ihm förderlich sein konnte, nicht nur seine musikalische
Tüchtigkeit, sondern auch seine deutschen Gedichte, die ihm die Würde eines ge-

krönten Kais. Dichters verschafft hatten. Schon am 26. Nov. 1676 fand die Probe in der Nikolaikirche und bald darauf eine zweite in der Thomaskirche statt. Am 5. Jan. 1677 die Prüfung in der lateinischen Sprache, da er als Kantor in der 3. u. 4. Klasse lateinischen Unterricht zu erteilen hatte. Der Rektor Thomasius war zwar Bleyer wohlgesinnt und fasste das Zeugnis sehr vorsichtig ab, dennoch lautete es nicht so günstig wie es der Stadtrat verlangte und Bleyer wurde übergangen. Noch Ende des Jahres 1676 legten der Liegnitzer Kantor *Span*, *Johann Theile*, Kantor zu Gottorp, *Johann Schelle*, Kantor zu Eilenburg, am 1. und 2. Weihnachtsfeiertage und am 31. Dez. 1676 ihre Prüfung ab. Am 1. Jan. 1677 der Leipziger Stadtpfeifer *Joh. Pezelt*. *Johann Schelle* wurde gewählt und am 19. März 1677 eingeführt. Der Bürgermeister Lorenz und sein Bruder zeigten sich ihm feindlich gesinnt und erschienen nicht bei der Einführung, stellten sich ihm auch später noch feindlich gegenüber als Schelle statt lateinischer Texte deutsche bei den Kirchenaufführungen einführte; eine Neuerung. die bei den Bürgern allgemeinen Anklang fand, vom Bürgermeister aber verboten, aber auf Vorstellung des Rektors und Superintendenten in der Ratssitzung wieder aufgehoben wurde. Der Verfasser teilt dann noch aus dem Tagebuche einiges über die Familie Schelle's mit, was aber für uns von wenig Belang ist.

* *Bibliotheca musico-liturgica.* Unter diesem Titel lässt die Gesellschaft für Choral und mittelalterliche Musik in London eine sehr interessante Publikation erscheinen, nämlich ein Verzeichnis der liturgischen und musikalischen Manuskripte, welche in den öffentlichen und privaten Bibliotheken Englands und Irlands aufbewahrt werden. Die erste Collection (40 Seiten in 4⁰ in englischer Sprache) umfasst schon die Beschreibung von 113 Manuskripten. Jedes Manuskript ist kurz aber ausreichend beschrieben. Diese Ausgabe besorgt Herr *Howard Frère*, der gelehrte Autor der Vorrede zu dem Graduale Sarisburiense. Die erste Lieferung von 4 Bll. ist erschienen. Es werden nur 300 Exemplare abgezogen. (Adresse: Publication de The Plainsong and Mediaeval Music Society, 14 Westbourne Terrace Road in London). *P. B.*

* *Kurt Bendorf:* Setbus Calvisius als Musiktheoretiker. Doktor-Dissertation. Leipzig 1894. Breitkopf & Haertel. 8⁰. 64 S. Eine sehr wertvolle Arbeit, wertvoll ganz besonders dadurch, dass der Verfasser überall Calvisius' Lehrsätze mit denen Zarlino's in Vergleich stellt und den Leser nicht nur mit seinem Urteile abspeist, sondern durchweg die Lehrsätze beider im Originale und in deutscher Übersetzung mitteilt. Die theoretischen, akustischen, ja sogar die musikhistorischen Ansichten der damaligen Zeit werden dadurch in einer Weise bekannt gemacht und erklärt, die jedem Historiker von grofsem Wert sein müssen. Der Herr Verfasser beginnt mit der Elementarlehre und Bocedisation, das ist die Solmisation auf 7 Silben vermehrt. Eine historische Übersicht über die Solmisation führt uns zu den Versuchen aus dem Hexachord ein Heptachord zu machen. Diesem folgt die Kompositionslehre, die Intervallenlehre, der zweistimmige Satz, die Modi, die sowohl Zarlino als Calvisius nach Glarean's Lehre erklären. Darauf folgt „de Fugis". Sehr wichtig und bisher völlig übersehen, ist die Lehre Zarlino über die Textunterlage bei Gesängen. In deutscher Übersetzung lautet sie: 1. Zu jeder langen oder kurzen Silbe ist die ihrem Wert entsprechende Note zu setzen. — 2. Zu jeder Ligatur von mehreren Noten im Cantus figuratus oder planus gehört nur eine Silbe, die am Anfange auszusprechen ist. — 3. Zu dem Punkte hinter einer Note im figurierten Gesange darf keine Silbe ausgesprochen werden. — 4. Zu einer Semiminima (Viertelnote) oder

kleineren Note pflegt man selten eine Silbe auszusprechen; ebenso zu einer Note, die ihr unmittelbar folgt. — 5. Noten, die auf punktierte Semibreven (halbe Note) und Minimen folgen und einen kleineren Wert haben, als der Punkt ausdrückt, dürfen keine Silbe haben; ebensowenig die Noten, welche dieser unmittelbar folgen, — 6. Wenn man, durch die Not gezwungen, zur Semiminima eine Silbe setzt, kann man auch der folgenden Note eine andere Silbe unterlegen. — 7. Zu jeder Note, die am Anfange eines Stückes oder in der Mitte nach einer Pause steht, gehört notwendigerweise eine Silbe. — 8. Im Cantus planus wiederholt man niemals ein Wort oder eine Silbe, im Cantus figuratus jedoch sind solche Wiederholungen zulässig, zwar nicht einer Silbe oder eines Wortes, aber doch eines Satzteils, wenn ein selbständiger Sinn darin ist. — 9. Wenn alle Silben auf die Noten verteilt sind und allein die vorletzte und letzte Silbe übrig bleiben, so hat jene das Vorrecht mit mehreren Noten von kleineren Werten ausgestattet zu werden, wenn sie lang ist (was viele Neuma nennen). — 10. Die letzte Silbe des Textes muss auf der letzten Note der Cantilene stehen. Der nächste Abschnitt behandelt die Moduslehre. Den Schluss bildet Zarlino's und Calvisius' Kenntnis von der früheren Musikausübung, die allerdings auf sehr schwachen Füßen steht. Die Arbeit ist jedem Musikhistoriker angelegentlichst zu empfehlen.

* 2. Quittung über eingesendete Beiträge für 1895 von den Herren Lion. Benson, Rich. Bertling, Prof. Braune, Fr. Curtius-Nohl, C. Dangler, Dr. Dörffel, W. P. H. Jansen, Prof. Kade, Dr. W. Kaiser, Prof. Osw. Koller, Baron Al. Kraus, Prof. Em. Krause, G. S. L. Löhr, Fr. Niecks, Prof. Ad. Prosnitz, A. Reinbrecht, B. Fr. Richter, Rev. E. J. Richter, P. Runge, J. Schreyer, Rich. Schumacher, Dr. Hans Sommer, Wm. Barcl. Squire, Prof. Stockhausen, Geh. Med. Rat Prof. Dr. Wagener, Wilh. Weber, A. Woworsky. — Fürstl. Bibliothek zu Wernigerode, Gesellschaft der Musikfreunde, Gesangverein zu Basel, Musikschule zu Basel, Kgl. Seminar zu Annaberg.

Templin, den 27. Febr. 1895. *Rob. Eitner.*

* Die Redaktion der Monatshefte sucht die Jahrg. 1880, 1881 und bittet um Angebote.

* 1 *Virdung*, Musica getutscht und aufgezogen von 1511 in der 1. neuen Ausg. auf Büttenpapier in Schweinslederumschlag, gez. mit Exemplar 80, ist von der Redakt. für 10 M zu erwerben.

* Hierbei eine Beilage: Katalog Zwickau Bog. 23.

Verantwortlicher Redakteur Robert Eitner, Templin (Uckermark).
Druck von Hermann Beyer & Söhne in Langensalza.

MONATSHEFTE

für

MUSIK - GESCHICHTE

herausgegeben

von

der Gesellschaft für Musikforschung.

XXVII. Jahrgang. **1895.**	Preis des Jahrganges 9 Mk. Monatlich erscheint eine Nummer von 1 bis 2 Bogen. Insertionsgebühren für die Zeile 30 Pf. Kommissionsverlag von Breitkopf & Härtel in Leipzig. Bestellungen nimmt jede Buch- und Musikhandlung entgegen.	**No. 4.**

Die Plica im gregorianischen Gesange und im Mensuralgesange.

Die in der Neumenschrift vorhandenen Notenzeichen Epiphonus und Cephalikus sind in der Quadratnotenschrift zur Plica ascendens und Plica descendens geworden. Der Epiphonus ist ein Podatus, dessen letzter Strich verkürzt ist; der Cephalikus eine Clivis, deren letzter Strich verkürzt und eingebogen ist. Der durch den verkürzten Strich bezeichnete Ton wird liquescent, d. h. er fliefst aus und schwindet in der Aussprache, so dass man ihn kaum abschliefsen hört. Auch Schlussnoten anderer Notengruppen können in derselben Weise liquescent werden. Das Verhältnis der liquescenten Noten im gregorianischen Gesange ist von *D. Pothier* in seinen Mélodies grégoriennes S. 63 und S. 119, von den Autoren der Paléographie musicale Band II, S. 37 bis 84 und neuerdings von *D. Pothier* in der Revue du Chant grégorien, 3 Jahrgang, Nr. 4 sehr genau und ausführlich dargelegt. In der letzten Arbeit weist der unermüdliche Forscher sehr beachtenswerte Thatsachen nach, welche sich aus dem Verhältnisse der Plica in dem gregorianischen Chorale und in dem Mensuralgesange ergeben.

In dem gregorianischen Gesange findet sich die Plica nie innerhalb, sondern nur als Schlusston einer Gruppe unmittelbar vor dem Übergange zu einer neuen Silbe, wenn zwei Vokale einen Doppellaut (laus) bilden, oder wenn zwei Konsonanten, welche zwei verschiedenen

Silben angehören, unmittelbar nach einander ausgesprochen werden
sollen, sei es in demselben Worte oder in zwei verschiedenen Worten,
ohne dass es zwischen ihnen eine Pause giebt (confundantur, ad te,
welche man aussprach con°fun°dan°tur, ad°te, oder besser con'fun'dan'tur.
ad' te). Der liquescente Ton entsteht durch die Vorbereitung, welche
die Stimmorgane treffen müssen, um aus der für den ersten Vokal
oder Konsonanten eingenommenen Stellung in die Stellung zu gelangen, welche der folgende Vokal oder Konsonant zu seiner richtigen
Aussprache bedarf. Hat eine Silbe einen Doppellaut, so werden die
zur Silbe gehörenden Noten auf den ersten Vokal gesungen; dieser
bleibt jedoch nicht bis zu Ende unverändert. Etwas vor dem Ergreifen des zweiten Vokales beginnen die Stimmorgane ihre erste
Stellung zu verändern, um im voraus die Stellung einzunehmen, welche
das Hervorbringen des zweiten Vokales verlangt. Diese Veränderung
vollzieht sich auf der letzten Note, welche dadurch sich verzehrt, er-
drückt wird und, wie Guido sagt, nicht zu endigen scheint.

Ein ähnliches Erlöschen und Erdrücken des Tones im Momente
des Überganges von einer Silbe zu einer andern entsteht, wenn zwei
Konsonanten nach einander ausgesprochen werden. Die Artikulation
des ersten Konsonanten geschieht oder bereitet sich vielmehr vor auf
Kosten der Silbe, welche man verlässt; bevor jedoch die Silbe schliefst,
nehmen schon die Organe die für die Artikulation des Schlusskonso-
nanten erforderliche Stellung ein. Diese vorbereitende Bewegung be-
wirkt ein Zusammendrücken und allmäliches Ersticken des Tones, so
dass man auch hier, wie bei zwei Vokalen, nicht hört, wann die
Silbe endigt. Der Konsonant, welcher so den Vokal an Klang verlieren lässt, verliert zugleich selbst an Wert. Es folgt kein Vokal,
auf den er fallen könnte; er fällt wohl, aber in einen leeren Raum;
oder vielmehr, indem er mit dem ihm folgenden Konsonanten zu-
sammenstöfst, hat er nicht mehr seinen normalen Ausdruck. Daher
die stumpfe und unfertige Artikulation; daher das stumme e zwischen
den beiden Konsonanten. Diese Interpretation der Plica ist im Grunde
genommen nur eine einfache Analyse einer natürlichen Thatsache der
Aussprache, welche genügend die Verhältnisse erklärt, unter welchen
die Plica in den Monumenten vorkommt. Man wird auch verstehen,
was die besten Autoren darüber sagen; den Guido von Arezzo, den
klarsten von allen, wird man verstehen, wenn er von Tönen spricht,
welche fliefsen, zerfliefsen, liquescunt, von Silben, welche nicht zu
endigen scheinen: nec finiri videantur. Ebenso wird man solche, wie
Marchettus von Padua, verstehen, wenn sie sprechen von verstellter

Stimme im Gegensatze von voller Stimme, cum voce ficta dissimili a voce integra prolata, (Gerbert, Script. III. 181, cf. Theoderich de Campa, Coussemaker, Script. III. 190.)

Anders verhält es sich bei den Mensuralisten; ihnen ist das Verständnis der Natur des liquescenten Tones abhanden gekommen. So will Aristoteles, bei Coussemaker, Script. I. 173, die Plica ausgeführt haben in voce per compositionem epiglotti cum repercussione gutturis subtiliter inclusa; er will mit dem Zeichen eine künstliche Wirkung ausdrücken, welche, wenn man will, mit dem erstickten Tone eine gewisse Beziehung hat, von dem wir gesprochen haben; indes, es besteht ein Unterschied. — Derselbe Autor definiert die Plica als ein Notenzeichen, dessen Wert sich auf zwei Töne verteilt, welche um eines der sechs Intervalle von einander entfernt sind, welche regelmäßig im Chorale nur zur Anwendung kommen: Plica nihil aliud est quam signum dividens sonum in sono diverso per diversas vocum distantias tam ascendendo quam descendendo, videlicet per semitonium et tonum, per semiditonum et ditonum, et per diatessaron et diapente. — Das steigende oder fallende Intervall für den Ton, der sich in der Plica lostrennen soll, ist nur in seltenen Manuskripten angegeben, wo der zweite Strich an seinem Ende eine kleine Note trägt, welche durch ihre Stellung auf dem Liniensystem das gewünschte Intervall kenntlich macht.

Während die Mensuralisten die traditionellen graphischen Formeln der Noten bewahrten, gaben sie ihnen aber metrische Werte, welche der rhythmischen Tradition entgegen sind. Sie behandelten die Plica für sich, wie die andern Notengattungen, indem sie die Plica perfecta von 3, die Plica imperfecta von 2, die recta Brevis von 1 und die altera Brevis von 2 Zeiten unterschieden. Es ist klar, dass alles dieses keine Beziehung zum gregorianischen Gesange hat. Die musica plana, von welcher die Mensuralisten sprechen, ist nicht der gewöhnliche Choral, sondern sie ist die Grundlage der Motetten, zu welcher sie einen Satz des Chorals entnahmen, dessen Formeln sie zerbrachen und als Bassstimme für ihre Motetten zurecht machten. Jede so dem Chorale entlehnte, ihm aber nicht mehr angehörende Note dauerte gewöhnlich einen ganzen Takt hindurch. Der vorher genannte Aristoteles giebt selbst sehr deutlich an, was er unter der musica plana versteht: er und die andern Autoren der Mensuralmusik verstehen darunter einzig und allein die Partie des Basses mehrstimmiger Kompositionen des 14. und 15. Jahrhunderts: „Plana musica ... super quam omnes motetti et omne organum fundari tenentur."

4*

Man sieht, dass die Interpretation der Plica nicht mehr die der
Alten ist, und dass das, was die Autoren sagen, welche sich mit der
Mensuralmusik beschäftigen, für den gregorianischen Choral weder
Wichtigkeit noch praktischen Nutzen hat.   P. Bohn.

Der Hymnarius von 1524.

Von Wilhelm Bäumker.

In einem Aufsatze über Petrus Tritonius in den Monatsheften
Nr. 2 c. behauptet Herr Dr. *Fr. Waldner*, der Hymnarius, gedruckt
zu Sigmundslust im Jahre 1524, könne mit Recht als das *älteste*
katholische Gesangbuch bezeichnet werden und fügt in einer Anmerkung hinzu, bis jetzt sei stets das Vehe'sche Gesangbüchlein vom
J. 1537 als solches angeführt worden. In wieweit Herr Dr. Waldner
mit seiner Behauptung im Irrtume sich befindet, mögen die folgenden Zeilen klar legen.

Zunächst konstatiere ich, dass der Hymnarius von Sigmundslust
1524 ein den Hymnologen ganz bekanntes Buch ist. Hoffmann
von Fallersleben citiert dasselbe in seiner „Geschichte des deutschen
Kirchenliedes" 3. Ausg., Hannover 1861, S. 272, wo eine Probe daraus mitgeteilt wird. Philipp Wackernagel beschreibt das Buch in
seiner „Bibliographie zur Geschichte des deutschen Kirchenliedes".
Frankfurt a. M. 1855, S. 54, Nr. 141 nach dem Exemplare der
Göttinger Universitätsbibliothek. Im II. Bande seines Werkes „Das
deutsche Kirchenlied" Leipzig 1867 druckt derselbe sodann im
ganzen 54 Nummern daraus ab (Nr. 567, 571, 938 und 1347 bis
1398). Im IV. Bande des genannten Werkes S. 1113 ff. beschreibt
er den Hymnarius nochmals sehr ausführlich nach dem Exemplare
der Herrn von Maltzahn. Aufserdem nennt er noch Exemplare in
Göttingen, München und Berlin. Das Buch ist demnach so selten
nicht, wie Herr Dr. Waldner annimmt. Mit dem Exemplare, welches
er selbst auf der Bibliothek des Ferdinandeum's in Innsbruck entdeckt hat, kennen wir jetzt fünf Stück. Das Exemplar der Universitäts-
bibliothek in Göttingen, welches ich selbst eingesehen habe, enthält,
wie in meiner Beschreibung (Das kath. deutsche Kirchenlied, Freiburg 1886, S. 63) zu lesen steht, keine Musiknoten, sondern nur
vierzeilige Notenlinien. Ebenso verhält es sich nach der Versicherung
Wackernagel's mit dem Exemplare, welches dem Herrn von Maltzahn
in Berlin gehörte (Kirchenlied IV, S. 1114). Das Exemplar der

Königl. Bibliothek in Berlin und das der Hofbibliothek in München enthalten, wie Herr Dr. Joh. Bolte in Berlin und Herr Professor Dr. Grauert in München mir freundlichst mitteilen, ebenfalls keine Musiknoten. Der Hymnarius von Sigmundslust war eben ein Buch zur Privaterbauung, in welches der Käufer die Noten der Singweise des betreffenden lateinischen Hymnus selbst eintragen konnte. Als ältestes gedrucktes katholisches Gesangbuch mit Musiknoten kann demnach der Hymnarius nicht gelten, weil in ihm keine Singweisen zum Abdrucke gebracht sind. Noch viel weniger repräsentiert der gen. Hymnarius das älteste gedruckte katholische Gesangbuch *ohne Musiknoten*. Wenn man Zusammenstellungen von Hymnenübersetzungen und neu gedichteten geistlichen Liedern, die nach den alten Hymnenmelodien gesungen werden sollen, Gesangbücher nennen will, dann besitzen wir deren mehrere, die schon vor dem Jahre 1524 erschienen waren. Die „ettlich tewtsch ymni oder lobgesange", Heidelberg 1494 waren ausdrücklich zum Singen bestimmt (Bäumker, Kirchenlied I, S. 52, Nr. 11. Hoffmann von Fallersleben a. a. O., S. 262. Wackernagel, Bibliographie Nr. 8). Andere metrische Übersetzungen von lateinischen Hymnen, die nach deren Melodien gesungen werden können, im „Curss vom sacrament" 1497 (Bäumker, Kirchenlied I, S. 53, Nr. 14, Wackernagel, Bibliographie Nr. 14, Hoffmann von Fallersleben a. a. O., S. 265 ff.), ferner die in's Deutsche übertragenen Hymnen in den verschiedenen Ausgaben des „Hortulus animae", Strafsburg 1501 etc. (Bäumker, Kirchenlied I, S. 54, Nr. 33, wo die andern Ausgaben genannt sind. Wackernagel, Bibliographie Nr. 28; Bäumker, Kirchenlied II, Nr. 1075 ff., Hoffmann von Fallersleben a. a. O., Nr. 134—137) übergehe ich und will nur noch auf ein Buch aufmerksam machen, welches im Jahre 1517 gedruckt wurde. „Passio Christi von Martino Myllio in Wengen zuo Ulm gaistlichen Chorherrn, gebracht, vnnd gemacht nach der gerümpten Musica, als man die Hymnus gewont zegebrauchen. Und hie bey angezaigt vor yedem gedicht, vnder was Melodey zuo singen werd." Das Buch enthält 26 neu gedichtete geistliche Lieder, welche nach den Melodien der angezeigten lateinischen Hymnen gesungen werden sollen. (Bäumker, Kirchenlied I, S. 59, Nr. 79—80. Wackernagel, Bibliographie, Nr. 80, Kirchenlied II, Nr. 1337—1346, Hoffmann von Fallersleben a. a. O., S. 482 ff.)

Die angeführten Sammlungen (auch die Sigmundsluster) sind aber alle keine *Gesangbücher*, sondern nur die Vorläufer derselben. Das erste gröfsere Gesangbuch mit Noten ist, wenn man von dem

Achtliederdrucke (1524) absehen will, das lutherische Erfurter Enchiridion 1524. Das erste Gesangbuch auf katholischer Seite ist und bleibt vorläufig das Gesangbüchlein von Michael Vehe 1537.

Die Instrumentalbegleitung der italienischen Musikdramen in der ersten Hälfte des XVII. Jahrhunderts.

Von Dr. Hugo Goldschmidt.

Die Geschichte der Musik im XV. und XVI. Jahrhundert hat eine weit eingehendere Behandlung erfahren als diejenige des XVII. Jene Periode fesselt den Forscher sowohl durch die Kontinuität und Logik ihrer Entwickelung, als durch die Großartigkeit einzelner Erscheinungen; das neue Jahrhundert hingegen, einen Bruch mit der bisherigen Entwickelung vollziehend und herabsteigend von der stolzen Höhe des schon Errungenen, tastend und suchend nach neuen Formen und Ausdrucksmitteln, bedeutet zunächst einen musikalischen Rückschritt, der uns mitten heraus aus einer reich erschlossenen Kunstausübung zurückstößt in eine trübe Zeit der Gärung. Während ihm dort allenthalben die reifen Früchte eines jahrhundertelangen Schaffens winken, muss er hier mühsam unter den zahllosen Produkten hilfloser, kindlicher Unbeholfenheit Umschau halten, wo sich ein fortbildungsfähiger und wirklich fortentwickelter Keim findet. Aber sollte nicht gerade dieses Experimentieren einer kindlichen Kunst auf den Historiker einen besonderen Reiz ausüben? Woher also die Dürftigkeit der Literatur über die Musikgeschichte im Anfange des XVII. Jahrhunderts, welche erst in neuer und neuster Zeit anfängt sich reicher zu gestalten? Einen sehr triftigen Grund glaube ich in der Mangelhaftigkeit unserer Quellen anführen zu können. Die Meister der alten Schule veröffentlichten ihre Werke in Stimmbüchern, aus denen wir die vollständige Partitur herzustellen jederzeit in der Lage sind. Von sehr beliebten Komponisten sind uns sogar vollständige Partituren überkommen, so die sechs Bücher Madrigale des ersten Chromatikers des genialen Gesualdo Prencipe di Venosa (kgl. Bibl. Berlin). Doch schon hier versagen die Quellen die Antwort auf die Frage: wurden denn jene Gesänge so ausgeführt, wie sie der Komponist niedergeschrieben? oder vielmehr: schrieb der Komponist alles genau so auf, wie er es ausgeführt wünschte? Die Struktur des polyphonen Satzes gestatte nur unwesentliche Veränderungen durch die Ausführenden und die Partituren des XVI. Jahrhunderts geben im allgemeinen ein getreues Bild von dem Kunstwerk, wie es dem Meister vorgeschwebt. Veränderten die Ausführenden trotzdem durch Diminutionen oder Verzierungen, so entsprach das kaum dem Willen des Schöpfers. Wenn nachweislich Palestrina's Chorsätze von den Sängern der sixtinischen Kapelle anders gesungen, durch Verzierungen und Passaggien verbrämt wurden, so müssen wir das als Willkür der Sänger ansehn, zu der ihnen sicherlich die Autorisation des Meisters fehlte. Anderer Art sind die Aufzeichnungen der Werke des monodischen Stils, des stylo rappresentativo. Schon die ersten Madrigale Caccini's können wir uns nicht mehr genau rekonstruiren. Sie sind in zweifacher Beziehung mangelhaft notiert. Zunächst ist die *Singstimme* nicht so vollständig, dass wir wüssten, wie sie zur Ausführung gelangte. Denn Caccini, weit davon entfernt genau das niederzuschreiben, was er ausgeführt wünscht, begnügt sich vielmehr mit einer mehr oder weniger ausführlichen Andeutung der Singstimme, deren Vervollständigung er dem Sänger überlässt. In der Einleitung zu seinen: „Nuove Musiche" sind dem Sänger manigfache Anweisungen zu einer geschmackvollen Gestaltung des Gesangsparts gegeben und einige Arien als Lehr-Beispiele hinzugefügt. Seine Zeitgenossen verlassen sich gleichfalls auf die Ausschmückungskunst des Sängers. Monteverde's Arie des „Orfeo" „Possente spirto" (s. X. Band der Publikation ält. praktisch. und theor. Musikwerke herausgeg. v. d. Gesellschaft für Musikforschung, Berlin 1881) in der gleichnamigen Oper, überliefert uns die gewöhnliche Niederschrift der Singstimme und den Schmuck an Passaggien und Verzierungen, mit denen sie der Meister behängt wissen wollte. Noch größere Schwierigkeit bereitet aber *die Begleitung* der Gesänge. Sie besteht lediglich aus einem Basso continuo, zumeist ohne Bezifferung. Vergegenwärtigen wir uns nun, dass eine Harmonielehre in unserem Sinne jener Zeit noch gänzlich unbekannt war, dass wir über den Gebrauch der Akkorde bei der Begleitung des Sologesanges auch von den Theoretikern nur höchst dürftig unterrichtet sind, so ergiebt sich die Größe der Schwierigkeit, jene Begleitung im Geiste ihrer Zeit herzustellen. Glücklicherweise besitzen wir einen wichtigen Fingerzeig in der dem Basso continuo hinzugefügten *Tabulatur* für die Chitarrone. welche nicht wenige Werke aufweisen. Ich gebe im folgenden die Übertragung eines Gesanges aus *Kapsberger's* „Arie passegiate", Rom 1612, welche ich der Liebenswürdigkeit des Herrn Wilh. Tappert verdanke. Ist somit schon die einfache von *einem* Instrumente auszuführende Begleitung des Madrigals nicht mehr mit vollständiger

Sicherheit wiederherzustellen, so häufen sich die Schwierigkeiten, wenn wir in das Studium der Partituren der *Dramatiker* eintreten. Wir finden bei den dramatischen Erstlingswerken des neuen Stils einen zumeist unbezifferten Continuo, aber mit der ausdrücklichen Bestimmung, entweder in der Vorrede, oder an der Spitze des Stückes, dass die Begleitung von *mehreren* Instrumenten, welche selten näher bezeichnet werden, auszuführen sei. So beruht Cavalliere's „Rappresentatione di anima et di corpo" auf einem einfachen meist unbezifferten Bass. Guidotti, der Herausgeber dieses Werkes, spricht aber in der Einleitung von der Anwendung zweier Flöten (due flauti, vero due tibie all' antica) und bemerkt, Cavalliere sei der Ansicht gewesen, die Instrumente müssten entsprechend der dramatischen Situation, stets abwechselnd in Thätigkeit treten. Es könnte demnach, selbst wenn nicht ausdrückliche Zeugnisse vorlägen, einem Zweifel nicht unterliegen, dass auch die Werke Caccini's, Peri's und Marco di Gagliano's, welche sich zumeist mit einem einfachen Continuo begnügen, nicht etwa durch *ein* Clavicembalo oder Organo, sondern durch mehrere Instrumente begleitet wurden. In welcher Weise das geschah, verschweigen die praktischen Werke. Und da, wo sich etwa über dem Continuo noch andere Systeme finden, fehlt zumeist die Angabe des Instruments. So in den meisten Partituren des Cavalli und Cesti. Nur Monteverdi zeichnet sich durch besonders gründliche Notierung aus. Sein „Orfeo" weist, wenn auch nicht durchweg, wenigstens eine *Angabe* der Instrumente auf, und nicht selten sind dem Continuo mehrere Systeme hinzugefügt. Doch auch er begnügt sich häufig nur mit der Angabe, welche Instrumente anzuwenden seien, ohne für jedes derselben eine besondere Stimme in die Partitur aufzunehmen. Die Venetianischen Musiker, ich denke besonders an Cavalli und Cesti, stehen hinter Monteverdi wieder erheblich zurück; die Begleitung ist wieder durch einen unbezifferten Continuo angedeutet, ja in den Ritornellen fehlt zuweilen die Melodie, die sich der Spieler vielmehr zu dem gegebenen Continuo erfinden, oder aus den Motiven des Stücks rekonstruieren muss, so Cesti in der Arie des Bleso im II. Akt der I. Scene in der Oper: „la magna nimità d' Alessandro". Die Einleitung lautet:

Das Eindringen in das Kunstschaffen jener Zeit ist also vermöge dieser skizzenhaften Niederschrift ungemein erschwert. Die Unmöglichkeit ein wirklich zutreffendes Bild zu geben, wie jene Werke zur Ausführung kamen, mag die Schuld tragen, dass sich unsere Forscher lieber denjenigen Schöpfungen des XVI. Jahrhunderts zuwandten, die uns in präciser Aufzeichnung überliefert sind. In neuester Zeit nun hat der verdienstvolle Vorsteher des Liceo filarmonico zu Bologna, *L. Torchi* die Lösung des Problems der Ausführung des instrumentalen Teiles der italienischen Musikdramen in der ersten Hälfte des XVII. Jahrhunderts in einem Aufsatz: „l'accompagnamento degl' instrumenti nei Melodrammi italiani della prima metà del Seicento", (erschienen im I. Heft der neu begründeten musikwissenschaftlichen Zeitung: Rivista musicale Italiana, bei Fratelli Bocca, Torino 1894) versucht. *Torchi* polemisiert gegen meine in einem Aufsatze der Monatshefte für Musikgeschichte 1893: „Cavalli als dramatischer Komponist" geäufserte Ansicht: dass die Begleitung in den Stücken *geschlossener* Form, also insbesondere den Arien, nicht improvisiert worden sei, während ich für das Recitativ die Möglichkeit einer improvisierten Begleitung zugab. Nachdem ich diese in jenem Aufsatz nur nebenher berührte Frage nun eingehend geprüft habe, will ich im folgenden die Ergebnisse dieser Prüfung mitteilen, *welche von den Anschauungen Torchi's wesentlich abweichen.* Die Instrumentalbegleitung des XVI. Jahrhunderts beschränkte sich auf eine Unterstützung der Singstimme. Sei es, dass die Madrigale des kontrapunktischen Stils, sei es, dass die mehrstimmigen Gesänge der Intermedien, beispielsweise diejenigen im berühmten l' Antiparnasso des Orazio Vecchi durch hinzutretende Instrumente verstärkt wurden, immer geschah das durch Verdoppelung der Singstimme, die ein Instrument unisono oder in der Oktave verstärkte. Man ging aber schon damals einen Schritt weiter. Als in den achtziger Jahren des Jahrhunderts das Bedürfnis nach Solo-Gesang immer lebhafter wurde, half man sich in Ermanglung von Gesängen für *eine* Stimme, die noch nicht vorhanden waren, damit, dass man den Cantus des polyphonen Madrigals einer Solostimme, die andern Stimmen, ursprünglich auch für Gesang bestimmt, Instrumenten zuwies. Den Cantus selbst verzierte und diminuierte man. In der Wiedergabe solcher Madrigale soll die Sängerin Vittoria Archilei geglänzt haben. Genaueres über diesen Gegenstand und eine Reihe von Beispielen habe ich in einem Aufsatz in den Monatsheften für Musikgeschichte 1891 („Verzierungen, Veränderungen und Passaggien im XVI. und XVII. Jahrhundert") mitgeteilt. Hier genügt es festzustellen, dass alle Instrumente, die sich der menschlichen Stimme hinzugesellten, zu ihrer Verstärkung und Verdopplung dienten, oder sie selbst zu ersetzen bestimmt waren. Es gab noch keine selbständige Instrumentalbegleitung. Die Zusammensetzung des Ochesters war, wie Hercole Bottrigari in dem Werke: „il Desiderio overo de' concerti di varij Strumenti musicali", dialogo di Alemanno Benelli, nella ristampa del III. Sig. Cavaliere Hercole Bottrigari etc. In Venetia 1594 (ristampa in Bologna) mitteilt, folgende: un Clavicembalo grande, e una Spinetta grande, tre Lauti di varie forme, un gran quantità di Viole, e un' altra di tromboni, due Cornetti un diritto e uno torto, due Ribechini (d. h. Violinen) e aliquanti flauti grossi, diritti e traversi; un Arpia doppia, e un Lira *tutti per accompagnamento di molte buone voci.* Dieses stattliche Orchester wurde stets von einem Dirigenten geleitet, der den Takt schlug. Man kombinierte sehr gewissenhaft Instrumente nur soweit als es ihre Stimmungen gestatteten. Artusi führt in seinem berühmten Tractat: Delle imperfettioni della musica moderna etc. Venetia 1600 aus, dass nur die menschliche Stimme, Trompeten, Ribechini und Flöten mit allen andern Instrumenten vereinigt werden können (istromenti che si piegono per ogni verso), hingegen seien die Orgel, das Clavicembalo, Spinett, Monochord und Arpa doppia als Instrumente che sono temperati col'tuono eguale e' l Semitonio ineguale nicht klanglich zu vereinigen mit der Laute, den Violen, der Lira: che danno il Tuono diviso in due parti eguali e li Semituoni eguali. Die am meisten gebrauchten Instrumente waren die Laute, die Viola da gamba und das Clavicembalo, das niemals fehlen durfte. Die tiefen Blasinstrumente gingen mit dem Bass, die hohen, wie die Flöte, ergingen sich in Passaggien, wie wir sie aus zahlreichen Lehrbüchern jener Zeit kennen. — Dass der neue Stil, die Oper, ein technisch so reich entwickeltes Orchestergefüge nicht ausnützen würde, war undenkbar. Und in der That geht das Bemühen der Meister des neuen Stils nur dahin, die Orchesterbegleitung zur Erhöhung des dramatischen Effekts, zur feineren Charakteristik der Stimmungen und handelnden Personen auszubauen. Monteverde hat bekanntlich durch sein feines Verständnis für die Eigenart jedes Instrumentes den Grund gelegt für die Behandlung des Orchesters überhaupt. Die Partituren der ersten Dramatiker selbst aber, die des Cavalliere, Caccini, Peri und Marco di Gagliano enthalten noch gar keine Anzeichen für die Beteiligung des Orchesters. Sie weisen lediglich einen meist unbezifferten Bass auf. Daraus aber zu folgern, dass die Begleitung

lediglich einem Clavicembalo, Organo oder Spinetta zugefallen sei
und dass der Spieler aus dem gegebenen Bass die Begleitung improvisiert habe, ist irrig. Die Beteiligung des Orchesters an den ersten
dramatischen Werken ist uns zunächst quellenmäfsig verbürgt. Auch
Cavalliere's Rapprensentatione di anima et di corpo weist nur einen
Continuo auf. Guidotti spricht aber in der Einleitung ausdrücklich
ausführlich von der Anwendung *mehrerer* Instrumente, wenn er ausführt, dass die Instrumente gut gespielt werden müssten, und dass
sich ihre Anzahl richten müsse nach der Gröfse des Saales oder
Theaters, das aber nie gröfser sein dürfe, als höchstens tausend
Personen bequemen Platz zu gewähren. Die Spieler sollen sich hinter
der Scene aufstellen, damit man sie nicht sehe; er empfiehlt die Lira
doppia, das Clavicembalo, die Chitarrone und die Tiorba zu vereinigen,
auch die Orgel mit der Chitarrone gebe einen schönen Effekt. Cavalliere, fügt Guidotti noch hinzu, habe empfohlen mit den Instrumenten
abzuwechseln „conforme all' affetto del recitante". Bestätigung findet
meine Ansicht durch die Partituren Monteverdi's. Bei zahlreichen
Stellen, lediglich Singstimme und Continuo aufweisend, ist die Instrumentation am Anfange durch Aufführung der für die Exekution
bestimmten Instrumente angegeben. So ist im II. Akt des Orfeo
(Messagiera: „Ahi caso acerbo", S. 162 der Ausgabe der Gesellschaft
für Musikforsch.) vorgeschrieben: un organo di legno ed un Chitarone;
einige Zeilen weiter bei den Worten „Qual son dolente": Un Clavic.,
Chitar., e Viola da braccio. Im III. Akt endlich (S. 194 l. c.) heifst
es bei dem Gesange des Orfeo, „Ei dorme": „Orfeo canta al suono
del Organo di legno *solamente*". Die Begleitung durch *ein* Instrument wird also geradezu als etwas Besonderes hervorgehoben. Die
Vorschriften Guidotti's und Monteverdi's beseitigen jeden Zweifel über
die Art der Gesangsbegleitung in den ersten Opern. Sie war durchweg, auch wo der Komponist lediglich einen Continuo notiert hatte,
einer Mehrzahl von Instrumenten anvertraut, also *orchestral* und nur
ausnahmsweise oblag sie einem Clavicembalo oder Organo. Auch die
Werke der späteren Venetianischen Meister, insbes. die des Cavalli
und Cesti müssen in dieser Weise aufgeführt worden sein. Ihre
Notierungsart weist einen Rückschritt gegen diejenige Monteverdi's
auf. Sie sind weit sparsamer mit Anweisungen für die Instrumentation;
meist begnügen sie sich mit einem Continuo, wie die Florentiner.
Will man nun nicht annehmen — und hierfür liegt kein Grund
vor — dass ihre Instrumentationskunst hinter der Monteverdi's
zurückgestanden, so ist man eben zu dem Schlusse genötigt, dass nur

ihre Notierung mangelhaft ist, ihre Begleitung jedoch wie diejenige
Monteverdi's von einem reichbesetzten Orchester ausgeführt wurde.

Schon in den Erstlingswerken des neuen Stils finden sich Sin-
fonien, Balli und Ritornelli in vollständiger Partitur; die mehr-
stimmigen Chöre sind durchweg vollständig ausgeschrieben. Nur die
Angabe des Instruments fehlt bei den einzelnen Systemen. Erst
Monteverdi detailliert die Instrumentation. Nicht blos zählt das erste
Blatt des „Orfeo" alle in der Oper beteiligten Instrumente auf, auch
die Partitur selbst ist reicher als alle zeitgenössischen Werke an
Winken für die Instrumentation. Freilich ist auch hier manche Lücke.
Die Einleitungstoccata beispielsweise ist in fünf Systemen geschrieben,
für Bass, Vulgano, Alto e Basso, Quinta, Clarino. Welche Instrumente
waren hier beteiligt? Der Chor des I. Aktes: Lasciate i monti
(S. 133 l. c.) soll begleitet werden von 5 Viole da braccio, 3 Chi-
tarronen, 2 Clavicembali, einer Arpa doppia, einem Contrabass und
einer Flöte. Aber der Bass continuo des Stückes verrät nichts über
die Art der Beteiligung dieser Instrumente. Andererseits sind wieder
einzelne Instrumentalsätze, wie die Sinfonie am Schluss des I. Aktes
(S. 148 l. c.) in vollständiger Partitur gebracht (5 Systeme) aber
ohne jede Bestimmung, welchem Instrumente die einzelnen Systeme
zugedacht sind. Wie ich bereits oben erwähnte sind die Partituren
des Cavalli und Cesti weit skizzenhafter, als die des letzt erwähnten
Meisters. Band XII der Publikation der Ges. f. Musikf. bringt einige
Bruchstücke aus Opern dieser Meister. Die musikalisch interessantesten
Stücke aus Cavalli's Opern habe ich mitgeteilt in den Monatsheften
für Musikgesch., Bd. 1893, Nr. 6. Beide bestimmen fast niemals
das von ihnen intendierte Instrument. Fast durchweg begnügen sie
sich mit dem Continuo, und nur ausnahmsweise sind in besonderen
Systemen einige wenige Instrumente angedeutet. Aus der Führung
und dem Umfange der einzelnen Stimme ist aber zuweilen ersichtlich, welches Instrument gemeint ist. In welcher Weise haben wir
uns also die Ausführung auf Grund des Continuo zu denken? Unsere
Quellen sprechen vielfach von Improvisationen durch die Spieler. Ist
es denkbar, dass eine Mehrzahl von Spielern, dass ein ganzes Orchester
die Begleitung improvisierte?

Für die Kenntnis der Begleitung durch *ein* Instrument haben
wir einen zuverlässigen Führer in den mit den Anweisungen für die
Chitarrone versehenen Werken. Ich teile eine Arie aus Kapsberger's
„Arie passeggiate", Rom 1612, mit.

(Schluss folgt.)

Mitteilungen.

* *R. von Liliencron*, Klosterprobst in Schleswig: Die Aufgaben des Chorgesanges im heutigen evangelischen Gottesdienste. Vortrag gehalten bei der Feier des 25 jährigen Bestehens des Schlesischen Evangelischen Kirchenmusik- Vereins in Breslau am 2. Oktob. 1894 von . . . Oppeln 1895, Georg Maske. 8°. 39 S. 60 Pf. Nach einer kurzen historischen Übersicht über die Bestrebungen auf Verbesserung der Kirchenmusik, bespricht der Herr Verfasser zuerst die Texte und sagt „alle Musik im Gottesdienste muss liturgisch sein, d. h. sie muss einen Ritualtext haben.“ Den Mangel an solchen Texten erklärt der Herr Verfasser als den ersten Grund.

warum es mit der Verbesserung der Kirchenmusik nicht vorwärts gehen will. Er geht hierauf auf den gregorianischen Gesang über, auf die Gesangbücher und Psalmodien von Lukas Lossius, Keuchenthal, Eler und Ludecus und weist nach, wie hier das Material in grofser Vollständigkeit aufgespeichert und für unsere Zeit zu verwerten ist. Möge der Vortrag in berufene Hände fallen, damit der ausgestreute Same endlich einmal Früchte trage.

* *Lewalter, Johann*: Deutsche Volkslieder in Niederhessen aus dem Munde des Volkes gesammelt, mit einfacher Klavierbegleitung, geschichtlichen und vergleichenden Anmerkungen herausgegeben von ... 5. Heft. Hamburg 1894, G. Fritzsche. kl. 8⁰. 117 S. mit 65 Liedern und einem Gesamtregister über die 5 Hefte. Die Lieder sind durchweg neueren Datums. Der Klaviersatz ist allerdings einfach, aber ebenso geschmacklos. Giebt es denn bei Herrn Lewalter nur 3 Akkorde? (tonischer, Dominanten- und Subdominanten-Dreiklang.) Warum trifft er bei Nr. 50 die rechte einfache Weise, warum nicht überall?

* *Bohn'scher Gesangverein* in Breslau, 59. und 60. historisches Konzert, enthielten 1. Vokalkompositionen mit Ausschluss der Oper von *Jakob Meyerbeer*, 2. Deutsche Frühlingsgesänge aus dem 18. u. 19. Jahrhundert mit Kompositionen für 1 bis 4 Stimmen mit und ohne Pfte. von Konradin Kreutzer, J. Abr. Peter Schulz, Jos. Haydn, Fr. Schubert, G. Vierling, Alex. Ernst Fesca, Mendelssohn, Rubinstein, Joh. Dürrner, Jul. Schäffer, Mozart, Chrstn. Gottl. Clemens, Emil Bohn, Beethoven, Schumann, Jos. Kreipl und W. Gade.

* Der *Musikführer*. Gemeinverständliche Erläuterungen hervorragender Werke aus dem Gebiete der Instrumental- und Vokalwerke. Mit zahlreichen Notenbeispielen. Redigiert von *A. Morin*, Frankfurt a. M., Verlag von H. Bechhold. kl. 8⁰. Jedes Heft von c. 2 Bog. 20 Pf. Eine für den Musikliebhaber sehr dankenswerte Unternehmung, die sich mit einer gewissen Gewandtheit der gerade nicht leichten Aufgabe unterzieht Musik-Kunstwerke mit Worten zu erklären.

* Mitteilungen der *Musikalienhandlung Breitkopf & Haertel* in Leipzig, Nr. 41. Februar 1895. Ein Jugendporträt H. L. Hassler's von 1593 schmückt den Titel. An neuen Verlagswerken, die uns hier interessieren, sind die Cantiones sacrae zu 4—12 Stim. von Hassler in Partitur, 15 M zu erwähnen, ferner Joh. Peter Sweelinck's Werke, die auf 12 Bände à 15 M berechnet sind. Unter den Anzeigen von Werken jetzt lebenden Komponisten sind wieder eine Anzahl Biographien mitgeteilt und zwar über *Eugen d' Albert, Louis Bödecker, T. J. Bordonel Brown, Paul Gilson, Emile Mathieu,* Joh. Ev. Habert, Karl Freiherr von *Perfall, Ernst H. Seyffardt* und *J. G. Eduard Stehle,* die jedenfalls auf den sichersten Quellen beruhen.

* Herr Dr. *Max Seiffert* hat in der Lessmann'schen Allgem. Musikzeitung anlässlich des Artikels von E. von Werra über Buchner (in Haberl's Kirchenmusikal. Jahrbuch) die Gelegenheit vom Zaune gebrochen, über meine Arbeit über Buchner (cfr. M. f. M. 1891, 71) und dessen von mir unter den Simler-Manuskripten (Züricher Stadtbibliothek) aufgefundenes und teilweise herausgegebenes „Fundamentum" in seiner Weise herzufallen, obwohl meine Untersuchungen von dem, was Herr v. Werra anführt, gar nicht berührt werden. Ich würde auf die Angelegenheit nicht zu sprechen kommen, wenn ich es nicht für meine Pflicht erachtete, die Sucht gewisser Leute, an allem, was die „Monatshefte" bringen, herumzunörgeln, einmal öffentlich niedriger zu hängen. Wenn Ursache zum Angriff da ist, immer frisch drauf los! Aber dann auch hübsch begründen, Herr Dr. Seiffert, und sich an Thatsachen halten! Nicht nur allgemeine Redensarten vom Stapel

lassen oder Fictionen nachjagen, wie das kürzlich in dem Angriff auf die preufsische Regierung geschah! Diese letztere ging doch noch etwas über die Kampfweise des seligen Don Quixote hinaus, und das kann einem nur leid thun.

Dr. *Wilibald Nagel.*

* *Leo Liepmannssohn*, Antiquariat. Berlin SW, Bernburgerstr. 14. Katalog 118, enthaltend dramatische und dramaturgische Literatur nebst Schauspieler Autographe und Schauspieler Porträts. Für den Musikhistoriker findet sich dabei manches interessante Werk.

* Kirchhoff & Wigand, Antiquariat in Leipzig, Marienstr. 19. Katalog Nr. 952, mit Werken über Musikwissenschaft und praktische Musik aus allen Fächern, älteren und neueren Datums, in 2 Alphabeten.

* Hierbei eine Beilage: Katalog Zwickau Bog. 24.

Verantwortlicher Redakteur Robert Eitner, Templin (Uckermark).
Druck von Hermann Beyer & Söhne in Langensalza.

MUSIK-GESCHICHTE

herausgegeben

von

der Gesellschaft für Musikforschung.

| IIVII.Jahrgang. 1895. | Preis des Jahrganges 9 Mk. Monatlich erscheint eine Nummer von 1 bis 2 Bogen. Insertionsgebühren für die Zeile 30 Pf. Kommissionsverlag von Breitkopf & Härtel in Leipzig. Bestellungen nimmt jede Buch- und Musikhandlung entgegen. | No. 5. |

Die Instrumentalbegleitung der italienischen Musikdramen in der ersten Hälfte des XVII. Jahrhunderts.

Von Dr. Hugo Goldschmidt.

(Schluss.)

Dass ein gewandter Cembalist eine so geartete Begleitung schon auf Grundlage des unbezifferten Basses improvisierte, ist zweifellos, und überdies quellenmäfsig verbürgt. Die Operngesänge Monteverdi's aber und seiner Nachfolger sind harmonisch bewegter, der Bass nicht so trocken wie der des obigen Beispiels. Hier war also die Aufgabe des Spielers schon eine schwierigere! Und wie, wenn mehr als ein Spieler, ja ein ganzes Orchester an der Ausführung sich beteiligte? Torchi's Untersuchungen gipfeln in der aus zahlreichen Quellenstellen entwickelten Ansicht: die italienischen Musiker hätten diese Begleitungen der monodischen Gesänge durchweg improvisiert, höchstens habe den einzelnen Spielern zur besseren Orientierung der *unbezifferte* Bass in einer besonderen Abschrift vorgelegen. Es sei mir gestattet in folgendem, die Unhaltbarkeit dieser Auffassung zu erweisen und den wirklichen Sinn der Quellen zu eruieren.

Die Begleitungen der Gesänge in den Opern des Peri, Caccini und Gagliano sind, darüber kann nach den ausdrücklichen Versicherungen dieser Meister in den Vorreden ihrer Werke kein Zweifel bestehen, höchst einfacher Art gewesen, und ich darf annehmen, dass die oben mitgeteilte Ausführung in den Arien Kapsberger's nicht wesentlich von der Art des Accompagnamento im Sinne der ersten dramatischen Komponisten des neuen Stils abweichen. Die Oper verlangte aber, wie wir gesehen, die Beteiligung *mehrerer* Instrumente. Zunächst musste also bestimmt werden, welchen Instrumenten die Begleitung zufiel. Nach welchen Gesichtspunkten diese Wahl geschah, hat uns Guidotti erklärt. Wer aber traf die Auswahl, wer bestimmte, welche Instrumente und an welcher Stelle sie einzugreifen haben? Zweifellos der Komponist, wenn er der Aufführung beiwohnte, andernfalls der Dirigent, der, wie bereits oben gesagt, stets an der Spitze stand. So musste also der Dirigent die Oper gewissermafsen vorher instrumentieren. Diese, ihm vom Komponisten eingeräumte Freiheit kann uns füglich nicht verwundern, wenn wir uns vergegenwärtigen, wie grofs der Spielraum ist, den sie dem Sänger einräumen, von dem sie die Ausschmückung ihres Parts geradezu fordern. Durfte also der Sänger. seinen Part frei gestalten, so ist es nicht zu verwundern, wenn der Dirigent instrumentieren durfte. Oft geben die Meister allgemeine oder spezielle Anweisungen, wie der oben erwähnte Guidotti, und Gagliano schreibt beispielsweise in der Einleitung zu seiner „Dafne" vor, der Gesang Apollos bei den Worten „non curi la una pianta" (Bd. X, S. 111 der Publikation) sei von 4 Viole da braccio ò da gamba möglichst in einem gleichmäfsigen Bogenstrich von einem etwas entfernten Orte aus auszuführen, damit man glaube Apollo begleite auf seiner Lyra. Die Stelle selbst in der Partitur weist nur den üblichen Continuo auf. War nun die Wahl der Instrumente erfolgt, so musste doch nunmehr die Stimme jedes derselben fixiert werden. Fertigte der Dirigent eine Partitur? Wie ging die Verteilung der Stimmen vor sich? Wir besitzen glücklicherweise eine Quelle, welche eine Andeutung für die Lösung dieser Frage enthält: Agazzari: Del sonare sopra 'l Basso con tutti li Stromenti e dell uso loro nel conserto. Venetiis 1608 (das Büchlein ist mir durch die Liebenswürdigkeit des Herrn Domprobst Franz Xaver Haberl in Regensburg aus der Proskeschen Bibliothek zur Verfügung gestellt worden). Agazzari teilt die Instrumente in zwei Klassen, in solche, welche als fondamento, als Grundlage, und solche, welche als ornamento, zur Ausschmückung dienen, also dazu bestimmt sind zu kontrapunktieren und zu passeggieren, um dadurch die Harmonie „angenehmer (,,più agradevole") zu machen. Zur ersten Art gehören die Orgel, das Gravicembalo, Tiorba etc., zur anderen die Laute, Harfe, Lyrone.

Spinetta, Violine u. a. m. Von den Blasinstrumenten sieht er der Schwerfälligkeit ihres Gebrauchs wegen ab.*) Der Spieler derjenigen Instrumente, welche als fondamentum dienen, müsse neben der Kenntnis seines Instrumentes und der allgemeinen musikalischen Vorbildung, verstehen die *Partitur* oder *Intavolatur* zu lesen und vor allem genau auf die Bewegungen der andern Stimmen achten. Er führt weiter aus: es sei unthunlich, Regeln über die Ausführung des Basses zu geben, der Spieler müsse in erster Linie die Intentionen des „componitore" (sic!) ermitteln und die Begleitung gestalten mit besonderer Berücksichtigung des textlichen Inhalts. Hiernach war der Spieler *also in der Lage, durchaus frei zu schaffen.* Er war nur an die unbezifferten Bässe der Vorlage gebunden. Weiter schreibt Agazzari vor, und das ist für *unsern Gegenstand von gröfster Wichtigkeit* — Torchi hat gerade diese Stelle nicht genügend gewürdigt — der Generalbassspieler, also derjenige, welcher das als Fondamento dienende Instrument spiele, solle über die Noten des Basses mit Nummern alle Konsonanzen und Dissonanzen setzen, welche der Komponist gemeint haben könne, also z. B.

Ferner wird der Generalbassspieler angewiesen, das Werk möglichst einfach (pura) und korrekt (giusta) zu spielen und gebrochene Gänge und Passaggien selten anzuwenden (non passegiando e rompendo molto) unter Vermeidung hoher Tasten, welche die Stimmen zu stark decken. Im weiteren Verlaufe entwickelt Agazzari das Gesetz der Gegenbewegung mit einer für jene Zeit erstaunlichen Bestimmtheit (se va il Basso continovato al insù, si deve con la mano di sopra venir al ingiù!) und bringt dann folgendes Muster:

*) Monteverdi war anderer Meinung, er verwendete sie mit Vorliebe selbst in Begleitung kirchlicher Gesänge. So liefs er den Gesang beim Gloria und Credo der im Jahre 1630 beim Dankfest für das Erlöschen der Pest in S. Marco auf-

Hiernach steht fest, dass der Generalbassspieler, den wir uns identisch mit dem *Dirigenten* denken müssen, den Continuo zunächst so genau mit Zahlen versah, dass der harmonische Zusammenhang und Fortschritt aufser Zweifel war. *Dem Dirigenten oblag also nicht blofs die Instrumentierung, sondern auch die Harmonisation.* Höchst selten bezifferten die Autoren selbst, wie etwa *Stef. Landi* in seinem Dramma musicale: il Alessio, Rom 1634, der in der Vorrede als etwas Aufsergewöhnliches vermerkt, er habe so genau wie möglich beziffert! (vergl. Vogel, Bibl. der gedruckten weltl. Vokalmusik Italiens 1500—1700, I. S. 345.) Aber die genaue Bezifferung und die allgemeinen Vorschriften für die Thätigkeit der Instrumente genügten noch nicht. Es musste doch nun erst entschieden werden, welcher Part dem einzelnen Instrumente zufiel. Ich denke mir, dass das Organo oder Clavicembalo den vollen Satz spielte, wie ihn obiges Beispiel aufweist, die andern Instrumente hingegen, welche als „ornamentum" dienten, mit einer der vier (oder 3) Stimmen gingen, also z. B. die Violine mit dem Sopran, die Bassi-di gamba mit dem Basso, während die Mittelstimmen den Alt- und Tenor-Violen zufielen. So wenigstens sind Monteverdi's Gesänge im „Combattimento di Tancredi et Clorinda", welche den II. Teil seiner Madrigali guerrieri et amorosi, Venetia 1638, bilden, instrumentiert. Mit dem Basso continuo, der dem Clavicembalo zufällt, geht der Contrabasso da gamba und vier „viole da brazzo", die Sopran-, Alt- und Tenor-Viole, übernehmen die Ober- bezw. Mittelstimmen. Diese Gesänge sind in genanntem Werk in *vollständiger Partitur* aufgenommen. Warum unterlassen die andern Meister des neuen Stils eine vollständige Partitur zu schreiben? Agazzari antwortet: teils aus Bequemlichkeit, teils mit Rücksicht auf die grofse Anzahl und Manigfaltigkeit der Arbeiten im neuen Stil. Es genüge völlig ein Bass mit allen jenen Zeichen und Zahlen versehen, wie sie unser oben mitgeteiltes Beispiel aufweist. Es erscheint mir nun zweifellos, dass die *Dirigenten* nachholen mussten, was der Komponist unterlassen, dass sie eine Partitur anfertigten mit sämtlichen Stimmen, wie sie uns Monteverdi's Tancred-Gesänge aufweisen. Doni's trattato della musica scena (S. 110/111) berichtet, dass jedem Spieler eine *Abschrift der Intavolatur des Basses vorlag*, also eine *vollständige Ausarbeitung des Continuo,*

---

geführten Messe von Posaunen begleiten, damit einen vortrefflichen und wunderbaren Zusammenklang hervorbringend, vgl. Vierteljahrschrift f. Musikwissenschaft. Vogel „Claudio Monteverdi" S. 393.

welche der Dirigent bezw. Komponist anfertigen musste. Demnach
ist der Bezifferung des Basses, welche dem Cembalisten, als gewiegten
Musiker, als Vorlage genügen konnte, eine *weitere genaue Intavolatur*
gefolgt, welche die Stimme jedes Instrumentes, wahrscheinlich in
einem besonderen System enthielt. Jeder Spieler erhielt eine Abschrift dieser Intavolatur, und spielte seine Stimme. Doni berichtet
nämlich von der Mühe des das Orchester leitenden Musikers (le fatiche
poiche i poveri musici provano in aggiustare insieme tanti sonatari),
welche in der Kontrolle des reinen Stimmens der Instrumente, in
ihrer Aufstellung, dem Verteilen der Sessel und Pulte bestehe. Dazu
komme noch die Mühe *der Anfertigung der Bassintavolatur für
so viele Spieler* (fatica — che si metti in infare tante copie dell' inta-
volatura del basso). Aus Monteverdi's „Orfeo" und aus dem oben
herangezogenen Beispiele sehen wir, dass auch eine vollständige Ausarbeitung und Zusammenstellung aller Stimmen in Partitur zuweilen
vorkam. Immerhin ist dies selten, und Monteverdi muss als ein
aufsergewöhnlich gewissenhafter Komponist angesehen werden. Hier
war die Aufgabe des Dirigenten beschränkt auf eine Vervollständigung
des Basso continuo und mehrere Abschriften der Original-Partitur
für die Spieler. In andern Fällen aber bezifferte der Komponist oder
Dirigent zunächst den Continuo, den er oder ein gewiegter Musiker
auf dem Organo oder Clavicembalo spielte. Nunmehr bestimmte er
die Thätigkeit der das Fundament unterstützenden und der zur Ausschmückung heranzuziehenden Instrumente, und schrieb eine vollständige den Instrumenten und deren Charakter angepasste Intavolatur
auf, *welche den Spielern in Abschriften vorlag. Erst in diesem
Rahmen beginnt die Kunst des Improvisierens*, von der *unsere
Quellen so viel berichten.* Torchi behauptet, die Spieler hätten den
Continuo ohne weiteres improvisiert! Wie ist das denkbar? Ausgeschlossen zunächst bei *mehrfacher* Besetzung eines Instruments.
Aber auch Solospieler können unmöglich, sie seien noch so tüchtige
Musiker, eine Begleitung auf dem *einfachen* Continuo improvisieren.
Es muss ihnen zum mindesten ein *bezifferter* Bass vorliegen. Dass
bei der so einfachen Gestaltung des Accompagnamento der *ersten*
Periode vier tüchtige Musiker einen vierstimmigen Satz improvisieren
konnten, wenn ihnen der Continuo beziffert vorlag, will ich zugeben,
wie Agazzari ja auch diese Bezifferung für ausreichend erklärt. Allein
das war eine Ausnahme und nur denkbar bei den einfachen Accord-
folgen der *ersten* Opernbegleitungen. Das Bedürfnis nach einer genauen Intavolatur scheint hervorgetreten zu sein, sobald sich die

Ausdrucksmittel der Oper, insbesondere seit Monteverdi's Wirken steigerten. Nun war ein Improvisieren des Spielers nur noch denkbar, wenn ihm ein fester Anhalt in der Intavolatur vorlag. *Alle die Quellenstellen, welche von Improvisation sprechen,* sind also nicht so aufzufassen, als ob die Begleiter ihren Part alla mente improvisiert hätten, wie das Torchi irrtümlicherweise annimmt, vielmehr stützte sich die freie Gestaltung und Verzierung der einzelnen Ornamentalstimmen erst auf eine ihnen vorliegende Intavolatur oder Partitur. Und damit ist auch die sich aufdrängende Frage beantwortet: warum musste denn jeder Spieler eine Intavolatur bekommen, warum genügte denn nicht eine Stimme, die lediglich seinen Part enthielt? Nun deshalb, weil dem Spieler gerade wie dem Sänger eine Verzierung und Ausschmückung seines Parts nur dann möglich war, wenn ihm die Partitur eine Übersicht über das ganze Stimmgewebe gab! Er konnte doch unmöglich kontrapunktieren und diminuieren, wenn er nicht einen Einblick in den Bau des Stückes besaß. Und auch dann noch trat häufig genug Unordnung ein, und die Theoretiker jener Zeit werden nicht müde, vor einer allzureichen Ausschmückung des Gesanges und Instrumentalparts zu warnen.

Wenn nun der Dirigent in Verfolgung der Intentionen des Komponisten auch noch so sorgfältig bezifferte und instrumentierte, wenn wir auch annehmen dürfen, dass die Orchestermusiker jener Zeit ungewöhnliche Übung und vielen Geschmack besessen haben in der Ausarbeitung und Ausschmückung ihrer Stimme, so war doch eine Divergenz zwischen den Absichten des Komponisten und der Ausführung unvermeidlich. Dieser Übelstand musste es einem so einsichtigen Meister wie Monteverdi nahe legen, seine Arbeiten der Mit- und Nachwelt in einer präciseren Form zu übergeben. Und so verwendete gerade er auf seine Partituren eine Mühe und Sorgfalt, wie keiner seiner Zeitgenossen. Betrachten wir seinen „Orfeo" unter diesem Gesichtspunkte, so fallen zunächst die sehr eingehenden, den einzelnen Piecen vorangeschickten Bemerkungen auf, die sich durchweg auf die Instrumentation beziehen. Eine Reihe von Stücken des „Orfeo" ist in vollständige Partitur gebracht. Ebenso sorgsam ist die Instrumentation der: „Madrigali guerrieri et amorosi" Venetia 1638; jenem epochemachenden Werke, in welchem die Zerlegung langer Notenwerte in kurze wiederholt anzugebende Noten zur Illustration des „genere concitato" zuerst Anwendung fand. Der Basso continuo (er fehlt in dem Exemplare der kgl. Bibliothek Berlin; vollständig in der Breslauer Stadtbibliothek) ist teils von einem Spinett, teils von einem Clavicembalo auszuführen; für die Gesänge im Combattimento di Tancredi et Clorinda insbesondere ist das Clavicembalo verlangt. Zu ihm treten die genau angegebenen Instrumente, meist zwei Violinen, zuweilen noch mit vier Violen kombiniert. In den Tancred-Gesängen sind vier Armgeigen, je eine Sopran-, Alt-, Tenor- und Bassgeige und ein Contrabasso da gamba. Dass die Niederschrift der Werke der Venezianischen Meister nach Monteverdi, also die des Cavalli und Cesti, wiederum wie diejenigen der Florentiner skizzenhaft ist, erklärt sich wohl daraus, dass sie im Gegensatze zu den erwähnten Arbeiten Mondeverdi's nicht für den Druck, sondern nur als Vorlage für den Leiter des Werkes bestimmt waren. Ein Schluss auf eine der Monteverdi'schen inferiore Instrumentationskunst wäre verfehlt. Wir sind vielmehr berechtigt anzunehmen, dass diese beiden hervorragenden Meister Monteverdi's Kunst der instrumentalen Charakterisierung noch verfeinert haben. Das erscheint mir zweifellos, betrachte ich insbesondere Cavalli's Sinfonia navale in seiner Didone, die ersten Scenen seines Egisto, die Soldatenscene aus der Dorichea u. a. m. (Monatshefte f. Musikgesch. 1893, S. 61).

Muss sich der Musiker und Sänger unserer Zeit damit begnügen, des schaffenden Künstlers Vorschriften genau und peinlich zu befolgen, ist somit sein Recht der freien selbständigen Gestaltung auf dynamische und rhythmische Schattierungen, auf kleine zeitliche Verschiebungen beschränkt, so war in jener Zeit die Trennung zwischen dem schaffenden und ausübenden Künstler durchaus noch nicht streng vollzogen. Wie wir sehen, schuf sich der Cembalist seine Begleitung, er komponierte auf dem gegebenen Basso continuo, der Leiter der Oper vervollständigte den Continuo zu einem bezifferten, er schuf gewissermaßen erst die harmonische Grundlage, freilich gebunden an die Vorschriften und Intentionen des Komponisten, dann instrumentierte er gleichfalls nach den ihm vorliegenden mehr oder weniger ausführlichen Angaben. Und nun trat noch die durchaus freie, nur durch den Geschmack des Ausführenden selbst auf ein verständiges Maß beschränkte freie Improvisation des Spielers und Sängers hinzu. Wir müssen annehmen, dass die Musiker jener Zeit durchweg eine tüchtige Vorbildung besaßen, die sich über die Kenntnis ihres Instrumentes hinaus erstreckt haben muss. Andrerseits bedenke man, dass die Komponisten jener Zeit die Erstaufführungen zumeist selbst leiteten, und so in der Lage waren, etwaige Ausschreitungen zu verhindern. Die Entwickelung unserer Musik hat eine Einschränkung der Kompetenzen des ausführenden Musikers zur Notwendigkeit gemacht, die sich allmälich durch das XVII. und XVIII. Jahrhundert hindurch vollzogen hat. Die anfangs spärliche Bezifferung wird genauer; Alessandro Scarlatti und die Neapolitaner machen den Anfang. Bach und Händel bezeichnen einen Fortschritt gegenüber ihren Vorgängern und doch ist bekanntlich die Ausführung ihrer bezifferten Bässe der Gegenstand wissenschaftlichen Streits. Hasse's und Graun's Begleitungen sind meist sehr einfacher Art. Jeder gute Cembalist konnte sie ausführen. Die Ausschmückung der Arien, besonders des 3. Teils überliefsen sie noch dem Sänger. Erst Gluck, Haydn und Mozart geben vollständige Partituren. Aber selbst die klassischen Werke sind noch nicht durchweg frei von Licenzen für den Ausführenden, ich erinnere an die unzulängliche Notierung der Vorhalte und Vorschläge. Auch die dynamischen Zeichen, die Bestimmungen für den Takt und die technischen Vorschriften für Spieler und Sänger sind allmälich reicher geworden. Die Trennung zwischen dem schaffenden und ausführenden Künstler ist nunmehr streng durchgeführt, sicherlich unserer Musikausübung zum Heile.

Petrucci's Motetti de Passione.

Von Wm. Barclay Squire.

In den Monatsheften 1873, S. 95 hat Herr Dr. Haberl die Beschreibung einer sechsten Sammlung von Petrucci's Drucken nach dem bisher einzig bekannten Exemplare im Liceo musicale zu Bologna gegeben. Da diesem Exemplare das Titelblatt fehlt, so glaubte er dasselbe mit Motetti. B. numero. | trentatre. | B | bezeichnen zu können. Anton Schmid erwähnt den Druck in seinem Petrucci S. 36 nur beiläufig, da er das Exemplar im Liceo nicht kannte. Der Katalog II des Liceo giebt S. 344 nur eine dürftige Beschreibung. Konrad Gessner in den Pandekten 1548, fol. 83 bezeichnet den Titel mit „Motetti de passione signati B. Nach dem jetzt erworbenen kompletten Exemplare im britisch Museum zu London, ergiebt sich, dass Gessner den Titel fast richtig wieder gegeben hat. Er lautet:

𝕸otetti De paſſione De cruce De ſacramento | De beata birgine et huiusmodi. | B. |

Der letzte Buchstabe B nimmt fast die ganze Seite ein und ist derselbe, wie er in den Monatsh. 1873 zu Nr. 4 als Beilage im Facsimile wieder gegeben ist. Auf der Rückseite des Titelblattes befindet sich der Index. Die Stimmen stehen über und neben einander:

links der Canto und Tenor, rechts der Alto und Basso, der Text durchweg mit gothischer Letter. Auf fol. 72 befindet sich die Druckerfirma:

𝕴𝖒𝖕̄𝖘𝖘𝖚𝖒 𝖁𝖊𝖓𝖊𝖙𝖎𝖏𝖘 𝖕𝖊𝖗 𝕺𝖈𝖙𝖆𝖚𝖎𝖆𝖓𝖚𝖒 𝕻𝖊𝖙𝖗𝖚𝖙𝖎𝖚̄ 𝕱𝖔𝖗𝖔𝖋𝖊𝖒𝖕̄𝖓𝖎𝖊𝖓 | 𝖋𝖊𝖒 1503 𝖉𝖎𝖊 10 𝕸𝖆𝖎𝖏. 𝕮𝖚𝖒 𝖕𝖗𝖎𝖚𝖎𝖑𝖊𝖌𝖎𝖔 𝖎𝖓𝖚𝖎𝖈𝖙𝖎𝖋𝖋𝖎𝖒𝖎 𝕯𝖔𝖒𝖎𝖓𝖎𝖏 | 𝖁𝖊𝖓𝖊𝖙𝖎𝖆𝖗𝖚𝖒 𝖖𝖟 𝖓𝖚𝖑𝖑𝖚𝖘 𝖕𝖔𝖋𝖋𝖎𝖙 𝖈𝖆𝖓𝖙𝖚𝖒 𝕱𝖎𝖌𝖚𝖗𝖆𝖙𝖚𝖒 𝖎𝖒𝖕𝖗𝖎𝖒𝖊𝖗𝖊 | 𝖋𝖚𝖇 𝖕𝖊𝖓𝖆 𝖎𝖓 𝖎𝖕𝖋𝖔 𝖕𝖗𝖎𝖚𝖎𝖑𝖊𝖌𝖎𝖔 𝖈𝖔𝖓𝖙𝖊𝖓𝖙𝖆. | 𝕽𝖊𝖌𝖎𝖋𝖙𝖗𝖚𝖒 𝕬𝕭𝕮𝕯𝕰𝕱𝕲𝕳𝕴 𝕺𝖒𝖓𝖊𝖘 𝖖𝖚𝖆𝖙𝖊𝖗𝖓𝖎. |

Die Signatur der Blätter ist bezeichnet mit A A — I I.

Das Register lautet:

1. Non lotis manibus, à 4. *Crispi*, fol. 2.
2. O Domine Jesu Christe adoro te à 4. *Josquin*, fol. 3.
3. Qui velatus facie fuisti, à 4. *Josquin*, fol. 8.
4. Secundum multitudinem dolorum meorum, à 4, fol. 15.
5. Tenebre facte sunt, à 4. *Gaspar*, fol. 17.
6. Ave verum corpus, Duo, Vere passum, à 3. *Josquin*, fol. 18.
7. Verbum caro factum est, à 4. *Gaspar*, fol. 20.
8. Domine peccata nostra que fecimus, à 4. *De Orto*, fol. 22.
9. Domine non secundum, à 2 (T. B.), Domine ne memineris, à 2 (C. A.), Adjuva nos à 4. *Vaqueras*, fol. 25.
10. Domine non secundum, à 2 (C. A.), Domine ne memineris à 2 (T. B.), Adjuva nos à 4. *Josquin*, fol. 28.
11. Tulerunt Dominum meum, à 4, fol. 31.
12. Parce Domine populo tuo, à 4. Obreht, fol. 34.
13. Pange lingua gloriosa, à 4, fol. 35.
14. Ave domina sancta Maria, à 4, fol. 36.
15. Parce Domine populo tuo, à 4, fol. 37.
16. Lauda Syon Salvatorem, à 4, *Brumel*, fol. 38.
17. Panis Angelicus, à 4. *Gaspar*, fol. 42.
18. Ave verum corpus, à 4. *Gaspar*, fol. 43.
19. Aspice Domine quia facta est desolata civitas, à 4. *Pe. Biaumont*, fol. 45.
20. Anima Christi, à 4. *Gaspar*, fol. 46.
21. In nomine Jesu, à 4. *Compere*, fol. 47.
22. Ave verum corpus, à 4. *Gregoire*, fol. 56.
23. Adoro te devote, à 4, fol. 57.
24. Tu solus qui facis mirabilia, à 4. *Josquin*, fol. 58.
25. Ave Maria, gratia plena, à 3. *Regis*, fol. 60.
26. Ave pulcherrima regina, à 3. *Agricola*, fol. 61.
27. Sancta Maria quaesumus, à 4, fol. 62.

28. Ave decus virginale, à 4. *Jo. Marti*, fol. 63.

29. Hec est illa dulcis rosa, à 4, fol. 64.

30. Ave Maria gratia plena, à 4. *Crispinus*, fol. 65.

31. Gaude virgo, à 4, fol. 66.

32. Salve regina, à 4, fol. 68.

33. Quis dabit capiti meo, à 4, fol. 70.

34. Sic unda impellitur unda. (Canon à 5.), fol. 72.

         (Wo der Autor fehlt, ist der Satz anonym).

Man vergleiche mit dieser diplomatisch genauen Beschreibung die von Haberl in den Monatsheften und diejenige im Kataloge des Liceo musicale und man wird Varianten entdecken, die darauf schliefsen lassen (selbst wenn die beiden genannten Beschreibungen Ungenauigkeiten enthalten sollten), dass das Exemplar im british Museum eine andere Auflage als die in Bologna sein muss. Wenn man die Druckerfirma in den beiden genannten Beschreibungen mit einander vergleicht, so wird man allerdings gewahr, dass die Schreiber derselben es mit der Genauigkeit nicht allzu peinlich genommen haben, dennoch fällt es auf, dass sie beide für Maij „Madij" schreiben. Ferner stimmt die Foliierung bei Haberl's Register nicht mit der oben mitgeteilten Foliierung überein. Leider schreibt Haberl statt folio „Seite", wodurch der Leser einen falschen Begriff erhält, denn nicht die Seiten sind im Originale signiert, sondern nur die Blätter. Haberl beginnt mit 4, 8, 12, 15 etc. und endigt mit 71, wogegen die Foliierung des obigen Exemplares lautet: 2, 3, 8, 15 etc. Ferner steht fol. 15 der Satz: „Secundum multitudinem dolorum meorum", der bei Haberl fehlt und der unter 15 den Satz „Tenebre facte sunt" von Gaspar notiert, der sich im Exemplar des british Museum erst auf fol. 17 befindet. Im weiteren Vergleiche des Registers ergeben sich noch manigfache Varianten in Abkürzungen und Zusätzen, die man wohl auf Rechnung einer anderen Auflage setzen muss, selbst wenn man Willkürlichkeiten des Schreibers annehmen will.

Zum Schlusse lasse ich noch ein kurzes Verzeichnis der Petrucci'schen Drucke folgen, welche sich bis heute im Besitze des british Museums befinden:

1. Motetti de Passione. B. 10 Maij, 1503.

2. Missae. Pierre de la Rue. 31 Oct. 1503.

3. Motetti C. (nur Superius).

4. Missae. De Orto (nur Superius).

5. Missae. H. Izaac. 20 Oct. 1506.

6. Missae diversorum Auctorum. Lib. I. 15 Mar. 1508.

7. Missae. Josquin. 1 Mar. 1514.
8. Missae. A. de Fevin. 22 Nov. 1515.
9. Missae. J. Mouton. 11 Aug. 1515.
10. Missae. Josquin. Lib. I. 29 Maij 1516. *)
11. Motetti de la Corona. Lib. II. 17 Juni 1519.
12. Motetti de la Corona. Lib. III. 7 Sept. 1519.
13. Motetti de la Corona. Lib. IV. 31 Oct. 1519.

Noch sei erwähnt, dass sich in England nur noch die Missae von P. de la Rue von 1503 im Besitze des Herrn W. H. Cummings befinden.

Das alte Clarin-Blasen auf Trompeten.

Unter diesem Titel hat Dr. H. L. Eichborn, bekannt durch seine einzig dastehende Schrift „Die Trompete," in einem 1894 bei Breitkopf & Härtel erschienenen Schriftchen von 50 Oktav-Seiten seine Ansichten über das Wesen des ehemaligen Clarin-Blasens zusammengestellt, dahin gehend, dass bei demselben ein mit guter Brust, guten Zähnen und geeigneten Lippen begabter Bläser auf einer gewöhnlichen tiefen Trompete die obligaten bis in das $\bar{\bar{c}}$ oder höher gehenden Stellen blies, die von den Komponisten gewissen anderen damals noch ganz unvollkommenen Holzinstrumenten nicht zugemutet werden konnten. Sobald jedoch diese letzteren verbessert und die Blechinstrumente zu diatonischen, noch später sogar zu chromatischen Gängen verwendet werden konnten und verwendet wurden, fiel die Notwendigkeit hinweg, den ersten Trompetern diese stets gefährlichen Passagen zuzumuten; der Wirkungskreis der Trompete wurde ein anderer, ja aus der F-C-Trompete wurde die B-Trompete, der man bekanntlich Klarinetten-Passagen zumutet, und damit starb das Clarin-Blasen aus. Dr. Eichborn warnt nun mit Fug und Recht davor, bei der jetzt mehr als je aufgekommenen Mode alte Kompositionen dem Publikum vorzuführen, auf alte unvollkommnere Instrumente, wie z. B. die tiefstehenden und unnatürlich hochgehenden Trompeten zurückzugreifen. Dass er damit vollständig Recht hat, muss ihm und wird ihm jeder Sachverständige zugeben, um so mehr, als die höchsten Töne der Trompeten-Stimmen recht wohl von Holzblasinstrumenten

---

*) Die Ausgabe von 1516 fehlt bei Ant. Schmid, ist aber sonst in den Bibliotheken zu Berlin (o. Altus), in München, Bologna, Regensburg Proske und der Capella Sistina in 4 Stb. vorhanden.

übernommen werden können, ohne dass das Publikum davon etwas merkt. Der Einsender, viele Jahre lang Schüler des am 12. April 1893 zur Ruhe bestatteten, unvergefslichen ersten Trompeters und wirklichen Clarin-Bläsers der kgl. Musik-Kapelle in Dresden, *Frdr. Benj. Queifsers*, bei dem sich seinerzeit Rich. Wagner über schwierige Trompetenstellen Rat holte, und der in der katholischen Hofkirche in Dresden die Messen nur auf einer der dort eingeführten, jetzt natürlich nur noch von der 3.—6. Stimme bei den sogenannten Intraden verwendeten kurzen, leicht stopfbaren blanken Trompeten blies, kann aus jahrelanger Erfahrung das Urteil des Herrn Verfassers vollständig bestätigen. Vielfach würden äufserst gefährliche Klippen vermieden werden können, wollten die Dirigenten alter Musikwerke in verständiger Weise den Trompetern solche Töne, bei deren Miss-glücken das Gesicht der Zuhörer sich schmerzvoll verzieht, (ganz wie es sonst auch gewesen sein mag, vgl. Eichborn) abnehmen und Holzbläsern übertragen. Ganz mit Recht erklärt auch Dr. Eichborn: Der jetzt pensionierte Berliner Kammermusikus *Kosleck*, ein Kornettist ersten Ranges, der sonst zu Aufführungen alter Kompositionen mit hochgehenden Trompeten gern eingeladen wurde, sei ein Clarinbläser eigentlich gar nicht zu nennen, denn er habe die Clarinstimme auf einer Ventil-Trompete in Hoch-G, statt auf einer blanken in tief-C oder D geblasen. Und auch *Ferd. Weinschenk*, der vorzügliche Trompeter des Leipziger Stadt-Theaters, blies am 12. April d. J. in der Kreuzkirche in Dresden virtuos in Bach's H-moll-Messe die bis in's d der D-Trompete, also bis $\overline{o}$ gehende Stimme mit ihren für blanke Trompete ganz unnatürlichen b und fis auf einer hohen Ventil-D-Trompete, statt auf der tiefen und blanken D-Trompete, also nicht einmal auf der gewöhnlichen hohen B-Trompete. Dem Einsender liegt eine Originalstimme der ersten tiefen D-Trompete aus der H-moll-Messe von Bach vor, auf welcher geschrieben steht: „Dem braven und trefflichen Primarius, Herrn Kammerm. Queifser, zur Er-innerung an den 28. Oktober 1850. Johann Schneider." Schneider war der bekannte Kirchenkomponist und Hoforganist in Dresden, und der aus der alten Leipziger Stadtpfeiferei hervorgegangene Queifser blies die undankbare schwere Stimme auf der tiefen D-Trompete als echter, in Dresden, wenn nicht vielleicht überhaupt, als letzter Clarin-Bläser.

Dresden.   *P. F. Richter.*

Mitteilungen.

* Herr *H. Davey* übersandte der Redaktion folgende Bemerkungen über Dr. *Wilib. Nagel's* Geschichte der Musik in England und ersuchte um Aufnahme: Da ich mich seit einigen Jahren mit der Sache beschäftigt habe, so fühle ich mich berechtigt, einige Fehler in dem sonst sehr zu schätzenden Werke zu verbessern.

I. pag. 36. Odington ist, wie von allen Historikern seit Hawkins, gerade 100 Jahre zu früh gesetzt. Der im Jahre 1228 zum Erzbischof von Canterbury gewählte Mönch war ein Walter Einesham. Odington (Walter of Evesham) wohnte 1316 und auch 1328 zu Oxford.

II. pag. 72. Johannes von Garlandia war Engländer, wie er in dem Gedichte „De Triumphis Ecclesiae" selbst sagt. Er war um 1180 geboren. Vgl. Coussemaker „Scriptores", Band III Einl.

III. pag. 64 (und später). John of Tewkesbury war nur der Besitzer des Ms. zu Oxford.

IV. Ibid. Holinshed nennt Bale als Verfasser der von ihm angeführten Gelehrtenlisten.

V. pag. 69. Mir scheint, dass die Frage, ob der Mönch Wilhelm Engländer gewesen, im Gegensatze zu Dr. Nagel zu verneinen ist. Guilelmus Monachus (Coussemaker III, 288—92) giebt die englischen Kompositionsregeln „secundum ipsos Anglicos". Das Wort „ipsos" hätte kein Engländer gebraucht.

VI. pag. 138. Die Abbildung einer angelsächsischen Orgel steht zwar im Psalter Edwin's (Cambridge). Es ist dies aber die Kopie eines viel älteren Psalters. Letzteres gehört eigentlich zu den Cotton Mss., befindet sich aber seit 1718 zu Utrecht.

VII. pag. 138. Lansdowne Ms. 736 fälschlich für 763. Addit. Ms. 21845 für 21455.

VIII. pag. 129. Weder Green's angezogenes Geschichtswerk noch auch Macaulay sprechen allerdings von der Musik; doch bringt die neue illustrierte Ausgabe des zuerst genannten Buches sehr viele vortreffliche Zeichnungen.

Dass Dr. Nagel den Englischen Künstlern (Dunstable, Power, Benet u. s. w.) nicht die Erfindung der eigentlichen Polyphonie zuschreibt, sondern sie als der niederländischen Schule angehörend betrachtet, missfällt mir natürlicherweise; aber ich will mich hier nur mit Thatsachen abgeben, nicht polemisieren. Dass er ferner die Kriegszeit nach Dunstable's Tod (1453) als Ursache der stockenden Musikpflege in England ansieht, dass er schliefslich die Puritaner als Feinde der Kunst (was keineswegs wahr ist) betrachtet, sind gleichfalls Fehler, die aber sicherlich englischen Quellen entlehnt sind.

Ein Buch von mir, das jetzt gedruckt wird, wird, so hoffe ich, dazu beitragen, dass ernste Musikforscher in der Zukunft zwischen dem puritanischen Verbot der Kirchenmusik und der eifrigen Pflege der Hausmusik (auch der Oper!) zu unterscheiden wissen werden.

B r i g h t o n.   H. D a v e y.

Zu den Ausführungen des Herrn Davey erlaube ich mir einige kurze Bemerkungen. Zunächst bedaure ich, dass, wenn das Ganze eine Kritik bedeuten soll, nirgendwo eine Begründung der gegensätzlichen oder andern Meinungen gegeben ist. Eine solche wäre aber doch unter allen Umständen am Platz gewesen.

Ich muss also zu meinem grofsen Bedauern schon jetzt mit Bezug auf seine Ausführungen fragen: wozu? Zu I vergl. man besonders die Ausführungen über Odington's Lehre bei Jacobsthal in seiner Schrift zur Mensuralnotation. Zu II: hier liegt eine Verwechslung des Theoretikers mit dem gleichnamigen englischen Dichter und Grammatiker vor. Zu III: Woher weifs Herr D. dies? Ein Beweis wäre wohl mit drei Worten zu liefern gewesen. Zu IV: Hier wäre ein genaues Citat sehr erwünscht gewesen, zumal die volle Prüfung solcher Quellen fünfzehnten Grades unmöglich die Aufgabe eines Musikhistorikers sein kann, es sei denn, dass ihm die doppelte Lebensdauer wäre und man ihm ein grofses Gehalt von Staatswegen bewillige. Übrigens ist die ganze Sache auch ohne jede Bedeutung. Zu V: Da Guilelmus in Italien lebte und englische Tonsetzer ausdrücklich als seine Gewährsmänner anführen wollte, sehe ich nicht ein, warum er nicht auch als Engländer hätte schreiben dürfen: secundum ipsos Anglicos. Einen logischen Fehler hat er damit keinesfalls begangen.

Zu VIII: Da die illustrierte Ausgabe von Green's Buch erst erschien, als meine Arbeit bereits gedruckt wurde, konnte ich natürlicherweise keinen Bezug darauf nehmen. Über den folgenden Passus darf ich kurz hinweggehen: difficile est satiram non scribere. Beweisen ist immer die Hauptsache, ob Herrn D. meine Ansicht gefällt oder nicht, kann mir ziemlich gleichgiltig sein. Aber eine Bemerkung mag ich nicht unterdrücken: wenn man gewissen englischen Musik-Historikern auch nur einen geringen Einwand gegen die hyperenthusiastische Art vorbringt, wie sie jetzt in England bei der Betrachtung der heimischen Kunst beliebt ist, so ruft das eine Wirkung hervor, ähnlich derjenigen, welche ein rotes Tuch bei den spanischen Stierkämpfen erzielt! Und nicht etwa nur, wenn von der Vergangenheit die Rede ist! Stimmt man in solchen Kreisen nicht jubilierend mit ein, wenn Sir Arthur Sullivan als „grofser Künstler" gepriesen wird, so wird man als Ignorant behandelt. Das sind die Kreise, welche sich um den Kritikaster erster Ordnung Joseph Bennet (Daily Telegraph) scharen, welcher im vorletzten Jahre einmal über den schlechten Einfluss der deutschen auf die englische Musik schrieb. Die ernsten englischen Historiker berühren diese Sätze nicht, und ich weifs, meine Freunde drüben werden mit mir einig sein. Was den letzten Punkt angeht, so habe ich in der Fortsetzung der „Annalen" (cfr. M. f. M. 1894—95 Beilage) genügend neues, von englischen Schriftstellern bisher übersehenes Material veröffentlicht, das meine Ansicht von der Stellung der Puritaner zur öffentlichen Kunstpflege (um diese handelt es sich doch zunächst; auch die private wird übrigens dort erwähnt) rechtfertigt.

Für die Verbesserung ad VII bin ich Herrn H. Davey zu Danke verpflichtet.

Wörishofen.   Dr. *Wilibald Nagel.*

* Denkmäler der Tonkunst in Österreich. 2. Bd. Wien, Artaria & Co., gr. Fol. in 2 Hälften. Preis in der Subskription 17 M. Enthält die Fortsetzung von Bd. 1 (siehe Monatsh. 1894, p. 55) nämlich 27 Motetten von Joh. Jos. Fux, herausgegeben von Joh. Ev. Habert. Die Gesänge sind durchweg für den katholischen Gottesdienst berechnet, bestehen aus Gradualen, Responsorien und anderen von der Kirche vorgeschriebenen Formen, sämtlich für 4stimm. Chor, einige wenige mit einem Orgelbass und einige mit Blas- und Streichinstrumenten, die aber durchweg mit der Singstimme gehen, also den Satz in seiner Vierstimmigkeit nie alterieren. Was über Fux' Schreib- und Erfindungsweise Monatsh. 1894 gesagt ist, gilt auch hier. Nur schliefst er sich hier noch strenger an die Schreibweise des 16. Jhs. an, ja

sogar die Quintenfolgen, durch verdeckte Stimmführung dem Auge entzogen, sind nachgeahmt. Herr Habert sagt im Vorwort: Die Formen der Vokalmusik sind vielfach übergegangen in die Formen der Instrumentalmusik; so haben wir in dem einstimmigen lateinischen Hymnus eine der ursprünglichen Liedformen, in den mehrstimmigen Hymnen das Urbild des Choralvorspiels für die Orgel, in der Motette das Vorbild für das Ricercar, in dem ebenfalls mehrere Themen nach einander durchgeführt werden. Dieser Ausspruch lässt sich wohl teilweise anf das 16. und 17. Jh. anwenden, aber keinenfalls auf die ältere Zeit, denn schon vor Gründung der christlichen Religion wurde gesungen und auf Instrumenten musiciert und dass die Instrumental- und Volksmusik sich früher als der Kunstgesang entwickelt hat, ist nach den neuesten Untersuchungen unumstöfslich, ebenso, dass die Kirche dem Volksgesange und ihrer Musikpflege die kirchlichen Gesänge anpasste, um desto sicherer des Volkes Anteil an der Kirche zu sein. Siehe Dr. Nagel's Geschichte der Musik in England und Monatsh. 1893, p. 175. — Der 2. Teil enthält *Georg Muffat's* Florilegium secundum, Passau 1698, herausgegeben von Dr. Heinr. Rietsch. Die Herstellung der Neuausgabe ist mit derselben Sorgfalt wie der 1. Bd. ausgeführt. Der Vortext umfasst allein 56 Folioseiten, genau dem Originale entsprechend. Die Partitur 8 Partien, resp. Suiten, auf 228 Seit. Dieselben bestehen wie Bd. 1 aus einer Zusammenstellung von Tanzformen. Auf S. 52—56 befindet sich eine Erklärung aller damals gebräuchlichen Verzierungen von Muffat selbst verzeichnet. Die Instrumentalsätze sind wieder für 1 Violine, 1 Violetta, 1 Viola, Quinta parte (ohne Instrumentbezeichnung) Violone und Bassus continuus mit Bezifferung, welche der Herausgeber ausgesetzt, oder vielmehr die Partitur in einen Klavierauszug zusammengezogen hat. Die Tonsätze zeichnen sich wie im Florilegium primum durch treffliche Erfindung und Klangwirkung aus und stehen dem früheren Werke ebenbürtig zur Seite. Die Ausstattung ist vortrefflich.

    * *Friedrich Zelle*, Prof. und Dr., Direktor an der zehnten Realschule zu Berlin. Ein feste Burg ist unser Gott. Zur Entwickelung des evangelischen Choralgesanges. Von ... Berlin 1895 Schulprogramm Nr. 126, 1895 (R. Gaertners Verlagsbuchhandlung von Hermann Heyfelder). 4⁰. 26 Seiten. Der Herr Verfasser giebt einen sehr wertvollen Beitrag zur Geschichte obigen Liedes, indem er mit sorgsamer Untersuchung das Entstehungsjahr nachzuweisen sucht, welches demnach in die Zeit von 1529—1530 fällt. Ferner bespricht er die Varianten und späteren Verstümmelungen des Textes, sowie die Varianten der Melodie in den verschiedenen Jahrhunderten und stellt 11 Lesarten zum Vergleiche über einander. Ebenso sucht er zu beweisen, dass die Melodie zu gleicher Zeit mit dem handschriftlich erhaltenen Tonsatze von Joh. Walther auftritt und sich von da ab schnell verbreitet. Da Luther nachweislich Walther alles Musikalische übertrug, so ist sicher anzunehmen, dass Walther nicht nur den Tonsatz schuf, sondern auch die Melodie. Als Schluss teilt der Herr Verfasser 13 Tonsätze über die Melodie mit, teils im Kunstsatze, wie drei Bearbeitungen von *Walther*, einen von *Stephan Mahu* von 1544, einen zweistimmigen von *Kasp. Othmair* 1547, einen 4stim. von *Joh. Eccard* 1599, teils im einfachen Choralsatz und zwar von *Lukas Osiander* 1586, *Seth Calvisius* 1597, *David Scheidemann* 1604, *Melchior Vulpius* 1604, *H. Leo Hassler* 1608, *Joh. Crüger* 1640 und *Zollicofer von Altenklingen* 1744. Die Arbeit zeichnet sich sowohl durch ihre Schärfe in der Beweisführung, als durch die knappe präcise Ausdrucksweise aus.

* Am 22. April auktionierte das Antiquariat Ludw. Rosenthal's in München die Bibliothek von Lobris. 1915 Bücher aus den verschiedensten Fächern. Der Katalog, 218 S. stark, mit einem alphabet. Namens-Register, ist wahrhaft musterhaft ausgeführt und bietet dem Historiker ein wertvolles Hilfsmittel. Die Abteilung Musik auf S. 148 ff., 38 Nrn., bietet die gröfsten Seltenheiten aus Theorie und Praxis, die letztere meist in alten kompl. Stb., wie Schein, Sellius, Stade. An alten literarischen Werken: 2 Werke von Mart. Agricola, Virdung, Doni, Lusitano, Playford u. a.

* Historisches Klavier-Konzert von *Richard Buchmayer* in *Dresden* unter Mitwirkung von Streichinstrumenten. Wie eine vorliegende Rezension aussagt, finden diese Konzerte schon seit einigen Jahren statt und finden einen gröfseren Zuhörerkreis, der mit Interesse den vortrefflichen Ausführungen lauscht. Das letzte Konzert vom 4. März bestand aus folgendem Programm: Variationen über ein Ballet von Joh. Adam Reincken, Praeludium, Fuge und Postludium von Georg Böhm, 3. biblische Historie (Sonate), Jakobs Heirath von Joh. Kuhnau, in 8 Sätzen, 3 Piecen von Fr. Couperin, 1 von Rameau, 2 von Telemann, Sonate von Dom. Scarlatti, Fuge Amoll von Seb. Bach, Polonaise Esmoll von Friedemann Bach, Menuett und Ecossaisen von Beethoven. Der 2te Teil des Konzerts bestand zum Teil aus Ensemblepiecen: Trio op. 9, Nr. 1 von Beethoven, Sonate Cd. von Frz. Schubert. Tarantella op. 19, von H. von Bülow, Trauermarsch op. 29, Nr. 1 von Rubinstein, Immergrün aus op. 14, von Felix Draeseke, Harmonies du soir von Frz. Liszt, Etude en forme de Valse aus op. 52 von C. St.-Saëns, Andante und Variat. f. 2 Pfte., 2 Violoncelli und Horn von Rob. Schumann. Dazu giebt Herr Buchmayer einen sehr verständigen Kommentar als Begleitung jeder einzelnen Nr., teils biographischen Inhalts, teils bibliographisch und beurteilend, so dass dem Hörer das Verständnis soweit erschlossen wird, wie überhaupt Worte das musikalische Empfinden eröffnen können.

* Hierbei eine Beilage: Katalog Zwickau Bog. 25.

Verantwortlicher Redakteur Robert Eitner, Templin (Uckermark).
Druck von Hermann Beyer & Söhne in Langensalza.

MONATSHEFTE

für

MUSIK - GESCHICHTE

herausgegeben

von

der Gesellschaft für Musikforschung.

| XXVII. Jahrgang. 1895. | Preis des Jahrganges 9 Mk. Monatlich erscheint eine Nummer von 1 bis 2 Bogen. Insertionsgebühren für die Zeile 30 Pf. Kommissionsverlag von Breitkopf & Härtel in Leipzig. Bestellungen nimmt jede Buch- und Musikhandlung entgegen. | No. 6. |

Das Lautenwerk des Miguel de Fuenllana (1554).
Von Dr. Hugo Riemann.

Fétis berichtet über den spanischen Komponisten M. de Fuenllana, dafs er in der ersten (?) Hälfte des 16. Jahrhunderts gelebt habe, zu Nava el Carnero bei Madrid geboren sei und sich durch eine Sammlung Violenstücke bekannt gemacht habe „il s'est fait connaître par un receuil de pièces *pour la viole*, intitulé: Orfenica Lyra; libro de Musica para Vihuela, Séville 1554 in fol." Eine Sammlung Stücke für (eine) Viole aus der Mitte des 16. Jahrhunderts wäre eine historische Kuriosität allerersten Rangs, wohl geeignet einen Fétis stutzig zu machen, auch wenn er das Werk nie gesehen hatte. Meine Begierde, dieses frühe Werk für Streichinstrumente kennen zu lernen, fand ganz unerwartet Erfüllung und — Enttäuschung, als mir dasselbe auf der *Landesbibliothek zu Wiesbaden* in die Hände kam. Der vollständige Titel lautet: (Span. Königswappen)

LIBRO DE MUSICA PARA

Vihuela, intitulado Orphenica lyra Enl

q̄l fe cōtienen muchas y diuersas obras.

Cōpuesto por Miguel de Fuenllana.

Dirigido al muy alto y muy poderoso se

ñor don Philippe principe de España,

Rey de Ynglaterra, de Napoles. &c. nro Señor.

CON PRIVILLEGIO REAL.

1554.*)

---

*) Das unterstrichene schwarz, das übrige rot gedruckt.

Das Exemplar ist vollständig erhalten, in Schweinsleder gebunden.
Der Umfang (Klein-Folio) beträgt eine Lage von 5 Doppelblättern
(= 20 S. nicht paginiert) für Titel, Vorreden, Inhaltsangabe und Lobgedichte, und 21½ Lagen à 4 Doppelblätter (348 Seiten) Musik mit
doppelter Paginierung: die Blätter rechts oben fortlaufend mit fol. 1
bis CLXXIIII, die vier Doppelblätter jeder Lage mit A, A^{II}, A^{III},
A^{IV}, B—B^{IV}, C, D, E, F, G, H, J, K, L, M, N, O, P, Q, R, S, T, V,
X Y gezeichnet, das vorletzte Blatt (2. Hälfte von Y^{II}) hat die Schluss-
vignette: Kranich auf Totenkopf mit Spruchband „Vigiliate" und den
Buchstaben MDM d. h. Martin de Montesdoca, also Druckerzeichen;
denn es folgt die Schlussunterschrift:

FVE IMPRESSO EN SEVILLA

en casa de Martin de Montesdoca.

Acabose a dos del mes

de Octubre de mill y

quinientos y cin-

cuenta y qua

tro años

. . .
.

Das ohne Zweifel nicht bedruckt gewesene letzte Blatt (Y^I zweite
Hälfte) fehlt.

Die Enttäuschung, welche mir das Werk brachte, besteht nun
darin, dass dasselbe nicht Musik für Viola, sondern für Laute enthält,
wie mir der erste Blick auf die Notierung sofort sagen mußte. Das
Instrument, um welches es sich handelt, ist kein anderes als die *Vihuela
de mano* d. h. im Gegensatz zu der mit dem Bogen gestrichenen Viola
(de arco) die mit den Fingern geschlagene. Wasielewski teilt in
seiner „Geschichte der Instrumentalmusik im 16. Jahrh." S. 112
den Titel eines ähnlichen Werks von Don Luys Milan mit: „Libro
de Musica de Vihuela de mano" und bringt auch die Erklärung des
Namens aus dem Tesoro de las tres lenguas francese, italiana y española
(1606): „uno stormento da sei corde come la chitarra". Die Tabulatur
Milans wie Fuenllanas ist die italienische Lautentabulatur: Sechs
Linien (nur fol. 159—161 fünf, weil „Musica de vihuela de cinco
ordines" und fol. 162—163 sogar nur vier Linien, weil „Musica de
guitarra") stellen die sechs Saiten vor (in G c f a d^1 g^1 gestimmt, wo nicht
eine besondere Scordatura anderes vorschreibt), und darauf gesetzte
Zahlen bestimmen die Griffe (0 = leere Saite, 1 = 1. Bund, 2 =
2. Bund [in Halbtönen fortschreitend) u. s. w. bis zum 10. Halbton: X

== kleine Septime der leeren Saite). Taktstriche durchschneiden die Linien fortgesetzt in Abständen von zwei oder (in den wenigen Fällen, wo der Tripeltakt vorkommt) drei Halben, und übergeschriebene *Mensuralzeichen* ◇ ♢ ♦ ♪ ♩. auch ♪⌒♩ ordnen in minutiösester Weise die rhythmischen Verhältnisse, aber ganz in der Art wie 150 Jahre später bei den französischen Lautenmeistern so, dass jedes Zeichen für alle folgenden Anschläge gilt, bis ein neues Zeichen andere Werte fordert, z. B.

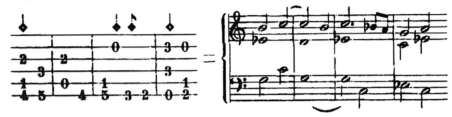

Die sechste Saite (die tiefste, welcher die oberste Linie entspricht) ist mehrfach um einen Ganzton herabzustimmen (z. B. in der Fantasie fol. 104—107), sodass sie in der Oktave der 4. Saite steht (F c f a d' g'). Ein dem Stück vorangestelltes F (facile) qualifiziert dasselbe als leicht, ein D (difficile) warnt den Anfänger vor seinen Schwierigkeiten.

Dass dieses Lautenwerk zu den *allerwichtigsten des Jahrhunderts* gehört, wird man aus der unten gegebenen Inhaltsangabe zur Genüge ersehen. Was dasselbe speziell auszeichnet, ist die *Klarheit und Vollständigkeit der Stimmenführung*, welche soweit getrieben ist, dass in Übertragungen von Vokalsätzen mehrfach sogar auf einer Saite für denselben Griff zwei Töne notiert sind, „per guardar la verdad de la compostura" (S. 8 der Einleitung). Merkwürdig ist ferner die Freiheit, mit welcher Fuenllana das Transpositionswesen handhabt. Unter den mit D bezeichneten Fantasien befinden sich mehrere in Asdur (!). Dass aber die Stimmung wirklich die in G c f a d' g' ist, beweist der Vergleich der übertragenen Vokalsätze mit den Originalen. Die 55 originalen Instrumentalsätze (sämtliche von Fuenllana selbst, als „Fantasias" bezeichnet, 2—4 stimmig) sind höchst respektable Ricercari, die denen Willaerts und Buus' durchaus an die Seite zu stellen sind, aber gegenüber jenen den unermeßlichen Vorzug aufweisen, dass über kein einziges Versetzungszeichen ein Zweifel entstehen kann, weil nicht Töne sondern Griffe notiert sind. Als Beleg gebe ich die fol. 99 zu findende vierstimmige Fantasie (D) mit Verkürzung der Werte auf die Hälfte; das Beispiel wird genügen, die Aufmerksamkeit auf das Werk auch als Denkmal frühster originaler Instrumentalkomposition zu lenken (s. S. 89).

6*

Ich schliesse nunmehr mit der vollständigen Angabe des Inhalts. Die dem Werke vorausgeschickten 20 Seiten enthalten: S. 1 Titel; S. 2 leer, S. 3 das Privileg, unterzeichnet: „Yo el principe. Por mandado de sua alteza Juan Vasquez". S. 4 Widmung (kurz), S. 5—7 Prologo al lector (Parnass, Pegasus, Linos, Apollon, Amphion, Orpheus u. s. w.; als Theoretiker wird Ysidoro [Isidor von Sevilla] citiert). S. 8—9 Avisos y documentos que en este libro se contienen", S. 9—10 „Del orden y fantasias que es este libro se ponen" S. 10—11 „De las redobles" (Verzierungen), S. 11—12 „Del taner con limpieza", S. 12—13 „De los tonos", S. 13—15 nochmals „al lector", S. 16—18 Tabla, S. 19—20 Lobgedichte auf den Komponisten (ein spanisches Sonett von Benedito Arias Montano, 2 lateinische Distichen von Martino de Montesdoca (den Drucker) und zwei andere von Johannes Chirosius presbyter und Johannes Çumeta patricius Hispalensis. Der Inhalt der einzelnen Teile ist:

Fol. 8b—9b: Tabla
Tabla del libro pimere. (1. Dues).

Pleni de la missa de Hercules. *Josquin.*
Benedictus de la missa de Pange lingua. *Josquin.*
Suscepit Israel . *Morales.*
Si amores me han de matar. Flecha.
Contrapunto sobra el tiple deste vilhancico del *Fuenllana.*
Suscepit Israel de Guerrero.
Fecit potentiam. Guerrero.
Fecit potentiam de *Josquin.*
Duo de *Fuenllana.*
Fecit potentiam de *Morales.*

(2.) Obras y Fantasias a tres.

Et ascendit in coelum de la missa Benedicta es coelorum regina . *Morales.*
Fantasia del author del mismo tono.
Benedictus de la Missa Gaude Barbara. *Morales.*
Fantasia que se sigue.
Et resurrexit de la missa de Lome arme. *Morales.*
Fantasia de l'author.
Crucifixus de la Missa Tu es vas electionis de *Morales.*
Fantasia de l'author.
Agnus de la Missa Ave Maria. *Morales.*
Fantasia de l'author.

Deposuit de Morales.
Fantasia que se sigue.

Tabla del segundo libro.
Musica a quattro.

Hodierna lux con segunda parte . *Lupus.*
Fantasia que se sigue.
Qui confidunt in domino con segunda parte. *Lirithier.*
Fantasia del mismo tono.
Laetentur omnes con segunda parte. *Lupus.*
Fantasia del author.
Cum appropinquasset. Gascon.
Fantasia que se sigue.
Parce domine. Gombert.
Fantasia del author.
Inter natos mulierum. Morales.
Fantasia del mismo tono.
O regina coeli con segunda parte. *Andreas de Silua.*
Fantasia de l'author.
Ave Maria. Adrian.
Fantasia que le remeda.
Super Flumina de *Gombert.*
Fantasia de l'author.
Benedictus de la Missa de Lome arme. *Morales.*
Fantasia de l'author.
Ave sanctissima Maria de *Gombert.*
Fantasia que se sigue.
O quam pulchra es. Gombert.
Fantasia de l'author.
Sancta et immaculata es con segunda parte de *Morales.*
Fantasia del mismo tono.
Domine pater de *Gombert.*
Fantasia del author.
Sancte Alfonse. Gombert.
Fantasia de l'author.
Benedictus de la Missa Benedicta es coelorum regina de
    Morales.
Fantasia que se sigue.
Veni domine de *Morales.*
Fantasia del mismo tono que le remeda.

Tabla del tercero libro.
Motetes a cinco.

Aspice de *Jaquet.*
Si bona suscepimus. *Verdelot.*
Verbum iniquum de *Morales.*
Lamentabatur Jacob. *Morales.*
Lauda Syon de *Gombert.*
Virgo Maria de *Morales.*
O Beata Maria. *Gombert.*
Germinauit. *Gombert.*
O Felix Anna de *Gombert.*
Credo de Beata virgine. *Josquin.*
Lamentacion de *Morales.*

Motetes a seys.

Jubilate de *Morales* con segunda parte.
Agnus de la missa de Si bono suscepimus. *Jaquet.*
Benedicta es coelorum regina de *Josquin* a seys.
Manus tuae domine de *Morales* a cinco.
Praeter verū̄. *Josquin* a seys.

Tabla del libro q̄rto.

La segunda parte de la *Gloria* de La sol fa re mi. *Josquin.*
Agnus de la missa de Lōme arme de *Morales* a quattro.
Primera parte de la *Gloria* de la missa de *Faysant regres* de
    Josquin.
Kyrie primero de la missa de *Feysant regres* de *Josquin.*
Kyrie postrero de la misma missa.
Kyrie primero de la missa de La sol fa re mi de *Josquin.*
Christe primero de la missa de La sol fa re mi de *Josquin.*
Postrero Kyrie de la misma missa.
Pange lingua de *Guerrero* a quattro.
Pange lingua de *Guerrero* a tres.
Sacri(s)solennijs de *Guerrero* a tres.
Una boz de *contrapunto* sobre el canto llano de sacris solēnijs. *Fuēllana.*
Pater n̄r de *Guerrero* a quattro.
Treze Fantasias del author. (Fantasia primera — tertia decima, dar-
    unter die 2te: sobre un passo forçado: ut re mi fa sol la).
Aue maris stella del author.
Benedictus a tres de la missa de Mila regres de *Morales.*
(8) Fabordones (in den 8 Tönen) de *Guerrero.*

Tabla del libro quinto.
Strambotes a cinco.

Come hauro con segunda parte de *Verdelot.*

Se le interna mia: Archadelt.

Amor farme de C̄o Festa.

Signora Julia: Verdelot.

Strambetes a quatro.

Madona p̄ voy ardo de *Laurus.*

Liete mādone: Laurus.

Quanto si aliet   Verdelot.

Tam que vivrey.

Glosa sobre la misma cancion de *l'author.*

Si o potes si do de *Archadelt.*

Bella fioreta.   Archadelt.

O felici occhi miei.

Li bianco et dolce.

Ochi mei lassi con segunda parte.

O io mi pensay.

Sonetos y madrigales de Pedro Guerrero.

O mas dura que marmol c. seg. p.

Quien podra creer.

Passando el mar Leandro.

Pordo comēçare mi triste llato.

Dun spiritu triste.

Amor es voluntad.

Mi coraçon fatigado c. seg. p.

Agora cobrando acuordo.

Villancicas a tres.

Oyme Oyme.

Quando ti vegio.

Madona mia.

Villancicos de Jua Vazquez a tres.

Come que reys madre.

Morenica dame un beso.

Vos me mata stes niña ē cabello.

Ay que non oso.

No se que me bulle.

Due lete de mi seoñora.

No me hableys conde.

Quiero dormir.

Villancicos a quattro.

Con q̄ la lauare: Juā Vasquez.

Que farā del pobre. Juā: Flecha.

Teresica hermana: Flecha.

Malaya quien' a voscato. Flecha.

De los alamos venga madre. Juan Vasquez.

Ojos claros. Guerrero.

Torna Mingo. Guerrero.

Romances.

De ante quera sale el moro. Morales.

A las armas moriscote. Bernal.

Tabla del libro sexte.

Ensalada de Flecha. Jubilate.

La Comba de Flecha.

La Justa de Flecha.

Comiença la musica de Vihuela de cinco ordines.

Et serurrexit de la missa Aue Maria Morales.

Osanna de la misma missa.

La mi sol la de Juan Vasquez.

Siguense seys fantasias del auther.

Fantasia primera — sexta.

Comiença la musica de Guitara.

Crucifixus a tres.

Conar de cauallero de Juan Vazqz.

Passeana se el Rey moro de Fuenllana.

Seguense seys fantasias.

Musica de Vihuela de seys ordines.

Fantasia de consonancias.

Fantasia sobre un passo forçado ut sol sol la.

Los dos cātollanos de Gaudeamus y Aue maris stella.

La carta de Boscan. primero llana y luego de contrapunto.

El contollano de las endechas.

Una fantasia de redobles.

Los ocho tientos por los ocho tonos.

Benedicamus patrem de l' author.

Fin de las Tablas.

Fantasia a 4
von Miguel de Fuenllana (1554).

Orphenica Lyra fol. 99.

Totenliste des Jahres 1894
die Musik betreffend.
(Karl Lüstner.)

Abkürzung für die citierten Musikzeitschriften:

Bühgen. = Deutsche Bühnen-Genossenschaft. Berlin.

Guide = le Guide mus. Bruxelles, Schott.

K. u. Musz. = Deutsche Kunst- u. Musikztg. Wien, Robitschek.

Lessm. = Allgem. Deutsche Musikztg. Charlottenburg.

Ménestrel = le Ménestrel. Journal du monde music. Paris, Heugel.

M. Tim. = Musical Times. London, Novello.

N. Z. f. M. = Neue Zeitschr. f. Mus. Leipzig, Kahnt.

Ricordi = Gazetta music. di Milano, Ricordi.

Sig. = Signale f. d. mus. Welt. Leipzig, Senff.

Ludw. = Neue Berliner Musikztg. Ludwig.

Wbl. = Musikal. Wochenblatt. Leipzig, Fritzsch.

　　　Es wird gebeten falsche Daten der Redaktion gefälligst anzuzeigen.

Abbà-Cornaglia, Pietro, Opernkomponist, st. in Alexandrien am 2. Mai, 42 Jahr alt. Ricordi 288. Ménestrel 160. Lessm. 363.

Aitken, James, Musikkritiker in Glasgow, st. das. 3. Dez., M. Tim. 1895, 52.

Alboni, Frau Marietta, Altistin, später Gräfin Pepoli, st. 23. Juni in Ville d' Avray bei Paris; geb. 10. März 1823 in Cesena. Nekr. Ménestrel 205. Guide 561.

Albrecht, Eugen, Orchesterchef am Kaiserl. Theater zu Petersburg, st. das. 28. Jan. (9. Febr.), geb. 1842 zu Breslau. Wbl. 133. Lessm. 146.

Alsleben, Prof. Dr., **Julius**, Pianist, Gesanglehrer und Organist in Berlin. st. das. 8. Dez., geb. ebenda 24. März 1832. Wbl. 643. Lessm. 667.

Amadei, Graf **Albert Felix**, Sektionschef am kaiserl. österr. Hausministerium, Liederkomponist, st. 12. Juli in Wien. K. u. Musz. 193. Wbl. 403.

Ardegg, Fräulein, Hofopernsängerin in Braunschweig, st. das. im Mai. Lessm. 363.

Arden, Joseph, richtig **Kohlweck**, Bassbuffo am Stadttheater in Bremen, st. das. 28. Okt., geb. 1850 in Berlin. Sig. 872. Wbl. 582. Lessm. 595.

Aria, Cesare, Komponist, ehemaliger Präsident der Academia Filarmonica, st. im Febr. in Bologna, geb. das. 1820. Ricordi 94. Guide 283. Wbl. 195.

Arietta, Emilio, Opernkomponist, Direktor des Konservatoriums zu Madrid, st. das. 11. Febr., geb. 21. Okt. 1823 in Puente la Reina (Navarra). Ricordi 111. Guide 211. Lessm. 146.

Bachmann, Georges, fruchtbarer Klavierkomponist, st. im Hospital zu Beaujon in Frankreich im Nov., 46 Jahr alt. Ménestrel 383. Wbl. 643.

Bär, Wilhelm Immanuel, Generalintendant der Dresdener Hoftheater, st. das. 19. Febr., 81 Jahr alt. Wbl. 125. Lessm. 146.

Barlani-Dini, Eufemia Martella, Opernsängerin in Mailand, st. das. 60 Jahr alt. Ménestrel 415. Ricordi 821.

Barbieri, Francisco Ascenjo, Prof. am Konservatorium und Kapellmeister am Königl. Theater zu Madrid, Opernkomponist, st. das. 19. Febr., geb. ebenda 3. Aug. 1823. Ménestrel 79. Lessm. 146. Porträt und Biographie in der Allgem. Kunst-Chronik Heft 13, 376.

Bartolini, Ottavio, Opernbariton, st. in Rom, 73 Jahr alt. Ménestrel 352. Wbl. 582.

Baum, August, Militär-Kapellmeister a. D., st. 6. Sept. in Leipzig, 73 Jahr alt. Deutsche Musiker-Ztg. 448.

Beale, Thomas Willert, Pianist, Komponist und unter dem Pseudonym **Walter Maynard** auch Musikschriftsteller, st. 3. Okt. in Gipsy Hill, geb. 1828. M. Tim. 768.

Bellini, Vincenzo, Komponist, Cousin des gleichnamigen Komponisten, st. zu Catania, 92 Jahr alt. Ménestrel 255.

Bérardi, Charles, Baryton, st. im Jan. in Lyon, 46 Jahr alt. Ménestrel 16. Guide 66.

Berthemet, Gesangchef der komischen Oper in Paris, st. das. 9. Mai. Wbl. 289. Lessm. 363.

Bertoleni, Emilio, Kontrabass-Prof. am Instituto filarmonico Venturi

zu Brescia, st. das. im März, geb. 24. Jan. 1861. Guide 375.
Sig. 428.

Bianchi, Erminio, Organist und Musiklehrer in Mailand, st. das. Ende
des Jahres, 90 Jahr alt. Lessm. 1895, 88. Ricordi 1895, 34.
Sig. 1895, 91.

Bidera, Francesco, Violin- und Mandolinen-Virtuose, sowie Komponist,
st. in Neapel, 71 Jahr alt. Ricordi 304.

Bignami, Enrico, Opernkomponist, st. im März in Genua, 58 Jahr alt.
Ménestrel 96. Ricordi 160.

Billroth, Theodor, Prof. der Anatomie in Wien, war mit der Abfassung
eines Buches über Musik beschäftigt, als ihn der Tod am 6. Febr.
in Abbazia abrief; geb. 1829 in Bergen auf Rügen. Lessm. 104.

Bird, George, während 65 Jahren Organist an der Parish Church
zu Walthamstow in Essex, st. das. 14. Aug., 82 Jahr alt.
M. Tim. 625.

Bloch, Karl, akademischer Musikdirektor in Heidelberg, st. das. 10. Juli,
69 Jahr alt. Lessm. 495.

Böhme, Robert, Orchestermitglied am Gewandhaus in Leipzig, st. das.
6. Sept., geb. 21. Mai 1857 in Dresden. Bühgen. 297.

Böttjer, Theodor, erster Konzertmeister der Bremer Konzerte, st. in
Bremen 23. Nov., 72 Jahr alt. Lessm. 1895, 15. Wbl. 643.

Bonuzzi, Antonio, Musikgelehrter und Vorkämpfer für die Reform der
Kirchenmusik, st. 25. Mai in Verona, 61 Jahr alt. Ricordi 352.
Sig. 602.

Bott, Katharina Luise, ehemals bekannte Pianistin, st. im Juni in
Kassel, 70 Jahr alt. Wbl. 371. Lessm. 456.

Brambilla, Madame Veronica Graziella, einst hervorragende Sängerin, st.
im Juli in Mailand. Ménestrel 255.

Brooksbank, Hugh, Organist und Chormeister an der Blandaff Kathedrale in Sunnyside, Cardiff, st. das. 28. April. M. Tim. 415.
Lessm. 363.

Brunello, Giuseppe, ehemaliger Impresario des Scala-Theaters zu Mailand, st. das. im Juni, 88 Jahr alt. Ménestrel 208.

Bülow, Hans von, Komponist, Pianist und Dirigent, st. 12. Febr. in
Cairo, geb. 8. Jan. 1830 in Dresden. Nekrolog in allen Musik-
Zeitungen.

Burkhardt, ... Musikdirektor in Zittau, st. das. 29. März, geb. 1843
in Löbau. Wbl. 180. Lessm. 218.

Campbell, Margaret, Sängerin, st. im Dezember in Buffalo, (NA.),
24 Jahr alt. Lessm. 1895, 88.

Caracciolo, Edoardo, Pianist und Komponist, starb im April zu Palermo. Ricordi 304.

Carlier, Xavier, belgischer Komponist und Pianist, st. im Jan. in Petersburg, 32 Jahr alt. Wbl. 113. Lessm. 87.

Casembroodt, Louis de, Musikkritiker, Dichter und Bibliothekar am Königl. Konservatorium zu Brüssel, st. das. 15. Juli, 31 Jahr alt. Ménestrel 231.

Caune, August, Komponist und Organist an der Kirche St. Joseph zu Marseille, st. das. im März, geb. 1826. Ménestrel 80. Guide 283.

Chabrier, Alexis Emanuel, Opernkomponist, st. 13. Sept. zu Paris, geb. 18. Jan. 1842 zu Ambert (Puy-de-Dôme). Nekr. Ménestrel 293.

Chambres, Lucie, Sängerin und Gesanglehrerin st. 8. Juli in Melbourne. M. Tim. 625. Lessm. 441.

Cherubini, Alberto, Prof. der Musik in Sassari, st. das. 90 Jahr alt im Mai. Ménestrel 184.

Chiostri, Luigi, ehemaliges Mitglied des Florentiner-Quartetts, zuletzt Musiklehrer in Florenz, st. das. 24. Okt., geb. 1847 in Blumenstadt. Ludw. 494. Wbl. 582.

Clwydfardd, Wallisischer Erzdruide, seit 1860 Leiter der wallischen Sängerfeste Eisteddfods, st. 44 Jahr alt, wo? Lessm. 609.

Coletti, Filippo, Opernbassist, st. im Juni zu Anagni, geb. das. im Mai 1811. Ménestrel 200. Lessm. 363.

Conti, Luigi, Klarinett-Virtuose, st. im April zu Mailand, 70 Jahr alt. Ricordi 256. Sig. 507.

Cook, Ainsley, Opernbaritonist, st. 16. Febr. in Liverpool, geb. 1831. Sig. 299. Wbl. 155.

Cornell, John Henry, Organist, Komponist und Verfasser mehrerer Werke über musikalische Erziehung, st. im Febr. zu New-York, geb. das. 1828. Wbl. 155. Lessm. 312.

Crowe, Gwyllym, Dirigent der Promenaden-Konzerte in London, st. das. 8. Febr. M. Tim. 245.

Cucotti, Luigi, Sänger und Theaterdirektor in Novarra. st. das. im Jan. Ménestrel 48.   (Fortsetzung folgt.)

Mitteilungen.

* Abraham a Sancta Clara, der mächtige und oft auch ergötzliche Kanzelredner (geboren den 2. Juli 1644, gestorben am 1. Dezember 1709), war auch ein tüchtiger Komponist und hinterließ an 2000 musikalische Schöpfungen, teils gedruckt, teils geschrieben. Man vergl. die Monographie über ihn von Karajan (Wien 1867).

Blasewitz-Dresden.   *Dr. Theod. Distel.*

* *Dr. F. Scheurleer*, Catalogus der Muziekbibliotheek van . . . 's Graven-
hage, 1893. Gedrukt 120 Exemplaren, niet in den Handel. Gr. 8⁰, 567 S.
Schon im Jahre 1885 gab der Besitzer obiger bedeutenden Musikbibliothek
ein Verzeichnis derselben heraus. Nicht unbedeutende Ankäufe veranlassten
denselben eine neue Auflage herzustellen. Um den Umfang derselben nicht
allzuweit auszudehnen, sind neuere unbedeutende Werke fortgelassen, so dass
nur die Besitzer beider Ausgaben — deren es bei der kleinen Auflage nur
wenige giebt — einen vollständigen Überblick über den Besitzstand der wohl
umfangreichsten aller Privatbibliotheken erhalten. Die Anordnung ist nach
Forkel's, resp. C. F. Becker's Vorbild ihrer Verzeichnisse der Musikliteratur
und der Tonwerke getroffen und zerfällt daher wie dort in unzählige kleine
Abteilungen. Die chronologische Ordnung ist nur zum Teil in jeder Abteilung
maſsgebend gewesen. Man nennt dies einen wissenschaftlichen Katalog. Die
Ansichten darüber sind sehr geteilt und die Neuzeit hat der alphabetischen
Ordnung den Vorzug gegeben, mit den Abteilungen: Manuscripte, Schriften
und Kompositionen im Druck. Im vorliegenden Kataloge umfassen die Schriften
267 Seiten, dann folgen Volks- und Gesellschaftslieder, teils mit Musik, Seite
268—345, geordnet nach den Ländern, darunter auch Joh. Ott's 115 guter
neuer Liedlein mit 4—6 Stimmen (neue Ausgabe), Rist's Neuer deutscher
Parnass etc. Darauf folgen S. 346—348 Kinderlieder, S. 350—386 Kirchenmusik,
geteilt in die verschiedenen Religionssekten, teils römische Choralbücher, teils
vielstimmige Kunstwerke. Von Seite 388—398 folgen „stichtelijke Liederen",
d. h. geistliche Lieder, kurzweg das Kirchenlied, doch haben sich auch Kunst-
gesänge eingeschlichen, wie Hammerschmidt's Musical. Gespräche, seine Fest-,
Buſs- und Danck-Lieder, *Fabricius'* geistl. Arien, Dialogen und Concerten,
Briegel's Trostquelle u. a. Von 432—436 folgen weltliche einstimmige und
mehrstimmige Gesänge, Arien u. a., darunter einige aus älterer Zeit, wie
Lassus, Scandellus, Mancini, Gastoldi, doch ist keins der Letzteren komplet.
Diesen schließt sich von S. 442—451 die Instrumentalmusik an, zersplittert in
Abteilungen für die verschiedenen Instrumente, dann in Kammermusik und
endlich in Orchestermusik. Von einer chronologischen Ordnung ist hier nicht
mehr die Rede, denn auf einen Druck von 1649 folgt Beethoven und dann
Cazzati von 1657; hier springt der Verfasser zur alphabetischen Ordnung über.
Die letzten 43 Seiten sind dem Oratorium, der Kantate, der Oper, neueren
Sammelwerken älterer Meister, Textbüchern und den neuesten Ankäufen, die
wieder in 23 Abteilungen zerfallen, gewidmet. Den Schluss bildet ein gut
angefertigtes Register, welches nicht nur den Autornamen nach der bekannten
bequemen Manier verzeichnet, sondern auch kurz den Titel des Werkes nebst
der Seitenzahl angiebt. Die Bibliothek umfasst alle Zeiten seit die Druckkunst
erfunden ist, Manuskripte dagegen sind nur sehr spärlich vertreten. Die Titel-
wiedergabe ist bei den ältesten Drucken vollständig, bei denen des 16. Jahrh.
bis zur Neuzeit abgekürzt, ohne Verleger und irgend welche Angaben, was
bei Sammelwerken sehr erwünscht wäre, soweit sie nicht schon anderweit beschrieben sind. Wie reichhaltig und einzig in ihrer Art die Bibliothek ist,
beweist schon der Einblick in einige Abteilungen. So zählt der Katalog unter
der Rubrik „Almanache" 5 belgische Drucke, 22 deutsche, 3 englische, 63 französische, 13 niederländische und 1 spanisches Werke auf. Unter Wörterbücher
(Lexika): 1 amerikanisches, 1 belgisches, 18 deutsche, 6 englische, 18 französische

(merkwürdigerweise fehlt Fetis' Biographie, doch finde ich ihn dann unter
der Rubrik „Lebensbeschreibungen", während die beiden Gerber unter obiger
Rubrik stehen), 3 italienische, 5 niederländische und ein spanisches. Einen ganz
besonderen Wert erhält der Katalog durch die zahlreichen Facsimile von alten
Titelblättern und einzelnen Seiten aus theoretischen und praktischen Werken.
Sehr sinnreich ist das Anagramm des Herrn Besitzers in den Noten: d f es
dargestellt.

    * *Georg Thouret*, Dr. phil. und Oberlehrer, Katalog der Musikalien-
sammlung auf der Kgl. Hausbibliothek im Schlosse zu Berlin. Verfasst und
erläutert von ... Leipzig 1895, Breitkopf & Haertel. Gr. 8⁰. VIII u. 356 S.
Pr. 8 M. Sehr erfreulich ist die immer mehr um sich greifende Erkenntnis,
dass die Bibliographie die beste Lehrmeisterin zur Erforschung der Geschichte
ist und jedes neue Jahr bringt uns nicht nur einen, sondern mehrere Kataloge
von bedeutenden Bibliotheken, von denen einige kaum dem Namen nach bekannt waren. Der vorliegende Katalog ist wieder in 8 Rubriken gebracht: Allgemeines, alphabetisch geordnet, enthält Gesangs- und Instrumentalmusik. Die
Handschrift herrscht vor, 244 S. Darauf folgen Gelegenheitskompositionen
zur Feier der Feste des preußischen Königshauses, teils von den Fürsten selbst
komponiert, teils von Musikern. Diesen folgen Sammelwerke, Volkslieder und
Tänze in wildem Durcheinander. Darauf „Unerforschtes". Der Musikgelehrte
würde es mit Anonymi bezeichnen. Es sind Opern, Arien und Instrumentalmusik im Ms. Hierauf folgen Doubletten nach den Komponisten alphabetisch
geordnet. Richtiger konnten sie schon in der 1. Abteilung bezeichnet sein.
Dann gedruckte Textbücher, Schriften über Musik, Kataloge, Akten und Briefe,
Militärmusik. Autographe sind unter den Hds. zahlreich vertreten. Die Titel
sind in abgekürzter Form wiedergegeben, doch genügen sie. Bei Drucken ist
der Verleger nicht vergessen, eine sehr dankenswerte Aufmerksamkeit. Doch
herrscht keine Gleichmäßigkeit. Bei zahlreichen Werken bleibt man völlig im
Ungewissen, ob es ein Druck oder Ms. ist. Ich greife nur einige Nrn. zum
Beweise heraus: Nr. 878, 970, 1165, 1167, 1240, 1263, 1273—75 etc. etc. Doch
ein Vorzug muss noch erwähnt werden und das sind die genauen Angaben des
Inhaltes jedes Sammelbandes oder Sammelwerkes unter dem betreffenden Autor,
kurz mit Hinweis verzeichnet. Der Bestand der 6836 Nrn. umfassenden Bibliothek, exclusive der Militärmusik, beschränkt sich fast durchweg auf das 18. Jh.
und nur wenige Werke gehören dem 19. an. Die ältere Musik muss wohl an
die Kgl. Bibliotkek abgegeben worden sein.

    * Leo Liepmannssohn, Antiquariat, Berlin SW., Bernburgerstr. 14. Katalog
114, enthaltend Bücher und Musikalien, 235 Nrn., dabei Opern aus dem 18. Jh.
in englischem Drucke, Seltenheiten von Kammermusik, von theoretischen Arbeiten
und Werke neueren Datums.

    * *W. P. van Stockum* & fils à La Haye, Catalogue des livres anciens et
modernes 992 Nrn. Enthält Opern, Werke übers Theater, den Gesang und
Tanz, nebst einer Abteilung „niederländische Musik".

    * Hierbei eine Beilage: Katalog Zwickau Bog. 26.

Verantwortlicher Redakteur Robert Eitner, Templin (Uckermark).
Druck von Hermann Beyer & Söhne in Langensalza.

MONATSHEFTE

für

MUSIK - GESCHICHTE

herausgegeben

von

der Gesellschaft für Musikforschung.

XXVII.Jahrgang. 1895.	Preis des Jahrganges 9 Mk. Monatlich erscheint eine Nummer von 1 bis 2 Bogen. Insertionsgebühren für die Zeile 30 Pf. Kommissionsverlag von Breitkopf & Härtel in Leipzig. Bestellungen nimmt jede Buch- und Musikhandlung entgegen.	No. 7.

Totenliste des Jahres 1894
die Musik betreffend.
(Karl Lüstner.)
(Schluss.)

Czartoriska, Fürstin Marcelline, geb. Fürstin Radziwill, Pianistin, Freundin und Schülerin Chopin's, st. 8. Juni in Krakau, 77 Jahr alt. Ménestrel 223. Wbl. 345.

Czibulka, Alphons, österr. Armeekapellmeister, Operetten-Komponist, st. 27. Okt. in Wien, geb. 14. Mai 1842 zu Szepes-Várallya (Ungarn). K. u. Musz. 266.

Diem, Joseph, Violoncell-Virtuos, st. 1. Jan. in Konstanz, geb. 10. Dec. 1836 in Kellmünz bei Memmingen. Lessm. 43. Wbl. 32.

Diener, Robert, ehemaliger Hofmusiker am Theater in Stuttgart, st. das. 27. Juli, geb. 15. Dec. 1840 zu Ronneburg. Bühgen. 307.

Deperé, Gustave, Pianofortefabrikant in Brüssel, st. das. im Juli, 48 Jahr alt. Mus. u. Instrumenten Ztg. 767.

Doppler, Ilka, Mezzosopranistin am Königl. Theater zu Pest, st. das. 15. Juli. Ludw. 341.

Dorigo, Luigi, Komp. und Dirigent in Nizza, st. das. Ende des Jahres, geb. 1814 in Verona. Ricordi 821.

Dreaper, George H., Teilhaber der Pianofortefabrik W. H. und George H. Dreaper in Liverpool, st. 24. Aug., 55 Jahr alt. M. Tim. 696.

Dumestre, Joseph, langjähriger Barytonist an der grofsen Oper in Paris, st. das. 19. Mai, 58 Jahr alt. Ménestrel 160.

Eichelberg, Oskar, Königl. Kammermusiker und Direktor eines seinen

Namen tragenden Konservatoriums in Berlin, st. das. 30. Aug., 43 Jahr alt. Lessm. 470.

Elbel, Victor Florentin, Komponist und städtischer Musikdirektor in Nizza, st. das. 1. April, geb. 8. Jan. 1817 zu Strafsburg. Nekr. Ménestrel 128. Ricordi 272.

Erminge, H. von, Direktor der Societé royale d'harmonie in Diest, st. das. 17. Mai. Lessm. 363.

Evans, John, Pianist und Organist in Liverpool, st. das. im Jan., 66 Jahr alt. M. Tim. 100.

Faciani, Nicolo, Pianist und Musiklehrer in Sturla (Genua), st. das. durch Selbstmord, 28 Jahr alt. Ménestrel 40.

Fahrbach, Philipp, Komponist und früherer Militärkapellmeister in Wien, st. das. 15. Febr., geb. 1843 zu Wien. Ricordi 127. Wbl. 125.

Falfst, Prof. Dr. Immanuel, Orgel-Virtuos und Direktor des Konservatoriums in Stuttgart, st. das. 5. Juni, geb. 13. Okt. 1823 zu Esslingen. Nekr. N. Z. f. M. 295 und Sängerhalle, Lpz. 1894 p. 263.

Fasso, Carlo, Komponist und Dirigent in Turin, st. das. 9. April, geb. 7. März 1841 zu Agnona bei Novara. Ricordi 240. Lessm. 363.

Fedeli, Domenico, Orgelbauer in Foligno, st. das. 3. Febr., 83 Jahr alt. Sig. 299.

Ferrari, Pio, Harmonie-Prof. am Königl. Musik-Institut zu Parma, st. das. Ménestrel 288.

Fischer, Paul, Ratsbibliothekar, Gesanglehrer und Kantor an der St. Johanniskirche zu Zittau, st. das. 12. März, geb. 7. Dec. 1834 in Zwickau. Nkr. Wbl. 180.

Förster, Rudolph, Tanzkomponist, st. 23. Dec. in Schöneberg bei Berlin. Lessm. 1895, 15.

Ford, John T., Theater-Unternehmer in Baltimore, st. das. 14. März. Ludw. 157.

Fourche-Madier, Emilie, geb. Fourche, Sängerin an der grofsen Oper zu Paris, st. im Herbst auf einer amerikanischen Tournée in New Jersey. Guide 748.

Fournel, Victor, Musikkritiker in Paris, st. im Juli in Bagnoles-de-l'Orne, 65 Jahr alt. Ménestrel 223.

Frankl-Joël, Gabriele, k. k. Kammer-Virtuosin, Pianistin, st. 27. Aug. in Hietzing bei Wien, geb. das. 1853. K. u. Musz. 216. Wbl. 443.

Fredérix, Gustave, Musikkritiker, st. 25. Aug. in Brüssel, geb. 1834 in Lüttich. Guide 657.

Freemantle, George, Organist und Direktor der Blindenschule in Manchester, st. das. Ende Mai. M. T. 484.

Fricke, August, pensionierter Königl. Kammersänger in Berlin, st. das. 27. Juni, geb. 24. März 1829 zu Braunschweig. Lessm. 402. Nekr. Bühgen. 214.

Fritsch, Karl, recte Herzmansky, Mitglied der Wiener Hofkapelle und Direktor der Vöslauer Kurkapelle, st. 29. Dec. in Wien. Lessm. 1895, 32.

Fröh, Arnim Leberecht, Komponist und Königl. Musikdirektor in Nordhausen, st. das. 8. Jan., geb. 15. Sept. 1820 zu Mühlhausen. Wbl. 48. Lessm. 43.

Funger, Max (blind), Hofpianist in Altenburg, st. das. 15. Juni, 46 Jahr alt. Wbl. 331. Lessm. 363.

Funk, Therese Andrejewna, ehemalige Musiklehrerin am Smolna Institut in Petersburg, st. das. 9. Febr., geb. 1825. Ludw. 123.

Galliera, Cesare, ein durch seine Erfolge auch in Deutschland bekannter Gesanglehrer und Komponist, st. 24. Aug. in Salò am Gardasee, geb. 1825 in Cremona. Ménestrel 288.

Gayler, siehe Packard.

Geldenberger, Georg, Musikdirektor in Athen, st. das. Lessm. 578.

Gelli, Ettore, Komponist und Gesanglehrer, st. im Sept. in Nizza. Ricordi 671. Ménestrel 320. Lessm. 595.

Gerber, Karl, Konzertmeister am Mozarteum in Salzburg, st. 9. Okt. in Maxglan bei Salzburg. Wbl. 556. Lessm. 609.

Gilchrist, James, Violinbauer (der schottische Stradivari), st. im April in Glasgow, 62 Jahr alt. Leipziger Illustr. Ztg. Nr. 2656, p. 558.

Goethals, Baronin, geb. Engler, Pianistin, deren Haus der Sammelpunkt aller Kunstgrößen war, st. am 4. Jan. in Brüssel, 79 Jahr alt. Guide 67.

del Grande, Gertrude, Prima Donna in Mailand, st. das. 8. Aug. M. Tim. 625.

Grebner, Felix, Solo-Violoncellist am Stadttheater zu Königsberg, st. das. 30. Dec., 34 Jahr alt. Wbl. 1895, 32.

Greenwood, James, Organist und Komponist in Bristol, st. das. im Juni, 57 Jahr alt. M. Tim. 484.

Gounton, Edward, Organist an der Kathedrale zu Chester, st. am 4. Mai zu Birkenhead. M. Tim. 415.

Gunz, Prof. Dr. Gustav, Königl. Kammersänger, Lehrer am Dr. Hochschen Konservatorium in Frankfurt a. M., st. das. am 11. Dez.,

geb. 26. Jan. 1831 in Gaunersdorf in Nieder-Österr. Frankfurter Ztg.

Baberkorn, Emil, Konzertmeister in New York, geborener Skandinavier.
st. 43 Jahr alt in Los Angeles in Kalifornien. Lessm. 363.

Haadrock, Julius, Komponist und Klavierpädagoge, st. 5. Jan. in Halle,
geb. 22. Juni 1830 in Naumburg. Nekr. N. Z. f. M. 25.

Hankinson, Frederica, Musiklehrerin und Vorsteherin einer Konzertschule,
st. 19. Dec. in Rock Ferry (Engl.) M. Tim. 1895, 52.

Heberlein, Ch. August, Musikinstrumentenfabrikant in Markneukirchen i. S.
st. das. 21. Juli, 75 Jahr alt. Musik-Instr. Ztg. 767.

— **Herold Immanuel,** Instrumentenmacher in Markneukirchen, st. das.
26. Juli, 47 Jahr alt. Musik-Instr. Ztg. 767.

Hegyesi, (auf deutsch: Spitzer) **Louis,** Violoncell-Virtuose und Lehrer
am Konservatorium zu Köln, st. das. 27. Febr., geb. 3. Nov. 1853
zu Arpad in Ungarn. Wbl. 155. Sig. 344.

Helm, Johann, Kapellmeister, früher Kontrabass-Virtuose, st. in seiner
Vaterstadt Gottesgab bei Karlsbad 12. April, geb. 1. Mai 1819.
Deutsche Musiker Ztg. 198.

Heinrich IV., Fürst zu Reufs-Köstritz, Komponist und Kunstmäcen, Vater
des Komponisten Prinz Heinrich XXIV. zu Reufs, st. 25. Juli zu
Ernstbrunn bei Wien, geb. 26. April 1821. Ludw. 361.

Herlitz, Otto, Herzogl. Musikalien-Inspektor, vor dem Violoncell-Virtuose,
st. 14. Dec. in Dessau, geb. 15. Nov. 1835 in Meuselwitz bei
Altenburg. Bühgen. 1895, 4.

Helmholtz, Prof. Dr. **Hermann,** Physiologe, durch sein Werk: die Lehre
von den Tonempfindungen in der Musikwelt bekannt, st. 8. Sept.
in Charlottenburg bei Berlin, geb. 31. Aug. 1821 in Potsdam.
Wbl. 461.

Herrmann, Karl, Kammer-Virtuos, Fagottist der Hofkapelle in Stuttgart,
st. das. 12. Nov., geb. 1831 zu Ludwigsburg. Wbl. 598.

Hieber, Karl, Königl. Kammermusiker, Bratschist in München, st. das.
25. Juni, 54 Jahr alt. N. Z. f. M. 332. Lessm. 456.

Hills, William, Komponist und Musiklehrer in Stortford, st. das. 5. Juni,
81 Jahr alt. M. Tim. 484.

Homeyer, Joseph M., Komponist und langjähriger Organist an der Probstei-
kirche zu Duderstadt in Hannover, st. das. 5. Okt., geb. 1814 zu
Kreuzeber. Wbl. 526. Lessm. 578.

Howe, Henry, während 35 Jahren Musikkritiker des Musical World in
London, st. das. im Juni. Ménestrel 200. Wbl. 345.

Hübsch, Eduard A., Violin-Virtuos und Dirigent am National-Theater zu

Bukarest, st. 21. Juli, 63 Jahr alt, zu Sinaia in Rumänien. Ménestrel 328. Lessm. 595.

Hunt, William Henry, Komponist und Dr. der Musik an der Universität zu London, st. das. 6. Dec., 43 Jahr alt. M. Tim. 1875, 52.

Jachmann-Wagner, Johanna, dramatische Sängerin, Nichte Rich. Wagner's, st. 16. Okt. in Würzburg, geb. 13. Okt. 1828 zu Hannover. Lessm. 578. Wbl. 540.

Jarecki, Benjamin, Pianist, st. im Denver (Columbia), 27 Jahr alt. Wochbd. 612. Sig. 1064.

John, David, Musiklehrer in Trecynon (Aberdare), st. das. 12. Jan. M. Tim. 101.

Kafka, Richard, Opernsänger in Berlin, st. 26. Sept. in Friedrichshagen bei Berlin, 47 Jahr alt. Lessm. 578.

Kaschperoff, Vladimir, Gesangsprofessor am Konservatorium zu Moskau, Opernkomponist und Musikschriftsteller, st. 67 Jahr alt in Moskau. Ménestrel 248.

Kaskel, Freiherr Felix von, einer der hochherzigsten Kunstförderer Dresdens, Vater des Opernkomponisten Karl K., st. im Juni das. Lessm. 363. Ludw. 280.

Kirk, John, Organist in Sheffield, st. das. im Jan., 48 Jahr alt. Wbl. 113.

Klein, Max, bekannter englischer Geiger, st. 14. Okt. in Caïro, 46 Jahr alt. M. Tim. 767. Wbl. 540.

Kleinmichel, Friedrich Heinrich Hermann, Musikdirektor am Stadttheater in Hamburg, st. das. 29. Mai, geb. 26. Mai 1817. Lessm. 363. Bühgen. 190.

Knaak, Wilhelm, Opernsänger in Wien, st. das. 29. Okt., 65 Jahr alt. M. Tim. 841.

Knecht, Franz, früherer Solo-Violoncellist der russischen Hofkapelle, st. 12. Nov. in Wiesbaden, 78 Jahr alt. Sig. 1064.

Koch, Ernst, Königl. Prof. und Fürstl. Sondershauser Hofkammersänger, Verfasser eines Studienwerkes für Gesang, st. 18. Jan. in Stuttgart, 75 Jahr alt. Wbl. 87.

Köstlin, Karl Reinhold, Prof. der Ästhetik, bekannt durch seine Schrift über Wagner's Nibelungen, st. 12. April in Tübingen, geb. 28. Sept. 1819 in Urach (Württembg.). Lessm. 243. Wbl. 219.

Kohn-Speyer, Antonie, als Tochter des Kapellmeister Labitzky's, viele Jahre Opernsängerin am Stadttheater zu Frankfurt a. M., st. 1. Aug. in Königstein im Taunus. Lessm. 456. Sig. 649.

Krakauer, Alexander, Liederkomponist, st. 18. Juni auf der Reise am Bahnhofe in Graz, geb. 24. Dec. 1866 in Komorn. Lessm. 363. Ludw. 291. Wbl. 331.

Kugler, Friedrich, früherer Musik- und Chordirektor, Opern- und Lieder-sänger, st. 5. Nov. in Darmstadt, geb. 1818 in Wien. Bühgen. 426.

Kurriz, Joseph, ungarischer Musiker, st. 27. Okt. in New-York. M. Tim. 841.

Lafarge, Madame, Gesanglehrerin in Paris, st. das. im Febr. Méne-strel 48.

Lacombe, Ernest, Musikverleger in Paris, st. das. 20. Aug. M. Tim. 625.

Lamberti, Giuseppe, Komponist, st. im April zu Turin, 74 Jahr alt. Ricordi 272. Ménestrel 144. Wbl. 259.

Lamothe, Georges, Komponist und Organist, st. 15. Okt. in Courbevoie bei Paris, 52 Jahr alt. Ménestrel 336.

Landau, Leopold, Operntenor am Stadttheater zu Hamburg, st. das. 9. Mai, geb. 1841 in Prag. Lessm. 363. Bühgen. 150.

Langevara, Leopold, Chordirektor bei den Paulinern in Wien, Komponist geistlicher Musik, st. das. im Juni, geb. ebenda 1831. Lessm. 402. Sig. 602.

de Lauzières-Thémines, Achille, Operntextdichter und viele Jahre Musik-berichterstatter der Zeitung „la Patrie" u. a., st. im März in Paris, 76 Jahr alt. Guide 258. Ricordi 160.

Le Corbeiller, Charles, Pianist und Komponist, st. in Paris, 73 Jahr alt. Ménestrel 352.

Lekeu, Guillaume, Violonist und Komponist, st. in Angers 21. Jan., geb. 20. Jan. 1870 zu Heusy-lez-Verviers. Guide 437.

Lelong, Gustave, Direktor des Konservatoriums St. Cécile zu Bordeaux, st. das. 24 Dec., geb. zu Lille. Ménestrel 415.

Leroux, Félix, ehemaliger Musikmeister, Komponist, st. in Paris im Jan. Ménestrel 32.

Levey, William Charles, Kapellmeister und Operettenkomponist, st. 18. Aug. in London, geb. 1837 in Dublin. M. Tim. 626.

Lewandowski, Louis, Prof., Königl. Musikdirektor, Komponist und Leiter des Synagogen-Chores in Berlin, st. das. 3. Febr., geb. 3. April 1823 zu Wreschen in Posen. Lessm. 87.

Lissmann, Ernst Friedrich, Barytonist am Stadttheater zu Hamburg, st. das. 5. Jan., geb. 26. Mai 1847 zu Berlin. Lessm. 43. Bühgen. 12.

Lucca, Giovannina, (verwitwete) Musikverlegerin in Mailand, welche sich die größten Verdienste um die Einführung R. Wagner's in Italien erworben, st. 19. Aug. in Cernobbio am Comer See, geb. 1814. Ricordi 543. Ménestrel 672. Lessm. 456.

Lunn, Henry C., Musikschriftsteller und Pianoforte-Professor an der Royal Academy in London, st. das. 77 Jahr alt. Wbl. 87.

Luzi, Luigi Maria, Komponist und Musiklehrer in Neapel, st. das. im Nov., 63 Jahr alt. Ricordi 736. Ménestrel 352.

Luziani-Nervi, Gemma, Pianistin und Lehrerin am National-Institut in Buenos-Ayres, st. das. 19. April. Ricordi 317. M. Tim. 416.

Maier, Amanda, siehe Röntgen.

Mancinelli, Marino, Musikdirektor und Impressario in Rio de Janeiro, endete das. durch Selbstmord am 4. Sept., geb. 1842 zu Orvieto. Ménestrel 288. Sig. 714.

Manck, Hermann, Opernsänger am Stadttheater zu Bremen, st. das. 15. Juni; geb. 1829 zu Döbeln in Sachsen. Lessm. 363.

Mapleson, siehe Schirmer.

Maroni-Biroldi, Eugenio, Orgelbauer, st. in Varese in Oberitalien. Lessm. 595.

Mascitelli, Luigi, Musikgelehrter und Komponist, st. in Neapel im Nov. Lessm. 1895, 15.

Masi, Enrico, Ministerialsekretär in Rom, früher Mitglied des Florentiner Quartetts, st. in Rom im Mai, 48 Jahr alt. Ménestrel 192. Wbl. 331.

Massa, Nicolo, Opernkomponist, st. 24. Jan. in Genua, geb. 1854 in Calice Ligure. Ricordi 62. Ménestrel 40. Lessm. 104.

Masutto, Giovanni, Prof. am Inst. musicale in Treviso, Verfasser des Dizionario biografiche di musica italiano del secolo XIX., st. 30. Jan. in Venedig. Ménestrel 48. Lessm. 146.

Maurin, Jean Pierre, Violin-Virtuose, Prof. am Konservatorium zu Paris, st. das. 16. März, geb. 14. Febr. 1822 in Avignon. Ménestrel 88.

Mayeur, Louis, erster Klarinettist an der grofsen Oper zu Paris, Komponist und später Militärkapellmeister, st. im Sept. zu Cannes, 56 Jahr alt. Ménestrel 304.

Maynard, siehe Beale.

Medori, Angelo, Komponist, Kapellmeister an der Kathedrale zu Viterbo, st. das. im Jan., 53 Jahr alt. Ménestrel 40 und 48.

Menin, Domenico, Dr. jur., Bassbuffo in Vicenza, st. das. im Juni. Ménestrel 208.

Mertel, Georg, · Königl. Musikdirektor in Erfurt, st. das. 16. Nov., 64 Jahr alt. Wbl. 627. Lessm. 680.

Meyer, Jenny, Konzertsängerin und Leiterin des Stern'schen Konservatoriums in Berlin, st. das. 17. Juli, geb. ebenda 26. März 1834. Nekr. Ludw. 337.

Miller, W. M., Vorsteher und Lehrer an der Musikschule zu Glasgow, st. das. 3. Febr. M. Tim. 175.

Misquith, Roland Vincent, Chef der Musikalien-Handlung gleichen Namens in Madras, vor Jahren Organist und Chormeister in Bangalore, st. 28. Okt. in Singapore. M. Tim. 841.

Montariol, S., Operntenor in Paris, st. im Juli in Angoulême, 35 Jahr alt. Ménestrel 240.

Müller, Karl, Professor und Leiter der Museumskonzerte und des Cäcilien-Vereins in Frankfurt a. M., st. das. 19. Juli, geb. 21. Okt. 1818 zu Weifsensee bei Erfurt. Nekr. Ludw. 341.

Naht, Stella, Pianistin, st. 29. Mai in Schöneberg-Berlin. Lessm. 337.

Neumann, August, früher Opernsänger in Berlin, st. 24. Nov. in Sondershausen, 70 Jahr alt. Bühgen. 355.

Nichols, Warren. Organist in Baltimore, st. das. 30 Jahr alt. Wbl. 403.

Nunn, Elizabeth Annie, Komponistin von kirchlichen Gesangwerken, st. 7. Jan. in Fallowfield bei Manchester, 33 Jahr alt. M. Tim. 101.

Oesterle, Otto, Flöten-Virtuose, st. im Sommer in New York, geb. 22. Nov. 1861. Nekr. Ludw. 380.

Oppel, Hans, Prof. am Blindenerziehungs-Institut in Wien, Musiker von Ruf, st. das. 2. Nov., geb. 21. Febr. 1849 zu Eisgarn in Österr. Leipz. Illustr. Ztg. Nr. 2681.

Osborne, Madame, Konzertsängerin, st. im Sommer zu Brooklyn, 33 Jahr alt. Ménestrel 288.

d'Osmoy, Graf, Herausgeber einer Sammlung von Liedern, st. Ende des Jahres in Evreux. Lessm. 1895, 15.

Oudin, Eugen, Opernbaryton, st. 4. Nov. in London, geb. 1858 in New York. M. Tim. 841.

Owen, Philipp Cunliffe, Musikdirektor in Lowestoff (England), st. das. Lessm. 217.

Pabst, Karl Theodor, Königl. Kammermusiker in Berlin, st. das. 11. Febr. Lessm. 146. Sig. 249.

Packard, Frau, unter ihrem Mädchennamen **Julia Gayler,** Prima Donna der Carlo Rosa-Gesellschaft, st. im April in Brooklyn, 42 Jahr alt. Ménestrel 168.

Palaparé, Hubert, Komponist und Organist in Thuin (Belgien), st. das. im Juni. Guide 515.

Parry, Haydn, Komponist und Prof. an der Guildhall School of Music in London, st. das. 29. März in Hampstead, 30 Jahr alt. M. Tim. 342.

Patey, Jane, geb. **Whytock,** Konzert- und Oratoriumsängerin, st. 27. Febr. in Sheffield, geb. 1842 in London. Ménestrel 72.

Paulay, Eduard, Textübersetzer und Direktor des ungarischen Nationaltheaters in Pesth, st. das. 12. März, 58 Jahr alt. Sig. 361.

Pavarino, Domenico, Musikprofessor, st. im Herbst in New York. Ménestrel 304.

Penco, Rosina, Opernsängerin, st. am 5. Nov. im Apeninenbade Bagni di Porretta, geb. 1824 zu Mailand. Ricordi 720.

Penna, Katharine, Bühnensängerin in London, st. das. 6. Juni. M. Tim. 554.

Perello, Luigi, Orgelbauer in Palermo, st. das. im Sommer. Ménestrel 288.

Petersen, Magnus, Organist und Chormeister an der St. John's Kirche zu Wellington, st. das. 30. Juni. M. Tim. 696.

Pettit, Thomas, Prof. an der Guildhall School of Music in London, st. das. 5. Juli, 43 Jahr alt. M. Tim. 554.

Philbert, Charles, franz. Generalkonsul in den Niederlanden, bekannt durch seine Schriften über Akustik und Orgelbau, st. 66 Jahre alt in seiner Geburtsstadt Avranches in Frankreich. Ménestrel 216.

Pielke, Karl, pensionierter herzogl. Anhaltischer Kammersänger, st. 15. Jan. in Jena, 78 Jahr alt. Wbl. 61. Sig. 168.

Pierné, Jean Baptiste Eugène, Gesangsprofessor am Konservatorium zu Metz, st. 73 Jahr alt 7. Sept. in Petitou (Lot et Garonne). Menestrel 304.

Pinard, Alice, Komponistin, endete durch Selbstmord in Nancy. Lessm. 218.

Podhorsky, Ferdinand, Opernsänger in Prag, st. 24. Sept. in Wien, 58 Jahr alt. K. u. Musz. 242.

Pogna, Giovanni, bedeutendster Choreograph Italiens, st. 2. Sept. in Montebello bei Pavia, 50 Jahre alt. Sig. 745.

Praeger, Musiklehrer in Liverpool, st. im April in Warrington. M. Tim. 342.

Pruym, Alexander, Operntenor in Paris, ertrank in der Schelde bei Antwerpen am 9. Aug., geb. 1868 in Antwerpen, Ludw. 371. Lessm. 470.

Pucci, Severio, Flötist und Gesangsprofessor am Liceo Benedetto Marcello zu Venedig, st. das. 16. März, 57 Jahr alt. Ricordi 191. N. Z. f. M. 226.

Puccio, Giuseppe, Komponist und Gesangprofessor, st. in Rio Janeiro im August. Ménestrel 304.

Radziwill, siehe Czartoriska.

Ragghianti, Ippolito, Komponist und Violinist, st. Ende Nov. in seiner Vaterstadt Viareggio bei Pisa, 27 Jahr alt. Ricordi 752. Nekr. Guide 965.

de Recy, René Banny, Jurist und Musikschriftsteller, st. Mitte Nov. in Paris. Wbl. 598. Lessm. 681.

Reiche, August, Kammermusiker am Hoftheater zu Hannover, st. das. 16. Sept., geb. 1828 in Seehausen. Bühgen. 307.

Ridgway, Joseph, Prof. der Musik, st. 21. Aug. in Bitterne bei Southampton, 38 Jahr alt. M. Tim. 695.

Rönisch, Karl, Kommerzienrat, Gründer und Besitzer der gleichnamigen Pianofortefabrik, st. 21. Juli zu Blasewitz bei Dresden, geb. 1814 in Goldberg (Schles.). Wbl. 387.

Röntgen, Amanda, geb. Maier, Komponistin und Violinistin, st. 15 Juli in Amsterdam. Wbl. 331.

Roquet, siehe Thoinan.

Rosenhain, Jacques, Komponist, st. 21. März in Baden-Baden, geb. 2. Dec. 1813 zu Mannheim. Ménestrel 96. Lessm. 218. Wbl. 170.

Rubinstein, Anton, Komponist und Klavier-Virtuose, st. 20. Nov. in Peterhof bei Petersburg, geb. 28. Nov. 1829 (nach Mitteilung in seinen Erinnerungen) in Wechwotynez, unweit Jassy. Wbl. 612.

Saint-Etienne, Mlle. Flavie, Librettistin und Klavierlehrerin, st. 5. Okt. in Paris. Ménestrel 320.

Saintis, Armand, Männergesang-Komponist, st. im März zu Montauban, woselbst er 1820 geb. Ménestrel 128. Lessm. 255.

de Salla, N. W. Benjamin, Musikprofessor in London, st. das. 28. April, 77 Jahr alt. Lessm. 363.

Samberti, Giuseppe, Komponist, st. in Turin, 64 Jahr alt. Lessm. 363.

Sax, Antoine Joseph Adolphe, Instrumentenmacher und Erfinder einer Gruppe von Blechblasinstrumenten, st. im Febr. in Paris, geb. 6. Nov. 1814 zu Dinant an der Maas. Ménestrel 48.

Schepley, Madame Sutton, Kontraltistin in Brixton, st. das. 12. Juli, 33 Jahr alt. M. Tim. 554.

Schirmer-Mapleson, Laura, Prima Donna, st. 13. Jan. in New York; geb. das. 1862. Ménestrel 72.

Schott, Pierre, Chef der Musikalien-Handlung P. Schott & Cie. in Paris, Pianist und Komponist, st. in Paris 20. Sept., 38 Jahr alt. Lessm. 521.

Schreiner, Adolph, Hofmusiker und bekannter Arrangeur in Neu-Strelitz, st. das. 19. Febr., geb. 10. Mai 1841 in Plauen. Deutsche Musiker-Ztg. 88. Bühgen. 61.

Schubert, Fréderic, Grofsneffe von Franz Schubert, Kapellmeister an der Kirche St. Pierre du Gros-Caillou zu Paris, st. das im Dec., 48 Jahr alt. Guide 1063.

Schucht, Dr. Johann, Komponist, Musikschriftsteller und seit 1868 Redaktionsmitglied der N. Z. f. M. in Leipzig, st. das. 30. März, geb. 17. Nov. 1822 zu Holzthaleben in Thüringen. N. Z. f. M. 153.

Schultz, Karl, Kapellmeister in Pirmasens, st. das. 20. April. Deutsche Musiker-Ztg. 198.

Seifert, Franz, Komponist und Chormeister in St. Andrä-Wördern bei Wien, st. das. 17. April, geb. 26. Febr. 1857. K. u. Musz. 120.

Serasi, Ferdinando, Orgelbauer in Bergamo, st. das. im Sommer, 39 Jahr alt. Ménestrel 238.

Sisco, Giannini, Opernbaritonist, st. im Mai in Pernambuco (Brasilien). Ménestrel 184.

Siveri, Ernst Camillo, Violin-Virtuose, st. 18. Febr. in Genua, geb. das. 25. Okt. 1815. Nekr. Ricordi 118, 127. 137. Guide 210.

Sjetoff, l. Joseph. Operntenorist, später Theaterdirektor in Kiew, st. das. 8. Jan. Geb. in Ungarn, mit Namen Setthofer. Wbl. 87. Sig. 168.

Soldan, Sigmund, Hofmusikalienhändler in Nürnberg, st. das. 18. März, 61 Jahr alt. Leipzig. Illustr. Ztg. 2648.

de Sella, N. W. Benjamin, Musikprofessor in London, st. das. 28. April, 77 Jahr alt. M. Tim. 416.

Spadetta, Almeride, Verfasser zahlreicher Opernlibretti, st. in Neapel. Sig. 602.

Spinney, Walter, Komponist zahlreicher Anthems, Organist an der Parish Church in Lamington, st. das. 21. Juni, 41 Jahr alt. M. Tim. 554.

Spitta, Philipp, Universitätsprofessor für Musikgeschichte, Bachbiograph, geheimer Regierungsrat in Berlin, st. das. 13. April, geb. 27. Dec. 1841 zu Wechold bei Hoya in Hannover. Begann seine Laufbahn als Gymnasial-Lehrer in Sondershausen, gründete 1885 die Vierteljahrsschrift für Musikgeschichte, die mit seinem Tode einging. Nkr. Lessm. 228. Urteil ibid., Nr. 15 ff.

Steinbrecher, Friedrich Wilhelm, Komponist, Gründer der Academy of Music in Cincinnati (Amerika), st. das. im Juli, geb. 1822 in Berlin. Lessm. 495. Ludw. 361.

Stewart, Robert Prescott, Komponist, Verfasser einer Händelbiographie und Professor an der Universität in Dublin, st. das. 24. Febr., geb. ebenda 16. Dec. 1825. M. Tim. 245.

Stiller, Karl, Organist an der Petrikirche in Leipzig, st. das. 27. Dec., geb. 1837 zu Kaltwasser in Schles. Wbl. 1895, 20.

Tauwitz, Eduard, ehemaliger Kapellmeister am Prager Theater und Komponist zahlreicher Männerquartette, st. in Prag 25. Juli, geb.

21. Jan. 1812 in Glatz. K. u. Musz. 193. Lessm. 456. Wbl. 387.

Taylor, William, Organist und Chormeister in London, st. das. 17. Okt. M. Tim. 767.

Testa, Eugenio, Komponist und Kapellmeister an der Kathedrale zu Casale (Italien), st. das. im April. Ricordi 256.

Thoinan, Ernest, Pseudonym für **Ernest Roquet**, Musikschriftsteller in Paris, st. das. Ende Mai. Ménestrel 176.

Thoms, Franz, ehemaliger Opernsänger am Hoftheater zu München, st. das. 13. Okt., geb. ebenda 8. Okt. 1837. Wbl. 556. Bühgen. 342.

Tilmont, Fanny, geb. **Debas**, Klavier-Virtuosin, st. im Nov. in Schaerbeck in Belgien, geb. 26. Dec. 1835 im Haag. Guide 991.

Travisini, Madame, seit mehr als 30 Jahren Organistin an der Kirche St. Etienne zu Chinon in Frankreich, st. das. 84 Jahr alt, am Anfang des Jahres. Ménestrel 24.

Truzzi, Paolo, Komponist und Pianist, st. im März in Mailand, geb. das. 27. Okt. 1840. Ricordi 160. Ménestrel 96.

Uschmann, August, während 60 Jahren Kantor in Blankenhain, st. 19. Juni in Weimar, 91 Jahr alt. M. Tim. 554.

Vasquez y Gomez, Mariano, Opernkomponist und Kapellmeister in Madrid, st. das. 17. Juni, geb. 3. Febr. 1831. Guide 563. Wbl. 357.

Verbrugghe, Thérèse, Gesanglehrerin am Konservatorium zu Lille, st. das. im Febr., 54 Jahr alt. Ménestrel 72.

Vidal, Albert, Königl. Kammermusiker in Berlin, st. das. 1. März, 85 Jahr alt. Ludw. 123. Lessm. 187.

Vignani, Enrico, Violin-Virtuose in Genua, st. das. im März, 58 Jahr alt. Guide 375.

Villena, Giuseppe, Bühnentenor in Mailand, st. das. 4. Juli, geb. 1844 in Spanien. Ménestrel 240.

Vincentini, Maria, Besitzerin einer Musikalien-Handlung in Triest, st. das. 31. Dec. Sig. 1895, 91.

Voigt, Friedrich Wilhelm, Königl. Musikdirektor und Armee-Musik-Inspicient, Komp., st. 22. Febr. in Bernburg, geb. 22. März 1833 in Koblenz. Lessm. 146. Nekr. Leipz. Tagebl. vom 22. März 1894.

Wagner, Johanna, siehe **Jachmann**.

Walter, Alois, Concertmeister am Mozarteum in Salzburg, st. das. 27. April, 62 Jahr alt. K. u. Musz. 120.

Warbeck, Gustav, Königl. Opernsänger in Wiesbaden, st. das. 13. Sept. Todesanzeige.

Weber, . . . Grofsherzogl. Kammermusiker, seit 35 Jahren erster Kontrabassist in Weimar, st. das. im Dec. Lessm. 1895, 15.

Weindl, Gustav, Grofsherzogl. Kammermusiker in Oldenburg, st. 28. Jan. in Pasewalk. Deutsche Musiker-Ztg. 65.

Welterling, Richard, fürstl. Lippe'scher Musikdirektor in Detmold, st. das. 23. Dec. Wbl. 1895, 20.

Wendel, Karl, Grofsherzogl. Musikdirigent in Weimar, st. das. 11. Juni, 58 Jahr alt. Lessm. 363.

Westbrook, Dr. W. J., Komponist und Musikschriftsteller, st. 24. März zu Sydenham. M. Tim. 342.

Whistling, Dr. Karl W., Journalist und Musikschriftsteller, st. 8. April zu Leipzig, 64 Jahr alt. Sig. 459.

Wieprecht, Paul, Königl. Kammermusiker und Lehrer für Oboe an der Hochschule zu Berlin, st. 7. Dec. in Schöneberg bei Berlin, 55 Jahr alt. Nekr. Sig. 1043.

Winkley, Frederick, Organist an der St. Anne's Kirche zu Eastbourne, ertrank in der Ouse am 30. Aug. M. Tim. 695.

Winternitz, Raphael, Chorrepititor und Musiklehrer in Stuttgart, st. das. 29. Juli, 62 Jahr alt. Wbl. 428.

Wright, T. H., Harfenist, Schwiegersohn J. B. Cramer's, st. 21. Mai in London, 88 Jahr alt. M. Tim. 416. Lessm. 363.

Yastrebow, Jean, russ. Generalkonsul, Verfasser eines Buches über serbische Volkslieder, st. im Jan. in Salonichi, 54 Jahr alt. Wbl. 113. Lessm. 87.

Zabalza, Damasa, Komponist, Pianoforte-Virtuose und Lehrer am Konservatorium in Madrid, st. das. 25. Febr., geb. 1835 zu Irurita (Navarra). Ménestrel 96. Lessm. 218.

Zander, Prof. Dr., Stifter der Akademie für Musik in Königsberg in Pr., st. das. 12. Aug. Leipz. illustr. Ztg. Nr. 2668.

Zellner, Leopold Alexander, Regierungsrat, langjähriger Sekretär der Gesellschaft der Musikfreunde, Prof. für Harmonielehre am Konservatorium, Musikschriftsteller und Komponist in Wien, st. das. 24. Nov., geb. 23. Sept. 1823 zu Agram. K. u. Musz. 291.

Zeumer, Karl W., Komponist und Dirigent mehrerer Gesangvereine in Genf, st. 25. Mai in Cairo, 50 Jahr alt. Nekrol. Schweiz. Sängerbl. 128. Wbl. 317.

Zinggeler, Anna, einst vortreffliche Concertsängerin, dann erblindet, st. 10. Febr. in Höngg bei Zürich, 68 Jahr alt. Lessm. 187.

––––––––––

Mitteilungen.

* *Arthur Prüfer:* Johan Herman Schein. Habilitationsschrift durch welche mit Zustimmung der philosophischen Fakultät der Universität Leipzig zu seiner Montag den 29. April. Nachmittags 5 Uhr im Bornerianum . . . zu haltenden Probevorlesung, die Aufgaben der modernen Musikgeschichte, ergebenst einladet . . . Leipzig 1895, Breitkopf & Haertel. gr. 8⁰. XXIV u. 148 S. Der Herr Verfasser ist ein Schüler Spitta's und die vorliegende Arbeit war wohl für die begrabene Vierteljahrsschrift bestimmt. Sie zeichnet sich durch eine außerordentlich fleißige Sammlung von dokumentarischen Nachrichten über Schein aus und eine sehr sorgsam ausgeführte Beschreibung seiner Drucke. Über den Wert der einzelnen Werke spricht er hier nur im allgemeinen und verweist auf die von ihm vorbereiteten Werke desselben in deren Einleitung eine kritische Analyse stattfinden soll. Ob der Herr Verfasser beabsichtigt dieselben herauszugeben, wie Spitta selbst einst dazu die Hand bot, oder sie Manuskript bleiben werden, ist eine Frage der Zeit und Umstände. Das äußere Leben Scheins bietet nur wenig Abwechselung, auch fließen die Quellen über ihn zu spärlich, als dass sie dem Verfasser irgend welchen bedeutenden Stoff zuführen. Um nun doch den Raum zu füllen, greift er zu Umschweifen und sagt uns so oft, bis wir es endlich glauben müssen, dass Schein ein großer Geist, ein hervorragendes Genie, ein Meister ersten Ranges war, den nur ein Seb. Bach überragen konnte. Allerdings sind wir bisher über Schein's Bedeutung als Komponist noch wenig unterrichtet. Mit Ausnahme seiner Choräle ist uns alles Übrige noch fremd und das Wenige was Winterfeld im 2. Bande seines evangel. Kirchengesangs sagt, kann keinen Ersatz bieten für eine ausführliche Darlegung seiner Leistungen. Wir bedauern dies bei Dr. Arth. Prüfer's Buche um so mehr, dass er sich nur an das Äußere gehalten hat — wenn es auch in seinem Plane lag — da er dadurch seiner sonst so gründlichen Durchforschung des Lebens Schein's ein wesentliches Moment entzieht. Gerade weil ihm das Leben Sch.'s so wenig Material bot, gerade deshalb musste er sich an seine Werke halten. Sein Lehrer Spitta hat in seinem Bach dies vortrefflich zu verwerten verstanden. Hoffentlich holt der Herr Verfasser das Versäumte bald nach und überzeugt uns, dass er Schein nicht zu hoch angepriesen hat.

* *Emil Vogel:* Jahrbuch der Musikbibliothek Peter's für 1894. Erster Jahrgang. Herausgegeben von . . . Lpz. 1895. C. F. Peters. 8⁰. 115 S. Bekanntlich erwarb der Besitzer der Peterschen Musikhandlung in Leipzig die in Konkurs begriffene Musiksammlung des jungen Herrn Dörffel's. Für Leipzig war dies eine sehr wertvolle und dankenswerte That, denn es war die einzige Sammlung, die den jungen Musikbeflissenen Leipzigs Gelegenheit gab ältere Bücher und Partituren kennen zu lernen und zu Hause zu studieren. Um diesen schon ansehnlichen Stamm weiter auszubilden und die Bibliothek öffentlich nutzbar zu machen, stellte Herr Max Abraham, der Besitzer der Peterschen Musikhandlung, den Musikgelehrten Dr. *Emil Vogel* als Bibliothekar an und verpflichtete ihn die Bibliothek nach Kräften zu vergrößern. Wer heut die Tasche voll Geld zum Bücher kaufen hat, braucht sich nicht zu sorgen, wo er die Bücher hernehmen soll. Im ersten Jahre des Bestandes der Bibliothek erwarb Dr. Vogel etwa 500 Werke, so dass sich der jetzige Besitz gegen

10000 Bände beläuft. Der Zweck der Sammlung beruht auf dem Bestreben: den Kunstjüngern das Studium der modernen Musik, von den Klassikern angefangen, zu ermöglichen. Die Bücher dürfen nur im Lesesaal benützt werden, und jeder Wunsch, auf einen Zettel mit der Buchzahl notiert und dem Diener übergeben, wird ohne Zeitverlust erfüllt. Das sind so vortreffliche Einrichtungen, wie sie nur noch im british Museum in London zu finden sind und die wir ebensogut an unseren grofsen Bibliotheken haben könnten, wenn sich dieselben entschlössen, ein Duplicat des Katalogs ins Lesezimmer zu stellen, wie es in London und nun auch in Leipzig der Fall ist. Vorliegendes Jahrbuch führt uns in all die Anlagen und Einrichtungen ein, bringt ein Verzeichnis der im Lesezimmer stehenden Musikzeitungen und der Autographe. Das letztere ist sehr sinnreich und bedeutet jeden jungen Mann, dass er sich die Handschrift unserer grofsen Meister einprägen soll. Diesen folgt ein Verzeichnis der im Jahre 1894 erschienenen Bücher und Schriften über Musik. Das Ausland ist nicht vergessen. Seite 43 beginnt ein Verzeichnis öffentlicher Musikbibliotheken Europas nach ihrem wesentlichen Bestande von Emil Vogel, eingeteilt in die verschiedenen Länder. Ein früherer Versuch eines ähnlichen Verzeichnisses befindet sich in den Monatsh. 1872, doch nur auf Deutschland und wenige umliegende Länder beschränkt. Trotz den damals nach allen Bibliotheken versandten gedruckten Fragebogen in zwei Sprachen, war der Erfolg nur ein kleiner. Musikbibliotheken standen damals noch in geringer Beachtung, und selbst wo man bedeutende Schätze barg, wurden sie dem Publikum vorenthalten. Die Tyrannei der Beamten ging so weit, dass sie dem Suchenden jede Einsicht in den Katalog verweigerten. Wer diese Zeit durchgemacht hat, wie der Schreiber dieser Zeilen, denkt noch mit Unbehagen daran. Wie die Neuzeit sich darin geändert hat und freiwillig alle Bibliotheken ihre Schätze darbieten, zeigt das vorliegende Verzeichnis, welches trotz seiner kurzen Fassung dennoch 46 Seiten beträgt und ein vortrefflicher Wegweiser ist. Den Schluss bilden 10 bisher ungedruckte Briefe von Franz Schubert, die wieder den Beweis geben, wie erbärmliche Honorare unsere grofsen Meister damaliger Zeit von den Verlegern empfingen.

Nikolaus Oesterlein: Beschreibendes Verzeichnis des Richard Wagner-Museums in Wien . . . IV. Band. Ergänzung zu Bd. 1—3. Er umfasst kleinere Autographe, Drucke für bestimmte Gelegenheiten, Notenkopien, Bearbeitungen aus frühester Zeit, Bildnisse Wagner's, Literatur über W., bildliche Darstellungen, die Wagnervereine, Bayreuth, Curiosa und tausenderlei Anderes, alles mit gleicher Liebe und Sorgfalt gesammelt, aufbewahrt, geordnet und katalogisiert. Der Bd. umfasst mit Register 172 S., Preis 6 M.

* Herr Prof. *Emil Krause* in Hamburg hält alljährlich Vorlesungen über Musikgeschichte und nennt dieselben „Musik-Literatur-Kursus". Der 19. Kursus handelt über die Entwickelung der Oper und das hierzu ausgegebene Programm enthält zahlreiche Beispiele aus Opern aller Zeiten und aller Länder bis nach Russland hinauf, die am Vortragsabende aufgeführt werden. Da das Programm 109 Nrn. aufweist, so muss es jedenfalls den ganzen halbjährigen Kursus umfassen. Herr Krause erwirbt sich durch diese praktische Vorführung älterer Werke um die Ausbreitung derselben ein grofses Verdienst.

* Der Curiosität halber sei noch ein Buch angezeigt, was in heutiger Zeit kaum mehr zu erwarten stand und dabei in 9. Auflage vorliegt. Man sieht, das Schlechteste und Beste findet stets gleichen Beifall. Es nennt sich Kleines Tonkünstlerlexikon von *Paul Frank.* Lpz. 1895 bei Carl Merseburger. Sehr kl. 8⁰, 308 S. Preis 1 M. Wer verlangt für eine Mark mehr! Ohne auf Biographien und Daten weiter einzugehen, seien nur einige Kraftaussprüche zum Besten gegeben. S. 12: Friedemann Bach war schon so herabgekommen, dass er für Geld sich auf der Orgel hören liefs. Was sagen die Herren Dienel und Dr. Reimann dazu? Auf derselben Seite: Friedrich der Grofse vernachlässigte seit dem siebenjährigen Kriege seine Musiker, verkürzte ihnen die Gehalte und zahlte ihnen zuletzt gar nichts mehr. Den Reiz der Neuheit kann man diesen Aussagen allerdings nicht absprechen.

* Hierbei eine Beilage: Katalog Zwickau Bog. 27.

Verantwortlicher Redakteur Robert Eitner, Templin (Uckermark).
Druck von Hermann Beyer & Söhne in Langensalza.

MONATSHEFTE

für

MUSIK - GESCHICHTE

herausgegeben

von

der Gesellschaft für Musikforschung.

| XXVII. Jahrgang. 1895. | Preis des Jahrganges 9 Mk. Monatlich erscheint eine Nummer von 1 bis 2 Bogen. Insertionsgebühren für die Zeile 30 Pf. Kommissionsverlag von Breitkopf & Härtel in Leipzig. Bestellungen nimmt jede Buch- und Musikhandlung entgegen. | No. 8. |

Konrad Höffler.

Von Rob. Eitner.

Höffler war um 1695 Viola di Gambist (kurzweg Gambist) an der Hofkapelle des Herzogs Johann Adolph von Weifsenfels und nach seinem Portrait zu urteilen 1647 zu Nürnberg geboren. Das Portrait stellt einen kräftigen Mann mit wohlgestalteten Zügen und einer mächtigen schwarzen Allongenperrücke dar, deren Enden ihm bis über die Brust reichen. Gestochen ist es von C. Romstet. Dieses Portrait ist seinen Primitiae chelicae, Musicalische Erstlinge für die Gambe in den 12 Toni 1695 vorgesetzt. *) Gambenpiecen als Solostücke sind uns nicht allzuviele erhalten. Als Orchester- und Kammermusik-Instrument nahm es die Stelle unseres Violoncello's ein, doch hier lässt sich seine Eigenart nur wenig erkennen. Selbst von Wasielewski, der in seiner Geschichte des Violoncell's (1889) mit der Gambe beginnt, klagt über das gänzliche Fehlen von Solopiecen für das Instrument.

Den mir vorliegenden Piecen zufolge, muss Höffler ein tüchtiger Virtuose auf seinem Instrumente gewesen sein, und wenn die Weifsenfelser Kapelle bei jedem Instrumente solche Kräfte besafs, dann musste es für den Kapellmeister (Joh. Philipp Krieger) eine Lust gewesen sein, mit solchen Kräften zu wirken. Höffler war sich auch seines Wertes völlig bewusst und das Vorwort an den Leser ist sehr charakteristisch. Die Dedikation ist an seinen Fürsten gerichtet, die zwar

---

*) Ein ausführlicher Titel befindet sich im Zwickauer Mus.-Kat. Nr. 539.

in aller Unterwürfigkeit abgefasst ist aber doch den kräftigen selbst-
bewussten Künstler zeigt. Sie lautet: Durchlauchtigster Hertzog,
Gnädigster Fürst und Herr. Vor dem Throne Euer Hoch Fürstl.
Durchl. erkühne mich diese meine wenige Arbeit in tiefsten Gehorsam niederzulegen, und diejenige Harmonie unter E. H. F. Durchl.
gnädigste Augen zu bringen, welche ehedessen die Hohe Gnade genossen, nicht ohne verspürtem gnädigsten Vergnügen, in Dero Ohren
zufliessen. Zwar auff einem solchen, meiner Wenigkeit ungeziemenden
Wege, hätte ich keinen Schritt fortgewandelt, im Fall mir nicht von
etlichen berühmten Meistern zu diesem meinen Vorhaben allbereit
der Pfad wäre gebähnet worden. Habe dannenhero meiner unter-
thänigsten Schuldigkeit gemäfs erachtet, dafs die Nacht dem Tage,
die Finsternifs dem Licht, und der Schatten der Sonnen folge. Ein
anderer schenke Gold, Silber, oder andere Kostbarkeiten, ich bringe
nur Kupffer,*) jedoch, wann solches E. H.-F. Durchl. allermildesten
Gnaden-Strahlen gleich der Sonnen, mit holdem Anblick zuerleuchten
würdigen, ist kein Zweiffel, es werde sich dieses sonst gemeine Ertz
in Gold verwandeln. Wie dann E. H.-F. Durchl. gnädigstem Schutz
mich samt diesem meinen geringfügigen Werck unterthänigst empfehle,
und unter göttlicher Gnaden*protection* in tiefstem Gehorsam verharre
      Euer Hoch-Fürstl. Durchl.
            Unterthänigst gehorsamster
                  Conrad Höffler.

Darauf folgt:
      Kurtze Erinnerung an den Musicalischen Leser.
      Ich übergebe dieses mein erstes Werck dem allgemeinen Tage-
Licht, und mich zugleich dem Urtheil vieler Zungen. Aber diese
Furcht ist nicht erheblich genung meinem Vorhaben unnöthige
Gräntzen zu setzen, und scheue mich nicht vor denen zuerscheinen,
die fehlen können. Ich weifs wohl, dafs dieser erst soll gebohren
werden, der iedem nach seinem Geschmacke kochen könne, gleichwohl bin ich durch einen höhern Zug veranlasset worden, das von
GOtt mir verliehene Pfund nicht zu vergraben. Und dieses sey genung zum Punct meiner edition.
      Die *Sviten* betreffend, habe selbige, wie der Augenschein weiset,
in unterschiedene Tone vertheilet, und nach Manier der ietzt flori-
renden Instrumental-Arth eingerichtet. Ich bin nicht schuldig hierin
eine mehrere Rechenschaft zu geben, denn weil ich in meiner Capelle

---

*) Er bezieht dies auf das durch Kupferstich hergestellte Musikwerk.

lebe, welche an *Excellenz* und Musicalischer Wissenschaft (ich rede ohne Verdacht verwerfflicher Pralerey) keiner in Europa etwas schuldig bleibt, können mich deſswegen nur diese, derer *privat* Meinung insgemein mit Trübsand handelt, in ungegründetem Verdacht halten.

Die *Regular*-Fugen habe ich unterweilen *irregular* und die *Irregularen vice verſa*, regular geführt, und mich nicht an derer Regel gebunden, welche wider das Gewiſſen zu sündigen überredet seyn, wann sie über die musicalische Closter-Mauer springen und den Ton *chanchiren*.

Ich *protestire* auch hiermit öffentlich, daſs ich niemahls gesucht habe mit frembder Siehel zu grasen, oder eines andern Arbeit abzustehlen. Es ist einem Prediger nicht verbothen, eines andern seinen Text anders auszulegen, und wäre es, daſs ich wider Verhoffen ein schon bekantes *Thema* ergriffen, so wird doch ohne allem Zweiffel das Kleid anders ausstaffiret seyn, ob schon der Zeug von einerley Stücke ist. Es irren auch hierinnen ihrer nicht wenig, welche mit allzuseichtem Verstande urtheilen, *imitiren* wäre so viel, als ausschreiben. Ubringens, weil es unmöglich ist, ohne *manuduction* die Manieren hinzuzusetzen, als will ich hierinnen des *Instrumentistens* guter *diſcretion* in Tractirung dieser *Sviten* mehr, als meiner fernern Erinnerung, beymessen, Lebe wohl, und erwarte mit nechsten, geliebts GOtt, ein mehrers!   *Author.*

Man wird zugestehen, dass Höffler die Feder so gut zu führen wusste, wie den Bogen. Wie vorteilhaft sticht diese kurze bestimmte Ausdrucksweise gegen die oft jämmerliche Art seiner Zeitgenossen ab, selbst gegen die der damaligen Dichter, deren Erzeugnisse nur zu oft gereimter Flitterkram, süſsliche Liebesschwüre, oder augenverdrehende Frömmigkeit waren.

Sehen wir uns nun seine Suiten etwas näher an. Trotzdem die Instrumentalmusik älter als die Gesangsmusik ist, so ist sie dennoch in ihrer Entwickelung weit hinter letzterer zurückgeblieben. So sympathisch und mit Bewunderung erfüllend die Gesangsmusik des 16. Jhs. auf uns wirkt, so unsympathisch erscheint uns die Instrumentalmusik bis zur Erscheinung Haydn's mit wenigen Ausnahmen, wie Buxtehude, Muffat, Bach und Händel und einiger wenigen anderen. Doch selbst bei diesen ist die Empfindungsweise, die technische Behandlung der Motive eine uns so fremdartige, dass es eines fleiſsigen Studiums und liebevollen Versenkens in die Werke bedarf, ehe wir uns des Genusses erfreuen können. Bei den Übrigen nützt selbst der beste Wille nichts,

sie bleiben eine trockene langweilige oder gedankenlos tändelnde
Musik. Sie erscheint uns alles Gefühlslebens bar und wie eine an-
gelernte mechanische Fertigkeit. Und doch haben die Werke den
Zeitgenossen aufserordentlich gefallen, denn wie wäre es sonst möglich, dass der Dichter und Musiker *Schubart* in so begeisterter und
überschwänglicher Weise die Leistungen seiner Zeitgenossen feiern
konnte (siehe seine Ideen zur Ästhetik der Tonkunst).

Ich gehe nun zu Höffler's Suiten selbst über. Er sagt, dass sie
in die 12 Toni eingeteilt sind. Die 12 Toni wurden von Glarean
1547 eingeführt, von Zarlino und Calvisius bestätigt und bildeten noch
bis ins 18. Jh. hinein scheinbar die Grundlage der Musikausübung.
Doch schon lange vor Mattheson's Kampf für die 24 Tonarten in Dur
und Moll, hatten sich letztere naturgerecht nach und nach eingeschlichen, ohne zum klaren Bewusstsein zu gelangen. Auch Höffler's
Suiten stehen vollständig in den neuen Tonarten. Die erste in Fd.
mit Vorzeichnung eines *b*. Die zweite in Hmoll mit zwei ♯, die dritte
in Dd. mit zwei ♯, die vierte in Ad. mit drei ♯, die fünfte in Dmoll
mit einem *b*, die sechste in Gdur, die siebente in Amoll, die achte
in Cmoll nur mit *b* und *es* vorgezeichnet, die neunte in Bdur mit *b*
und *es*, die zehnte in Gmoll mit einem *b*, die elfte in Cd., hier nennt
er den ersten Satz Sonata, sonst Präludium, oder beginnt mit einer
Allemande. Die zwölfte und letzte steht in Emoll mit einem ♯ vorgezeichnet. Dies ergiebt eine Tonreihe von F, Gm. und Gdur, Ad.
und Amoll, B., H., Cd. und Cm., Dd. und Dm. und E.

Die Suiten bestehen wie bei Bach u. a. aus Präludium, Allemande,
Courante, Sarabande, Giga; oder Allemande, Corrente, Sarabande,
Giga. Nur bei der elften Suite leitet eine Sonata mit Fuge ein. Die
Giga hat stets schnelles Tempo, doch ist das Tempo nur selten vor-
geschrieben.

Ich werde nun eine vollständige Suite mitteilen und darauf noch
einige Sätze, die mir mitteilenswert erscheinen. Mich leitet dabei
nur der Gedanke: die Technik und Schreibweise für die Gambe festzustellen, denn an und für sich sind die Kompositionen nach heutigem
Geschmack trocken und langweilig. Eine fugenartige Behandlung,
wovon Höffler auch im Vorworte spricht, kommt nur selten vor und
ich wähle die erste Suite, weil er hier eine Fuge mit dem Worte
selbst bezeichnet. Im Übrigen kommen wohl fugierte Einsätze vor,
ohne aber sie weiter fortzuführen. Die Wiedergabe ist originalgetreu.
Der bezifferte Bass ist für ein Klavier bestimmt und in freier Weise
auszuführen. Druckfehler kommen nur selten vor und dann leicht

zu verbessern. Das ♯ und ♭ statt ♮ wird der Leser wohl verstehen. Über die Gambe siehe von Dommer's neue Ausg. des Lexikons von Koch, Artikel Viola da gamba.

Konrad Höffler, 1695.

Konrad Höffler.

Konrad Höffler.

Allemand.

Courant.

Konrad Höffler.

(Ende der Suite.)

Seite 19 aus der Suite in Adur. Einer der besten Sätze.

Saraband.

Folgt als Schluss eine unbedeutende Giga.

Als Schluss teile ich noch einen der scheinbar schwierigsten
Sätze aus derselben Suite in Adur mit, der manchmal an Bach's
Passagenwerk erinnert.

Präludio.

Konrad Höffler.

Mitteilungen.

* Wie soll eine Partitur eines Gesanges aus dem 16. Jahrh. eingerichtet sein? Diese schon oft gestellte Frage beginnt sich endlich zu klären. Als die Publikation der Gesellschaft für Musikforschung 1873 ins Leben gerufen wurde, bereitete den Unternehmern obige Frage eine umständliche gegenseitige Unterhandlung, bis sie endlich zu dem Resultat gelangten: das Original getreu wiederzugeben und der Partitur einen Klavierauszug beizufügen, d. h. die Stimmen auf 2 Notensysteme im Violin- und Bassschlüssel zusammenzufassen. Die Bezeichnung Klavierauszug wurde im Ausland (z. B. von van der Straeten) als Klavierbegleitung aufgefasst, das ist falsch, es soll nur gleichsam eine Übersetzung der Partitur in die heute gebräuchlichen Schlüssel sein. Die Einrichtung wurde vielfach angegriffen und gerade die eifrigsten Musikhistoriker sprachen sich dagegen aus. Alle Beweisgründe, dass das Original ungetrübt wiedergegeben ist und sich nur auf diese Art ein gröfserer Leserkreis zusammenfinden kann, halfen nichts. Die Publikation wurde verdonnert. Wie steht es nun heute damit? Die Holländer kamen uns nach; trotzdem sie die Partituren in den Violinschlüssel setzen. Die Engländer und Franzosen folgten als nächste, dann kamen die Denkmäler der Tonkunst in Österreich und endlich melden sich auch die Musikhistoriker; heute finden sie dies aufserordentlich praktisch und bezeichnen dies als den einzigen Weg, um das Publikum dafür zu interessieren. Ein weiterer Schritt thut sich kund durch den Vorschlag, den Wert der Noten um die Hälfte bis zum Vierfachen zu verkürzen. Dr. Hugo Riemann ist bei der Veröffentlichung der Chansons von Binchois vorangegangen. Dr. Heinrich Reimann spricht sich in der Lessmann'schen Musikzeitung ebenfalls dafür aus. Der Schreiber dieser Zeilen hat sämtliche deutschen alten Lieder in den Monatsh. 1894 in der Weise in Partitur gebracht und es wird niemand behaupten können, dass den alten Gesängen Gewalt angethan ist. Sie sehen allerdings sehr modern aus, bleiben aber in dem neuen Gewande ganz dieselben als in ihrem alten, nämlich den halben, ganzen und Breves-Noten. Dem Vorschlage aber Herrn Dr. Reimann's nun auch die Violinschlüssel einzuführen, ist nimmermehr beizustimmen, nicht des Schlüssels halber, denn einer ist so gut wie der andere und die Alten haben den Violinschlüssel bei hochgelegenen Gesängen ebenfalls verwendet, sondern weil die Alten die Alt- und Tenorstimme sehr oft recht tief legten, so dass die Noten im Alt, mit dem Violinschlüssel notiert, bis zu 3 Hilfslinien greifen müssten. Wäre das eine Erleichterung? keinenfalls. Ferner, wer eine heutige Orchesterpartitur lesen kann, muss den Altschlüssel für die Bratsche, den Tenorschlüssel für Violoncell und Posaune und den Diskantschlüssel für die A-Klarinette lesen können, ganz abgesehen von Trompeten, Hörnern, englisch Horn u. s. w., wer also dies kann, der wird wohl auch einen 4—8stimmigen Satz in den 3 Cschlüsseln lesen können, und wo ein Gemisch von hohen und tiefen Schlüsseln eintritt, dann ist der Klavierauszug eine treffliche Aushilfe. Nur hüte man sich in den Partituren eine Stimme einseitig in einen anderen Schlüssel zu setzen, denn dadurch zerstört man das Schlüsselverhältnis und die Möglichkeit den Satz bequem tiefer oder höher zu legen. Herr Dr. Reimann geht aber noch weiter, er verlangt vom Herausgeber die metronomische Tempobezeichnung und Vortragszeichen. Er sagt ganz richtig, dass der Herausgeber die Piece auf alle Fälle am besten kennt und am ehesten berechtigt ist seine Ansicht zur Vorschrift und Geltung zu bringen, denn wer hätte wohl mehr Recht dazu? Sehr wunderlich ist das Verlangen des Herrn Dr. Seiffert's in der Lessmann'schen Musikzeitung die Vorzeichnung wie bei den Alten doppelt zu notieren, also z. B. das ♭ unten und oben vorzuzeichnen. Was das für einen Zweck haben soll ist schwer erklärbar. Bei den Alten war es eingeführter Gebrauch, bei uns Neueren ist es seit lange abgeschafft und dabei kann es schliefslich auch bleiben.

* Hierbei eine Beilage: Katalog Zwickau Bog. 28.

Verantwortlicher Redakteur Robert Eitner, Templin (Uckermark).
Druck von Hermann Beyer & Söhne in Langensalza.

MONATSHEFTE
für
MUSIK - GESCHICHTE
herausgegeben
von
der Gesellschaft für Musikforschung.

| XXVII. Jahrgang. 1895. | Preis des Jahrganges 9 Mk. Monatlich erscheint eine Nummer von 1 bis 2 Bogen. Insertionsgebühren für die Zeile 30 Pf. ——— Kommissionsverlag von Breitkopf & Härtel in Leipzig. Bestellungen nimmt jede Buch- und Musikhandlung entgegen. | No. 9. |

Johann Krieger.
Von Rob. Eitner.

Der Name Krieger hatte im 17. Jahrhundert einen guten Klang, denn in einer kurzen Spanne Zeit zählte man drei tüchtige Komponisten dieses Namens von denen jeder in seiner Weise für seine Zeit Bedeutendes leistete. Für uns heute haben dieselben noch das ganz besondere Interesse, dass sie unmittelbare Vorgänger Seb. Bach's waren. Händel holte sich seine geistige Entwickelung mehr aus Italien und ging dann völlig seinen eigenen Weg, während Bach aus dem Deutschtum unmittelbar herauswuchs. Das Wenige was er aus italienischen Werken schöpfte, wie aus Corelli und Lotti, ist kaum in Betracht zu ziehen.*) Johann Krieger, der jüngere Bruder des Johann Philipp, war am 1. Januar 1652 zu Nürnberg geboren. Vom Vater, der ein Teppichmacher war, wissen wir nicht, ob er musikalisch veranlagt war — von der Mutter schweigen alle Quellen — nur so

---

*) Chrysander berichtet zwar im 3. Bde. seiner Händel-Biographie S. 211, dass Händel den Krieger sehr schätzte und unter den wenigen deutschen Musikalien, die Händel nach England mitnahm, sich Krieger's „Anmuthige Clavier-Übung" von 1699 befanden, die er später seinem Freunde Bernard Granville schenkte. Letzterer schrieb auf die Vorderseite des Buches die Bemerkung: Krieger ist einer der berühmtesten deutschen Orgelspieler, nach dessen Weise und Arbeiten Händel zu einem guten Teile sich gebildet und dessen Stücke er zur Übung sehr empfohlen habe, nur müsse man mit dem Clavichord und nicht mit so schweren Instrumenten wie Orgel und Harpsichord beginnen.

viel ist uns überliefert, dass der Drang zur Musik so bedeutend war,
dass er vom damaligen Kantor an der Sebalder Schule, Heinrich
Schwemmer, zum Diskantisten für den Chor herangezogen wurde und
von G. Kaspar Wecker Klavierunterricht erhielt. Im Jahre 1671
ging er zu seinem Bruder Johann Philipp nach Zeitz, um bei ihm
die Komposition zu studieren.

Als letzterer 1672 nach Bayreuth berufen wurde, folgte ihm sein
Bruder und als jener dort den Kapellmeisterposten erhielt, trat Johann
den dadurch erledigten Organistenposten an der Hofkapelle an. Ein
Zwist zwischen Italienern und Deutschen, der sich auch hier unter
den Kapellmitgliedern entspann, endete zum Nachteile der Deutschen,
indem dieselben ihren Abschied erhielten. Johann ging in seine
Heimat und widmete sich eifrig der Komposition, während sein Bruder
auf Reisen ging und sich an den damals zahlreichen deutschen Höfen
hören ließ. In der Zeit bis 1678 lässt sich nur ein Besuch des
Johann in Halle nachweisen; vielleicht hoffte er eine Anstellung dort
zu finden, denn 1677 war sein Bruder daselbst Hoforganist geworden,
allein die Hilfe kam von anderer Seite. Graf Heinrich I. von Reuß
zu Greiz suchte einen Kapellmeister und engagierte Johann, jedoch
nach drei Jahren wurde die Kapelle nach dem Tode des Grafen aufgelöst und abermals stand Johann ohne Versorgung da. Er wandte
sich nach Weißenfels, wurde aber vom Herzoge Christian von Eisen-
berg eingeladen seiner Kapelle vorzustehen. Doch schon nach einem
Jahre zog er es vor die gesichertere Stellung eines städtischen Musik-
direktors anzunehmen, die ihm der Stadtrat von Zittau antrug. Am
5. April 1681 war er wohlinstallierter städtischer Organist und Musikdirektor und führte die erste Kirchenmusik in Zittau auf. Zwanzig
Jahre später wurde ihm noch der Organistenposten an der Petri- und
Paulkirche übertragen. Hier lebte er 54 Jahre in unermüdlicher
Thätigkeit, ging noch am 17. Juli 1735 in einem Alter von 84 Jahren
in den Vormittag-Gottesdienst, versah seinen Dienst und am 18. Juli
morgens 6 Uhr ereilte ihn der Tod. Spitta schreibt in der allgemeinen
deutschen Biographie den 17. Juli als Todestag, doch kann dies nur
ein Druckfehler sein, denn eine andere Quelle als Mattheson's Ehrenpforte und seine Critica musica, wo er an verschiedenen Orten seiner
erwähnt, besitzen wir nicht. Gerber hat ihn genau kopiert.

Schon aus den wenigen Worten, die vorher in einer Anmerkung
mitgeteilt wurden, ersieht man in welchem Rufe Johann stand. Diesen
Ruf näher zu begründen und nachzuweisen sind die folgenden Zeilen
gewidmet. Als Einleitung gebe ich ein Verzeichnis seiner Werke,

die uns erhalten sind nach dem Manuskripte meines noch unvollendeten
Quellen-Lexikon der Komponisten und Musikschriftsteller.

1. M. G. Johann Kriegers Neue musicalische Ergetzlichkeit,
Das ist: Unterschiedene Erfindungen welche Herr Christian Weise,
in Zittau von Geistlichen Andachten, politischen Tugend-Liedern und
theatralischen Sachen bishero gesetzet hat; In die Music gebracht...
Franckfurt und Leipzig bei Christian Weidmann 1684, druckts Joh.
Köler. In fol. [Exemplare in der Kgl. Bibl. zu Berlin, Stadtb. zu Leipzig,
Stadtb. zu Lüneburg, Staatsb. in München und in Upsala. Nur in Lüneburg und Upsala befinden sich neben der Hauptstimme, die die Gesangsnoten und den bezifferten Bass enthält, noch 6 Nebenstimmen mit
den Instrumentalstimmen, alle übrigen Bibliotheken besitzen nur die
Hauptstimme, die mir daher allein zugänglich war. Da die Singstimme
stets nur mit dem Bass begleitet wird und die Instrumente nur im
Vor- und Nachspiel mitwirken, so ist der Verlust nicht allzu grofs,
denn aus anderen Werken ergiebt sich, dass die Ritornelle ganz frei
behandelt sind. — Das vorliegende Werk besteht aus 3 Teilen:

1. Theil, geistliche Andachten, 30 Nrn.
2. Theil, allerhand politische Lehr-, Schertz-, Lust- und Tugend-
   Liedern, 34 Nrn.
3. Theil, allerhand theatralischen Stücken, welche nach und nach
   in Zittau praesentiret worden. 87 S. Partitur der Gesangs-
   stimmen und des Bassus continuus.

2. Sechs musicalische Partien, bestehend in Allemanden, Cou-
renten, Sarabanden, Doublen und Giquen, nebst eingemischten Bouréen;
Minuetten und Gavotten, allen Liebhabern des Claviers auf einem
Spinet oder Clavichordio zu spielen, nach einer ariéusen Manier aus-
gesetzt. Nürnberg, In Verlegung Wolfg. Mor. Endters 1697. —
Sei Partite musicali, cioè Allemande (folgt der Titel in italienischer
Sprache). gr. quer 4°, 4 Vorblätter, jede Partie mit neuem Titelbl.
und neuer Seitenzählung. [Exemplare in Bibl. Berlin, Gymnasialbibl.
Joachimsthal zu Berlin, Stadtb. Hamburg, Staatsb. München.]

3. Anmuthige Clavier-Übung, bestehend in unterschiedlichen Ricer-
carien, Praeludien, Fugen, einer Ciacona und einer auf das Pedal gerichteten Toccata; Allen Liebhabern defs Claviers... von... Organisten
und Chori Musici Directore in Zittau. Nürnberg 1699, Wolfg. Moritz
Endters. gr. qu. 4°, 3 Vorbll. und 69 Seiten. [Exemplar in der
B. des Joachimsthal'schen Gymnasium zu Berlin.]

Über die 6 musicalischen Partien sei noch ein Wort in betreff
der Herstellung des Druckes gesagt. Schon im Anfange des 17. Jhs.,

9*

als das Kupferstichverfahren bei Herstellung von Musikalien immer
gebräuchlicher wurde, liefs man den Typendruck nach und nach so
verfallen, dass er schliefslich zur Karikatur wurde und Niemand mehr
einen solchen Druck kaufen wollte. Obiger Verleger in Nürnberg,
Wolfgang Moritz Endters, hatte nun versucht den Typendruck wieder
zu verbessern und seine Drucke machten ein solches Aufsehen, dass
sie wie eine neue Erfindung bewundert wurden. Auch Krieger giebt
dieser Meinung im Vorworte Ausdruck. Er sagt: Der Verleger hat
eine neue Erfindung gemacht, die Noten mit Typen zu setzen, was
billiger als der Notenstich ist und prächtig aussieht. Das letztere
können wir heute nicht gerade unterschreiben. Die Notenlinien
schliefsen sich zwar gut aneinander und der Druck ist klar, doch der
Schnitt der Note und ihrer Hilfsteile so unbeholfen und ungeschickt,
das Untereinandersetzen der Noten so völlig aus dem Auge gelassen,
dass wir eher das Wort abscheulich, wie prächtig gebrauchen möchten.
Fünfzig Jahre später verbesserte Johann Gottlob Immanuel Breitkopf
den Typendruck und zwar in einer ganz vortrefflichen Weise und
doch fand er keine Nachahmer und der Typendruck verfiel abermals,
so dass man nur von geschriebenen Noten lesen wollte (die Musikalien-
handlungen hielten sich davon grofse Lager), bis man im Anfange
dieses Jahrhunderts in Berlin abermals zur Verbesserung und zwar
bleibender Verbesserung gelangte, trotzdem der Notenstich auf weiche
Metallplatten (Blei und Zinn) an Billigkeit ihn weit übertraf und
vorzugsweise verwendet wurde.

Die an Handschriften so überreiche kgl. Bibl. zu Berlin ist im
Besitze zahlreicher Kirchenkompositionen, die uns von Krieger's Können
eigentlich erst ein richtiges Urteil eröffnen. Ich verzeichne sie in
Kürze, um dann hervorzuheben, wie seine Schaffens- und Ausdrucksweise sich uns im heutigen Lichte zeigt.

Ms. 12153, ein Sammelband Partituren von verschiedenen
Händen aus aller Zeit:

1. Also hat gott die welt geliebet, 8stim. mit 5 Instr. und Bc.
8 Bll. Adur.

2. Dancket dem Herrn, denn er ist freundlich, 4stim. mit 5 Instr.
u. Bc. Eine Sonata von 12 Takten leitet ein. 8 Bll.

3. Difs ist der Tag, den der Herr gemacht hat, 4stim. mit
7 Instr. und Bc. 12 Bll.

4. Rühmet den Herrn, die ihr ihn fürchtet, 4stim., 5 Instr.
Bc. 7 Bll.

5—14 sind nur mit Krieger gez., es ist daher sehr fraglich, ob sie ihm oder seinem Bruder angehören. In der Schreibweise und im Charakter sind sich beide zum Verwechseln ähnlich, daher ist eine Bestimmung wem sie angehören, unmöglich, so lange wir nur eine Abschrift von den Gesängen besitzen.

5. Danck saget dem Vater, 4 stim. 2 V. 3 Violen u. Bc. 8 Bll.

6. Der Herr ist mein Hirt, Tenor solo, 1 Instr. u. Bc. 3 Bll. Gröfstenteils sind die Instrumente nicht benannt, doch ist dann stets Violinen und Violen gemeint, die Violinen stehen im Violinschlüssel und die Violen in den 3 Cschlüsseln, je nach ihrer Höhe.

7. Ihr Christen freuet euch, à Violino, Violadigamba, Cantus, Bassus con Organo, 4 Bll.

8. Ich freue mich, dass mir geredt ist, 5 stim., 5 Instr., Bc. 8 Bll.

9. Preise Jerusalem den Herrn, 4 stim., 2 Trombetti, Tympani, 2 Cornetti, 3 Tromboni, 2 Violini, 2 Viole, Fagotto et Cont. 12 Bll.

10. Wachet auf ihr Christen alle, 4 voci, 2 Violini, 2 Viole, Fagotto et Cont. 10 Bll.

11. Cor meum atque omnia, 5 voc., 5 Instr. et Bc. 6 Bll.

12. Quis meterritat quis me devorat, 3 voc., 2 Instr. et Cont. 6 Bll.

13. Gloria in excelsis Deo, 4 voc., 1 Tromba, 2 Violini, 2 Violette, Fagotto et Org. 6 Bll.

14. Confitebor tibi, à Capella 4 voci et 6 Strumenti con Continuo. 31 Bll. in 4⁰.

Ms. 12150 ein Sammelband von älteren Kopien in Partitur:

1. Sanctus Dominus Deus, 4 voc. cum 5 Instr. et Bc. 8 Bll.

2. Sanctus, 4 voc. c. 2 Instr. et Cont. 2 Bll. nebst 2 anderen Sanctus in Ms. 12261.

Ms. 444. Sammelbd. älterer Partituren, Nr. 9. Magnificat à 4 voc. cum Sinfonia (3 Instr. u. Bc. 12 Bll.).

Ms. 18885, Sammelbd. älterer Partituren. Nr. 6. Laudate Dominum omnes gentes, 5 vocum con fondamento 4 Bll.

Ms. Z 35, Codex von 1692. Orgeltabulaturen. Bl. 31 Choralbearbeitung über Herr Christ der einig gottes Sohn. Bl. 64 Toccata in A.

Ms. 6615 Nr. 3. Ms. 6715 eine Fuga tutti i quattro Soggetti. In letzterem Ms. eine Kopie von Forkel. Dieselbe Fuge in Bibl. Joachimsthal in zwei Kopien.

In der Bibliothek des Instituts für Kirchenmusik zu Berlin, aus Forkel's Nachlass. Ein Ms. von 1 Bogen im Autograph, gez. mit

Zittau 21. Jan. 1697, die Choralbearbeitung über „In dich hab ich gehoffet Herr."

In einem anderen Ms. derselben Bibliothek, 9 Bll. in hoch fol., neuere Hand: XV Fugues pour l'orgue.

In der kgl. Musikalien-Sammlung zu Dresden befindet sich ein Magnificat à 4 voc. col Basso, in Partitur.

In der Hofbibliothek in Darmstadt im Ms. ein Preludio, Fuga, Passacaglia für Klavier.

In der Stadtbibliothek in Zittau befinden sich folgende Manuskripte: 1. Musik zu dem Reformations-Jubiläum 1717. 2. Concert, Nun dancket alle Gott à 12. 3. Zion jauchzt mit à 4, Hautbois, Viol. Ten. Clavic., in Stb., zum Teil Autograph. 4. Gott ist unser Zuversicht à 8, 4 Singst., 4 Instr. 12 Bll. in Stim. 5. Concert à 10, 4 voc. 5 Instr. „Sulamith auf auf zun Waffen", Cemb. 15 Bll. u. Stb. 6. Du hochst erwünschte Zeit, Arie in 3 „Abwechselungen" in Part. 7. Arie, Zittau, preise deinen Gott, à Violino solo, Ten. solo con Bc. in P. 8. Arie, Ihr Feinde weichet weg, à 2 Violini Disc. A. T. B. c. Bc. 3 Bll. Part. 9. Arie, Also preisen wir die Zeiten, à 2 Violini, 2 Clarini, Basso solo c. Bc. 3 Bll. Part. 10. Vor der Oration, Frolocket Gott in allen Landen, à 2 Clarini, 2 Viol., Sopr. A. T. B. c. Bc. 6 Bll. P. 11. Nach der Oration: Gehet also, geht ihr matten Seelen, à 2 Tromp., 2 Viol. D. A. T. B. Bc. 5 Bll. P. 12. Arien zu einem geistlichen Drama von Wentzel, gez. 23/11 1717 aufgeführt (nach dem vorhandenen Textbuch): 1. Das Jube Fest geht nun zum Ende etc. bis Arie 5 in P. Die Textbücher zu obigen Gesängen sind noch zum Teil in der Bibliothek. 13. Ms. B 158 ein Stammbuch, auf Bl. 43 ein Kanon von Krieger, gez. mit Zittau 1692. 14. Musik zur Einweihung der neuen Orgel in Zittau, Autogr. in Stb., auf den Text: Halleluja, Lobet den Herren à 32, 8 Voc. 4 Ripien. 2 Trombetti è Tymp., 2 Corni, 3 Tromboni, 2 Flauti, 2 Violen è Fagotto, 2 Organi. Am Ende des Titels liest man Joh. Krieger junior (Besitzer?), dagegen auf dem Organo Joh. Krieger Chor. Mus. Dir. Zittau den 19. Aug. 1685.

In Christian Weise's Zittauisches Theatrum von 1683, p. 236 bis 247 der Gesang: Lacht uns an jhr schönen Wiesen à 10, für 2 Soprane und Alt, 2 Piffari, 3 Posaunen, Paucken und Bassus continuus, mit I. K. gezeichnet. In den Bibliothekskatalogen wird er vielfach mit seinem Bruder Johann Philipp verwechselt.

Johann Krieger zeichnet sich als Komponist durch eine ansprechende melodische Erfindung und kontrapunktische Gewandtheit aus, die nicht mühsam ausgetüftelt, sondern sich wie von selbst ergiebt. Seine Melodien sind nicht so langatmig wie die Händel'schen, sondern bestehen meist aus nur kurzen Motiven, die sich aber beim Gesange auch öfter weiter ausspinnen. Trotz seiner Begabung ist er aber doch nicht im stande sich über seine Zeit zu erheben. Ängstlich hält er an der Haupttonart fest und geht ihm ja sein Genie einmal durch, so kehrt er plötzlich, nicht gerade mit Geschicklichkeit, in die Haupttonart zurück. Glücklicher ist er in seinen kontrapunktischen Kombinationen, und es ist ihm ein Leichtes vier Themen mit einander zu verknüpfen, ohne dass der Zuhörer die kunstvolle Arbeit bemerkt, denn es fügt und schickt sich so trefflich in einander, als wenn er im einfachen Kontrapunkte schriebe. In betreff seines Empfindungsvermögen huldigt er mehr dem Sanften und ist auch darin ganz ein Kind seiner Zeit. Ich habe ihn bis jetzt noch nirgends auf einer kraftvollen begeisteiten Ausdrucksweise angetroffen, wie sie Bach und Händel in so hohem Maſse zu Gebote standen. Er wechselt zwar geschickt zwischen Forte und Piano, d. h. nämlich zwischen Solo mit einem Bass begleitet und vollem Orchester, aber der Ausdruck hält sich immer in den Grenzen des Sanften. Auch darin stimmt er mit seinen Zeitgenossen überein, dass er einen Sologesang stets nur mit dem bezifferten Bass begleitet und die Orchesterinstrumente erst beim Ritornell eintreten lässt. Händel und Bach gehen auch darin weiter, dass sie dem Bass wenigstens noch ein Soloinstrument hinzufügen.

Ich gebe nun von jeder Gattung einige Beispiele und beginne mit den Klavierpiecen, werde darauf einige weltliche Gesänge folgen lassen und dann einen oder mehrere geistliche Tonsätze. Als Klavierkomponist steht Krieger einzig in seiner Weise da und zwar weniger des Inhaltes halber, obgleich derselbe immerhin wertvoll ist, sondern in der Art seiner Notierung und dem Bestreben dem alten Klaviere oder Clavichorde möglichst vollen Klang zu entlocken. Beim ersten Anblick der Klaviersätze kommt uns die Notierungsart sehr kurios vor und wie Spinnenbeine krappeln die 16tel Pausen und Noten durcheinander (dazu der schlechte Druck und der Eindruck ist wirklich wunderlich), hat man sich aber erst in die Notierungsart eingeübt, so erkennt man erst das Bestreben Krieger's das Klavier durch volle Akkorde zum Klange zu bringen und ist erfreut über die sinnreiche Art dies zum Ausdrucke zu bringen.

Ich teile aus den Sechs musikalischen Partien für Klavier von 1697 die 2. Partita (später Suite genannt) ganz mit und dann

noch einige einzelne besonders hübsche Sätze. Ich habe an der
Notierungsart nichts weiter geändert als die Mittelstimmen vom Bass
durch Herauf- und Herunterstreichen der Hälse besser kenntlich ge-
macht, denn im Originaldrucke geht alles durcheinander, und die
einzeln gestrichenen Noten, wie ♩ ♩ ♩ ♩, zusammengezogen in ♪♪♪♪.
Kleine Druckfehler habe ich durch darüber gesetzte eingeklammerte
Buchstaben angezeigt. Das Werk ist den Mitgliedern des Schönerischen
Collegii Musici in Nürnberg gewidmet und in der Vorrede an den
günstigen Leser, deutsch und italienisch, spricht er von obiger neuen
Erfindung Noten durch Typen zu setzen und sagt dann über die
Piecen selbst: „Was aber die Manieren an sich selbst betrifft, so
wird es einem verständigen Liebhaber anheim gestellt, wie er nach
Anleitung der Clausala (Schlussformeln) adagio oder allegro spielen
soll: indem solches bey dem Affect und der Inclination eines jedweden
beruhen muss, der sich, oder einem curieusen Zuhörer, nach Gelegenheit der Zeit wohl zu vergnügen gedencket." Die sechs Partien
oder Partita bestehen meistens aus den Sätzen *Allemande*, die stets
einen prächtigen, lebhaften Charakter hat, ähnlich dem einer
Ouverture, dieser folgen eine *Corrente* im ³/₄ Takt, *Sarabande*
³/₄ Takt und einer *Gique*. Der am Ende jeder Partie noch etwa
vorhandene Raum ist mit einer kurzen *Menuet*, einer *Bourée* oder
Gavotte ausgefüllt, die nur als Zugabe zu betrachten sind. Statt der
Sarabande findet man auch einen *Le double* im ³/₄ Takt, der auch
öfter noch zwischen die Sarabande und Gique eingeschoben ist. Die
Tonarten der sechs Partien sind: Cdur, Dmoll ohne ♭, Fdur mit ♭,
Gdur mit ♯, Adur mit 3 ♯ und Bdur mit 2 ♭. Die erste Partie beginnt mit einer ziemlich ausgedehnten Fantasie mit vielen schnellen
Läufen, doch ist sie wenig ansprechend. In der letzten Partie be-
findet sich vor der Gique als Schlusssatz ein Le Double mit 3 Variationen.

Bei der folgenden Mitteilung der 2ten Partie mache ich besonders
auf die Gique in Dmoll aufmerksam und die Umkehrung des Themas
im 2. Teile. Als Einführung in den Kriegerschen Stil und seine
Kunstfertigkeit beginne ich mit der Fuge mit vier Themen. Die ein-
geklammerten Angaben und die Zahlen der vier Themen sind Zusätze
vom Herausgeber.

Fughe del Sgr. Giovanni Kriegher 1699.   Mss. in Bibl. Berlin.

(Mit 4 Themen.)

Die Pausen fehlen durchweg, daher ist die Stimmenführung oft unkenntlich.

2. Partita in Db.   Joh. Krieger, 6 Music. Partien f. Clav. 1697.
Allemande (lebhaft und kräftig).

Pausen fehlen, außer den 8tel- und 16tel Pausen.

Johann Krieger.

Corrente (Tempo wie vorher, sanft.) (6 Viertel im Takt.)

Fortsetzung als Beilage.

Mitteilungen.

* Les maîtres musiciens de la Renaissance française, éditions publiées par M. Henry Expert, sur les manuscrits les plus authentiques et les meilleurs imprimés du XVIe siècle, avec variantes, notes historiques et critiques, transcriptions en notation moderne, etc. Orlandus de Lassus. Premier Fascicule de Mélanges. Paris 1894 Alphonse Leduc, éditeur. kl. fol. Part. XVIII und 117 Seit. In der Vorrede teilt der Herausgeber seinen Plan mit: er beabsichtigt nicht nur Franzosen, sondern auch Belgier in seine Sammlung aufzunehmen. Er zählt eine lange Reihe Komponisten auf, die er berücksichtigen will, darunter befindet sich aber auch Gluck und César Franck. Der 1. Band umfasst 30 Chansons zu 4 Stimmen von *Orl. de Lassus* aus dem Druckwerke: Les Méslanges ... contenantz plusieurs chansons, a 4, 5, 6, 8, 10, parties reveuz par luy, et augmentez. Paris 1576 par Adr. le Roy & Rob. Ballard. Titel im Facsimile. Dedikation von den Verlegern mit 1576 gezeichnet. 3 Lobgedichte auf Lassus, dessen Porträt, das bekannte mit „aetatis suae 39" gezeichnete, der Index über die 4stimmigen Chansons, denen darauf die Partitur in den alten Originalschlüsseln mit einem Klavier-Auszuge folgen. Die Ausgabe ist korrekt und der Druck, sowie das Papier gut und der Aufgabe angemessen. Die hinzugefügten Versetzungszeichen stehen über den Noten und man erkennt überall eine sorgsame und sachgemäße Redaktion. Wir wünschen dem sehr verdienstlichen Unternehmen ein gutes Gedeihen. Lassus ist jedem Historiker soweit bekannt, dass es überflüssig erscheint ein Wort des Lobes über denselben hinzuzufügen. Leider kann ich den Preis des Bandes nicht mitteilen.

* Der in Nr. 7 der Monatshefte angezeigte Musikkatalog von Jacques Rosenthal in München, Karlstr. 10, nicht zu verwechseln mit Ludwig Rosenthal in München, ist soeben erschienen und enthält eine recht wertvolle Sammlung von alten und älteren Werken aus allen Musikfächern. Die Preise sind dementsprechend auch ziemlich hoch gegriffen. So kostet z. B. die Tenor-

stimme von Forster's Liederbüchern Teil 1—4 (leider sind die Ausgaben nicht genau bezeichnet) 260 M.

* Catalogue de la collection d'Instruments de musique anciens ou curieux formée par *C. C. Snoeck.* Gand 1894 J. Vuylsteke, éditeur. 8⁰. VIII u. 216 S. mit 1145 Nrn. Erst letzthin wurde hier ein Katalog einer Privat-Musikbibliothek angezeigt, die durch ihren Reichtum unsere Bewunderung erregte. Abermals sendet ein Niederländer einen Katalog seiner reichen Instrumentensammlung in die Welt, der uns nicht weniger in Bewunderung versetzt. Der Katalog ist sehr verständig und mit grofser Sorgsamkeit angelegt. Ohne Weitschweifigkeit erfährt man aus wenigen Zeilen alles Wissenswerte und einige beigegebene photographische Wiedergaben von Instrumenten vervollständigen das Bild. Mit untergeordneten Instrumenten beginnt der Katalog, als Ziehharmonika, Bauerleyer, Maultrommel bis zur Stimmgabel herab, 119 Nrn., davon repräsentieren einzelne Nrn. ganze Sammlungen. Darauf folgen orgelartige Instrumente, wie Regale, Accordeon, Physharmonica, Melodicon u. s. w., diesen schliefsen sich mit Nr. 137 die Schlaginstrumente an, wie Hackbrett, Pauke, denen auch die Klavierinstrumente sich anreihen (Nr. 154—192) wie Clavichorde, gebunden und ungebunden, auch bundfrei genannt, ein Piano-Clavecin aus deutscher Fabrik in Flügelform aus dem 18. Jh. zu 5 Oktaven und Pianoforte in allen Formen. Warum der Herr Verfasser die nun folgende Abteilung von der vorhergehenden trennt, ist nicht recht ersichtlich, denn sie enthält wieder Klavierinstrumente, Nr. 212—239 und zwar das Virginal oder Epinette, das Clavecin, hierbei Instrumente von André und Hans Ruckers von 1614 und 1618, Paul Steinicht 1657. Diesen schliefsen sich die Zittern, Guitarren, Lauten und dergleichen Reifsinstrumente an (240—417, den Schluss bilden aufsereuropäische Instrumente). Unter den Lauten (Nr. 303) befindet sich auch eine von „Magno Dieffopruchar à Venetia 1610", dies muss ein Nachkomme des Gaspard's sein (siehe M. f. M. 1893, S. 179). Nun folgen die Streichinstrumente, darunter einige von hohem Alter, so z. B. Nr. 507 eine Violine von „*Morglato Morella Mantua 1515*". Dies wäre wohl die bis jetzt älteste bekannte Violine mit 4 Saiten. (Nr. 418—640). Mit Nr. 648 beginnen die Blasinstrumente, die bis Nr. 1124 reichen. Schon aus der hohen Nummer läfst sich die Reichhaltigkeit der Sammlung erkennen und ermessen, was für ein Kapital darin stecken muss, ganz abgesehen von dem Raume und den laufenden Unkosten, welche eine solche Sammlung beansprucht. Von Nr. 1125 bis 1145, dem Schlusse, sind Metronome, Monochorde und ähnliche Hilfsinstrumente verzeichnet. Der Herr Verfasser hat dem Kataloge noch ein alphabetisches Register über die Instrumente beigefügt, doch wichtiger wäre ein Register über die verzeichneten Instrumentenmacher gewesen. Es wäre eine sehr dankenswerte Arbeit über sämtliche in Katalogen erschienene Instrumenten-Sammlungen ein Register der Instrumentenmacher herzustellen.

* *Vyt, Camille,* Antiquariat in *Gand,* rue des Régnesses Nr. 1. Catalogue 374. Enthält 744 Werke über Musik und Theater, theoretische und praktische, dabei seltene und interessante Werke älterer und neuester Zeit. Katalog gratis zu beziehen.

* Hierbei eine Beilage: Katalog Zwickau Bog. 29.

Verantwortlicher Redakteur **Robert Eitner,** Templin (Uckermark).
Druck von **Hermann Beyer & Söhne** in Langensalza.

Johann Krieger

als Komponist.

(Fortsetzung zum Artikel im Hauptblatte S. 137.)

Sarabande (dasselbe Tempo)

Le double (recht gut gebunden).

Johann Krieger.

Gique (lebhaft).

Ohne Pause.

Corrente aus der 3. Partie in F (ruhiges Zeitmaſs).

(^{6}/$_4$ im Takte)

Sarabanda (dasselbe Tempo).

4. Partita in G♮.
Allemande (lebhaft und kräftig).

Johann Krieger.

In der 4. Partie die Gique, letzter Satz.
(Ziemlich schnell.)

Johann Krieger.

Johann Kriegers Anmutige Clavier-Übung. Nürnberg 1699.
(Siehe Seite 129 und 131.) Über den Druck, der mir erst nachträglich zugänglich war, sei noch nachgetragen, dass die Dedication
mit dem Datum: Zittau den 20. Dez. 1698 gezeichnet ist. Der Druck
ist mit denselben Typen ausgeführt wie der von 1697. Druckfehler
sind reichlich vorhanden, die sich aber bis auf wenige leicht verbessern lassen. Die Dedication bietet nichts Bemerkenswertes, dagegen
giebt der Verleger Endter am Schluss ein Nachwort, worin er sich
beklagt, dass die 6 Partien von 1697 wenig Abnehmer gefunden
haben, selbst von den Herren des Music-Collegiums in Nürnberg,
denen sie gewidmet sind, haben sich [nur die drei Herren: Joh.
Christoph von Lempen, Joh. Andr. Schöner und Christoph Ad. Näge-
lein erkenntlich gezeigt. Trotzdem habe er sich nicht gescheut, das
vorliegende Werk abermals in Verlag zu nehmen, da er von der Vor-
trefflichkeit desselben vollkommen überzeugt sei.

Mein auf Seite 135 ausgesprochenes Urteil muss ich nach
Kenntnisnahme des vorliegenden Werkes, welches das reifste seiner
Muse ist, teilweise ändern. Die einzelnen Sätze stehen in keiner
Verbindung mit einander, mit Ausnahme einiger Præludien, auf
welche eine oder mehrere Fugen folgen. Krieger zeigt sich hier
von einer weit vorteilhafteren Seite als in den 6 Partien von 1697.
Während er dort mehr dem Sanften und Melodischen huldigt, zeigt
er hier die ganze Kraft seiner kontrapunktischen Stärke und entwickelt eine Ausdrucksfähigkeit, die sich bis zu wuchtigen Akkorden
steigert. Ich verweise ganz besonders auf die beiden Toccaten Seite 46
und 64, in denen er sich der Seb. Bach'schen Ausdrucksweise soweit
nähert, dass er ihm als ebenbürtig an die Seite gesetzt werden kann.
Händel hatte ganz recht, wenn er dies Werk ganz besonders schätzte,
es als Muster aufstellte und sich danach bildete. Ob es Bach kannte,
lässt sich vermuten, aber nicht beweisen. Spitta erwähnt nur seinen
Bruder Johann Philipp. Beachtenswert ist auch die Chiacona, Seite 52,
die zwar durch die Länge und Gleichartigkeit der Tonart ermüdend
wirkt, sich aber am Ende zu einer Kraftentwickelung steigert, die uns

in Bewunderung versetzt. Man kann dieselbe einem Variationenwerke
gleich achten, nur mit dem Unterschiede, dass der Bass sein Thema
durchweg festhält, doch weifs er auch hier Abwechslung hineinzu-
bringen, und der Wechsel zwischen den Motiven der Oberstimme mit
dem Bass wirkt ungemein belebend. Ich will hier gleich bemerken,
dass die Quadrupelfuge, die ich als ersten Satz auf Seite 137 veröffentlichte und sich so vielfach in Kopien vorfindet, aus vorliegendem
Werke entnommen ist und auf das Präludium Seite 9 folgt.

Praeludium. S. 1. (Andante.)

Ricercar. S. 2.

(Taktstriche stehen oft erst in weiter Entfernung. Pausen fehlen. Halbe
Noten gleich Viertel im Andante-Tempo.)

Johann Krieger.

Adagio.   S. 4.

(³/₂ im Takt.)

*) eine geschwärzte ganze Note (Semibrevis).

Ricercar.   S. 6.

Johann Krieger.

Praeludium.   S. 8.   (Lebhaft.)

Praeludium.   S. 9.   (Langsam und kräftig.)

Jetzt folgt die als ersten Satz veröffentlichte Fuge, S. 10. Darauf S. 12 ein Ricercar, den früheren ähnlich, sowie S. 14 ein zweites Ricercar.

Praeludium.   S. 17.

Johann Krieger.

Praeludium. S. 18. (Kräftig.)

S. 20 — 31, fünf Fugen; die 5. fasst die Themen der vorangehenden vier Fugen kontrapunktisch zusammen. S. 32, Praeludium.

Fantasia. S. 42. (Im Takte ⁶/₂ Noten. Sanft, gut gebunden, nicht zu langsam.)

Johann Krieger.

Praeludium. S. 44.

(Taktstriche nur nach längeren Perioden ohne Regelmäßigkeit.)

Johann Krieger.

(cis)

Toccata. S. 46. (Für einen Pedalflügel. Kräftig und breit.)

Pedal.

Johann Krieger.

Johann Krieger.

Praeludium. S. 49. (Adagio.)

Johann Krieger.

Giacona. S. 52. ($^6/_4$ im Takt. Andante.)

*) Im Original stets e, nur einmal beim höchsten Tone des Themas es. Bei dem ausgesprochenen Gmoll-Charakter des Tonsatzes ist das e unseren Ohren unerträglich, daher habe ich stets es gesetzt. Im 22. Takt hat das Original auch es. Der Satz bietet ein interessantes Beispiel des Streites zwischen den alten und neuen Tonarten dar. Krieger wählt die alte transponiert dorische Tonart: g a b c d e f g, schreibt c e a, c e g b, dann aber d e fis g und verwendet das fis durchweg, während er es nur dort vorschreibt, wo es das 16. Jahrh. auch anwandte, nämlich bei den Intervallen b-es, d es d, c es d. Durch die stete Anwendung des Leitetons fis, verletzt er aber in einer Weise den dorischen Charakter, dass er weit mehr in Gmoll sich befindet und das charakteristische e zur Karrikatur wird.

Johann Krieger.

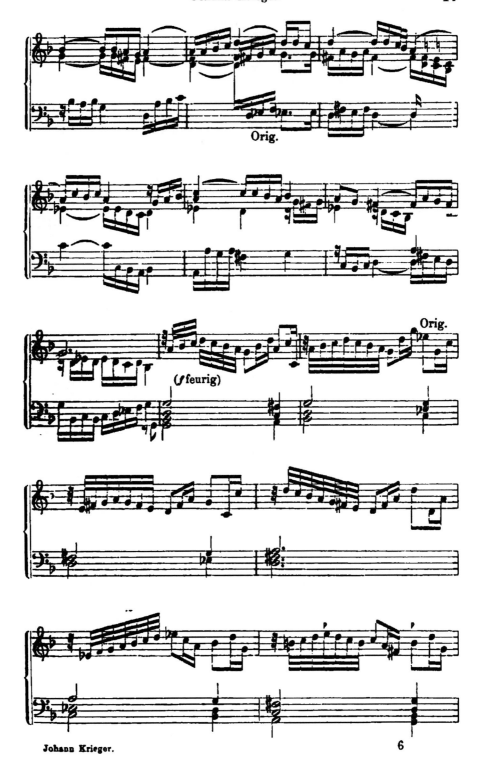

Johann Krieger.

*) Trillerte hier Krieger mit e oder es? Bei c es g will auch der Triller
mit es nicht passen.

**) Dieser Takt steht fälschlich zweimal da.

6*

Johann Krieger.

Johann Krieger.

(Kleine Druckfehler vielfach.)

Johann Krieger.

Toccata (für einen Pedal-Flügel). S. 64—69. Schluss.

Johann Krieger.

Thema (etwas lebhafter).

Johann Krieger.

Druck von Hermann Beyer & Söhne in Langensalza.

MONATSHEFTE
für
MUSIK-GESCHICHTE
herausgegeben
von
der Gesellschaft für Musikforschung.

| XXVII. Jahrgang. 1895. | Preis des Jahrganges 9 Mk. Monatlich erscheint eine Nummer von 1 bis 2 Bogen. Insertionsgebühren für die Zeile 30 Pf. Kommissionsverlag von Breitkopf & Härtel in Leipzig. Bestellungen nimmt jede Buch- und Musikhandlung entgegen. | No. 10. |

Die Beethoven-Autographe der Königl. Bibliothek zu Berlin.

Mitgeteilt und beschrieben von Dr. Alfr. Chr. Kalischer.

I. Nachdruck verboten.

Die Musikabteilung der Königlichen Bibliothek zu Berlin besitzt eine große Anzahl wertvollster Autographen von *Ludwig van Beethoven*, die ich hiermit in übersichtlicher Zusammenstellung vorführen will. Vornehmlich sind es Autographe von Tonwerken selbst, teils ausgeführte, teils nur skizzierte; dann aber auch eine erkleckliche Anzahl von Brief- und Tagebuch-Autographen.

Diese Sammlungen zerfallen in drei Hauptgruppen:

I. Gruppe: Aus verschiedenen Sammelquellen, *Schindler*, *Fischhof* u. a. herstammend, 49 Nummern, wozu auch unter 35—45 alle Stücke aus dem *Schindler-Novotny*'schen Beethoven-Nachlass gehören.

II. Gruppe: Aus der Sammlung des Herrn *von Landsberg*, 13 Nummern.

III. Gruppe: Aus der Sammlung des Herrn *Grasnick*, 35 Nummern.

Die nun folgende Aufstellung geschieht unabhängig von jener Gruppen-Ordnung.

1. Ein Band in Querfolio, der folgende Aufschrift hat:

„Original-Partitur von vier Nummern zu Beethoven's *Fidelio* in seiner ersten Bearbeitung im Jahre 1805.

„Terzett in F-dur Quartett in D-dur.
Terzett in A-dur Finale des III. Aktes.
A. Schindler."

Format à 16 Systemen. — Terzett in F. zwischen Fidelio, Rocco und Marzelline, 31 Bll., sehr viel gestrichen und verbessert; in der Regel nur 3 Takte auf jeder Partiturseite. — Terzett in A zwischen Leonore, Florestan und Rocco „Euch werde Lohn in besseren Welten" (Kerkerscene) von Blatt 33 ab bis 64 inkl. — Quartett in D zwischen Pizarro, Florestan, Leonore u. Rocco. „Er sterbe" etc., von Blatt 65 bis 97ᵃ. — Finale in Es und A (Schlussakt) Coro (Chor von innen etwas entfernt), Leonore, Florestan, Dom Fernando, Rocco, von Blatt 99ᵃ bis Bl. 146 incl. (nicht zu Ende). Von Bl. 147 ab folgt das letzte Allegro molto. Chor. „Preist mit hoher Freude Glut Leonorens edlen Mut" in C-dur, aber *nicht* von Beethoven's Hand. Nur die ersten 2 Worte: Preist, Preist — sind von ihm; das Ganze von Bl. 147 ab bis 150 ist eine Kopie, — ebenso das folgende Maestoso, Quartett zwischen Marzelline, Jacquino, Rocco und Fernando, „Wer ein holdes Weib errungen, stimm in unsern Jubel ein" von Bl. 150 ab. — Dann von Bl. 156ᵃ Duett Florestan „Deine Treu erhielt mein Leben" und Leonore: „Liebe führte mein Bestreben" — und wieder Chor; von Bl. 163 ab Chor und Sextett — bis zu Ende: Blatt 180. Also von Bl. 147—180 *kein* Beethoven-Autograph; nur sehr wenige Textverbesserungen und sonstiges rührt von ihm her.

In demselben Bande ferner: Originalmanuskript, Teil des Terzetts in Es zwischen Marzelline, Jacquino und Rocco: „ist euch das Ja entfahren"; von Bl. 181ᵃ ab, oft nur 1 Singstimme ohne das übrige; bis Bl. 193ᵃ.

Den Band beschliefst eine *Instrumentalskizze*, wie darüber steht: *blasende Instrumente*; alles von Beethoven's Hand, — auch Pauken und Schlaginstrumente; Blatt 194ᵃ bis 207 (Ende).

2. Ein gebundener dünner Band in querfol. enthält nach Schindlers Aufschrift auf der 1. Partiturseite: „Vollständige Partitur von *Florestans Arie*, zu der zweiten Bearbeitung der Oper, 1813 komponiert. Die Introduktion aus der 1. Bearbeitung der Oper ist nicht geändert worden, wie aus dem Nota bene hier von Beethoven's Hand hervorgeht."

Das NB lautet: „NB gilt die Vorzeichnung von der Introduktion." Umfasst 21 Blatt; die letzte Seite unbeschrieben.

3. Ein blaues Heft, broschürt, qufol. „Introduktion und Arie Florestan's aus Fidelio mit *Korrekturen* von Beethoven's Hand. — Erste Bearbeitung; Atto III. 40 Seiten, also eine *Kopie*.

4. Broschürtes Heft, querfol. enthält: Duetto aus Fidelio, Leonore und Rocco, mit *Korrekturen* von Beethoven's Hand. Erste Bearbeitung. Umfang des Heftes: 22 Blatt; die letzten 3 Seiten sind leer. Also eine *Kopie*.

5. „Partitur zu Fidelio von Beethoven. Erste Bearbeitung, mit *Korrekturen* von der Hand des Komponisten. Erste Abteilung. A. Schindler". Dicker Band, qufol. I. Duetto, 14 Bogen — 56 Seiten. Folgt Nr. 2, auf leerer Seite Beethoven's *eigenhändige* Aufschrift: „I^{mo} Atto dell' opera da Beethoven". — Als Nr. I wieder Marzellinen-Arie ($8\frac{1}{4}$ Bogen). Nr. 2 noch einmal dieselbe Arie mit vielen Verbesserungen von Beethoven's Hand ($7\frac{1}{2}$ Bogen). Dann zum 3. Male diese Arie. Unten notiert Schindler: „Diese Bearbeitung ist nach Beethoven's Äusserung die allererste unter den vieren"; 29 Seiten, 1 Blatt leer (in Summa 31 Seiten). Dann abermals, also zum 4. Male dieselbe Arie (30 Seiten). Nr. 4. Andante sostenuto, Quartett in G. (16 S.); dann das Roccolied vom Gelde (21 S.). — Nr. 6. Allº ma non troppo. Terzetto (Marzelline, Leonore, Rocco), *ein* Blatt fehlt, schreibt Schindler; der Zählung nach fehlen *zwei* Blätter (56 Seiten). — Nr. 7. Allegro agitato in d-moll (Pizarro), 40 S.; Anhang zu Nr. 6: 4 Seiten Corni. — Maestoso in B (Pizarro und Soldaten), 40 S. — Nr. 8. Allegro con brio. Duetto in A (Pizarro, Rocco),*) 48 S. — Als Nr. 8: Recitativo e moll (Leonore „ach, brich noch nicht, du mattes Herz" und Adagio in E. (52 S.). Allegro Nr. 10. Recitativ (Leonore). Dasselbe! (64 S.) — Dieser Fidelioband umfasst im ganzen 552 Seiten.

6. Partitur zu Fidelio von Beethoven etc. *Zweite Abteilung;* ein fast ebenso starker Band, wie der oben beschriebene (Nr. 5):

Nr. 9. Allegretto in C (Leonore, Marzelline): „Um in der Ehe froh zu leben" (40 S.). — Nr. 9, dasselbe (36 Seiten, 2 S. leer). — Nr. 10. Terzetto (Marzelline, Jacquino, Rocco) in Es. Andante con moto e scherzando: „Ein Mann ist bald genommen" (20 S., 2 leer). — Nr. 2. Duetto (Leonore, Rocco) a-moll, Andante con moto: „Nur hurtig fort, nur frisch gegraben". (42 S., 1 leer). — Nr. 3. Terzetto (Leonore, Florestan, Rocco), Allegro in A: „Euch werde Lohn in bessern Welten". (48 S.) — Nr. 4. Quartetto. Auf dem Titel von Beethoven's Hand: „Kontrafagott bleibt überall weg", — auf der 1. Seite unten „Contrafagotto coll Basso, — ebenfalls von Beethoven's Hand; — mit vielen Beethoven'schen Verbesserungen, zumal im Texte; 77 Seiten, 4 leer. — Nr. 4, dasselbe Quartett (Leonore, Florestan, Pizarro, Rocco) in D. Allegro „Er sterbe!"; 70 S. — Nr. 5. Duetto (Leonore, Florestan), Recitativo in C „Ich kann mich noch nicht

---

*) Fast nirgends hat hier eine Paginierung stattgefunden, so dass ich die Seiten jeder Nummer erst auszählen musste.

fassen" — und lange nachher: „O namenlose Freude" — Vivace
(60 S.) — Nr. 6. Finale. Auf der 1. Seite bemerkt hier Schindler:
„Finale des 3. Aktes. Diese Bearbeitung ist von dem Original wesentlich verschieden." 112 Seiten. Der ganze Band umfasst 505 Seiten.

7. Ein blaues gebundenes Heft, breite, kurze Form (Queroktav).
Die Aufschrift von Schindler's Hand lautet: „Beethoven. Skizzen von
der *neunten Simphonie*". Auf der 1. Seite ähnlich und dazu „Erstes
Heft", (später zweites Heft). Es sind hier nämlich zwei Hefte
zusammengebunden.

Erstes Heft 59 Seiten; 2. Heft, 37 Blatt. — Hiermit dürfte man
die Skizzen zum Finale der IX. S. in primitivster Form vor sich sehen.
Fast alles ist mit Bleifeder geschrieben und überwiegend à la Hiero-
glyphen. Mannigfache Instrumentierungs-Andeutungen dabei. p. 11
schreibt Beethoven: „Bestes Ende". — p. 12 „finale". — p. 17:
„Erst alle blasende, dann Viola". — p. 18: Var. i. (= Variazioni). —
p. 22: „Dazwischen die Bs. [Bässe] das Recit." etc. Freudenhymnus
mit Textworten. — p. 31: Recitativ-Worte dankend. — p. 33 das bekannte Beethoven'sche „Meilleur" vor der Freude-Melodie

p. 35. „Dieses nur später Bs. allein"; — p. 39. „Freude schöner
Götterfunken gut (?) zu wiederholen." — p. 40. „Coda. Seid um-
schlungen". — p. 41. „Meilleur. Für Horn besser". — pag. 50.
„wo die Singstimmen nur den Chor alle Brüder wiederholen." —
p. 51. hat in Lapidarform die Beethoven'schen Worte: „lafst uns das
Lied des unsterblich. Schiller Singen, Freude, Freude, Freude schöner
Götterfunke, Moderato" (dazu die Noten-Motive). — p. 52. ebenfalls
lapidarisch: „Bas Müssen diese Töne fröhlicher Freude! beendigen (?)."
Man vergleiche hierzu G. *Nottebohm:* Zweite Beethoveniana (1887),
Aufsatz XX: Skizzen zur IX. Symphonie S. 191, auch vorher p. 183. —
Das 2. Heft setzt diese Skizzen zum Finale der IX. S. fort . . Bl. 6ᵇ
heifst es: „auf Welt Sternenzelt forte posaunenstöfse" — 8ᵃ: „finale
instromentale." Bl. 13ᵃ: „noch einmal das grofse Lied in vollem
Chor". 14ᵃ: „türkische Musik wer das nie gekonnt stehle. — Die
türkische Musik ist pianissimo, einige takte piano, einige sterker (?). —
Dann die vollste Stärke .." — Das „Meilleur" taucht auch hier öfters
auf. — Vgl. hierzu *Nottebohm* a. a. O. p. 180, p. 186 f. —

8. Ein stärkerer Band, blau gebunden, gleiches Format wie der
vorige Band. Verschiedene Hefte sind hier zu einem Konvolute vereint. Das Ganze umfasst 146 Blatt. — *Schindler's* Aufschrift lautet:

„Skizzen zur *10. Simphonie* (gleich zu anfang), d° zu einer Ouverture über BACH (verschieden aber von den andern), d° zu den grofsen Quartetten in B-dur u. Cis-moll. Enthält auch noch mehrere interessante Motive, die nicht bekannt sind.“

Blatt 1ᵇ. Skizzen eines Scherzo zur X. Symphonie. Auf Bl. 2ᵇ schreibt Beethoven:

Maestoso.

„Diese Overture mit der neuen Sinfonie so haben wir eine Akademie im Kärntnerthor.“ (Vergl. hierzu Nottebohm, Zweite Beethoveniana I. Artikel: „Sechs Skizzenhefte aus den Jahren 1825 u. 1826, p. 12.) Bl. 3ᵃ. , Finale des ersten Stücks. Dann (von Schindler's Hand): Andante zur 10. Simphonie“ (in As). — Wechselt mit Skizzen zur Bach-Ouverture ab.

Bl. 8ᵇ enthält einen scherzhaften Marschanfang auf Duport. „Ein Schritt Duport Marche.“ — Unten folgende Worte von A. Schindler: „Dieser Scherz betrifft den früher als Tänzer berühmten Duport, zur Zeit als Beethoven dies niederschrieb, Administrator (nomine Barbaja) des kais. Hofoperntheaters in Wien. Mit diesem Marsch wollte sich Beethoven bei Duport wegen Überlassung des Operntheaters bestens empfehlen.“ — cf. Nottebohm a. a. O., p. 13. — Von Bl. 9ᵇ ab Skizzen zu einer *Fuga* in C-moll für Streichquartett, ³/₄. Allerlei Unbekanntes folgt bis Blatt 16.

Dann ein zu demselben Konvolute gehörendes Heft „Skizzen zum *B-dur Quartett*, op. 130.“ — Von Blatt 6 ab ein *Canon* (nicht verwendet). Mitten darin hat B. die Worte geschrieben: „Freue dich“ und dann: „Freu dich des Lebens, des Lebens freue dich“ etc. (Nottebohm, ib. pag. 13). — Auf Blatt 8 hat Schindler vermerkt: „zum Quartett in Cis-moll von hier an, abwechselnd mit dem Quartett in B-dur und der 10. Symphonie.“ — Blatt 11 (nach Schindler). „Erste Idee zum Anfange des letzten Satzes im Cis-moll-Quartett. Die anderen 6 bis 7 verschiedenen Anfänge mit einer anderen Hauptidee folgen später.“

Das charakteristische „meilleur“ kommt in diesen Skizzen oft vor. Auf Blatt 20ᵇ oben seitwärts stehen von Beethovens Hand die Worte: „Gleich herum beim alten Schneider vorbei.“

Es folgt ein neues Heft dieses Konvolutes (im ganzen also von Blatt 37 an), nach Schindler: „Skizzen zu dem B-dur-Quartett und

der 10. Simphonie von L. van Beethoven, 2. Heft." Auf Blatt 4
schwer zu enträtselnde Worte Beethoven's, auf 4ᵇ glücklich zu entziffern: „uns geht es kanibalisch wohl wie fünf Hundert Säuen!"
(bereits von Nottebohm mitgeteilt, a. a. O. p. 11). — Blatt 8ᵇ Bemerkung Beethoven's: „semper il clavicembalo" besagt, dass die Skizzen
zum Quartett teilweise durch Klavierkonzert-Skizzen unterbrochen werden;
— wir haben also hiermit Skizzen zu einem neuen Klavierkonzerte,
einem sechsten. Blatt 9ᵇ (Schindler): Anfang des Allo. con brio nach
dem Es-moll-Satz aus dem B-dur-Quartett. — Blatt 10ᵇ (Schindler):
Anfang des Allegro molto con brio ⁶/₈ aus dem ursprünglich 4. Satze
des B-dur-Quartetts. — Blatt 17 bringt den bekannten A. B. Marx
gewidmeten Canon: „Si non per portas, per muros." — Dann werden
die Quartettskizzen fortgesetzt. Auf Bl. 35: Skizzen zu einem: „Veni
creator spiritus". (cf. Nottebohm, ib. p. 11).

Es folgt in demselben Bande ein weiteres Heft. „Skizzen zum
Cis-moll-Quartett" (Schindler). Auf der ersten Seite stehen die jedenfalls an Schindler gerichteten Worte Beethoven's: „wenn ich sie nicht
zu Tische lade" — Bl. 1ᵇ (nach Schindler). „Anfang zum 4. Satze
des Cis-moll-Quartetts, jedoch verworfen." — Von Bl. 3 an: Andantino; Bl. 7ᵇ Thema Adagio ma non troppo; Bl. 17: 2. Teil des
Trio; 17ᵇ (nach Schindler) Anfang zum 4. Satze des Cis-moll-Quartetts,
jedoch verworfen; — Bl. 22ᵇ (Schindler): Melodie inconnue; 27ᵇ
(Schindler): Anfang zum 4. Satze des Cismoll-Quartetts, verworfen.
— Blatt 28 Schluss des Heftes. (cf. Nottebohm ib. p. 9 f.)

Es folgt in demselben Bande ein weiteres Heft. „Skizzen zu
dem Cis-moll-Quartett von Beethoven (Schindler). Auf Bl. 4: Anfang zum 4. Satz des Cis-moll-Quartetts, jedoch verworfen (Schindler).
— Viele Lücken, auch leere Seiten darin. — Bl. 18 abermals: „Anfang zum 4. Satz des Cis-moll-Quartetts, jedoch verworfen".
(Schindler) . . ,*) Bl. 21 Ende des Heftes.

Es folgt ein weiteres, letztes Heft dieses Bandes: „Skizzen zu
dem B-dur-Quartett von L. van Beethoven." (Schindler). Bl. 3ᵇ
f. Finale; Bl. 9ᵇ Finale, Mittelgedanke... Bl. 10ᵃ von Beethoven's
Hand: „Alsdann kurtzes Adagio". — Von 11ᵇ ab wieder Allº Finale;
im ganzen 26 Blatt. — Dieser ganze Band umfasst in Summa
146 Blätter in quer 8º.

---

*) Man vergl. hierzu Schindler's Beethoven-Biographie, III. Aufl. II,
p. 353 ff. (1860).

(Fortsetzung folgt).

Mitteilungen.

* Sandberger, Dr. Adolf, Beiträge zur Geschichte der bayerischen Hofkapelle unter Orlando di Lasso. 3. Buch: Documente. Leipzig 1895. Breitkopf & Haertel. gr. 8°. VIII und 358 Seiten mit 2 Abbild. der Wappen Lassus'. Preis 7 M. Das 1. Buch wurde hier 1894 p. 44 besprochen, das 2. Buch soll noch erscheinen und das 3. Buch, unabhängig von der Lebensgeschichte Lassus', enthält die Akten, Rechnungen, Listen u. a. der kurfürstl. baierischen Hofhaltung, ferner 52 Briefe L.'s und vieles andere teils auf L. bezüglich, teils auf die Kurfürsten u. s. w. Die vorhandenen Akten beginnen mit dem Jahre 1551 und reichen bis zum Jahre 1600. Leider sind die Jahrgänge 1552, 1553, 1555, 1556 und 1559 verloren gegangen, sowie die „sonderen Nebenbücher", welche von 1560—67 den Personalstand der Kantorei enthielten. Immerhin ist die Ausbeute so bedeutend, dass der Herr Verfasser mit Stolz auf seine Arbeit blicken kann. Bei der Zerstreutheit der Dokumente, war es keine geringe Aufgabe, die Quellen überall aufzuspüren, und die bisher vielfach gemachten Versuche ein Gesamtbild der Kapelle zu geben, sind sämtlich daran gescheitert, das Material zusammenzubringen. Der Musikhistoriker könnte daran Anstofs nehmen, dass ihm die Uebersicht so sehr erschwert wird durch die Mitteilung von Dokumenten, die mit den Kapellmitgliedern nichts zu thun haben, denn da findet man Anweisungen für den Barbier, den Fischmeister, den Buchbinder, Schuster, Goldschmidt, Maler und Instrumentenmacher, doch gewähren diese Mitteilungen wieder anderen wissenschaftlichen Fächern eine erwünschte Ausbeute, so dass sich der Musikhistoriker schon bescheiden muss. Empfindlicher ist der Mangel eines Namensregisters. 246 Seiten mit Namen gefüllt, die oft in der übelsten Weise verstümmelt sind, hier mit vollem Namen, dort nur mit dem Vornamen auftreten — ich citiere nur als Beispiel den *Francesco da Lucca* und *Joseph da Luca*, die eigentlich Guami heifsen, *Jhännj* und *Jhäni*, der Lockenburger ist, *Geigle*, Gilgen, Gillgio, Gülgij, Gilgo, Julio d' Imola, ist Giulio Gigli u. s. f. — hier hätte der Herr Verfasser mit seinem Wissen eintreten müssen und durch ein ausführliches Namensregister dem Musikhistoriker den besten Dienst geleistet. Ebenso empfindlich ist der Mangel eines Kolumnentitels, der die Jahreszahl wiedergegeben hätte, denn jetzt befindet man sich stets in der Notwendigkeit oft 3—4 Blätter zurückzublättern, um das Jahr zu erfahren. Die Anwendung des grofsen Buchstaben P mitten im Worte, halte ich für verfehlt. Allerdings schrieb man damals das *p* mitten im Worte recht grofs, doch wollte man damit schwerlich ein grofses Anfangs P bezeichnen. Die 52 Briefe Lassus' sind bis auf die letzten 4 alt italienisch und alt französisch geschrieben. Darauf folgen allerlei Berichte von Gesandten. Ein Gedicht Wolfg. Sedelius' auf Ludw. Senfl, Briefe von Herzog Maximilian und Wilhelm V., Briefe von Beamten und Künstlern, darunter auch einer von Philipp de Monte (S. 323). Den Schluss bilden allerlei Auszüge, die ein wertvolles Material enthalten. Der Band bietet somit der Musikforschung ein reiches Feld und ist der Fleifs des Herrn Verfassers unter den Bibliotekaren hoch anzuerkennen.

* Die im Jahre 1879 begonnene Beschreibung der Autographe in der kgl. Akademie Filarmonica zu Bologna, welche durch den Tod Parisini's auf Jahre unterbrochen wurde, hat nun seit kurzem seine Fortsetzung gefunden, so dass binnen kurzer Zeit 4 Bogen (16—19) bis zum Worte Puccini erschienen sind. Besonders wertvoll sind die beigegebenen Biographien, die eine vortreffliche Ergänzung unserer Lexika bilden.

* Herr Prof. N. J. Hompesch in Köln hat bei Gustav Cohen in Bonn ein Divertimento in Amoll für Pfte. von W. Fridem. Bach herausgegeben. Zum Studium für Schüler ist die Piece, die aus 4 Sätzen besteht recht geeignet und ist vom Herausgeber mit Fingersatz und genauen Vertragszeichen versehen. — Derselbe hat auch 3 Sonates expressives pour le Clavecin ou Fortepiano op. 16 von Joh. Wilh. Hässler bei Forberg in Leipzig in gleicher Weise ediert, die sich ganz vorzüglich fürs Studium für kleinere Klavierspieler eignen.

* Bericht über den Tonkünstler-Verein zu Dresden. 41. Vereinsjahr 1894/95. Dresden, Buchdruck von F. Lommatzsch (A. Schröer). Die Mitgliederzahl beträgt 243 und die der aufserordentlichen 448 neben 13 auswärtigen und 24 Ehrenmitglieder. Ferner werden die Programme der Vereinskonzerte angezeigt, der Zuwachs zur Bibliothek, der sich auf 305 Nrn. beläuft und das Mitgliederverzeichnis.

* Mitteilungen der Musikalienhandlg. *Breitkopf & Haertel* in Leipzig, Brüssel, London und New-York. September 1895. Aufser Anzeigen von neuen Werken, älteren Werken im Klavierauszuge, darunter Seb. Bach, Händel's Floridante u. a., werden die Fortsetzung der Denkmäler deutscher Tonkunst und das Klavierbuch des Fitzwilliam Museums angezeigt. An Biographien neuerer Musiker sind wieder aufgenommen: *Joh. Bernard Litzau* (S. 1329), *Theodor Gouvy* (S. 1353), *Jean Louis Nicodé*, *Gustav Schreck* und Eugène Ysaye.

* Herr *Edwin Bormann* veröffentlicht ein bisher unbekanntes Portrait Seb. Bach's, welches er unter Familienpapieren fand. Das Original hat gleiche Gröfse wie der Neudruck, nur ist das erstere mit Wasserfarben ausgeführt. Man erkennt wohl Bach's Gesicht und Figur, doch ist die Ähnlichkeit keine angenehme, einem Schlächter würde sie besser stehen.

* Leo Liepmannssohn, Antiquariat in Berlin SW. Bernburgerstr. 14. Katalog 116. Enthält 215 Musikwerke, praktisch, theoretisch, historisch, kritisch, ästhetisch, aus älterer und neuerer Zeit, meistens von Wert.

* Hierbei 2 Beilagen: 1. Katalog Zwickau, Bog. 30. 2. Musikbeilagen zu Joh. Krieger, Bog. 1.

Verantwortlicher Redakteur Robert Eitner, Templin (Uckermark).
Druck von Hermann Beyer & Söhne in Langensalza.

MONATSHEFTE

für

MUSIK - GESCHICHTE

herausgegeben

von

der Gesellschaft für Musikforschung.

| XXVII. Jahrgang. 1895. | Preis des Jahrganges 9 Mk. Monatlich erscheint eine Nummer von 1 bis 2 Bogen. Insertionsgebühren für die Zeile 30 Pf.

Kommissionsverlag von Breitkopf & Härtel in Leipzig. Bestellungen nimmt jede Buch- und Musikhandlung entgegen. | No. 11. |

Die Beethoven-Autographe der Königl. Bibliothek zu Berlin.

Mitgeteilt und beschrieben von Dr. Alfr. Chr. Kalischer.

I.

(Fortsetzung.)

9. Ein aus 2 Heften bestehender Band in Grofs-Oktav (Quer-oktav) mit Schindler's Aufschrift: „Skizzen zum Cis-moll-Quartett und Skizzen zu einem Quartett in C-dur, das nicht in Partitur gekommen. Dann Beethoven's allerletzt geschriebene Noten." Hierüber wird bald noch etwas weiteres vorgetragen werden.

1. Heft 16 Bl.; Blatt 12 von Beethoven's Hand: „2tes Mal der 2te Teil mez und nicht piano; 3tes Mal der 2te Teil erst piano und alsdann wieder forte und sogleich Ende." Bl. 13: Adagio in gis-moll; 13^b (nach Schindler): Melodie inconnue. 14^a (Schindler): „Letzter Versuch eines Anfangs zum 4. Satz des cis-moll-Quartetts — in allem 8 verschiedene Versuche."

Das zweite Heft dieses Bandes hat nur 6 beschriebene Blätter, aber 18 unbeschriebene. Erst C-dur-Quartettskizzen. Blatt 6^b: C-moll, Presto. Darunter schreibt Schindler: „Dies hier auf dieser Seite sind die letzten Noten, die Beethoven ungefähr zehn bis zwölf Tage vor seinem Tode in meinem Beisein geschrieben."

Man hat hier wohl zu unterscheiden, was als *letzte ausgeführte* Komposition Beethoven's, was als *letzter* ausgeführter *Gedanke* und was als *letzte Skizze* seines Geistes zu gelten habe. — In betreff der *letzten* ausgeführten Komposition und des letzten Gedankens sei auf

G. Nottebohm's Artikel: „Beethoven's letzte Komposition" (Beethoveniana 1872, p. 79 ff.) hingewiesen. — Die letzte vollständig ausgeführte Komposition ist das Finale des B-Quatuors, op. 130. — Als letzter Gedanke kann dann ein Stück in C-dur für Pianoforte zu 2 und 4 Händen gelten (vergl. thematisches Verzeichnis von Nottebohm p. 152 u. 153), das 1838 bei Diabelli & Comp. in Wien erschien, — und das im November 1826 geschrieben ist; es ist eine Quartett-skizze, die, wie Nottebohm darthut, etwas später noch als das Finale op. 130 geschrieben ist. Aber von den allerletzten *Notenentwürfen* Beethoven's spricht Nottebohm nicht. Das sind denn folgende, kurz vor des Meisters Tode hingeschriebenen Töne, die hiermit als Beethoven's allerletzte Noten nach dem Originalmanuskripte zum *ersten Male* veröffentlicht werden.

Blatt 6ᵇ des ebenbezeichneten Heftes, mit Bleifeder geschrieben:

(Eine leere Reihe, dann:)

(Ende.)

Das ganze weitere Heft ist leer, völlig unbeschrieben. Das ist also der letzte *Beethoven'sche Ton-Atem.*

(18 leere Blätter in 8⁰ zu 12 Linien.)

10. Ein aus 2 Heften bestehender Band in Querfolio, der nach Schindler's Aufschrift enthält: „Skizzen zur Sonate Op. 101; do. zu einer großen vierhändigen Sonate, die nicht vollendet ward; — do.

zu einer Ouverture über BACH; do. zum Opferlied und Bundeslied und noch zu anderen Werken", im ganzen 46 fol., A: 16 fol., B: 30 fol. Blatt 1ᵃ: Orchesterskizze zu einer Fuge. Unten diese Schindler'sche Anmerkung: „Die in den Beethovenschen Skizzen öfters vorkommenden arithmet. Zahlen, hier z. B. auf Blatt 7 mit 12000, auf Blatt 10 mit 100 notiert, waren nichts als Notabenes für den Komponisten." Auf Blatt 4ᵇ steht z. B. die Zahl 8888. — Blatt 2ᵇ scheint eine Übung im Notenschreiben zu sein, nicht von Beethoven. — Auf Blatt 3 beginnen Skizzen zum Finale der A-dur-Sonate op. 101 (Fugiertes Allegro). Blatt 16ᵇ allerhand Canon-Skizzen. Oben nur Worte: „Christ ist erstanden. Variationen", dann Kanon: „Lösch' aus mein Licht". Fortsetzung unleserlich.

Im II. Hefte dieses Bandes sind auf Bl. 2ᵇ Schindler's Worte zu lesen: „Versuch einer Melodie zum Allegro-Satz einer 4 händigen Sonate. Siehe folgende Blätter. Anfang der Sonate auf Blatt 5." Dieses Skizzenheft ist von Nottebohm beschrieben, a. a. O. Artikel LVIII, „Ein Skizzenheft aus dem Jahre 1824," p. 540 ff. — Blatt 3ᵇ: Ideen, die ursprünglich für ein Violin-Quartett bestimmt waren (Schindler). — 5ᵇ: Skizzen zur 4 händigen Sonate, die nicht vollendet wurde. — Blatt 13: Skizzen mit bezifferten Bässen. Blatt 17ᵇ, Skizzen zur „Messe in Cismoll," dona. — Blatt 18: Entwurf zum Opferlied. — Bl. 19ᵇ: Skizzen zur Ouverture Bach Nr. 1 u. 2. Blatt 20ᵃ (Schindler): „die ersten Ideen zur Ouverture „BACH" sind aus dem Jahre 1822; die anderen aus dem Jahre 1824." — Aufschrift, von Beethoven: Bach-ouverture. — Unten: „Erste Idee zum Bundeslied". — Es folgt noch Verschiedenes, so 25ᵇ: Marcia (pathet.?) Nottebohm schreibt „marcia serioso pathet (?)" a. a. O. p. 549. — Ferner Skizzen zu den Quatuors op. 127 in Es-dur und 132 in A-moll.

II.

11. Ein in Leder gebundener Band mit Goldrand. Die Manuskripte sind nicht beschnitten. Aufschrift in Gold auf dem Rücken: „Andante op. 105. Finale op. 130. — Sonate op. 130 (?)*) Glorrei. Augenblick. Skizzen." Unten, ebenfalls in Gold: „Schott. Lieder 1 bis 6; 35—41. Leonore. Arie. Duett." — Der kalligraphische Titel lautet: „L. van Beethoven Autographa und Autographe Correkturen." Beginnt mit der Abschrift des Kanons: „Es muß sein — ja es muß sein; Heraus mit dem Beutel, heraus, es muß

---

*) Druckfehler: muss op. 30 heißen.

seyn."*) Als Tempo angegeben: „Schnell im Eifer". Vorzüglich geschrieben. — Dann: letzter Satz des *F-dur-Quartetts* op. 135. — „Der
schwer gefaßte Entschluß. Muß es seyn? — Es muß seyn." — Tempo:
Andante assai con moto. — Grave ma non troppo tratto.**) Notenmotiv
zu „Muß es sein?" etc. auf der 1. Seite unter den eigentlichen Noten-
systemen. — Bei der Repetition bemerkt Beethoven „si repete la 2 da
parte al suo piacere." Im ganzen 15 Manuskriptblätter; jede Seite
10 Systeme, von denen 8 für je 2 Quartett-Partitursysteme verbraucht
sind. — Das Meiste ist in *allen* 4 Stimmen ausgeführt; Manches ist
Skizze, indem nur die melodieführende Stimme verzeichnet ist. Im ganzen
leserlich geschrieben; an Korrekturen kein Mangel. Von Blatt 19 ab:
Finale Allegro des letzten Satzes des Quatuors op. 130 (allerletzte
Komposition, die Beethoven vollständig ausgeführt hat). Meistenteils
in allen Stimmen ausgeführt; mit aller Dynamik.

Folgt: *Sonate op. 30*, Nr. 1 in A-dur. Aufschrift von Beethoven:
„Sonata Ima." — Auf der ersten Seite am Rande ist in der Quere zu
lesen: „Herren Gebrüder Müller aus Braunschweig freundschaftlichst
verehrt von Tobias Haslinger." — Jede Seite des Manuskriptes von
16 Systemen ist zu 4 Systemen dieser Duo-Partitur verwendet; nach
jedem Partitursystem ist stets eine Reihe leer gelassen. I. Satz enthält 7 Bl. (14 Seiten), sehr deutlich geschrieben. — Das Adagio molto
espressivo 4 Blatt; auf dem 2. Blatte (hier Bl. 50) ist die Wiederholung nach der Fermate beim Fis-Triller der Klavierstimme *nicht*
geschrieben, sondern durch „come sopra" nur angedeutet. — Es folgt
(von p. 54 an) das Allegretto con Variazioni, 9 Blatt. —

Dann kommen (von Bl. 64 ab): *Posaunen*stimmen zur Kantate
„Der glorreiche Augenblick" (op. 136). — Das ist besonders lehrreich, dass aus dem Partiturganzen heraus die Posaunen extra skizziert
sind; ein Beweis dafür, welche hohe Bedeutung die Behandlung dieser
Posaunenstimmen für Beethoven besitzt. Es sind vorhanden: Erster
Chor (von Beethoven's Hand): „Europa steht." Jede Posaune ist
auf einem besonderen Systeme notiert. — Der II. Chor ist problematisch; — Skizzen für Posaunen im $^6/_8$ Takt; F-dur. Offenbar

---

*) Der Kanon „Es muss sein" ist in Gassners Zeitschrift III, 183 im
Facsimile mitgeteilt. — Dieses ist eine Abschrift davon.

**) Zusammenfassende Aufklärung über die Bedeutung dieser Werke ent-
hält des Verf. Aufsatz: *Beethoven, A. B. Marx und die Schlesinger'sche
Musikalienhandlung* in den Sonntagsbeilagen der „Vossischen Zeitung" vom
Juli 1887.

hatte B. im Sinne, zum II. Chore: „Vienna, Vienna, Kronengeschmückte‘.
Posaunenstimmen zu setzen, was jedoch unterblieben ist (cf. Partitur
op. 136, Nr. 2). Es sind hier c. 42 Takte notiert (2 Seiten). — Es
folgen Posaunenstimmen zum *letzten* Chor (Presto) des Werkes, ⁴/₄
in C; erst Bassposaunen allein, wozu nachher die anderen 2 Posaunen
treten; Blatt 69ᵃ Ende dieser Posaunenskizzen. Es folgen Skizzen
zu allerhand anderen Dingen. Blatt 70ᵇ steht von Beethoven's Hand:
Quartett per Piano. Kaum ist eine Reihe skizziert, da ist Sinfonia
zu lesen, mit diesem Anfange:

Sinfonia

*Es folgen weitere Skizzen zum *Klavierquartett.* Von 70ᵇ ab Skizzen
zu einer Kantate. „*Es ist vollbracht*". „Zum Herrn hinauf drang unser
Beten, er hörte was die Völker flehten. Und hat gehütet, hat gewacht,
[des Volkes Edelsten geschleudert] in die alte Nacht, es ist vollbracht."
Ein Voll-Chor. Der Chor gehört weder zum Oratorium „Christus am
Ölberg" noch zur Kantate „der glorreiche (heilige) Augenblick; — vielmehr zum — Schlussgesange aus Treitschkes Singspiel, die Ehrenpforten,
vgl. weiter unten Nr. 67. — Beethoven's Zahlenhumor treibt hier
wieder seine kuriosen Blüten. So ist — wie oft ähnlich — Blatt 72ᵃ
zu lesen: Nr. 10000. — Blatt 73ᵃ zeigt abermals einige — wieder
durchstrichene Tromboni des letzten Chors zum „Glorreichen Augenblick."

Blatt 75ᵃ Skizze (1 systemig) zum Trio des Scherzo des 6. Quartetts aus op. 18 (B-dur.) — 75ᵇ Skizzen (in 2 Systemen) zu einem
Stücke, das Beethoven „*L' Echo*" überschrieben hat. Das ebenfalls
dabei vorkommende Wort *Trio* lässt vermuten, dass diese Skizze einem
Scherzo oder einem Menuetto als Trio gehören sollte. — Bl. 76ᵃ
Skizzen zu einem Allegro in Es und zu: le dernier morceau d' un
concet (concert), etwa 12 Takte. — Folgt teils Unbekanntes, teils
wieder Skizzen zum Scherzo des B-dur-Quartetts (op. 18) und zu
dem „Malinconia" benannten Teile des Finale. — Bl. 78ᵇ Skizzen
zum Rondo der Klaviersonate in B. (op. 22), — dann wieder Skizzen
zwei Finale von op. 18, B-dur. (Malinconia u. Allegretto). Auf
Bl. 81 Skizzen zum Finale des F-dur Quatuors (op. 18, Nr. 1):
Bl. 82ᵃ: Skizzen zum Finale des G-dur-Quart. op. 18, Nr. 2; Versuche mit Vergröfserungen des Themas. — Bl. 85ᵇ sehr deutliche
Skizzen zum Finale (Rondo) der Klaviersonate in B. (op. 22). —
Bl. 87ᵇ Skizzen zur Violinsonate op. 23 in A-moll. — Bl. 89ᵃ

Skizzen zum Scherzo des Quartetts in F. (op. 18). — Bl. 90^b ff. Skizzen zum Adagio, Es-dur, der Klaviersonate in B. (op. 22); von Bl. 92 ab Skizzen zum Finale des F-Quatuors (op. 18), zum grofsen Teile nur der melodische Grundriss. — Bl. 95^b Skizzen zur C-moll-Symphonie, I. Satz. — Auf 96^a u. a. Skizze zum Klavierkonzert in G-dur (op. 58); Beethoven hat dabei geschrieben: „Conzert: Das Alles durchaus sehr sanft." Es folgen von Bl. 99 ff. 20 Blatt: *Schottische Lieder.* Die Aufschrift von Beethoven's Hand lautet: „53 Schottische Lieder: Noch nicht berechtigtes Exemplar 1810 par Louis van Beethoven." Alles Folgende, sauber und deutlich geschrieben, ist nicht von Beethoven's Hand. Es sind also in Abschrift etwa 12 schottische Lieder. Das Wort „schottisch" stellt den allgemeinen Kollektivtitel für derartige Kompositionsarbeiten des Meisters dar: denn es sind nicht nur schottische, sondern auch irische und wallisische Weisen darunter. Es ist zwar alles genau gegeben als: *Voce*, Violino, Violoncello und Piano, aber der „Voce" fehlt der Text. Das letzte, hier als Nr. 48 unter den 53 aufgeführt, ist nicht vollständig. Herr Oberbibliothekar Dr. *Kopfermann* hat diese 12 Lieder, wie folgt, näher festgestellt: Gedruckt als 26 wallisische Lieder, Nr. 11, 4, 7, 20, 2, 14. — 25 irische Lieder Nr. 3, 12. — 20 irische Lieder Nr. 12. — 25 irische Lieder Nr. 4. — 20 irische Lieder Nr. 3 u. 14. — Es folgt auf Bl. 119 noch 1 schottisches Lied, Autograph von Beethoven, „der Deserteur", gedruckt als Nr. 10 der 25 irischen Lieder.

Blatt 120—147^a incl: Duett aus Leonore von L. van Beethoven „Jetzt, Schätzchen sind wir allein", mit dessen eigenhändigen Veränderungen. — Diese Kopie wurde dem Kopisten Beethoven's abgekauft. — Von des letzteren Hand sind hier besonders *Text*-Verbesserungen recht häufig.

Bl. 148—163^a incl. „Elenore Partitur. Aria in C. wie Nr. 2. Del Sigre van Bethoven (sic!). „O wär' ich schon mit dir vereint" (Marzelline). Das diesem Bande beigegebene Verzeichnis von *G. Nottebohm's* Hand besagt hierzu Folgendes: „*Revidierte Abschrift.* Nur einige mit Rotstift geschriebene Stellen sind von Beethoven's Hand." — Hierbei muss ich nun stark mit Nottebohm rechten. Ich halte nämlich dieses ganze Stück (Bl. 148—163) als von Beethoven selbst herrührend und zwar in der denkbar schönsten und deutlichsten Weise geschrieben, eine *Beethoven'sche Reinschrift.* Wenigstens ist der ganze Text in der charakteristischen Beethoven-Handschrift geschrieben. Es sei denn, dass Jemand des Meisters Handschrift absolut täuschend nachzuahmen verstand: sonst muss man Beethoven selbst als Schreiber dieses anerkennen. Notenschrift ist ja nicht so charakteristisch wie Wortschrift: daher mag es in betreff der Noten problematisch bleiben, bei den Worten jedoch nicht. Merkwürdigerweise kommen einige wenige Vortrags- und Tempobezeichnungen hierin vor, die von einer anderen Hand herrühren, als das Übrige, z. B. Bl. 151[a]: „en bas; più Allo: 151[b] poco più allo" u. s. w. — Kurz und gut: ich halte dieses ganze Fidelio-Stück für ein Beethoven'sches Manuskript.

Bl. 164 f. *Briefmanuskript* an den *Bruder Johann*, beginnend: *Bestes Brüderl!* Besitzer aller Donauinseln um Krems! Direktor der gesamten Österreichischen Pharmacie! Ich mache dir in Ansehung des Werkes etc. etc. (betrifft die Missa solemnis). Der ganze heitere Brief vom 6. Oktober 1822, mit Ausnahme des Schlusses von des Neffen Hand geschrieben, ist in *L. Nohl's* Neuen Briefen Beethovens (1867), S. 214 f. abgedruckt. Nach des Herausgebers Angaben war dieser Brief dazumal im Besitze von *W. Künzel* in Leipzig.

Bl. 166 enthält einen Briefzettel von Beethoven's Hand, wie folgt:

„Ich komme heute zum Schwane — ich kann ihnen nichts angenehmes von mir sagen.

Ihr Freund Beethoven".

Dieses in den bekannten Briefsammlungen noch nicht publizierte Brieflein gehört höchstwahrscheinlich zu den zahlreichen Briefzetteln und Briefen Beethoven's an seinen stets liebeeifrigen Freund Baron *Zmeskall von Domanovecz,* der gerade in der Zeit von 1809—1816 Beethoven's Hauptfreund war. — Das Gasthaus zum „Schwanne" (Schwanen) war dazumal Beethoven's bevorzugtestes derartiges Refugium. So heißt es in einem Briefe an denselben vom 2. Febr. 1812: „— ich werde jetzt meistens zum Schwanen gehen, da ich mich in anderen Wirtshäusern der Zudringlichkeit nicht erwehren kann."

Bl. 167 enthält ein *Brief-Autograph* von Beethoven an den Kammerprokurator *Varena* in Graz. — Da der Inhalt unter den aus dieser Korrespondenz veröffentlichten Briefen nicht enthalten ist, — teile ich dieses neue kleine Dokument Beethoven'schen Wohlthätigkeitssinnes mit:

„Wie ich eben sehe, haben sie wieder etwas gutes durch mich gewirkt, gott lohne es ihnen, edler Mitfühlender — warum sind wir beide nicht reich? halten sie die Musik nur — ihr aufrichtiger, biederer Karakter bürgt mir für die beste *Verwahrung* und *Verwendung*!!!"

Wir haben hierin offenbar nur den Schluss, das Postscriptum eines sonst *nicht* vorhandenen Briefes.

Auf der Kehrseite diese Adresse: „A Monsieur le Chevalier Varena Conseiller du Gouvernement (Gratz) in Steiermark."

Bl. 169. Auszug aus *Gassners* Zeitschrift für Deutschlands Musikvereine und Dilettanten, Jahrgang 1843. Dritter Band. Erstes Heft. Pagina 133. „Eine Original-Anekdote von Beethoven." Die Anekdote betrifft die bekannte Dembscher-Anekdote zum F-dur-Quatuor, Op. 135, wozu mein angeführter Aufsatz „Beethoven, Marx und die Schlesinger'sche Musikalienhandlung" zu vergleichen ist. — Bl. 170. Das letzte Blatt dieses stattlichen Autographenbandes enthält das Facsimile eines Originalbriefes an *Friedrich Treitschke*, der mit den Worten beginnt: „Des Herrn Treitschke Wissen und Trachten ist in Kenntnis gesetzt." — Das Billet ist in Thayer's Beethoven III, 286 abgedruckt; es wird dort nicht angegeben, nach *welcher Vorlage*, jedenfalls nach einer deutlicheren, als dieses Facsimile hier ist. — Das Billet ist vom Jahre 1814. Die dort nicht angegebene Adresse lautet nach userm Autograph, „An des Dichters und Trachters Wohlgeboren, wie auch d. Herrn v. Treitschke etc."

III.

Es mögen nun mehrere Bände folgen, die in Prachtschachteln aufbewahrt werden. Verwaltungsausdruck ist: Kapseln.

12. Die Goldaufschrift besagt: „Ludwig van Beethoven. *1 Konzert* für Pianoforte. Op. 15. Autograph."

Auf Seite 1 oben von Beethovens Hand: „Concerto da L. v. Bthvn". Im ganzen recht gut und deutlich geschrieben. 1. Satz Allegro con brio, 66 Blatt, Bl. 67 und 68 leer; II. Satz: Largo von Bl. 69—88. III. Satz: Rondo Allegro von Bl. 89—137, zuletzt 2 leere Blätter. Auf Blatt 125^{b} unten bei der Fermate von Beethovens Hand: „NB. Hier wird Platz gelassen für eine Cadenz in der Klavierstimme." — Jeder Satz bildet ein Konvolut für sich. Der letzte Teil des Finale weist viele Verbesserungen auf; sonst ist die Partitur meist fliefsend geschrieben.

13. Ein ebensolcher Prachtschachtelband: *2. Konzert* für Pianoforte, op. 19 (B-dur) Autograph. — Auf der 1. Seite oben vom Komponisten: „Concerto per il piano-forte da L. v. Beethoven." Opus (ohne Zahl), 1. Satz: Allegro con brio, 31 Blatt; Bl. 32 leer. II. Satz: Adagio von 33—45^{a}; bis Blatt 48 leer. III. Satz: Rondo, 49—65; 1 Blatt leer. Auch in dieser gut und deutlich geschriebenen Partitur bildet jeder Satz ein Heft für sich.

14. Ein gleichartiger Band: 3. Konzert für Pianoforte, op. 37, Autograph. Auf der 1. Seite Aufschrift des Komponisten: „Concerto 1800 D. L. v. Beethoven"; von anderer Hand mitten auf der 1. Partiturseite: „Conzert C-moll." — I. Satz: Allegro con brio, 54 Blatt; 55—58 leer. II. Satz: Largo (E-dur), von 59—75; Bl. 76 leer. In diesem Satze ist besonders viel von Beethoven korrigiert, sonst alles gut und deutlich geschrieben. — III. Satz: Rondo c-moll, von Bl. 77 bis 120 (Ende). Die Klavierstimme ist von Beethoven mit „Cembalo" bezeichnet.

15. Ein ebensolcher Band: *5. Konzert* für Pianoforte. op. 73, Es-dur. — Auf der 1. Seite von des Komponisten Hand: „Klavierkonzert 1809 von L. van Beethoven." Die Klavierstimme ist vorn mit „piano-forte" bezeichnet, dann wieder mit „cembalo" und weiterhin mit „Piano". — I. Satz: Allegro, Bl. 1—73. Auf Bl. 63 oben steht von Beethovens Hand mit Bleifeder: „non si deve far una Cadenza qui" (bei den beiden grofsen Fermaten gegen Ende, — vor dem Schlussteile des Satzes). — II. Satz in H-dur, Adagio un poco moto, Bl. 74—86, um von hier gleich ins Rondo (Es), ⁶/₈, überzugehen, Bl. 117 (Ende). — Dieser Satz enthält mancherlei Verbesserungswinke an den Kopisten, z. B. Bl. 102ᵃ unten: „NB. Das Klavier ist in die unrechten Linien bis ⊕ gesetzt; man bittet den Kopisten, dieses gleich zu verbessern."

16. Ein gleichartiger Schachtelband: *Die Ruinen von Athen*, op. 113. König Stephan, op. 117; aus mehreren Konvoluten zusammengesetzt:

1. Konvolut: Partitur der *Ouverture zu den Ruinen* in G. (Partitur g-moll). Auf der I. Partiturseite von des Komponisten Hand: „Overtura. Andante con moto (g-moll)" 2 Blatt; dann G-dur: Marcia moderato. Merkwürdigerweise hat Beethoven bei der Vorzeichnung hier 3 Quadrate gesetzt, obwohl vorn nur 2 b vorgezeichnet waren. — Von Bl. 4 ab: Allegro ma non troppo, bis Bl. 20.

(Fortsetzung folgt.)

Mitteilungen.

* *Heinrich Marschner*. Den schwankenden Angaben seines Geburtsjahres zufolge, habe ich im Kirchenbuche zu Zittau in Sachsen nachsehen lassen und hat sich ergeben, dass er den 16. August 1795 geboren ist.

* Zur Musikbeilage von *Johann Krieger's* Klaviersätzen. Mehrfachen Anfragen zufolge diene als Antwort: Der vorangesetzte C-Schlüssel ist der des Originals und dient nur dem Historiker zur Orientierung. Die Transposition in den Gschlüssel musste geschehen, da Dilettanten, wie die meisten Musiker unserer Zeit den Cschlüssel nicht mehr lesen können. Die Härten in der

Harmonie sind nicht Druckfehler, sondern haben ihren Grund in dem Schwanken zwischen den alten 12 Kirchentönen und den modernen Dur- und Molltonleitern, die zur Zeit Krieger's ihre gesetzliche Geltung noch nicht erlangt hatten. So schreibt er die Suite in Dmoll ohne Vorzeichnung eines ♭, befindet sich also scheinbar noch in der Dorischen Oktavgattung *d e f g a h c d,* behandelt sie aber auch wieder ganz wie das moderne Dmoll, schreibt *c b,* *h cis,* fällt aber doch wieder in die dorische Oktavgattung zurück, die uns wie Cdur klingt und das erzeugt durch den plötzlich scheinbaren Wechsel von Dmoll und Cdur die Härten, die man aber einstmals nicht empfand, sondern als berechtigt erkannte. Erst Seb. Bach ebnete durch sein wohltemperiertes Klavier die Wege; da dieselben aber keine Verbreitung fanden, so währte die Übergangszeit noch bis weit ins 18. Jahrh. hinein.

    * Über *Friedrich Wilhelm Marpurg's* Geburtsort und Datum hat Herr Dr. *Willy Thamhayn* im Wochenblatte für Seehausen in der Altmark genaue Untersuchungen veröffentlicht. Da dies kleine Kreisblatt nur Wenigen zu Gebote steht, so teile ich das Wichtigste daraus mit. Marpurg ist nicht in Seehausen geb., sondern nach dem Kirchenbuche auf dem *Seehof in Wendemark,* dem jetzt Herrn Buschendorf gehörigen Rittergut II, am 21. November 1718 und wurde am 23. getauft. Die Eltern hatten sich 1712 verheiratet, die Mutter war eine geborene Margarete Krusemark. Friedrich Wilhelm war der 2. Sohn, der ältere starb schon 1724 im Alter von 11 Jahren in Seehausen. Aus der Ehe stammt noch eine Tochter, 1720 geb. und ein 3. Sohn, 1725 geb. Väterlicher- wie mütterlicherseits stammte Marpug aus einer angesehenen Familie. Sein Urgrofsvater, Johannes, war zur Zeit des 30jährigen Krieges Bürgermeister zu Seehausen, er starb am 27. Juni 1652. Der Artikel giebt noch weitere ausführliche Nachrichten über die Familie mütterlicherseits.

    * *Carolus Janus,* Musici Scriptores Graeci. Aristoteles, Euclides, Nicomachus, Bacchius, Gaudentius, Alypius. Et Melodiarum veterum, quidquid exstat. Recognovit, prooemiis et indice instruxit. — Annexae sunt tabulae. Lipsiae, in aed. B. G. Teubneri, 1895. 8⁰. Preis 9 M.

Als 26jähriger Mann gab Meibom 1652 seine Antiquae musicae auctores septem in Amsterdam heraus. Die der Königin Christine von Schweden gewidmete Sammlung enthält in 2 Teilen die musikalischen Schriften des Aristoxenus, Euclid, Nicomachus von Gerasa, Alypius, Gaudentius, des ältern Bacchius, Aristides Quintilianus und des Martianus Capella. Jede einzelne Schrift ist für sich paginiert; jeder ist ein kurzes Vorwort vorausgeschickt; neben dem Originaltexte steht eine lateinische Übersetzung, dann folgen Erläuterungen und handschriftliche Bemerkungen. Letztere und die Übersetzung enstehen natürlich auf dem Standpunkt dessen, was man damals von der griechischen Musik wusste. Meibom änderte aber auch gelegentlich die überlieferten Lesarten, wenn sie mit seinen Meinungen nicht übereinstimmten. Seine Studien waren mehr begeistert als gründlich und manche Äufserung seiner Liebe zum Altertum kommt uns etwas komisch vor. So giebt er in der Vorrede zum ganzen Werke die gregorianische Melodie des Te Deum in Choralnoten und altgriechischer Notation. Er soll auch eine Ausgabe der musikalischen Schriften des Ptolemaeus, Plutarch und Manuel Bryennius beabsichtigt haben; es ist jedoch darüber nichts weiter bekannt worden, vielmehr hat der Engländer Wallis eine Ausgabe der genannten Autoren veranstaltet (in seinen gesammelten Werken, 1699).

Bei der Bedeutung, die für unser Wissen von der altgriechischen Musik Mangels an genügenden praktischen Quellen den Theoretikern zukommt, begreift es sich, dass schon lange an einer der fortgeschrittenen Behandlungsweise alter Autoren entsprechenden Neuausgabe des Meibom'schen Werkes gearbeitet wurde. In Angriff wurde die Aufgabe von Joh. Franz genommen, der während eines 6jährigen Aufenthaltes in Rom (1833—39) viele handschriftlichen Materialien dazu sammelte. Seine Manuskripte kamen in den Besitz von Poetko, der aber nichts veröffentlichte. Dann ging Fr. Bücheler ans Werk; nach manchen Vorarbeiten liefs aber auch er den Plan fallen. Sein Material kam in die Hände Karls von Jan, der zunächst eine Neuausgabe des Aristoxenus beabsichtigte: bald darauf erschien aber eine solche von Marquardt (1868); 1878 veröffentlichte Hiller den Theo Smyrnaeus, 1882 A. Jahn den Aristides. Danach war eine Neuausgabe aller von Meibom berücksichtigten Schriften nicht mehr nötig und C. von Jan richtete seine weiteren Studien auf die übrigen Autoren. Unterstützt von Studemund, der in Florenz neues Material zur altgriechischen Musik gefunden hatte und ihm auch den Marquardt'schen Nachlass zur Verfügung stellte, setzte er seine Arbeiten eifrig fort. Eine Reise nach Italien, wo v. Jan bis dahin noch nicht genügend gewürdigte Handschriften vergleichen konnte, trug reichliche Früchte. Auch die andern wichtigen Handschriften (in Paris und München) erschlossen sich dem Forscher. Als erste Frucht seiner Arbeiten veröffentlichte er 1890 die Schrift des Bacchius, und nunmehr liegt das Hauptwerk vor, welches die Meibomsche Ausgabe für immer überflüssig macht. Jan's Ausgabe unterscheidet sich von der Meibom'schen durch das handlichere Format (8°, bei Meibom klein 4°), auch ist das Buch fortlaufend paginiert. Eine lateinische Übersetzung hat Jan nicht beigefügt, da er vorzüglich die philologische Sicherstellung des Textes bezweckte und wohl der richtigen Ansicht war, dass wer sich mit der alten Musik wissenschaftlich abgäbe, auch imstande sein müsse, ihre Quellen im Urtext zu lesen. Wichtiger ist aber das Verhältnis des Jan'schen Textes zum handschriftlichen Material. Im Gegensatz zu Meibom hat Jan, soweit es nur möglich war, sich an den Urtext gehalten und willkürliche Änderungen, Umstellungen etc. ausgeschlossen. Wer mit der Art und Weise, wie so eine Ausgabe zustande kommt nicht vertraut ist, der möge die Auseinandersetzung über die Handschriften, die zur Eruierung des ursprünglichen Textes zu benutzen waren, durchlesen (p. XI—XCI). Er wird einen Einblick thun in die stille Arbeit eines Gelehrten, der durch sorgfältiges Prüfen und Vergleichen über das Verwandtschaftsverhältnis der Handschriften und damit über ihren Wert für die Herstellung der ursprünglichen Lesart ins Reine zu kommen sucht.

Anstatt des schon von Marquardt herausgegebenen Aristoxenus figurieren in der Jan'schen Ausgabe die musikalischen Exzerpte aus den Schriften des Aristoteles, die hier zum ersten Male gesammelt sind. Daran schliefsen sich die pseudoaristotelischen Problemata, soweit sie sich mit Musik beschäftigen. Für beide Sammlungen muss man Jan vielen Dank sagen, wie auch für die Einleitung zu den Problemata, die sich über deren Entstehung und Zusammensetzung verbreitet. Im Anschluss an die besseren Handschriften teilt Jan die pseudoeuclidische Schrift institutio harmonica dem Kleonides zu, worüber er sich S. 169—178 rechtfertigt. Eine besondere Sorgfalt liefs Jan dem Nicomachus zukommen. Ausführlich verbreitet er sich über seine Schriften, die mathematischen, wie die musikalischen, und giebt manche neue Aufschlüsse. Wo Meibom das 9. Buch des Satyricon des Martianus Capella bietet, bringt Jan Excerpta Neapolitana, über Musik handelnde Auszüge aus neapolitanischen Handschriften. Den Schluss bildet die Mitteilung der griechischen Melodien, die auf uns gekommen sind. Dabei ist die von Kircher überlieferte Pindar-melodie nicht in Betracht gezogen. Jan ist geneigt, sie für spätere Fälschung zu halten. Eine genauere Untersuchung der Vorlagen hat Jan dazu geführt, die drei, bisher dem Dionyses und Mesomedes zugeschriebenen Hymnen, dem Mesomedes allein zuzuweisen.

Für die schöne Gabe, das Resultat langwieriger Forschungen und geduldiger Arbeit, sei dem Verfasser der aufrichtige Dank der Musikhistoriker dargebracht. Mögen die etwas melancholischen Worte am Schlusse der Vorrede (at adest senectus, morbo iam obscuratur oculorum acies, imminet laborum finis) nicht allzubald in Erfüllung gehen, und dem Herausgeber die Anerkennung für seine treue, ein Menschenalter hindurch währende Arbeit reichlich zuteil werden.

W.

* Mitteilungen der Musikalienhdlg. von *Breitkopf & Haertel* in Leipzig, Oktober 1895 Nr. 43, enthält *Joh. Michael Haydn's* Porträt und die Anzeige einer Symphonie in Cd. op. 1 Nr. 3 P. u. 14 Stb. nebst einer Samlg. von Kompositionen f. Pfte. Ferner Biographien über *Justus W. Lyra* nebst der Anzeige geistlicher Lieder f. 1 Singst. mit Pfte. Schlussanzeige der Frz. Schubertschen Gesamtausgabe seiner Lieder u. Gesänge. Die Ankündigung einer Historischen Musikbibliothek für praktische Musikpflege nebst Programm. Die Biographien über *August Enna* und *Anton Krause*. Anzeige der „*Schola Cantorum*" von St.-Gervais und vieler neuer Verlagsartikel.

* *Geiger & Jedele* in Stuttgart, Katalog Nr. 228. Theoret. u. prakt. Werke. Theaterwesen. Operntexte. Tanz, 990 Nrn. ältere und neue Drucke, darunter Nr. 634 ein kompl. Exemplar der Publikation der Gesellschaft f. Musikf. Jahrg. 1—22.

* Hierbei 2 Beilagen: 1. Katalog Zwickau, Bog. 31. 2. Musikbeilagen zu Joh. Krieger, Bog. 2.

Verantwortlicher Redakteur Robert Eitner, Templin (Uckermark).
Druck von Hermann Beyer & Söhne in Langensalza.

MUSIK-GESCHICHTE

herausgegeben

von

der Gesellschaft für Musikforschung.

| XXVII. Jahrgang. 1895. | Preis des Jahrganges 9 Mk. Monatlich erscheint eine Nummer von 1 bis 2 Bogen. Insertionsgebühren für die Zeile 30 Pf.

Kommissionsverlag von Breitkopf & Härtel in Leipzig. Bestellungen nimmt jede Buch- und Musikhandlung entgegen. | No. 12. |

Die Beethoven-Autographe der Königl. Bibliothek zu Berlin.

Mitgeteilt und beschrieben von **Dr. Alfr. Chr. Kalischer.**

III.

(Fortsetzung.)

Das nun folgende zweite Konvolut hat nichts mit den Ruinen zu thun; es enthält die Partitur zur grofsen *Fidelio-Arie*: „Abscheulicher, wo willst du hin?" Das Recitativ, Allegro agitato; dann Poco adagio, adagio „So leuchtet mir" bis zum E-dur-Anfang „Und neu besänftigt wallt mein Blut" (7½ Blatt, also ein Fragment).

Dann folgt wieder ein Konvolut „*Ruinen*". Chor: „Du hast in deines Ermels Falten". Seitwärts auf der 1. Partiturseite hat Beethoven geschrieben: „NB. Alle möglichen hierbei lärmenden Instrumente, wie Kastagnetten, Schellen etc. d. g.", 13 Bl., 1 Blatt leer. (Allegro ma non troppo).

Ein neues Konvolut hat von des Komponisten Hand auf dem Umschlage den Titel: „Partitur zu *Ungarns Wohlthäter* von Ludwig van Beethoven." Auf Seite 1 oben: Overture zum *Vorspiel* — Andante con moto in Es, 2/4, von Bl. 4 ab: Presto etc. bis Seite 73.

Dann ein Konvolut: Partitur des „feierlichen Marsches und Chor" aus den Ruinen von Athen in Es. — Auf der 1. Partiturseite von Beethoven. „Marcia assai moderato". Nr. 6: Blasen-Instrumente auf dem Theater. Dann unten von Beethoven: „Für Nr. 4 und 5 lassen Sie in den ausgeschriebenen Stimmen einen halben Bogen Platz. NB.

Die Worte, die geschrieben werden, lassen Sie aus." — Folgt der Marsch mit Chor „Schau Deiner Kinder fröhliches Gewühl," im Ganzen 18 Blatt; von Blatt 14 ab ist auf jeder Seite unten ein Stück Papier für den Sängerchor aufgeklebt, 3 Systeme (Sopran und Alt, Tenor und Bass), besonders gut und schön geschrieben.

17. Ein starker Pracht-Schachtelband: „*Der glorreiche Augenblick*," op. 136. Aufschrift auf der 1. leeren Seite:

> „Der *heilige* Augenblick
>
> Cantate · Rec (?)
>
> für Hr. Steiner et Haslinger".

Da Beethovens „V." in mancher Beziehung für die Beethoven-Forschung von Wichtigkeit ist, so giebt diese Handschrift reichliche Gelegenheit, das höchst charakteristische „V" gründlich kennen zu lernen, besonders von Blatt 48 ab, womit das Presto beginnt: „Vindobona dir und Glück", ebenso von Bl. 69ᵃ an „in dem Blutmeer ist versunken." — Das V., ob es als grofs oder klein gelten soll, ist stets das gleiche, grotesk-hünenhafte; oder man vergleiche auch den A-dur-Chor (Bl. 92ᵃ) „Europa steht. Und die Zeiten, die ewig streiten. — Der Völker Chor." — Oder Bl. 131ᵃ ff. Recit. Allegro in B. „Vienna" — „Himmel, welch Entzücken, welch Schauspiel zeigt sich meinen Blicken." — Man vergleiche damit von Bl. 134ᵃ ab das Allegro ma non troppo in C. „Ha bin ich nicht mehr eine Stadt," allo Marcia: „Der Heros, der den Fufs aufstellt auf dem Wolken-Schemmel", woraus deutlich wird, dass Beethovens „W." ganz anders als sein „V." geschrieben ist. — Ebenso diene zur Erkenntnis dieser kleinen Angelegenheit der grofse Chor (Bl. 171ᵃ ff): „Heil! *Vienna*, Dir und Glück." Bl. 190 beginnt der Chor: „mit der Allmacht Hand", hört auf Bl. 202ᵇ mit Fermate auf; Bl. 203 und 204 leer; Ende dieses Konvoluts.

18. Von Beethovens Hand: „Freye Sonate für Klavier und Violonschell von L. v. Bthven

> 1815 gegen Ende Juli."

Ein gebundenes Heft qu. fol. Es ist die Sonate in C-dur, op. 102, der Gräfin v. Erdödy gewidmet. 1. Satz: Andante teneramente, 5 Bl.; dann Adagio (-Finale) 7 Blatt.

19. I—IV: *8. Symphonie*, 4 stattliche Bände, reich mit Gold gebunden. (op. 93.) Seite 1 von Beethovens Hand: „Sinfonia lintz im Monath October 1812."

I. (30 Blatt) Allegro vivace con brio. — Auf Blatt 10ᵃ hat der Meister unten mit Bleistift vermerkt: „ob nicht das erste Stück früher."

II. Allegretto scherzando, 12 Blatt. III. Tempo di Minuetto, 10 Bl. IV. Allegro vivace (37, bezw. 35 Blatt). — Wie bei I, so ist auch bei IV auf der ersten Seite der Verleger genannt: *S. A. Steiner & Comp.*, Verlags-Nummer 2870.

20. Ein gebundenes Heft mit der gedruckten Aufschrift: „Quartetto in E-moll von L. van Beethoven. Handschrift des Komponisten." I. Satz: Bl. 1—11ᵃ, 11ᵇ leer, Allegro: II. Satz Adagio: „Si tratta questo pezzo molto di sentimento," Bl. 12ᵃ—17ᵇ; von 18ᵃ ab Allegretto — Bl. 22ᵇ (21ᵃ leer); IV. Satz: Presto (Finale zum 2. quartetto von L. v. Beethoven), 11 Bl. 23—33ᵇ; gehört zu op. 59.

IV.

21. Die *Neunte Symphonie.* Roter schöner Band, oben mit der Krone und den Zeichen: *F. W. III.* Der eigenhändige Titel Beethoven's lautet: „Sinfonie mit Schlußchor über Schillers Ode ‚an die Freude' für großes Orchester, 4 Solo- und 4 Chorstimmen, componiert und Seiner Majestät dem König von Preußen, Friedrich Wilhelm III. in tiefster Ehrfurcht zugeeignet von Ludwig van Beethoven. 125 tes Werk."

Es ist dies eine Kopie mit Beethoven's eigenen Verbesserungen. — Das schöne Velinpapier der Kopie ist goldrandig. — Titelschrift des Kopisten Bl. 2ᵃ: „Sinfonia von Herrn Ludwig van Beethoven" (metronomisiert).

I. Satz: Allegro ma non troppo e un poco maestoso — bis Bl. 48ᵇ; sehr wenige und unwesentliche Verbesserungen, mit Bleifeder. II. Satz: Molto Vivace, Bl. 49ᵃ—86ᵇ. III. Satz: Adagio molto e cantabile, Bl. 87ᵃ—107ᵇ. IV. Satz: Finale von Bl. 108ᵃ ab; von Bl. 130 ab größeres Format (Eintritt des Chors „Freude") von 138ᵃ ab wieder das frühere Format. (Einleitung zum Tenor-Solo); von 171ᵃ ab wieder größeres Format bis 190ᵃ, Ende. — Alles, was mit der Dedikationsgeschichte zur IX. Symphonie wie überhaupt mit dem Manuskripte zusammenhängt, ist unter Benutzung der reichlichen Notizen in den Konversationsheften von mir in dem ausführlichen Aufsatze: *Beethoven und der preußische Königshof* (Nord und Süd, Mai- und Juniheft 1889) dargelegt worden.

22. *Originalpartitur der IX. Symphonie;* gebunden, quer fol. (Teatro), beschnitten, roter Lederband. Aufgedruckt: „*Sinfonie* Nr. 9 von L. van Beethoven. Handschrift des Komponisten" (Golddruck). — 137 Blatt.

I. Satz. Allo ma non troppo un poco maestoso. — Oben rechts mit Bleistift von des Komponisten Hand. „108 oder 120 wäldee" (?)

12*

— Papier zu 16 Systemen, wovon 12 benutzt werden. — Der
I. Satz ist recht deutlich geschrieben, 50 Blatt, 50[b] unbeschrieben
(99 Seiten). II. Satz. *Vivace*, ebenfalls mit 12 benutzten Systemen.
Der bekannte Ritmo a tre battute ist hier (Bl. 63[a], unrichtig gezählt
62[a]) zu lesen: „Rhitmus von 3 Takten". Bl. 67[b]—Bl. 68 ganz leer;
Fortsetzung Bl. 69, verschiedene zur Dynamik gehörende Bemerkungen;
71[b] wieder unbeschrieben. — Im Trio (mit Tromboni) von Bl. 81[a]
ab ein System mehr (von Bl. 51—92).

III. Satz von Bl. 93 ab (hier irrig 92). Adagio molto e cantabile; 12 Systeme bis Bl. 115[a]; 115[b] unbeschrieben, ebenso Bl. 116
(115). Das *Finale* ist nur *fragmentarisch* da. Bl. 117 (116) beginnt mit dem Allegro assai vivace alla Marcia in B mit dem betreffenden Contrafagott-Motiv vor dem Tenor-Solo „froh, froh, wie seine
Sonnen", geht bis Bl. 137 (136). Das Fragment des Finale geht bis
„wo dein sanfter Flügel weilt" — bis zur Fermate vor dem „Andante maestoso". G-dur, 3/2 „Seid umschlungen."

23. Pracht-Schachtelband; darauf: L. van Beethoven: *Wellingtons Sieg bei Vittoria*. Autograph .. 68 Blatt. Im Autograph dieses
op. 91 hat Schindler aufgeschrieben: „Wellingtons Sieg bei Vittoria,
— mit manchen interessanten Beethovenschen *Vorschriften*." — Das
II. Stück enthält die Beethovensche Aufschrift: „Siegssinfonie."

24. Sonate in *B. op. 22*. Von Beethoven's Hand: „Grande
Sonate composée par Louis van Beethoven op. 22 in B-dur." — Beim
Adagio steht grofs und schön: Adagio con molta espressione. —
12 Blatt. Dies ist eine sehr saubere *Reinschrift*. Wenn sie — was
doch *nicht* ausgeschlossen ist — von Beethoven selbst ist — so beweist sie, dass derselbe, wenn er wollte, in jenen Zeiten prächtig
Noten schreiben konnte. — Herr Oberbibliothekar Dr. *Kopfermann*
nimmt mit allen anderen an, dass es eine *Kopie* ist; nur einige Ver-
besserungszeichen seien von Beethoven.

25. Ziemlich starker Band, *gebunden: Skizzenbuch*. Das Titelblatt besagt: „Autographe de *Louis van Beethoven*. Livre d'esquisses
contenant des idées pour la grande fugue, pour des valses et pour
différents Quatuors. Lauthenticité est garantie par les soussignés
Artaria & Co. 1847." Bis Blatt 5: Fugenskizze. — Von Bl. 6 ab
„Walzer pour le Clavecin." 10[b] Canon: „Freut euch des Lebens"; 11[a]:
Idee zum Cis-mollquartett op. 131. — Vergl. G. Nottebohm's schon
citierten I. Artikel der „Zweiten Beethoveniana" p. 1 ff., p. 13. —
Vielerlei meist unleserliche Worte Beethoven's dabei. Sehr vieles
zum Cis-moll-Quartett gehörig. — Blatt 58[a] hat unten die Worte: „Der

schwer gefafste Entschluss," — zum Quatuor in F. op. 135. — Im ganzen 62 Blatt. — Der hier erwähnte Canon „Freu' dich des Lebens" liegt jetzt auch im Supplementbande der Werke Beethovens bei Breitkopf & Härtel unter Nr. 285 (5 Canons, Nr. 5) gedruckt vor. (Serie XXV.) — Über den mit grofser Schrift von Beethoven geschriebenen Worten „Der Schwer gefafste Entschluss" steht nur eine Zeile Notenskizze dazu. Diese Noten haben nichts mit dem Thema — der schwer gefasste Entschluss — wie es gedruckt ist (op. 135 im Finale) gemein, wenigstens nichts mit dem Grave; das Allegro-Motiv in $^4/_4$ („Es mufs sein") könnte daraus hervorgegangen sein.

Blatt 59ᵃ unter Skizzen zu einem *Finale alla polacca* stehen die Worte Beethoven's:

„Marmor für Gehör Maschinen."

Diese alla-Polacca-Motive lassen sich als Motive zum Final-Allegro des grofsen B-dur-Quatuors (op. 130) erkennen. —

26. „*Beethoven's Brief an Cherubini*. Abgedruckt in Beethoven's Biographie, Seite 124 und 125" (Schindler III. Aufl., II. p. 352 bis 353). — Das Autographon ist in Folio gebunden, 1 grofser Bogen voll von Beethoven's Hand. Bl. 1ᵃ oben links schreibt Schindler: „Le brouillon d' une lettre autographe de Beethoven à Mons. Cherubini 1823." — „Rechts: „Briefkonzept Beethoven's an Cherubini vom Jahre 1823 im Monath Jänner oder Februar rücksichtlich einer Verwendung bei des Königs Majestät wegen Annahme seiner grofsen Messe."

Seite 2 u. 3 enthalten den Messentitel op. 123 mit Beethoven's Verbesserungen; also:

Missa
          solennis   composita et
Serenissimo ac Eminentissimo Domino
Domine   *Rudolfo Joanni*
Caesareo Principi et Archiduci Austriae S. R. E. Cardinali ac Archiepiscopo Olomucensi
    profundissima (durchstrichen) cum veneratione summa
    a Ludovico van Beethoven. —
Unten (von Schindler):
    profund ist Barbarismus (beides durchstrichen).
S. 4. Schluss des Briefconceptes. — Es ist aber trotzdem beim „profundissima" verblieben (profundissima cum veneratione dedicata. *)

---

*) Aber eine im Archiv der Gesellschaft für Musikfreunde in Wien befindliche revidierte Partiturabschrift hat in Wahrheit: „Summa cum veneratione dedicata;' 'vergl. Nottebohm, thematisches Verzeichnis etc., II. Aufl. (1868), p. 118.

Übrigens hat die Gesamtausgabe der Werke Beethoven's von Breitkopf & Härtel die *Originalwidmung* gar nicht, sondern nur die Worte: „Dem Cardinal Erzherzog Rudolph Johann gewidmet." — Aber die *Originalausgabe* bei *Schott Söhne* in Mainz (1827) hat in dem langen, interessanten Titel genau: — „profundissima cum veneratione dedicata a Ludovico van Beethoven" etc. — Der vollständige Titel der Originalausgabe ist sowohl bei *G. Nottebohm* (Thematisches Verzeichnis) mit interessanter Variante, als auch bei *A. W. Thayer* (Chronolog. Verzeichnis) zu finden.

Am Ende steht ein *noch ungedrucktes* Briefchen an Schindler selbst, das hier mitgeteilt wird:

„Lieber Schindler, ich weiſs nicht, ob das andere Exemplar korrigiert worden ist, und sende dieses deswegen — wegen N. in S. [könnte auch P. sein] bitte ich sie ja verschwiegen zu sein; Bl. ist schon in angst deswegen." (3 Zeilen ganz durchstrichen.)

Eiligst

Ihr Freund

Beethoven."

Mit N. kann der Stadtsequester *Nussbök* gemeint sein, der eine Zeit lang Vormund des Beethoven'schen Neffen Karl gewesen war; unter Bl. wäre dann *Blöchlinger*, der Institutsvorsteher zu verstehen, dessen Institut der Neffe im Jahre 1819 übergeben ward. Vom Briefkonzepte selbst (an Cherubini) ist, wie *L. Nohl* in seinen „Briefen Beethoven's" (p. 227, Anm.) erwähnt, ihm von dem damaligen Kustos Herrn *Fr. Espagne* eine „getreue Kopie" besorgt worden, die dann Nohl a. a. O. zum Abdruck gebracht hat. Und dennoch hat mich die Vergleichung belehrt, dass noch manche Varianten (Lesarten) nachzutragen sind, ja mancher Satz dieses interessanten Briefdokuments einen ganz anderen Sinn erfahren müsste —, immer neue Beweistümer, dass endlich einmal eine *korrekte* Ausgabe sämtlicher Beethoven*briefe* bewerkstelligt werden muss.

27. *Brief-Autographe* an des Meisters *Neffen Karl; 29 Originalbriefe.* Sie sind in ein braunes Heft gebunden; teilweise darnach von *Schindler* selbst in seinem Beethovenwerke, dann vollständig von *L. Nohl* in den „Briefen Beethoven's" p. 282 ff. herausgegeben. Eine *neue* sorgfältige Ausgabe thut auch hierin Not.

(Fortsetzung folgt.)

Rechnungslegung

über die

Monatshefte für Musikgeschichte

für das Jahr 1894.

Einnahme . . . . 1042,87 M

Ausgabe . . . . 1009,09 „

Specialisierung:

a) Einnahme: Mitgliederbeiträge, darunter an Extrabeiträgen von Herrn Dr. Eichborn 49,30 M und Herrn S. A. E. Hagen 10 M, nebst Überschuss von 5 M aus 1893 . . . . 835,87 M

Durch die Breitkopf & Haertel'sche Musikalienhandlung . . 207,— „

b) Ausgabe für Buchdruck . . . . 669,70 „

Papier . . . . 114,00 „

Versendung, Briefe, Feuerversicherung, Verwaltung, Annoncen etc. . . . . 225,39 „

c) Überschuss . . . . 33,78 „

Templin (U./M.) im Nov. 1895.

Robert Eitner,

Sekretär und Kassierer der Gesellschaft für Musikforschung.

Mitteilungen.

* Studien über *W. A. Mozart* von *Joh. Ev. Engl.* 3. Folge. Salzburg 1895 (zu beziehen durch Breitkopf & Härtel). gr. 8°. 12 S. Der fleifsige Mozartforscher bringt diesmal allerlei amtliche Schriftstücke, als das schriftliche Ehe-Versprechen, den Heirats-Kontrakt, das Trauungs-Protokoll, die Totenanzeige, die Schätzung des Inventars, Verzeichnis seiner Büchersammlung, Vermögensnachweis, Schulden etc. nebst Einiges über den Theaterbesitzer Schikaneder und Nachträge zur 2. Folge von 1893 den Namen Sigismund und das Todesdatum des Ehemanns der Schwester M.'s betreffend.

* *Franz Bader:* Die Pflege der Musik in Jever. Jever 1895 C. L. Mettcker & Söhne. kl. 8°. IX u. 116 Seit. Eine auf Quellen gestützte historische Beleuchtung der musikalischen Bestrebungen und ihrer Leiter vom Anfange des 18. Jhs. bis zur Neuzeit, die sich besonders durch die genauen Daten über einst dort wirkende Musiker zu einem wertvollen Beitrage gestaltet. Unter die letzteren gehören besonders die bekannten Musiker Karl Stiehl, Karl Meinardus, Ant. Bernh. Remmers, U. W. F. Jansen, F. Gustav Jansen, Ludwig Meinardus, Johann Remmers u. viele andere. Den Schluss bilden zwei Verz. der aufgeführten Kompositionen von 1821 ab. Die leidige Unsitte der deutschen Schriftsteller historische Werke ohne Register in die Welt zu senden, wird auch hier gepflegt und der Historiker ist gezwungen, um das Buch nutzbar zu machen, selbst ein Register anzufertigen.

* *Hartmann, Ludwig:* Richard Wagner's Tannhäuser. Festschrift zum Gedenktage der ersten Aufführung am 19. Oktob. 1845 in Dresden, unter Benutzung zeitgenössischer Quellen von . . . Mit dem facsimilierten Theaterzettel der ersten Tannhäuseraufführung. Dresden 1895, Rich. Bertling. kl. 8°. 64 S.

Pr. 1 M. Eine sehr lesenswerte Schrift, die das Für und Wider an der Hand
der Thatsachen mit grofser Belesenheit behandelt. Sehr richtig sagt der Herr
Verfasser, dass die starke Opposition gegen Wagner ganz besonders durch seine
Schriften hervorgerufen wurde, denn seine Musik schlug überall durch und die
Opernhäuser konnten die Masse der Zuhörer kaum bergen, doch die Zunft
fühlte sich durch Wagner's Schriften beleidigt und erweckte einen Hass, wie
er wohl noch nie einem Komponisten zu teil geworden ist.

* Nachgelassene Schriften und Dichtungen von *Richard Wagner*. Leipzig
1895. Breitkopf & Härtel. 8°. 216 Seit. Preis 4,80 M. Enthält eine Oper
in 5 Akten „Die Sarazenin". „Jesus von Nazareth" im Entwurf und Fragmente,
dazu am Schluss Bemerkungen und Erläuterungen.

* *Franz Magnus Böhme:* Volkstümliche Lieder der Deutschen im 18.
und 19. Jahrhundert. Nach Wort und Weise aus alten Drucken und Handschriften, sowie aus Volksmund zusammengebracht, mit kritisch-historischen
Anmerkungen versehen und herausgegeben von . . . Leipzig 1895. Breitkopf
& Härtel. gr. 8°. XXII und 628 Seit. mit 780 Liedern. Den Schluss bilden
kurze Biographien über Dichter und Komponisten. Wie bei allen 'Arbeiten
Böhme's bewundert man den unermüdlichen Sammelfleifs und seine Belesenheit.
Die Auswahl aus dem reichen Liederschatze der Deutschen ist nicht leicht und
besonders bei verschiedenen vorhandenen Melodien die beste Wahl zu treffen,
eine gefährliche Klippe. Herr Böhme hat ganz recht, wenn er im Vorworte
sagt, dass sein eigenes Urteil für ihn nur mafsgebend sein konnte, und doch
wird mancher eine ihm lieb gewordene Melodie vermissen, dagegen eine andere
finden, der er wenig Interesse abzugewinnen vermag. Warum die österreichische
Nationalhymne zweimal mitgeteilt wird (Nr. 1 und Nr. 19) erscheint mindestens
wunderlich, da sie doch an und für sich so bekannt ist wie die preufsische
„Heil dir im Siegeskranz". Dass letztere in der Originalfassung Nr. 648 und
in der heutigen Lesart Nr. 15 aufgenommen ist, wird jeder dankbar anerkennen,
ebenso die am Ende jedes Liedes eingefügten historischen Nachrichten.

* Max Hesse's Deutscher Musiker-Kalender für das Jahr 1896. 11. Jahrgang, mit 4 Musikerporträts, sei hiermit bestens empfohlen. Preis 1,20 M bei
488 Seit.

* Mit diesem Hefte schliefst der 27. Jahrg. der Monatshefte und ist der
neue Jahrg. bei *buchhändlerisch* bezogenen Exemplaren von neuem zu bestellen.
Der Jahresbeitrag für die Mitglieder beträgt 6 M und ist im Laufe des Januars
1896 an den unterzeichneten Sekretär und Kassierer der Gesellschaft einzusenden.
Restierende werden durch Postauftrag eingezogen. — Der 24. Jahrg. der Publikation älterer praktischer und theoretischer Musikwerke enthält Martin
Agricola's Musica instrumentalis deutsch in 1. Ausg. von 1529 und 4. um-
gearbeiteter von 1545 in kl. 8° in diplomatisch genauem Abdrucke, zum Teil
facsimiliert mit vielen Abbildungen. Der Subskriptionspreis für ältere Mitglieder beträgt 9 M, für neu eintretende 15 M.

Templin (U. M.).   Rob. Eitner.

* Hierbei 3 Beilagen: 1. Titel und Register zum 27. Jahrg. 2. Katalog
Zwickau, Bog. 32. 3. Musikbeilagen zu Joh. Krieger, Bog. 3. Fortsetz. im
28. Jahrg.

Verantwortlicher Redakteur Robert Eitner, Templin (Uckermark).
Druck von Hermann Beyer & Söhne in Langensalza.

Sach- und Namenregister.

Beethoven-Autographe.
    Quartett op. 135, Fd. 156, 169 (25).
    — Cismoll, 149 ff., 153 (9), 169 (25).
    Ruinen von Athen, op. 113, 161, 165.
    Schottische Lieder 158.
    Sinfonia, Cd. 157.
    Sinfonie, Cm. 158.
    8. Symphonie 1812, 166.
    9. Symphonie, op. 125, 167. — 143 (7).
    10. Symphonie 148, 8 ff. (Bach-Symph.)
    Sonate, op. 30, Ad. 156.
    Sonate f. Klav. u. Vcllo., op. 102, 166.
    Sonate, vierhdg. 154, 10. 155.
    Sonate Bd., op. 22, 157, 158, 168 (24).
    Sonate 130, 155.
    Sonate, op. 101, 154, 10. 155.
    Ungarns Wohlthäter, P. 165.
    Violinsonate Am., op. 23, 157.
    Walzer f. Klav. 168 (25).
    Wellingtons Sieg bei Vittoria 168 (23).
Bellini, Vincenzo, † 1894, 92.
Bendorf, Kurt, Biogr. Calvisius' 45.
Bérardi, Charles, † 1894, 92.
Bernal, Lautenpiece 88.
Berthemet, Gesangchef, † 1894, 92.
Bertoloni, Emilio, † 1894, 92.
Bianchi, Erminio, † 1894, 93.
Biaumont, Pierre, AspiceDne. quia 73, 19.
Bibliotheca musica-liturgica 45.
Bibliothek, Kgl. Hausbibl. zu Berlin 96.
    — Scheurleer's 95.
Bidera, Francesco, † 1894, 93.
Bignami, Enrico, † 1894, 93.
Billroth, Theodor, † 1894, 93.
Bird, George, † 1894, 93.
Blanc, Paulin, über Neumen 39.
Bleyer, Georg, Kantor 44, 45.
Bloch, Karl, † 1894, 93.
Böhme, Frz. Mag., volkstüml. Lieder 172.
Böhme, Rob., † 1894, 93.
Böttjer, Theodor, † 1894, 93.
Bohn's histor. Konzerte 29, 63.
Bohn, Peter, die Plica i. gregor. Gesge. 47.
Bonuzzi, Antonio, † 1894, 93.
Bott, Katharina Luise, † 1894, 93.
Brambilla, Mdme. Veronica Graziella,
    † 1894, 93.
Brooksbank, Hugh, † 1894, 93.

Brumel, Lauda Syon 73, 16.
Brunello, Giuseppe, † 1894, 93.
Buchmayer, Rich., histor. Konzerte 80.
Bülow, Hans von, † 1894, 93.
Burkhardt, Musikdir., † 1894, 93.
Calvisius, Seth, Biogr. 11. — als Theo-
    retiker 45. — Ein feste burg 79.
Campbell, Margaret, † 1894, 93.
Campion, Dichter u. Musiker 27.
Caracciolo, Edoardo, † 1894, 94.
Carlier, Xavier, † 1894, 94.
Casembroodt, Louis de, † 1894, 94.
Caune, August, † 1894, 94.
Chabrier, Alexis Emanuel, † 1894, 94.
Chambres, Lucie, † 1894, 94.
Cherubini, Alberto, † 1894, 94.
Chiostri, Luigi, † 1894, 94.
Clarinblasen 29, 75.
Clemens non papa, Tu es Petrus 28.
Clément, Felix, über Neumen 41.
Clwydfardd, wallis. Erzdruide, †1894, 94.
Coletti, Filippo, † 1894, 94.
Combarieu: Coussemaker u. Nisard 31 ff.
Compere, In nomine Jesu 73, 21.
Conti, Luigi, † 1894, 94.
Cook, Ainsley, † 1894, 94.
Corneli, John Henry, † 1894, 94.
Coussemaker u. Nisard 31.
Crispinus: Ave Maria gratia 74, 30. —
    Non lotis manibus 73, 1.
Crowe, Gwyllym, † 1894, 94.
Crüger, Joh., Ein feste burg 79.
Cucotti, Luigi, † 1894, 94.
Cuntz, Mathias, in Nrnbg. 6.
Czartoriska,   Fürstin Marceline,   †
    1894, 97.
Czibulka, Alphons, † 1894, 97.
Davey, H., über W. Nagel's Gesch.
    der Mus. in England 77.
Denkmäler der Tonk. in Österreich,
    2 Bd. 78.
Dieffopruchar, Magno, 1610 in Venedig,
    Lautenmacher 144.
Diem, Joseph, † 1894, 97.
Diener, Robert, † 1894, 97.
Doperé, Gustave, † 1894, 97.
Doppler, Ilka, † 1894, 97.
Dorigo, Luigi, † 1894, 97.

MONATSHEFTE

FÜR

MUSIK-GESCHICHTE

HERAUSGEGEBEN

VON DER

GESELLSCHAFT FÜR MUSIKFORSCHUNG

28. JAHRGANG.

1896.

REDIGIERT

VON

ROBERT EITNER.

———————◆○◆———————

LEIPZIG,

BREITKOPF & HÄRTEL.

Nettopreis des Jahrganges 9 Mark.

Inhaltsverzeichnis.

Gesellschaft für Musikforschung.

Mitgliederverzeichnis.

J. Angerstein, Rostock.
Adolf Auberlen, Pfarrer, Hassfelden.
Fr. J. Battlogg, Pfarrer in Gurtis.
Dr. Wilh. Bäumker, Pfarrer, Rurich.
H. Benrath, Redakteur, Hamburg.
Lionel Benson, Esq., London
Rich. Bertling, Dresden.
Rev. H. Bewerunge, Maynooth (Irland).
Grofsherzogl. Hofbibliothek in Darmstadt.
Stadtbibliothek in Frankfurt a. M.
Universitäts-Bibl. in Heidelberg.
Universitäts-Bibl. iu Strafsburg.
Fürstl. Stolbergische Bibliothek in
  Wernigerode.
H. Böckeler, Domchordir., Aachen.
Dr. E. Bohn, Breslau.
P. Bohn in Trier.
Theodor Bolte in Budapest.
Dr. W. Braune, Prof., Heidelberg.
Breitkopf & Härtel in Leipzig.
Hugo Conrat, Wien.
C. Dangler in Colmar.
Dr. Alfr. Dörffel, Leipzig.
Dr. Herm. Eichborn, Assessor a. D., Gries.
Prof. Ludwig Fökövy, Szegedin.
Dr. Hugo Goldschmidt, Berlin.
Th. Graff, Gera (Reufs).
Dr. Franz Xaver Haberl, Regensburg.
J. Ev. Habert, Organist, Gmunden.
S. A. E. Hagen, Kopenhagen.
Dr. Rob. Hirschfeld, Wien.
Dr. O. Hostinsky, Prag.
Prof. Dr. Kade, Musikdir., Schwerin.
W. Kaerner, Freiburg i. Br.
Dr. W. Kaiser, Halle.
Kirchenchor an St. Marien in Zwickau.
C. A. Klemm, Leipzig.
Prof. Dr. H. A. Köstlin, Friedberg i. W.
Oswald Koller, Prof. in Wien.
O. Kornmüller, Prior, Kl. Metten.
Dr. Richard Kralik, Wien.
Alex. Kraus, Baron, Florenz.
Prof. Emil Krause, Hamburg.
Moritz Lentzberg, Lemgo.
Leo Liepmannssohn, Berlin.
Frhr. von Liliencron, Schleswig.

G. S. L. Löhr, Esq. Southsea (England).
Dr. J. Lürken in Köln a/Rh.
Karl Lüstner, Wiesbaden.
Georg Maske, Oppeln.
Rev. J. R. Milne in Swaffham.
Therese von Miltitz, Bonn.
Anna Morsch, Berlin.
Prof. Dr. Hans Müller, Berlin.
Dr. W. Nagel, Cleve.
Prof. Fr. Niecks, Edinburgh.
F. Curtius Nohl, Duisburg.
G. Odencrants, Vice Haradshofchingen
  Kalmar (Schweden).
Paulus Museum in Worms.
Bischöfl. Proskesche Bibliothek in
  Regensburg.
Prof. Ad. Prosniz, Wien.
Dr. Arth. Prüfer, Leipzig.
M. Raskai in Arad (Ungarn).
A. Reinbrecht in Verden.
Bernhardt Friedrich Richter in Leipzig.
Ernst Julius Richter, Pastor in Amerika.
Dr. Hugo Riemann, Leipzig.
L. Riemann, Essen.
Paul Runge, Colmar i. Els.
Dr. Wilh. Schell, Prof., Karlsruhe.
D. F. Scheurleer im Haag.
Rich. Schumacher, Berlin.
F. Schweikert, Karlsruhe (Baden).
F. Simrock, Berlin.
Prof. Jos. Sittard, Hamburg.
Dr. Hans Sommer, Prof., Weimar.
Wm. Barclay Squire, Esq., London.
Prof. C. Stiehl, Lübeck.
Prof. Reinhold Succo, Berlin.
Wilhelm Tappert, Berlin.
Pfr. Leop. Unterkreuter, Oberdrauburg.
Joaq. de Vasconcellos, Porto (Portugal).
G. Voigt, Halle.
Dr. Frz. Waldner, Innsbruck.
C. Walter, Biberich a. Rh.
Wilh. Weber, Augsburg.
Ernst von Werra, Chordir., Konstanz i. B.
Zaar, Postsekretär in Danzig.
Prof. Dr. F. Zelle, Berlin, Rektor.

Rob. Eitner in Templin (U./M.), Sekretär und Kassierer der Gesellschaft.

MONATSHEFTE

für

MUSIK-GESCHICHTE

herausgegeben

von

der Gesellschaft für Musikforschung.

| XXVIII. Jahrg. 1896. | Preis des Jahrganges 9 Mk. Monatlich erscheint eine Nummer von 1 bis 2 Bogen. Insertionsgebühren für die Zeile 30 Pf.

Kommissionsverlag von Breitkopf & Härtel in Leipzig. Bestellungen nimmt jede Buch- und Musikhandlung entgegen. | No. 1. |

Die Beethoven-Autographe der Königl. Bibliothek zu Berlin.

Mitgeteilt und beschrieben von **Dr. Alfr. Chr. Kalischer.**

IV.

Nachdruck verboten, alle Rechte vorbehalten.

(Fortsetzung.)

28. Ein aus 56 Blättern bestehendes Skizzenkonvolut. Auf dem Deckel steht der Name „Fischhof". — Einzelne Blätter. — Darunter sind 2 Blätter, welche mehrfach den Namen *Louise* enthalten (mit Noten). Vielleicht deuten diese Skizzen darauf hin, dass Beethoven einmal dem Gedanken nahe trat, *Clemens Brentanos* Louisen-Kantate in Musik zu setzen. Man wolle hierüber meinen Aufsatz: „Clemens Brentano's Beziehungen zu Beethoven" im Junihefte der Literaturzeitschrift „Euphorion" (1895) vergleichen. — Zwei zusammenhängende (angebogene) Blätter bieten auf S. 2 unten folgende mit Mühe entzifferte Worte Beethoven's dar: „ich meine übrigens, ich habe die Ehre, sie das quintett, und sie werden mich sehr verbinden, wenn sie es als ein unbedeutendes geschenk von mir betrachten, die Einzige Bedingung, die ich ihnen machen muss, ist, es ja niemandem fortzugeben" — (das Weitere ist nicht zu entziffern). — Man vergleiche damit die etwas abweichende Entzifferung bei G. Nottebohm, (Beethoveniana, XXVI. Eine unvollendete Symphonie, p. 229), dem diese hier angebogenen Blätter vorgelegen haben müssen.

29. Sieben Einzelbände, die zusammen gehören: *Beethoven's Schottische Lieder.* I. Heft gebunden, wo auf S. 1 zu lesen ist: „Quatre airs écossais, par L. van Beethoven: Kopieen. — (24 Blatt), II. Heft:

Schottische, Französische, Spanische, Portugiesische, Russische, Schweitzer und Tyroler Volkslieder, von L. van Beethoven. — „Ganz in der Handschrift des Komponisten" (Schindler); 133 Blatt. — Auf der Rückseite des leeren Blattes steht: „Dieser Band enthält 61 verschiedene Lieder, von denen 31 noch nicht gedruckt erschienen. A. Schindler im Decemb. 1841." Von Blatt 26 ab folgen 3 Nummern (Duetti), wo oben von Beethoven's Hand verzeichnet ist: „1815, den 23. Weinmonath", bei Nr. 3 von demselben: „ohne Sorgen; einer, der alle Sorgen weit wegwirft". — Bl. 49ᵇ unten ein Beethoven'sches N.B: „Zum aufbewahren für mich". — Die Textworte sind zuweilen von Schindler's Hand. Im Ganzen: nur *Musik, kein Text*. — Über Bl. 68 steht: „15 lieder im Monath Maj 1815".

III. Heft. „Anfang der Schottischen Volkslieder in meinem Besitz" (Schindler), 2 Bl. Dann Beethoven'sche Liedermanuskripte dazu, 14 Blatt, 1 Bl. leer.

IV. Heft dieses Komplexes. Stattlicher Band, gebunden, mit Gold, worauf zu lesen ist: „M. S. Airs Welsh & Jrish. The Symᵉ & Accᵗ-composed for *G. Thomson* By *Beethoven*." Auf das weiße Titelblatt, Innenseite, schrieb — der Besitzer (?) „The Welsh Melodies Here charmingly arrang'd by Beethoven." — Die Vorderseite 1 des Manuskriptes selbst enthält Folgendes: „This copy of 44 Melodies chiefly *Welsh* (some Jrish) is *a Duplicate* of the larger Manuscript wᵗ Symᵉ & Accᵗ by Beethoven — and is more correct than the larger & first copy. G. T." — Dann folgt deutlich von Beethovens Hand: „Cet exemplaire est aussi bon où vale le Manuscript de Beethoven puisqu'il a bien corrigé et c'est par là qu'il est meilleure que les trois autres exemplaires, dejà envoyés ..
Par Louis van Beethoven 1810."

Über 100 Bll. — Dann 10 Chansons Irlandois par Louis van Beethoven 1810. 21 Bl. Auf 21ᵃ unten von T. (Thomson): „Here ends the Duplicate of the large book." — Dann neues Konvolut in demselben Bande: „Here is no *Duplicate* of the following Airs, Airs partly Scottish, — but chiefly Jrish, With Symᵉ & Accompanᵗ by Beethoven"; beginnt mit Nr. 4: 62 Blatt; die Nummern nicht der Reihenfolge nach. — Es folgt ein weiteres Konvolut darin. Titel von Beethoven: „9 airs ecossais avec accompagnement d'un Violon et Violoncelle et avec des ritornelles et des Conclusions (des Cadences) aussi   par Louis van Beethoven,
au mois Fevrier 1812."

Unten bemerkt G. T. „Received these 9 Airs by the hands of

Tho⁵ Coutts Esq. & Co. Sept. 1812 w¹ a letter & Statement from Fries [in] Vienna, of their having drawn on Coutts & Co. for the price paid by them to Beethoven for the Rit⁵ & Accomp¹ᵃ'''. 18 Bl. Dann noch 1 unnumeriertes Lied, 4 Bll. — Schluss des ganzen Bandes, der völlig *ohne* Text ist.

V. Heft dieses Komplexes. Kleines Format, gebunden. Aufschrift in Gold mit Goldvignette. M. S. Airs Chiefly Scottish
> The Sym⁵ & Acc⁵
> Composed for G. Thomsen
> By Beethoven."

Auf der Rückseite des leeren vorgehefteten Blattes ist zu lesen:
> „Original & Beautiful are these Arrangem.⁵
> By this inimitable Genius Beeth."

1 liniierte Seite: Charlie he's my darling, 1 Air ecossais avec accompagnement par L. V. Beethoven (von Beethoven's Hand nur der Name). Recc.ᵈ by G. Thomson March *1819* (6 Blättchen). — Dann 2 Scottish Airs Beethoven *1820* (12 Bl.). — Dann (von Beethoven's Hand): „12 chansons avec des accompagnement et des ritornelles par Louis van Beethoven
> Vienne au 23⁵ fevrier *1817*.
„Exemplair corrigé par moi même" (26 Bl.). Dann 8 Airs écossais avec accompagnement de Piano, Violon ou Flute et Violoncelle par Louis van Beethoven *1818*."

(Received by G. Thomson in Dec. 1818) 20 Bl. — Dann: Quatre Airs Ecossais Arranged for 3 Voices by Beethoven. — 18 Bl. — Dann 6 (Six Airs chiefly Scottish, Beethoven. „6 Schottische Lieder mit Begleitung von L. V. Beethoven 1816" (αὐτός); 10 Bl. — Dann: Beethoven Airs of different countries-some of them Scotch. Received March 1817, G. T. (αὐτός): 7 Chansons Ecossais par Louis v. Beethoven *1817*: 18 Bl., darin Nr. 6, Nr. 12 God save the king. Dann 3 Lieder par Louis v. Beethoven *1818*, 15 fevrier (αὐτός); 12 Bl. Dann 3 Chansons écossais comp. par Beethoven *1815* october (αὐτός), 8 Bl. — Dann 15 Airs Ecossais par Louis van Beethoven, *1814* (αὐτός), 37 Blatt. — Endlich: Corrections by Beethoven on the Jrish Airs harmonised by him; 2 Bll., in summa: 172 Blatt.

VI. Heft, desselben Komplexes: Thirty Scottish Airs. Flauto to the Scottish Airs in Vol. 5, — by Beethoven. — 33 Blatt, verschiedene auch: Violino, Flauto o Violino.

Heft VII desselben Ganzen: *Violoncello*, Accompaniment, Scottish Airs Composed for G. Thomson by Beethoven; zu Vol. V; 12 Blatt.

1*

V.

Nunmehr folgen eine ganze Reihe der eigentlichen *Skizzenhefte*, *Skizzenbücher* Beethoven's: Die zumeist aus der *Grasnick*'schen, wie von *Landsberg*'schen Sammlung erworben wurden.

30. Ein *39 Blatt* starkes Skizzenbuch, *gebunden*, querfol. *Liederskizzen*, wie Bl. 6. — „Ich war bei Chloen ganz allein, und küssen wollt' ich;" cf. op. 128, „Der Kuſs" Text von C. F. Weiſse. 6ᵇ: „Die Flamme lodert" (Opferlied). Bl. 13ᵇ „Denk o Mensch an deinen Tod" (Gellert'sche Lieder, cf. op. 48, Nr. 3. „Meine Lebenszeit verstreicht" — in fis-moll). Die Skizze dazu enthält freilich andere Töne, aber den gleichen Text. — Skizzen zum Rondo in G, op. 51, 2; zum Intermezzo zu einer Sonate C-moll, Bl. 17ᵇ. Sonst vielerlei Skizzen zur Kammermusik darin, besonders zu op. 18, 3 in D-dur; op. 18, 1; Konzert in B, op. 19; Skizzen zu Liedern mit deutschem, englischem und französischem Texte.

Dieses Skizzenbuch ist von G. Nottebohm in der „Zweiten Beethoveniana" behandelt (Artikel XLVI.) „Zwei Skizzenbücher aus den Jahren 1798 und 1799", p. 476 ff.

Folgendes daraus ist noch erwähnenswert:

Blatt 1ᵃ ff. Skizzen zum D-dur-Quartett, op. 18, alle Sätze (siehe Nottebohm: Zweite Beethoveniana, p. 476 ff.); zuerst tauchen Scherzo-Skizzen auf. — Blatt 5ᵃ Quartettentwurf in G, mit der Überschrift: „quart. 2" — nicht ausgeführt (Nottebohm a. a. O., p. 477).

Bl. 17ᵇ. In betreff des Intermezzo aus c-moll schreibt dort Beethoven: „Intermezzo zur Sonate aus c-moll" und in der ersten Skizzenreihe am Ende: „durchaus so, ohne Trio nur ein Stück". Dieser Satz im ³/₄ Takt ist indes in *keiner* c-moll-Sonate verwendet, auch nicht in der Violinsonate op. 30. Überhaupt hat *keine* Beethoven'sche Sonate ein Intermezzo. — G. *Nottebohm* bemerkt in seiner „Zweiten Beethoveniana" (p. 479), dass dieses Intermezzo hier für die c-moll-Sonate in op. 10 bestimmt gewesen wäre.

Bl. 18ᵃ, Skizzen zu einem „andante Sinfonia" (von Nottebohm nicht erwähnt), — *nicht* ausgeführt, ⁶/₈ Takt.

Bl. 18ᵇ, Skizzen zur Umarbeitung des B-dur-Konzertes, op. 19, (siehe Nottebohm ib. p. 479).

Bl. 21ᵃ, Skizzen zum Goethelied: „Neue Liebe, neues Leben".

Bl. 24ᵃ f., Skizzen zu englischen und französischen Texten.

Bl. 29ᵇ. Skizze zu einer e-moll-Ouverture. — Beethoven schreibt: „overture wo in der Mitte die B. J. ein adagio haben"; bei Nottebohm nicht erwähnt. B. J. bedeutet: Blase-Instrumente,

Bl. 30ᵃ, Skizzen zu den Klavier-Variationen in B. über das Salieri-Thema: „la stessa, stesissima" — fängt mit der III. Variation an, dann Var. 5, 6. 8 u. s. w.

Bl. 37ᵃ, Skizzen zum F-dur-Quartett, op. 18, Nr. 1, besonders I. Satz. — (Nottebohm a. a. O., p. 481).

31. Ein *gebundenes* Heft von 42 Bl., *Skizzenbuch.* Vorn ist aufgedruckt: „Original von Ludwig van Beethoven, geb. 1772 (?) † 1827. Dessen eigenhändiges Skizzenbuch". Titelblatt auf Bl. 1: „2. Skizzenbuch von Ludwig van Beethoven. Enthält: Entwürfe und ganze Sätze von seinen *ersten Violin-Quartetten — Liedern, Sonaten* mit und ohne Begleitung — und von dessen berühmtem *Septett*. In der Verlassenschafts-Lizitation Beethoven's gekauft am 5. November 1827 von *Aloys Fuchs*". (Enthält 84 Seiten.) — Auf der 1. Innenseite: Beethoven's *Porträt* von *Deker* 1824 (Lith. Inst. in Wien). — Hierunter ist das Porträt von *Stefan Decker* zu verstehen. Nach *Th. v. Frimmels* Untersuchungen fällt die Entstehung dieses Beethovenbildnisses in die Zeit zwischen Herbst 1825 und Beethoven's letzten Tagen. (Vgl. dessen „Neue Beethoveniana, S. 300 ff.). — Des Porträts wird weder von *A. Fuchs*, noch von *A. W. Thayer*, noch von ·*G. Nottebohm* gedacht, die sich alle drei mit diesem Skizzenbuche beschäftigt haben. *Aloys Fuchs* hat seinen Beitrag zum *Stuttgarter Beethoven-Album* (1846 von *G. Schilling* ediert) durch eine Beschreibung unseres Skizzenbuches geleistet, das er damals noch selbst besaß, p. 123—124. Er teilt ein Menuetto, Pastorella, Presto-Entwurf und Menuett-Scherzo aus dem Skizzenbuche mit. — *A. W. Thayer* erwähnt dieses Fuchs'sche Skizzenbuch in seinem Beethoven II, 115. — *Gustav Nottebohm*, der dasselbe in den „Zweiten Beethoveniana", in obengenanntem Artikel, p. 484 ff. eingehend berücksichtigt, urteilt also über seine beiden Vordermänner: (Fußnote p. 484): „A. Fuchs giebt im Stuttgarter Beethoven-Album" (S. 123) eine kurze, nicht ganz richtige Beschreibung des Skizzenbuches. Noch unrichtiger ist eine angeblich auf einer Aufzeichnung O. Jahns beruhende kurze Darlegung in Thayers „Beethoven's Leben", Bd. 2, S. 115. So kommen z. B. Skizzen zu den Variationen. Op. 44, welche nach dieser Darlegung im Skizzenbuche vorkommen sollen, nicht darin vor". — Man muss jedoch immer dabei bedenken, was für Wandlungen und Geschicke diesem oder jenem Beethoven'schen Skizzenbuche beschieden waren und noch sind. — Die mannigfachsten Manipulationen werden im Laufe der Zeiten damit vorgenommen.

— Für unseren Zweck mag folgendes aus diesem interessanten Skizzen-buche genügen:

Seite 1: (Quartette op. 18): es beginnt mit dem in F. — S. 9 beginnt Schluss des Adagios mit der Aufschrift: „Les derniers soupirs". S. 12: Menuetto zum F-Quatuor; p. 16: Adagio melancolico (affettuoso) dazu; p. 22 Finale Allegretto des I. Quart., schon früher auftauchend. — p. 26 „Rondo pour le Quart. in D; p. 27 wieder Finale zu dem in F. — p. 31 Skizze zum II. Quartett in G. (op. 18). — p. 37 Lied: „Ich denke dein, wenn mir der Sonnenschimmer" —, Lied mit Klavierbegleitung. Es ist keine Skizze zum Liede „Andenken" von Matthisson, sondern „ich denke dein" von Goethe, — das dann als Lied mit Variationen für Klavier à 4 mains ausgearbeitet ward; „ge-schrieben im Jahre 1800 in das Stammbuch der Gräfinnen Josephine Deym und Therese Brunswick und beiden zugeeignet". — Die Skizzen hier umfassen drei Seiten. Man vgl. auch Nottebohm a. a. O. p. 486 f. (Artikel XLVI). — p. 46 wieder Skizzen zum 1. Quart.; p. 48 Andante zum II. Quartett; p. 52 Menuetto; p. 56 Finale dazu; p. 63 Thema zu den Septuor-Variationen (op. 20); p. 66 Quartett op. 18 Nro 5 in A.; p. 67 Pastoralskizze; es heißt *Pastoral* (deutlich) in D-dur, nicht Pastoretta oder Pastorale, — vgl. Nottebohm a. a. O. p. 490; p. 70 u. 71 „Des Bagatelles par L. v. Beethoven und Signatur: $^3/_4$ und 3 Been, — Vorzeichnung, sonst weiter nichts. *keine* Note, beide Seiten sonst ganz leer, cf. Nottebohm, a. a. O. p. 492; p. 73 Variationen desselben A-dur-Quartetts, D-dur-Variationen; p. 74 Finale des A-dur-Quartetts (op. 18); p. 78 Variationen für Klavier über: „Kind willst du ruhig schlafen," aus P. v. *Winters* Unter-brochenem Opferfeste (erschien Dezember 1799 in Wien bei Mollo & Co.). An der Seite steht von fremder Hand mit roter Tinte: „Variationen etc. für Klavier u. Cello — erschien 1800". — Das ist falsch: es sind vielmehr Skizzen zu den Klaviervariationen in *F.* über das Thema: „Kind willst du ruhig schlafen", — begonnen mit der 5. Variation, — dann besonders Skizzen zur 6. Variation in f-moll, etc. etc., — p. 78—81. Vgl. Nottebohm a. a. O., p. 492 f.. wo *richtig* auch nur von Klaviervariationen die Rede ist (Artikel XLVI):

Hinten aufgeklebt:

Die offizielle
Licit. Kundmachung.

„Von dem Magistrate der k. k. Haupt- und Residenzstadt Wien, wird durch gegenwärtiges Edikt hiermit bekannt gemacht: Es sei in der öffentlichen Feilbietung nachstehender, in die Verlassenschaft des verstorbenen Tonsetzers Ludwig van Beethoven gehörigen Gegenstände gewilligt worden, als: eigene Notierungen und Notierbücher Beethovens, brauchbare Skizzen, Fragmente, und zum teil unvollständige Werke, noch ungedruckt und eigenhändig geschrieben, eigenhändige Manuskripte schon gestochener Werke, teils vollständige und eigenhändig geschriebene noch nicht gestochene Originalmanuskripte Beethoven's, ausgeschriebene Stimmen zu Beethoven's Werken, geschriebene Musikalien verschiedener Kompositeurs, gestochene Musikalien, musikalische Bücher, verschiedene andere Bücher, 1 englisches Fortepiano, dessen sich der Erblasser bis zu seinem Tode bediente, 2 Violinen, endlich eine goldene Medaille von ca. 40 Dukaten. Kauflustige belieben am 5. November d. J. und die nachfolgenden Tage zu den gewöhnlichen Vor- und Nachmittagsstunden in der Stadt am Kohlmarkte im Klein-Baron-Brandauischen Hause Nr. 1149 auf der hinteren Stiege links im zweiten Stocke links sich einzufinden. Wien den 7. September 1827". —

(Fortsetzung folgt.)

Mitteilungen.

* Herr Lionel Benson in London hat bei Laudy & Co. eine Fortsetzung seiner Ausgaben alter Werke erscheinen lassen. Sie besteht aus der Chanson „Petite camusette" von *Josquin des Près* (1545), „La la Maistre Pierre" von *Clemens non papa* (1549), „O bella, o bianca" von *Orazio Vecchi* (1595), „Joseph, lieber Joseph mein" von *Seth Calvisius* (1603), „Loe. countrie sports" von *Th. Weelkes* (1597) und „Adew, sweet amarillis" von *John Wilbye* (1598). Die Sätze stehen im 𝄞 und 𝄢 Schlüssel nebst Klavierarrangement. Die Gesänge sind gut ge-𝄞 wählt und sehr geeignet für unsere Gesangvereine, besonders empfehlenswert ist das Lied von Vecchi, der Chor von Calvisius und die beiden englischen Chorlieder.

* Dr. *Hugo Riemann*, Praeludien und Studien. Gesammelte Aufsätze zur Ästhetik, Theorie und Geschichte der Musik von ... 1. Bd. Frankfurt a./M. (1895) H. Bechhold. 8°, VI und 239 S. Pr. 5 M. Das einzige Kapitel was ins Fach der Musikgeschichte schlägt ist das S. 174 über Wiederbelebung und Vortrag alter Vokalmusik. Der Verfasser wiederholt hier seine Ansichten über die Verkürzung der Notenwerte und bleibt dabei, dass eine vierfache Verkürzung notwendig sei. Das ist wohl anwendbar bei den Kompositionen des 15. Jhs., doch nicht bei denen des 16. und 17., wo Viertel- und Achtelnoten vielfach vorkommen. die sich dann als 16tel und 32tel darstellten. Dies gäbe nicht nur einen sonderbaren Anblick, sondern auch eine falsche Darstellung des Tempo. Auffallend ist, dass die beiden Philologen Dr. Riemann und Dr. Reimann sich so eifrig für die Anwendung des Violinschlüssels bei Wieder-

gabe der alten Tonsätze verwenden. Unser Streichquartett besteht aus drei Schlüsseln, sollte nun das Lesen der zwei anderen Schlüssel den Herren wirklich so schwer fallen?

* *Charles Gounod.* Ein Lebensbild. von Paul Voſs. Leipzig 1895. Max Hesse. kl. 8⁰. IV und 147 S. mit Porträt. Pr. 1,50 M.

* Tijdschrift der Vereeniging voor Noord-Nederlands Muziekgeschiedenis. Deel V. 1. Stuk. Amst. 1895. Fr. Muller & Co. gr. 8⁰. 84 S., enthält eine Biographie über van Riemsdijk, ein Lautenbuch von Nic. Vallet mit Proben und Register, 1615 und 1616, 2 Bücher. Melodie zu dem Liede Wilhelmus von Nassau nebst Mitteilung mehrerer Lesarten der Melodie, die zum Teil schon M. Böhme im altdeutschen Liederbuche 409 u. 410 mitteilt. Konzertprogramme aus den Jahren 1791 und 92 aus Maastricht.

* Die am 18. Nov. 1895 stattgefundene Versteigerung von Autographen im Geschäftslokale des Herrn Leo Liepmannssohn in Berlin brachte auch einige Hds.: von Beethoven ein Lied, von Joseph Haydn einen Brief, Mich. Haydn Musikpiecen, Joh. Ad. Hiller einen Brief, Mozart eine Fuge u. a. unter den Hammer.

* Schauenburgs allgemeines deutsches Kommersbuch unter musikalischer Redaktion von Fr. Silcher und Fr. Erk (Lahr, Moritz Schauenburg) ist soeben in 50. Auflage erschienen mit 709 Liedern nebst Melodien.

* *Leo Liepmannssohn,* Berlin SW. Bernburgerstr. 14. Kat. 117, enthält eine 415 Nrn. starke Sammlung von Instrumentalwerken des 18. Jhs. in einer selten vorkommenden Zusammenstellung.

* *List & Francke* in Leipzig, Kat. Nr. 272. Theoret. u. prakt. Musikwerke aus dem Nachlasse des Herrn C. Kossmaly u. J. Schucht etc. 2655 Nrn., meist neuere Werke.

* Der Mitgliederbeitrag von 6 M ist im Laufe des Januars an den Sekretär der Gesellschaft einzuzahlen. Restierende werden durch Postauftrag eingezogen.   Rob. Eitner.

* Hierbei 2 Beilagen: 1. Katalog Zwickau, Bog. 33. 2. Musikbeilagen zu Joh. Krieger, Bog. 4.

Verantwortlicher Redakteur Robert Eitner, Templin (Uckermark).
Druck von Hermann Beyer & Söhne in Langensalza.

MONATSHEFTE

für

MUSIK - GESCHICHTE

herausgegeben

von

der Gesellschaft für Musikforschung.

| XXVIII. Jahrg. 1896. | Preis des Jahrganges 9 Mk. Monatlich erscheint eine Nummer von 1 bis 2 Bogen. Insertionsgebühren für die Zeile 30 Pf.
 Kommissionsverlag von Breitkopf & Härtel in Leipzig. Bestellungen nimmt jede Buch- und Musikhandlung entgegen. | No. 2. |

Die Beethoven-Autographe der Königl. Bibliothek zu Berlin.

Mitgeteilt und beschrieben von **Dr. Alfr. Chr. Kalischer.**

V.

(Fortsetzung.)

32. Ein Skizzenheft, *44 Blatt* stark, qufol. Skizzen zur *Phantasie mit Chor*, op. 80. Vgl. hierzu Nottebohm: II. Beethoveniana, Artikel XLVII. „Ein anderes Skizzenbuch aus dem Jahre 1808," p. 495 ff., welches just diese Nummer betrifft. Auf Blatt 6ᵃ schreibt Beethoven: „vielleicht mit einem Quartett anfangen finale, welches sich mit einem Quartett in Es anfängt." — Auf Bl. 16ᵇ (αὐτός) „pastoral Sinfonie. Keine Malerei, sondern worin die Empfindungen ausgedrückt sind, welche der Genuſs des Landes im Menschen hervorbringt, wobey einige [innige?] Gefühle des Landlebens geschildert werden."

„Ruhm sei Gott in der höh

im Kirchenstil

heilig — Kirchenstil

statt pleni sunt coeli: Es jauchzen die Himmel, die Erde

statt osanna; amen.

Gellerts Lieder können dabei gute Dienste thun." Vgl. Nottebohm a. a. O. p. 504.

So ist diese ganze Seite von Beethoven ausgefüllt. — Auf Blatt 19ᵇ schreibt derselbe: „Im Requiem läſst sich der Totenmarsch anbringen."

Sonst immer noch Skizzen zur Chor-Phantasie. — Auf der letzten notenleeren Seite 44ᵃ schreibt wieder B.: „Geht es nicht mit den liebhaber Konzerten, so reise ich gleich anfangs in der Fasten, geht Es, gegen Ende der Fasten."

33. Ein gebundenes Heft, *grün* „Aus der Autographen-Sammlung des Aloys Fuchs in Wien: *Finale vom Quartett* B-dur, op. 130 für 2 Violinen, Viola, Violoncell von Ludwig van *Beethoven. Eigenhändige Partitur* des Komponisten.

NB. Das Quartett ist bei Matth. Artaria in Wien in Partitur gestochen erschienen. — „In der Auktion von Beethovens Nachlafs erstanden von Aloys Fuchs am 5. Dezember 1827." — Finale Allegro, 24 Blatt vollständig; 1 Blatt leer.

VI.

Es folge nunmehr die Inhalts-Aufzählung eines *kolossalen* Autographen *Konvolutes* in *gebundener Papp-Mappe*:

34. *Brauchle-Canon*: „Brauchle, Linke, — Lincke Brauchle" — 1 Seite, zweite Seite unbeschrieben. (Abgedruckt bei *L. Nohl*: „Neue Briefe Beethovens" p. 92, Anmkg.).

35. „Facsimile di L. van Beethoven: assai lento e tranquillo, cantante. Des-dur $^6/_8$. Aus dem Quartett in F op. 135 1 grofse Folioseite (Doppelfolioseite) — Darunter von Beethoven: „Neuestes Quartetto von Beethoven, Gneixendorf am October 26". — Darunter gestochen: „*Fac-simile*, tiré du 1ᵉʳ violon du 17ᵉ et dernier quatuor composé par *L. van Beethoven* à Gneissendorf le 30. octobre 1826, et faisant partie de la collection complète de ses trios, quatuors et quintetti, composés pour instruments à cordes, dans laquelle se trouvent ses 6 derniers quatuors inédits op. 127, 130, 131, 132, 133 et 134, Publiée par *Maurice Schlesinger* Mᵈ de Musique du Roi, Rue de Richelieu, Nr. 97 à Paris."

36. *Notierungsbuch* (Mit dem Zeichen: *B. 61*), zusammengelegt, in eine Bogenhülle gelegt. — Skizzen zum *Pianofortekonzert in Es* (op. 73). — Blatt 3ᵃ Liederskizze „Dein süfses Bild". — Bl. 19. Lied. Maestoso oder vielmehr „Mesto". Unten die merkwürdigen Worte des Meisters, die zur *Erdödy*-Geschichte gehören: „Beethoven ist kein Bedienter — Sie wollen einen Bedienten — den haben sie nun." — Nähere Aufklärung giebt des Verf. Aufsatz: „*Beethovens Beichtvater*" in der Neuen Zeitschrift für Musik vom Jahre 1893, Nr. 35—40 inkl. Man vergl. hierzu auch G. Nottebohms II. Beethoveniana, Artikel XXIX: „Skizzen aus dem Jahre 1809", worin

dieses Notierungsbuch teilweise berücksichtigt erscheint, — besonders p. 261 f. — Bl. 36 Quartettskizze, dazu: (αὐτός) „Zur Erinnerung der Verteidigung des Vaterlandes". — Bl. 41 (αὐτός): „auf die Schlacht, jubelgesang, Angriff, Sieg." Gehört zum Collin'schen Wehrmannslied „Österreich über Alles" — „Wenn es nur will, ist immer Österreich über Alles". (1809.) — Bl. 45 Sonate les-adieux (op. 81ᵃ). Lebewohl-Motiv. (αὐτός): „Der Abschied", durchstrichen „das lebewohl, am 4. May, zum Danke (?) und aus dem Herzen geschrieben." — cf. hierzu *Nottebohm*, l. l.: p. 100, Artikel XIII: „Skizzen zur Sonate op. 81ᵃ; p. 96 ff. — Bl. 47 (αὐτός): „schon den ersten besten Text von vorhin gemacht. genommen Kleinigkeiten". Dann unten: „gleich nach dem fine im Oratorium von jesus muſs ein neuer chor einfallen. Treitschke kann Lachen" —; zum Teil anders lautend bei *Nottebohm*, ib. p. 264 (Artikel XXIX). — Bl. 50 (αὐτός): „Die beste Weise, sich im P (oder F.)*) zu üben, ist das, worüber man spricht oder denken kann, daſs gesprochen wird, aufzuschreiben." Man vergl. damit die nicht ganz korrekte Wiedergabe bei *Nottebohm*, a. a. O. p. 265. — Es ist gewiss von Interesse, damit den Gedankengang zu vergleichen, den Beethoven einmal — wie folgt — an seinen erhabenen Schüler und Freund, den *Erzherzog Rudolph* gerichtet hat: „Fahren E. K. H. nur fort, besonders sich zu üben, gleich am Klavier Ihre Einfälle flüchtig kurz niederzuschreiben. Hierzu gehört ein kleines Tischchen ans Klavier. Durch dergleichen wird die Phantasie nicht allein gestärkt, sondern man lernt auch die entlegensten Ideen augenblicklich festhalten. Ohne Klavier zu schreiben, ist ebenfalls nötig, um manchmal eine einfache Melodie Choral mit einfachen und wieder mit verschiedenen Figuren nach den Contrapunkten und auch darüber hinaus durchführen, wird E. K. H. sicher kein Kopfweh verursachen, ja eher, wenn man sich so selbst mitten in der Kunst erblickt, ein groſses Vergnügen. — Nach und nach entsteht die Fähigkeit, gerade nur das was wir wünschen, fühlen, darzustellen, ein dem edleren Menschen so sehr wesentliches Bedürfnis." (Brief aus Wien vom 1. Juli 1823.)

Auf Bl. 53 desselben Heftes ein „Sanctus dominus, deus Sabaoth." Bl. 57 Beispiele von Versetzungen von Sext-Akkorden (6ten Akkorde). — Bl. 59: „Overtüre zu jeder Gelegenheit, oder zum Gebrauch im Konzert." — Bl. 66 f. Italienischer Gesang. Bl. 69 (αὐτός): „Konzert in B-moll." — Bl. 71 „Variationi", X. Violinquartett. — Bl. 71

---

*) wohl = Phantasieren.

2*

Adagio in G. — Unten ($a\dot{v}\tau\acute{o}\varsigma$): „Vom 4ten an wird des Bedienten Kostgeld wieder bezahlt." (cf. hierzu Nottebohm ibid. p. 266—268.)

Dazwischen immer Skizzen zu einer italienischen Arie: „Amor timido" von Metastasio. — Bl. 76 schreibt B.: „schluß eines Stückes, welches in g-moll anfängt." (Nottebohm l. l. p. 270.) Ferner: „vielleicht das erste Allegro eines Stückes in einem Konzert so schließen." (wenige Noten dabei) — „Das adagio wieder einen nur verwandten Schluß und nicht in der Tonart selbst, endlich dann das letzte Stück im eigentlichen Ton, wie das erste anfangen." (cf. die etwas andere Wiedergabe bei *Nottebohm*, a. a. O. p. 270.) Folgen weitere Skizzen zum X. Quartett in Es-dur (op. 74). Bl. 79 seitwärts am Rande ($a\dot{v}\tau\acute{o}\varsigma$): „Beim goldenen Kreutz." — Bl. 86: „Abschied — Abwesenheit — Ankunft" (zu op. 81ᵃ). — Bl. 88: „Freudvoll und leidvoll, gedankenvoll." — Skizzen zur Egmontmusik; dann wieder zum Quartett op. 74. — Bl. 102: Ruinen von Athen. — Bl. 103 unten ($a\dot{v}\tau\acute{o}\varsigma$): „Untersuchung wegen der durchgehenden Noten am Klavier." — Bl. 104 mitten auf der Seite ($a\dot{v}\tau\acute{o}\varsigma$): „A-moll-Sinfonie-letztes Stück." — Von einer A-moll-Symphonie weiß man sonst nichts. — Bl. 107: Gesangsskizzen: „Einst wohnten süße ruh und goldner Frieden." (cf. Nottebohm, a. a. O. p. 274.) — Gehört zu op. 75, 6 Gesänge, Gedichte von Goethe, Nr. 5: An den fernen Geliebten, in G-dur; ⁶⁄₈ Takt. — Ende des Heftes.

37. *Notierungsbuch* (mit der Signatur: *E. 90*). — Dieses Heft ist besonders eingehend von *G. Nottebohm* beschrieben: „Ein Skizzenbuch von Beethoven aus dem Jahre 1803. Leipzig 1880"; 80 Seiten gr. 8⁰. — Daher hier nur das Notwendigste für unsere Zwecke. — Dieses gebundene Skizzenbuch in querfolio umfaßt 182 Seiten. Es ist reich an Skizzen zur heroischen Symphonie, besonders zum 1. Satze.

S. 1 Liedanfang, „Zur Erde sank die Ruh' vom Himmel nieder," S. 2 f. Skizzen zu den Pianoforte-Variationen über „Rule Britannia" (in D., 1804 erschienen), — bis S. 41 fast nur Skizzen zum 1. Satze der Eroica. (cf. Nottebohm a. a. O. p. 8 ff.). — p. 42, Skizzen zum Trauermarsche der Symphonie in C-moll. (cf. Nottebohm l. l. p. 37 ff.). — p. 57, Skizzen zu den 3 Märschen zu 4 Händen (op. 45); p. 59: Skizzen zu einem unbekannten Quartetto in A-dur; S. 62, Skizze zum Liede: „Das Glück der Freundschaft," — „Der lebt ein Leben wonniglich, — als op. 88 bekannt, auch unter dem Titel: „Lebensglück" — 1803 ohne Opuszahl erschienen. S. 66 f., Skizzen zum Scherzo der Eroica. (cf. Nottebohm l. l. p. 44 ff.); S. 70 **Fuge**

zum Finale. — S. 92, Neue Skizze zur Marcia funebre., Schluss. —
p. 96, ein „Murmeln der Bäche (Tonmalerei), je grösser der Bach
je tiefer der Ton." — Es folgen Stücke zu einer Oper, die Beethoven
für Schikaneders Theater an der Wien schreiben wollte, ehe er sich
ganz zur Leonore entschloss, so p. 98 das Lied: „liebe Freundin,
lebe wohl," p. 108 andere Entwürfe zu dem Gellert'schen Liede: „Eins
ist not" (denk, o Mensch, an deinen Tod; (cf. op. 48, Nr. 3). S. 117:
„Sonata con Violoncelli adagio". — p. 119: Canon „tibi gratulor". —
p. 120 Anfang eines Stückes in F mit dem Titel am Rande links:
„Quartett per 4 voci zugleich gut für den letzten Zug vom Pianoforte, Klav Klaviers." — S. 120 ff. Skizzen zum 1. Satze der C-dur-
Sonate, op. 53. — Ferner p. 121 f. Skizzen zum Andante in F-dur
(andante favori) für Klavier; p. 125 f. Rondo in C-dur; ferner von
p. 126 ab zum Finale der C-dur-Sonate. — S. 145 Skizze zum
Klopstock'schen „Rosenband" — „im Frühlingsschatten fand ich sie";
p. 145—147 Entwürfe zu einem ungedruckten Allegretto für Pianoforte, später als Bagatelle Nr. 5 bezeichnet. — Dann p. 146 ff. Entwürfe zur Marzellinen-Arie aus *Fidelio*. „O wär' ich schon mit dir
vereint," — worauf (148—171) Entwürfe zu den vier nächsten
Nummern der Oper folgen. (Duett, Terzett, Quartett, Leonoren-Arie,
„Mir ist so wunderbar".)

S. 147 oben hat folgenden Passus zu einem Briefe: „da übrigens
ihr Brief in einem Ton geschrieben ist, der mir ganz fremd und un-
gewöhnlich ist, so kann ich nichts anderes thun, als ihren Brief
zurücksenden, wovon ich zu meiner Rechtfertigung eine Abschrift
habe machen lassen." — Es lässt sich nicht gut festsetzen, wer
Adressat dieser Abfertigung sein dürfte. — (cf. auch Nottebohm
a. a. O. p. 72.)

S. 148 Anfang des *Klavierkonzertes* in G-dur (op. 58). Dabei
die Beethoven'schen, von Nottebohm nicht aufgenommenen Worte
„Concerto f. M. (noch *ein* unleserlicher Buchstabe). Dann Lied:
„ein weilchen nur höre mir zu, dann lass ich dich wieder in ruh."
p. 155, Entwurf zu einer „Fantasia un poco adagio." — Klavier in
d-moll mit der Bemerkung: si continua sempre molto semplice in
questa maniera" — und ebendort unten: Skizzen zum Scherzo der
C-moll-Symphonie. p. 157 — zum 1. Satze derselben Symphonie
— und verschiedenes Andere. (cf. Nottebohm l. l. p. 71). — p. 159
Quintetto Kyrie. — S. 172 f. Entwürfe zu Stellen des Oratoriums
„Christus am Ölberge;" bes. die Worte: „nimm den Leidenskelch von
mir." S. 177 auch Ansätze zu einer „Sinfonia in d-moll, $^6/_8$" —

und zu einem „Zapfenstreich in andante Einfall." Beim Sinfonie-Entwurf sind diese Worte des Meisters zu lesen: „Hierbei flauto piccolo mit" (ein mit C beginnendes unleserliches Wort, vielleicht: Clarinetten); — diese Worte konnten sich jedoch wohl eher auf den unmittelbar folgenden Zapfenstreich - Entwurf beziehen. — Man könnte auch lesen: Flauto piccolo mit Bedienenden? — Die letzten Seiten (180 bis 182) zeigen Skizzen zum 1. Satze des Tripelkonzertes, op. 56. — Dazwischen noch unbekanntes Gesangliche. Auf der letzten Innenseite des Umschlages steht von Beethovens Hand der Titel zur Violinsonate op. 47: „Sonate scritta in un stilo (durchstrichen: brillante) molto concertante (durchstrichen) come d'un Concerto."

(Fortsetzung folgt.)

Mitteilungen.

* *Peter Wagner;* Einführung in die gregorianischen Melodien. Ein Handbuch der Choralkunde von ... Mit 13 Tabellen und zahlreichen Notenbeispielen. Freiburg (Schweiz). 1895. Universitäts - Buchhdlg. (B. Veith). gr. 8°. XI u. 311 S. in 2 Teilen. Pr. 6 M, geb. 7,50 M. Um den Wert des Buches zu kennzeichnen, wird die Mitteilung der Kapitel - Überschriften genügen: Der kirchliche Gesang bis auf Gregor den Gr. — Ordnung des liturgisch. Gesges. durch Gregor d. Gr. — Verbreitung des greg. Gesges. — Die Sängerschule von St. Gallen. — Die Notenschrift des greg. Gesges. — Mittelalterliche Theorie und Choraltheorie. — Der greg. Choral als Kunst der vokalen Einstimmigkeit. — Das Tonsystem des Chorals. — Die Tonarten des greg. Gesges. — Die Melodik des greg. Gesges. — Rhythmus u. Gliederung der gregor. Gesge. — Wort und Ton im greg. Chorale. Selbstverständlich sind als Belege die besten Quellenwerke citiert.

* Mitteilungen für die *Mozart - Gemeinde* in Berlin. Herausgegeben von Rud. Genée. 1. Heft, Nov. 1895. Berlin, Mittler & Sohn. 8°. 32 S. Im Dez. 1894 wurde der Verein „Mozart - Gemeinde" in Berlin gebildet und zählt heute bereits 337 Mitglieder. Das 1. Heft ihrer Veröffentlichung enthält 1. die Autographe M.'s in der Kgl. Bibl. zu Berlin. 2. Constanze von Nissen, die Wittwe Mozart's mit Portr. 3. Kleine Mitteilungen. Der 1. Artikel ist ein ganz ungenügender Auszug aus dem Nachtrage zum chronologisch-themat. Verzeichn. sämtl Werke M.'s (im Anschlusse an Köchel's Verz.). Lpz. 1889. Breitkopf & Härtel." Im 2. Artikel über die Witwe M.'s werden 2 Briefe von ihr mitgeteilt. Unter den kleinen Mitteilungen befindet sich nichts was auf Neuheit Anspruch erheben kann. Der Zweck der Mozartgemeinde liegt aber nicht in diesen literarischen Veröffentlichungen, sondern durch Mitgliederbeiträge die Hauptkasse des Salzburger Mozarteums zu unterstützen, und dieser Zweck ist allein schon genügend den Beitritt zu empfehlen, derselbe ist zu richten an Herrn Prof. Dr. Rud. Genée, Berlin W, Viktoriastr. 12, oder an die

Musikhandlg. von C. Paez, Französische Str. 33 E; Raabe & Plothow, Potsdamerstr. 7a oder an die Buchhdlg. von Mittler & Sohn, Kochstr. 68.

* *A. W. Ambros*, Bunte Blätter. 2. verb. Aufl. herausgeg. von *Emil Vogel*. Lpz. F. E. C. Leuckart. kl. 8°, XIV u. 291 S. Pr. 3 M. Die einstigen 2 Bände der bunten Blätter sind in einen gezogen und alles was nicht Musik betraf ist ausgesondert. Der Herausgeber hat es sich besonders angelegen sein lassen die neueren Quellen zu verzeichnen und ältere Angaben zu verbessern. Im übrigen ist Ambros' Schrift unverändert wieder aufgenommen.

* Dr. *M. Tratter*, Benefiziat in Bozen (Tirol) hat eine Sammlung alter und neuer katholischer Kirchenlieder mit vollständigen Texten im Selbstverlage (Pr. 1 M) herausgegeben, die er betitelt: „Freu dich! Eine Auswahl geistlicher Gesänge. Mit bischöfl. Genehmigung. kl. 8°. 232 Lieder mit Melodien. Letztere auf 4 Notenlinien mit der römischen Choralnote ohne Taktstriche notiert. Die Sammlung ist mit Geschmack und Geschick zusammengestellt und empfehlenswert. Besonders originell ist die Notierungsweise und die Benützung des alten Grundsatzes: die Noten nach dem Silbenwerte zu messen, eine Aufgabe, welche der Verfasser mit Konsequenz und Erfolg durchführt. Hiernach erscheint unser moderner Taktstrich wie ein störender Schlagbaum und vielleicht erlebe ich es noch, dass man auch die weltlichen alten und älteren Melodien in gleicher Weise notiert.

* *Franz Wüllner*: Chorübungen der Münchener Musikschule. Neue Folge 5—16 stim. Gesänge aus dem 16.—18. Jh., Part. München 1895. Th. Ackermann. Pr. für das ganze Werk 15 M. (264 S. Part.) Die Schlusslieferung enthält aufser der Part., das Vorwort des Herausgebers und das Inhalts-Verzeichnis, welches zugleich die Quelle angiebt woher der Tonsatz entnommen ist. Der Herr Verfasser betont im Vorworte ganz besonders, dass es ihm nicht darauf ankam bisher noch unbekannte Kompositionen zu veröffentlichen, sondern das Beste, Schönste und für unsere Ohren Geniefsbarste zu sammeln, es durch vielfache Chorproben als geeignet zu erkennen und durch genaue Vortrags- und Atmungszeichen auch anderen zugänglich zu machen. Durch diese Eigenschaften ausgezeichnet ist die Sammlung ganz besonders den Gesangvereinen zur fleifsigen Benützung zu empfehlen. Der Verfasser sagt z. B. im Vorworte: Durch vielfache Versuche wurde festgestellt, in welcher Tonart, in welchem Tempo, mit welchen dynamischen Bezeichnungen ein Stück am schönsten klang. Das früher schon Bekannte erschien dadurch häufig in ganz neuer Beleuchtung, der Chor sang es schöner und mit gröfserer Freude und den Zuhörern wurde manches bisher nicht gewürdigte Stück in ungeahnter Weise näher gebracht.

* Dr. *Josef Mantuani*, Prof. Josef Böhm. Abriss seines Lebens und Wirkens. Wien 1895. F. Rörich vormals F. Wessely. gr. 8°. 70 S. mit Porträt und Grabmal. Jos. Böhm starb 1893 und war ein Reformator der katholischen Kirchenmusik. Was Witt für Bayern erstrebte, suchte Böhm für Österreich zu erreichen. Sein Leben war ein steter Kampf mit den ihm feindlich entgegenwirkenden Männern, besonders der Geistlichkeit. Trotz mannigfacher Erfolge, haben seine Bemühungen nicht hingereicht das mühsam eroberte Feld auch zu behaupten. Den gröfsten Triumph feierte er während der Wiener Musikausstellung im Jahre 1892 durch seine Aufführungen älterer Werke und des gregorianischen Chorals. Böhm's Bestrebungen wurden wohl anerkannt, doch selbst mit Hand anzulegen fiel Niemanden ein, so dass der alte Schlendrian,

besonders durch die Geistlichkeit unterstützt, seinen Gang ruhig fortging. Tusche von Trompeten und Pauken, gedankenloses Heruntersingen des Chorals, weltliche Kirchenmusik herrschen heute noch in Wien wie ehemals. Herr Dr. Mantuani beleuchtet dies in der schärfsten Weise und setzt Böhm das schönste 'Denkmal.

* Mitteilungen der Musikalienhandlung Breitkopf & Härtel in Leipzig. Januar 1896, geschmückt mit Händel's Porträt. Aus dem reichen Inhalte sei nur einiges hervorgehoben, welches ins Feld der Musikgeschichte fällt: *Seb. Bach's* Handschriften in zeitlich geordneten Nachbildungen. 142 Tafeln in Lichtdruck. 44. Jahrg. der Ausgabe der Bach-Gesellschaft. Pr. 30 M. Ausgewählte Werke von *Palestrina* für den praktischen Gebrauch. 1. Bd. des *Virginal Brook's* im Fitzwilliam-Museum von Maitland und Barclay Squire ediert, 109 Klavierpiecen aus dem 16. Jh. *Expert's* Les maîtres musiciens sind bis zur 15. Lieferung gediehen und enthalten: Lassus, Costeley, Goudimel, Mauduit, Jannequin, Gascongne, Courtoys, Claudin de Sermisy. Saint-Saëns kündigt eine Ausgabe von Ph. Rameau's Klavierpiecen an. S. 1452 befindet sich eine Biographie *Julius O. Grimm's*, nebst Verz. seiner Kompositionen. Dieser folgt die Biographie über *Karl Hüllweck*.

* Als Fortsetzung der in Nr. 1 der Monatshefte angezeigten Neuausgaben von Herrn *Lionel S. Benson* herausgegebenen alten Gesängen sind ebendort noch erschienen von *Orl. di Lasso*: Ich weiß mir ein meidlein hübsch und fein (1583), von demselben: Mon coeur se recommande (1560) und von *Charles Tessier*: Au joli bois je m'en vais (1603). „Alle drei Nummern sind trefflich ausgewählt und für Chorvereine ganz geeignet.

* Die „Biographischen Blätter", Zeitschrift für lebensgeschichtliche Kunst und Forschung (Berlin, Ernst Hofmann & Co., SW. 48) stellen zwei Preise aus, einen zu 100 M für einen biographischen Artikel zu 4—20 S. über irgend einen bedeutenden Deutschen und einen zu 500 M von 15—20 Druckbogen der einen historischen Stoff behandelt. Genaueres teilt der Prospekt „Preis-Ausschreiben" mit.

* *Joh. Krieger's* Klaviersätze werden noch eine Reihe Bogen beanspruchen und schlage ich vor, mit dem Einbinden des Jahrganges 1895 bis zur Fertigstellung der Musikbeilage zu warten und dann dieselben nach Nr. 9 einzufügen. Die dann noch folgenden Gesangspiecen können 1896 zukommen. Der Zwickauer Katalog dagegen, der etwa mit Bogen 36 vollendet sein wird, ist am besten als Einzelwerk zu binden. R. E.

* Quittung für eingezahlte Beiträge für 1896 von den Herren Dr. Bäumker, Prof. Braune, C. Dangler, Dr. Dörffel, Joh. E. Habert, Dr. Haym, Schulrat Israel, Dr. Ed. Jacobs, W. P. H. Jansen, Dr. Köstlin, Dr. Kralik, Kraus figlio, Prof. Em. Krause, Prof. Kullack, von Miltitz, Musikd. Nachtmann, B. F. Richter, E. J. Richter, L. Riemann, P. Runge, Geh. Hofrat Schell, Seminarbibliothek in Plauen, Kgl. Bibliothek in Straßburg, Wilh. Tappert, K. Walter, Prof. Dr. Weckerling.

Templin, 24. Januar 1896. Rob. Eitner.

* Hierbei 2 Beilagen: 1. Katalog Zwickau, Bog. 34 u. 35. 2. Musikbeilagen zu Joh. Krieger, Bog. 5.

Verantwortlicher Redakteur Robert Eitner, Templin (Uckermark)
Druck von Hermann Beyer & Söhne in Langensalza.

MONATSHEFTE

für

MUSIK - GESCHICHTE

herausgegeben

von

der Gesellschaft für Musikforschung.

XXVIII. Jahrg. 1896.	Preis des Jahrganges 9 Mk. Monatlich erscheint eine Nummer von 1 bis 2 Bogen. Insertionsgebühren für die Zeile 30 Pf. Kommissionsverlag von Breitkopf & Härtel in Leipzig. Bestellungen nimmt jede Buch- und Musikhandlung entgegen.	**No. 3.**

Die Beethoven-Autographe der Königl. Bibliothek zu Berlin.

Mitgeteilt und beschrieben von **Dr. Alfr. Chr. Kalischer.**

VI.

(Fortsetzung.)

38. *Notierungsbuch* F. 91, gebunden, im Ganzen 186 Seiten. Zeit der Sonaten op. 23 u. 24, der Sonate pathétique, u. der II. Symphonie. *G. Nottebohm* hat es in seinem Werke „*Zweite Beethoveniana*" (1887 im Artikel XXVII: „*Ein Skizzenbuch aus dem Jahre 1800*" p. 230—251) behandelt.

Für unsere Zwecke genüge Folgendes:

S. 1: Rondo in *E* (muss, wie Nottebohm richtig bemerkt, Fis-dur sein), als Thema des letzten Satzes der F-Sonate (Violine) op. 24 erkennbar. — p. 14: Skizze zum Adagio dieser Violinsonate; dann zum Menuetto; p. 17 erster Satz derselben Sonate und dann wieder abwechselnd Menuetto und Adagio der F-Sonate. (op. 23 und 24 sind im Jahre 1801 erschienen). p. 34 lautet das ähnliche Adagiomotiv (von op. 24): „Andantino cavatinato. — p. 49 beginnt der — gleich ausgeführte Anfang der Sonate pathétique in c-moll. — Dann Motive zum 1. Satze der D-dur-Symphonie (op. 36); verschiedene Skizzen zur *As-dur-Sonate* (op. 26). — p. 56 ist zu lesen: Sonate pour M; Vorzeichnung 3 B. — es ist jedoch der Anfang der As-dur-Sonate (op. 26). — Darunter (αὐτός): „poi Menuetto o qualche altro pezzo carratteristica come p. E. una Marcia in as moll poi questo — $^2/_4$; unten Trio der Marcia funebre. — Variat. zu den Worten „Sonate pour M." wolle man die hier unter Nr. 37 angegebenen Worte „Concerto f. M." (und?) zusammenhalten. Auch Skizzen zum Scherzo und zum Finale von op. 26 bietet dieses Skizzenbuch dar. S. 73 beginnen Gesangmusiks-Skizzen zum *Prometheus-Ballet*. Sehr interessant sind die scenischen Bemerkungen, die dort von Beethovens Hand — gewiss nach den verloren gegangenen Ballet-Vorlagen gemacht worden sind. — Da Nottebohm (a. a. O. p. 247) *nur zwei* jener Bemerkungen mitgeteilt hat, setze ich dieselben hier vollständig her, so gut sie zu entziffern waren:

1. Die zwei S. (= Statuen) gehen langsam über die Bühne aus dem Hintergrund. — 2. P. (= Prometheus) kommt allmählig zu sich, den Kopf gegen das Feld und geräth in Entzücken, wie er seinen Plan so gut gelungen sieht — er freut sich hierüber unaussprechlich, stehet auf und winkt den Kindern stille zu stehen. 3. Diese wenden sich langsam, unempfindlich gegen ihn. P. setzt seine Anrede an sie fort, welche seine göttliche Vaterliebe für dieselben ausdrücket und befiehlt ihnen sich ihm zu nahen, winkt ihnen Grüße [? oder: will herangehen], sie sehen in unempfindlich an, wenden sich zu einem Baume, dessen Größe sie betrachten.

(Skizzenbuch p. 74). 4. „P. fängt an wieder seinen Muth zu verlieren, ängstigt sich und jammert [lamentirt?], er geht auf sie zu, nimmt sie bei der Hand und führt sie selber vor die Scene, — er erklärt ihnen, daß sie sein Werk sind, daß sie ihm angehören, daß sie im dankbar sein müssen, küsset und liebkoset sie — allein diese immer unempfindlich schütteln nur manchmal den Kopf und zeigen sich völlig gleichgültig, stehen, um (p. 74) immer hin und her zu tasten." —

Nunmehr folgen lediglich *Noten*, Prometheus-Ballet-Skizzen.

S. 110 erscheint eine Skizze zu einer „Sinfonia in C." — S. 134, „Una scena stromentate." Außer den bereits berührten Werken tauchen noch kurze Skizzen zum 2. und 4. Satze der Sonate in Es (op. 27, Nr. 1) und zur Bagatelle op. 33, Nr. 7 in As auf.

39. *Notierungsbuch*, O. 36, 55 Blätter. — Dieses Heft enthält vornehmlich Skizzen zur *IX. Symphonie*, zum *Finale*. — Dieses Skizzenbuch veranschaulicht besonders das ringende Suchen des Meisters nach einer angemessenen Überleitung zur Schiller'schen Ode. — G. *Nottebohm* hat in dem mehrfach citierten Werke unter Nr. XX einen langen Aufsatz „*Skizzen zur IX. Symphonie*" überliefert (p. 157—193), wo er aus allerlei Skizzenbüchern, die teils in Wien, teils in Berlin lagern, ein Bild dieser Kämpfe zu geben ver-

sucht. — Auch das vorliegende Notierungsbuch (O. 36) ist dabei benutzt worden, ohne dass Nottebohm dasselbe näher bezeichnet. Das ist dabei überhaupt bedauerlich; man vergleiche das Hierhergehörige. d. h. dieses Notierungsbuch teilweise Betreffende, bei Nottebohm, l. l. p. 190 f.

Ich selbst entnehme unserm Notierungsbuche Folgendes:

Blatt 1 schreibt Beethoven: „Der Chor konnte auch hinter der Scene gesungen werden." — Oft begegnet man hier den bekannten Ziffer-Erscheinungen, als: „6000; 20000; 10000" u. s. w.

p. 8 ein wenig „dona nobis pacem": „agnus dei." (Missa solemnis.) p. 12 beginnt es furchtbar bunt und kraus zum Finale der Neunten zu tagen, dazwischen auch viel Skizzen zum 1. Satze, besonders p. 31 ff. — p. 45: „seid umschlungen, Brüder überm Sternenzelte muſs." Seite 37 (oder richtiger: *39*): G-moll, Introduction. Variationen oder 1. Teil in d-moll — alla Marcia — Introduzione. Vor Skizzen zum Adagio der IX. Symphonie, nämlich vor dem 2. Thema in D-dur, stehen diese beachtenswerten Worte: „vielleicht doch den Chor passender schon hier einfinden" (?). Unmittelbar vor dem Thema selbst als Tempobezeichnung: „*Grandioso alla Menuetto*", — diese himmlische Melodie war also wohl zuerst als eine Art Reigen seliger Geister gedacht.

p. 49. Skizzen zum Scherzo der IX. — p. 51 (αὐτός): „Morgenstunde hat Gold im Munde."

p. 61 (resp. 63). Duetto — darunter die Worte: „Entschlossenheit, Leichtsinn — Erhabenheit" (oder: Erhabenster). — p. 65 (resp. 67) hat Beethoven oben mit Blei geschrieben: „Der Baſs der Trombonen bis E, ich glaube auch bis F."

p. 69 (resp. 71) oben: „Nein, diese Wildnis erinnere an unsere Verzweiflung, Verzweifl (?)", man vergl. Nottebohm, l. l. p. 189 f. mit dem Meinigen. — Beethoven fährt fort: „Heute ist ein Feierlicher Tag — dieser sei gefeiert mit Gesang und Tanz" (?) (immer mit Noten; hierbei vergl. man Nottebohm p. 190): — ferner: „O nein dieses nicht, was anders gefällig" — — „auch dieses nicht, sondern was Heitreres, ich werde sehen, daſs ich selbst euch etwas vorsinge — [als die stimme mir?"] u. s. w. p. 77: „Brüder, überm Sternenzelt" u. s. w. — p. 88: „Freude. schöner Götterfunke" —, bleibende Melodie im Basse. p. 102: „Wem der groſse Wurf gelungen" —; im Ganzen 110 Seiten.

40. *Notierungsbuch, Q. 38, 37 Blatt.* — Viele Skizzen zur *Fidelio*-Oper enthaltend. S. 17 ff.: „Und ist nicht mein Grab mir erhellt" (Florestan-Arie). — 2 Seiten leer. — S. 23: „Heil sei dem

3*

Tag" etc. etc. Grofses Finale (viel); auch Skizzen zum „Gefangenen-
Chor" — bis S. 61 — manche unbeschriebene Seite. — S. 69: „Am
besten Quartett aus D-ordinaire" (?) — endet mit Seite 72.

41. *Notierungen*, F. 78, *88 Blätter*. Darunter Skizzen zur
Ouv. *Leonore*, p. 22 ff.; zum *E-moll-Quartett*, op. 59, Nr. 2; *Sonate
für Pianof. und Violoncello*. Finale der A-dur-Sonate, op. 69 (Gleichen-
stein-Sonate), S. 47 ff. — *Händel-Messias-Bearbeitung*, p. 57 f.:
„Die Schmach bricht ihm das Herz."

p. 65. „Idee origin." — unbekannt. — p. 68: Sinf. *c-moll*, Andante in As. — p. 73 f.: Scherzo der C-moll-Sinfonie. — p. 77:
„Wann i in der Früh aufsteh". —

p. 87 (Studien): „Gehalt. Cant. — in der 8 — invention in 8
mit folgendem
kontrapunktischen Schema: „1. 2. 3. 4. 5. 6. 7. 8.
                 8. 7. 6. 5. 4. 3. 2. 1.
            con ligatura quart. licet."
eine halbe Seite knapp, — dann leer bis

p. 90: „Contrap. duplex cum translatione in decimam", (doppelter
Kontrapunkt in der Dezime) mit folgendem Umkehrungsschema:
        1. 2. 3. 4. 5. 6. 7. 8. 9. 10.
        10. 9. 8. 7. 6. 5. 4. 3. 2. 1. —
„Uber die Dezime darf man nicht bei diesem Contrapunkt gehen."
— Nur wenige Takte. — Dann wieder leerer Raum bis:

p. 94: „Contrap. duplex cum translatione in duodecimam"
      1. 2. 3. 4. 5. 6. 7. 8. 9. 10. 11. 12.
      12. 11. 10. 9. 8. 7. 6. 5. 4. 3. 2. 1. —
„mufs die 6° [vielleicht e = eine] Septime in die 6te aufgelöst werden,
sonst alle Intervalle bei diesem Contrap. gebraucht werden: über die
12 darf man nicht hinausgehen." — 4 Reihen.

p. 92: Skizzen zu einer Messe oder *Te deum laudamus*, 2 Seiten;
dann Lücke.

p. 103 f.: Trio für Piano in D-dur. — p. 111 ff. *Sinfonie
Pastorale*. — p. 149 f. Scene am Bache. — p. 150. festliches Zusammensein. — p. 163 ff. 33 (Walzer v. Diabelli) *Variationen*.

Dass dieser lose Band keine Einheit bildet, ist offenbar; das
Meiste dürfte jedoch den Jahren 1805—1807 angehören.

42. *Notierungsbuch*, D. 50, 99 Seiten, aus dem Jahre 1810. —
Dieses Heft ist von *Nottebohm* beschrieben (II. Beethoveniana, Artikel XXX: „Ein Skizzenheft aus dem Jahre 1810", S. 276—287
incl.) — Es enthält Skizzen zur *Egmontmusik*: Klärchens Unruhelied,

Verklärungsscene, Melodram, p. 10—12 schreibt B. das ganze Sce-
narium und seine Musik dazu. — Von S. 31 ab beginnen die Skizzen
zum *Zmeskell-Quartett* (op. 95, f-moll); p. 42 (43) Skizzen zu einem
„Fandango" in g-moll; p. 47 (48) Lied: „Trocknet nicht Thränen un-
glücklicher Liebe" etc. — Von p. 64 ab Skizzen zum Trio in B-dur
(op. 97). — p. 80/81: „Gloria in excelsis". — p. 94. Das Lied:
„Kleine Blumen, kleine Blätter streuen wir mit leichter Hand" (als
op. 83, Nr. 3: „Mit einem gemalten Bande" — 3 Gesänge von
Goethe — erschienen)

43. *Notierungen*, W. 30, 77 Seiten, den verschiedensten Zeiten
angehörig: p. 1: *C-moll-Symphonie*, Scherzo.

p. 13. *IX. Symphonie*: Scherzo-Trio. p. 15. Chor-Finale.
p. 19—22. Skizzen zur Oper *Fidelio*. p. 23 f. Desgleichen, ebenso
p. 43 f. p. 48. *Sinfonia pastorella*. p. 49 ff. *Egmont, Clärchen-
lied*: „Die Trommel gerührt". p. 53. Skizze zur B-dur-Symphonie.
p. 59. „Rule Britannia". p. 62. Larghetto der *II. Symphonie* in D.,
p. 65. *Finale* derselben. — p. 77 letzte Seite: Skizzen aus „Schlacht
bei *Vittoria*". — Dazu gehört noch:

Die gestochene: *„Ouverture d'Egmont* Tragédie de Goethe Pour
le Pianoforte par L. v. Beethoven op. 84 à Leipsic chez Breitkopf
& Härtel." — Darauf von Beethovens Hand: „Für Seine Kaiserliche
Hoheit den Erzherzog Rudolpf von Beethoven". — p. 3 ebenfalls von
B. „Beethoven 142" — eine *Korrektur von Beethoven* mit Bleifeder.

VII.

44. *Kyrie* und *Christe* der *Missa solemnis* (op. 123) in D. —
Manuskript in folio, gebunden, *grün*. Vorn aufgedruckt: „Ex collec-
tione autographorum G. Poelchau" — in Gold. Auf dem Rücken
ebenfalls Golddruck: „Beethoven Kyrie Originale". — Auf dem leeren
Vorblatte (geschrieben): „v. Beethoven eigenhändige Partitur des
Kyries aus seiner letzten grofsen Messe in Dd." (Mainz bei Schott).

Seite 1 Beethoven's Worte: „Von Herzen — Möge es wieder
— zu Herzen gehen". — Davor seitwärts als Tempobezeichnung:

„Mit Andacht
assai sostenuto"

Partitur zu 20 Systemen. — Blatt 4ᵇ unbeschrieben; im Ganzen
25 Bl., Ende 25ᵃ. — 25ᵇ weist nur einige Bleistiftskizzen von Beethovens Hand mit allerhand Zahlen-Symbolismen auf. Oben darüber:
„Christe piano durchaus". —

In dieser kostbaren Reliquie ward bisher ein Beethovensches
Brief-Autograph aufbewahrt. Da meine Untersuchung ergab, dass

derselbe *nichts* mit der Messe zu thun hat, ward demselben auf meine Veranlassung durch den Herrn Oberbibliothekar eine selbständige Autographen-Nummer beigelegt (Allgem. Autogr. 49, — aus der Pölchau'schen Sammlung), hier als Nr.

45. Ebenbezeichneter *Originalbrief* beginnt mit den Worten: „Verzeihen sie lieber *St.* (!!) sie mit folgendem Zu belästigen" u. s. w. Der Brief ist aus *Mödling* geschrieben, nämlich: „Mödling 12. Oktbr." — Derselbe ist in *L. Nohl's* „Briefen Beethovens" (1865) S. 197 abgedruckt, freilich mit *falschem* Adressate. Dort (Nr. 220) heifst es: „An Artaria*) (?) „Verzeihen Sie lieber A. (?) Sie mit folgendem zu belästigen". Die Nohl'sche Fufsnote dazu besagt: „So ist wohl das *A.* am Eingang des Briefes, das der Abschreiber mit einem Fragezeichen versehen hat, zu deuten. Das Original befindet sich auf der Berliner Bibliothek. Das Jahr ist wahrscheinlich 1819, wo Beethoven in Mödling war." — Das ist nun weder ein A., noch ein Artaria, sondern ein *St.* und Abkürzung für *Steiner*, also an den Musikalienhändler *S. A. Steiner,* nachmals Haslinger, gerichtet, mit dem Beethoven um diese Zeit einen regen Geschäftsverkehr unterhielt. Auch die Vermutung, dass dieser Brief *1819* geschrieben sei, ist irrig. Es kann nicht zweifelhaft sein, dass der Brief im Oktober *1820* geschrieben ist. Die drei in Frage kommenden Mödlinger Hochsommer sind die von 1818, 1819 und 1820. — Das Jahr 1819 muss ausscheiden, weil Beethoven in diesem Jahre noch gar nicht vollberechtigter Vormund seines Neffen war. Überdies — da der Brief von des Neffen Karl erster Prüfung spricht — wäre das Jahr 1819 zu früh dafür. Erst im Jahre 1820 war Beethoven glücklich, mit seinem Karl so zusammen sein zu können, wie es auch aus diesem Mödlinger Briefe erhellt. Vergegenwärtigen wir uns hier wieder die Worte *Schindlers* (I. p. 271 f.): „Das Jahr 1820 zeigt uns Beethoven auf dem Gipfel seiner so lange bekämpften, endlich doch erreichten Wünsche. ‚Mit seinem Karl zusammensein zu können', wie wir ihn oben ausrufen gehört, konnte nun in Erfüllung gehen. Der Eindruck solchen Ausganges des Prozesses auf sein Gemüt war in jedem Betrachte ein überwältigender, weil seinerseits immer bezweifelt. Vor lauter Freude und Glückseligkeit ob des errungenen Sieges über Bosheit und Ränke, aber auch ob vermeintlicher Errettung aus leiblichen und geistigen Gefahren seines talentvollen Neffen, ward den ganzen Sommer hindurch wenig oder fast gar nichts gearbeitet, — vielleicht nur scheinbar, weil die Skizzenbücher fortan nur leere Blätter aufwiesen."

(Fortsetzung folgt.)

Mitteilungen.

* *Wilh. Bäumker*, Doct. der Theologie: Ein deutsches geistliches Liederbuch mit Melodien aus dem 15. Jahrh. nach einer Hds. des Stiftes Hohenfurt,
herausgegeben von ... Leipzig 1895, Breitkopf & Härtel. gr. 8⁰. XVIII u.
98 S. mit einer Tafel Abbildg. und Facsim. Die Hds. ist im Besitze des
Cistercienserstiftes Hohenfurt in Böhmen und war jahrelang verschwunden,
bis sie neuerdings die Witwe des Regierungsrates Frz. Lud. Mittler in Kassel
dem Stifte wieder zustellte. Der Herausgeber giebt nun einen genauen Abdruck der Hds. und somit ist das Liederbuch gerettet vor räuberischen Händen.
Es besteht aus 128 beschriebenen Blättern mit 79 Gedichten und 38 Melodien,
die mit der römischen Choralnote geschrieben sind. Der Inhalt zerfällt in sogenannte Ruf-Lieder und geistliche Lieder auf weltliche Melodien gedichtet.
Der Herr Herausgeber geht auf den Inhalt und die religiöse Richtung der
Lieder sehr ausführlich ein. Ein Autor ist nirgends genannt. Der Verfasser
ist ein nicht unbegabter Dichter, der in seinen Liedern die schönsten Seelen-
schilderungen niedergelegt hat. Seine Sprache ist eine so edle, naive und
gemütvolle, dass man sich unwillkürlich davon angezogen fühlt (Vorwort S. 15).
Die weltlichen Melodien, deren ursprünglicher Text nur bei einigen wenigen
dem Herausgeber gelungen ist festzustellen, sind oft recht ansprechend. Ich
verweise z. B. auf Nr. 66, Nr. 73 u. s. f. Fast jede zeigt einen munteren lebhaften Charakter, man muss nur verstehen den rechten Rhythmus jeder Melodie zu treffen, denn die Melodien sind genau wie im Originale, ohne Taktstrich und Taktzeichen wiedergegeben. Der Herr Herausgeber hat damit sehr
Recht gethan, denn nichts ist verkehrter als alte Melodien in den Original-
werten in Takte zu zwängen. Will man sie modern rhythmisieren, dann darf
man sich nicht an den vorgeschriebenen Notenwert, sondern an den Rhythmus
des Textes halten und danach die Melodie in den modernen Takt bringen. So
leicht ist eine solche Umgestaltung aber nicht und je älter die Melodie, desto
mehr sträubt sie sich gegen den modernen Takt. Daher ist eine Wiedergabe
ohne Taktstrich mit der alten Choralnote notiert das einzig Richtige. Nur die
Versabschnitte können durch einen Taktstrich kenntlich gemacht werden.

* *Giovanni Tebaldini*: L'Archivio musicale della cappella Antoniania in
Pavia. Illustrazione storico-critica con cinque Eliotipie. Padova 1895 tipo-
grafia e libreria Antoniana. kl. fol. IX und 175 Seiten mit Register und 5
Tafeln Facsimile von Tartini, Valotti, Sarti und Vogler, sowie zahlreichen in
den Text aufgenommenen Bruchstücken von Kompositionen. Das Werk zerfällt in 2 Teile. Der erste Teil behandelt die Kapellmeister, die einst an der
Kirche S. Antonio angestellt waren, nebst kurzer Erwähnung der übrigen
Musiker an der Kapelle und der 2. Teil enthält den Katalog der Musikbibliothek
des Archivs derselben Kirche, alphabetisch geordnet. Der biographische Teil
ist sehr knapp gefasst, entweder geben die Akten der Kirche zu wenig Ausbeute über die Musiker der Kapelle, oder der Verfasser hat sich nur auf Auszüge aus dem oft citierten Werke von Gonzati-Isnenghi: La Basilica di S. Antonio di Padua descritto ed illustrata beschränkt und sich die eigene Durch-
sicht der Akten erspart. Die Ausbeute für den Historiker ist daher nur gering,
das Wenige aber immer eine dankenswerte Bereicherung. Seite 93 beginnt der
Katalog, der aber auch sehr zusammenschmilzt, wenn man die ganz unnötige

Angabe der Komponisten in Proske's Musica divina abzieht. Von Seltenheiten sei erwähnt, Petrucci's Lamentationes von 1506 in 4 Stb. Sehr ausführlich beschrieben, als wenn es ein ganz unbekanntes Werk wäre, nebst Mitteilung von fünf Bruchstücken aus dem Werke. Verständiger wäre ein thematisches Verzeichnis der 12 Gesänge gewesen, als die doch Niemanden nützenden Bruchstücke, die einen Raum von fast 4 Seiten einnehmen. Die biographischen Daten aus Fétis konnte sich der Herr Verfasser auch ersparen. Im übrigen enthält das Archiv manche Seltenheit, sowohl in alten Drucken als Mss. Auch hier begegnet uns in der Beschreibung der Werke viel Ballast, während man das Allernotwendigste vergeblich sucht, wie Anzahl der Stb., Angabe des Inhaltes u. a. mehr. Besonders ist Valotti und Tartini gut vertreten. Bei letzterem versteigt sich der Verfasser sogar bis zum thematischen Verzeichnis. Er erkennt also doch den Wert eines solchen, und ist damit so sparsam, trotz Verschwendung des Raumes? Den Schluss bildet ein Appendix, der Briefe und anderes enthält. Man muss ein dankbares Gemüt haben und jeden Tropfen anerkennen, der uns zur Erkennung älterer Zeiten gereicht wird, und damit sei das Buch dem Historiker, welches nebenbei in luxuriöser Weise ausgestattet ist, empfohlen.

* Der Bohn'sche Gesangverein in Breslau setzt seine historischen Konzerte fort. Das 61. enthielt Werke von Lassus und Palestrina und das 62. Opernteile von Marschner.

* *Leo Liepmannssohn*, Antiquariat, Berlin SW. Bernburgerstr. 14. Kat. 118, Musikliteratur. 114 Nrn. ältere und neuere Schriften über Musik, darunter auch ein seltenes Werk von Pietro Milioni, eine Guitarrschule mit Piecen in einer älteren, bisher unbekannten Ausgabe von 1659.

* Quittung über eingezahlte Beiträge für 1896 erhalten von den Herren L. Benson, Fr. Curtius-Nohl, C. Dangler, Prof. O. Kade, W. Kaerner, Prof. O. Koller, G. S. L. Löhr, Georg Maske, G. Odencrants, P. Runge, Rich. Schumacher, F. Schweikert, Wm. Barclay Squire, Pfarr. Leop. Unterkreuter, Vereinigung für Nord-Niederlands Musikgeschichte, G. Voigt, Ernst von Werra.

Templin, 17. Februar 1896. Rob. Eitner.

* Hierbei 2 Beilagen: 1. Katalog Zwickau, Bog. 36 und Titelblatt mit Vorwort, Schluss. 2. Musikbeilagen zu Joh. Krieger, Bog. 6.

Verantwortlicher Redakteur Robert Eitner, Templin (Uckermark).
Druck von Hermann Beyer & Söhne in Langensalza.

MONATSHEFTE
für
MUSIK-GESCHICHTE

herausgegeben

von

der Gesellschaft für Musikforschung.

XXVIII. Jahrg. **1896.**	Preis des Jahrganges 9 Mk. Monatlich erscheint eine Nummer von 1 bis 2 Bogen. Insertionsgebühren für die Zeile 30 Pf. Kommissionsverlag von Breitkopf & Härtel in Leipzig. Bestellungen nimmt jede Buch- und Musikhandlung entgegen.	**No. 4.**

Die Beethoven-Autographe der Königl. Bibliothek zu Berlin.

Mitgeteilt und beschrieben von **Dr. Alfr. Chr. Kalischer.**

VII.

(Fortsetzung.)

Wir wenden uns nunmehr zu dem mannigfachen Autographen-Inhalt, den die Berliner Bibliothek hier in einer stattlichen *Blech-schachtel* (gelbfarben) aufbewahrt, als:

46. *Acht eigenhändige Briefe* von Ludwig van Beethoven: a) an *Rzehaczeck*: „Mein werther Hr. v. Rzehaczeck! Schuppanzigh ver-spricht mir" — —; abgedruckt in *Nohls* Briefen Beethoven's, Nr. 287 (p. 256). — b) an *Steiner u. Comp.*: „P. n. G. [Paternostergässel.] Seid von der Gütte (nicht Güte)" — —, — bei *Nohl* abgedruckt, l. l. Nr. 298 (p. 260). — c) an *dieselben*: „Bester Freund! Haben Sie die Gefälligkeit" — —, bei *Nohl* l. l. Nr. 300 (p. 261). — b) an *denselben*, i. e. hier an „*Tobias Peter Philipp Haslinger*: „Horn und Partitur folgen ebenfalls" (Nohl, Nr. 301, p. 261). — e) dito: „Sejd von der Gütte, und schickt mir meine Schuhe sammt Schwerdt" (Nohl, Nr. 302, p. 262). — f) an *denselben*: „Baden, Am 12ten jun. Bester! Man hat euch was zugeschustert" — (Nohl, Nr. 303, p. 262). — g) an *Tobias Haslinger*: „Sehr Bester! Sejd von *der Gütte* schickt mir also das *Rochlitzische Geschriebene*" — (Nohl, Nr. 306, p. 264 f.). — h) an *Carl Holz*: „Ich grüße Sie und melde" — (*Nohl*, l. l. Nr. 319, p. 276). —

Außerdem dabei „*Facsimile der Handschrift* von Beethoven".

46 i) Brief an *Schott* in Mainz: „Baden nächst Wien am 17ten Septemb. 1824. Auch das Quartett erhalten Sie sicher bis Hälfte Oktober". (Zuerst *Cäcilia VI*, 312 vom Jahre 1827, dann bei *Nohl*, l. l. Nr. 314, p. 273). — Der Brief scheint überhaupt unvollständig zu sein, am bekanntesten ist das Stück des Briefes, das mit den Worten: „*Apollo und die Musen*" etc. beginnt. — Es soll hierbei nicht unerwähnt bleiben, dass nach *W. von Lenz*: Beethoven et ses trois styles (II, 5) — dieser Brief, d. h. mit den Worten „Apollo und die Musen" beginnend, an den Fürsten *Boris von Gallitzin* adressiert erscheint, und überdies aus Wien vom 26. Februar 1827 datiert. — W. von Lenz schreibt daselbst: „Nous publions avec la permission du prince Galitzin les extraits suivants de la correspondance avec Beethoven." Erst vom 15. August 1823: „Für meine persönliche Lage" etc. und unmittelbar darunter ein Briefstück: „Wien, den 26. Februar 1827: ‚Apollo und die Musen' etc. — bis „ein höheres Leben andeuten und hoffen lassen." Lenz war auch der Brief an Schott (Cäcilia a. a. O.) bekannt; er weist in jenem Buche: II, 220 darauf hin. — Offenbar hat Beethoven an seinem „Apollo und die Musen" Wohlgefallen gefunden.

47. Beethoven Autogr. *Rec. u. Arie der Leonore*, 22 Seiten, d. h. 17 Seiten Kopie mit autograph. Korrekturen, 5 Seiten wirkliches Autographon.

48. „*Musikalisches Andenken* aus Ludwig van *Beethovens* eigenhändigem *Notierbuche*, welches aus seiner Verlassenschaft in der am 5. Novbr. 1827 abgehaltenen wiener magistratischen Lizitation laut gerichtlichem Protokoll Nr. 17 erstand *Ignaz Sauer*, beeideter Schätzungskommissar in Kunstsachen 36 $\times$ C. M." — Es ist, wie ich erkannte, *Scherzo* der *Klaviersonate op. 28 in D.* (sogen. Pastorale); p. 2. Skizzen zum *ersten* Satze der Sonate.

49. „Eigenhändiger *Brief* von Beethoven geschrieben aus Baden vom 18. Novbr. 1824 an S. Kaiserl. Hoheit *Erzherzog Rudolph*" etc. „Dem Herrn *von Landsberg* aus Berlin verehrt von seinem Freunde Aloys Fuchs; Wien 24. Juni 1837" (od. 1832). Der Brief beginnt: „Ihre Kaiserliche Hoheit! Krank von Baden hierher kommend", — abgedruckt in *Nohls Briefen* Beethovens (1865, *Nr. 317*).

50. *Brief* an den Kammerprokurator *Varena* in Graz, 2. Bl. 4⁰, also beginnend: „Trotz meiner Bereitwilligkeit, Ihnen zu dienen, den Armen wie von jeher allen Vorschub zu leisten". — Abgedruckt bei *Nohl*, Briefe Nr. 85 (Osterzeit 1812).

51. „Autograph. Fragm. eines Briefes an *Probst*" [Musikalien-

händler in Leipzig], 1824, 1 Bl. 4⁰ — 10. März 1824. — Anfang des Fragments: — — „ich jetzt schon herausgeben könnte", — abgedruckt bei *Nohl*, Briefe Nr. 285.

52. „Beethoven *Brief* an *Probst* 1826, 3. Juni." Anfang: „Wien am 3ten Juny 1826. Euer Wohlgeboren! Ich halt mich stets gewissermaſs — für verpflichtet" — etc. — Der Brief ist von *Beethoven nur* unterzeichnet, geschrieben von *Schindler* oder vom Neffen. — Abgedruckt bei *Nohl*, l. l. Nr. 375.

53. Beethoven-Autogr. 1 Seite *Partitur*, zum *Quartett op. 130*, B-dur, 1 Bl. 4⁰. — Darunter: „Autographe de Beethoven, constaté par A. Schindler." Diese Skizze ist nicht mit dem identisch, was Nottebohm aus demselben op. a. a. O. p. 524 mitteilt.

54. Skizzen, u. a. zum *Opferlied.* — „Autographe de Beethoven, constaté par A. Schindler". — Im ganzen 4 Seiten qufol.

55. a) „Subskription auf *Ludwig v. Beethovens Biographie* nach Original-Materialien und authentischen Urkunden. Herausgeg. von mehreren Freunden und Verehrern des Verblichenen." — Das ist ein *gedrucktes Blatt*, datiert: Wien im September 1827. — In 7 Exemplaren vorhanden.

55. b) *Verzeichnis* von Beethoven'schen *Kompositionen* in *Autographen* und *Kopieen*, vielleicht aus *Fischhoffs* Besitz, wie Herr Dr. *Kopfermann* anmerkt. 4 Bll. fol. — Mit interessanten, wohl zu beachtenden biographischen Bemerkungen, in 15 Rubriken geordnet.

56. Beethoven Autogr. *Skizzenbuch, 41 Bll.* gr. 8⁰. Mit *Bleistift* ganz undeutlich. Darunter Skizzen zur *Fuge* BhC, *Bach.*

57. Autogr. *Skizzenbuch*, 19 Bl., qufol. u. *38 Bl.* 8⁰. — Darunter Skizzen zur *Messe* (Dona). — Dona eis pacem. — Fast alles wieder schier unleserlich, mit *Blei* .. Viel Textworte: agnus dei, — miserere; weiterhin „Recitativ agnus dei dona nobis pacem."

58. Autograph. Skizze eines Liedes. „Turteltaube, Du klagst so laut," 2 Bll. fol., 4 Seiten leer. Andante sostenuto in c-moll. — Das Lied, dessen Text *Herders* morgenländischer Blumenlese entnommen ist, erschien als op. postumum im J. 1837 bei A. Diabelli & Comp., unter dem Titel „Die laute Klage". — cf. Nottebohms thematisches Verzeichnis (1868), p. 186. Im Autograph steht die Melodie im Sopran-Schlüssel.

59. Autogr. *Lied* (inkompl.) „*Höre, die Nachtigall*, singt. „Der Frühling ist wieder gekommen." — „Eigentum Herrn Haslinger." — 1 Bl. qufol. Allegro ma non troppo „Der Gesang der Nachtigall" — am 3. Mai 1813, aus *Sadis* Rosenthal. Für eine Singstimme mit

Klavier. — Bei *Nottebohm* nicht verzeichnet, aber in *Thayers* chronologischem Verzeichnis (1865), Nr. 274. — Der Supplement-band zu Beethoven (Br. & H.) enthält dieses Lied, wie der Heraus-geber Herr *E. Mandyczewski* mitteilt, nach einer Abschrift Notte-bohms und der Abschrift in der Haslinger-Rudolfinischen Sammlung. — Unter Nr. 277, Serie XXV. — Dieses Autograph scheint nicht benutzt zu sein.

60. „Unbekanntes *Lied*". Entwurf zum *Opferlied*: Die Flamme lodert, 1 Bl. qufol. — Es ist der Entwurf zur 1. Bearbeitung des *Matthisson*'schen Liedes — etwa aus der Zeit 1794—1795. Mehr-fach gedruckt, vielleicht zuerst 1808; vergl. Nottebohms themat. Ver-zeichnis, p. 178.

61. Autogr. *Equalen* für 4 Trombe. — 3 Bll. fol. — „Andante. Equal a 4 Tromboni. L. v. Beethoven. Linz 2 9ber 1812." — Das Andante c-moll über den Text „Miserere mei." — Vgl. Trauer-gesang bei Beethovens Leichenbegängnis am 29. März 1827 — für 4stimmigen Männerchor und 4 Posaunen. Nach 2 Equalen bearbeitet von J. R. v. Seyfried; erschienen bei Haslinger im Juni 1827. — Siehe Seyfried's Beethovenstudien (1853), Anhang p. 74 ff.; Notte-bohms Verzeichnis, p. 161, dem wir noch folgendes entnehmen: „Das Autograph der drei Equale, früher im Besitz von Tob. Haslinger in Wien, hatte die Überschrift: Linz den 2ten 9ber 1812 (vgl. oben) — („Der 2. November war der Aller-Seelentag, an dem die Stücke in Linz gespielt wurden"). — Der bereits genannte Supplementband der Werke Beethovens übergiebt als Nr. 293 „*drei Equale.* — Vor-lage: Abschrift in der Haslinger-Rudolfinischen Sammlung. — Unser Autographon ist also nicht benutzt.

62. *Terzett op. 104.* 36 Bll. qufl. Auf S. 1 die bekannten Worte Beethovens: „bearbeitetes Terzett zu einem 3stimmigen quintett. Von H. Gutwillen und aus dem Schein von 5stimmen zu wirklichen 5 Stimmen ans Tageslicht gebracht, wie auch aus gröfster Miserabilität zu einigem Ansehn erhoben   von Hr. Wohlwollen. —
1817 am 14ten August."

NB. „Die ursprüngliche 3stimmige quintettpartitur ist den Unter-göttern als ein freundliches Brandopfer dargebracht worden." — C-moll. Das Ganze ist jedoch von Beethoven hier nur *korrigiert.* — Erschien im Februar 1819 als Quintett in c-moll für 2 Violinen, Viola und Violoncell; jetzt op. 104. Es ist eine Bearbeitung des C-moll-Trios, op. 1. — *Nohl*, Brief Nr. 193 hat dieses humoristische Titel-

blatt nach dem „*Teleskop*, Beilage zum Kometen 1842, Nr. 12"
wiedergegeben; siehe auch *Nottebohms* Verzeichnis unter op. 104.

63. „*Fugha von Haendel*, geschrieben von L. v. Beethoven"
2 Bll. qufol. S. i: „Die Echtheit von Beethovens Handschrift bestättigen
Artaria & Co.   Wien den 29. Oktober 1849."

64. 4 Bll. qufol. *Fuge* (b-moll) von *S. Bach*, in quintett geschrieben von Beethoven.   Dazu: 1 Bl. Skizzen von Beethoven:
Klavierstück in As, ³/₄; siehe: Bagatellen op. 33, Nr. 7: Presto.

65. Teil des *1. Finale* aus *Fidelio*, 14 Bll. fol. u. 4°. — „Was
hast du denn, nicht länger weilt, Pizarro etc. etc. — nie mehr ver-
wegen sein."

66. Eine *besonders wertvolle Nummer*.   „Beethoven As-dur-
Sonate op. 26.   16 Blatt, (31 beschriebene Seiten qufol.) — Dieses
kostbare Manuskript der Sonate op. 26 ist jetzt extra gebunden. —
Der Titel (von Beethovens Hand) lautet: „Sonata da L. v. Beethoven.
opus 25 (26). — Vor der 4. Variation, auf der Seite vorher, die
nur zum Teil mit ausgestrichenen Noten versehen ist, steht von
Beethovens Hand aufs neue der Titel: „Sonate pour le Pianoforte
composée par Louis van Beethoven oeuvre 25" (?)". Herr Dr. *Erich
Prieger*, ein um die Sache Beethovens mannigfach verdienter Mann,
hat sich durch die Herausgabe dieses lehrreichen Manuskriptes, das
er überhaupt im J. 1878 aufgefunden hat — ein neues Verdienst erworben. — Seine prächtige *Lichtdruck-Ausgabe* (Facsimile) dieses
Manuskriptes führt den Titel: „As-dur-Sonate op. 26 [25] von Ludwig
van Beethoven.   Facsimile.   Herausgegeben von Erich Prieger. —
Verlag von Friedrich Cohen in Bonn, 1895." Eine interessante Einleitung, worin die Skizzen zu dieser Sonate, wie sie Nottebohm mitgeteilt hat, berücksichtigt werden, ist der gelungenen Lichtdruck-
Ausgabe vorgesetzt. — Merkwürdigerweise fehlt Beethovens *zweiter*
Titel vor der 4. Variation, wie ich ihn oben nach dem Manuskripte
angegeben habe. — Dieses Facsimile lässt also *2 Seiten ganz vermissen;* im Originale ist nämlich nach der leeren halben Seite, auf
welcher die III. Variation in as-moll schliefst, *eine* Seite ganz unbeschrieben.   Dann folgt eine Seite, die abermals die 2. Hälfte der
as-moll-Variation enthält, aber durchstrichen, und dann der oben
mitgeteilte vollständige Titel von Beethovens Hand.

67. „*Es ist vollbracht*".   Schlussgesang für Bass mit Chor u.
Orch. aus *Treitschkes* „Ehrenpforte". — *16 Bll.* qufol. Treitschkes
Singspiel ward im Sommer 1815 zum erstenmale aufgeführt.   Am
24. Juli 1815 erschien der Klavierauszug bei Steiner & Comp. —

Später in *Partitur* bei *Breitkopf & Härtel*; Gesamtausg. Serie 20, Nr. 5. — (Vergl. hier unter Nr. 11; Monatshefte 1895, Nr. 11, p. 157).

68. *Lied:* „Die *stille Nacht* umdunkelt." — *Sehnsucht.* 4 Bll. qufol. — Text von *C, L. Reisig;* zum erstenmale im J. 1816 erschienen.

69. *Recitativ* und *Gesangstudien* mit Orchester. *Ruinen von Athen.* — 31 Bll. fol. — „Mit reger Freude, die nie erkaltet," op. 113, Nr. 7: (der Oberpriester). — Von Beethoven nur *Verbesserungen und Textworte.*

70. *Notierungen.* a) S., 11 Bll.; b) U., 24 Bll. Querfol. a) Skizzen zum *f-moll*-Quatuor, *op. 95* (Meskall), auch Gesangsmusikskizzen; in b) Skizzen zur *IX. Symphonie* und *Messe* in *D-dur;* ferner zur Kantate „Der *heilige Augenblick* (glorreiche Augenblick)", 1814.

71. „Musikalisches Andenken aus dem Besitz von *Ign. Sauer.*" — 2 Bll. — Was? Unklar.

72. Autogr. *Bemerkungen zur Schlacht von Vittoria,* 1 Foliobogen. — Interessant, obwohl das Meiste *nicht* von Beethoven selbst herrührt, — aber jedenfalls ist es von ihm diktiert und verbessert. — Die „*Bemerkungen für die Aufführung der Schlacht*", von Beethoven durchgesehen und verbessert, enthalten unter anderem diese interessanten Sätze: „Diejenigen, welche die Kanonen-Maschinen spielen, müssen durchaus nicht im Orchester, sondern an einem ziemlich entfernten Ort stehen, und müssen von sehr guten Musikern gespielt werden. Hier in Wien wurden selbe von den ersten Kapellmeistern von Wien gespielt. Die *Maschinen, Ratschen* genannt, welche das kleine Gewehrfeuer vorstellen, und gewöhnlich zum Krachen des Donners und Einschlagen des Blitzes gebraucht werden,*) müssen ebenfalls auf entgegengesetzten Seiten wie die Kanonen, und in deren Nähe gesetzt werden."

73. *10 Bl.* qufol. Unbekanntes: *Quartettskizzen* und Skizzen zu Klavierstücken. — (Bagatelles, Adagio und Menuetto).

74. Skizzen zum *B-dur-Quartett,* op. 130; 2 Blatt. — *Nicht* mit den Skizzen desselben Werkes bei Nottebohm (a. a. O. p. 524) identisch.

75. *Skizzen und Ausgeführtes:* a) *Klavierstück in c-moll,* 2 mal vorhanden, einmal 4 Bll. qufol., das andere Mal 3 Bll., aus dem Jahre 1796. Nunmehr im Supplementbande zu Beethovens Werken

---

*) „auch selbst zu pelotonfeuer gebraucht werden." (αὐτός).

(Leipzig) als Nr. 299 abgedruckt. — b) Adagio für *Cembalo* und *Mandoline* in Es-dur. c) *Marcia.* — 15 Blatt mit 24 beschriebenen Seiten, qufol. — *Vieles* ist *nicht* von Beethovens Hand. — Das Mandolinenstück im erwähnten Supplementbande als Nr. 299 enthalten, der Marsch (für 2 Klarinetten, 2 Hörner und 2 Fagotte) ebendaselbst als Nr. 292 abgedruckt; all dieses auf Grund *Nottebohm*'scher Vorarbeiten. d) Dasselbe Stück des Marsches „übersetzt mit trio in der Mitte Kanonenschufs" (αὐτός), für due *clarinetti* in B (nicht clarini, wie sonst wohl zu lesen steht), Corni in B und fagotti. 1 Seite.

76. *Lustig, traurig* für Pianoforte. — *4 Blatt* mit *einer* beschriebenen Seite. — Liegt im Supplementbande der Werke Beethovens als Nr. 300 (Serie XXV) gedruckt vor.

77. Kopie des *Canons:* „Non nobis domine" — von Byrd in Skizzen. 4 Bll. fol. mit 3 beschrieb. Seiten. Herr Dr. Kopfermann weist dabei auf *Grove's* Diction. sub v. „Non nobis" hin.

78. 1 aufgeklebter *Brief*, 1 Seite qufol. (Umschlagspapiere zu Beethovenschen Briefen von *Fuchs* und *Grasnick*). — Der Brief beginnt: „Sei so gut lieber Mayer und schicke mir". — Dieser Brief an *Friedr. Sebastian Meier*, Gatte von Mozarts Schwägerin Josepha Hofer in zweiter Ehe, — an den *ersten* Sänger des Pizarro in Fidelio — ist zuerst von *Otto Jahn* in der Leipziger Allgem. Musikal.-Zeitung 1863, und darnach von *L. Nohl* in dessen „*Neuen Briefe Beethovens*" (1867), Nr. 5 veröffentlicht, freilich mit mancherlei Inkorrektheiten.

79. *Vier Brief-Autographe.* a) an S. Wohlgebohren Herrn *von Hauschka* Kaiserl. Königl. Rechnungsrat. „Lieber, werther Freund! Indem ich Dir schreibe, dafs ich," — aus Baden, 23. September 1824 — ist nach dem Manuskripte bei Aloys Fuchs von *Anton Schindler* in seiner *Beethovenbiographie* (III. Aufl., II, p. 93 f.) veröffentlicht worden. Darnach von *L. Nohl*: Briefe Beethovens, Nr. 315 (p. 273 f.). — Auch hierbei giebt es manches zu Korrigierende — immer neue Beweistümer, wie sehr eine korrekte Ausgabe der Beethoven-Briefe Not thut. — b) *Billet an Treitschke*, 1 Bl. gr. 4°, ein Billet, das ich noch nirgendwo abgedruckt fand, weshalb ich es denn getreu nach dem Originalmanuskripte hersetze: „Sie verzeihen, mein lieber Treitschke, wenn ich nicht selbst zu ihnen komme, ich bin aber unpäfslich und darf nicht ausgehen — sie können aber in Rücksicht der Wohnung, wenn sie schon die Gefälligkeit haben wollen, alles mit meinem Bedienten und der Haufsmeisterin besprechen.

Ganz ihr ergebenster Diener Beethoven."

Es kann 1815 oder 1816 geschrieben sein. — c) An *Sebastian Mayer* (cf. hier Nr. 78): „Lieber Mayer! Ich bitte dich recht sehr". — Von *Nohl*, Neue Briefe, Nr. 273 (p. 250) nach einem Facsimile mitgeteilt — aus Baden am 23. Septemb. 1824 (?!?).. — Der Brief hat im Originale *kein* Datum; das nach dem Facsimile angegebene Datum scheint sehr bedenklich. — 1 Blatt, gr. 4°. — d) Brief für Herrn Grafen *Moritz Lichnowsky*: „Wenn Sie, werter Graf, unserer Beratschlagung" — etc., 1 Bl. 4°; — abgedruckt in *L. Nohls* Briefen, Nr. 111 (p. 106).

80. 30 Blatt verschiedenen Formats. *Briefe und Notizen.*

80 a) „*Alle Sterblichen* Menschen der Erde nehmen die sänger billig mit Achtung auf und Ehrfurcht, selber die Muse lehrt sie den hohen Gesang, und waltet über die Sänger.

„Homers Odüſsee von Voſs 8ter gesang" (Vers 479—481).

80 b) Brief an *Steiner*: „Ich! sende hiermit meinem besten G-ll-t" (== Generallieutenant), 4 Oktavseiten. — Abgedruckt nach *O. Jahns* Abschrift bei *A. W. Thayer III*, p. 491. — *La Mara* hat im Jahre 1890 (20. Januar ff.) in den „Hamburger Signalen" eine Arbeit „*Ungedruckte Briefe Beethovens*". Nach den Autographen mitgeteilt, veröffentlicht, von denen diejenigen an die Firma *Steiner* & Comp. (Haslinger) zum *grofsen Teile* nach *O. Jahn's* Abschrift bei *Thayer* (III., Anhang) abgedruckt sind. — So ist auch dieser Brief hier als sogenannter ungedruckter (?) Brief in jener Musikzeitung als *Nr. 9* dieser Gruppe abermals abgedruckt.

80 c) An Steiner: „Mein lieber Steiner sobald" etc. — 1 Blat kl. 4°. — Dieses kleine Briefchen ist von *La Mara* in den Hamburger Signalen vom 20. Januar 1890 als Nr. 2 zum Abdrucke gebracht.

80 d) „Ich gelange endlich zu meinem Wunsche". — 4 S., 8° — und Zettel. — Von *La Mara* a. a. O. als Nr. 1 zum Abdruck gebracht; — ebenso den folgenden kleinen Zettel als Nr. 10, aber nichts korrekt.

80 e) Zettel: „Zu dem Herrn Artaria & Comp. bitte ich sie zu schicken, um 6 Exemplare der Sonate aus b und der Var. — (1 unleserliches Wort ?und?) Schottischen Liedern."

80 f) „Für Seine wohlgebohr. H. Holtz „bei der Hitze ist es wohl am besten, wenn Sie in das bewufste Wirtshaus in die Rossen [?] kommen, gerade der Strafse gegenüber, wo Rampel wohnt; um $^1/_2$ zwei Uhr." — Diese Worte, die auf dem Umschlage zu lesen

sind, *ungedruckt*, stellen sich nur als Postscriptum eines verlorenen Briefes dar.

80 g) Des *Adjutanten Unschuldigkeit* und nichts weiter! wir bitten gefälligst etc. — 4 Seiten 8°. — An *Steiner & Comp.* (Tobias Haslinger = Adjutant). — Zuerst von *J. von Seyfried* in dessen Beethoven*studien* (II. Aufl., Anhang p. 31) publiziert; darnach bei *Nohl* Briefe, Nr. 170; nach *O. Jahns* Abschrift bei *Thayer*, III, 501.

80 h) „Sehr bestes Adjutanterl. — Ich habe eine Wette eingegangen um 10 fl." — 1 Bl. 8°. — Abgedruckt bei v. *Seyfried*, Studien, Anh. p. 34; danach bei *L. Nohl* Briefe, Nr. 228.

81 i) Zettel: „Was braucht man für einen Stempelbogen, um eine Quittung über 600 fl. darauf zu schreiben?" (Ungedruckte Anfrage).

80 k) Zettel für *H. Holtz.* „An Piringer, wie es sich gehört, ist's geschehen. Die Hexenhöhle p. n." [= Paternoster-Gässchen i. e. Steiner & Comp.] wird angezündet — wenns möglich, den Schneider heute zu schicken — u. wenns ihr weg erlaubt Zünd Höltzchen" [allenfalls auch als: „zurückkehren" zu lesen.] — „Vom ausgehen keine Rede, vielmehr vom eingeben zum ewigen Heil.

Eiligst ihr Beethoven." — *Nicht* gedruckt.

80 l) Brief an *Steiner*: „Mödling den 10 ten oktober 1819". — „Lieber Steiner. Ich habe ihnen vorgestern schriftlich" — 4 Seiten 4°. — Von *La Mara* a. a. O. zum Abdruck gebracht, als Nr. 11.

80 m) Herrn Tobias Haslinger. „Gemäſs meinem ausschlieſsenden Privilegium" — 2 Bll. 4°. — Von La Mara a. a. O. zum Abdruck gebracht, als Nr. 12. — Aus Wien, vom 12. September 1826, so ist der Brief bei La Mara datiert. Man muss es so auffassen, als ob Beethoven selbst den Brief also datiert habe. Das ist jedoch durchaus nicht der Fall. — Der Brief enthält auf der Adressenseite die kalligraphisch schönen Worte: „Beethoven 1826, Wien, angek. d. 12. Septbr. beantw." Das bedeutet doch offenbar, dass der Brief am 12. September 1826 Wien *angekommen* (angek.) ist. — Allerdings: weit davon entfernt wird dann die wirkliche Datierung nicht zu setzen sein. — Ein gleiches gilt von einem anderen von La Mara abgedruckten Briefe „bester Herr nordamerikanischer Notenhändler", — a. a. O. als Nr. 13, — wo auch der Wahrheit gemäſs in eckigen Klammern zu lesen ist: [Wien 20. Sept. 1826 angek.], und wozu denn auch eine Fuſsnote besagt. „Von fremder Hand". — Dieser Brief dürfte dann etwa am 18. oder 19. September geschrieben sein, — angekommen am 20. September.

80n) Fragment: „100 damit die Instrumentalmusik nicht von den *ratschen* und Trommelmaschine verdunkelt werden" etc. — So beginnt in Wahrheit ein abgeschnittener Zettel; bei La Mara aber (a. a. O. als Nr. 6) also: „ . . . damit die Instrumental-Musik nicht von den *Bratschen* (?!?) und Trommel-Maschinen verdunkelt werde" etc. also Bratschen und Trommel-Maschinen! — Von einem Instrumente genannt *Ratschen*. (Frz. Crécelle), scheint La Mara keine Ahnung zu haben. Und doch ist hier von Beethovens Schlacht-symphonie die Rede, worin die Hervorbringung des Kleingewehrfeuers (also die Ratschen) eine bedeutende Rolle spielen. — Flugs werden aus den Ratschen: Bratschen gemacht. Ganz ebenso irrig in La Mara's Buche: Klassisches und Romantisches aus der Tonwelt, Leipzig 1892, p. 73.

80o) „Wenn nicht morgen abends zwischen" etc., an Steiner & Comp. — Unterz.: — der Generalissimus in Donner u. Blitz" 1 Bl. 8°. — Nach *O. Jahn's* Abschrift bei *Thayer III*, 489 f. abgedruckt; von La Mara als sogenannter ungedr. Brief ebenfalls, a. a. O., als Nr. 4.

80p) „An des Herrn *Tobias Haslinger* wohlgebohr ehemalige L.—r n—t (?) nunmehriger Kunst Ferbikant". — „Bester Herr Nordamerikanischer Notenhändler! — etc. Also beginnt dieser Brief, der von La Mara (a. a. O. Nr. 13, Febr. 1890) abgedruckt ist.

80q) An Steiner & Comp. „Hier mein lieber St. sende ich Ihnen die" — 2 Bll. 8°. — Nach *O. Jahn's* Abschrift bei *Thayer* III, 492: auch von La Mara als sogenannter ungedruckter Brief, als Nr. 3 abgedruckt.

80.r) An dieselben: „Hier übersende ein kleines Feldstück" — An das G-ll-lt. — 2 Bll. 8°. — Nach *O. Jahn* bei *Thayer* III, 499; von *La Mara* als sogenannter ungedruckter Brief abgedruckt, a. a. O. als Nr. 7.

80s) (Fragment): „Die Geschichte mit dieser Symphonie ist mir sehr verdriefslich". — An dieselben. — Nach *O. Jahn* bei *Thayer* III, 497; von *La Mara* als sogenannter ungedruckter Brief, a. a. O. als Nr. 8 abgedruckt.

80t) An dieselben: „Ich bitte vor Allem, dafs das Verzeichnis der Fehler" etc. — 2 Seiten gr. 8°. — Nach *O. Jahn* bei *Thayer* III, 498.

80u) „Lieber Steiner. Es ist eine Pollnische Gräfin hier". — 1 Bl. 4°. — Nach *O. Jahns* Abschrift bei *Thayer* III, 489 f. ab-

gedruckt; desgleichen als sogenannter ungedruckter Brief von *La
Mara* a. a. O. als Nr. 5.

81. Lied mit Klavierbegleitung: „Ich der mit flatterndem Sinn"
vollständiges Manuskript der Arie, 4 Bll. qufol. — Darnach ist die
Komposition im Supplementbande der Breitkopf & Härtel'schen Beet-
hovenausgabe unter Nr. 275 abgedruckt; es muss E-dur sein (nicht A).
Der *Entwurf* gehört ins Jahr 1792; — vgl. Nottebohm a. a. O.
p. 573 (Artikel LXIII Liegengebliebene Arbeiten). Die Ausführungs-
zeit ist jedoch unbestimmt; demnach ist des Herausgebers Angabe
im Supplementbande „Komponiert 1792" problematisch.

82. „Unvollendete Skizzen eines unbekannten *Klaviertrios*" in
f-moll. — 5 Bll. qufol. 5 Blatt voll. Diese Skizze in f-moll ist
noch nicht verwendet.

83. *Prüfung des Küssens;* vollständiges Lied-Manuskript:
„Meine weise Mutter spricht: Küssen, küssen, Kind, ist Sünde, in
Musik gesetzt von L. van Beethoven." Es ist eine Arie für Gesang
und kleines Orchester, 15 Seiten Autograph. Die Singstimme ist
extra vorhanden, — aber nicht von Beethovens Hand. — Auf das
Ende des Autographs folgen die letzten Blätter der Singstimme, die
kalligraphisch kopiert ist. — Derselbe Text ist auch von *Mozart*
komponiert. Nach dieser Vorlage ist die Arie in dem mehrfach erwähnten Supplementbande der Werke Beethovens als Nr. 269, 1
ediert; man vergleiche dort des Herausgebers Vorwort darüber p. II
bis III. — In *Thayers* chronolog. Verzeichnis S. 179 ist diese Komposition in dem daselbst veröffentlichten Auktionskatalog, Abteilung IV:
„Hinterlassene, nicht vollständige und eigenhändige geschriebene, noch
nicht gestochene Originalmanuskripte von Ludwig v. Beethoven" als
Nr. 153 „Vollständiges Gesangsstück, Prüfung des Küssens" angeführt.

84. Unbekanntes. „Dann: „*Trio für Pf., Flauto und Fagotto,
— frühere Arbeit nach Koll (?!?) Bon. geschrbn.*" — 15 Bll. f. —
Auf der letzten Seite zu lesen: „Trio concertant à clavicembalo flauto
e fagotto concertante composé par Ludovico van bethoven". Daneben
ausgestrichen. „Da Ludovico van Beethoven age 14 (?) organista d. S.
— S. Cologne." Könnte von Beethoven geschrieben sein. Auf dem
Manuskriptumschlage sind noch die Worte zu lesen: „Frühere Arbeit
— noch in Kölln (?) geschrieben". — Das Ganze ist sehr deutlich
geschrieben, — eine offenbare Jugendarbeit. Nach dieser Vorlage
ist das Werkchen im Supplementbande der Werke Beethovens als
Nr. 294 erschienen. — Man vergl. auch Thayers chronolog. Ver-

zeichnis S. 11 (Nr. 22) und ebendort im Auktionskataloge S. 179, als Nr. 179.

85. *Fingersätze.* Skizzen 5 Bll. qufol; nur 6 beschriebene Seiten; für Klavier.

86. Ein stattliches gebundenes Heft in grofs qufol.; auf dem Rücken in Gold: „*Beethoven. Chor zur Weihe des Hauses. Autograph*". Partitur zu 17 Systemen. Chortext von Meisl: „Wo sich die Pulse jugendlich jagen, Schwebet im Tanze das Leben dahin". — Allegro ma non troppo e un poco maestoso; 37 Blatt: davon die letzten drei Seiten unbeschrieben. Bekanntlich stellt sich „die Weihe des Hauses" als eine Umarbeitung des Festspieles „die Ruinen von Athen" aus dem Jahre 1822 dar. Die Ouverture dazu ist als op. 124 längst gedruckt und bekannt. Die *Chor*komposition selbst, in B, die im Jahre 1822 komponiert und aufgeführt wurde, ist von *A. W. Thayer* im Chronolog. Verzeichnis (1865) unter Nr. 235 aufgeführt. — Nach *diesem* Autographe und auf Grund einer Kopie im Besitze der Gesellschaft der Musikfreunde zu Wien ist dieses Chorwerk nunmehr im *Supplementbande* zur Gesamtausgabe der Werke Beethovens enthalten. — Man vergleiche übrigens *Nottebohms* II. Beethoveniana, Artikel XLIII: Die Musik zur Weihe des Hauses, p. 385 ff., 394 ff. — Übrigens hat der Herausgeber des Bandes hierbei *nicht* angegeben, dass die Berliner kgl. Bibliothek aufser diesem Autographe noch eine sorgfältige *Abschrift* dieses B-dur-Chores besitzt, in Partitur mit folgender Aufschrift: „Chor von L. van Beethoven. Partitur. Leipzig, Breitkopf & Härtel". 77 Seiten fol. Auf der Innenseite des Deckels (gebunden) stehen die betreffenden Bemerkungen aus Thayers chronolog. Verzeichnisse, Nr. 235. — Eine *kleine Variante* fällt gleich zu Anfang auf. Diese Kopie hat abweichend vom Autograph und dem Abdrucke selbst die Tempobezeichnung: „Allegro non troppo e un poco Maestoso" (nicht: *ma non troppo*).

87. Facsimile von Beethovens berühmtem *Heiligenstädter Testamente* (Promemoria) aus dem Jahre 1802: „Für meinen Bruder Carl und Beethoven. O ihr Menschen — etc. etc. 2 Bll. gr. fol. — Aus den Bemerkungen zu Ende ist ersichtlich, dass das Original aus den Händen *Artarias* in die von *Hotschewar*, dann in die von *Johann van Beethoven* überging. Dann besafs es der Violinkünstler *Ernst;* gegenwärtig im Besitze der Familie der Sängerin *Jenny Lind-Goldschmidt.* — Zuerst bei Schindler (II, p. 86 ff.) abgedruckt.

88. *Vier zusammengehörige Schriftstücke:* a) *Brief von Beethoven* vom 1. Januar 1825. Wien, „an Seine Wohlgeborn Herrn

C. W. Hennig Kapellmeister in Berlin," abzugeben bei Herrn Buch- und Musikhändler F. Trautwein". *Nur die Unterschrift* von Beethoven, 2 Bll. gr. 4°; Anfang: „Mit grofsem Erstaunen erhalte ich heute". — Der Brief ist von *La Mara* in den „Hamburger Signalen" a. a. O. als Nr. 14 zum Abdruck gebracht. — b) *Kopie* des *Antwortschreibens* von *C. W. Hennig* von *Beethoven* aus Berlin, den 13. Januar 1825: „Das Erstaunen, welches mir Ew. Wohlgebohren", — 1 Bl. gr. 4°. — Damit hängt zusammen: c) *Brief* von *W. Härtel* aus Leipzig, 10. April 1825, beginnend: „Entschuldigen Sie gefälligst" — an Herrn Trautwein in Berlin, 2 Bll., gr. 4° — und d) Drucknummer 24 des „Wegweisers im Gebiete der Künste und Wissenschaften vom 23. März 1825 mit den auf S. 96 abgedruckten Erklärungen von Beethoven, Trautwein und Hennig. Die Differenz betrifft den Klavierauszug zu op. 124 (Fest-Ouverture).

Unter den bisher aufgeführten Nummern sind folgende Stücke als bisher *ungedruckte* und zugleich *mitgeteilte* zu bezeichnen:

1. Die *allerletzten Noten Beethovens;* vgl. Nr. 9.
2. Billet an *Zmeskall von Domanovecz* „ich komme heute"; — cf. Nr. 11.
3. Briefstück an Kammerprokurator von *Warena* „Wie ich eb. sehe" etc., cf. Nr. 11.
4. Briefchen an *Friedr. Treitschke:* „Sie verzeihen, mein lieber Treitschke" — vgl. Nr. 79 b.
5. Zettel: „Alle Sterblichen Menschen" — (aus Homer). — cf. Nr. 80 a.
6. Briefchen „Für Seine Wohlgebohrn H. Holtz: Bei der Hitze ist es wohl"; — cf. Nr. 80 f.
7. Zettel: „Was braucht man für einen"; — siehe Nr. 80 i. —
8. Billet „für H. Holtz: An Piringer, wie es sich gehört"; — siehe Nr. 80 k.

VIII. Anhang.
Der Beethoven-Schindler'sche Nachlass.

In besonderen Mappen und Schachteln werden *Autographe, Dokumente,* Noten, Texte, *Bücher* aufbewahrt, die von der Königlichen Bibliothek aus dem Besitzstande *Anton Schindlers* erworben wurden. — Darüber ist ein besonderes *Verzeichnis* (Inventarium) vorhanden, das von *L. Nohl* aufgenommen ward. — Das Verzeichnis betrifft den Nachlass, soweit derselbe beim Tode *Schindlers* im Jahre 1864 noch vorhanden war und in den Besitz der Bibliothek überging. — Manches habe ich jüngst selbst an diesem Verzeichnisse verbessert. — Bei den einzelnen Stücken sollen erforderliche Bemerkungen gemacht werden.

Bevor jedoch zu diesem Inventarium selbst geschritten wird: ist aufzuführen:

89. Der kostbarste Schatz der *Konversationshefte*, eine unerschöpfliche Fundgrube zur Geschichte Beethovens. — Die *Konversationshefte* sind aus den Jahren 1819—1827 vorhanden und werden in 8 Schachteln aufbewahrt. — Um die Inhaltsangabe hat sich A. Schindler, um die chronologische Bestimmung, Anordnung der zusammengehörigen Hefte *A. W. Thayer* verdient gemacht. Also:

I. Konversationshefte aus dem Jahre 1819; jetzt befinden sich *5 Hefte* in der Schachtel von 1819. — 1. Heft Nr. 31, 46 Blatt; 2. Nr. 32, 105 Bll.; 3. Nr. 30, 71 Bll.; 4. Heft, das auf der ersten Innenseite des Deckels die Bemerkung „Herbst 1820“ trägt, — jetzt dem Jahrgange 1819 einverleibt, 68 Bll. ohne Nummer. — 5. Nr. 29, 92 Blatt, mehr zu 1829 gehörig.

(Fortsetzung folgt.)

Mitteilungen.

* Jahrbuch der Musikbibliothek Peters für 1895. 2. Jahrgang. Herausgegeben von *Emil Vogel.* Leipzig 1896. C. F. Peters. gr. 8⁰. 82 S. mit dem Porträt Joh. Seb. Bach's, gemalt von Haussmann, jetzt im Besitze der Firma Peters, eins der besten Porträts Bach's in photolithographischer Manier verfielvältigt, wie es schon früher von Simon in Berlin in den Handel gebracht wurde. Der Jahrgang enthält 1. die Originalstimmen zu Händel's Messias von Fr. Chrysander, dieselben die einst in englischen Blättern als ein ganz unerwarteter Fund bezeichnet wurden und doch nicht vielmehr als die Originalpartitur enthalten. 2. *Jules Combarieu's* L' influence de la musique allemande sur la musique français. 3. *R. von Liliencron's* Die Zukunft des evangelischen Chorgesanges. 4. Der erste mit beweglichen Metalltypen hergestellte Notendruck für Figuralmusik von Dr. *Emil Vogel,* ein interessanter Artikel, der alles zusammenfasst was je über Petrucci und seine Vorgänger gesagt ist. In dem Verzeichnis der Drucke Petrucci's von 1501—1506, Seite 60, fehlen die Fundorte bei 1504, Motetti C, im british Museum; 1505, Misse de Orto, ebendort: Superius. 1506, Lamentationum lib. 1, Archivio musicale della cap. Antoniana in Padua. Den Schluss des Jahrb. bildet wieder ein Verz. der

Bücher und Schriften über Musik des Jahres 1895. Dr. Haberl in seinem
Jahrb. 96 bringt S. 121 dazu noch einige Nachträge von katholischen Musik-
Zeitungen. Eine dankbare Zugabe zu letzterem Verz. wäre die Angabe der
Preise, soweit dies zu erreichen wäre.

    * *Kirchenmusikalisches Jahrbuch* 1896. Elfter Jahrgang. Herausgeg.
von Dr. *Fr. Xav. Haberl*. Regensburg, Fr. Pustet. gr. 8⁰. 28 Seiten Tonsätze von Ludovico de Victoria: Officium hebdomadae Sanctae 1585 in modernen
Schlüsseln mit Atmungs- und Vortragszeichen, und 131 Seit. Text. Preis 2 M.
An historischen Artikeln enthält der Jahrg.: Fortsetzung der archivalischen
Excerpte über die herzogl. Hof-Kapelle in München. Wir bedauern, dass dieselben mit dem 17. Jh. ihren Abschluss finden. Dr. Sandberger schliefst sie
schon mit dem 16. Jh. — Ein deutsches Missale aus dem Jahre 1529 von R.
von Liliencron. — Über Kataloge von Musikbibl. von *F. X. Haberl* mit dem
Anhange: Katalog der Elbinger St. Marienbibl., dem aber gerade dasjenige
fehlt, was der Herr Verfasser als eine der wichtigsten Bestandteile eines Kataloges in seinem Vorworte erklärt, nämlich die Angabe der vorhandenen Stimm-
bücher. — Biographie über Tomas Luis de Victoria (nebst Bibliographie der
in Italien vorhandenen Werke desselben) von *F. X. Haberl*. — Die Neumen-
forschung (Paléographie mus. und Dr. Fleischer's Neumenstudien) von *P. Utto
Kornmüller*. — Diesen Abhandlungen schliefsen sich Besprechungen neuerer besonders musikhistorischer Werke an. — Das Jahrbuch verdient in hohem Mafse
die Beachtung der Musikhistoriker.

    * *Heinrich Isaac*, Hofkomponist Kaiser Maximilian I. in Innsbruck. Ein
Beitrag zur tirolischen Kulturgeschichte von Dr. *Franz Waldner*. Innsbruck
1895, Wagner. kl. 8⁰. 68 S. Den Hauptbestandteil bildet der Abdruck der
Biographie Isaac's von Otto Kade in der Allgem. deutschen Biographie. Diesem
schliefsen sich Mitteilungen aus den Akten an, die fast durchweg schon bekannt
sind. Leider hat der Verfasser das Testament Isaac's nicht gekannt, was
Straeten im 8. Bande S. 529 seiner la musique aux Pays-Bas mitteilt und in
Monatsh. Bd. 22, S. 64 abgedruckt ist. Er hält deshalb Isaac noch für einen
Deutschen.

    * 2 deutsche Madrigale, a) Gott b'hüte dich, von *Lechner* (1580), b) Herz-
lieb, zu dir allein, von *L. v. Hasler*, für vierstimmigen Männerchor bearbeitet
von *Hans Sitt*. Lpz. E. Eulenburg. Part. 60 Pf., Chorst. à 15 Pf. Die Original-
gesänge sind mir nicht zur Hand; das Hassler'sche Lied ist aus 1596 Nr. 13
und Aufl. 1615 Nr. 15. Das Lechner'sche Lied aus 1580 beruht scheinbar auf
einer fingierten Jahreszahl, denn Lechner hat 1580 kein Liederbuch herausgegeben. Beide Lieder sind vom Herausgeber sachgemäfs behandelt und tragen
nur wenig Spuren von harmonischen Änderungen oder Zusätzen einer fünften
Stimme. Sie sind gut ausgewählt und werden den heutigen Geschmack unserer
Männerchöre wohl befriedigen, denen eine kräftigere Speise sehr notthut.

    * In dem Jahresberichte für neuere deutsche Litteraturgeschichte, 4 Bd.
Stuttgart, 1895. Göschen, hoch 4⁰, I, 13 befindet sich von Dr. *Heinr. Reimann*
ein Bericht über die Erscheinungen in der Musiklitteratur des Jahres 1892 u. f.,
der Urteil und Anzeige in geschickter Form verbindet und einen sehr lesens-
werten, belehrend, lobend und tadelnden Artikel bildet.

    * Es hat sich in Leipzig ein Comité zur Errichtung eines Grabdenkmals
für *Joh. Seb. Bach* in der Johanniskirche zu Leipzig gebildet. Der Aufruf

fordert zu Beiträgen auf, die an die Herren G. Gandig & Blum, Lpz. Brühl 34 zu senden sind.

* Antiquariats-Katalog Nr. 410 von *Theod. Ackermann* in München. Promenadenplatz 10. 829 Werke über Geschichte und Theorie der Musik, darunter auch Akustik, Biographie u. a., mit wenigen Ausnahmen Werke des 19. Jhs.

* *Leo Liepmannssohn.* Antiquariat. Berlin SW., Bernburgerstr. 14, Kat. 119. Ältere Instrumentalwerke; eine sehr wertvolle Samlg. von 332 Nrn.

* *Gilhofer & Ranschburg*, Buchhdlg. in Wien I, Bognergasse 2. Kat. 50, Musikwissenschaft. 637 Nrn. aus der ältesten bis neuesten Zeit, auch eine Samlg. Psalmenbücher mit Noten.

* Quittung über eingezahlte Beiträge für 1896 von den Herren Rich. Bertling, Rich. Bolte, Dr. Haberl, Hofb. Darmstadt, Rev. Milne, A. Prosnitz, Reinbrecht, Dr. H. Sommer, Dr. Fr. Waldner, Weber. Am 15. April werden die restierenden durch Postauftrag eingezogen.

Templin, 27. März 1896.   Rob. Eitner.

* *Fétis* in der Biogr. univ. Bd. 1 verz. eines *Giov. Batt. Ala* mit dem Sammelwerke: Pratum musicum variis cantionum sacrarum flosculis. Anvers 1634. 5 Stb. in 4°. Er verzeichnet auch die Tonsetzer, welche darin vertreten sind, jedoch keinen Fundort. Die Redaktion bittet um gefällige Mitteilung wo das Werk zu finden ist.

* Hierbei 1 Beilage: Joh. Krieger's Klavierstücke, Bog. 7.

Gestohlen

eine Kopie der Briefe des Egidius Hennius an den Pfalzgrafen Wolfgang Wilhelm (1644—1650). Bei etwaigem Kaufangebot bitte zu benachrichtigen

Dr. Wilh. Nagel in Cleve,
Ringstr. 8.

Verantwortlicher Redakteur Robert Eitner, Templin (Uckermark).
Druck von Hermann Beyer & Söhne in Langensalza.

MONATSHEFTE

für

MUSIK - GESCHICHTE

herausgegeben

von

der Gesellschaft für Musikforschung.

| XVIII. Jahrg. 1896. | Preis des Jahrganges 9 Mk. Monatlich erscheint eine Nummer von 1 bis 2 Bogen. Insertionsgebühren für die Zeile 30 Pf. Kommissionsverlag von Breitkopf & Härtel in Leipzig. Bestellungen nimmt jede Buch- und Musikhandlung entgegen. | No. 5. |

Die Beethoven-Autographe der Königl. Bibliothek zu Berlin.

Mitgeteilt und beschrieben von **Dr. Alfr. Chr. Kalischer.**

VIII.

(Fortsetzung.)

II. *Konversationshefte aus dem Jahre 1820;* jetzt befinden sich *zehn Hefte* in dieser Schachtel, gegen 11 von früher, als: 1. Nr. 22 meist mit D., also D. 22 signiert, 91 Bl.; Februar 1820. 2. Nr. 34 D., 95 Blatt, vom Februar-März d. J. 3. Nr. 33, 85 Bl., *März.* 4. ohne Nummer, *65 Bl.*, März; 5. ohne Nummer, 95 Bl., „vom 11. März 1820"; 6. D. 24, 86 Bl., April 1820; 7. D. 105, 77 Bl., April; 8. Nr. 20, 93 Bl., Mai-Juni; 9. Nr. 23, 63 Bl. — Juli oder August und 10. D. 19, 85 Bl., August und September 1820. —

III. *Konversationshefte aus dem Jahre 1822/1823.* In dieser Schachtel befinden sich *21 Hefte*, darunter nur 3 vom Jahre 1822, also: 1. Nr. 78, 36 Blatt; „aus Baden 1822" (September). — 2. Nr. 126, 25 Bl., Sommer 1822. — 3. Nr. 114, (D) 27 Bl., Herbst 1822. — 4. D. 93, 35 Bl., Wintersanfang 1823 (Januar). — 5. D. 4, 16 Bl., Januar oder Februar 1823. — 6. Nr. 112, 57 Bl., Februar 1823. — 7. Nr. 9, 51 Bl.: Februar. — 8. Nr. 48, 50 Bl., Februar. — 9. Nr. 87, 14 Bl., März 1823. — 10. Nr. 38, 34 Bl., März. — 11. Nr. 110, 24 Bl., Frühling 1823, März-April. — 12. D. 123, 27 Bl., März-April. — 13. Nr. 44, 45 Bl., April (März-April). — 14. D. 77, 45 Bl., „Winter 1823", d. h. März-April 1823. — 15. Nr. 60, 29 Bl., vom Sommer 1823 (Frühling?). —

16. Nr. 96, 57 Bl., Frühling 1823 (April). — 17. D. 45, 65 Bl., vom Frühling 1823. — 18. D. 92, 14 Bl., Hetzendorf 1823. — 19. D. 90, 28 Bl., Sommer 1823 Hetzendorff. — 20. ohne Nummer, 50 Bl., Sommer 1823 in Hetzendorff. — 21. Nr. 113, 41 Bl. (April 1823?).

IV. *Konversationshefte aus dem Jahre 1823.* In dieser Schachtel befinden sich jetzt *16 Hefte* (früher 18); das D vor den Nummern tragen alle Hefte. 1. D. 91, 52 Bl., Sommer 1823, Hetzendorff, Juli-August. — 2. Nr. 89, 36 Bl., Sommer in Hetzendorff, August. — 3. Nr. 11, 30 Bl., September in Baden. — 4. Nr. 59, 44 Bl., September, Herbst 1823, Baden. — 5. Nr. 54, 22 Bl., Herbst (Oktober?) — 6. Nr. 53, 36 Bl., Ende Oktober. — 7. Nr. 12, 20 Bl., Herbst 1823. — 8. Nr. 65, 34 Bl., November. — 9. Nr. 66, 94 Bl., November. — 10. Nr. 95, 40 Bl., Ende November. — 11. Nr. 124, 20 Bl., Winter 1823. — 12. Nr. 63, 12 Bl., Dezember. — 13. Nr. 13, 16 Bl., Ende 1823. — 14. Nr. 82, 10 Bl., Ende 1823. — 15. Nr. 84, 42 Bl., Ende 1823. — 16. Nr. 14, 23 Bl., Ende 1823 (Januar 1824?).

V. *Konversationshefte aus dem Jahre 1824.* In dieser Schachtel befinden sich jetzt *23 Hefte* (früher 18): 1. Nr. 51 (überall mit D), 5 Bl. (März 1824?). — 2. Nr. 85, 48 Bl., 1824 zu Anfang der Akademie (März-April). — 3. Nr. 127, 41 Bl., März. — 4. Nr. 57, 15 Bl., „Vor der Akademie März (April?)" — 5. Nr. 15, 31 Bl., „zur Zeit der Akademie 1824". — 6. Nr. 62, 36 Blatt, April. — 7. Nr. 107, 45 Blatt, Zeit der Akademie (3.—8. Mai). — 8. Nr. 109, 49 Bl., Ende April. — 9. Nr. 56, 31 Bl., „Vor dem 1. Konzert im Operntheater zur Zeit der Akademie 1824, Ende April." — 10. Nr. 94, 17 Bl., 1824 Frühling, Tag der 1. Akademie, 6. 7. u. 8 Mai. — 11. Nr. 50, 28 Bl., nach der I. Akademie. — 12. Nr. 39, 50 Bl., „Frühling 1824 zwischen der 1. und 2. Akademie". — 13. Nr. 106, 33 Bl., Sommer 1824. — 14. Nr. 49, 27 Bl., „Zeit der Akademie". 15. Nr. 104, 9 Bl. (wahrsch. Zeit der II. Akademie). — 16. Nr. 111, 29 Bl., Sommer 1824 in Penzig, seitwärts: „vor der Übersiedelung nach Penzig". — 17. Nr. 108, 29 Bl., Herbst 1824 in Baden. — 18. Nr. 80, 36 Bl., Dezember 1824. — 19. Nr. 79, 52 Bl., Ende 1824. — 20. Nr. 125, 46 Bl., „Anfang des Jahres 824 — nach Thayer 1825!). — 21. Nr. 46, 34 Bl., zur Winterszeit 1825; nach Thayer „Januar und Juni 1824". — Es mag hierbei ein für allemal bemerkt werden, dass die hierauf bezüglichen Umänderungen Thayers mit großer Vorsicht aufzunehmen sind; denn nicht wenige derselben sind recht anfechtbar. — 22. Nr. 74, 23 Bl., Herbst 1825; September

1824 nach Thayer). — 23. Nr. 35, 29 Bl., 1824 (früher Herbst 1825!).

VI. *Konversationshefte aus dem Jahre 1825.* In dieser Schachtel befinden sich *22 Hefte*: 1. Nr. 104, 31 Bl., Winterzeit 1825 (Januar): — 2. Nr. 25, 46 Blatt, Winterzeit (Januar-Februar). — 3. Nr. 3, 28 Bl., März. — 4. Nr. 42, 46 Bl., März. — 5. Nr. 41, 44 Bl., April. — 6. Nr. 117, 50 Bl., Frühling 1825. — 7. Nr. 69, 39 Bl., in Baden, eigentlich *Guttenbrunn* bei Baden (Mai-Juni?). — 8. Nr. 70, 24 Bl., Sommer 1825. — 9. Nr. 68, 44 Bl., 1825 in Baden (Juli-August?). — 10. Nr. 2, 48 Bl., 1825 in Baden (August). — 11. Nr. 98, 58 Bl., Sommer 1825 (oder 1826?). — 12. Nr. 36, 42 Bl., Herbst 1825 in Baden (nach Thayer: vom 17. Juli und später). — 13. Nr. 64, 21 Bl., 1825 in Baden (September). — 14. Nr. 43, 35 Bl., „aus Guttenbrunn bei Baden (September)." — 15. ohne Signatur, vorn: access. ms. 9368, 15 Blatt beschrieben, 36 Bl. leer (September). — 16. Nr. 75, 40 Bl., Herbst 1825 (1826?). — 17. Nr. 72, 27 Bl., Herbst 1825 (1826?). — 17. Nr. 72, 27 Bl., Herbst 1825 (Dezember?). — 18. Nr. 73, 38 Bl. (November). — 19. Nr. 47, 26 Bl., Dezember. — 20. Nr. 76, 47 Blatt, Ende 1825. — 21. Nr. 99, 48 Bl., 1826 (nach Thayer, September 1825?). — 22. Nr. 120, 16 Bl. Winter 1826 (jetzt 1825).

VII. *Konversationshefte aus dem Jahre 1826.* In dieser Schachtel befinden sich jetzt *29 Hefte*: 1. Nr. 37, 48 Blatt, 1825, Zur Herbstzeit — nach Schindler, Januar 1826 nach Thayer. — 2. Nr. 119, 63 Bl., Januar oder Februar 1826. — 3. Nr. 121, 31 Bl., Februar 1826. — 4. Nr. 122, 20 Bl., Winter (Februar) 1826. — 5. Nr. 101, 34 Bl., März (?). — 6. Nr. 6, 45 Blatt, März oder April 1826. — 7. Nr. 61, 31 Bl., April 1826. — 8. Nr. 5, 51 Bl., Frühling 1826. — 9. Nr. 1, 22 Bl., „Frühling 1825" nach Schindler, 1826 nach Thayer. — 10. Nr. 88, 96 Blatt, Mai oder Juni 1826, (März-April?). — 11. Nr. 130, 56 Bl., Frühling 1826 (Mai). — 12. Nr. 132, 43 Bl., Juni 1826. — 13. Nr. 128, 32 Bl., Juni und Juli 1826. — 14. Nr. 116 36 Blatt, Juli 1826. — 15. Nr. 52, 59 Bl., Juli und August 1826. — 16. Nr. 55, 40 Bl., August 1826. — 17. Nr. 97, 52 Bl., August 1826. — 18. Nr. 129, 51 Bl., Sommer 1826 (August). — 19. Nr. 100, 47 Bl., Sommer 1826 (September?). — 20. Nr. 131, 26. Bl., Herbst 1826. — 21. Nr. 133, 46 Blatt, Herbst 1826. — 22. Nr. 134, 29 Bl., Herbst 1826. — 23. Nr. 17, 15 Bl., Herbst 1826 in Gneixendorf. — 24. Nr. 16, 20 Bl., Dezember 1826. — 25. Nr. 58, 20 Bl., Dezember 1826. — 26. Nr. 103, 15 Bl., Dezember 1826. — 27. Nr. 107,

5*

38 Bl., Dezember 1826. — 28. Nr. 67, 46 Bl., vom Jahre 1825 nach Sch., 1826 nach Th. — 29. Nr 81, 23 Bl., Dezember 1826 (Neujahr 1827, nach Th.).

VIII. *Konversationshefte aus dem Jahre 1827.* In dieser Schachtel befinden sich *10 Hefte*, die den letzten 3 Monaten des Beethoven'schen Lebens angehören: 1. Nr. 83, 20 Blatt, Anfang Januar 1827. — 2. Nr. 135, 12 Bl., Januar 1827. — 3. Nr. 115, 37 Bl., Ende Januar und 1. Februar 1827. — 4. Nr. 118, 21 Bl., Ende Januar und Anfang Februar 1827. — 5. Nr. 71, 51 Bl., Anfang Februar 1827. — 6. Nr. 26, 20 Bl., Februar 1827. — 7. Nr. 86, 21 Bl., Februar 1827. — 8. Nr. 7, 49 Blatt, Februar 1827. — 9. Nr. 40, 52 Blatt, aus der letzten Zeit des Februar 1827. — 10. Letztes Heft, *Nr. 27*, 7 Blatt, Februar (und März?) 1827. — Im ganzen besitzt die Königliche Bibliothek zu Berlin also *136* von diesen unschätzbaren Konversationsbüchern Beethovens. — Die hier von mir angegebene Reihenfolge der Nummern in den einzelnen Jahrgängen entspricht freilich nicht der Lage der Hefte in denselben: allein die Anordnung könnte doch wohl nach dieser Numerierung vorgenommen werden.

90. *Mappe I*: Eine grofse *schwarze Mappe* mit der Aufschrift: „Documente, Correspondenzen, Kalender-Notizen und Sonstiges aus L. van Beethovens Nachlasse nebst einem vollständigen Exemplar von Cramers Etüden mit Anmerkungen über Vortrag von Beethoven und Schindler" (geheftet und mit eigenhändigem *Verzeichnis Schindlers* versehen)."

Ich lasse dieses Schindler'sche Verzeichnis nunmehr mit erforderlichen *Verbesserungen und Bemerkungen* folgen. *(88 Nummern.)*

1. *Königl. Preufs. Kabinetsordre* vom 25. Novbr. 1826 betreffs Übersendung eines Brillant-Ringes für die Dedikation der IX. Symph. von Friedr. Wilh. III. (nebst erklärenden Anmerkg. von Schindler), 2 Bl. 4°. — Vom *Verfasser* dieser Arbeit in dem bereits erwähnten Aufsatze von „*Nord und Süd*", Juniheft 1889 zum *Abdruck* gebracht. —

2. Brief von *Prinz Anton v. Sachsen*, nachh. König; Dresden 12. September 1823. — 2 Bl. 8°. Anfang: „Mein Herr Kapellmeister! Ich habe Ihren Brief".

3. Brief von *Erzherzog Rudolf* aus Wien, 31. Juli 1823 betr. die Anstellung eines von Beethoven empfohlenen Musikers *Drechsler* und Beethovens Wiedergenesung. — 2 Bl. 8°. „Lieber Beethoven! Ich werde Dienstag".

4. Brief vom *Herzog d' Achats*, Paris 20. Febr. 1824, betr. Übersendung einer goldenen Medaille von Louis XVIII. für das Subskriptions-Exemplar der Missa solemnis, 2 Bl. 4°. „Je m'empresse de vous prévenir".

5. Lithographie dieser *Medaille*; 1 Bl.

6. „Der berühmte *Brief* (eigentlich drei) an seine *Geliebte* Gräfin *Giulietta Guicciardi* aus einem ungarischen Bade 1802 oder 1803. Autograph mit Bleistift: 5 Blättchen." Eine gepresste Blume ruht inmitten dieses Briefes, der noch gegenwärtig eine *Streitfrage* in der Beethovenlitteratur bildet, seitdem *A. W. Thayer* den Versuch unternommen, den Liebesbrief als an Gräfin *Therese Brunswick* gerichtet hinzustellen. Man darf diesen Versuch nunmehr als völlig gescheitert ansehen. — Man vergleiche des Verfassers Schriften hierüber: *„Die unsterbliche Geliebte Beethovens.* Giulietta Guicciardi oder Therese Brunswick". Dresden 1891, und: *„Beethovens Frauenkreis."* IV. Abteilung. Giulietta Guicciardi, in der „Neuen Berliner Musikzeitung", Jahrgang 1893, vom Ende August bis Dezember d. J.

7. Das berühmte Blatt: „Nur Liebe etc., Autograph, 1 Bl. querfol. — Adressat dieses Blattes: „Nur Liebe — ja nur Sie vermag" — etc. ist streitig. Schindler hat es in seiner Beethovenbiographie im Facsimile mitgeteilt. — Es ist aus Baden am 27. Juli, das Jahr fehlt. — Schindler will das darin enthaltene — fragwürdige „M." auf *Marie Pachler-Koschak* gedeutet wissen und verlegt es in das Jahr 1816. — Das ist bereits von *A. W. Thayer* als unrichtig zurückgewiesen. — Übrigens ist — wie angedeutet — der Buchstabe „M." problematisch. Das kann ebensogut auch ein K. oder R. sein.

8. *Original-Kontrakt Beethovens und Clementis* über den Verlag von: a) trois Quatuors, b) une Symphonie N-la quatrième, c) une Ouverture de Coriolan, d) un Concert pour le Piano, le quatrième, e) un Concert pour le violon, f) i. e. dernier concert arrangé pour le piano, avec des notes additionelles. Deux cents Liv. Sterl. 20. April 1807. Von beiden unterzeichnet und von J. Gleichenstein comme témoin, 2 Bl. fol. — Man vergleiche den ganzen Vertrag, wie ihn *A. W. Thayer* nach der Abschrift *Otto Jahns* in seinem Beethoven (III, 10 f.) abgedruckt hat.

9. *Autograph von Beethoven* betr. das grofse Concert im Jahre 1813 (A-dur-Symphonie und Schlachtsymphonie), 2 Quartblätter. Dankschreiben an die mitwirkenden Musiker, vgl. Schindler Biographie I, 192 f., III. Aufl.

10. *Autograph Beethovens* 1814 wegen des Prozesses mit Mael-

zel, — 4 grofse Blätter (fol.). Abgedruckt in Schindlers Beethoven II, 341 ff. — Zum pro und contra dieser Streitfrage vgl. man auch *Thayer*: Beethoven III, p. 465 ff. und besonders p. 469 ff. — vgl. hier die folgenden 2 Nummern.

11. *Erklärung* und Aufforderung *Beethovens* in dieser Sache an die Tonkünstler in London, 2 Bl., gr. 4⁰.

12. Erklärung der Herren *Pasqualati* und *Adlersburg* in dieser Sache; 1 Bl. fol.

13. *Autograph Beethovens*; Fragen wegen der Einrichtung seiner Hauswirtschaft, 2 Bl. fol. — Teilweise bei *Schindler* I, p. 254 abgedruckt.

14. *Eingabe Beethovens* an den Wiener Magistrat 1819, wegen des Vormundschaftsprozesses mit seiner Schwägerin, 4 Bl. fol. — Von B. nur unterschrieben. — In *L. Nohls* Briefen Beethovens (1865), Nr. 221 abgedruckt.

15. dito an *das Appellationsgericht* zu Wien 1820, 5 Bl. fol. Diese hochinteressante Eingabe ist ebenfalls von *L. Nohl* a. a. O., Nr. 223 veröffentlicht. — NB. Beide Eingaben sind mit *offiziellen* Randglossen versehen.

16. Kopie von *Carl van Beethovens* Testament vom 14. November 1815, 2 Bl. fol. — Zum Teil bei *Schindler* (Beethovens Leben I, p. 253) abgedruckt, vollständig bei *Thayer*, III, 355 ff. —

17. *Letzter Wille Beethovens* 1827 an Dr. Joh. Bapt. Boch, 2 Bl. fol.; Kopie. — Siehe Schindlers Beethoven II, p. 146. Anfang: „Verehrter Freund! Ich erkläre vor meinem Tode".

18. *Autograph Beethovens*: Notizen über seines Bruders Carl Ehekontrakt und dessen Anstellung, Tod u. s. w., 1 Bl. fol.

19. Französisches *Einladungsschreiben* Beethovens an den König von Neapel, betr. die Subskription auf die Missa solemnis „à Vienne le 7. avril 1823. Votre Majesté! le soussigné vient de finir". — Von B. nur unterzeichnet, 2 Bl. fol.

20. Ein dito in deutscher Sprache nach Hessen-Kassel 1823, vom 23. Januar, 2 Bl. fol.

21. Die berühmte *Denkschrift* der Musiker und Musikfreunde etc. in Wien an Beethoven, vom Februar 1824, 2 Bl. gr. fol. — Bei *Schindler* abgedruckt, II, p. 60 ff.

22. *Zustellung* der K. K. Regierung an Beethoven wegen der Klassensteuer 1825.

23. Eine dito über *Rückstandssteuer* 1825.

24. *Autograph Beethovens*. Auszüge aus Dichtern; Bücheranzeigen etc., 1 Bl. fol. — „Sängers Geleit: da sitzt er an dem Rasenhügel" — etc. etc.

25. *Autograph Beethovens*. *Messentext* lateinisch und deutsch zum Behufe der Quantitäten-Notierung vor Beginn der Komposition der gr. Messe 1818, nebst vielen *Notenskizzen* und anderen Notizen — 3 Bl. fol.

26. *Facsimile* des Beethofenbriefes an *Matthisson*, 1 Bl. gr. 4. 1800; 4. August. — Über die Adelaide. — Bei *Schindler*, Beethoven I, p. 59 abgedruckt, später auch in Nohls Briefen Beethovens.

27. Beethovens *Zuschrift* an das *Schuppanzigh*sche Quartett 1825 wegen Aufführung des neuesten Quatuors in Es, op. 127. Unterzeichnet von Beethoven selbst, scripsit: Schindler Secretarius. — Von *Schindler* II, 113 veröffentlicht; später auch in Nohls Briefen Beethovens.

28. *Autograph Beethovens*, „wahrscheinlich an Diabelli 1823 (?), aber nicht abgeschickt". Dieser Brief, 2 Bl. 4°, ist von *L. Nohl* in den Briefen, Nr. 304 abgedruckt, aber bereits von *Schindler* mit gutem Grunde in das Jahr 1824 versetzt worden. Anfang: „Ew. Wohlgeboren! Sie verzeihen schon, dafs ich Sie" —

29. *Facsimile* des Billets von Beethoven an *Bäuerle*, Red. der Wiener Theaterzeitung; 2 Bl. 8°; vom Jahre 1824. — Das unbekannte kleine Billet lautet: „Ew. Wohlgebohren! in einigen Tagen werde ich die Ehre haben, meine Schuldigkeit zu zahlen [? tragen?], ich bitte sie die Anzeige von meiner Ak[ademie] in ihr geschätztes Blatt aufzunehmen.

ihr ergebenster Diener

Beethoven."

Darunter schreibt Schindler: „Das Original habe ich H. Fidèle Delcroix, Dichter in Cambrai, verehrt."

30. *Autograph Beethovens* an den Redakteur *Pilat* wegen des Schwedischen Diploms 1823 (Juni oder Juli), 2 Bl. 4°. *L. Nohl*, der diese Zuschrift an den Red. des österreichischen Beobachters in den Briefen Beethovens Nr. 267 publiziert, giebt hierbei *nicht* an, nach welcher Vorlage. Anfang: „Ew. Wohlgebohren! ich würde es mir für eine Ehre"—

31. *Autograph Beethovens* an den K. K. Censor *v. Sartorius* 1824, 2 Bl. 4°. — Abgedruckt in *Nohls* Briefen Nr. 292: „Ew. Wohlgebohren! Indem ich höre" — etc.

32. *Autograph Beethovens*. Dedication der Sonaten op. 110 und 111 an Schindler 1822. — Dieser aufgeklebte Zettel lautet: „Die Dedication der zwei Sonaten in As und in c-moll ist an die Frau Brentano, gebohren Edle von Birkenstock. Ries — nichts —". Be-

kanntlich hat Beethoven diese Sonate schließlich *ohne* Widmungen belassen, — während op. 109 Frau Brentanos Tochter Maximiliane gewidmet ward.

33. *Autograph Beethovens.* Zettel an Schneidermeister *Kind*, 1823. Der *ungedruckte* Zettel lautet: „Lieber Kind! Ich komme am Mittwoche längstens gegen 4 Uhr Nachmittags zu ihnen, wo ich alles berichtigen werde. Ihr ergebenster Beethoven." — Rückseite von Kind und Beethoven beschrieben.

34. *Autograph Beethovens.* An den Pol. Comm. *Ungermann* nebst *Schindlers* Bemerkungen über den Lebenswandel der Frau Johanna van Beethoven 1819 oder 1820. — Das abgedruckte Zettelchen selbst lautet: — „Hr. A. Schindler darf natürlich nicht vor beiden Personen genannt werden, aber wohl *ich*! —". Dieser Zettel ist nur der Nachtrag zu einem ausführlichen Briefe Beethovens an denselben.

35. *Autograph Beethovens.* *Kanon* auf Graf *Moritz Lichnowsky*: „Bester Graf, Sie sind ein Schaf"! 1823. — *L. Nohl*, Briefe Nr. 112, veröffentlicht einen Canon „Graf, Graf, Graf, Graf" etc. — vermeintlich an dieselbe Adresse gerichtet, und erwähnt dabei in margine dieses Kanons aus dem Nachlasse. — Der Anfang ist in *Thayers* chronologischem Verzeichnis (1865) p. 154 mitgeteilt nebst der Bemerkung: „erschienen in Facsimile im 10. Heft des Hirschbach'schen Repertoriums 1844." — Bescheidene Anfrage: Weshalb hat der Supplementband zu Beethovens Werken (Breitk. & Härtel) diesen *Kanon* nicht aufgenommen?

36. *Titel* und *Dedicationen* einiger Werken mit Beethovens Änderungen. Ein Blatt.

37. Das bekannte Billet des Baron *van Swieten* an Beethoven, 2 Bl. kl. 8⁰ — beginnt: „Wenn Sie künftigen Mittwoch". — Von *Schindler* I, 20 publiziert.

38. Brief *St. von Breunings* an Beethoven, die letztwillige Verordnung betreffend, 2 Bl. 8⁰, — aus Mitte März 1827, beginnend: „Liebster Freund! ich bin noch schwach, Dir viel zu schreiben" — betrifft das Testament des Meisters.

39. *Kopie* des Beethovenbriefes an *Amenda* in Kurland, 1 Bl. 4⁰; — vom 1. Juni 1800 (1801): „Mein lieber, mein guter Amenda, mein herzlicher Freund".

40. Brief *Amendas* an Beethoven, 2 Bl. 8⁰ aus „Talsen den 20. März 1815" — beginnt: „Mein Beethoven! Nach langem schuldvollen Schweigen nähere ich mich mit einem Opfer Deiner herrlichen Muse" — —. Sehr interessanter Brief! — Ein kleines Stück des-

selben ist aus *O. Jahns* Nachlass von *A. W. Thayer* III, 341 veröffentlicht.

41. Brief von *Hammer-Purgstall's* an Beethoven, betreffend ein persisches Singspiel und die Sintflut, 2 Bl. 4°. — Vgl. *Nohls* Randglossen zu Beethovens Briefe an diesen berühmten Orientalisten: Briefe Nr. 59 und 60. — Der Brief beginnt: „Aschermittwoch. Ich wollte soeben nach der Abreise des pers. Gesandten".

42. Brief *Sacks* an Beethoven in betreff des Oratoriums „das Weltgericht", Liegnitz 1815, 29. Januar, 2 Bl. 8°. — Der kgl. preußische Reg.-Rat Sack bittet darin den Meister sehr devot, dass er diesen seinen Oratoriumtext komponieren möchte.

43. a) und b) 2 Briefe von *Charles Neate* an Beethoven; übersetzt, a) 1 Bl. fol. London, 29. Okt. 1816, ein Auszug: „Neate erkennt, dafs er Tadel verdient" — etc. etc. — b) 1 Bl. 4°: „London, 20. Dezember 1824. Theurer Beethoven! Es war lange mein Wunsch, Sie in diesem Lande zu sehen, wo ich glaube" — etc.

44. *Drei* Briefe von *A. Diabelli* an Beethoven, 1816 und 1824, eine Sonate à 4 mains in F. betreffend, a) Wien, 22. August 1816, „Herr v. Beethoven! Die Bedingungen des Hofmeisters sind" — 1 Bl. 4°. — b) Wien, 4. August 1824: „Herr Ludw. v. Beethoven! Da ich weder ein Schreiben von Ihnen erhalte" — 2 Bl. gr. 4°; betrifft eine Sonate in F à 4 mains. Adresse: Herrn Herrn Ludw. van Beethoven, berühmten Tonsetzer in Baden. — c) Aus Wien, August 1824: „Herr Ludw. v. Beethoven! Mit Vergnügen ersehe ich aus dem werthen Schreiben" — 2 Bl. gr. 4°, gleiche Adresse wie unter b).

45. Zwei Briefe des Grafen von *Dietrichstein* an Grafen von *Lichnowsky* und an Beethoven betrifft eine neue Messe Beethovens für Kaiser Franz I., 1823. a) 2 Bl. 8°, am 23. Febr. 1823, beginnend: „Lieber Freund, schon längst wäre es meine Pflicht gewesen" — von *Schindler II*, 30 f. zum Abdruck gebracht. — b) An *Beethoven* 10. März 1823: „Ich übersende Ihnen hier, mein verehrter Freund, drei Graduale" — dazu Fufsnotiz von Beethoven. — 2 Bl. 8°.

46. *Zwei* Briefe *A. Streichers* an Beethoven über dessen ökonomische Verhältnisse; 4 Bl. gr. 8°. — Der erste Brief beginnt: „Werthester Beethoven! Ich habe schon sehr oft über Ihre Lage nachgedacht", aus Baden, 5. Sept. 1824. — Der zweite aus Wien am 29. Sept. 1824 beginnt: „Verehrtester Beethoven. Meine Frau überbrachte mir heute Ihren lieben, mir sehr angenehmen Brief".

47. Franz. Brief von Duport 1824. Offerte einer Opern-Kom-

position an Beethoven, 2 Bl. 4°. „Monsieur. Je m'empresse de vous communiquer". — Vienne le 20. avril 1824. Unterzeichnet: L. Duport p. Barbaja.

48. Brief des Sekretärs des Fürsten *A. v. Radziwill*, die Missa solemnis betreffend. Der Brief des Herrn Krauts aus Berlin den 28. Juni 1824, beginnt: „Ew. Hochwohlgeboren habe ich am 6. April c. Namens Seiner Durchlaucht". — 2 Bl. gr. 4°.

49. Brief von demselben Herrn *Sekretär* an Beethoven aus Berlin vom 3. August 1824, 2 Bl. gr. 4°, beginnend: „Hochwohlgeborner Herr, Hochgeehrter Herr Kapellmeister! Ew. Hochwohlgeboren ist es noch immer nicht gefällig gewesen". — Dieser Brief ist vom Verfasser in seiner erwähnten Abhandlung „Beethoven und der preussische Königshof" in „Nord und Süd", Maiheft 1889 veröffentlicht worden.

50. Brief des Herrn *G. Nägeli* in Zürich, Übersendung von Gedichten betreffend, 1825, Zürich 21. Febr., beginnt: „Verehrter Freund! Schon seit zwei Monaten sind meine Gedichte". — 7 Bl. gr. 4°.

51. Brief *Mälzels* an *Beethoven* aus Paris 1818, 19. April, 2 Bl. gr. 4°, Anfang: „Bester Freund! Sie erwarten von mir wohl keine".

52. Der *hochwichtige* Brief des Dr. phil. *G. C. Grossheim* an Beethoven aus Kassel vom 10. November 1819 (!!). — 2 Bl. gr. 4°. Diesen Brief mit dem Anfange: „Herr Kapellmeister! Eine Zueignung ist das Erkenntnis" etc. habe ich in der „*N. Berliner Musikzeitung*" in „Beethovens Frauenkreis, IV. Abteilung". veröffentlicht. (Nr. 49, vom 7. Dezember 1893.) Bekanntlich ist dies der Brief, den Thayer wiederholentlich als starkes Geschütz gegen des Verfassers Auffassung in der Guicciardi-Frage zu benutzen beliebte. Wie unsterblich sich Thayer damit kompromittiert hat, — ist in jenen Studien, N. Berl. Musikzeitung 7. Dezember und 14. Dezember 1893 nachgewiesen worden.

53. Brief des Kompon. *Schoberlechner* an Beethoven nebst Beethovens Erwiderung. 1823; 2 Bl. gr. 4°. — Franz Schoberlechners Brief aus Wien vom 25. Juny 1823 beginnt: „Hochverehrter Herr — grofser Meister — Aufgemuntert durch H. Schindler" — Beethovens Entgegnung beginnt: „Ein tüchtiger Kerl hat" — vgl. dieselbe in *Nohls* Briefen, Anm. zu Nr. 265. — Jenes Autograph enthält auch noch Schindler'sche Randglossen.

54. Französ. Brief von *Ch. Neate, London 1822*, 2. Septbr.,

2 Bl., beginnt: „Mon cher Beethoven. — Vous êtes sans doute aussi offensé". —

55. Brief vom Musikdirektor *Schelble* in Frankfurt a/M., die Missa solemnis betr., 1823, 19. März. 1 Bl. 4⁰, Anfang: „Wohlgebohrner Herr! Hochverehrter Meister. Das Schreiben, womit Euer Wohlgebohren den hiesigen Musikverein".

56. Brief von *F. Pieringer*, nebst Beethovens Anmerkungen für den Kopisten vom 24. März 1824. Beginnt also: „Generalissime omnium Compositorum! Hochdieselben waren so gütig" etc. Unterschrieben: Excellentissimi humillimus servus Ferd. Piringer". 2 Bl. gr. 4⁰.

57. a u. b. Zwei Briefe der Verehrerin *Beethovens Marie L. Pachler-Koschak* an den Meister. Der erstere aus Hallerschlofs bei Grätz, 15. August 1825, 2 Bl. gr. 4⁰, beginnt: „Lieber, verehrter Hr. v. Beethoven! Sie werden sich vielleicht kaum meiner — noch weniger aber des Versprechens erinnern" etc. Der zweite aus Grätz vom 5. November 1826, 2 Bl. 8⁰, beginnt: „Herr v. Beethoven! Durch ein höchst sonderbares Zusammentreffen von Umständen". — Man vergl. hierzu übrigens die kleine Monographie: „Beethoven und Marie Pachler-Koschak" von Dr. Faust Pachler, Berlin 1866; besonders p. 23 ff.

58. Brief von *Thomas Broadwood*, aus London 17. Juli 1818, der Herrn *Stumpff* empfiehlt, 2 Bl. 4⁰, französisch, also beginnend: „Mon cher Mons. Beethoven, mon ami, Monsr. Stumpff, porteur".

59. Brief von *Stumpf* in London, 1. März 1827, 2 Bl. gr. 4⁰, anfangend: „Hoch- und sehr wertgeschätzter Herr! Wie sehr mich die Nachricht erschreckt".

60. Drei *Briefe* von Beethovens Neffen *Karl* an Beethoven, 1827, a) aus Iglau am 13. Januar 1827, 1 Bl. gr. 4⁰, „Mein theurer Vater! Deinen durch Schindler geschriebenen Brief". — b) Aus Wien, franz., 1 Bl. 4⁰: „Mon père chéri! Je serais volontiers venu". — c) Aus Iglau am 4. März 1827, 1 Bl. gr. 4⁰: „Mein theurer Vater! Soeben erhalte ich die mir übermachten Stiefel".

61. Brief von Beethovens Bruder *Johann* an ihn, die Erziehung des Neffen betreffend, 1826, 4 Blatt, 8⁰, vom November, beginnt also: „Mein lieber Bruder! ich kann unmöglich länger mehr ruhig sein".

62. Brief *Schuppanzighs* an Beethoven, 1826. 2 Bl. 8⁰ vom 26. April: „Mächtigster Beethoven! Ich danke für den gestrigen Bescheid". — Unterzeichnet: „Euer Primo Violino Schuppanzigh".

63. Brief *Anton Halms* an Beethoven, 1826! 24. April, 2 Bl., 8⁰: „Hochgeehrtester Herr v. Beethoven. Ich habe Ihre Fuge".

64. Französ. Brief des Grafen Alphonse *de Feltre* an Beethoven, aus Paris 12. September 1826, 2 Bl. gr. 4⁰. — Anfang: „Monsieur Malgré que je n'aie pas l' honneur".

65. Brief von *Xaver Snyder von Wartensee* an Beethoven aus Frankfurt a/M., 12. Oktober 1826, 2 Bl. 4⁰, über den letzten Satz der c-moll-Sonate, op. 111. — Beginnt: „Hochverehrter Freund! Sehr gern benütze ich die sich mir bietende Gelegenheit".

66. *Brief* und *Komposition* von *C. Schwenke* an Beethoven, aus Hamburg, c. 1821, 4 Bl. kl. fol., beginnt: „Herr Capellmeister, Wenn die Welt originell ist".

67. Brief von Dr. *Hellmuth Winter* an Beethoven; 3 Bl. fol., ein Sing-Trauerspiel betreffend, Datum „am 9. Juli". — Anfang: „Wohlgeborner, Hochgeschätzter Herr! Viel zu spät erfuhr ich Ihre Gegenwart".

68. Brief von *Dom. Artaria* an Beethoven; betrifft den Katalog seiner Werke, 1819, 24. Juli, mit Schindlers Erklärungen; 3 Bl. 4⁰. Anfang: „Euer Hochwohlgeboren! Beyliegend übersende ich die Correcturen".

69. Honoraroferten von Steiner & Co., nebst Randglossen Beethovens; 2 Bl. 8⁰. — Beethovens Bemerkungen beginnen: „man könnte sich auch vorbehalten, die Preise manchmal zu ändern".

70. *Quittung* über fl. 360 — C. M., die Beethoven an *Peters* in Leipzig gezahlt hat 1825, 1 Bl. 4⁰.

71. Drei Briefe des Verlegers *Propst* in Leipzig an Beethoven vom Jahre 1824 über Missa solemnis, IX. Symph. etc. a) Leipzig 22. März 1824, 2 Bl. gr. 4⁰. „Zu Folge Ihrer geehrten Zuschrift". — b) Leipzig, 9. August 1824, 2 Bl. gr. 4⁰: „Bereits am 10. vorigen Monats sandte ich". — c) Leipzig den 16. August 1824, 2 Bl. gr. 4⁰: „Ihr Brief vom 9. dieses begegnete dem Meinigen".

72. *Neun Briefe* von *Schott* in Mainz, über Verlag der Missa und IX. Symph. — a) Mainz den 24. Märtz 1824: „Dero verehrtes Schreiben vom 10." — 2 Bl. 4⁰. b) Mainz, 10. April 1824, 2 Bl. 4⁰: „Herr Kapellmeister! Nachträglich unseres Schreibens". — c) 19. April 1824, 2 Bl. gr. 4⁰: „Wir wollen die passende Gelegenheit". — d) 27. April 1824, 2 Bl. gr. 4⁰: „Wir nehmen uns die Freiheit". — e) 19. Juli 1824, 2 Bl. gr. 4⁰: „Hochverehrtester Herr Kapellmeister! Dero verehrte Zuschrift". — f) 28. November 1826, 2 Bl. gr. 4⁰: „Sehr wertgeschätzter Kapellmeister! Dero sehr werthe

Zuschrift". — g) 18. Dezember 1826, 1 Bl. kl. fol.: „Hochgeehrtester Freund und Gönner! Wir haben dero geehrte Zuschrift". — h) Mainz 8. März 1827: „Dero sehr geehrte Zuschrift vom 22. Februar". — 2 Bl. gr. 4°. — i) Mainz 29. Märtz 1827: „Dafs uns noch keine". — 1 Bl. gr. 4°.

73. Kopie eines *Briefes* von *Schindler* an *Duport* wegen Überlassung des Opernhauses zur Aufführung der IX. Symph. und der Missa, 1824, 2 Bl. 4°. — „Ew. Wohlgeborn! Ich habe die Ehre als Organ des H. Ludw. van Beethoven".

74. *Sechs* Briefkonzepte *Schindlers* für Beethoven: an *Georg I.*, an *G. Smart*, an *Stumpff*, an *Moscheles* in London, 1827, 6 Bl. 4°. a) „Indem ich mich nun unterfange" — 1823, 1 Bl. — b) „Bereits vor einiger Zeit" — an Smart 1827. — c) Wien 31. März 1827 an Smart: „Beethoven ist nicht mehr". — d) An Stumpff, 6. März 1827. „Ich zweifle nicht". — e) 14. März 1827: „Mein lieber Moscheles! Ich habe dieser Tage". — f) Wien, 18. März 1827: „Lieber Moscheles! Mit welchen Gefühlen ich Ihren Brief".

75. *Notizen Beethovens* wegen Kopiatur der Missa und der IX. S., 1824, 3 Bl. gr. 4°.

76. *Beethovens Berechnung* über sein 1. Konzert 1824 im Operntheater 1¹/₂ Bl. gr. fol.

77. Eine *Korrektur* mit Bleistift von Beethovens Hand; 2 Bl. fol.

78. *Anschlagzettel* zu dem grofsen Konzert vom 7. Mai 1824, 1 Bl. gr. fol.

79. *Anschlagzettel* zu dem 2. Konzert am 23. Mai 1824.

80. *Notizen* (mit Bleistift) und Honorar-Ansätze für ältere Werke, 2 Bl., gr. fol.

81. *Anschlagzettel* zum Konzert am 29. November 1814, 1 Bl.

82. *Kostenverzeichnis* für das Orchester vom Konzerte am 27. Februar 1814, 2 Bl. fol.

83. *Kostenverzeichnis* für Kopiatur des Terzetts „Empi, tremate" und der VIII. Symph. zum Konzerte am 27. Febr. 1814, mit einer Notiz Beethovens, 1 Bl. 4°.

84. *Kostenverzeichnis* über Kopiatur des „Glorreichen Augenblicks" zum Konzerte vom 29. Nov. 1814, mit Notizen Beethovens.

(Fortsetzung folgt.)

———

Mitteilungen.

* Zur Angelegenheit eines Beethoven'schen Requiems. Beim Durchlesen der inhaltsreichen Mitteilungen von Dr. Alfr. Chr. Kalischer über die Beethoven-Autographe der Königl. Bibliothek zu Berlin fiel mir die Stelle auf „Im *Requiem* lässt sich der Todtenmarsch anbringen". Sie findet sich in einem Beethoven'schen Skizzenbuche, das der Hauptsache nach dem Jahre 1808 angehört (Vergl. Notte-bohm: Zweite Beethoveniana S. 504 und „Monatshefte für Musikgeschichte" 1896, Nr. 2, S. 9). Eine Kommentierung der Stelle wäre sehr erwünscht. Vor etwa einem Jahre habe ich einige Fragen aufgeworfen, die sich auf Beet-hoven's Absicht, ein Requiem zu schreiben, beziehen. Es giebt nämlich einen Brief, der in unzweideutigen Ausdrücken auf die erwähnte Absicht hinweist, die ja auch in der angeführten Stelle des Skizzenbuches ausgesprochen er-scheint. Im Jahre 1818 war die Absicht ganz nahe daran, ausgeführt zu werden. Der Brief, auf den ich anspiele, stammt von Joh. Wolfmayer, ist mit „9. April 1818" datiert an Beethoven gerichtet und lautet folgender Maſsen: „Lieber H(err) v(an) Beethoven! Wenn es richtig Ihr Ernst ist, und Sie ver-sprochenermaſsen das *Requiem componiren*, so mache ich mich hiermit ver-bindlich, Ihnen für diesen Fall 100 Ducaten, sage Ein Hundert Ducaten aus-zubezahlen. Ich verlange bloſs eine, gleich nach Vollendung dieses Ihres Kunstwerkes mir abzugebende Abschrift der Partitur und Sie können übrigens mit dem Original als Ihrem wahren und unwiderruflichen Eigentume nach Be-lieben disponieren. Bitte, übrigens nur über diesen meinen Betrag mir schrift-lich Ihren Willen zu äuſsern und die Versicherung meiner Hochachtung an-zunehmen.   Johann Wolfmayer."

Als ich im vorigen Jahre Wolfmayer's Brief veröffentlichte,*) wies ich auf die ungelösten Fragen hin, die sich an die Angelegenheit mit dem Requiem knüpfen. Bisher ist keine Beantwortung derselben erfolgt, und so möchte ich es denn nicht versäumen, neuerlich darauf hinzuweisen, dass hier erst Klarheit zu schaffen ist. Warum ist die Ausführung des Requiem unterblieben? Welche Skizzen darf man auf das Requiem beziehen, das als „versprochene" Arbeit Beethovens im Jahre 1818 erwähnt wird? und was der Fragen mehr wären. Sollte nicht doch irgendwo ein ungedrucktes, bisher unbekannt gebliebenes Blättchen verborgen sein, das die Sache aufklärt?

Wien 16. März 1896.   *Dr. Th. v. Frimmel.*

* Ein, die Laute spielender Zwerg in Florenz für Kursachsen (1675). Beim Lesen der folgenden, von *Domenico da Melani*, Hofsänger des Kurfürsten Johann Georg II. zu Sachsen, stammenden Beschreibung eines nicht genannten, zur Kurzweil für des Letzteren Gemalin (Magdalena Sibylla, geb. von Branden-burg-Baireuth) 1675 ausersehen gewesenen, aber nicht reisefähigen florentinischen Zwergs, wird man unwillkürlich an die unübertroffene homerische Schilderung des Äuſseren eines *Thersites* (Iliade 2, 212 ff.) erinnert. Ungeheuer war der Kopf dieses zur gedachten Zeit in den funfziger Jahren stehenden Naturspieles,

---

*) Über diesen Brief und den musikbegeisterten Tuchhändler Wolfmayer vergl. die Wiener „Deutsche Kunst- und Musik-Zeitung", herausgegeben von A. Robitschek, Jahrgang XXII, Nr. 2 vom 15. Januar 1895.

fast so grofs wie der ganze Leib, durch graue Haare arg verstellt, Nase und
„Maul" ebenfalls von ungewöhnlicher Gröfse, ein Auge blind, das Gesicht das
schändlichste so jemals zu sehen, kurz und übermäfsig dick der Leib, die Arme
klein und krumm, die Beine unvermögend des Leibes Last zu tragen. Auf
zwei Krücken und unter menschlicher Hilfe — Reiten und Fahren vertrug er
durchaus nicht — geschah die notwendigste Fortbewegung des, die Laute
„ziemlich gut" schlagenden Italieners.

Blasewitz-Dresden. *Dr. Theod. Distel.*

    * Denkmäler der Tonkunst in Österreich. 3. Bd., 1. Teil. Wien 1896.
Artaria & Co. gr. fol. Enthält *Joh. Stadlmeyer's* Hymni quibus totius anni
decursu... Oeniponti 1628 Joan. Gächius. Herausgegeben von Joh. Ev. Habert.
8 Bll., 39 S. Die Hymnen sind vierstimmig und jede kaum 20 Takte lang.
Sie sind im Stile des 16. Jhs. geschrieben, bieten aber nur geringen Klangreiz
dar. Der Herausgeber spricht sich im Vorwort über die Hymnen sehr lobend
aus, giebt auch eine gedrängte Biographie des Komponisten, über dessen Leben
aber wir sehr wenig wissen und scheinbar stets im Dunklen bleiben werden,
da alle Quellen über ihn schweigen und nur die Titel seiner Werke das not-
dürftigste Material liefern. Wir möchten Herrn Habert noch darauf aufmerksam machen, dass die Longa-Note ihren Strich nie auf der linken Seite,
sondern stets rechts hat. — 2. Teil des 3. Bds., *Marc' Antonio Cesti's* Il Pomo
d'oro, festa teatrale, rappresentata in Vienna 1667. Partitur mit prächtigen Abbildungen von acht Theaterdekorationen. Herausgegeben von Dr. *Guido
Adler.* 17 Vorbll. 133 Seit., Part. Wir kennen Cesti's Schreibweise aus der
Oper „La Dori", die 1883 im 12. Bde. der Publikation der Gesellschaft für
Musikforschung erschien. Seine Chöre sind trocken, steif und wenig wohlklingend, während die Sologesänge eines melodischen Reizes nicht entbehren.
Letztere halten die Mitte zwischen Recitativ und Arie, wie sie auch Lully noch
schuf. Der ausgesetzte Bassus continuus, der einstmals vom Flügelspieler ausgeführt wurde, ist stellenweis recht geschickt gemacht, besonders auf den
Seiten 14—25. Weniger passend ist die vollgriffige kaum greifbare Begleitung
zu der Instrumentaleinleitung, S. 3 u. f. Doch warum verschwindet von S. 54
bis zum Schlusse die Begleitung? Wurde sie dem Herausgeber zu mühselig,
oder glaubte er nun genug gethan zu haben und das Übrige den Subskribenten
überlassen zu können? Vielleicht hat ihm auch vor der 3. Scene gegraut, die
ihr besonderes Vergnügen darein setzt den Zuhörer daran zu gewöhnen fis-f
und h-b als harmonieeigene Töne schätzen zu lernen. — 3. Teil des 3. Bdes.
Gottlieb Muffat's Componimenti musicali per il Cembalo... Augsbg. s. a. G. Chr.
Leopold. Titelbl. in Abbildung. Herausgegeben von Dr. *Guido Adler.*
17 Vorbll., 94 S. Musik, enthaltend 6 Suiten und eine Ciaccona. Im Vorworte
geht der Herr Herausgeber sehr eingehend auf die Leistungen Muffat's ein,
stellt sie in Vergleich mit Bach und Händel und den früheren und späteren
Komponisten von Suiten und gelangt zu dem Resultat, dass Bach und Muffat
die bedeutendsten Komponisten auf diesem Felde waren. Ebenso weist er nach
in wiefern Muffat von Bach gelernt hat und Händel Muffat's Motive vielfach
für seine eigenen Werke benützte. Ebenso geht er sehr ausführlich auf die
einzelnen Sätze der Suite und ihrer Form ein. Das Vorwort ist jedem Musikhistoriker als belehrend und anregend zu empfehlen. In betreff des Urteils,
welches Herr Dr. Adler über M.'s Klaviersätze fällt, wird ihm jeder Musik-

verständige mit Freuden zustimmen; weniger Gleichgesinnte wird er aber in
betreff der Verteidigung der Verzierungen finden. Johann Krieger, Seb. Bach
und Händel verwenden sie äufserst mäfsig, die französische Schule dieser Zeit
aber im Übermafse und wenn dies ein Deutscher nachahmt, so ist das meiner
Ansicht nach verwerflich. Beim Franzosen ist es erklärlich, denn es lag im
Geschmacke damaliger Zeit. Der Franzose überlud seine Bauten, seine Möbel,
sowie seine Kleidung mit Verzierungen, warum sollte er nun seine Kompositionen ohne dieselben in die Welt schicken? Dies war ihm so undenkbar, als
es dem Deutschen mit Geschmack widerwärtig war. Bei Muffat kribbelt und
krabbelts wie Spinnenbeine in allen Stimmen und mit 54 verschiedenen Ver-
zierungszeichen werden alle Stimmen überladen. Man atmet förmlich auf,
wenn man einmal einen Takt in einfacher Notierung findet. Wer an solcher
Krabbelei Vergnügen findet, der kann sich hier hinreichend sättigen. Keinenfalls verlieren die Piecen aber, im Gegenteil man hat erst die rechte Freude
daran, wenn man die Verzierungen aufs bescheidenste Mafs beschränkt, wie
sie Bach und Händel verwenden. Noch möchte ich erwähnen, dass Muffat's
Ciaccona dieselbe Behandlung (Form) aufweist wie Joh. Krieger's Giacona
S. 37 der Beilage zu den M. f. M. 1896, doch ist Krieger's Komposition ge-
dankenreicher, tiefer in der Empfindung und nicht mit so oberflächlichen
Spielmanieren überladen wie die von Muffat. Die Verlagshandlung hat es sich
wieder angelegen sein lassen die Ausgaben auf die prächtigste Weise auszustatten, wozu die Wiedergabe der Originaltitel und scenischen Darstellungen
gute Gelegenheit boten.

    * Der Bohn'sche Gesangverein brachte in seinem 63. Vortragsabend mehr-
stimmige und einstimmige Gesänge und Lieder von Heinrich Marschner und
im 64. Weltliche Musik in England im Zeitalter der Königin Elisabeth. Neben
Gesängen mit und ohne Begleitung waren auch drei Klavierpiecen von W. Byrd
eingelegt.

    * Herr Musikdirektor R. Vollhardt in Zwickau hat mit seinem Kirchen-
chore 6 Konzerte im vergangenen Winter veranstaltet, in denen ältere und
neuere Werke wie auch ältere Orgelkompositionen zu Gehör gebracht wurden.

    * Jakob Rosenthal, Antiquariat in München, Karlstr. 10. Katalog 1, ent-
hält 758 Werke aus allen Musikfächern. Sehr reich ist der Katalog an Musik-
drucken des 16. Jhs., leider stets nur mit einem Stb. vertreten. Unter Nr. 210
befindet sich H. Gerle's Musica teutsch von 1532 und Tabulatur auff die Laudten
von 1533, komplette Exemplare. Ein Preis ist nicht gestellt. — Bei demselben:
Catalogus XIV librorum universa catholicarum et literarum et rerum studia com-
plectentium ... Pars 3. Bibliotheca liturgica. 1161 Nrn.

    * Der Zwickauer Musikkatalog ist in einigen wenigen Exemplaren kom-
plett für 6 M durch die Redaktion zu erhalten.

    * Versteigerung einer Autographen-Sammlung in Berlin SW., Bernburger-
strafse 14 bei Leo Liepmannssohn am 7. Mai morgens 10 Uhr. Von 814 bis
1172 Musiker-Autogr.

    * Hierbei 2 Beilagen: 1. Joh. Krieger's Klavierstücke, Bog. 8, Schluss.
2. Katalog einer verkäuflichen Musikalien-Samlg. von Oswald Weigel in Leipzig.

Verantwortlicher Redakteur Robert Eitner, Templin (Uckermark).
Druck von Hermann Beyer & Söhne in Langensalza.

MONATSHEFTE

für

MUSIK-GESCHICHTE

herausgegeben

von

der Gesellschaft für Musikforschung.

| XXVIII. Jahrg. 1896. | Preis des Jahrganges 9 Mk. Monatlich erscheint eine Nummer von 1 bis 2 Bogen. Insertionsgebühren für die Zeile 30 Pf. Kommissionsverlag von Breitkopf & Härtel in Leipzig. Bestellungen nimmt jede Buch- und Musikhandlung entgegen. | No. 6. |

Die Beethoven-Autographe der Königl. Bibliothek zu Berlin.

Mitgeteilt und beschrieben von Dr. Alfr. Chr. Kalischer.

VIII.

(Fortsetzung.)

85. *Mietsquittung* aus dem Sommer 1824, in Penzing, nebst Erklärung Schindler's über eine geharnischte Fußnote Beethovens, 1 Bl. fol.

86. *Zeichnung* einer *Kanone* als Bittstellerin um einen Marsch Beethovens für das bürg. Artill.-Corps in Wien 1815 od. 1816, ein langes Blatt. — Der komponierte Marsch ist der in D-dur.

87 a) *Kalender* vom Jahre 1819, von Beethoven benutzt und mit Notizen versehen. — 23 Blatt 4⁰. — 87 b) dito, vom J. 1820, 14 Bl., 4⁰. — 87 c) dito, vom Jahre 1823, 13 Bl. gr. 4⁰. Von diesen berühmt gewordenen Notizen hat *Schindler* (I, p. 266—267) Vieles mitgeteilt.

88. *J. B. Cramers* Etuden (4 Hefte), enthaltend die Grundregeln zu Beethovens Methode des Klavierspiels, zum Teil nach dessen eigener Angabe. — Diese interessante Reliquie ist neuerdings durch den englischen Musikgelehrten *Dr. J. S. Shedlock* herausgegeben worden: „The Beethoven-Cramer Studies" (21 Etuden) bei Augener & Cie. in London 1893. —

IX. Beethoven-Schindler-Nachlass (Forts.).

91. *Mappe II.* Eine kleinere schwarze Mappe: Beethovens Briefe an *A. Schindler* und Anderes mehr.

Zu dieser Hauptnummer 91 gehören zunächst und hauptsächlich

„79 Stück Briefe und Billets von Beethoven an Schindler aus den Jahren 1820 bis 1827, chronologisch nicht geordnet: Die teilweise oder ganz unleserlich geschriebenen sind von Schindlers Hand auf der Rückseite oder zur Seite des Haupttextes kopiert". — In Wahrheit sind es jedoch nur 73 Nummern. Von Nr. 74 ab folgen vielmehr Briefe Schindlers an Beethoven. — Einen *grofsen* Teil dieser Briefe hat *L. Nohl* in seinen *Briefen* Beethovens (1865) veröffentlicht, den gröfseren Teil jedoch der Verfasser, nämlich *41 ganz ungedruckte Briefe oder Zettel Beethovens*, und 7 mehr oder weniger fragmentarisch abgedruckte Nummern in den *Sonntagsbeilagen zur Vossischen Zeitung*, Nr. 30, 31 u. 32 vom Jahre 1889.

In dem nunmehr folgenden Verzeichnisse wird der betreffende Abdruck durch Nohl mit *N*, derjenige durch den Verfasser dieser Arbeit mit *K.* bezeichnet werden:

1. „Von Ihrem Unfall, da er schon da ist" — vom Februar 1827. N. (= Nohl) Nr. 390.

2. „Wunder, Wunder, Wunder", — Beethovens letzte Zeilen an Schindler, vom 17. März 1827. — N. 397.

3. Ist ein Facsimile der Zeilen Beethovens, die Schindler im Frankfurter Conv. Blatte Nr. 192 — 14. Juli 1842 veröffentlichte; auf Seite 1 dasselbe wie in Nr. 2, „Wunder, Wunder" etc. — Seite 2 Nachschrift aus einem Briefe vom 18. Juni 1823 an Schindler „den Tokayer betreffend". — cf. Schindlers Beethoven II, 298: N. 263 (Schluss).

4. „Bis $\frac{1}{2}$2 Uhr gewartet", von Frühling 1825. N. 323.

5. „Die Frau S—s schiefst" — (1824?). N. 286.

6. „Den Tokayer betreffend" — Schindler, II, p. 298; N. 263 (Schluss).

7. „Ich bitte Sie das Paquet heute", — von Hetzendorff 1823; N. 259.

8. „Sehr bester! Wegen Esterhazy bitte ich" — (1823). N. 263.

9. „Ich bitte sie mir gefälligst" — den 18. Juny (1823?) K. Nr. 1.

10. „L-k-l von S—n! Man hatte ihnen gestern ja." N. 272 (Aus Hetzendorf im Sommer 1823).

11. „Samotrazier! bemüht euch nicht hierher", — Hetzendorff 1823. N. 273.

12. Facsimile. „Der gestrige Vorfall, den Sie aus", — vom J. 1823; N. 282. — „Das Original besitzt als Geschenk (Schindlers) Herr Du-Mont-Schaumburg, Redakteur der Kölnischen Zeitung".

13. „Bester Herr v. Schindler! Die von Anfang an bis jetzt",

— Hetzendorf 2. Juli 1823. — N. 270, nach dem Facsimile in der II. Aufl. von Schindlers Biographie Beethovens.

14. „Von allen den Schriften eine", — 1823 aus Hetzendorf oder Baden; N. 271.

15. „sanfter, Menschlicher mit der Welt und ausgesöhnter" (1824?) Tagebuchgedanke. K. 2.

16. „Ich ersuche Sie höflichst um die Zeugniss" — (1824). K. 3.

17. „Wir bitten um die Vidimirte Abschrift" — (1825) — K. 4.

18. „Wenn etwas zu berichten, so" — (1824). N. 293.

19. „Zu Schlemmer gehen sie nicht mehr". — K. 5; Schlusssatz auch N. 297.

20. „Ich bitte sie gefälligst, wegen Rampel", — Hetzendorf vom 1. Juni (Juli?) 1823; K. 6, — lückenhaft N. 266, beginnt dort: — „an *Wocher* schreibe ich".

21. „Sehr Bester! Gemäfs folgenden Hati-Scherif", — vom Jahre 1823 in den Wintermonaten. — K. 7.

22. „Ihr verfügt euch zu mir", — vom J. 1824. — K. 8.

23. „Es mufste ihnen ja deutlich sein". — N. 265.

24. „Ich gehe jetzt ins Kaffeehaufs" — (1823). — K. 9.

25. „Anfang. Papageno sprechen Sie nichts", (1824) — K. 10; *zum Teil*: N. 255.

26. „Ich bitte Sie, vergessen sie nur nicht". — K. 11.

27. „Hier folgt der Brief an den Herrn" — K. 12; ganz lückenhaft N. 260.

28. „Hier das Paquet für die rufsis. Gesandt", — vom Jahre 1824; K. 13.

29. „Ich ersuche Sie, morgen Vormittag", — von des Neffen Hand, Schluss von Beethoven. — N. 294.

30. „NB. Das kleine Blättchen erhalt" — von Baden im Sommer 1823. K. 14; die letzten 7 Worte „Weisheitsvoller" etc. N. 283.

31. „Samothrazischer L...l! Wie ist es mit der" — aus Hetzendorf vom J. 1823. — K. 15; — ein ganz kleines Fragment dieses langen Schreibens N. 258.

32. Facsimile (vom J. 1823). — cf. Nr. 12 dieser Gruppe.

33. „Ich beantworte aufs schnellste" — (Sommer 1823). K. 16. Den *letzten* Absatz. Nr. 34 des Manuskriptes dieses Schreibens „die schönen Einladungen" — N. 264.

35a) „Samothrazischer L-k-l! Macht, das Wetter". — N. 277 — 35b) „Aufserordentlich bester — Morgen erst" — K. 17.

36. „L-K-l! Es wird im Diab. instrument" — K. 18.

37. „Aus meinem Büchel sehe ich" — (1823). K. 19.

38. „Lieber S! Ich wünsche, daſs diese" — (1823). K. 20.

39. „Sehr viele Fehler sind" — Hetzendorf 1823). — K. 21.

40. „Wenn die letzte Correctur" — (1823). K. 22.

41. „Wie ist es mit dem Schlemmer?" (1823). — K. 23.

42. „Sehr bester — der Hofdienst ist" — (Febr. oder März 1823); K. 24.

43. „Sehr bester! Ihr könnt zu Mittag" — (1824). K. 25.

44. „Aufserordentlich bester! Vergessen Sie nicht" — 1823). K. 26.

45. „Sehr bester optimus optime! Ich sende ihnen hier". — K. 27; — die zweite Hälfte des Briefes (1823). — „Sehen sie doch einen Menschenfreund". — N. 247, doch auch dieses nur lückenhaft.

46. „Lieber S., Vergessen Sie nicht auf die B. A". — N. 248, aber *nicht* vollständig.

47. „Es ist nichts anders zu thun" — (1823). K. 28.

48. „Lebenszeugnis! Der Fisch lebt" bei Schindler II, 190 abgedruckt.

49. „Bester H. S. — da wir heute sie nicht" — (1823). K. 29.

50. „Da ich mit ihnen zu reden". — K. 30.

51. „Auf das Couvert ist" — (1824). K. 31.

52. „Ich bitte Sie sobald als möglich". — K. 32.

53. „Wie heiſst der Herr". — K. 33.

54. „Sehr bester L-k-l von Epirus". — etc. N. 268, aber unvollständig, das Ende fehlt. — (Juli 1823).

55. „Ich befinde mich sehr übel heute" — (Juli 1823). K. 34.

56. „Ich schicke Ihnen von Posaunen". — (1823). K. 35.

57. „Ich ersuche Sie höflichst" — N. 261. (Schlusssatz fehlt).

58. „Signore Papageno"! „Ich bitte Sie diese angezeigten". — K. 36; nur fragmentarisch N. 281 (aus Baden 1823).

59. „Ich Schicke ihnen das Buch von K" — (1823). N. 262.

60. „Die Frage ist, ob es besser" — K. 37. (1823).

61. „Da ich vernommen, daſs ich" — (1824). K. 38.

62. „Ich bitte Sie, bestellen Sie" — (1823). K. 39.

63. „Ich ersuche sie nicht mehr zu kommen". — Etwas variirt. N. 291.

64. „Das Beigefügte zeigen sie Baron" — (1823). K. 40.

65. „Ich ersuche Sie höflichst zu sagen". — K. 41.

66. „Da Sie mein Zettel heute" -- (vom Jahre 1825). K. 42.

67. „Jetzt nach zwölfe in die Birne". — N. 296.

68. „im Mariahülf Kaffeeh." — K. 43.

69. „Zur goldenen Birne Bester! — K. 44.

70. „Nur das nötigste — vielleicht". — K. 45.

71. „Bester! In der goldnen". — K. 46.

72. „Ich speise in der Birn" — K. 47.

73. „Ich bin schon in". — K. 48.

74. Brief *Schindlers* an — Beethoven 1823 wegen des Honorars vom Kaiser von Russland. — 1 Blatt quer, vom 9. July 1823, beginnend „Ich mache mir das Vergnügen" — Unterz. „fidelissimus Papageno."

75. Brief *Schindlers* wegen der Frau Johann van Beethovens, 2 Bl. gr. 4⁰, vom 3. July 1823, Anfang: „Der beygefügte Brief ist von H. Schlösser aus Paris".

76. Brief Schindlers wegen Malfatti vom 19. Jänner 1827, 1 Bl. 4⁰, beginnt: „Mein grofser Meister! Weil ich heute schon um halb 9 Uhr".

77. *Autograph Beethovens*: „Zum Meifsel ist er gut" — Epigramm auf den Dichter Karl Meisel in Wien, 1822. — Zettel cf. Schindlers Beethoven II, 7.

78. *Autograph* Beethovens: „Besuche er mich nicht mehr" etc. An Schuppanzigh 1824, 1 Bl. gr. 4⁰. — Abgedr. bei Schindler II, p. 68; später auch bei *Nohl* Briefe. Nr. 289, 290, 291.

79. Brief *Stephan von Breunings* wegen Beethovens Begräbnis, vom 27. März 1827: „Die Ankündigung der Stunde der Leichenfeier", — 1 Bl. 4⁰. — Von *Schindler* sowohl abgedruckt (Beethoven II, 150), als auch im *Facsimile* genanntem Werke beigegeben.

80. Brief der Frau *Constanze von Breuning* an Schindler, vom 12. Januar 1828, 2 Bl. 4⁰. — Anfang: Lieber H. von Schindler! Entschuldigen Sie mich".

81. Brief *Alexander von Humboldts* an *Schindler* über den Nachlass Beethovens, 2 Bl. 4⁰. — aus Potsdam, 14. Juli 1843, beginnend: „Ob ich gleich, wegen meiner völligen Ungebildetheit" ... Dieser, wie die zwei folgenden Briefe Humboldts, sind vom Verfasser dieses in der „N. Berliner Musikzeitung" im Artikel: *Alexander von Humboldt* über den *Beethoven'schen Nachlass*", Nr. 29, vom 21. Juli 1892 zum Abdruck gebracht worden.

82. Brief *desselben* an *Schindler* vom Sommer 1843, 2 Oktavblättchen, beginnend: „Ich mufs auf eine ganz unvorhergesehene Art".

83. Brief *desselben* an denselben vom August 1843, 2 Oktavblättchen, beginnend: „Wollen Ew. Wohlg. mir die Ehre schenken".

84. *Drei Briefe* von *S. W. Dehn* an *Schindler* in derselben Nachlass-Angelegenheit, a) aus Berlin 14. Febr. 1843 nach Aachen, b) vom 24. Mai 1843, ebenfalls nach Aachen, c) vom 21. Mai 1846. — Alle drei werfen interessante Streiflichter auf die damaligen Berliner Musikverhältnisse. — Im Ganzen 5 Blatt 4°.

85. Zwei Briefe *Giacomo Meyerbeers* an Schindler, über die gleiche Angelegenheit: a) „Hochgeehrter Herr! Es freut mich herzlich" — (Sommer 1843). b) „Hochgeehrter Herr! Genehmigen Sie meinen herzlichen Dank" — (1843). Beide Briefe sind vom Verfasser dieser Arbeit in ebengenanntem Artikel der „*N. Berliner Musikzeitung*" veröffentlicht worden.

86. Zwei Briefe von *Rungenhagen*, Direktor der Berliner Singakademie an *Schindler*: a) vom 20. Juli 1843, „Geehrtester Herr! Sollten Sie heut!" — 2 Bl. 8°. b) vom 14. April 1844. „Hochgeehrtester Freund! Ich komme spät, doch gern!" — 2 Bl. gr. 8°.

87. Amtliches *Schriftstück* über die Nachlass-Angelegenheit. Schreiben des Ministers *v. Arnim* (Boitzenburg) an *Schindler*; aus Berlin 4. September 1843; beginnend: „Aus Ew. Wohlgeboren Vorstellung vom 27. v. M." — Vom Verf. in demselben Artikel der N. Berl. Musikzeitung — (28. Juli 1892) publiziert.

88. *Kabinetsordre* Friedr. *Wilhelm IV.* an Schindler in derselben Sache, Sanssouci 16. August 1843. „Bei dem hohen Preise, den Sie", — in ebengenanntem Artikel vom Verfasser veröffentlicht.

89. *Kabinetsordre* Friedr. Wilhelm IV. an Prof. *Schindler*, Sanssouci den 25. Oktober 1843. „Ich muß bedauern, daß", — vom Verf. in der N. Berl. Musikzeitung l. c. publiziert.

90. *Ministerial-Verfügung* in Sachen des Beethoven-Nachlasses an Schindler; Aachen den 24. Jänner 1846. — „Euer Wohlgeboren benachrichtigen wir hierdurch". — Vom Verf. in jenem Artikel publiziert.

91. Schreiben des Pariser *Conservatoire* an *Schindler*, vom 6. März 1842, 2 Bl. kl. qu. 4°, „Monsieur! La Société des concerts". Unterz. von den membres de Comité, — Habeneck etc.

92. Brief von *L. Cherubini* an *Schindler*, Paris le 11 juni 1881. „Monsieur, Je vous remercie infiniment", — 2 Bl. 4°.

93. Zwei Briefe des Abbate Giuseppe *Baini* in Rom an Schindler. a) Roma, 30 Gennajo 1840: „Ornatissimo e stimatissimo Sig. Maestro! Per mezze del", 2 Bl. 4°. b) Roma, 27 settembre 1842: „Pregiatiss. Sr. M. Schindler! Mi è stato" — 2 Bl. gr. 4°.

94. Billet von *Hector Berlioz* an *Schindler*, 2 Bl. 8⁰, 4 févr. 1841, „Monsieur! Je vous remercie beaucoup."

95. Schreiben *Haſslingers*, *Seyfrieds* und *Castellis* an Schindler, Beethovens Studien betreffend, Wien 28. Febr. 1835, 2 Bl. kl. fol. — Schindler notiert dazu: „Dies ist das Dokument, demzufolge diese Herren Schindler auffordern, zu widerrufen, was er über „Beethovens Studien von Seyfried" ausgesagt hatte."

96. Vier *Briefe* von *Ferdinand Ries* an *Schindler*: a) Bonn, 1. Dez. 1835: „Mein liebster Freund! Ihre freundlichen Zeilen". — 2 Bl. kl. fol. b) Aus Frankfurt a./M., 11. April 1836: „Mein werther Freund! Recht angenehm wurde ich" — 2 Bl. kl. fol. c) Aus Frankfurt a/M. vom 4. Mai 1836. „Werther Freund! Hier erhalten Sie die Partitur" — 2 Bl. kl. fol. — d) Aus Paris, 2. April 1837! „Mein werther Freund! Im allgemeinen sind Alt- und Tenorstimmen." 2 Bl. 8⁰. Diese Briefe sind für manche Beethoven-Frage von besonderem Interesse.

97. Zwei *Zeichnungen* der Madame *Malibran-Garcia* als Andenken für Schindler, 1 Bl. Wenige Wochen vor ihrem Tode zu Aachen gemacht, 1836.

X. *Beethoven-Nachlass.* (Forts.)

92. *Mappe III.* Ein *Paket in grauem Papier* mit der Aufschrift: „Papiere aus Beethovens Nachlaſs, ihm zugeschickte *Gedichte*, Operntexte u. s. w. *von ihm selbst gesammelt und so verpackt.*" Enthält 53 Nummern:

1. *Grillparzers Melusina.* Drama zur Musik in 3 Aufzügen. — „Diese Dichtung hat Franz Grillparzer 1823 Beethoven zum Behufe einer Opernkomposition übergeben. Von Beethoven an die K. General-Intendantur Grafen v. Brühl, nach Berlin geschickt, kam dieses M. S. mit fehlendem letzten Blatte wieder an Beethoven zurück. A. Schindler." — 16 Blätter. — Alles Nähere darüber, besonders auch Grillparzers *Gespräche* mit Beethoven nach den Konversationsheften enthält des Verfassers eingehender Aufsatz: *Grillparzer und Beethoven* in „Nord und Süd", Januarheft 1891.

2. Auszug eines Briefes von *Rochlitz* und *Haslinger* über die Komposition des „Ersten Tones" (sc. von *Rochlitz*) durch Beethoven; auch Gedichte, 6 Bl.

3. Das Opernlibretto „*Bacchus*" von *Berge.* Hängt mit dem früher erwähnten Briefe *Amendas* vom Jahre 1815 zusammen. (Mappe I, Nr. 40).

4. Neun *Blätter gedruckte Noten;* Beispiele.

5. Elf *Blätter* dito.

6. „Der Aufmerksame", ein Zeitungsblatt, 13. Okt. 1818, enthält: Die Schlacht bei Leipzig etc.

7. Zwei *Blättchen* des gedruckten *Inhaltsverzeichnisses* der Taschen-Ausgabe von Beethovens Quartetten.

8. Lethe, Gedicht von C. E. Bohl, 1 Bl. „Es ist ein Strom, er fliefset".

9. Verschiedene *Gedicht*-Manuskripte, 8 Bl. 8⁰. a) Des Schlafes Gewalt, nach der griech. Anthologie. — b) Trost im Tode (Wechselgesang). c) Aufmunterung (nach dem Lateinischen). d) An die *verklärte Geliebte*: Ein holder Leitstern winket. e) Der *Lockvogel*: Ich locke mein Mädchen. f) Das Lächeln durch Thränen (nach Shakespeare). g) Der leichte Wanderer (nach der griech. Anthol.). h) Das trauernde Mädchen: Ist der Heifsgeliebte Dir entflohn. i) An die Geliebte in der Ferne: Du himmlisches Wölkchen, o trage. k) Der unterdrückte Schmerz (Griech. Anthol.). l) Der Zecher an seinen Becher (nach d. Griech.). m) Die Herzenswunde (nach Cidly).

10. Textbuch zu *Haydns* die 7 Worte am Kreuze, Wien 1799.

11. Geschriebene *Gedichte*, 11 Blatt. a) Notturno. b) Sehnsucht. c) Trinklied. d) Ein neues Lied. e) Die Liebe unter den Sternen (Notturno). f) Sehnsucht. g) Tod und Leben. h) Beim Untergang der Sonne. i) Der Zephyr. k) Kriegslied. l) An Cäciliens Harfe. m) Die Schwalben. n) Das Mädchen. o) Psyche. p) Butes. q) Ständchen. r) Der Waidmann. s) An die Nacht.

12. *Acht Blätter* geschriebene Gedichte (5) von *Friederike Brunn*, geb. Münter: a) *Trinklied:* „Ihr seid hier in fröhlicher Stunde" — mit Chor, unterzeichnet *Crisalin*. b) Ein *Traum:* Immer möcht' ich fröhlich sein (Crisalin). c) *Am Abend:* Es glänzt der Mond in Silberhelle (Crisalin). d) Eine *wahre Geschichte:* Es machten zwei sich auf die Flucht. Unterzeichnet: „Von dem Schmalen". e) Die *Schiffahrt* oder die Geretteten: „Es lächelt der Himmel, die Woge glänzt". — Darunter: Friederike Brun, geb. Münter.

13. Fünf Lieder von *Elisa von der Recke* geschrieben: a) An die Zeit: Es war eine Zeit, da lachte mir das Leben. b) Die *Lethe:* Nein, aus Lethes stiller Quelle. c) Der *Scherz:* Scherz auf einem sanften Munde. d) *Mancherlei Freuden:* Mit tausendfacher Schöne (mit Chor). e) Dem *Entfernten:* O wie dein Bild die Seele füllt.

14. Ein Stück *Notenpapier* mit dem Worte „Lama" von Beethovens Hand.

15. *Graduale* und *Offertorium* mit Beethovens Handschrift. „Lateinische Texte" und Accentuirung. „In te, domine, speravi" etc. etc.

16. La Tempesta. Cantata. — „No, non turbarti, o Nice, 2 Bl. 4⁰.

17. Ein leeres Notenblatt mit *Notizen* von Beethoven über die Haushaltung.

18. Tableau Nr. 2: Echelle de Métronom. Vgl. oben Mappe I, Nr. 51, den Brief Mälzels. — Mit Bleistiftnotizen vom Neffen. — „Die Mutter bittet, dass ich heut sie mitnehmen darf" — etc.

19. Italienische Texte, 1 Bl. fol. „Io sognai di star con Nice" — vielleicht hängt es mit der Kantate „la Tempesta" zusammen, cf. Nr. 16 dieser Serie.

20. Inno Wellington d' Antoni, 2 Bl., 4⁰. — „Dammi, o Febo, l'armonica Cetra".

21. *Zettel* Beethovens wegen Kerzen und Seife.

22. *Quittung* über bezahlte Hausbeleuchtung von Mich. 1826 bis dahin 1827!

23. Gedichte, 10 Bl., von Friedrich *Duncker* Berlin, Kabinetssekretär und Kriegsrat: a) Der *Königin*, den 19. Juli 1810: Sie ist nicht mehr! o klag' es nach, was Zähren. — b) Am 19. Juli 1812. (Auch auf Königin Luise): Noch Minuten — jetzt nur noch Sekunden. c) *Mutterliebe*: Mächtig ist der Elemente Walten. — d) *Wiedersehen*: Es grünen in schattiger Laube. — e) *Tautropfen* für Amalie L. — f) An *Laura*: Du blickst herab in eine weite Leere. — g) *Romanze*: Über goldne Weizen-Garben. — h) Der *Blindgeborne*: Nie sah' ich dich in deiner Majestät.

24. La *Partenza*, Gedicht; Il *ritorno*, dito. — a) Mi sta presente ognora. — b) Il mio Destin crudele. — Anonym.

25. *Programm* des 4. Gesellschaftskonzertes der Ges. der Musikfreunde, Wien den 3. Mai 1818.

26. Der Friede von Jos. Luzac Laibach 1814. Broschüre.

27. „Kennst du das Land, wo Alpenrosen blühen" — von Nägeli.

28. Eine besonders wertvolle Nummer: „*Vier Lieder von Beethoven an sich selbst*" von Clemens Brentano: 1. Einsamkeit, du stummer Bronnen. — 2. Gott! Dein Himmel faßt mich in den Haaren. — 3. Du hast die Schlacht geschlagen. — 4. Meine Lyra ist umkränzet. — Dazu Briefworte Brentanos an Beethoven: „Ich habe diese Lieder". — Dieses wertvolle Manuskript habe ich in dem Aufsatze: „Clemens Brentanos Beziehungen zu Beethoven" im „Euphorion" Juniheft 1895 veröffentlicht. — Man vergl. dazu die in demselben Hefte vom Herausgeber *A. Sauer* aus dem *Dramaturgischen Beobachter* (Wien 1814) abgedruckten weiteren Gedichte Brentanos an Beethoven.

29. Wilhelm Penn oder die Verlobten. *Heroische Oper* in drei Aufzügen, Entwurf.

30. Die *Apotheose* im Tempel des Jupiter Ammon. Ernste Oper in 2 Akten von *Jos. Sporschill*, mit Notizen von Beethovens Hand.

31. *Sonette* von *A. Prokesch*. 8 Stück. An Sie: a) auf Tönen. b) Verwaist und einsam. — c) Es steht ein Ziel. — d) Es liebt der Mensch. — e) Mir ward noch keine Deutung. — f) Vermag ein Wort. — g) Entfernt von dir (dieses ist mit Bleistift durchgestrichen). — h) O Abend, leiser Wandrer auf den Auen. — i) Noch ein Gedicht „An Sie — Ruhe athmet" — 4 Bl. 4⁰.

32. Anschreiben von Dr. *Karl Witte*, den älteren, an Beethoven, vom 12. Juli 1818 nebst zu komponierenden Gedichten; Anfang: „Hochwohlgebohrner Herr, Höchstverehrter Herr Kapellmeister! Sehnlichst wünschte ich das Glück". — Schreiber ist der Vater des berühmten Wunderknaben, späteren Danteforschers C. Witte. Gedichte: a) An die Liebe. — b) Die Freiheit. — c) Frühlingsgefühle. — d) Mein Eintritt in Tyrol. — e) An Emma. — f) Sommerabend in der Schweiz. — g) Rundgesang, 6 Bl. 8⁰, 1 Bl. gedr.

33. *Gedichte*, 4 Bl. „Vergiſs mein nicht". An Arminia 1790 (Anonym). „Vergiſs mein nicht, wenn unter fremden Lüften", — dann 2 Triolets. — An Amalia, den 24. August. — Lauras Lied. — 4 Bl. 4⁰.

34. Europens Befreiungsstunde, Vierst. Gesang. — Mit obrigkeitlichem Vermerk. Wien, vom Februar und September 1814, wonach die Erlaubnis zur Aufführung der Cantate „für jetzt nicht erteilt werden kann".

35. Chor. Gott allein!

36. *Autograph Beethovens*. Zettel mit Notizen. „Die Kunst gut zu verdauen", aus dem Französ. 1827.

37. *Notenblättchen* mit Skizzen von Beethoven.

38. Blättchen mit Notenskizzen Beethovens.

39. Notenblatt mit Skizzen Beethovens.

40. Skizze: Wladimir der Groſse, Oper in 3 Aufzügen (Autor) — enthält, wie es scheint von *derselben* Hand wie die Opernskizze, *drei Quartseiten Konversationen*, die recht interessant sind.

41. *Freundschaftsbund*, Gedicht: „Im Hut der Freiheit stimmet an", 2 Bl. 4⁰.

42. *Kantate* auf den *Tod der Königin Louise* 1810. — Erstaunlicherweise sagt hier das Nohl'sche Verzeichnis: „vom Privatgelehrten A. Seyler in Leipzig" (?). — Die Kantate ist natürlich von

Clemens Brentano, die er von Beethoven komponiert wissen wollte.
— Die Kantate weicht vom Abdrucke bei *Diel* (Brentanos Leben)
erheblich ab; das ihr beigefügte *Widmungsgedicht* an die Kaiserin
von Österreich habe ich in dem oben genannten Aufsatze des „Euphorion"
(Juni 1895) veröffentlicht. — Diese Nr. 42 hier enthält allerdings
auch einen Brief von *Seyler* an Beethoven, worin ebenfalls von einer
Kantate gesprochen wird. *Beides* (Kantate und Brief) gehört offenbar *nicht* zusammen.

(Fortsetzung folgt.)

History of Englisch Music. By Henry Davey.

London. J. Curwen & Sons (1895). Pr. 6 M.
(Besprochen von Dr. Willibald Nagel.)

Das Buch, welches Herr Davey kürzlich veröffentlichte, wird ganz
ohne Zweifel einem ebenso heftigen Widerstande begegnen, als es in
anderen Kreisen ungeteilten Beifall finden wird. Für meine Person ge-
stehe ich ganz unumwunden ein, dass es mir sehr schwer zu sein scheint,
ein summarisches Urteil über das Werk abzugeben: die einzelnen Teile
sind zu ungleich gearbeitet, solches, das man rückhaltlos anerkennen möchte,
ist mit zu vielerlei untermischt, welches die schroffste Abweisung, den
energischsten Widerspruch weckt — so wird man der Lektüre niemals
recht froh. Doch muss man jedem, der sich mit Musikgeschichte abgiebt,
raten, das Buch zu lesen, da es immerhin neue Gesichtspunkte in ge-
nügender Menge enthält.

„History, at least in its state of ideal perfection, is a compound of
poetry and philosophy." Diesen Satz Macaulay's, denke ich, wird man auf
die geschichtliche Darstellung der Entwicklung aller Zweige der Kultur-
arbeit anwenden können, insofern man unter „Poesie" nur die künstlerisch
gefeilte Form, unter „philosophischer Darstellung" das sich bei nüchterner
philologischer Prüfung ergebende Resultat versteht, welches man ohne
alle Beimengung ungehöriger Zuthaten, als hyperpatriotischer und roman-
hafter Phrasen, zu verwerten hat. — Es ist erst kurze Zeit her, dass man
den Umfang kennen zu lernen begonnen, welcher den Anteil der Engländer
an der Entwicklung der Musik umschliesst; so kann es weder Wunder
nehmen, dass sie sich ihres neu gewonnenen Besitzes freuen, noch dass sie
darnach streben, eine Geschichte der Tonkunst ihres Landes wenn möglich
von der Hand eines Landsmanns zu erhalten, welche der Aufgabe gerecht
wird. In wie weit dies Ziel von dem Davey'schen Buche erreicht wird,
mögen folgende Angaben wenigstens teilweise zeigen.

„Die Kunst der Musik-Komposition ist eine englische Erfindung."
Dieser auf das bekannte Wort des Tinctoris zurückgehende Satz eröffnet
das Buch und zieht sich wie ein roter Faden durch dasselbe: „Möge

England nie vergessen, was es der Welt mit Dunstable's Erfindung gab!
Möge der spätere Historiker, wenn er die englischen Grofsthaten zu erzählen anhebt, deren Gipfel Macbeth, Hamlet . . sind, die Thaten John
Dunstable's nicht weit hinter jene stellen, mögen Englands Musiker daran
denken, dass England einst die Welt in Dingen der Musik leitete, dass
ohne Dunstable kein Bach, kein Mozart, kein Beethoven wäre!" So tönt
es laut wie mit schmetternden Fanfaren — von Anfang bis zu Ende des
Werkes.   Vielleicht sagt man: da eben das Bewufstsein des englischen
Einflusses auf die Entwicklung der Kunst auch in den gebildeten Kreisen
noch nicht genügend geweckt ist, so musste man in dieser Weise vor-
gehen! Ich kann mir nicht helfen, es hat für jeden ruhig denkenden, ein-
geweihten Menschen etwas peinliches, für jeden nicht mit der Sachlage vertrauten, aber zu denken befähigten, etwas verdächtiges, immer und immer
wieder eine Sache mit Jubeltönen preisen zu hören, von der wir doch im
Grunde herzlich wenig wissen.   Kein Mensch wird Dunstable's Stellung
in der Geschichte ernstlich mehr zu erschüttern trachten, aber die Polyphonie
erfunden — das hat er nicht. Es ist der grofse Fehler des 1. Kapitels,
nicht auf die Vorarbeiter Dunstable's hingewiesen zu haben: wie ein deus
ex machina ist er doch weifs Gott! nicht auf der Bildfläche erschienen
und hat die Polyphonie erfunden.   Ruhiges Nachdenken sollte doch
lehren können, dass sich so etwas überhaupt nicht „erfinden" lässt; wenn
Dunstable begann, in die Harmonie-Konfusion seiner Zeit Ordnung zu
bringen und mit künstlerischem Bewusstsein einzelne Züge in der Satztechnik seiner Zeit verwertete, wenn er auf den Schultern seiner Vorgänger stehend sich über deren Können erhob — so sind das Punkte
genug, aus denen wir seine grofsartige Stellung in der Geschichte konstruieren können, und wir sollten uns hüten, ihn als völlig aufser Zusammenhang mit der ihm vorangehenden Periode zu betrachten.   Warum
auch? Wird etwa Röntgen's Entdeckung darum weniger bedeutend, weil
er Vorgänger wie Geisler und Hertz hatte? — Leider mengt Davey
unter dem Begriff „England" die Bewohner von Wales, Irland, Schottland
zuweilen zusammen und geht, abgesehen von gewissen sehr zahmen ethno-
graphischen Bemerkungen, durchaus nicht auf den „Kern der Engländer",
die angelsächsischen Einwanderer ein; er macht nicht den geringsten Versuch, das Widerspiel zwischen nationaler und römischer Musik darzustellen
(welches so manche Erscheinung in der engl. Musikgeschichte erklärt), er
unterlässt es, die englischen Theoretiker in den geschichtlichen Gang des
ganzen Gebietes einzuordnen. Mit blofsen Titeln, mit apodiktischen Urteilen,
mit romanhaften Ergüssen (man lese das, was seine Phantasie ihm über
Dunstable eingegeben hat), mit allem diesem ist für ein Buch, welches
doch die Entwicklungsgeschichte der Kunst erzählen will, wahrlich nicht
genug gethan! Davey sagt pag. 51 selbst, dass es unmöglich sei, *genau*
das anzugeben, worin die Verbesserungen Dunstable's seinen Vorgängern
gegenüber bestanden hätten. Das hindert ihn aber nicht, trotz des Sommer-
canons, trotz der Pariser Schule, ihm die Erfindung der Polyphonie zuzuschreiben, zu betonen, wie erst Dunstable dem Ohre in Musikfragen ein

Richteramt zugewiesen, dass er Pionier auch in der Frage des Verbotes paralleler Quinten und Oktavengänge gewesen. Eine Bemerkung nebenbei, die sich gelegentlich in dem Buche findet: „so können wir sehen, dass die Verbesserung im Pianofortebau zu Clementi's, dann zu Beethoven's Stil... führten!" Unglaublich, aber es steht da! Wie kann man dem schaffenden Genie, wie gerade Beethoven nachsagen wollen, dass er zu seinem „Stil" gekommen wäre, weil die technische Vollendung der Instrumente ihm behilflich gewesen sei! Was versteht denn Herr Davey unter „Stil"? Auch wenn man nur Äußerlichkeiten wie den Umfang melodischer Linien u. a. darunter versteht, ist der Satz völlig verkehrt, wie z. B. ein Blick auf die Beschränkung, welche sich Beethoven in den Arpeggien-Gängen seines op. 110 auflegte, lehrt, eine Sache, welche erst Bülow in das rechte Licht stellte. — Um auf D.'s Urteil über Dunstable zurückzukommen, so muss ich bemerken, dass leider keinerlei Versuch einer ästhetischen Würdigung seiner Schöpfungen gemacht und belegt worden ist. Bei seiner Besprechung der Thätigkeit *Aston's* stoßen mir zwei Bemerkungen auf: warum gerade Scheidt allein als der genannt wurde, der A.'s Kunst auf dem Kontinent gepflegt (und entwickelt, wie wir hinzusetzen dürfen) habe, begreife ich nicht; hier wäre doch von Scheidt's Mitschülern und ihrem großen Lehrer *Sweelinck* zu reden nötig gewesen, sollte der Gang der Einwirkung Englands auf den Kontinent genügend gekennzeichnet werden. (vergl. auch Kap. V, pag. 185 f.) Die zweite Bemerkung ist der Trompetenstoß: „Wenn ein Kind eine Tonleiter übt, ein großer Künstler ein Beethoven-Konzert spielt, so wiederholen (!) sie Passagen (!!), die Hugh Aston zuerst anwandte!" Was in aller Welt soll das bedeuten! Selbst wenn Hugh Aston die Tonleiter „erfunden" hätte, wäre das doch ein wenig zu stark! Es ist ein wahres Glück für Beethoven und seinen Ruhm, dass Hugh Aston's Werke noch nicht in billigen Neudrucken zu haben sind! Warum immer im Superlativ reden, es handelt sich hier doch um ernsteres als um eine „Kritik" über ein Männerchor-Konzert! Ich muss mich leider auf wenige Bemerkungen beschränken: die Künste der Niederländer mit „scientific ugliness" zu benennen geht nicht gut an. In seinem Bestreben, den Deutschen nur den Anteil an der Krönung des Gebäudes zuzuschreiben, hat Davey nur von Willaert, Arcadelt, den Italienern und Spaniern als von Rivalen der Niederländer gesprochen. Er nennt dann die Komponisten England's (alle Mitglieder der „Chapel Royal") die hervorragendsten der Welt! Ich sehe von Byrd ab, der ganz gewiss ein eminenter Musiker war, obwohl ihn nur blinder Lokalfanatismus Palestrina an die Seite stellen kann, aber Männer wie Tye (nach meinem Dafürhalten der interessanteste, weil kühnste der Gruppe), Tallis mit diesem Ehrennamen zu nennen, ist übertrieben. Es steht zwar nur geschrieben: brevity is the soul of wit — die Kürze ist aber auch die Seele des Lobes. Wenn Davey auf die Kompositionstechnik der älteren englischen Meister nicht weitläufig eingeht, so ist das ganz vernünftig (es ist dies in der That überflüssig, da die Engländer sich von der Art des niederländischen Satzes durchaus abhängig zeigen); wohl aber wäre es hier und später bei der Besprechung

der einstimmigen Gesänge angezeigt gewesen, nicht nur auf die äufserlichen
Verhältnisse wie die Anwendung der Accidentalien, sondern auch vor allen
Dingen auf diejenigen Erscheinungen einzugehen, welche das Studium alter
englischer Musik so anziehend machen, auf die grofsen Kühnheiten, oft
muss man sagen: Absonderlichkeiten der englischen Harmonisierungsweise,
auf den Gebrauch auffallender Intervalle in der Melodik u. ä. Um aber
auf das vorhin gesagte zurückzukommen: die Anführung der „Rivalen" der
Niederländer genügt nicht, wie Davey sie bietet: wo bleibt die herrliche
Kette, welche mit Josquin beginnt und durch Isaac zu Senfl hinaufführt?
Auch dass vom Anfange des Wirkens Palestrina's ab „in der Instrumentalmusik die Engländer ihre Vorherrschaft noch für mindestens ein halbes
Jahrhundert behaupteten, ist nicht korrekt, sintemal Sweelinck schon 1540
geboren wurde.

Das Wertvollste in Davey's Buch scheinen mir die Abschnitte über
die Madrigalisten und die Epoche des Puritanismus zu sein; was insbesondere diese letztere anbetrifft, so kann man Davey für seine sorg-
fältigen Untersuchungen nur zu Dank verpflichtet sein, auch wenn man
mit dem von ihm konstruierten Resultate nicht zufrieden ist. Darüber nur
das Folgende: zugegeben, dass von seiten der republikanischen Regierung
kein allgemeiner Befehl zur Vernichtung kirchlicher Gesangswerke erfolgte,
zugegeben, dass es nicht verboten war, an Werktagen zu musizieren und
zu tanzen: dass nicht allzu viel Gebrauch hiervon gemacht wurde, dass
im gesellschaftlichen Leben die Musik nicht annähernd die Rolle mehr
spielte, wie in der goldnen Aera englischer Tonkunst, kann angesichts der
Thatsache, dass die Musiker in Scharen zur Auswanderung veranlasst
wurden, während die Zurückgebliebenen bittere Not, ja den Hungertod er-
litten, angesichts der weiteren Thatsache, dass man nach Staatshilfe zur
Hebung der Kunst schrie, nicht geleugnet werden. Ich meine, man sollte
nicht dasjenige, was verboten oder erlaubt worden, in erster Linie zur
Beurteilung eines sozialen Zustandes herbeiziehen, sondern das, was thatsächlich geschah. Was die Anfänge der Oper in England betrifft, so ist
Davey den Beweis, dass die „Jacobean Masques" wirkliche Opern waren,
schuldig geblieben. Doch wird man auch diesen Abschnitt nicht ohne Gewinn lesen. Immerhin vermisst man genügende Hinweisungen z. B. auf die
erste italienische Operntruppe, die beiden Albrici, wie übrigens auch schon
vorher Hindeutungen auf die *vielen* Ausländer, Italiener, Holländer und
Deutsche, welche in England ihren Unterhalt fanden. Pag. 317 finde ich
wieder die alte Angabe aufgewärmt: Baltzar . . . . was appointed the Master
of Charles II's Violins. B. war 1656 nach England gekommen und trat
am 30. Novbr. 61, wie ich aus dem Dom. Entry Book in den Annalen
mitgeteilt habe, als „one of our Musitians in Ordinary" in die Hofmusik
ein. Die Angabe, welche auf Burney etc. beruht, woselbst noch gesagt
wird, B. wäre Chef der Hofmusik zu Beginn der Restoration geworden,
ist also thatsächlich falsch und könnte endlich einmal aus den englischen
Werken verschwinden. — Sehr lesenswert ist der Abschnitt über Purcell,
doch vermisst man ein eingehend begründetes Urteil über sein Können.

Schade, dass Davey nicht auf Chrysander's philosophisch-ruhige, von klarer Erkennung der Sachlage gezeitigte Worte (Händel I, 261 ff.) eingegangen ist, wie man denn überhaupt lebhaft beklagen muss, sowohl dass er weder seine Quellen genau angegeben hat, noch (aufser in dem Abschnitte über den Puritanismus) auf Kontroversen näher eingegangen ist.

Davey zählt die Ursachen auf, warum England von der grofsen erreichten Höhe nach 1695 so plötzlich herabstürzte. Er sieht dieselben in der Centralisation Englands in London, in dem Mangel kleiner Fürstenhöfe. „Die Bedingungen englischen Lebens sind von Grund aus diesen entgegengesetzt und aus diesem Grunde haben wir seit Purcell keine grofse Tonschule mehr gehabt." Zu alle dem sei noch hinzugekommen, dass die englischen Komponisten nicht mehr gewagt hätten, etwas Neues zu erfinden!! Der Satz steht nicht einmal, sondern mehrmals in etwas veränderter Form in Davey's Buche. Man vgl. pag. 367 Z. 3 ff. von unten, pag. 470 Z. 2 v. o. bei Besprechung von Bennet. Einzelne der Gründe kommen ganz gewiss mit in Betracht; in erster Linie wird aber doch wohl zu betonen sein, dass die englische Produktionskraft sich mit Purcell ausgelebt hatte! Warum da nach künstlich zurechtgestutzten Gründen suchen, wo es sich um ein einfaches, sehr weises Naturgesetz handelt, dem ein Volk wie das andere unterworfen ist? Was vollends den zuletzt berührten Punkt anlangt, so ist es schwer, dabei ernst zu bleiben. Herr Davey kann überzeugt sein, sowohl Bennet wie tausend andere Leute, seien sie nun Musiker, Frühlingsdichter oder sonst was, würden schon wagen, was Neues zu erfinden — aber sie konnten und können nicht... Der Wille schafft wohl Dinge, die man aus irgend einem Grunde beachtet, vielleicht auch wertschätzt, aber Kunstwerke, welche als Marksteine geistigen Seins und Wirkens Stein und Erz überdauern, weckt er nicht zum Leben. — Es widerspricht meiner Art, über ein Buch mich abfällig zu äufsern, ohne wenigstens in einigen Punkten meine Ansicht genügend zu vertreten. Darum wurde diese Besprechung länger als es meist üblich ist. Will oder soll ich den Versuch machen, ein Gesamturteil abzugeben, so kann ich dies nur in der Form thun: Davey's Buch ist sehr fleifsig kompiliert, enthält recht viel Neues, ist aber als schriftstellerische Leistung im ganzen verfehlt, weil zu einseitig und zu ungleichartig; als Geschichtswerk, welches ein — gleichviel von welchem Standpunkte aus — Bild des organischen Wachsens der Kunst in England böte, kann ich es nicht bezeichnen, da es vielfach die Beziehungen der englischen zur kontinentalen Musik übersieht, die einzelnen Abschnitte nicht in innern Zusammenhang bringt und den Schwerpunkt der Betrachtungsweise bald auf die philologischbibliographische, bald auf die ästhetisierende Seite legt. Dem gegenüber betone ich aber ausdrücklich nochmals, dass Davey vielerlei neues Material herbeigeschafft hat, welches seinem Sammlerfleifse alle Ehre macht. Könnte sich Herr Davey entschliefsen, in einer zweiten Auflage (welche nicht lange auf sich warten lassen wird, da man in England auch selbst musikgeschichtliche Werke kauft) den Stoff in einheitlicherer Weise durchzuarbeiten, das Resultat seiner Untersuchungen der vielen nur dem Titel nach angegebenen Druckwerke und Manuskripte, in die Darstellung zu verweben, endlich die englische Kunst in Zusammenhang mit der kontinentalen zu bringen und die vielen übermäfsigen patriotischen Deklamationen zu unterlassen, so würde er sich um die Geschichtsschreibung der englischen Musik ein grofses Verdienst erwerben und ein gutes Buch schaffen können. Wir alle suchen die Wahrheit, werden sie aber nur dann finden, wenn wir uns weder von andern blauen Dunst vormachen lassen, noch uns selbst mit Weihrauch umnebeln.

Mitteilungen.

* Ein feste Burg ist unser Gott. II. Die ältesten Bearbeitungen des Liedes, von Prof. Dr. Friedr. Zelle, Direktor. Berlin 1896, Schulprogramm Nr. 124. R. Gaertners Verlagsbuchhandlung, Herm. Heyfelder. 4°. 28 Seit. Enthält eine weitere Mitteilung von 40 mehrstimmigen Bearbeitungen der bekannten Melodie von 1530 bis 1628 und zwar von (Martin?) *Agricola* Nr. 5; Seth *Calvisius* Nr. 18 (fälschlich Cavisius gedruckt); Joh. *Eccard* 22; Eislebener Gesangb. 1598, 19; (Melchior) *Franck* 40; *Gesius* 24; *Harnisch* 7; H. L. *Hossler* 30; *Hellingk* 6; *Hemmel* 13; *Kugelmann* 4; *Le Maistre* 12 (hier verbessere man S. 11, Zeile 2 im Tenor 1, resp. 5a vox, im 2. und 3. Takt das e d in fis e) und Nr. 14; Mahu 9; *Marschall* 25; *Michael* 17; *Moritz* von Hessen, Landgraf 35; Luc. *Osiander* 16; *Othmayr* 8. 10; G. *Otto*, 15; (Michael) *Praetorius* 31—34; *Raselius* 20; David *Scheidemann* 23; J. H. *Schein* 38; Schott 21; Schröter 11; Heinr. *Schütz* 39; *Vulpius* 26 - 29; Joh. *Walther* 1—3; Martin *Zeuner* 36 und ein Anonymus Nr. 7. Der Wert der Tonsätze ist sehr verschieden und findet man neben dem Besten auch Minderwertiges. Jedenfalls ist aber die Zusammenstellung eine originelle und dankenswerte Idee.

* Mitteilungen für die Mozart Gemeinde in Berlin. Herausgeg. von Rud. Genée. 2. Heft. Berlin 1896. E. S. Mittler & Sohn. 8°. 76 S. u. 8 Seit. Musikbeilage. Enthält den Text zu M.'s Singspiel, Der Kapellmeister, 2. Zur Geschichte von M.'s Schauspieldirektor. 3. Martin's Una cosa rara in M.'s Don Juan. 4. Kleine Mitteilungen.

* *Breitkopf & Haertel* haben eine Zusammenstellung von Kompositionen im eigenen Verlage getroffen, betitelt Die Jahreszeiten, welche geordnet nach Frühling, Sommer, Herbst und Winter zahlreiche Kompositionen aller Gattungen enthalten. Vorläufig zeigt ein Verzeichnis nur Kompositionen über Frühling und Sommer an. Der Frühling ist wohl zehnmal öfterer behandelt als der Sommer.

* Die Gesellschaft zur Beförderung der Tonkunst in Amsterdam versendet jetzt ihren Bericht über das Vereinsjahr 1894/95, der ein umfangreiches Bild ihrer Thätigkeit giebt.

* Hierbei eine Beilage: Katalog der Brieger Musikalien - Sammlung in der Universitäts - Bibliothek zu Breslau. Bog. 1.

Verantwortlicher Redakteur Robert Eitner, Templin (Uckermark).
Druck von Hermann Beyer & Söhne in Langensalza.

MONATSHEFTE

für

MUSIK-GESCHICHTE

herausgegeben

von

der Gesellschaft für Musikforschung.

XXVIII. Jahrg. **1896.**	Preis des Jahrganges 9 Mk. Monatlich erscheint eine Nummer von 1 bis 2 Bogen. Insertionsgebühren für die Zeile 30 Pf. ——— Kommissionsverlag von Breitkopf & Härtel in Leipzig. Bestellungen nimmt jede Buch- und Musikhandlung entgegen.	**No. 7.**

Die Beethoven-Autographe der Königl. Bibliothek zu Berlin.

Mitgeteilt und beschrieben von **Dr. Alfr. Chr. Kalischer.**

X.

(Fortsetzung und Schluss.)

43. Canzonetta und andere italienische Gedichte, 4 Bl., 4⁰:
a) Canzonetta veneziana; b) dito. c) L'addio del Duco.

44. Gedichte von *Kosegarten*, *Bürger* etc. für H. „Betthofen",
auch italienische Lieder: a) L. Th. Kosegarten: „Auf, ihr geselligen,
festlichen Chöre. b) Bürger: Stimmt zu Afroditens Feyer. c) Bürger:
Ständchen: Trallyrum, larum, höre mich. d) Belle luci che accendete.
e) Che dolce melodia. f) O che fiera confusione. — 2 Bl. 4⁰.

45. Ein Gedicht: „Lust und Schmerz" — „Amor, der Lose,
erzählt eine Mythe" — mit Bleistiftnotizen von Beethoven, 2 Bl. 8⁰.

46. Morgenlied eines frohen Wanderers: Im grofsen Tempel der
Natur, 2 Bl. 8⁰.

47. a) Die Soldatenbraut: Das walte Gott. b) Früher Abschied:
„Schlafen, schlafen". — Zum Schlusse Bleistiftnotizen; vielleicht vom
Neffen, als er noch ein ganz kleiner Knabe war. — 2 Bl. 8⁰.

48. Vier Bl. Gedichte. a) Übersetzung des Dies irae des Requiems. (Kirchenlied am Fest aller Seelen.) b) Romanze aus einer
ungedr. Oper, „Das Abenteuer im Kriege". c) Der Wanderer und
die Blümchen.

49. Young über Gedanken und Rede, 1 Bl.; 5 Bl. Gedichte.

a) Die Polizey. b) Jesus u. das Moos, Legende. c) Wellensprache.
d) Vereinigung der Lebensalter. e) Lebenserfahrungen eines Soldaten.

50. Liedchen von O. H. Graf von Loeben: „Wenn im Kämmerlein
alleine". — 1 Bl. 4°.

51. Das *Weltgericht*. Ein Oratorium von Legationsrat Sack. —
Dessen Brief dazu 1815, vgl. Mappe I. Nr. 42; hier S. 49.

52. Der betrogene Ehemann, oder der reiche Pächter, Singspiel
in 3 Aufzügen", 45 Bl. 4°.

53. *Teutoniens* Volkslied nebst einem Briefe aus Buda, Febr.
1814: „Als Teuts Land einst" — Der Brief beginnt: „Mein Herr,
Ich wage es, den Fersuch eines allgem. deutschen Folksliedes".
Unterz.: N... Das Lied ist geschrieben und lithographiert vorhanden.

XI. *Beethovens Nachlass* (Forts.).

93. *Mappe IV.* Ein *Konvolut in graublauem Papier* mit
Schindlers Aufschrift: „Papiere *verschiedenen Inhalts* aus Beethovens
Nachlass, auch von seiner Hand Geschriebenes. Drucksachen und
Abschriften mancherlei Dinge von A. Schindler, Beethoven betreffend".
— Von *Nohl* numeriert, vom Verf. dieses ergänzt und verbessert.
— 28 Nummern.

1. Ein Brief des Hauptmann Montluisant (Iglau 9. Juni 1827)
den Neffen und seine Vormundschaft betreffend, 2 Bl. gr. 4°: „Der
allgemeine vortreffliche Auf. des H. Hofrats v. Breuning".

2. Konzertzettel vom 7. Mai 1824, zur berühmten Akademie
Beethovens.

3. Zwei *Briefe* von Dr. *B. Bach* in Wien, an *Schindler*:
a) Wien 8. Juny 1839: „Hochverehrter Freund! Ihr werthes Schreiben",
2 Bl. 8°, (besonders wertvoll). b) Vom 14. Aug. 1839: „Ew. Wohlgebohren! In Beantwortung", — 2 Bl. 4°.

4. Zwei Briefe von *Rochlitz* an *Schindler* über eine Beethoven-
biographie: a) „Ew. Wohlgeb. gestern eingegangenes Schreiben",
Leipzig d. 18. Septbr. 27, 2 Bl. gr. 4°. b) aus Leipzig vom 3. Octbr.
27: „Ew. Wohlgeb. danke ich zuvörderst", — 1 Bl. 4°.

5. Getreue *Abschrift* des bekannten *Beethovenbriefes*. „Meine
liebe werte *Dorothea-Cäcilia*" aus Wien, 23. Februar 1816; zuerst
von A. Schindler in seinem Beethoven I, 243 veröffentlicht. Vgl.
Nohl, Briefe Nr. 117, wo der Brief ins Jahr 1817 versetzt wird.
— S. 3 der Kopie bietet Notizen über diese berühmte Klavier-
künstlerin von A. Fuchs dar: Wien 23. November 1843.

6. *Worte*, gesprochen am *Grabe* L. van Beethovens. *Original-*

manuskript. Wie es scheint, von *Grillparzer* selbst geschrieben. — Dieser Originaltext der berühmten Grillparzer-Rede wäre mit den mannigfachen *gedruckten Texten* zu vergleichen. — 2 Bl. gr. 4°.

7. Kopieen der letzten Briefe *Beethovens* an *Moscheles* nach London, dazu *Schindlers* Briefe an *Moscheles*: a) Wien, 22. Februar 1827, von Beethoven: „Mein lieber Moscheles! Ich bin überzeugt". — b) Einlage von Schindler: „Theurer Freund! Wohl hätte ich Ihnen". — c) Von Beethoven, Wien 14. März 1827: „Mein lieber guter Moscheles! Ich habe dieser Tage". — Dazu: d) Einlage von Schindler. Mein lieber Freund! „hier auch ein Eckchen". — e) Von Beethoven. 18. März 1827: „Mein lieber guter Moscheles! Mit welchen Gefühlen ich". — Dazu: f) Einlage von Schindler; Wien, 24. März 1827: „Theurer Freund! Lassen Sie sich". — Im Ganzen 4 Blatt fol., vollständig beschrieben.

8. Übersetzung des Briefes *Christ. Lonsdale* im Namen Birchalls, London, 14. August 1816, 1 Bl. gr. fol.; mit Bemerkungen von Beethovens Hand. Die Übersetzung des also beginnenden Briefes: „Herr! Ms. Birchall hat das Ihrige" — ist von Artaria. — Man vergl. dazu: „*Beethovens Verbindung* mit *Birchall und Stumpff in London* in Fr. Chrysanders Jahrbüchern für Musikwissenschaft. I. Band, 1863, p. 429 ff. — Der Brief ist in anderer Übersetzung — ohne nähere Angaben — bei *A. W. Thayer III*, 405 f. zu lesen.

9. Konzept des Briefes *Beethovens* an *Cherubini*, von *Schindlers Hand* mit dem Anfange: „Hochgeehrtester Herr! Mit grofsem Vergnügen". — Dazu Konversationen zwischen Schindler und Beethoven, besonders über die Sängerin *Cornega*. 1 Bl. gr. fol. — Man vergl. übrigens hier die *Autographe* unter *Nr. 26*. (Beethovens eigenes Briefkonzept an Cherubini. Monatsh. 1895, S. 169 f.)

10. *Wünsche* des Herrn Baron von *Pronay* über Beethovens Wohnung in Hetzendorf, 1 Bl.

11. ![Nach dem Nohl'schen Verzeichnis, 2 Nummern, 19—21, der Neuen Zeitschrift für Musik 1837, enth. die Briefe Beethovens an Peters, in Wahrheit:] *Beethoven-Nekrolog,* eine Art Nekrolog von *Schindler* an *Schott* in Mainz geschr., abgedruckt in der „Cäcilia" vom May 1827, Heft 24, 2 Bl. 4°. — Blatt 2: Das *Beethovengedicht* von *J. G. Seidl,* in dem zur Errichtung eines Grabmals in Wien veranstalteten Konzerte am 3. May 1827, von *Anschütz* gesprochen: „Ihr habt ihn selbst gehört! Kaum ausgeklungen". — cf. v. *Seyfried,* Beethovens Studien im Anhange.

12. Nr. 59 der „Wiener Zeitschrift für Kunst und Literatur"

— 1824, enth. eine Besprechung des berühmten Konzertes im Mai jenes Jahres.

13. Nr. 38 derselben Zeitschrift von 1827, enth. die Anzeige von Beethovens Tode.

14. „Beethoven" (Nekrolog). Hamburg und Itzehoe, Verlag von Schubert und Niemeyer. — Von Seite 10—16. — Woraus ist das? — Zeit etwa 1827.

15. Über *das Pianofortekonzert aus C-moll, op. 37*, gespielt von Fräulein *Elise Müller* im Familienkonzerte des Herrn Dr. *Chr. Müller* am Mittwoch den 10. März 1819 [Bremen]; vorgelesen als Erklärung und Einleitung, unmittelbar vor dem Spiele. — Sehr interessante Arbeit. — 2 Bl. 4°. Vgl. auch *Schindler* Beethoven, II. 208 f.

16. Einladung des *Erdödy*'schen Oberamtmanns Spiel vom 20. Juli in Versen. „Ich kam von Jedlersee als Both" — [das, was hier offiziell als Nr. *16* verzeichnet ist. — Ludwig v. Beethoven aus der Cäcilia etc., ist Nr. 11; siehe hier Nr. 11].

17. Über Beethovens A-dur-Symphonie, 2 Bl. 4°. — Die interessante Skizze ist wahrscheinlich von Dr. *Carl Iken* aus Bremen, — allenfalls auch von Dr. *Müller* daselbst. — Ein Teil davon bei Schindler, II, 209 f. abgedruckt.

18. Dem Herrn *Ludwig van Beethoven* zu seinem 49. Geburtstag am 17. Dezember 1819 von einigen seiner Verehrer in Bremen.

Die *Rhein- und Donau-Nixe*. Die Rheinnixe, Sonett, dann Wortphantasie in Prosa an Beethoven, von Dr. *Carl Iken*. Daran schliefsen sich weitere Verse desselben, dann in Prosa: „Panope und die Perlenschnur; eine Traum-Vision. — Dann wieder Verse zur Verherrlichung Beethovenscher Tonwerke. — Endlich Ikens 2. Sonett: Die Donaunixe, an Beethoven. — Das ganze wertvolle Manuskript umfasst 11 Quartseiten.

19. Kopie eines *Bolero* a solo, in B, ³/₄ für Klavier, Violoncello, Violino e Voce von Beethoven. — Oben Schindlers Notiz: „Das Original dieses Bolero habe ich am 17. Dez. 1838 an den Theaterdirektor Edelé in Bern abgeschickt als Geschenk". — *Ungedruckt;* weder von *Nottebohm*, noch von *Thayer* erwähnt, noch im Supplementbande der Werke Beethovens enthalten.

20. Bei Beethovens Leichenbegängnis am 29. März 1827, von *J. F. Castelli*: „Achtung allen Thränen welche fliefsen". — Gedicht, mitgeteilt u. a. bei *Seyfried* l. c. Anhang p. 55; II. Aufl.

21. Laut Verzeichnis: „Ein Autograph Beethovens, Adresse von

Ries" — in Wahrheit: „*Ein völlig leeres Notenblatt*"; wie bereits Herr Dr. Kopfermann hinten im offiz. Verzeichnisse nebst anderen Emendationen vermerkt hat.

22. Nach dem Verzeichnisse. „Messentext mit Quantitäten", in Wahrheit: *Lateinische Texte* als „Intonuit de coelo Dominus". — Jubilate Deo universa terra. — „Laudate dominum, omnes gentes" — In te, domine, speravi. — Tollite portas. — Timebunt gentes — also: *Psalmenstücke*. Schindler bemerkt darunter: „Diese lateinischen Texte hatte Beethoven gewählt, um sie (nebst einer Messe) für die kaiserl. Hofkapelle in Musik zu setzen. Vorstehendes, mit den Quantitäten bezeichnet, rührt von seinem Neffen Karl her".

23. *Motive* zu Kompositionen von Beethoven, kopiert von Schindler u. a.: Anfang der von Beethoven skizzierten Sonate à 4 mains.

24. Sammlung von *Gedichten* aus Beethovens Nachlasse. „Rauschendes Bächlein". — „In tiefer Ruh liegt um mich her". — „Abschied: Ade! Du muntere fröhliche Stadt". — „Der Herzog von Braunschweig". — „Der ungebetene Gast". — „Frühlingsheimweh". — „Das Vöglein". — „Jubelfeier". — „Auf dem Strom: Nimm die letzten Abschiedsküsse". — „Veilchen u. Astern". — „Trinklied". — „Einweihungslied". — „Zur Feier des 18. Oktobers". — „Zur Feier des Einzuges der Verbündeten in Paris 31. März 1814", — „Blüchers Gedächtniss". — „Rheinweinlied". — „Fröhlicher Lebensmuth". — Im ganzen 16 Blatt 8°, Anonym.

25. Vier Zeitungsstücke, enth. Auszüge aus Reichardts Berichten über Wien, 1809. — Später in Buchform, *Vertraute Briefe* etc. erschienen.

26. Das offiz. Verzeichnis besagt: „Zwei Exemplare der Einladung zu Beethovens Leichenbegängnis". Nur *eine* Einladung ist vorhanden, unterzeichnet von „L. van Beethovens Verehrern und Freunden". — „Diese Karte wird in *H. Haslingers* Musikhandlung verteilt", — ist ganz unten auf dem Blatte mit Trauerrande gedruckt.

27. Eine Einladung zu v. *Breunings* Leichenbegängnis.

28. Fünf Briefe *Wegelers* und einer *Simrocks* an Schindler über eine Beethoven-Biographie: a) Koblenz 11. Oktober 1627: „Gewiß haben Sie, mein geehrtester Herr", — nebst biogr. Abriss, 4 Bl. gr. 4°. — b) Koblenz 23. Okt. 1827: „So langes Grollen ist wahrlich unchristlich" — 1 Bl. gr. 4°. — c) „An den Herausgeber der Biogr. von L. v. Beethoven". — „Ich erinnere mich" — von *Simrock*, 1 Bl. gr. 4°. — d) Coblenz, 20. Jan. 1828: „Mein neuer, aber doch

schon recht werther Freund! Der Satz der Mathematiker", — 2. Bl.
gr. 4⁰. — e) Von Wegeler: Coblenz den 28. October 1834: „Es ist
nunmehr sieben Jahre", — 2 Bl. gr. 4⁰. — f) Von Wegeler: Coblenz
den 11. Mai 1839: „Auf das eben von", — 2 Bl. 4⁰.

XII. Beethoven-Nachlass (Schluss).

94. *Convolut V*: „Ein *Paquet Noten* in blauem Papier. *Korrekturen, Skizzen* von Beethovens Hand. — Numeriert von *Nohl*
im Juni 1864. 9 *Nummern.*

1. *Klaviersonate op. 109.* Letzte *Korrektur* des Komponisten.
Vollständiger Titel: „Sonate für das Pianoforte komponiert und dem
Fräulein *Maximiliana Brentano* gewidmet von *Ludwig van Beet-
hoven*. Berlin, 109tes Werk. In der Schlesinger'schen Buch- und
Musikhandlung. — Wien, bei Artaria & Co., Cappi & Diabelli; Steiner
& Co. — Die Korrekturen enthalten auch zum Teil *Worterklärungen*.
— 21 Seiten.

2. *Kleinigkeiten* oder *Bagatelles*, von Herrn Ludwig van Beethoven. — op. 112 und 119, — 1823 erschienen. — Bekanntlich hat
jetzt die Vokalkomposition „Meeresstille" die Opuszahl 112. — Mit
Korrekturen von Beethoven. — 11 Blatt.

3. *Autograph* Beethovens: Anfang des cis-moll-Quartetts op. 131,
2 Bl. —

4. Kopieen aus dem *Finale der IX. Symphonie.* Tenorsolo: „Froh,
froh, wie seine Sonn'n", — mit Beethoven'schen Korrekturen. Auf
Blatt 2a in margine von des Komponisten Hand mit Bleistift:
„Asinoccio"; darunter vom Kopisten: „Asinoccio! Eselskopf"! —
4 Blatt.

5. *Kopien* aus dem *Trio* des *Scherzos* der *IX. Symph.*, 3 Bl.,
mit Beethoven'schen Korrekturen.

6. *Korrekturen* zur IX. Symph., 5 Blätter; zum Finale, — dito.

7. *Korrekturen* des 1. Duetto aus Fidelio, von Beethovens
Hand, 12 Bl.

8. Zwei *Blätter* aus der grofsen *Fidelio-Arie* nebst Strichen
etc. von Beethoven.

9. *Skizzen* zu „Vindobona, Vindobona Dir und Glück". — 2 Bl.;
nur Weniges auf der 1. Seite *beschrieben*.

95. *Convolut VI. Bücher, Noten, Utensilien Beethovens.*
12 Nummern:

1. *Westöstlicher Divan* von *Goethe*. Stuttgart bei Cotta, 1820, mit vielen Zeichen von Beethovens Hand, 1 Band 8°.

2. *M. Christoph Christian Sturms* Betrachtungen über die Werke Gottes im Reiche der Natur und der Vorsehung auf alle Tage des Jahres. Zwei Bände, Neueste vermehrte Aufl., Reutlingen 1811. — Mit vielen Zeichen und Randbemerkungen von Beethovens Hand. — Auf der Rückseite des leeren Vor-Titelblattes nähere Aufklärung von *Schindler*. Man vergl. überhaupt darüber und daraus die *Schindler*'sche *Beethovenbiographie* und *L. Nohls Beethovenbrevier* 1870. —

3. Homers „*Odussee*", ohne Titelblatt. Widmung in Hexametern an Friedr. Leopold Grafen zu Stollberg 1780. — 8°. — Mit vielen Zeichen und Strichen von Beethovens Hand. Man vergl. auch hierbei die Schindler'sche Biographie und Nohl's Beethovenbrevier.

4. *Wilhelm Shakespeares Schauspiele*. Neue verbesserte Auflage. *Dritter* und *vierter* Band. Mannheim 1783 u. 1804, 8°, enthält. Kaufmann von Venedig, Wie es euch gefällt, Der liebe Mühe ist umsonst. Das Wintermärchen. — Mit Strichen von Beethovens Hand. — Übersetzer ungenannt.

5. *Wilhelm Shakespeares Schauspiele*. *Neunter* u. zehnter Band. Mannheim 1779 u. 1778, enthält.: Othello, Romeo und Julia, Viel Lärm um Nichts, Ende gut, alles gut. — Mit Strichen etc. von Beethoven. Übersetzer nicht genannt.

6. *Friedrich Schillers* sämtliche Werke. *Sechster* Band; Theater, 6. Teil. Wien 1810; enth. die Jungfrau von Orleans, Wilhelm Tell. 1 Bd. 8°.

7. Nouvelle *Grammaire* à l'usage *des* dames. 2. Theile, Berlin 1782. 1 Band 8°.

8. Drei Bände von Schellers Handlexicon, durchgesehen von *Lünemann*, Wien 1806. Erster oder lat.-deutscher Theil, 1. Abth. dann 2. Abt. — 1807, II. Teil deutsch.-lat. Der 4. Band fehlt.

9. Nuovo dizionario italiano-tedesco, 2 Bände 8°, 1785. — Darin Vokabelheft von Schindler. — Jagemann-Flathe.

10. Dictionnaire françois-allemand, 3 Bände, 1793, Berlin. Darin Vokabelheft von Schindler . . Redigé par une société de Gens de lettres.

11. Ein Band querfol. enthaltend: a) Das wohltemperirte Klavier von Bach; Zürich bei Nägeli, unvollständig, mit Zeichen von Beethovens Hand. b) Exercises, von Bach, Part. 4 und 5. Hoffmeister in Wien. c) Toccata in D-moll von Bach. Wien bei Hoffmeister.

d) Bach: XV Inventions, bei Hoffmeister in Wien. e) Bach: XV Symphonies, Wien bei Hoffmeister. f) Bach's Exercises Part. 2, Hoffmeister in Wien.

12. Trois Sonates pour le Pianoforte par *Muzio Clementi*, op. 40. — dédiées à Mademoiselle Fanny Blake; in G-dur, h-moll und D-dur; à Vienne chez Mollo & Comp. Edition authentique faite et revûe par l'auteur pendant son Sejour à Vienne en 1802. — qu. fol.

13. a) Ein Brief von Lempertz in Köln vom 12. November 1877 „Anbei folgen die beiden Siegel", 2 Blättchen. — b) Shakespeares sämtliche dramatische Werke, übersetzt im Metrum des Originales, Wien 1825, 1 Bändchen: Der Sturm. Übersetzt von A. W. Schlegel.

96. Nicht aus demselben Nachlasse, aber aus Beethovens Besitzstande ist zu nennen: *G. Fr. Händel.* a) Lessons for the Harpsichord 1770 (16 Stück). b) VI Lessons for the Harpsichord (a second set of Lessons). c) a third set of Lessons for the Harpsichord. d) Six Fugues or Voluntarys for the Organ or Harpsichord. — Der Besitzer Prof. Fischhof bemerkt auf der Innenseite des Deckels: „Dieses Buch war früher Eigentum Beethovens und zwar in seiner Studienzeit. Ich erkaufte es aus dem Nachlasse seines innigen Freundes, des Grafen Lichnowsky. S. 25 sind Buchstaben seiner Hand, die Durchführung des Fugenthemas bedeutend, sowie S. 40 unten eine eigenhändige Korrektur von ihm zu lesen ist". — Alte Arnold'sche Ausgabe.

Schliefslich sei bemerkt, dass die Königl. Bibliothek zu Berlin eine stattliche *Anzahl Abschriften nach den Originalmanuskripten* besitzt, die ebenfalls verdienen, im Zusammenhange aufgeführt und beschrieben zu werden.

Totenliste des Jahres 1895
die Musik betreffend.
(Karl Lüstner.)

Abkürzung für die citierten Musikzeitschriften:

Bühgen. = Deutsche Bühnen-Genossenschaft. Berlin.
Guide = le Guide mus. Bruxelles, Schott.
K. u. Musz. = Deutsche Kunst- u. Musikztg. Wien, Robitschek.
Lessm. = Allgem. Deutsche Musikztg. Charlottenburg.
Ménestrel = le Ménestrel. Journal du monde music. Paris, Heugel.
M. Tim. = Musical Times. London, Novello.

Mus. sac. = Musica sacra Monatschrift für kath. Kirchenmusik Regensburg, Haberl.

N. Z. f. M. = Neue Zeitschr. f. Mus. Leipzig, Kahnt.

Ricordi = Gazetta music. di Milano, Ricordi.

Sig. = Signale f. d. mus. Welt. Leipzig, Senff.

Ludw. = Neue Berliner Musikztg. Ludwig.

Wbl. = Musikal. Wochenblatt. Leipzig, Fritzsch.

Es wird gebeten falsche Daten der Redaktion gefälligst anzuzeigen.

Abbey, Eugène, Orgelbauer, Chef der Firma E. & J. Abbey in Versailles, st. das. i. Juni. Ménestrel 200.

Abel, Ludwig, Konzertmeister a. D. Prof. und Inspektor der Königl. baier. Akademie der Tonkunst, st. 13. Aug. in Pasing bei München; geb. 14. Jan. 1835 zu Eckartsberga in Thüringen. Todesanzeige in den Münchener neuesten Nachrichten. N. 374.

Albrecht, Julius Bruno, von 1864—93 Mitglied des Gewandhaus-Orchesters, nachdem Obersekretär des Königl. Konservatoriums zu Leipzig, st. das. 18. Okt., 70 Jahr alt. Wbl. 558. Lessm. 601.

Altès, Joseph-Henri, Komponist und Prof. am Konservatorium zu Paris, st. das. 24. Juli; geb. 18. Jan. 1826 zu Rouen. Ménestrel 240. Guide 626.

Amers, John H., Militär-Musikmeister, später Dirigent der Royal Exhibition Band, st. 10. Jan., 50 Jahr alt in Newcastle-on-Tyne. M. Tim. 118.

Anderson, Vigo, berühmter Flötist, erschoss sich in Chicago im Jan., 48 Jahr alt. Wbl. 132. Lessm. 88.

Andrews, Thomas, Organist, Musikdirektor und Musikalienhändler in Guildford, st. das. 15. Jan., 57 Jahr alt. M. Tim. 118.

Antonelli, Alessandro, Direktor der Stadtmusik in Bologna, st. das. 2. Jan. Wbl. 61. Sig. 91. Ricordi 34.

Appy, Ernest, Violoncellist in Kansas (Ver. St.), st. das. 2. Aug.; geb. 1835 in Amsterdam. M. Tim. 621.

Arnal, Vicente Caltanazor y, Sänger und Prof. an der Nationalschule zu Madrid, st. das. 15. April, 80 Jahr alt. Ménestrel 167. Lessm. 269.

Arscott, Dr. J., Organist an der St. Mary und St. Peters Kirche in Jersey, st. das. im Febr. Wbl. 161.

Bamphylde, Frederik William Wainwright, Organist und Prof. an der Royal Academy of Music in London, st. in Jersey 9. Dez., 37 Jahr alt. M. Tim. 1896, 52.

Barbati, Anillo, Komponist, Gesangs- und Kontrapunktlehrer in Neapel, st. das. Anfang des Jahres, 70 Jahr alt. Sig. 138.

Barnett, Neville George, theoretischer Schriftsteller, Komponist und

Organist in Sidney, st. in Picton (Australien) 26. Sept.; geb.
   3. März 1854 in London. M. Tim. 836.

Bataille, Prosper de, Opernsänger, st. 5. Okt. in Castelnaudary, 66 Jahr
   alt. M. Tim. 837. Guide 881.

Bayer, Fritz, ein um die Pflege deutscher Musik in Amerika verdienter Musiker, st. 2. Jan. in Bridgeport (Connect.); geb. 1833 in
   Weitersweiler. Rheinpf. Ludw. 88.

Bezezowsky, Karl, Orchesterdirektor am Stadttheater in Brünn, st. das.
   18. März; geb. 1832 zu Warasdin. Bühgen. 108.

Behrend-Brandt, Frau **Magdalena,** Opernsängerin in Paris, st. in München
   25. Jan.; geb. 1828 in Wien. Lessm. 88.

Bennet, William Cox, Gesangskomponist, st. 4. März in Bleackheath, 74
   Jahr alt. M. Tim. 262.

Bernasconi, Pietro, Orgelbauer, st. 27. Mai zu Varèse. Ménestrel 184.
   Lessm. 332. Ricordi 386.

Bimboni, Gioachino, Posaunen-Virtuos, Prof., durch seine Erfindungen
   auf dem Gebiete der Instrumentenkunde berühmt, st. 83 Jahr alt
   in seiner Vaterstadt Florenz im Jan. Ménestrel 48. Wbl. 116.

Bissy, de, siehe **Hocmelle.**

Blagrove, Richard M., Viola-Virtuos in London, st. das. 20 Okt., 69 Jahr
   alt. M. Tim. 766. Wbl. 589

Bletzacher, Joseph, Opernbassist am Hoftheater zu Hannover, st. das.
   16. Juni; geb. 14. Aug. 1835 zu Schwoich in Tirol. [Bühgen. 209.
   Wbl. 362. Ludw. 362.

Böhm, Georg, Musikprofessor in Atlanta (N. A.), st. das. im Sept.;
   geb. 1863 in Lublinitz, Oberschlesien. Ludw. 363.

Boogardt, Karl von, Direktor des fürstl. Theaters in Detmold, vordem
   Mozart- und Wagner-Sänger, st. das. 27. Jan., 48 Jahr alt. Wbl. 116.

Borzani, Diotalevi, Oboebläser, st. im März zu Triest, 80 Jahr alt.
   Ricordi 174.

Bosen, Franz, Gesanglehrer, st. 18. April in Bayswater. M. Tim. 335.

Bott, Jean Joseph, Violin-Virtuose, dann Hofkapellmeister in Hannover,
   st. 30. April in NewYork; geb. 9. März 1826 in Kassel. Wbl.
   306. Lessm. 293.

Boulchère, Emile, Kirchenkomponist und Kapellmeister an der Kirche
   St. Trinité zu Paris, st. das. 4. Sept., 35 Jahr alt. Ménestrel 287.

Bourgain-Keller, Emma, geb. **Bär,** Pianoforte-Virtuosin und Lehrerin in
   Paris, st. das. 5. März; geb. in Zofingen (Schweiz). Lessm. 215.

Boyce, Amelia, als Fräulein Hill bedeutende Konzertsängerin, st. 11. April
   in Sparkhill (Birmingham), 74 Jahr alt. M. Tim. 334. Wbl. 267.

Brambilla, Teresa, ehedem berühmte Opernsängerin, st. im Juli in Mailand; geb. 1813 zu Cassano d'Adda. Ménestrel 248. Guide 650.

Bridge, F. A., unter ihrem Mädchennamen **Elisabeth Stirling** als Organistin und Komponistin zu Ansehen gelangt, st. 25. März in London, 76 Jahr alt. M. Tim. 334.

Broughton, Alfred, Leiter der philharmonischen Gesellschaft und Chormeister zu Leeds, st. das. 12. Juni. M. Tim. 480.

Buchholz, Hermann, Königl. Musikdirektor in Berlin, st. das. 7. Juni, 69 Jahr alt. Wbl. 350.

Bumke, Julius, Präsident des Allgemeinen deutschen Musiker-Verbandes, st. in Berlin 23. April, 61 Jahr alt. Wbl. 253.

Burton, Ernest, Violoncell-Virtuose in London, st. das. 19. Febr., 33 Jahr alt. M. Tim. 262.

Busi, Alessandro, Gesanglehrer und Komponist geistlicher Musik in Bologna, st. das. 8. Juli; geb. 28. Sept. 1833 ebenda. Ménestrel 240. Wbl. 426.

Cabisius, Julius, Violoncellist und Komponist in Bremen, st. das. 14. Aug., 82 Jahr alt. Lessm. 477. Sig. 649.

Calcott, John George, Komponist und Pianist, als welcher er mit Christine Nilson reiste, st. 7. Jan. in Teddington; geb. 1821. M. Tim. 113.

Carrodus, John Tiplady, Violin-Virtuos an der Königl. Oper zu London, st. das. 13. Juli; geb. 20. Jan. 1836 zu Keighley in Yorkshire. M. Tim. 549.

Carvalho, Mad. Caroline Félix Mielan-, Opersängerin, st. 10. Juli in Puys bei Dieppe; geb. 31. Dez. 1827 zu Marseille. Nekr. Ménestrel 218.

Casati, Giovanni, Choreograph und Balletmeister an der Scala in Mailand, st. das. 20. Juli, 83 Jahr alt. Ménestrel 272.

Caspary, Rosa, Opernsängerin am Leipziger Stadttheater, st. 6. Juni zu Gohlis; geb. 1. Dez. 1836 zu Wien. Bühgen. 202 und 210.

Catavita, Giuseppe, Komponist von Kirchenstücken, st. 22. Okt. in Lugo (Italien), 90 Jahr alt. Wbl. 659. Sig. 843.

Chessi, Luigi, Opernkomponist, st. im Aug. zu Piacenza, 72 Jahr alt. Ménestrel 279.

Chlum, F., Lehrer an der Kirchenmusikschule zu Prag, st. das. 23. Dez. M. Tim. 1896, 120.

Conti, Giaciato, Violinist und Komponist in Brescia, st. das. im April; geb. 31. Jan. 1815 das. Ménestrel 144. Lessm. 269. Ricordi.

Cornélis, Philippe-Joseph, Gesangsprofessor am Königl. Konservatorium zu Brüssel, st. das. 26. Febr.; geb. 30. August 1816 zu Namur. Guide 211.

Creutzfeldt, Hans, städtischer Musikdirektor in Greifswald, st. das. 27. Jan.; geb. 15. Dez. 1834 in Schönberg i. M. Deutsche Musiker Ztg. 53.

Croharé, Louis-Joseph-Armand, Gesangsprofessor am Pariser Konservatorium und Verfasser einer Méthode de solfège, st. im Jan. zu Paris; geb. 27. Febr. 1820. Ménestrel 32.

Czermak, Josephine, seit 1877 Gräfin Wenzel Kaunitz, ehemalige Operettensängerin in Wien, st. das. im Mai. Lessm. 306.

Czerny, Karl, ehemals Musikdirektor in Ungarn, Komponist, st. 22. Juni zu Deggendorf bei München. Lessm. 374.

Dancla, Léopold, Violinprofessor am Konservatorium zu Paris, st. das. 29. März; geb. 1. Juni 1823 zu Bagnères de Bigorre (Hautes-Pyrénées). Ménestrel 112.

Darcours, Charles, (eigentlich Rety), langjähriger Musikkritiker des Figaro, auch Komponist, st. 1. Juli, 70 Jahr alt. Ménestrel 215.

David, Samuel, Opernkomponist, Musikschriftsteller und Musikdirektor am israelitischen Tempel zu Paris, st. das. 3. Okt.; geb. ebenda 12. Nov. 1838. Nekr. Ménestrel 320.

Delfico, Melchiore de Filippis-, Operettenkomponist, Dichter und Sänger, st. 20. Dez. zu Portici. Lessm. 1896, 128.

Delvil, Madame, Opernsängerin in Brüssel, st. das. im Sept. Guide 698.

Dittrich, Oskar, Königl. Musikdirektor, Kantor und Organist in Dresden, st. das. im Nov., 50 Jahr alt. Lessm. 629.

Done, Dr. William, Organist an der katholischen Kirche zu Worcester und Dirigent der Choral Society, st. das. 17. Aug., 80 Jahr alt. M. Tim. 620.

Donzelli, Ulisse, Gesangsprofessor und Liederkomponist in Bologna, st. das. im Juni; geb. 29. April 1857 zu Turin. Ménestrel 200.

Dosse, Ludwig, Opernbariton in Dresden, st. das. 6. Sept.; geb. 24. Dez. 1834 zu Hamburg. Bühgen. 305.

Edler, Friedrich Christian, Streichinstrumentenmacher in Frankfurt a. M., st. das. 6. Dez., 44 Jahr alt. Sig. 1063.

Ehmant, Anselm, gesuchter Klavierlehrer in Paris, st. das. 14. Jan.; geb. 25. Dez. 1832 in Frankfurt a. M. Lessm. 88.

Eissig, E. Christian August, seit 1845 Violoncellist im Gewandhaus-Orchester zu Leipzig, st. das. 6. Nov.; geb. 22. Dez. 1824 zu Altenburg. Wbl. 602. Sig. 888.

Engel, Fritz, Dirigent des Schweizer Männerchores, Komponist **in**

Baltimore, st. das. 30. Dez. infolge eines gegen ihn gerichteten Mordanfalles; geb. in Essingen (Aargau). Lessm. 1896, 115.

Engel, Gustav, Professor des Gesanges an der Königl. Hochschule zu Berlin, Musikkritiker der Voss. Ztg., st. das. 19. Juli; geb. 29. Okt. 1823 zu Königsberg. Lessm. 408.

Enslin, Friedrich, Opernsänger und Kapellmeister, st. 13. März in Regensburg; geb. 7. Aug. 1825 das. Bühgen. 97.

Erl, Franz, ehemaliger Hofopernsänger, st. in Währing bei Wien 25. Okt., 77 Jahr alt. Lessm. 601. Wbl. 602.

Feldau, Robert, Pianist in Odessa, st. das. 18. Febr., ein geborener Österreicher. Lessm. 215. Sig. 298.

Fischer, Konrad Joseph, Konzertmeister in Wiesbaden, st. das. 6. Dez.; geb. 22. Jan. 1827 in Würzburg. Todesanzeige.

Fischer, Lothar, Opernsänger am Stadttheater zu Aachen, st. das. 22. Febr., 47 Jahr alt. Bühgen. 82.

Flaxland, Gustave-Alexandre, Gründer des Musikalien-Verlages gleichen Namens in Paris, st. das. 11. Nov.; geb. 1821 in Strafsburg. Nekr. Ménestrel 368.

Fortucci, Raffaele, Blasinstrumenten-Professor am Konservatorium zu Neapel, st. das. 70 Jahr alt im Anfange des Jahres. Sig. 138.

Frank, Rudolf, Lehrer des Fagotts am National-Konservatorium zu Budapest, st. das. 7. Jan., 46 Jahr alt. Lessm. 59. Wbl. 49.

Ganahl, Marie Telmer von, Pianistin, st. 3. Juni in Reichenberg, 24 Jahr alt. M. Tim. 481.

Geist, Paul, Komponist und Organist an der Sophienkirche zu Dresden, st. das. 20. Aug. Leipziger Illustr. Ztg. Nr. 2724.

Genée, Richard, Theaterkapellmeister, Operetten-Komponist und Librettist, st. 15. Juni in Baden bei Wien; geb. 7. Febr. 1823 in Danzig. Nekr. K. u. Musz. 143.

Geng, Charles, Kapellmeister in Dieppe, st. das. im April. Ménestrel 144.

Gips, Wilhelmine, Konzertsängerin, st. 19. Dez. im Haag. Lessm. 1896, 83.

Gmünder, August, Geigenmacher in New York, st. das. im Sept., 81 Jahr alt, gebürtig aus Württemberg. M. Tim. 694.

Godard, Benjamin-Louis-Paul, namhafter französischer Komponist, st. 10. Jan. zu Cannes; geb. 18. Aug. 1849 zu Paris. Nekr. Ménestrel 10. Schweizer Musikztg. 22.

Goffrie, Charles, Violinist, Mitglied der Privatkapelle der Königin, st. 9. Juni in San Francisco; geb. in Mannheim. M. Tim. 551.

Gottlöber, Bernhard, Komponist, Musikdirektor am Palmengarten in Frankfurt a. M., st. das. 26. Sept.; geb. 1844 in Bautzen. Wbl. 528. Lessm. 529.

Gout, Joseph, Konzertmeister an der grofsen Oper zu Paris, st. das. im Nov., 64 Jahr alt. Ménestrel 368.

Graupner, Friedrich Albin, Instrumentenmacher in Wohlhausen, st. das. 16. Dez. M. Tim. 1896, 120.

Green, Rudolph, Violoncellist in den Orchestern von Thomas, Arthur Seidl und im Peabody-Quartett, st. im Juli, 54 Jahr alt in Baltimore. M. Tim. 621.

Griffiths, Samuel Charles, Militärkapellmeister, Verfasser zweier Werke über Militärmusik, st. 31. Okt. in London; geb. 1847. M. Tim. 835.

Haase-Kapitain, Frau Elise, geb. **Kapitain,** verehelichte Anschütz, Opernsängerin zu Frankfurt a. M., st. 15. Juni in Heidelberg; geb. 3. Jan. 1818. Bühgen. 209. Ludw. 233.

Hagen, Wilhelm, ehemaliger Hofopernsänger, st. 12. Juni in Aumühle bei Friedrichsruh; geb. zu Neustrelitz 19. Sept. 1818. Bühgen. 206. Wbl. 350.

Hall, Charles King, Organist und Komponist von Kirchenstücken und Operetten, st. 1. Sept. in London, 50 Jahr alt. M. Tim. 593.

Hallé, Charles, Dr. mus. Pianist, Komponist und Dirigent, st. 25. Okt. zu Manchester; geb. 11. April 1819 zu Hagen (Westfalen). Nekr. M. Tim. 747.

Hammer, Franz Xaver, Organist und Chordirigent, st. 14. März zu Malters bei Luzern, 40 Jahr alt. Lessm. 215.

Heintz, Wilhelm, Komponist, Organist und Musikdirektor an der Universität zu Lund in Schweden, st. das. am Anfange des Jahres; 45 Jahr alt. Wbl. 87. Lessm. 102.

Hermann, Dr. Albert, Ritter von, Musikschriftsteller und Komponist in Wien, st. das. 18. Nov., 31 Jahr alt. K. u. Musz. 299. Lessm. 675.

Hilberath, Karl, Organist an der Kastorkirche zu Koblenz, st. das. 2. März; geb. 11. Juni 1830 ebenda. Gregoriusblatt 36.

Hill, Amelia, siehe Boyce.

Hill, William Ebsworth, Violin-Instrumentenmacher in London, st. 2. April zu Hanwell; geb. 1817. M. Tim. 334.

(Fortsetzung folgt.)

Mitteilungen.

* *Geschichte des Oldenburger Singvereins von 1821 bis 1896 nebst einem einleitenden Beitrage zur Geschichte der Musik in Oldenburg von der Zeit Anthon Günthers bis zur Gründung des Singvereins* (1603—1821). Festschrift zum 75jährigen Jubiläum des Vereins verfasst von Joh. Wolfram. Oldenburg 1896. 8°. 80 S. Der Verfasser giebt eine ausserordentlich fleifsig gearbeitete und aktenmäfsig wohlbegründete Darstellung der Geschichte der Musik im Grofsherzogtum Oldenburg, die, so weit sie die ältere Zeit betrifft, auch für die Leser der Monatshefte nicht ohne Interesse sein dürfte. So heifst es dort von der uralten vaterländischen Musik: „sie besteht in einer kleinen Flöte, die mit einer Hand gegriffen und einer kleinen Trommel, die mit der andern Hand geschlagen wird. Einer spielt beide Instrumente. Man hört sie jetzt (1818) als eine Seltenheit noch im Ammerlande; vormals tanzte man danach und *nach dem Schalle geschlagener und gestrichener Sensen.*“ Zinkenbläser und Harfenisten werden schon 1585 erwähnt. Am Hofe Anton Günther's (1603—1667) scheinen die „englischen Musikanten“ besonders beliebt gewesen zu sein. Das Haus- und Centralarchiv bewahrt einige musikalische Seltenheiten, darunter ein Heft Paduanen, Galliarden etc. von *Nicolaus Bleyer*, Rathscornettisten der Stadt Lübeck. Hamburg 1628. Im Jahre 1702 tritt ein neues Element im oldenburgischen Musikleben auf: die privilegierten Musikanten. Die Privatkonzerte der vornehmen dänischen Statthalter (1667—1773); sie fanden bald Nachahmung in breiteren Schichten des Publikums. Von dem tüchtigen Organisten *Christoph Lanau*,† 1770, wird berichtet: „dafs er ziemlich schwere Klaviersachen fertig abspielte, obwohl er nach alter Weise nur 2—3 Finger der rechten Hand brauchte.“ 1768 fand das erste öffentliche Konzert statt. Mit dem Aufhören der dänischen Herrschaft (1773) wurde der Fürstbischof von Lübeck, *Friedrich August*, Landesherr; er hielt sich in Eutin eine kleine Musikkapelle, deren Leiter zeitweise *Anton v. Weber* war. Erst unter dem Herzoge *Peter Friedr. Ludwig* (1785—1829) wurde eine „fürstliche Kammermusik“ eingerichtet, die tüchtige Musiker wie *Berthaume*, *Fürstenau*, *Meineke* u. *Kiesewetter* zu ihren Mitgliedern zählte Gründer der jetzigen Hofkapelle war der Grofsherzog *Paul Friedrich August* (1829—1853); als erster Leiter derselben wurde der ausgezeichnete Violinspieler *A. Pott* berufen, ihm folgten als Dirigenten *A. Dietrich* u. *F. R. Manns*. Als Konzertmeister fungierte *K. Franzen*, der von 1837—1861 den Singverein leitete und in *Dietrich* (pens. 1890) und *Manns* seine Nachfolger fand. Seit seinem 75jährigen Bestehen ist der Singverein auf das Eifrigste bemüht gewesen „das Wahre und Schöne in der Musik nach Kräften zu pflegen und dadurch einen veredelten Sinn und Geschmack für das Reich der Töne auch in Haus und Familie zu übertragen“ wie dies die angeführten Programme seiner Konzerte bezeugen. C. Stiehl.

* Einiges über den Kastraten *Sorlisi*. Fürstenau in seiner Gesch. d. Mus. u. d. Theaters 1861 p. 226 erwähnt eines denkwürdigen Sonnettes auf S. und *Melani* von Bontempi. Bei der Anwesenheit des Erbgrofsherzogs von Florenz (Cosimo III.) in Kursachsen (1668), reiste S. mit Melani jenem als Dolmetscher entgegen. Dabei (Elsterwerda 7./3. 1668) unterschreibt er sich mit „Sorlisy.“. — Sein Vater (Dionysius) war bereits gestorben, seine Mutter

(Hyacintha) lebte 1672 in Pavia, seine eigene Frau hiefs *Dorothea Elisabeth*, geb. Lichtwer, seine ältere Schwester *Anna* verehlichte sich mit Karl Joseph *Appiani* und sein jüngerer Bruder, *Joseph*, nahm Kriegsdienste. Seine Frau als Wittwe lebte dann in Rom. S.'s Testament — er war am 3. März 1672 gestorben — wurde am 2. April eröffnet. S. hinterliefs ein hübsches Vermögen. Er bekleidete neben seiner Stellung als Sänger einen geheimen Kammerdiener-posten, später wird er Amtshauptmann zu Dippoldswalda und am 24./1. 1666 vom Kurfürsten, resp. Kaiser geadelt. Sein Gehalt als Sänger betrug das Fünf-fache eines deutschen Bassisten. — In einem undatierten Originalschreiben, was letzthin in der Auktion von R. Lepke in Berlin unter den Hammer kam und die Unterschrift „Johann Georg Churfürst" und ein Siegel trug, welches von den beiden ersten sächsischen Landesherrn dieses Namens geführt wurde (die Adresse fehlt), enthielt einen mit lateinischen Buchstaben geschriebenen Brief mit der Anrede: „Lieber Bartolomo." Aus dem Inhalte ist zu ent-nehmen, dass dem Empfänger ein Unglück, eine Krankheit, die dem Schreiber von Herzen leid thut, befallen hatte. „Gott, der Allerhöchste, erhalte, segne und benedeie euch, gebe euch wieder gute Gesundheit, stärk euch um die blutigen Wunden unseres einigen Erlösers und Seligmachers ... willen ... das ist der Wunsch Desselben, der fleifsig für den Kranken beten, ja ein Gelübde für Kirchen und Arme thun will." ... Mein Urteil über dieses Schriftstück ist nun dieses: Die in der angegebenen Schreibweise nicht geübte, sich aber der Deutlichkeit befleifsigende Hand, ist, wie schon der Schnörkel am mit deutschen Buchstaben geschriebenen Worte „Churfürst" ergiebt, die des Kur-fürsten Johann Georg II. (seit 8. Okt. 1656 Kurfürst). Die lateinischen Buch-staben deuten auf einen Ausländer als Empfänger. Die Teilnahme, das Gebet u. s. w. auf einen dem Kurf. überaus lieben Katholiken. Als solcher durfte aber nur obiger Kastrat Bartolomeo de Sorlisi gemeint sein. Über seine Kapaunenheirat beabsichtige ich nächstens in der Zeitschrift für deutsches Kirchenrecht mich des Weiteren zu äufsern. Das K. S. Hauptstaatsarchiv bringt noch Mancherlei über S.

Blasewitz-Dresden.   Dr. jur. Theod. Distel
                                                 K. S. Archivrat.

* Für Dilletanten, die nach Belehrung in leichter Form suchen, sei ein Buch von Adolph Pochhammer, Einführung in die Musik (Frankft. a. M., H. Bechhold) kl. 8°, 189 S., Pr. 1 M. empfohlen. Es findet sich zwar mancher Irrtum darin, der mit jener bekannten unschuldigen Dreistigkeit ausgesprochen wird, doch wird dies beim Dilettanten wenig Schaden anrichten. Das Buch spricht in Kürze über Alles was nur in der Musik vorkommen kann und könnte.

* Antiquar-Katalog Nr. 61 von Zahn & Jaensch in Dresden, enthält allerlei über Musik und Theater nebst anderem, auch Autographe.

* Hierbei eine Beilage: Katalog der Brieger Musikalien-Sammlung in der Universitäts-Bibliothek zu Breslau. Bog. 2.

Verantwortlicher Redakteur Robert Eitner, Templin (Uckermark).
Druck von Hermann Beyer & Söhne in Langensalza.

MONATSHEFTE

für

MUSIK-GESCHICHTE

herausgegeben

von

der Gesellschaft für Musikforschung.

| XXVIII. Jahrg. 1896. | Preis des Jahrganges 9 Mk. Monatlich erscheint eine Nummer von 1 bis 2 Bogen. Insertionsgebühren für die Zeile 30 Pf.

 Kommissionsverlag von Breitkopf & Härtel in Leipzig. Bestellungen nimmt jede Buch- und Musikhandlung entgegen. | No. 8. |

Gilles Heine. [1]
Von Dr. Willibald Nagel.

Die nachfolgenden Ausführungen bieten einen leider nicht allzu reichen Beitrag zur Geschichte der Musik am Nieder-Rhein. Jede Hoffnung, weiteres Material, als das für diese Abhandlung benutzte, das zum weitaus gröfseren Teile auf dem Staatsarchive zu Düsseldorf bewahrt wird, zum Teile unter den Beständen der Archives de l'État zu Lüttich eingeordnet ist, zu finden, wird wohl eine trügerische sein; allzu viel der ehemaligen reichen Aktenbestände ist durch Brand, allzu viel auch durch menschlichen Unverstand zerstört worden. Das wenige hierher gehörende, das aus dem Strome der Zeit gerettet wurde, reicht kaum hin, uns eine Vorstellung davon zu geben, wie glänzend einst zu *Heine's* Zeit das Musikleben am Hofe des pracht-liebenden Pfalzgrafen *Wolfgang Wilhelm* in seiner Residenz Düssel-dorf gewesen. Immerhin gewinnen wir durch die Düsseldorfer Akten interessante Einblicke in das freundschaftliche Verhältnis des Ton-setzers zu seinem fürstlichen Herrn und durch die Lütticher Doku-mente die Möglichkeit, die geringen und falschen biographischen Notizen über Hennius zu verbessern und zu ergänzen. Als vor einigen Jahren das 600 jährige Bestehen der niederrheinischen Kunst-stadt gefeiert wurde, gab der Düsseldorfer Geschichtsverein eine

---

[1] Ich weiſs nicht, welches der richtige Name ist: Heine nennen ihn die Lütticher Akten, Haym heiſst unser Mann bei Fétis. Weitere Schreibweisen sind Egidio Hennio, wie sich der Autor in seinen Briefen an den Pfalzgrafen Wolfgang Wilhelm nennt, und Aegidius Hennius.

Festschrift, die Geschichte der Stadt, heraus.[1] In einem der den
Inhalt bildenden Aufsätze bespricht Dr. G. Wimmer „Theater und
Musik" Düsseldorfs. Da das Buch, resp. dieser Abschnitt desselben
in den Kreisen der Musikhistoriker nicht bekannt geworden ist, da
in die W.'sche Abhandlung sich Irrtümer eingeschlichen haben, da
der uns weiter unten beschäftigende Briefwechsel zwischen Heine
und dem Pfalzgrafen nur ganz beiläufig, die in den Akten genannten
Musiker gar nicht in die Arbeit Dr. Wimmer's einbezogen worden
sind, da endlich ich in der Lage bin, noch anderes, gänzlich unbekanntes Material zur Biographie des Hennius darbieten zu können,
so rechtfertigt sich ein wiederholtes Eingehen auf den Gegenstand
von selbst.

Dass in Düsseldorf schon frühzeitig die Kunst der Musik gepflegt
wurde, ist schon aus dem Umstande zu schliefsen, dass die Stadt an
der grofsen Wasserstrafse gelegen ist, welche Köln und den sanges-
frohen Mittelrhein mit einem nicht unwichtigen Teile der niederdeutschen Heimat der kunstvoll ausgebildeten Polyphonie verbindet.
Hier, rheinauf- und -abwärts, bewegte sich der Handelszug, hier war
der breite Weg, auf welchem der kulturelle Einfluss niederdeutscher
und nordfranzösischer Kunst- und Literaturrichtungen sich in das
Herz deutschen Landes vorwärts schob. 1288 zur Stadt erhoben,
wurde Düsseldorf im Jahre des schwarzen Todes und der Begründung
der Universität Prag (1348) ständige Residenz der bergischen Landes-
herren. Die merkwürdig gleichmäfsige Entwickelung der Stadt, deren
sie sich trotz aller politisch drangvollen Zeiten erfreuen durfte, wurde
ernstlich erst durch den Einbruch der französischen Herrschaft traurigen Angedenkens auf einige Zeit unterbrochen.

Bis zur Regierung *Johann Wilhelm's* wissen wir wenig oder
nichts Bestimmtes über die Musik am Hofe der bergischen Fürsten;
die zu jeder höfischen Haushaltung gehörigen Trompeter und Heerpauker sind auch auf ihrer Burg gehalten worden. Es ist aber sehr
wahrscheinlich, dass schon unter Joh. Wilhelm's Vorgänger, *Wilhelm IV.* (1539—92) die Musikverhältnisse sich bedeutend gehoben
haben: hielt doch unter ihm, dem die Mitwelt den Namen des
Reichen beilegte, die grofse Bewegung der Renaissance ihren vollen

---

[1] 3. Jahrb. des Düsseld. Gesch.-Ver. Gesch. d. St. D. in 12 Abhandlungen. Düsseldorf 1888.

Herrn *Geheimrat Dr. Harless* spreche ich für die Liebenswürdigkeit, mit
der er mich auf die Düsseldorfer Dokumente aufmerksam machte, meinen verbindlichsten Dank aus.

Einzug in Düsseldorf. Es ist nicht unwahrscheinlich, dass um die
Zeit, als er seine Regierung antrat, auch englische Musiker an seinen
Hof gekommen sind: seine arme Schwester Anna ist bekanntlich im
Jahre 1540 als vierte Frau Heinrich's VIII. nach England gegangen,
ein Ereignis, das von den fahrenden und sesshaften Musikern keines-
falls ganz unbenutzt gelassen wurde.

Positive Nachrichten über Musiker am Düsseldorfer Hofe finden
sich jedoch erst, wie schon gesagt, aus der Zeit des wahnsinnigen
Johann Wilhelm (1592—1609), des Gatten der unglücklichen Jacoba
von Baden, deren tragisches Geschick — sie war des Ehebruchs
angeklagt und endete auf geheimnisvolle Weise im Gefängnis — vielfache Darstellung gefunden hat. Aus dem Jahre 1638 sind uns die
Namen einiger Musiker „Weiland Hertzog Wilhelm hochseligen Ge-
dechtnuss" erhalten: Lautenist *Wilhelm Herrengraff*, Cornettist *Johann
Meuer*, Musikus *Johann Lunckh*. Diese Leute erhielten, wie das
auch an anderen Orten üblich war, nach dem Tode ihres Herrn
einen Gnadengehalt.

Als Johann Wilhelm, der letzte Spross des alten Grafen-
geschlechtes, gestorben war, brach der jülich-baierische Erbfolgestreit
über das Land herein; endlich gelangte Pfalzgraf *Wolfgang Wilhelm*
(von Pfalz-Neuburg) an die Regierung (bis 1653). Die Grafschaft
blieb von den Stürmen des 30jährigen Krieges nicht verschont;
immerhin war der Schaden, welcher dem Lande erwuchs, nicht allzu-
groß, wenn auch die religiösen Streitigkeiten selbst nach dem Frieden
von Münster nicht aufhörten. Der Pfalzgraf war von der protestantischen
zur katholischen Kirche übergetreten, wie man vielfach annimmt, aus
politischen Gründen. Der katholische Kultus bedingte einen größeren
Aufwand von Pracht, welchem der Fürst auf allen Gebieten gern
huldigte. Von besonderer Schwärmerei für alles Italienische erfüllt,
zog er mit Vorliebe Musiker, Maler und Architekten dieses Landes
an seinen Hof, mit denen er die geliebte Sprache ihrer Heimat
sprechen konnte. Doch auch deutsche und niederländische Künstler
von Ruf suchte er an sich zu fesseln, der schriftliche und wohl auch
mündliche Verkehr scheint aber ausschließlich in italienischer Zunge
stattgefunden zu haben. Wolfgang Wilhelm verehrte *Rubens* in
hohem Maße (von ihm bewahrt das Archiv 3 Briefe auf), er wusste
den bekannten Maler *Johann Spielberg* nach seiner Residenz zu
ziehen, es gelang ihm, den *Gilles Heine* als Musikintendant zu gewinnen.

Auf welche Weise der Pfalzgraf mit Hennius bekannt geworden,

8*

entzieht sich unserer Kenntnis. Heine war seit dem Jahre 1631 als Sänger an der Kirche St. Johann dem Evangelisten zu Lüttich angestellt;[1]) sein Vorgänger war *Alphonse Fressadis* gewesen, welcher am 13. März des genannten Jahres gestorben war. Als Sänger (chantre) erscheint Hennius bis zum Jahre 1649 in dem Reg. du Chantre, Poies 1559—1792 (Nr. 2643), doch wird er am 15. September 1640 als Cantor in einem acte de mise im Besitze eines Benefiziums der genannten Kirche aufgeführt. (Reg. Nr. 3040 — 1588—1671.)

In ein dienstliches Verhältnis zum Pfalzgrafen Wolfgang Wilhelm mit bestimmter Abgrenzung der Thätigkeit trat Heine im Jahre 1638. Aber die Verbindung beider ist doch älteren Datums. Persönliches Bekanntsein braucht nicht voraufgegangen zu sein, ist jedoch wahrscheinlich; auf alle Fälle ist dem unten abgedruckten Briefe die mündliche oder schriftliche Aufforderung des Fürsten vorangegangen, für seine Hofkapelle Anwerbungen zu machen. Welcher Art die in dem Schreiben erwähnten Kompositionen waren, ist nicht zu ersehen. Leider ist von den Briefen des Pfalzgrafen nur das wenige in Düsseldorf erhalten, auf dem Lütticher Staatsarchiv fand sich nichts vor.

Der Brief ist datiert: Liege alli 17 di Decembre 1637 und lautet:

Ser^mo Prencipe e Sig^re mio Clem^mo

Quello che presentará a V. A. Ser^ma questa mia hum^ma sará lo stesso ch'io con ogni deuotione, le presento per Contralto, Giouane di modest^mi costumi, e d'honoratiss^mi Parenti qui in liege, oltre le sue qualitá die bella voce, di franchezza nel canto, e che passa la mediocritá nel cantare, V. A. Ser^ma lo riceui. con la sua benignitá, nel numero d'i suoi hum^mi Seruitori, riceui insieme questi miei Componimenti Musicali, che le saranno offerti dallo stesso Giouane, in segno della mia deuot^ne dell'infiniti oblighi c'he alla ser^ma sua persona, e del desiderio ardente c'hó hauuoto, et hauró sempre (quando ne saro fatto degno co' suoi comandi) di seruire a V. A. Ser^ma alla quale hum^te m'inchino   Di V. A. Ser^ma

                                                          Deuotiss^mo Seruitore
                                                          Egidio Hennio.

----

[1]) Der Pfarrer an S. Jean l'Ev. (Liège) M. Maréchal hatte die Liebenswürdigkeit, meine Anfrage betr. H. an den Direktor des Staatsarchives zu Lüttich, Herrn Dr. van de Castele, weiter zu befördern; ich erhielt einige sehr schätzbare Notizen, für welche ich den beiden Herren auch von dieser Stelle aus meinen verbindlichsten Dank sage.

Ergiebt dieser Brief, dass Heine dem Fürsten wenigstens als Tonsetzer schon längere Zeit vorteilhaft bekannt gewesen sein musste, so zeigt H.'s Anstellungsurkunde als Superintendent der Hofmusik, wie hoch Wolfgang Wilhelm den Canonicus schätzte. Dieser kann — nach der ganzen Fassung des Dekretes lässt sich daraus schliefsen — damals nicht mehr in den allererstern Mannesjahren gestanden haben; die Betonung positiver Leistungen und Kenntnisse sagt dies ebenso wie die Form der Übertragung eines derartigen leitenden Amtes. Hennius muss ein überaus vielseitig und fein gebildeter Mensch gewesen sein; aufser der in Rede stehenden Urkunde verrät dies auch eine Stelle seines Testamentes, welche in seinem Besitze befindliche lateinische, spanische, französische und italienische Bücher erwähnt. Seine Muttersprache war wohl das flämische; daneben wird er ohne Zweifel auch französisch und etwas deutsch gesprochen haben. Seine nicht eben grofse Fähigkeit, sich im Italienischen schriftlich auszudrücken zeigen die Briefe. Wann und wo er jedoch geboren, wer seine Musikstudien geleitet hat, ob er etwa in Italien gewesen, — alles dies sind Fragen, welche sich leider ebenso wenig beantworten lassen wie diejenige nach dem Umfange seiner künstlerischen Fähigkeiten. Das Dienstverhältnis, in welches Heine zum Pfalzgrafen trat, legte ihm nicht eben viele Arbeit, wohl aber ein nicht geringes Mafs moralischer Verantwortlichkeit auf: er hatte die Oberaufsicht über die Hofkapelle zu führen, musste auf den Ruf des Fürsten in Düsseldorf erscheinen, besafs aber daneben auch die Erlaubnis, jederzeit ungerufen dorthin zu kommen. Gerne hätte wohl Wolfgang Wilhelm den Künstler ganz nach Düsseldorf gezogen: schon jetzt räumte er ihm die Bewilligung zu gänzlicher Niederlassung in seiner Hauptstadt ein, wie er denn auch später wiederum auf diese Angelegenheit zurückkam. Für seine Bemühungen bezog Hennius das recht beträchtliche Jahrgeld von 100 Goldgulden, deren Auszahlung allerdings durch die kriegerischen Zeiten oft verzögert wurde. Aber mit der blofsen Beaufsichtigung der Hofmusik sah Heine sein Amt nicht als erfüllt an; das bewies er durch regelmäfsige, oft mehrmals im Jahre erfolgende Zusendung von Tonsätzen.

Das Anstellungsdekret lautet:

Nos dei gracia Wolfgangus Wilhelmus...

Notum facimus omnibus et singulis presentes has uisuris, aut legi audituris, quod perspecta Reuerendi Aegidij Hennij Can^{ci} et Cantoris ad S. Joannem Euangelistam Leodij singulari erga nos deuotione, et affectu, ipsiusq3 preclaris animi dotibus, et experientia tam in spiri-

tualibus quam in Musica, predictum Hennium seruitio suo aggrega-
uerimus, eique superintendentiam Musice nostre contulerimus, ita ut is
a Nobis citatus huc comparere, uel etiam non uocatus quoties ipsi ua-
cabit uenire, et se sistere debeat. In cuius remunerationem nominato
Hennio annuatim centum florenos aureos, unumquemq; ad sexaginta
afses uel stuferos Brabanticos computatum numerari curabimus. In
cujus rei fidem .... Datum Dusseldorfij 12 Aprilis anno 1638.

                                         Wolfgangus Wilhelmus.

Ungefähr wenigstens vermögen wir uns das Bild der *Hofmusik* zu
entwerfen, wie sie sich zusammensetzte, als Hennius sein Amt antrat.
Leider sind die Hofzahlamts-Rechnungen nur zum geringen Teile
datiert, auch sind manche der betreffenden Handschriften äufserst
flüchtig geschrieben. So sind chronologische und orthographische
Irrtümer im folgenden leicht möglich.

Ich notiere zunächst aus einem Aktenstücke „Ungefehrlicher
status beyder Fürstenthumben Jülich und Berg" die Angabe, dass die
jährliche Ausgabe für die Musik (wohl nur eine Zeit lang) 4988 tlr.
betrug. Neben den Gnadengehältern für die Musiker des verstorbenen
Herzogs (v. o.) erscheinen die Musikernamen (im Jahre 1638): Vicekapellmeister *Matthaeus Blum*; *Stephan Paurmiller* (Baumiller);[1]
Musicus und Leibgardist *Michael de Roy*; *Friedr. Hamerbacher*,
Organist; *Jos. Stoesz*, Organist[1]); *Georg Kettel*, Zinkenist; *Mathias
Frühauff*, Bafsist[1]); Mus. und Tromp. *Georg Hamerbacher*[1]); *Joh. Jac.
Stoesz*, Violinist; *Georg Seivert;* Discantist *Petrus Alexandri* (sc.
filius?) mit monatlich „1 tlr. Logementgeldt und seiner Mutter Jerlich
50 tlr. Kostgeld". *Nikolaus Krickenbeckh* und *Joh. Conr. Cappeler*,
„so nacher rohm verschickht" wurde. Unter den Trompetern werden
genannt: *Arnold Portz*[1]), welcher nebst *Christian Portz* sen. und jun.[1])
und *Nicol. Mastbaum*[1]) „wegen Son- und Feyrtags Blasen für Ime
und den Jungen" eine aufserordentliche Besoldung bezog, *Enno
Schwerdt*[1]); *Joh. Bapt. Ballactor*, der auch Tanzmeister war. In einer
andern Handschrift erscheinen aufserdem noch die Namen einiger
Musiker, „welche bei Hoff nit gespeist werden", darunter der Hofmusikus *Joseph Basilio, Hieron. Castellini, Hieron. Poloni*, Cornettist
Kettel (Kottel) und Trompeter des Prinzen, d. i. Phil. Wilhelm's.
Ich habe dies Verzeichnis als das vollständigste voraufgehen lassen,
obwohl noch einige andere Angaben zeitlich früher liegen. Von

---

[1]) Diese auch in dem unten abgedruckten Verzeichnisse der „Maintzischen
Musicanten" abgedruckt.

diesen letzteren Dokumenten ist nur eins datiert (1636/37), doch bezieht sich auch wohl das andere auf fast denselben Zeitraum. Aus der ersten Rechnungslegung, welche im übrigen nur bekannte Namen enthält, geht hervor, dass *Basilio* beim Pfalzgrafen sehr in Gunst gestanden haben muss; nicht nur, dass er Hofjunker geworden war, es wurden ihm auch mehrfach hoch angelaufene Schulden bezahlt. Die zweite Rechnung (Verzeichnis Wafs vor gelter zu J. F. D. Cabinet geliefert den 30. Sept. Anno 1636 u. f. und wafs dervon aufsgebenn) meldet: Vor den Italienischen Musicanten, dem *Jos. Basilio* vermöge Irer F. D. gnedigsten befelchs und verzeichnuls vom 21. Sept. 1636 an 9 verschiedene defselben Creditores 221 tlr., mehr demselben uff sein kunfftig verdienst 100 tlr., wozu rückständiger Sold u. s. w. Hier wird auch des Hofkaplan und Musicus *Antonio Arigo(ne ?)* Erwähnung gethan. An andrer Stelle wird der Bestand der Hofmusik angegeben wie folgt: Verordnung, dass ff. Personen, die bisher am Hofe gespeist wurden, das Kostgeldt wöchentlich gegeben werden soll:

Musicanten: Capellmeister *Negri* 3 Rthlr.

Don Bartholomeo[Franzoni] } 2 Goldgulden, 2 Mafs Wein, 2 Mafs
Gandell } Bier und 2 weifse Brode.

Aurelio; *Joh. Sella*; *M. Roy*; *Joh. Satteler* (an andrer Stelle wird er auch als Ingenieur genannt; er bildete auch Knaben für den Kapelldienst aus); *Castellin*, Organ. *Hamerbacher, Jacob Blum, Joh. Coperten (?) Friedr. Helwich.*

Diese Angaben glaube ich sämtlich auf die Zeit vor 1640 beziehen zu sollen; um 1640 nennt Hennius als Kapellmeister des Pfalzgrafen den *Marini.* Weiter folgt die Angabe:

Maintzische Musicanten:[1] *Christoph Mang, Eustach. Maafs* (Mesel), *Joh. Kossler*, deren jedem, wie auch dem *Baumiller*, wöchentlich 2 Goldgulden gegeben wurden. *Lechelmeyer, Meinradt* (Verwalter), *Feith Liedell, Paumann* und schon oben genannte (vgl. pag. 94, Anm. 1). Da das Gehalt dieser Musiker schon das Kostgeld in sich begriff, so wurde ihnen nur 1 Rthlr. wöchentlich „pro ad Juta de costa" (!) gegeben, aufser dem Vicekapellmeister

---

[1] Ich habe mich vergeblich bemüht, über diese sonderbare Bezeichnung Klarheit zu bekommen; weder aus dem Grofsh. Archiv zu Darmstadt noch aus dem Kgl. Kreisarchiv Würzburg, woselbst die Hauptmasse der ehemal. Kurmainzischen Akten bewahrt werden, erhielt ich Aufschluss. Vielleicht ist ein Anderer glücklicher als ich und giebt uns die Erklärung der merkwürdigen Bezeichnung.

(Blum?), welcher 1 Goldgulden bezog. 6 Diskantisten: „Diesenn solle
alhie geben werden teglich 1 Kopfstückh und eine halbe maſs Wein."
Neben den schon genannten Trompetern noch *Barthol. [Bottwaldt]*
und *Kalterscheur*. Der Junge des Kapellmeisters bezog wöchentlich
1 Goldgulden. Diese hier genannten Summen wurden den Betreffenden am 28. Dezember 1631 bewilligt. Von den angeführten
Trompetern waren, wie aus einer andern Notiz hervorgeht, *Arnold*
und mit ihm ein *Adolph Portz, Schwerdt, Bottwaldt* und *Kalterscheur*
schon 1628 in Dienst gewesen. Noch werden genannt: *Mich. Luz,*
Jac. Plüemb (?) und *Anton Frankh.*   (Fortsetzung folgt).

Totenliste des Jahres 1895
die Musik betreffend.
(Karl Lüstner.)

Hirsch, Gustav, Königl. Kammermusiker am Hoftheater zu Wiesbaden,
    st. das. 6. Juli; geb. 30. April 1818 in Alberstädt bei Eisleben.
    Todesanzeige. Bühgen. 234.

Hocmelle, Edmond, Organist und Komponist in Paris, unter dem
    Pseudonym Edm. de Bissy, Musikschriftsteller und Kritiker, st.
    12. Nov. zu Asnières bei Paris; geb. in Paris 18. Sept. 1824.
    Ménestrel 368.

Hodge, W., Organist an St. Paul's Cathedral, der Royal Albert Hall
    und der Choral Society in London, st. das. 15. Juli; geb. 1862.
    M. Tim. 550.

Hodges, Faustina Hasse, Organistin an mehreren Kirchen Philadelphia's,
    st. im Febr. in New York. M. Tim. 262.

Hoffmann, James, Musikprofessor am Training College in Aberdeen, st.
    das. 17. Sept. 50 Jahr alt; geborner Deutscher. M. Tim. 694.

Hogan, John Vincent, populärer Opernsänger und Gesanglehrer, st.
    55 Jahr alt im Okt. zu Bayonne (N. Y. Bay shore). M. Tim. 837.

Hohlfeld, Otto, seit 1877 Hofkonzertmeister in Darmstadt, st. das.
    9. Mai; geb. 10. März 1854 zu Zeulenroda in Thüringen. Lessm.
    269. Wbl. 280.

Jaquet, Johann Philipp, Violoncell-Virtuose und Direktor der städt.
    Akademie der Tonkunst zu Namur, st. das. 19. Mai, 78 Jahr alt.
    Lessm. 293. Wbl. 373.

Jarvis, Charles H., Pianist und Musiklehrer in Philadelphia, st. das.
    24. Febr., 57 Jahr alt. Wbl. 176.

Jenny-Maria, Fräul., Pianistin in Paris, st. das. im April. Ménestrel 136.

Jensen, Gustav, Bruder von Adolph J., Professor, Komponist und Lehrer für Kontrapunkt am Konservatorium zu Köln, st. das. 26. Nov.; geb. 25. Dez. 1843 zu Königsberg. Todesanzeige der Köln. Ztg.

Joule, J. B., Musikkritiker, Kirchenkomponist und Organist an der St. Peters Kirche zu Manchester, st. das. 21. Mai; geb. 1817 in Salford. M. Tim. 407.

Kalensky, Joseph, Pianofortefabrikant und selbst Musiker in Klagenfurt, st. das. 4. Dez. 44 Jahr alt. Lessm. 1896. 28.

Kalmann, Meta, Opernsängerin am Stadttheater zu Köln, st. das. 11. Aug.; geb. zu Hamburg 15. Jan. 1856. Bühgen. 274. Wbl. 460.

Karandiejew, Alexander von, General-Intendant der Kaiserl. Theater in Warschau, st. das. 20. Aug., 45 Jahr alt. Sig. 649.

Kittau, Gustav Theodor, Pastor zu Priefsnitz bei Borna, Begründer des Landesverbandes der Kirchenchöre im Königreich Sachsen und Kirchenkomponist, st. das. 1. Jan.; geb. 11. Nov. 1832 zu Flöfs-berg. Leipziger Illustr. Ztg. Nr. 2689.

Kleczinsky, Jan, Komponist und Redakteur der Musik-Zeitung „Echo Musyczne" in Warschau, st. das. 30. Okt. Lessm. 601. M. Tim. 837.

Klemcke, Ludwig Friedrich Wilhelm, Oboe-Virtuos in Wien, st. das. 29. Dez. Wbl. 1896, 52. Lessm. 1896, 84.

Koch-Bossenberger, Frau Julie, Prima Donna des Hoftheaters in Hannover, st. 12. Juni in Bad-Wildungen. Bühgen. 209. Ludw. 233.

Kohrs, Karl, ehemaliger Hofmusiker in Rudolstadt, st. das. 7. Mai; geb. 4. Febr. 1850 zu Naumburg. Bühgen. 167.

Krankenhagen, Wilhelm, lange Jahre Mitglied der Wiener Hofkapelle und Professor am Konservatorium, st. 27. Juni in Baden bei Wien; geb. 18. Sept. 1825 in Weimar. K. u. Musz. 188.

Krüger, Gottlieb, Kammer-Virtuos, Harfenist der Hofkapelle in Stuttgart, st. das. 12. Okt.; geb. 4. Mai 1824 ebenda. Lessm. 601. Wbl. 543.

Kunc, Aloys, Kapellmeister an der Kathedrale zu Toulouse, Kirchen-komponist und Herausgeber der dort erscheinenden Musica sacra, st. das. im März; geb. 1. Jan. 1862 zu Cintegrabelle. Ménestrel 88.

Lachner, Ignaz, der zweite der drei Brüder L., Komponist und Hof-kapellmeister a. D., st. in Hannover 24. Febr.; geb. 11. Sept. 1807 zu Rain in Oberbaiern. Wbl. 132. Lessm. 129.

Lambeth, Henry Albert, ehemaliger Dirigent der Choral-Union und Organist in Glasgow, st. das. 27. Juni, 73 Jahr alt. M. Tim. 550.

Lange, Auguste, siehe Löwe.

Lasar, Sigismund, Organist an verschiedenen Kirchen, Komponist und

Lehrer am Pecker-Institut in Brooklyn, st. das. Anfang Okt.; geb.
15. Aug. 1822 in Hamburg. M. Tim. 836.

Lautmann, . . ., Musikdirektor, Liederkomponist und Pianist in Düren
(Westphalen), st. das. 11. März; geb. 12. Juli 1830 in Aachen.
Kölnische Ztg. vom 10. April.

Lavington, Charles Williams, seit 53 Jahren Organist an der Kathedrale
zu Wells (Sommerset), st. das. 27. Okt., 77 Jahr alt. Wbl.
1896, 13.

Lazarus, Henry, Klarinettist und Professor an der Royal Academy of
Music zu London, st. das. 6. März; geb. 1. Jan. 1815. M. Tim.
261. Ménestrel 104.

Leach, Stephen W., Komponist und Oratoriensänger, st. in Oakland in
Californien im Sept.; geb. 1820 zu Rowsey in England. M. Tim. 694.

Lebrun, Theodor, langjähriger Direktor des Wallner-Theaters in Berlin,
st. 67 Jahr alt am 9. April zu Hirschberg in Schlesien. Lessm. 230.

Lederer, José, Kammer- und Opernsänger, st. 4. Nov. in Frankfurt a. M.,
geb. 8. Okt. 1843 zu Grofswardein. Wbl. 616. Lessm. 629.

Lemaire, Alphons, Komponist, lange Jahre Kapellmeister am Königl.
Theater und der Société royale d' Harmonie zu Antwerpen, st. das.
5. Dez.; geb. 1811 in Namur. Guide 1001. Lessm. 675.

Lemoine, Achille, Musikverleger in Paris, st. 15. Aug. in Sèvres bei
Paris, 83 Jahr alt. Ménestrel 263.

Lintermanns, François, Komponist und Gesangsprofessor in Brüssel, st.
das. 14. Mai; geb. ebenda 18. Aug. 1808. Guide 481.

Lobato, Gervasio, Librettist, st. in Lissabon im Juni. M. Tim. 481.

Löwe, Auguste, Witwe des Balladenkomponisten Karl L., als Fräulein
Lange um die Mitte des Jahrhunderts als Sängerin hochgeschätzt,
st. 22. Nov. in Unkel a. Rhein, 90 Jahr alt. Lessm. 1896, 28.

Lund, siehe Röske.

Lux, Friedrich, Orgelvirtuos und Komponist, st. 9. Juli in Mainz; geb.
24. Nov. 1820 zu Ruhla in Thüringen. Todesanzeige und Lessm. 390.

Mac Neill, Grant Turner, Violoncell-Virtuos in Edinburg, st. das. 2. Okt.,
30 Jahr alt. M. Tim. 837.

Magri, Francesco, Choreograph in Mailand, st. das. im Nov., 78 Jahr
alt. Sig. 906.

Marchot, Victor, Komponist, Violinist und Orchester-Chef am Theater
zu Lüttich, st. das. 18. Jan., 37 Jahr alt. Guide 92.

Marcotti, . . , Gesanglehrer in Lüttich, st. das. im Sept., 56 Jahr alt.
Guide 698.

Matthias, Hermann, Tenorist am Hamburger und später am Theater in

Frankfurt a. M., st. 28. Nov. in letzt genannter Stadt; geb. 26. Feb. 1849 in Brandenburg. Bühgen. 416.

Mazzanti, Gustavo, Professor für Klarinette am Konservatorium zu Ferrara, st. 20. April im St. Hedwigs-Hospital zu Berlin, 35 Jahr alt. Lessm. 230.

Mengoli, Annibale, Kontrabass-Professor am Liceo Rossini zu Pesaro, st. das. im Mai, 44 Jahr alt. Ricordi 354. Wbl. 373.

Mertke, Eduard, Königl. Musikdirektor, Komponist und Lehrer am Konservatorium zu Köln, st. das. 25. Sept.; geb. 7. Juni 1833 zu Riga. Todesanzeige.

Messerschmidt-Grünner, Frau Marie, Dirigentin der ersten österreichischen Damenkapelle, st. 15. Okt. in Wien, 48 Jahr alt. Lessm. 1896, 84.

Miceli, Giorgio, Opernkomponist und Direktor des Konservatoriums in Palermo, st. 2. Dez. in Neapel; geb. 21. Okt. 1836 in Reggio in Calabrien. Ménestrel 399.

Michel, Charles-Edouard, Musikkritiker des Guide musicale, st. im Mai in Marseille. Guide 504.

Millard, Harrison, Opernsänger und Komponist von Gesängen, welche im amerikanischen Kriege nationale Verbreitung fanden, st. 66 Jahr alt im Okt., in... M. Tim. 765.

Miolan, siehe Carvalho.

Mocker, Toussaint-Eugène-Ernest, Sänger an der komischen Oper und Professor am Konservatorium zu Paris, st. Ende Okt. in Brunoy; geb. 1811 in Lyon. Ménestrel 320.

Montenuovo, Fürst Wilhelm von, österr. Divisionsgeneral, Komponist zahlreicher Märsche, st. im April in Wien, 70 Jahr alt. Lessm. 255.

Mosenthal, Joseph, Organist und Gesangvereinsdirigent in New York, st. das. Ende des Jahres, 61 Jahr alt. Lessm. 1896, 84. Wbl. 1896, 65.

Müller, Bernhard, Herzogl. Meiningenscher Kammer-Virtuos, Bratschist des ehemaligen Quartetts der jüngeren Gebrüder Müller, st. 4. Sept. in Rostock; geb. 24. Febr. 1825. Wbl. 484.

Nesmüller, Ferdinand, (recte Müller), Schauspieler, Bühnenschriftsteller, Theaterdirektor und Komponist, st. 9. Mai in Hamburg; geb. 18. März 1818 in Mährisch-Trübau. Bühgen. 167. Lessm. 269.

Nevejans, Edouard, Komponist und Gesangsprofessor am Königl. Konservatorium in Gent, st. 2. Mai in Brüssel. Guide 433.

Nibelle, Adolphe, Opernkomponist und Advokat in Paris, st. das. im März, 69 Jahr alt. Lessm. 186. Wbl. 205.

Nogan, John Vincent, Opernsänger und Gesanglehrer, st. im Okt. in San Francisco. Lessm. 629.

Nolden, Peter, ehemaliger Opern- und herzogl. Kammersänger, st. 25. März in Eilbeck bei Hamburg; geb. 11. Juli 1811 zu Düren. Bühgen. 108. Lessm. 199.

Oakeley, Frau, Musikerin in Kent, st. das. 26. Juni. Wbl. 373.

Oberthür, Charles, Harfen-Virtuose und Komponist für sein Instrument, st. 8. Nov. in London; geb. 4. März 1819 in München. M. Tim. 835. Lessm. 629.

Obin, Louis-Henri, Opernbariton und Gesangprofessor am Konservatorium zu Paris, st. das. 11. Nov.; geb. 4. Aug. zu Ascq bei Lille. Nekr. Ménestrel 365.

Obradors, Juan, Pianist in Barcelona, st. das. 24. Mai. M. Tim. 481. Wbl. 373 schreibt Abradors.

Oletta, ..., Kirchenkomponist in Saragossa, st. das. Sig. 540.

Olschbaur, Karl, Ritter von, langjähriger Präsident des Wiener Männer-gesangvereins, selbst Sänger, st. 1. Mai in Wien, geb. das. 7. Febr. 1829. Nekr. K. u. Musz. 130.

Ovidi, Ercole, Operettenkomponist und Journalist, st. Ende des Jahres in Rom, 60 Jahr alt. Ménestrel 1896, 24.

Palumbo, Giuseppe, Kirchenkomponist und Dirigent in Neapel, st. das. Ende des Jahres, geb. ebenda 1815. Lessm. 1896, 128.

Pelzer, siehe **Pratten.**

Petersen, Paul, Klavier-Virtuose in Petersburg, st. das. im April. M. Tim. 334. Lessm. 242.

Pitarra, Serafi, siehe **Soler.**

Posse, Leander, Musikdirektor in Elberfeld, st. 27. Dez. in Charlotten-burg. Lessm. 1896, 84.

Pradeau, ..., ehemaliger Tenor an den Bouffes Parisiennes, st. im Jan. in Paris, 78 Jahr alt. Ménestrel 32.

Pratten, Madame Sidney, früher Fräulein Pelzer, Guitarren-Virtuosin, st. 10. Okt. in London; geb. in Mühlheim am Rhein. M. Tim. 765. Wbl. 589.

Prentice, Thomas Ridley, Klavierlehrer an der Guildhall School of Music in London, Verfasser mehrerer klavierpädagogischer Werke, st. 15. Juli in Hampstead; geb. 1842 in Ungarn. M. Tim. 549.

Proksch, Robert Ludwig, Komponist, Musikschriftsteller und Stadtorganist in Reichenberg in Böhmen, ertränkte sich das. 23. Dez., 48 Jahr alt. Lessm. 1896, 55.

Queyrel, ..., Bassist an verschiedenen Operbühnen Frankreichs, st. im Aug. in seiner Vaterstadt Marseille. Ménestrel 272.

Radecky-Steinacker, Frau Irma von, Pianistin, liefs sich von einem Eisenbahnzug überfahren, 27. Febr. in Greiz. Lessm. 143. Wbl. 147.

Ragghianti, ..., Opernkomponist, st. Ende Aug. in Nizza, 30 Jahr alt. Ludw. 333.

Rammelsberg, Julius, pensionierter Königl. Kammermusiker in Berlin, st. 31. Juli in Schandau. Ludw. 290.

Ramsöe, Wilhelm, dänischer Kapellmeister, seit 20 Jahren in gleicher Eigenschaft am Kaiserl. Theater in Petersburg, st. das. 13. April, 58 Jahr alt. Lessm. 269. M. Tim. 406.

Renner, Joseph, Komponist zahlreicher Kirchenstücke, Musikdirektor in Regensburg, st. das. 11. Aug.; geb. 25. April 1832 zu Schmatzhausen bei Landshut. Todesanzeige in den Münchener Neuesten Nachrichten. Lessm. 436.

Réty, siehe Darcours.

Reynier, Léon, Violin-Virtuose in Paris, st. das. 5. Mai, 60 Jahr alt. Ménestrel 152.

Riemsdijk, J. C. M. van, technischer Rat der niederländischen Eisenbahnen, Vorsitzender der Gesellschaft für Geschichte der Musik in den Niederlanden und selbst Leiter eines a capella Chores, st. 30. Juni in Utrecht, 52 Jahr alt. Todesanzeige in: „Het Vaderland". Lessm. 374.

Richault, Léon, Musikverleger in Paris, st. das. 10. April, 55 Jahr alt. Ménestrel 120.

Riedel, Robert, Solo-Violoncellist am Theater zu Frankfurt a. M., st. das. 16. Sept., 51 Jahr alt. Wbl. 528.

Riegen, J. (Nigri), Librettist in Wien, st. das. 15. Okt. M. Tim. 837. Sig. 843.

Rinaldi, Giovanni, Pianist und Komponist, st. im April in Genua, 45 Jahr alt. Ludw. 242.

Ritter, Frau Franziska, geb. Wagner, Nichte Richard Wagners, st. im Aug. in München. M. Tim. 621.

Rockstro, William Smyth, Komponist, Lehrer am Royal College of Music in London, Biograph Händel's, st. das. 2. Juli, 72 Jahr alt. M. Tim. 549.

Röder, Martin, Komponist, Musikschriftsteller und Kapellmeister, st. 10. Juni in Boston; geb. 7. April 1851 in Berlin. (National-Zeitung vom 12. Juli). Ludw. 374.

Roosewelt, Frank, Orgelbauer, Erbauer der Riesenorgel in New York,

st. das. 2. Febr.; geb. 1862 in Flushing (Long Island). Musik-
und Instrumenten-Zeitung 466.

Root, George Frederick, Komponist geistlicher Musik und populär ge-
wordener Gesänge, Verfasser von theoretischen Werken, st. 6. Aug.
in Bailey's Island, Maine; geb. 30. Aug. 1820 in Sheffield. **M.**
Tim. 620. Lessm. 451.

Rosewald, J. H., Violin-Virtuose, st. 4. Okt. in San Francisco, 54 Jahr
alt. M. Tim. 837. Wbl. 602.

Röske-Lund, Maximiliana Theodolinda, Opernsängerin, st. im Juni in
Kopenhagen; geb. 3. Juni 1836 in Stockholm. Lessm. 539.

Rossi, Federico, Salon- und Opernkomponist, st. 25. Jan. zu Vercelli,
30 Jahr alt. Ménestrel 48. Ricordi 85.

(Fortsetzung folgt.)

Mitteilungen.

* Anthoni van Noordt. Tabulatur-Boeck van Psalmen en Fantasyen,
Amsterdam 1659. Als 19. Bd. der Vereinigung für Nord-Niederlands Musikgeschichte, herausgegeben von Dr. Max Seiffert. In Kommission Leipzig bei
Breitkopf & Haertel. Preis 5 M. gr. qu. 4°. Ein Facsimile einer Original-
seite, Facs. des Titelbl. u. 4 Bll. Vorwort, 76 Seiten Tonsätze. Das Werk
wurde einstmals vom Schreiber dieser Zeilen aus dem Dunkel einer Privatbibliothek ans Tageslicht gezogen, in den M. f. M. 14, 164 besprochen und
1 Fantasie aus demselben mitgeteilt. Ritter, in seiner Geschichte des Orgelspiels, hat das Werk nie gesehen, sondern den Satz aus den Monatsh. in seine
Beispiel-Sammlung aufgenommen und noch dazu den unbegreiflichen Ausspruch
gethan: Noordt weit über Sweelinck zu stellen (siehe auch M. f. M. 17, 75).
Trotzdem Noordt fast 50 Jahre später als Sweelinck lebte und dessen Errungenschaften sich zu Nutze machen konnte, so reicht sein Genie nicht zum
kleinsten Teile an Sweelinck heran. Dies zur Richtigstellung des einleitenden
Vorwortes des Herrn Dr. Max Seiffert. Der niederländische Verein für Musikgeschichte hat sich ein grofses Verdienst erworben, gerade dies Werk zum
Neudruck auszuersehen, nicht nur weil es scheinbar das einzig erhaltene Exemplar
ist, sondern weil es auch eine vermittelnde Stufe zwischen Sweelinck, Buxtehude
und Bach bildet. Aus dem Vorworte des Herrn Dr. Max Seiffert sei noch ein
zweiter Ausspruch herangezogen, der sich heute zwar schwer bestreiten lässt,
jedoch keinenfalls mit der Sicherheit ausgesprochen werden kann als es der
Verfasser thut. Er sagt nämlich S. 5, unter 4, vom Tempo, dass sich die
Orgeln zu Noordt's Zeiten schwerer gespielt haben als diejenigen der Neuzeit.
Woher will denn das der geehrte Herr wissen? Wo steht denn noch eine Orgel,
die unverändert aus der Zeit herrührt? Die sich schwer spielenden Orgeln
rühren sämtlich von Reparaturen aus den 40er und 50er Jahren des laufenden Jahrhunderts her. Sowohl Klaviere wie Orgeln wurden damals unbegreiflicher-

weise schwerspielend gemacht. Es war zur Zeit des Liszt-Enthusiasmus, als Liszt nach einer schwereren Spielart verlangte. Bis dahin kannte man nur eine ganz leicht sich spielende Mechanik. Ebenso war es bei den Orgeln. In Schlesien auf den Dörfern, dort findet man noch Orgeln, die wohl aus der Mitte des 18. Jhs. herrühren und trotz des tiefen Falles der Tasten, doch eine ganz leichte Federkraft haben. Gehen wir bis Buxtehude, ja bis Merulo und Paumann zurück, so werden wir an ihren Kompositionen erkennen, dass sie auf rollende Passagen ein ganz besonderes Gewicht legten und die konnten sie nur auf sich leicht spielenden Orgeln hervorbringen. Als der alte Bach aufgefordert wurde ein Urteil über die Pianoforte von Silbermann abzugeben, bezeichnete er ihre Spielart zu schwer. Ich kenne drei Silbermannsche Flügel, resp. Pianoforte und ihre Spielart beansprucht für unseren heutigen Anschlag eine kaum nennenswerte Kraft. Das ist doch der sicherste Beweis wie wenig sie daran gewöhnt waren irgend welche Fingerkraft anzuwenden. Bei der alten Methode die Finger gestreckt auf die Tasten zu legen, war eine Kraftäußerung auch kaum denkbar. An der Wiedergabe der Tonsätze fällt eins auf: Jeder Schüler lernt, dass sich zufällige Versetzungszeichen im nächsten Takte von selbst auflösen. Sollte dies Herr Dr. Max Seiffert nicht auch wissen? Wozu überschüttet er den Satz mit so vielen Auflösungszeichen, die weder im Originale stehen noch überhaupt eine Berechtigung haben. Ferner ist es unter den Musikhistorikern Gebrauch, Fehler des Originals anzuzeigen und nichts wegzulassen was im Originale steht. Hier findet man von ersteren keine Notiz und die vorhandenen Verzierungen des Originals sind zum größten Teile gar nicht beachtet. Im übrigen ist die Wiedergabe korrekt bis auf kleine Fehler, z. B. S. 58, Z. 2 Takt 48 muss die Oberstimme *e d e h d* heißen, sowie es das Motiv erfordert.

* Hispaniae schola musica sacra. Opera varia (saecul XV, XVI, XVII et XVIII) diligenter excerpta, accurate revisa, sedulo concinnata a *Philippo Pedrell.* Vol. V. *Joannes Genesius Pérez.* Barcelona, Juan Bta. Pujol, editores (1896). Part. fol. 8 Frcs. netto. Vorwort 22, Part. 59 S. (zu beziehen durch Breitkopf & Haertel in Leipzig). Das Vorwort macht uns bekannt mit den wenigen Nachrichten, die über Perez bekannt sind. Sie lassen sich in die Worte fassen: Man vermutet, dass er in Orihuela geboren und am 7. Okt. 1548 getauft ist. Da die Kirchenbücher zu Orihuela aber zahlreiche Perez aufweisen, ohne sie durch Vornamen streng zu unterscheiden, so ist obiges Datum nur gewählt, weil es am ehesten der Lebenszeit P.'s sich anschließt. Er trat in den geistlichen Stand und war von 1581—95 Direktor des Kollegiums „de seies ó infantillos zu Valencia, sowie Kapellmeister an der Kathedrale. Dies sind die einzigen sicheren Nachrichten, die ein Don Justo Blasco in den Archiven entdeckt hat und auf 6 Folioseiten von dem Herausgeber Pedrell in umständlicher Weise mitgeteilt werden. Diesen folgen 2 Folioseiten Nachrichten über die Reihenfolge der Kapellmeister an der Kathedrale zu Valencia und eine Würdigung der Kompositionen Perez'. Eine weitere Folioseite giebt Nachricht über die Fundorte der mitgeteilten Tonsätze. Dies wird alles in spanischer und französischer Sprache mitgeteilt. Die darauf folgende Partitur bringt 3-, 4- und 5stimmige geistliche Tonsätze: Ein Canticum, Psalmen, Officium defunctorum, Magnificat, Gloria laus et honor, Miseremini fideles animarum, Domine Deus. Die letzten sind Motetten. Es grenzt ans Wunderbare mit wie einfachen Mitteln Perez die erstarrte christliche Lehre zum Ausdrucke bringt und welche erhabene Wirkung er erzielt. Mit wenigen Akkordfolgen, lang gedehnt und sich wie recitativisch wiederholend, den Text zur gröfsten Deutlichkeit hervorhebend, zieht ein Satz wie der andere an uns vorüber. Öfters überraschend mit Akkordfolgen und Modulationen, die einen wunderbaren Eindruck, trotz ihrer Natürlichkeit machen. So befindet sich S. 52 vorletzter Takt eine durchgehende Septime, die ganz überraschend wirkt und S. 58, 1. Zeile eine Akkordfolge, die ich der Merkwürdigkeit hierher setze:

und doch nur erzeugt durch die Vorschriften der zu erhöhenden Töne in einer Stimme. Denn hier durfte es nicht a g a heifsen, sondern nur a gis a. Hierbei sei zugleich erwähnt, das Perez mit wenigen Ausnahmen alle Versetzungszeichen einschreibt und nur bei den Schlussformeln als selbstverständlich weglässt, die aber der Herausgeber in Klammer über die betreffende Note gesetzt hat. Hier können die ungläubigen deutschen Musikhistoriker erkennen, wie recht ich mit meinen Auseinandersetzungen und Regeln in den Artikeln in den Monatsh. Bd. 18, S. 77 und Bd. 20, S. 75 und 176 über den Gebrauch der Versetzungszeichen im alten Tonsatze gehabt habe. Perez gebraucht sie geradezu massenhaft und stets im Sinne der einzelnen Stimme, nie im Sinne des Zusammenklanges. Die Ausgabe ist den Gesangvereinen, die sich auch an alter klassischer Gesangsmusik erbauen, ganz besonders als brauchbar zu empfehlen.

    * Die Madrigal Gesellschaft in London „The Magpie Madrigal society", unter Leitung des Mr. Lionel S. Benson's, hat am 5. Juni in St. James's Hall, Piccadilly, eine öffentliche Aufführung von einer reichen Auswahl alter Komponisten veranstaltet. Unter denselben befinden sich Josquin Deprès, Lasso, Donato, Vecchi, Gastoldi, Wilbye, Dowland, Sweelinck u. a. Als Schluss wurde Brahms op. 17 gegeben. Der Chor besteht aus 75 ersten und zweiten Sopranistin, 50 ersten und zweiten Altistin, 26 ersten und zweiten Tenoristen und 43 ersten und zweiten Bassisten, also einem recht stattlichen Chore.

    * Herr Dr. Hugo Riemann in Leipzig, Thomasiusstr. 6, III. ersucht um gefällige Mitteilung der Fundorte von folgenden alten Druckwerken: *Joh. Rud. Ahle:* Das dreifache Zehn allerhand Sinfonien, Paduanen etc. 1650. — *Bl. H. Abel:* Erstlinge musikalischer Blumen 1674, 1676, 1677. — *Ad. Drese:* Allemanden, Conranten etc. 1672. — *Heinr. Karl Beck:* Allemanden etc. 1654. — *Hans Hake:* Pavanen, Balletten etc. 1648. — *Nic. Hasse:* Deliciae musicae 1656. Musicalische Erquickstunden 1658, nebst Appendix. — *Andr. Hammerschmid:* Paduanen, Galliarden etc. 1648, 1650. — *Hieron. Kapsberger:* Balli, Gagliarde e Correnti 1615. — *Joh. Rosenmüller:* Sonate da camera 1667. — *Joh. Schop:* Neue Pavanen 1. T. 1633 (1644). 2. T. 1635 (1640). Nebst Angabe der vorhandenen Stimmbücher.

    * Hierbei eine Beilage: Katalog der Brieger Musikalien-Sammlung in der Universitäts-Bibliothek zu Breslau. Bog. 3.

Verantwortlicher Redakteur Robert Eitner, Templin (Uckermark).
Druck von Hermann Beyer & Söhne in Langensalza.

MONATSHEFTE
für
MUSIK - GESCHICHTE
herausgegeben
von
der Gesellschaft für Musikforschung.

XXVIII. Jahrg. 1896.	Preis des Jahrganges 9 Mk. Monatlich erscheint eine Nummer von 1 bis 2 Bogen. Insertionsgebühren für die Zeile 30 Pf. Kommissionsverlag von Breitkopf & Härtel in Leipzig. Bestellungen nimmt jede Buch- und Musikhandlung antgegen.	No. 9.

Gilles Heine.
Von Dr. Willibald Nagel.
(Schluſs.)

In einem Verzeichnis der „Personen, welche bey der Kuchenschreiberey wechentlich das Kostgeldt haben", sind mehrere als abgeschieden (discessit) bezeichnet: *Negri*, der Kapellmeister; *Don B. Franzoni*, *M. Roy*, *Mesel*; unter den übrig bleibenden erscheinen die neuen Namen: *Gregorio Chelli*; *Jacob Klein*, Baſsist; Mus. *Engelbert Bongartz*; dessen Sohn; *Stoſs* jr., Fiolist. (!) In einem der letzten Briefe ist noch von einem Sr. Motet die Rede.

Leider bleibt es bei dem toten Namenverzeichnis; irgend welchen tieferen Einblick in die Art der Musikaufführungen am Hofe gewinnen wir nicht, ein Umstand, den wir auch mit Bezug auf die englische Musikgeschichte nicht genug beklagen können. Es unterliegt für mich gar keinem Zweifel, dass die Berührungen zwischen dem Kontinent und England sich teilweise wenigstens auf der rheinischen Straſse und ihren mehrfachen Fortsetzungen in Holland vollzogen und fortgesetzt haben. Die wichtigsten dieser Beziehungen liegen allerdings zeitlich vor dem Abschnitte, der uns hier beschäftigt (ich brauche nur an eines zu erinnern, an *Sweelinck* und seine englischen Vorbilder; die Variationenform u. s. w.) sie schlugen, wie der Einfluss Englands und Sweelinck's, soweit wir bis jetzt unterrichtet sind, auch andere Bahnen ein, aber sicherlich würde sich bei umfassenderen Nachrichten über das Musikleben am Nieder-Rhein eine intensive Einwirkung der holländischen Kunst nachweisen lassen, welche auf dem Gebiete der

Malerei z. B. ja thatsächlich statthatte. Vielleicht erführen wir dann
auch, wo manche der in England thätig gewesenen Künstler geblieben,
die unter den Glaubenskämpfen während der Tage der blutigen Maria,
während der puritanischen Wirren plötzlich aus England verschwanden.
Dass z. B. die Italiener ihren Weg, sofern er sie zur Heimat zurück-
führen sollte, ihre Schritte über Rotterdam, Arnheim, Nymegen, Düsseldorf, Köln gelenkt, kann man ernstlich kaum bezweifeln wollen. Und
wie viele von diesen mögen unterwegs irgendwo „hängen geblieben" sein!

Auch mit Bezug auf *Hennius*, um auf diesen zurück zu kommen,
müssen wir bedauern, keinerlei klare Aufschlüsse über das, was in
Düsseldorf aufgeführt wurde, zu besitzen; wir dürfen annehmen, dass
die „Richtung", um modern zu sprechen, des Lütticher Kanonikus
für das Musikleben am pfalzgräflichen Hofe bestimmend gewesen ist.
Wären nun bekannte Werke als dort aufgeführt angegeben, so wäre
es möglich gewesen, ein Urteil über Hennius' Stellung selbst abzugeben; aus des Mannes Werken selbst geht nichts hervor, da auch
nicht eine seiner Arbeiten vollständig erhalten zu sein scheint. Wohl
besitzen wir ein Verzeichnis, das uns viele seiner Arbeiten dem Titel
nach angiebt, aber aus diesem erfahren wir weiter nichts, als dass
Heine ohne Zweifel das, was ihm Dr. Wimmer nachsagt, nicht war,
nämlich aus der grofsen Schule Palestrina's hervorgegangen. Davon
jedoch weiter unten ein mehreres.

Wenden wir uns nun zu dem Briefwechsel zurück. Bis zum
Jahre 1644 ist kein weiterer Brief vorhanden, doch ist die Korrespondenz wohl niemals unterbrochen worden. Am 28. Mai des genannten Jahres antwortete Hennius dem Pfalzgrafen auf dessen Schreiben
vom 7. desselben Monats, welches verloren ist:

La benignissima lettra di V.A. Ser^ma de 7 di questo m' é ca-
pitata solam^te, cinque giorni sono; onde supplico riuerentemente la
sua singolar^ma benig^ta di scusare la tardanza della riposta. Ho tra-
vato buono, con questa bella occasione, d'inuiar il lator della presente,
il qual recará a V.A. Ser^ma doi Motetti à 12, et andará a pigliar
in Colonia li salmi di tutte le solennitá dell' Anno á 8 con una Messa
concertata di sei voci e sei Instromenti, et u' altro Motetto à ij, che
furono coppiati giá anno, e giorni sono per inuiarle . . . .

Hennius spricht sodann seinen Dank für den empfangenen Brief
aus und fährt fort wie folgt: m' é stato, e mi sará sempre fauor
singolar, di seruire a un tanto Prencipe, com' é V.A. Ser^ma, le cui
eroiche virtú sono in ogni tempo e loco, sempre predicate da mé, che
benche da qualche suo Ministro mi sieno stati impediti gli effetti dell',

incomparabile sua generositá, e liberalitá, no hó peró mai cessato (per il rispetto, e l' honor ch'io le porto, e debbo) di confessar mi non solo pienam.te pagato, e satisfatto della mia pensione annuale . . . . ma d'hauer anche da V. A. riceuuto continuati testimonij della sua singolar clemenza ancorche per dirla liberam.te alla benignitá di lei, non habbia mai riceuuto un solo soldo dal giorno, ch'ella m' honoró del titolo di Suo Ser.re e sopraintendente della sua Musica, non ostante ch'ella medesma si maravigliasse all'hora ch'io hauessi dimandato cosi poco salario, nientedimeno ho speso molti danari in diuersi viaggi fatti far per esiger lo, oltre ad altre spese fatte in mandarle piante, fiori, frutti, e Birra, ed anche hauer nutrito due giovanetti per la sua Capella . . . . ho pur anche pagato il viaggio ad Alessandro, che condusse Gotifredo, e fatto molti al(tri) sborsi di Danari in far coppiar uarie musiche e mandarle a V. A. Ser.ma con un amore incredibile. . . . . Confesso a V. A. Ser.ma di rimanerle eternamente obligato per il riguardo dato mi col di chiarmi suo servitore, e se bene ora per il rittorno dal suo antico Maestro di Capella, non saró cosi attualmente presente a seruirla, lo faro peró colla missione continuata delle mie composizioni musicali, e con un eterno ossequio uerso la sua Ser.ma persona.

Quanto all'amaestrar giouanetti nella musica, e particolarm.te nella composizione, l'ho fatto spesso a comandan.to di uary Prencipi, et al presente n'tro ancora uno del Ser.mo Elettore nostro Prencipe, appresso di mé, che fá buonissimo progresso . . . .

Dieser Brief ist besonders dadurch interessant, dass er von dem gewöhnlichen devoten und kriechenden Stil der Zeit vorteilhaft absticht. Man möchte versucht sein zu sagen, es wäre nicht eben fein, jemanden daran zu erinnern, was man für vielerlei kleine und kleinste Ausgaben neben den grofsen für ihn gehabt habe. Allein eine derartige Bemerkung wird angesichts des grofsen Ernstes, mit dem Hennius seiner übernommenen Verpflichtung gerecht wurde und angesichts des Umstandes, dass ihm seine Bezahlung höchst unregelmäfsig eingehändigt wurde, hinfällig. Die mangelhafte Honorierung war veranlasst durch politische Wirren im Innern des Pfalzgrafentums, ihrerseits wiederum Ausläufer der Sturmflut, welche im Reiche draufsen das unterste zu oberst warfen. Daneben gewährt der Brief auch interessante Einblicke in die ganze Stellung des vielseitigen Kanonikus dem Pfalzgrafen gegenüber. Was es mit der erwähnten Reise des Hennius auf sich hat, ist unklar. Von Wichtigkeit ist noch die Angabe der Ausbildung von jungen Leuten für Wolfgang Wilhelm's

Kapelle, welche Heine wohl fortdauernd, allerdings nicht als einziger,
übernahm. Mit dem Kurfürsten, welchen der Brief erwähnt, ist
Ferdinand, Erzbischof von Köln, gemeint. Dieser Fürst war, wie
alle, welche den erzbischöflichen Stuhl der rheinischen Metropole von
1583—1761 inne hatten, bairischer Herzog. In welchem Verhältnisse Hennius zu dem Kirchenfürsten stand, ist aus dem Titel seines
Werkes Moteta Sacra, (vergl. weiter unten) nicht recht ersichtlich:
er spricht darin von sich u. a. als Ser^{mi} Principis Ferdinandi Archi-
Episcopi .... & Episcopi Leodiensis etc. Musicae Praefecto [1] ....
Auf alle Fälle hatte Hennius schon früher einzelne seiner Arbeiten
nach Köln geschickt, von wo er sie nun (d. h. die Kopien) holen
liefs, um sie dem Fürsten zu überreichen.

Aus dem Satze: „obgleich ich durch die Rückkehr Ihres früheren
Kapellmeisters Ihnen nicht mehr so direkt werde dienen können, so
werde ich es doch fortwährend durch Übersendung von Kompositionen
thun", geht wohl ohne weiteres die mehrfache persönliche Anwesenheit des Hennius in Düsseldorf und ebenso seine Leitung der Hofmusik des Pfalzgrafen hervor. Wer war nun der „frühere Kapellmeister", der in die pfalzgräflichen Dienste zurückkehrte? Die Briefe
selbst geben uns ebenso wie die Hofrechnungen keinen genauen Anhalt, die Person dieses Mannes festzustellen, doch scheint *Marini*
gemeint zu sein, den Heine im Briefe vom ult. Juni 45 nennt. Ist
dem so — und dies ist wahrscheinlich —, so wird *Marini* nach
Negri's Tode, der um 1640 zu setzen ist, nach Düsseldorf berufen
worden sein, seine Stelle aber (vergl. auch den soeben angeführten
Brief) aus unbekannten Gründen verlassen haben und später wieder-
gekehrt sein. Hennius hatte dann die interimistische Leitung der
Kapelle inne und zwar wohl während 6 Monaten im Jahre. Er
kommt auf diesen Punkt in dem erwähnten Schreiben zu sprechen.
Damit stimmt auch gut zusammen, dass er davon spricht, die Kapelle
wieder „in Ordnung zu bringen"; dass dieselbe, auch wenn sie, was
bei Heine's vielseitiger Thätigkeit kaum der Fall gewesen ist,
6 Monate ohne Unterbruch seiner Leitung unterstand, in der andern
Hälfte des Jahres ohne genügende künstlerische Leitung an ihrem
Können Einbufse erleiden musste, liegt auf der Hand. — Der letzte
Teil des oben abgedruckten Briefes giebt uns noch Gelegenheit, zu
erfahren, dass Heine als Lehrer grofses Ansehen genossen haben

---

[1] Auf den Kölner Archiven findet sich nichts den H. und sein Verhältnis
zum Erzbischof berührendes vor.

muss: verschiedene Fürsten, so auch Erzbischof Ferdinand vertrauten ihm Schüler zur praktischen und theoretischen Ausbildung an. —

Mit Verwunderung hörte Wolfgang Wilhelm, wie er am 14. Juni 44 schrieb, dass man dem Heine sein Honorar nicht ausgezahlt habe; am 4. Oktober erfolgte die strenge Anweisung (andere werden voraufgegangen sein, wie man sich nach dem Verlaufe der ganzen Angelegenheit denken kann), Heine zu befriedigen. Am 7. Oktober wurde ihm von einer 200 Ggldn. betragenden Schuld 100 tlr. ausgehändigt. Am 14. April 1645 überschickte der Tonsetzer dem Pfalzgrafen ein Moteto Pascale mit einer „Messa del medesmo genere, laquale chiamo la fauorita", wofür sich Wolfgang Wilhelm 8 Tage später bedankte. Der schon oben angezogene Brief von ultimo Juni 1645 lautet „Persone di qualitá, piu amatori delle mie musiche, ch'io medesmo, hanno ultimamente fatto stampar alcune Messe mie, della quali hauendo me ne presentati qualche pochi esemplari, ho preso ardire d'inuiar l'incluso a V. A. Ser^{ma}, per segno continuo del mio deuoto, e riuerente affetto uerso la ser^{ma} persona . . . . Sono alcune settimane, ch'io intesi che V. A. Ser^{ma} haueuo licenziato il suo Maestro di Capella, *Marini*: per dir la ueritá, la mercantia era molto cara, & mentre che V. A. Ser^{ma}, altreuolte m'ha fatto l'honore di presentarmi la residenza nella Ser^{ma} sua corte, quello che con mio disgusto nò poteuo accettare, per le raggioni, ch'io all' hora le dissi, ho pensato hora, per euitar tanto spese, che com'io sono qui libero sei mesi l'anno, potrei impiegar parte di quelli per il Ser^{mo} suo servisii (!?) in corte, nel qual tempo potrei ance dar ordine alla sua Capella, et al mio rittorno in qua lasciarla sempre murita di qualche musica nuoua, cosi farei d'ann oin anno, e a questo m'offero, quando V. A. Ser^{ma} lo trouará buono . . . .

Marini hatte also Düsseldorf schon wieder verlassen, im Mai etwa, und der Pfalzgraf muss sich bei Hennius Rat geholt haben, was aus seiner Hofmusik werden solle. Weder eine Antwort hat sich erhalten, noch das voraufgegangene Schreiben des Fürsten. Auch aus den Daten der Briefe lässt sich nicht entnehmen, ob Heine von jetzt ab jährlich eine bestimmte Zeit am Rhein gelebt hat; die Briefe enthalten nichts darüber. Dass es zur Zeit mit der pfalzgräflichen Kapelle nicht besonders bestellt gewesen, lässt die wiederholte Aufforderung an Heine, sich in Düsseldorf niederzulassen, zur Genüge erkennen.

Am 19. Dezember 1645 schickte Hennius „un Motetto d'allegrezza per tutte le solennitá, et una Canzonetta Natalizia" als Grufs für die nahende Festzeit nach Düsseldorf. Er benutzte die Gelegenheit, um sein schon mehrfach angestimmtes Klagelied zu wiederholen: er hatte noch immer kein Geld bekommen und bat den fürstlichen Gönner um seine Hilfe. Diese wurde ihm — auf dem Papiere vom 2. Januar 1646, mit welchem die Sendung verdankt wurde. Eine neue Komposition Heines („Motettino") traf Ende März 46 in Düsseldorf ein. —

Wir haben schon gesehen, dass Heine's Name sich in weiteren Kreisen eines guten Klanges erfreute. So kam es, dass man seine Kompositionen trotz der Ungunst der Zeiten zum Teil durch Druck vervielfältigte. Auch davon ist schon die Rede gewesen; jetzt schickte eine *Magdalena Phalesia* aus Antwerpen das folgende Gesuch an den Pfalzgrafen ab:

Serenissimo Prencipe . . . . Benche io senza appoggio ò di servitù essercitata, overo di acquistata benevolenza, hò presa l'ardire di mettere in stampa li componimenti Musichi del Sign.ʳ Egidio Ennio sotto l'ombra del Suo gloriosifsimo nome; spero nondimeno che l'Altezza Vostra Ser.ᵐᵃ l'haurà favorita di quella solita benevolenza, che suole usare verso un servitor suo non meno fedele, che sopra molti altri spiritoso e gentile nelli armonichi concerti. Che si à me, benche indegna, viene accennato un minimo raggio della sua gratiosa protettione; stimaro felice la mia sorte, e le stampe mie inalzate fine al zielo co'l fregio de si glorioso Nome . . . . D'Anverza 20 d'Ottobre 1646 umiliss. e divotiss. serva *Magdalena Phalesia*.

Auf diesen Brief hat sich kein Konzept einer Antwort gefunden. Diese Magdalena war eine Tochter des *Pieter Phalese*, welcher vor 1636 gestorben ist. Sie wurde am 25. Juli 1586 in der Parochie Notre Dame Antwerpen getauft und führte (wohl mit Anderen) ihres Vaters Geschäft bis zu ihrem Tode (30. Mai 1652) weiter. Dass es sich bei dem Gesuch um die Firma „P. Ph. Erben" handelte, kann man bei dem Wortlaute des ganzen kaum annehmen; Magdalena wird wohl den Versuch gemacht haben, selbständig geschäftlich thätig zu sein, darauf deutet die Betonung des Umstandes, dass sie „ohne Unterstützung weder durch Dienstleistungen noch durch Gönner" sei. [Über die in Antwerpen gedruckten Werke des Hennius siehe das Verzeichnis weiter unten.]

Am 29. Oktober desselben Jahres übersandte Heine dem Pfalzgrafen, betonend, dass er ihm noch keine Trauermusik habe zugehen lassen, „l'annessa messa pietosa". Er fährt dann fort: Ew. Hoheit wird mir eine besondere Gunst erweisen, wenn Sie Ihrem Vicekapellmeister (*Blum?*) befehlen wollten, mir ein Verzeichnis aller von

mir schon geschickten Musikstücke anzufertigen, damit ich nicht eines
zwei Mal sende." Schon am 12. November ging dies an Heine ab.
Ausdrücklich betonte W. Wilhelm in seinem Dankschreiben für die
Messe seine Anerkennung der Verdienste des Lütticher Meisters und
fügte hinzu, dass die Messe bei ihrer Aufführung gefallen habe. Die
im Index angegebenen Stücke sind die folgenden:

1. Missae quatuor solennes 8 voc. stylo hilari ac pleno. Antwerpiae impressae.[1])
2. Missa à 8, sei voci e doi Violini.
3. Missa à 5 cum Trombonis.
4. Missa à 8 da Cacciatori.
5. Missa à 5 è doi Violini tertii Toni.
6. Missa à 6 voci è sei instrumenti.
7. Missa à 6 voc. pro defunctis.
8. Jubilate Deo à 12 voc.
9. Ut primum tribularis à 8 voc. con doi Violini.
10. Laudate Dominum in sanctis à 8 voc.
11. Gaudeamus à 8 voc.
12. Cantabo Altissimo à 12 voc.
13. Venite exultemus Domino à 8 voc.
14. Inviolata intacta à 7 voc.
15. Angelus Domini à 10 voc.
16. O quam tu pulchra es Hierusalem à 7 voc. con 2 Violini.
17. Laudemus Dominum à 6, 3 voci B. T. A. 2 Violini ed un Fagotto.
18. O Caelestis amor à 5 voc.
19. Ferte à 7 in nativitate Domini.
20. Dulcis Jesu et amande Domini à 5 voc.
21. O me miserum dolentem à 10 voc.
22. In Deo jubilemus omnes à 10 voc. 2 Violini.
23. Anima mea caelum dum admiraris à 6 voc.
24. Quam dilecta tabernacula tua à 6. 4 voc. & 2′ Violini.
25. Cujus Deus pater est à 5 voc.
26. Qui Mariam adamatis à 4 voc. (2 Viol. 2 Cant.)
27. O sponse mi, o lilium à 3 voc.
28. O bone Jesu, o dulcedo à 3 voc.
29. Parvum quando cerno Deum à 3 voc.
30. Virgo decora sole convertita à 3 voc.
31. Tota pulchra es à 2.

---

[1]) In den Verlagslisten Phalese's fehlt der Name des H.

32. Fulcite me floribus à 2 tenori.
33. Jesu mi tu amor es à 2 voc.
34. Quaesivi te, mi Jesu à 2 voc.
35. Silens taces verbum parens à 2 voc.
36. Tenelle mi, ocella mi à 2 voc.
37. In lectulo meo à 2 voc.
38. Ignis aeterne qui semper à 2 voc.

Soweit der Index. Am 21. Dezember 46 sandte Heine eine „Canzonetta natalizia" und bat Anfangs des folgenden Jahres um erneuten Zahlungsbefehl an den Zollmeister Haen in Urmundt, der ihn immer noch nicht befriedigt habe. Dem Wunsche wurde am 27. Januar entsprochen. Der nächste Brief ist vom 22. Oktober; Heine schickte ihn als Begleitschreiben seiner Komposition der „lezzioni di Job, con li Responsorij per la commemorazione dell'Anime pie". In demselben Briefe machte er dem Pfalzgrafen Mitteilung von einem Sopranisten für die Hofkapelle. Am 4. November antwortete der Pfalzgraf mit der üblichen Dankesbezeugung, dass er das Urteil über den Knaben dem Heine überlasse; finde dieser ihn geeignet, so möge er ihn nach Düsseldorf schicken. Nachdem nochmals eine Zahlungsaufforderung wegen des rückständigen Gehaltes des Heine nach Urmundt abgegangen war, scheint diese Angelegenheit Ende 1647 endgiltig zur Ruhe gekommen zu sein. Am 20. Dezember übersandte Heine eine „Canzonetta Natalizia, e doi Alma Redemptoris Mater, l'una solenne, e l'altra feriale . . . . Dieser Sendung folgte schon am 20. Februar eine neue: . . . . inuio queste musiche corte, con le parole a parte, lequali sono a proposito secondo li tempi presenti, spero che giungeranno ancora a tempo per la sua recreazione alla mensa nelli ultimi di Carneuale, benche la musica sia più tosto graue che allegra, secondo il soggetto delle parole. Der Text ist erhalten.

Der nächste Brief ist am 30. Juni 48 geschrieben; er ist von Wichtigkeit, weil er uns ein Urteil des Musikers bewahrt, welches geeignet zu sein scheint, einen Schluss auf die Art der tonsetzerischen Thätigkeit des Lütticher Meisters zu werfen. Heine erwähnt zuerst den Brief eines pfalzgräflichen Musikers Sr. *Motet*, welcher im Auftrage seines Herrn ihm wegen eines Sängerknaben geschrieben: diesen habe er (H.) in seinem Hause jetzt zu einem sichern Sänger herangebildet „e si potrá co'l essercizio meglio perfezzionare, ho giudicato che molti soprani sono necessarii per la Capella, e che sono quelli particelarm^te che fanno riuscir la musica". Wir wollen auf den angeführten Satz unten noch mit einem Worte zurück kommen. Am 22. September hatte Heine neue Kompositionen an den Pfalzgrafen abgehen lassen, welche, wie die Antwort desselben vom 29. d. M. besagt, in je einer Messe, Motette und Canzonette bestanden. Dieser Sendung folgte am 21. Dezember 49 „una Messa breve, un Motetto per la Messa e una Canzonetta per la Mensa, che ho composta sul medesmo soggetto della felicitá de fortunatissimi sudditi di lei" .... Am 25. Februar 1650 schickte er eine „Canzonetta in musica, frescamente da mé composta .... per finir con allegria questo Carnevale." Am 28. März desselben Jahres teilt Heine dem Fürsten noch mit, dass *Roberto Sabbatino* aus Rom durch Lüttich reisen werde: da derselbe ein ganz ausgezeichneter Virtuose sei, so glaube Heine verpflichtet zu sein, den Pfalzgrafen auf diesen Künstler aufmerksam zu machen: „wenn Sie ihm die Ehre erweisen ihn spielen zu hören, werden Sie ein Wunder der Natur in seinem Geigenspiel erkennen." —

Dies ist der letzte der vorhandenen Briefe. Zur Vervollständigung der Liste von Heine's Werken sei noch das in Kassel auf der Ständischen Landesbibliothek liegende Werk Moteta Sacra 2, 3, 4 cum vocum, tum instrumentorum cum b. c. Authore Aegidio Hennio .... Liber Primus angeführt, welches (leider nur T. B. & B. C. erhalten) nach dem Index 23 Tonsätze bewahrt. —

Die beiden Briefe des Jahres 1650 lassen nicht ahnen, wie bald dem Hennius das Ende bevorstand; er muss damals noch ganz frisch und gesund gewesen sein, und es scheint die letzte Krankheit ihn plötzlich überfallen zu haben. Dies mag gegen Mitte Mai desselben Jahres geschehen sein; am 23. Mai machte er sein Testament und schon wenige Tage darauf hatte man seine Leiche zur ewigen Ruhe gebettet. In seinem letzten Willen bestimmte er, in der Eglise Conventuelle des RR. PP. Mineurs (Franziskaner) zu Lüttich beerdigt zu werden. Seine Haushälterin Catherina Zutz war Universalerbin, der Prediger P. Jean Bapt. a Ponte erhielt seine sämtlichen lateinischen, spanischen und italienischen Bücher, die französischen Werke geistlichen Inhaltes wurden der Klostergesellschaft der Pénitentes zu Lüttich vermacht. Hennius bestimmte ferner, dass sein Coadjutor sein Haus zu einem mäfsigen Preise haben sollte. Noch am gleichen Tage fügte er eine Klausel bei, durch welche er kleinere Andenken an seinen Confrater, R. Sgr. Nyes und den Dechanten Ogier gelangen liefs. Am 24. Mai bestimmte Heine u. a. in einem Codizill, dass seinem Vetter, dem Fischhändler Mathieu Sarte, einer von seinen beiden silbernen Trinkbechern übergeben werden sollte. Das Testa-

ment wurde vom Dechanten und dem Kapitel von St. Johann am
28. Mai geprüft. Demnach starb Heine zwischen dem 24. und dem
28. Mai 1650 (Liber testamentorum ab anno 1576).

Die Register der Kapitelakten von 1630—90 sind leider verloren;
auch dort würde man wohl noch wertvolle Aufschlüsse über die
Person unseres Meisters haben finden können.

Die ganze Summe seiner Eigenschaften als Mensch und Künstler
zu ziehen, ist nicht möglich. Er muss in mäfsigem Wohlstand gelebt und die Achtung seiner Zeitgenossen als Lehrer und Tonsetzer
genossen haben. Dem Pfalzgrafen, welcher am 20. Mai 1653 starb,
war er ein treuer, fleifsiger Diener und Berater. Von seinen Werken
uns eine klare Vorstellung zu bilden, geht nicht an. Es war schon
oben davon die Rede, dass man ihn nicht als Schüler Palestrinas (im
weiteren Sinne) bezeichnen könne; das verbietet schon der Umstand,
dass bei ihm vielfach die Kirchenmusik in Verbindung mit einem
Instrumentalkörper auftritt. Wohl geht die ganze sog. römische Schule
auf Palestrina zurück, aber indem sie an seinem Werke anknüpft,
zersetzt sie seine künstlerischen Prinzipien. Dass man auch bei Heine
auf eine Vorliebe für die beginnende Bewegung der Homophonie
schliefsen darf, glaube ich in dem oben mitgeteilten Satze erkennen
zu können: „viele Sopransänger sind für eine Kapelle nötig, und von
ihnen hängt am meisten der Erfolg der Musik ab." Darin ist selbstredend noch keine prinzipielle Stellungnahme gegen die kunstvoll ge-
gliederte Polyphonie zu sehen; aber das Betonen der Wichtigkeit
gerade derjenigen Stimme, welche vermöge eines einfachen physi-
kalischen Gesetzes am meisten von allen ins Ohr fiel und gerade
dadurch dem homophonen Gesange die Wege bahnte (die Anfänge
des einstimmigen Gemeindegesanges in den protestantischen Kirchen
berührt das Thema gleichfalls, obwohl hier selbstverständlich noch
andere Fragen rein praktischer Natur mitsprachen), gerade sein Betonen der Wichtigkeit vieler Diskantstimmen für den Chor, seine begeisterte Schilderung des Violinvirtuosen Rob. Sabbatino, auch der
Umstand, dass er in seinen Werken Zusammenstellungen wie 6 Singstimmen mit 2 Violinen, 5 Singstimmen mit Posaunen oder mit
3 Violinen u. a. anwendet, sagt zur Genüge, dass Heine nicht nur
von der Pflege der reinen Vokalform weit entfernt war, sondern dass
er auch bereits auf allerlei kleine oder gröfsere Effekte hinarbeitete,
darauf sann, den Gang der Singstimmen durch vereinzelten Instrumental-
klang zu beleben, dem ganzen einen mehr äufseren Reiz zu geben.

Wie bedeutend aber seine Erfindungskraft, wie grofs seine technische Beherrschung des Tonmaterials gewesen, das sind leider Fragen, die zu beantworten — hoffentlich nur jetzt — nicht möglich ist. —

Nach Wolfgang Wilhelms Tode bestieg dessen Sohn *Philipp Wilhelm* den Thron, welcher den durch Cromwell vertriebenen englischen König Karl II., der in Köln ein Asyl gefunden, einmal mit königlichen Ehren bei sich in seiner Hauptstadt sah. Aus dem Werke von dessen Minister *Clarendon* über die Revolution in England erfahren wir einiges über das damalige Musikleben Düsseldorfs; von wichtigen Aktenstücken, welche den Gegenstand behandeln, ist nur der Briefwechsel zwischen Philipp Wilhelm und dem Komponisten Sebastiano Moratelli, der damals in Heidelberg lebte, erhalten. Er behandelt die beabsichtigte Aufführung neuer italienischer Opern und damit das erste Auftreten des neuen Kunstzweiges am Niederrhein. 1688 wurde Moratelli's „Dido", glänzend ausgestattet, in Düsseldorf aufgeführt. Das wenige, was sich über diesen Gegenstand vorgefunden hat, möge man selbst in dem Eingangs dieser Zeilen angeführten Werke nachlesen.

Das Düsseldorfer Staatsarchiv bewahrt zwei Texte zu Kompositionen Heines, die hier Platz finden mögen: vielleicht findet jemand die Musik dazu wieder.

I.

1. Quando fia mai, ch' in queste piagge amene
   Giudi sicuro il gregge al prato al fonte
Vezzosa Pastorella?
Ahi che l'empie catene
Del nemico crudele
A'i nostri danni pronte
Fanno d'un rio timor l'anima ancella.
Quai non s'odon querele?
Amara é ogni dolcezza,
E mesta ogni allegrezza
Nulla conforta, o piace,
Senza la pace.

2. Quando fia mai, ch'in questa opera selva
Non s'oda risonar voce molesta,
Fuggir nemici rei?
All'hor chi si r'inselva,
Chi lascia il gregge errante,
Altri con voce mesta
S'ode invocar fuggendo Huomini e Dei.
Fra miserie cotante

Ogni contento é noia,
E'l gioir senza gioia.
Quasi la vita spiace
Senza la pace.

3. Quando fia mai ch'in questi prati herbosi
Meni contando leggiadretti balli
Choro di Ninfe altero?
O perduti riposi.
O memoria dolente
Dé nostri antichi falli,
Flagello miserabile e severo.
Sol d'interno si sente
Suon d'interotti lai,
Voci d'interni guai.
Ciascun piange o si tace,
Senza la pace.

4. Quando fia mai, ch'in questo ombroso bosco
Illeso cacciator la rete spieghi
A le fere, a gl'augelli?
Amarissimo tosco
Ch'ogni dolce avveleni.

Furore hostil che nieghie
Tranquilla vita a noi giá vecchi imbelli.
Non fiá chi ti raffreni?
Ah nó ch'ogni diffesa,
É maggior nostra offesa;
Ch'il mondo si disface,

Senza la pace.
La speme hor sol n'avanza,
Conforto estremo e solo
Ai miseri nel duolo.
O ciel non sia fallace,
Donaci pace.

II. Canzonetta in musica.

Al ser^mo e generosissimo prencipe Wolfgango Guiglielmo, Conte Palatino del Rheno, duca di Baviera, Juliers, Cleves, Berghes etc.

sopra la tranquillitá, in che si rittrovano i suoi stati per opera della real clemenza e benignitá di sua Altezza ser^ma.

Piú non temo, nó nó nó
Ne di Marte, ó di Bellona
Poiche Pace sol qui suona
Com' amai sempre ameró
Amarilli
La mia filli,
E per lor lieto vivró
Piú non temo nó nó nó.

Or io godo si si si
De gli amori ogni contento
Piú non provo alcun tormento
Che la Guerra giá morì:

Ma per lilla
Vó in favilla
Poiche Marte giá se'n gì
Or io godo sí sí sí.

Piú non arde nó nó nó
Fiera guerra al nostro Reno
Má fiorisce il bel Terreno
Per la pave, che donó
Il gran Duce
Che n'adduce
Ov'é gioia a nostro pró;
Piú non temo, nó nó nó.

(Königl. Staatsarchiv zu Düsseldorf, Abt. Jülich-Berg, Landesinstitute etc. Nr. 0 lit o.)

Totenliste des Jahres 1895
die Musik betreffend.
(Karl Lüstner.)

Rotter, Emil, Mitglied der Hofkapelle in Wien, st. das. 5. April; geb. 1848 in Mährisch-Schönberg. Lessm. 215.

Rotter, Ludwig, Kirchenkomponist und Hofkapellmeister in Wien, st. das. 5. April; geb. ebenda 6. Sept. 1810. Mus. sac. 75. Wbl. 229.

Rouxel, H., Madame, geb. **Anne-Angèle de Tallhardat,** Pianistin und Konzertsängerin in Paris, st. das. im April. Ménestrel 112.

Rübsam-Veith, Frau **Franziska,** Opernsängerin, st. 15. Aug. in Frankfurt a. M.; geb. in Köln. Wbl. 460.

Salomon, Edward, Operettenkomponist, st. zu London 21. Jan. Lessm. 88. Sig. 138.

Sanda-Norden, Jenny, geb. **Stuhr,** Konzertsängerin in Frankfurt a. O., st. das. 5. Juli, 27 Jahr alt. Lessm. 390.

Sbolci, Jefte, Violoncell-Virtuos, Kapellmeister und während 30 Jahren Professor am Musik-Institut zu Florenz, st. das. 7. Dez., geb.

5. Sept. 1833 ebenda. Ménestrel 399. Ricordi 724. Geburtsjahr verdruckt.

Scharfenberg, William, Organist und Pianist, st. 8. Aug. in Quoge (Long Island), 76 Jahr alt. M. Tim. 694.

Schebeck, Dr. **Edmund,** Musikschriftsteller, kaiserlicher Rat in Prag, st. das. 11. Febr.; geb. 22. Okt. 1819 zu Petersdorf in Mähren. Lessm., 157. Wbl. 176.

Schlosser, Franz, Hofopernsänger, st. 31. März in Magdeburg, 41 Jahr alt. Bühgen. 114. Lessm. 242.

Schmidt-Herrmann, Heinrich, ehemal. herzogl. Kammersänger, st. 1. Mai in Görlitz; geb. 15. März 1849 in Prag. Bühgen. 160.

Scholl, Ferdinand, Prof. Dr., Direktor des Konservatoriums in Stuttgart, st. das. 23. April, 78 Jahr alt. Lessm. 171.

Schramm, Peter, Königl. Kammersänger in Kopenhagen, st. das. 1. Juli; geb. 1819 ebenda. Wbl. 373. Lessm. 374.

Schrammel, Joseph. Komponist Wiener Weisen, Leiter des bekannten Schrammel-Quartetts (Bier-Gartenmusik), st. 24. Nov. in Hernals bei Wien, 43 Jahr alt. Lessm. 646.

Schröder, Frau **Martha,** früher Fräulein **Schwieder,** Klavier-Virtuosin, st. 8. Febr. in Göttingen; geb. 1859 in Berlin. Lessm. 102. Ludw. 69.

Schubert, Emil, lyrischer Tenor an verschiedenen Bühnen, st. 23. Mai, 56 Jahr alt in seiner Vaterstadt Dresden. Lessm. 293.

Schubert, Ferdinand, langjähriger Stadtmusikdirektor in Saalfeld, st. das. 13. Juli, 70 Jahr alt. Lessm. 408. Wbl. 388.

Schulze, Adolf, Kammermusiker am Hoftheater zu Dresden, st. das. 16. April; geb. 11. Okt. 1833 zu Glaubitz. Bühgen. 149.

Schwäderlé, Simon, Violin-Virtuose und Professor am Konservatorium zu Strafsburg, st. das. Anfang April; geb. 27. April 1818 ebenda. Ménestrel 120.

Scolara, . . ., ital. Opernsänger in St. Petersburg, st. das. im Febr. Guide 164.

Seelig, Karl, Opernsänger in Heidelberg, st. das. 3. Okt. Bühgen. 344.

Sieber, Ferdinand, Professor, bekannter Gesangspädagog und Liederkomponist in Berlin, st. das. 19. Febr.; geb. 5. Dez. 1822 in Wien. Lessm. 129.

Sjöberg, . . ., Violinist in Stockholm, st. das. 29 Jahr alt im Febr. Berliner Signale 41.

Soler, Frederico, Librettist, schrieb auch unter dem Pseudonym **Serafí Pitarra,** st. im Aug. in Barcelona. M. Tim. 621.

Solotarenko, P. P., Balletkomponist und Kapellmeister am Kaiserl. Theater zu Moskau, st. das. 30. Okt.   M. Tim. 1896, 53.

Sourget, Madame Eugénie, geb. **de Santa Coloma,** Komponistin, Sängerin und Pianistin, st. 10. Juni in Bordeaux; geb. das. 8. Febr. 1827. Ménestrel 192.

Stegmann, Eduard, Violinist, st. 20. Jan. in Cambridge (Ohio). Lessm. 102.

Stennebruggen, Alphonse, Hornvirtuos, Ehrenprofessor am Konservatorium zu Strafsburg, st. das. Anfang Nov.; geb. 4. März 1824 zu Lüttich. Guide 861.

Steuer, Chr., Komponist, Direktor der städtischen Musikschule zu Nürnberg, st. 6. März in Erlangen, 64 Jahr alt. N. Z. f. M. 151. Lessm. 157.

Stiller, Paul, Komponist von Männerchören, Musikdirektor in Posen, st. das. 25. Dez.   M. Tim. 120.

Stirling, siehe **Bridge.**

Stoll, Edmund, Musikverleger in Leipzig, st. das. 20. März. N. Z. f. M. 151.

Straeten, Edmond van der, st. 25. Novemb. zu Audenarde, geb. 3. Dez. 1826 ebendort. Einer der fleifsigsten Musikhistoriker, der sich um die Erforschung der Archive die gröfsten Verdienste erworben hat. Seine Aufgabe: das Leben der niederländischen Musiker zu schreiben, erfasste er so tief, dass er sie bis in den spanischen und italienischen Archiven aufsuchte. Nur vor den Deutschen hatte er soviel Respekt, dass er sich auf ihre Schriften verliefs. Leider verstand er aber nur sehr wenig deutsch und so lief ihm mancher Japsus unter. Die französischen und deutschen Musikzeitungen, die sonst so bereit sind jeden verstorbenen Onkel und jede Tante irgend eines Sängers anzuzeigen, haben für einen Musikhistoriker keinen Platz, oder wohl richtiger keine Ahnung, welche Bedeutung der Name van der Straeten hat; nur der Guide musicale brachte in Nr. 48 eine Notiz ohne Daten, die aber in der Ztg. L' Indépendance belge vom 27. Nov. zu finden sind. Eine ganz kurze Biographie bringt Pougin im Supplément zu Fétis' Biogr. univ. Fétis selbst schreibt nicht einmal seinen Namen richtig. Fétis und Straeten waren sich feindlich gesinnt. Straeten war übrigens kein sattelfester Musikhistoriker, wirft er doch Fétis in seinem 1. Bande der Musique aux Pays-Bas vor, dass er den Komponisten Praenestinus nicht kennt.								R. E.

Streicher, Frau Friederike, geb. **Müller,** Wittwe des Pianoforte-Fabrikanten Joh. Bapt. St., ehemals Klavier-Virtuosin, Schülerin Chopin's, st.

12. Dez. in Wien, 79 Jahr alt. Zeitschrift für Instrumentenbau 1896, 329. Lessm. 675.

Suppé, Franz von, Operettenkomponist, st. 21. Mai in Wien; geb. 18. April 1820 in Spalato (Dalmatien). Nekr. K. u. Musz. 142 und Sängerhalle, Lpz. p. 301.

Taubert, Emil, Prof. Dr., Intendantur-Rat der kgl. Schauspiele in Berlin, Verfasser zahlreicher Prologe und Festspiele, st. das. 10. April; geb. ebenda 23. Jan. 1844. Lessm. 230.

Tausch, Julius, Prof., Königl. Musikdirektor, Komponist, während 37 Jahren städt. Kapellmeister in Düsseldorf, st. 11. Nov. in Bonn; geb. 15. April 1827 in Dessau. Todesnachricht in der Düsseldorfer Zeitung.

Thalberg, Francesca, geb. **Lablache,** Witwe des Pianisten Sigmund Th., st. im Sept. in Neapel, 84 Jahr alt. Ménestrel 303.

Thiele, Edmund, Herzogl. Hofkapellmeister a. D. in Dessau, st. das. 10. Jan.; geb. 21. Nov. 1812. Ludw. 29. Wbl. 49.

Tibbe, Henri, Pianoforte-Virtuos, Professor an der Musikschule zu Amsterdam, st. das. 28. Jan., 31 Jahr alt. Lessm. 157.

Tilmann, Alfred, Kirchenkomponist, st. 20. Febr. in Schaerbeck-Brüssel; geb. das. 3. Febr. 1848. Guide 188.

Toché, Raoul, Komponist von Vaudevilles und populären Couplets, st. im Jan. in Paris. Guide 92.

Toresella, Antonio, Gesanglehrer und Chordirektor in Triest, st. das. 27. April. M. Tim. 406. Lessm. 269.

Trefftz, Em., Vorstand der Gewandhaus-Konzerte, des Konservatoriums und des Bach-Vereins zu Leipzig, st. das. 1. Aug., 79 Jahr alt. Wbl. 425.

Tricot, Edouard, Flöten-Virtuose und Professor am Königl. Konservatorium zu Lüttich, st. das. 22. Febr., 63 Jahr alt. Guide 212.

Uguccioni, Alessandro, Violin-Virtuose in Monte Video, st. das. 24. April; geb. 1845 in Barcelona. M. Tim. 481.

Umlauf, Marcus, O. S. B. (Ordo Sancti Benedicti), Musiklehrer und Organist in Lambach in Ober-Österreich, st. das. 15. Juni; geb. 22. Sept. 1833 zu Böhmdorf in Mähren. Mus. sac. 116.

Valerius, Wilhelm. Fagott-Virtuos, Königl. Kammermusiker in Berlin, st. das. 26. März. Lessm. 199.

Veit, siehe **Rübsam.**

Venturelli, Vincenzo, Komponist von Opern und Kirchensachen, st 22. Aug. in Mantua. Ménestrel 279.

Vespoll, Luigi, Komponist und Harmonieprofessor in Neapel, st. das. im Mai; geb. 1834. Sig. 540.

Vos, Hippolyte de, ehemaliger Rechnungsrat, Musikkritiker und Mitarbeiter an der Nouvelle France Chorale, st. zu Paris im Juli. Guide 626. Wbl. 436.

Wagner, Gustav, ehemaliger Direktor des Rumänischen Konservatoriums in Jassy, starb hochbetagt im Jan. in Lauban in Schlesien. Lessm. 59. Wbl. 49.

Waldburg, Graf Maria Friedrich, Regens Chori, S. J. (Societas Jesu), zu Wolfegg, st. 22. April im Kloster Ditton Hall (England). 34 Jahr alt. Mus. sac. 116.

Walker, Friedrich, Orgelbauer in Ludwigsburg (Württemberg), st. das. 6. Dez. Leipziger Illustr. Ztg. Nr. 2737.

Walter, August, Musiklehrer in Breslau, st. 24. Dez. in Gleiwitz, 80 Jahr alt. Deutsche Musiker Ztg. 1896, 56.

Walzel, siehe **Zell.**

Warmuth, Karl, Musikverleger, selbst Komponist und Herausgeber der „Nordisk Musiktidende" in Christiania, st. 19. Juli in Fredricksvarn, 51 Jahr alt. Lessm. 408. Wbl. 412.

Weber, A. von, früher Direktor des Theaters zu Dortmund, ein Nachkomme C. M. v. Werber's, st. das. 27. Jan. Sig. 186.

Weickenauer, . . ., Hofrat, pens. Professor des Kaiserlichen Konservatoriums zu St Petersburg, st. im April in Nürnberg, 71 Jahr alt. Wbl. 267.

Weidinger, Ferdinand, Pauker an der Kaiserl. Hofoper zu Wien, st. das. 13. März, 75 Jahr alt. Lessm. 171.

Weyl, Joseph, Volksdichter, Übersetzer und Verfasser zahlreicher Operntexte, st. 10. April in Wien; geb. das. 9. März 1821. K. u. Musz. 107.

Wiener, Wilhelm, Violin-Virtuose, st. 6. Jan. in Bayswater (England); geb. 1839 in Prag. Mus. T. 118.

Widmer, Henry, Musikverleger und Kapellmeister am Daly Theater in New York, st. das. Ende des Jahres. Wbl. 1896, 13.

Witmeur, Henri, Bergingenieur, Professor an der Universität zu Brüssel, Komponist volkstümlicher Lieder, st. das. im Juli. Guide 626.

Wood, M. G., Organist, Chormeister und Professor an der Royal Academy of Music in London, st. das. 25. Sept., 40 Jahr alt. Wbl. 589.

Worrel, Madame, Sängerin, Mitglied der Royal Academy of Music, st. 12. Febr. in Tulse Hill bei London, 38 Jahr alt. M. Tim. 189.

Wünsch, Johann David, Mitglied des Gewandhausorchesters und Gründer einer Instrumenten-Fabrik zu Leipzig, st. das. 26. Dez. 82 Jahr alt. M. Tim. 1896. 120.

Zabeo, Marco, Komponist und Musiklehrer in Padua, st. das. im Mai. M. Tim. 540. Ricordi 354.

Zahn, Frau Emilie, Tochter des Komponisten L. Spohr, st. 18. Juni in Kassel; geb. 27. Mai 1803 in Gotha. Lessm. 243.

Zarsycki, Alexander, Klavier-Virtuose, Komponist und ehemaliger Direktor des Konservatoriums in Warschau, st. das. 1. Nov., 61 Jahr alt. Ménestrel 392.

Zell, F., pseudonym für Camillo Walzel, Bühnenschriftsteller und Text-dichter in Wien, st. das. 17. März; geb. 11. Febr. 1829 in Magde-burg. Nekr. Sig. 372.

Zinker, Louis, vor mehreren Jahren Operndirektor in Ingolstadt, st. das. 24. Nov., 67 Jahr alt. M. Tim. 1896, 53.

In voriger Totenliste des Jahres 1894 ist zu korrigieren:

Chiestri, Luigi, geb. 1847 in Florenz, anstatt in Blumenstadt. Florenz, Firenze, lat. Florentia, auf deutsch Blumenstadt.

C. Lüstner.

Mitteilungen.

* In Nr. 8 Seite 103 wurde der 5. Bd. von Pedrell's spanischen Meistern im Neudruck angezeigt. Heute wollen wir die zwischenliegenden Bände 2. 3. 4. kurz erwähnen. Leider fehlen in dem mir vorliegenden Exemplare die Vor-reden, die sich stets sehr genau über den Lebensgang des betreffenden Meisters äufsern. Bd. 2 enthält Gesänge von *Franciscus Guerrero* und zwar ein 4 stimm. Magnificat, ein 6 stimm. Officium defunctorum (Hei mihi, Domine); ein Ave virgo sanctissima 5 voc., Trahe me post te, virgo Maria 5 voc., eine Passio sec. Matthaeum 5 voc. (ohne Recitative), ebenso eine Passio sec. Joannem 5 voc. Als Schluss folgt ein Salve regina 4 voc. in mehreren Abschnitten. Die Schreibweise Guerrero's ist edel, wohlklingend, echt kirchlich und kann man seine Kompositionen ohne Widerrede Palestrina an die Seite setzen. Er unterscheidet sich von Juan Genes Perez durch eine größere Beweglichkeit in der Stimmenführung und daher tritt der Text nicht so klar hervor wie bei Perez. Jedoch in den Passionen, wo das Dramatische in den Vordergrund tritt, lässt er die Textworte vom Chore zu gleicher Zeit aussprechen, nicht nur bei den Anrufen: Barabam, Kreuzige ihn u. a., sondern überhaupt bei allen Chorsätzen, wo das Volk in die Handlung eingreift. Auch Guerrero, wie Perez, schreiben genau alle chromatischen Veränderungen in den Tonsatz ein und kann man die spanischen Meister darin zum Muster nehmen. — Bd. 3 und 4 enthalten *Antonio de Cabeçon's* Orgelbuch (Pedrell schreibt ihn Antonius a Cabezón, der Originaldruck schreibt wie oben). Schon A. G. Ritter in seiner Geschichte des Orgelspiels S. 71 bespricht das Werk und teilt einige Orgel-sätze mit. Hier werden sämtliche von Cabeçon herrührende Tonsätze, teils über gregorianische Choräle, teils in freier Erfindung mitgeteilt, dagegen scheint der Herausgeber alle anderen Sätze in denen er Gesänge anderer Meister für Orgel bearbeitet, sowie die Sätze der beiden anderen Cabeçon weggelassen zu haben, denn nirgends findet man irgend eine Andeutung davon. Das Werk scheint er als Schulwerk geschaffen zu haben, denn er beginnt mit leichten zweistimmigen Sätzen, geht dann zu drei- und vierstimmigen über. Er verschmäht das Koloraturenbeiwerk vollständig und schreibt in einem edlen wohlklingenden Stile. Seine Einsätze sind stets fugiert und Seite 59, Bd. 4, in einem Praeludium (Tiento genannt), benützt er das Thema schon bei der ersten Antwort umgekehrt und führt dies durch den ganzen ziemlich langen Satze durch, zeigt auch seine Absicht schon in der Überschrift an: „Fugas al contrario". (Im Original cantrario gedruckt, was doch nur ein Druckfehler sein kann.) In den anderen Sätzen kann ich nirgends ein solches Festhalten am Thema finden und bildet dieser eine Satz wie eine Vorahnung der einstigen Fuge. Cabeçon starb vor 1578, denn das Buch erschien erst nach seinem Tode von seinem Sohne Hermando herausgegeben.

 * Ein Autograph von Seb. Bach's 2. Teile seines wohltemperirten Klaviers, von dem bisher nur die Asdur-Fuge auf der Kgl. Bibl. zu Berlin bekannt war, ist neuerdings in den Besitz des british Museums in London gelangt. Miss Wesley kaufte einst das Ms. von Miss Emett für 160 M. (8 £), deren Vater es für den gleichen Preis aus Clementi's Nachlass erstanden hatte. Das Autograph ist nicht ganz vollständig, es enthält 24 Präludien und nur 20 Fugen, die Nummern 4, 5, 9 und 12 fehlen. Herr Dr. *Ebenezer Prout* hat dasselbe neuerdings in Nr. 303 und 304 in der Londoner Zeitschrift „Monthly musical record" genau beschrieben, wovon die Musikztg. Lessmann's eine Übersetzung in Nr. 27 u. 28, 1896 giebt. Dr. Prout erklärt das Autogr. für eine Abschrift, die Bach selbst gemacht hat und die sich, wie alle Abschriften Bach's durch große Sauberkeit auszeichnet, während seine ersten Niederschriften viel Korrekturen aufweisen, die oft kaum lesbar sind. Die Beschreibung Dr. Prout's giebt sehr interessante Einblicke in das Autograph, die er mit Notenbeispielen belegt.

 * Endlich ist auch der Autographen-Katalog der Sammlung *Masseangelo Masseangeli* im Besitze der Accademia filarmonica zu Bologna vollendet, dessen Anfänge bis ins Jahr 1879 reichen. Derselbe umfasst 26 Bogen in gr. 8°. und bietet neben den Autographen selbst vorzügliches biographisches Material. Ein Verleger ist auf dem Titel nicht genannt und ist daher nur durch die Direktion der Akademie selbst zu beziehen.

 * Commemorazione di *Alessandro Busi*, Prof. di Contrappunto, composizione e canto nel Liceo musicale ... di Bologna ... dal presidente *Luigi Torchi*, Bologna 1896. gr. 8°. 32 S. Eine Rede über den 1895 verstorbenen Komponisten gehalten in der Accad. filarm. den 31. Mai 1896. Busi zeichnete sich besonders als Instrumentalkomponist von größeren Werken aus.

 * In Pisano in Italien ist am 15. Juli das Monument *Giuseppe Tartini's*, des berühmten Geigers des 18. Jhs. enthüllt worden, wozu das Comité Männer der Kunst und Wissenschaft aller Nationen eingeladen hatte.

 * Hierbei eine Beilage: Katalog der Brieger Musikalien-Sammlung in der Universitäts-Bibliothek zu Breslau. Bog. 4.

Verantwortlicher Redakteur Robert Eitner, Templin (Uckermark).
Druck von Hermann Beyer & Söhne in Langensalza.

MONATSHEFTE

für

MUSIK - GESCHICHTE

herausgegeben

von

der Gesellschaft für Musikforschung.

XXVIII. Jahrg. **1896.**	Preis des Jahrganges 9 Mk. Monatlich erscheint eine Nummer von 1 bis 2 Bogen. Insertionsgebühren für die Zeile 30 Pf. Kommissionsverlag von Breitkopf & Härtel in Leipzig. Bestellungen nimmt jede Buch- und Musikhandlung entgegen.	**No. 10.**

Michelangelo Rossi

ein Komponist des 17. Jahrhunderts.

(Ernst von Werra.)

In den letzten Dezennien wurden in mehreren neueren und neuesten Sammelwerken alter Meister zwei Instrumentalwerke von obigem Komponisten veröffentlicht, ohne eine Quelle anzugeben. Der Anfang derselben lautet:

Gedruckt finden sich dieselben in *Louis Köhler's* Les maîtres du clavecin, Heft 8, S. 32 (Edit. Litolff). *E. Pauer*, Alte Meister II, S. 56 (Breitkopf & Haertel). *Hugo Riemann*, Altmeister I, S. 4 (Edit. Steingräber). *L'arte antica* e moderna I, S. 13 (Milano presso

Ricordi). Über das Leben Michel Angelo Rossi's wissen wir so gut
wie nichts, selbst die letzte und oft einzige Hilfsquelle, die Titel und
Dedikationen seiner Druckwerke geben keine Auskunft über seine
Person. Jedenfalls gehört er der jüdischen Familie *Rossi* an, die in
Italien zahlreiche Komponisten als Mitglieder zählte, obgleich man
über die Verwandtschaftsgrade völlig im Dunkelen bleibt. *Fétis* be-
richtet über ihn, dass er in Rom geboren ist, ein Schüler Frescobaldi's
war und von etwa 1620—1660 in Rom als ausgezeichneter Violinist,
Organist und Komponist wirkte. 1625 wurde im Palast Barberini zu
Rom seine Oper *Erminia* aufgeführt, wobei er selbst die Rolle des
Apollo's übernahm. Da der Druck derselben aber erst im Jahre 1637
erfolgte und Fétis fälschlich 1627 schreibt, so möchte man auch die
Aufführung ins Jahr 1635 statt 1625 setzen. Der Katalog des Liceo
musicale von Bologna bringt im 3. Bde. S. 333 den Abdruck der
Dedikation und des Vorwortes des Druckers Masotti an die Leser,
doch nirgends wird eine Jahreszahl genannt. In oben genannter
Bibliothek befinden sich aufser der Oper noch folgende Instrumentalwerke:

Toccate | e | Corrente | per | organo, ò Cembalo | di | Michel Angelo
Rossi | ein Wappen. ‖ In Roma. | A spese di Gio: Battista Caifabri in
Parione all' Inse- | gna della Croce die Genova. |

44 Seiten in hochfol. Das Titelblatt in Typendruck und die Orgelpiecen in Kupferstich und zwar notiert auf zwei Notensysteme, das
obere zu 6 Linien mit dem Cschlüssel auf der 1. Linie und das untere
zu 8 Linien mit dem Fschlüssel auf der 4. und Cschlüssel auf der
6. Linie.

Eine zweite Auflage hat denselben Titel bis zum Namen Rossi's,
dann heifst es weiter: | Di nuovo ristampato da Carlo Ricarii | Roma
MDCXXXXXVII | Si vendono in Parione alla Croce di Genova. 44 S.
in hoch fol. augenscheinlich von denselben Platten abgezogen. Aufserdem sind daselbst noch handschriftl. 2 Toccaten, eine Romanesca zu
4 Teilen, eine ungenannte Piece nebst 2 Versetten von Rossi in einer
Handschrift um 1700 vorhanden.

Die Musiklexika bringen nur die Oper und die 2. Ausgabe der
Orgelpiecen.

Die folgenden Tonsätze sind aus letzterem Werke gezogen:

Sesta Toccata.

(sic!)   (sic!)

*) Fälschlich Achtelnote.

Michelangelo Rossi.

Michelangelo Rossi.

Michelangelo Rossi.

(Schluss folgt.)

Fr. Aug. Gevaert, *La mélopée antique dans le chant de l'église latine. Gand 1895, Ad. Hoste. XXXVI, 446 S. 8⁰.*

Wer Gevaerts Histoire et théorie de la musique de l'antiquité (Gand 1875—1881) kennt, und besonders wer daraus das herrliche 4. Buch, Histoire de l'art pratique, gelesen, der tritt mit nicht geringen Erwartungen an eine neue Schrift dieses Verfassers heran, der mit so grofsem Geschick geschichtliches Material zu beurteilen, zu ordnen und auszunützen versteht. Die Aufgabe aber, welche derselbe bei dieser neuen Arbeit sich gestellt, ist gewiss geeignet, unser Interesse auf das höchste zu spannen. Es soll nämlich hier der Zusammenhang nachgewiesen werden, in welchem die Anfänge des christlichen Gesanges mit den letzten Ausläufern

---

*) ist h, ♯ statt ♮, wie es damals noch Gebrauch war.

des klassischen Altertums stehen, und indem G. eine bestimmte Gattung
altchristlicher Gesänge zergliedert und betrachtet, kommt er zu dem über-
raschenden Resultate, dass der Psalmengesang der abendländischen Kirche
eine innige Verwandtschaft mit den Weisen zeigt, welche im römischen
Kaiserreiche Dilettanten und Virtuosen unter Begleitung eines Saiten-
instruments anzustimmen pflegten. Nicht die Hymnen der abendländischen
Kirche hat Verf. zum Ausgangspunkte seiner Untersuchung gemacht, weil
diese mehr in Privatkreisen als in der Kirche angestimmt wurden, auch
mehr in Oberitalien und Gallien als in Rom bekannt waren, ebensowenig
wollte er sich auf die für das Messopfer vorgeschriebenen Gesänge stützen,
da diese viel jüngeren Ursprungs sind. Er betrachtet lieber den von alters
her auf bestimmte Tageszeiten (Matutinen, Vespern u. dgl.) verordneten
Vortrag der Psalmen und ihrer Einleitung. Diese Einleitung, die Antiphone, in welcher der Chorleiter wie in einem Vorspiele seinen Sängern
den Ton für den folgenden Psalm angiebt, bildet den Hauptgegenstand der
Untersuchung. Durch Ambrosius war diese Art von Psalmengesang in
das Abendland eingeführt; Papst Cölestin I. nahm sie um 430 in das
Ritual der römischen Kirche auf. Um das Jahr 900 hat der Abt Regino
von Prüm in seinem Tonarius ein Verzeichnis sämtlicher Antiphonen nach
Tonarten geordnet zusammengestellt. In dem reichen Schatze dieser Gesänge unterscheidet nun G. drei nach ihrem Inhalte wie ihrem musikalischen
Stile sich abhebende Arten, und nachdem er die Melodien der ältesten Art
mit scharfem Blicke betrachtet und zergliedert hat, kommt er zu dem Ergebnisse, dass dieselben sich aus einer mäfsigen Anzahl von kleinen Motiven
oder Melodiekeimen heraus entwickelt haben, welche sich nach Tonart, Tonfall und Rhythmus von den Hymnen des Mesomedes nicht wesentlich unterscheiden. Damit scheint allerdings die Wahrheit des oben angeführten
Satzes erwiesen, und eine schon früher auch von philosophischer Seite ausgesprochene Ansicht*) auf eine feste, unanfechtbare Grundlage gestellt zu
sein. Wir fügen noch hinzu, dass man mit besonderem Vergnügen die
Abschnitte liest von der Kitharodik in Rom (S. 31), sowie den von
der letzten Blüte und dem endlichen Verfalle der antiken Gesangskunst
(S. 34), auch den von der verschiedenen Stellung, welche einzelne Zeitalter dem Tritonus (f-h) gegenüber einnahmen (S. 129).

Gegenüber der Hauptfrage indes, ob der in diesem Buche geführte
Beweis vollkommen stichhaltig und der hier behandelte Gegenstand damit
endgiltig erledigt sei, muss Ref. doch einige Bedenken und Einwendungen
geltend machen. Zunächst ist nämlich unsere Kenntnis von der in Rom
geübten Kitharodik viel zu dürftig, als dass wir darauf weitgehende,
sichere Schlüsse bauen dürften. Aufser der dorischen Hymne des Mesomedes
an die Sonne, der ionischen an die Nemesis, sowie einer zweiten dorischen
Hymne an die Muse, deren Abfassung durch denselben Dichter neuerdings
in Frage gestellt wird, besitzen wir nichts, das uns über die Gesänge der

---

*) Westphal, Harmonik (1863) S. 24. Friedländer, Darstellungen a. d.
Sittengeschichte Roms III, S. 328.

späteren Römer sichere Aufklärung gäbe. Wir wissen nicht, aus welcher
Zeit die Angaben des Bellermannischen Anonymus § 28 über die Tonarten der Kitharoden stammen, und auf welches Land sie sich beziehen;
noch viel weniger wissen wir, was die kleinen Gruppen von Instrumental-
noten in den letzten Paragraphen jener Schrift bedeuten, und wenn es
Fingerübungen sind, bleibt fraglich, auf welches Instrument sie berechnet
waren. Völlig rätselhaft ist uns immer noch die Hormasia (Jan, mus.
script. p. 420), in welcher man früher ein zweistimmiges Kitharastück
sehen wollte; die Angaben des Ptolemäos Harm. II 16 über die Tonarten der Lyroden und Kitharoden sind zwar deutlich, aber leider sehr
kurz und beziehen sich nicht auf den Gebrauch der Römer. So lässt denn
unsere Kenntnis von Gesang und Saitenspiel im kaiserlichen Rom recht
viel zu wünschen übrig. Zwischen Mesomedes (um 130 n. Ch.) und
Ambrosius liegen drittehalb Jahrhunderte, zwischen dem römischen Dichter-
Komponisten und der Aufzeichnung der Antiphonen durch Regino liegen
sogar acht Jahrhunderte; kein Wunder daher, wenn die Ähnlichkeit in
jenen Tonweisen sich so ziemlich auf den Gebrauch der dorischen, äolischen,
ionischen und hypolydischen Skala beschränkt, d. h. auf den freien Gebrauch der Oktavgattungen, der noch nicht durch die Herrschaft eines
Dreiklangs eingeengt war. Außerdem kann Ref. die Frage nicht unterdrücken, ob es nicht wahrscheinlich sei, dass Ambrosius und seine Nachfolger, wenn sie die Sitte des Psalmengesanges in Wechselchören von
Syrien nach Italien verpflanzten, auch die dort üblichen Tonweisen in das
Abendland mit herüber nahmen. Deshalb wäre eine Vergleichung des
römischen Antiphonars mit den liturgischen Weisen der griechischen und
armenischen Kirche wünschenswert.

Während diese Bemerkungen, falls sie sich als berechtigt erweisen,
zu Einschränkungen an der Hauptthesis des Buches führen können, hat
Ref. noch einige Einwände zu erheben, welche nur die Behandlung einzelner
Tonarten und die Einteilung der Antiphonen nach diesem Grundsatze
betreffen. Zunächst muss hier, um dem Leser in der schwierigen Frage
nach den Oktavgattungen ein Urteil zu ermöglichen, noch einmal die
Überlieferung der Alten mitgeteilt werden, auf welcher unsere Kenntnis
von diesem Gegenstande beruht. Übereinstimmend geben mehrere Theoretiker
(z. B. Ps. Euklid p. 15 M = 197 Jan) folgende Tafel der Oktavgattungen an: die mixolydische Oktave entspricht in ihrer Folge von
ganzen und halben Tönen der modernen Tonreihe von $H-h$ ohne Kreuz
oder B

die lydische entspricht der Reihe $C-c$
die phrygische „ „ „ $D-d$
die dorische „ „ „ $E-e$
die hypolydische „ „ „ $F-f$
die hypophrygische „ „ „ $G-g$
die hypodorische oder lokrische „ $A-a$.

Schlösse nun immer und in aller Welt jede Melodie mit dem tiefen
Grundtone einer solchen Reihe, dann wäre die Arbeit des Musikforschers

leicht und verspräche sichere Ergebnisse; dem ist aber nicht so. Von den
drei Hauptsaiten der dorischen Lyra E a e pflegt man vielmehr die Mese
a als Grund- und Hauptton der Melodie, die Hypate E dagegen als
Schlusston derselben zu betrachten. So nahm Helmholtz (Lehre von den
Tonempfindungen 13. Abschnitt) einen dem modernen Recitativ ähnlichen
Schlussfall von dem Grundtone a nach E auch für griechische Gesänge an,
und Stellen wie Takt 18 der ersten Apollo-Hymne auf χρυσεοχόμαν, T. 32
ἐφέπων πάγον beweisen die Richtigkeit dieser Annahme. Auch Westphal
hat seit 1863 (Harmonik S. 108 und 344) diese Ansicht vertreten. Das
aristotelische Problem 19, 20 sowie die nachmalige Weiterführung des
Systems zu der Doppeloktave A—a' sind lautredende Beweise; auch an
der ersten in Delphi gefundenen Hymne war man bald darüber einig, dass
die mehrfach angeschlagene Oktave (g—g' in der dort gewählten Transposition mit 3 b) als Hypate und Nete, der oft berührte Mittelton (c') dagegen als Haupt- und Grundton des Liedes anzusehen sei. Nach dieser
Anschauung, welche auch G. in seiner Histoire I S. 140 teilte, gilt uns
die dorische Tonart trotz jener Tabelle des Ps. Euklid als ein A-moll,
das auf der achtseitigen Lyra sich von e—e' ausdehnte und oftmals mit
dem tiefen e schliefsen mochte. Die hypodorische Oktave ging ihr als
ein mit A schliefsendes A-moll zur Seite. Jetzt sagt sich leider G. von
dieser Auffassung los (S. 9); die dorische Tonart gilt ihm nun als eine
mit E beginnende Reihe, in welcher die Quinte h eine Hauptrolle spielt,
die Quarte a aber gar keinen Wert mehr hat. Alle Melodien aber, welche
sich um den Grundton a gruppieren, gelten ihm nun für äolisch (oder
hypodorisch). Nun ist freilich wahr, dass unter den Mesomedischen
Hymnen keine in der von uns bezeichneten Art schliefst, und dass eine
Stelle des Gaudentios 19 (p. 20) für Gevaert's Auffassung zu sprechen
scheint. Die Richtigkeit der letzteren Stelle wird indes angefochten;*)
auch ist Gaudentios nur ein schwacher Gewährsmann aus später Zeit,
und möglich wäre ja immerhin, dass der Gebrauch der Römer von der Musikübung des alten Griechenlands einigermafsen abwich. Jedenfalls bleibt die
Frage, welche Tonart in einem antiken Musikstücke herrsche, eine schwierige
und vielfach verwickelte.

Da wir oft nicht wissen, ob ein durch häufige Anwendung oder
durch die Schlussbildung hervortretender Ton als Hypate oder als Mese
anzusehen sei, haben wir alle Ursache, mit dem Urteile vorsichtig zu sein,
und werden nicht selten gut daran thun, uns — wie Reinach betreffs der
Abschnitte B—D in der zweiten delphischen Hymne — mit einem ent-
wederoder zu begnügen.

Während Gevaert die Unterscheidung in Melodien, welche auf den
Grundton, und solche, welche auf die Unterquarte schliefsen, für die
dorische Tonart nicht anerkennt, nimmt er einen solchen Unterschied an

---

*) In der Histoire I, S. 141 suchte G. selbst die Stelle durch Annahme
eines Fehlers unschädlich zu machen; Hugo Riemann ist heute noch dieser
Meinung.

in Bezug auf ionische und hypolydische Gesänge (S. 14). Nach Westphal's Vorgang bezieht er sich darauf, was Plato und Aristoteles von normalen und nachgelassenen Tonarten sagen. Ref. hat über die ἀνειμέναι ἁρμονίαι schon vor Jahren eine andere Ansicht geäußert und hält daran auch heute noch fest.*) Aufgezwungen soll diese Erklärung niemandem werden; mit voller Entschiedenheit aber müssen wir der unglückseligen Theorie widersprechen, welche in Bezug auf die hochgespannten (σύντονοι) Tonarten Westphal dereinst aufgestellt und wieder aufgegeben, welche aber G. nun zu einem Grundpfeiler seines Systems der Tonarten erhoben hat (S. 12 und 50). Demnach sollen ionische und hypolydische Gesänge nicht nur mit den genannten Haupttönen der Leiter, sondern auch mit der Terz des Grundtons schließen können. Jedermann weiß doch, dass eine Terz in unserm heutigen Sinne, als ein dem Grundtone nahe verwandter und mit ihm harmonierender Ton den Alten unbekannt war, dass sie unsern harmonischen Dreiklang nicht kannten; wie sollten sie also bei einem Schlusstone a an F-dur gedacht haben? Nicht Altersschwäche war es, was den scharfsinnigen Verfasser der griechischen Harmonik veranlasst hat, vor seinem Hinscheiden diese Behauptung aufzugeben, sondern ein Verlangen nach Versöhnung und Frieden, wie Sterbende es wohl zu empfinden pflegen. Wenn also G. 22 Melodien, welche Regino zum ersten Kirchentone rechnet, als syntono-lydisch (Schluss h als Terz von G) in Anspruch nimmt, können wir ihm unmöglich beipflichten. Der Ausdruck ἰαστιαιόλια bei Ptolemäos II 16 veranlasst Verf., eine Abteilung gemischter Melodien aufzustellen, welche zwischen F- und G-dur schwanken sollen. Auch diese Annahme scheint mir nicht glücklich; eine Erklärung des Ausdruckes Iasti-Äolia habe ich in v. Leutsch's Philologischem Anzeiger IX (1878) 310 gegeben.

Es ist die traurige Aufgabe der Kritik, die Schattenseiten der Werke hervorzukehren. Dass Gevaert's Mélopée auch helle Lichtseiten enthält, habe ich oben gesagt und will es gerne wiederholen. Nachdem wir in der Musikgeschichte lange Zeit eine Brücke vermissten, welche von dem Altertume in das Mittelalter hinüber führte, hat Verf. mit kühner Hand dieselbe geschlagen, und wenn auch in ihrem Oberbau Änderungen wünschenswert sein mögen, bleibt es doch sein Verdienst, den Hauptpfeiler dieser Brücke mitten in den Strom gestellt zu haben.

Ein Anhang behandelt die bis 1894 bekannt gewordenen neuen Entdeckungen auf dem Gebiete griechischer Musik. Sie nehmen unser Interesse in mehr als einer Hinsicht in Anspruch.

Was zunächst die Metrik betrifft, so folgt in Abteilung der Iamben des Sikilos-Liedes G. mit Recht dem Vorschlage Reinach's. Dieser fasst

---

*) Meiner Ansicht nach sind es Tonarten, welche durch Herabstimmen einiger Saiten auf der Lyra zu stande kommen; ihnen stehen die Tonarten gegenüber, welche durch Erhöhung einiger Saiten gebildet werden. S. Fleckeisens Jahrbücher 95 (1867) 815, auch Jan, Mus. scr. S. 27. Von einer nachgelassenen hypolydischen Tonart, wie G. annimmt, ist bei den alten Philosophen nirgends die Rede.

nämlich die über einzelne Silben gesetzten Punkte als Zeichen dafür,
welcher Iambus in der Dipodie den schwereren Accent trage. Der Vorschlag verdient Beifall, weil nun der Hauptton nicht mehr auf kurze
Silben fällt: allerdings wird damit jenen Punkten eine Bedeutung beigelegt, die sie im Gesange des Euripides unmöglich haben können. Den
Dochmien in diesem Chorgesange giebt Verf. den Taktwert $^3/_8 + ^6/_8$ mit
Dehnung der Schlusssilbe. Dabei wird zwar der auffallende Wechsel
zwischen drei und fünf Einheiten vermieden; der metrischen Tradition aber
wird damit so grofse Gewalt angethan, dass diese Art der Messung bei
den Philologen sicherlich keine Zustimmung finden kann. Was ferner
die Harmonie betrifft, so nennt G. die Tonart des Sikilos-Liedes ionisch,
obwohl seine Skala, auf die einfachste Transposition gebracht, nicht von
G—g sondern von D—d läuft. Da der Grundton jedenfalls g, und nur
der von Munro (sic) gefundene Schlusston d heifst, hätte Verf. das Lied
dem *iastien reláché* zuweisen sollen. Wir aber finden darin einen neuen
Beweis für den plagalen Bau griechischer Melodien und bezeichnen das
Lied mit Reinach im Bul. XVIII (1895) 366 als phrygisch (d g d, oder
in der Transposition mit zwei Kreuzen e a e). Ganz neue und eigentümliche Erklärungen bringt Verf. vor über Tonart und Tongeschlecht im
Chorgesange des Euripides. Aus der Reihe der Buchstaben $\Phi C P \Pi I Z E$
schien uns andern die Übereinstimmung mit der enharmonisch-phrygischen
Skala der παλαιότατοι bei Aristides Quint. klar auf der Hand zu liegen.
G. S. 390 macht dagegen geltend, dass enharmonische Intervalle niemals
von einem Chore gesungen seien. Indem er sich also von der Skala bei
Aristides lossagt, findet er in den Tönen *g a b h d e f* eine aus Chroma
und Diatonon gemischte Leiter, wie sie Ptolemäos I 16 erwähnt, und
macht mit Berufung auf Plutarch quaest. con. III 1, 1 geltend, dass
Agathon das chromatische Geschlecht in den Chor der Tragödie eingeführt
habe. Statt der phrygischen Oktavgattung nimmt er in dem Orestes vielmehr dorische Harmonie an und weist in recht wirksamer Weise auf
Aristot. Probl. 19, 48 hin, wonach gerade diese bei tragischen Chören
beliebt gewesen sei. Diese geistreichen Auseinandersetzungen verdienen es
im hohen Grade, seitens der Altertumsforscher beachtet zu werden. Weniger
gefallen kann uns dagegen die Art, in welcher sich G. die Instrumental-
noten des Papyrus als mit dem Gesange gleichzeitig angeschlagen denkt.

In Bezug auf die erste von den in Delphi gefundenen Hymnen können
wir mit Freuden die Thatsache festellen, dass hier auch G. eine plagale
dorische Leiter annimmt: g—g' mit Grundton e' in der Mitte nach der
Schreibart mit 3 b, oder e—e', Grundton a in der Transposition ohne
b. Übrigens giebt die Auslassung des Tones b und der Gebrauch des
eigentümlichen Tetrachords g as h c in dieser Hymne dem Verf. Veranlassung zu einem Ausfalle gegen die deutschen Philologen, welche nur
ihren Aristoxenos kennen, vom wirklichen Leben aber und seiner Musikübung nichts wissen wollen. Das Erstaunen über den unorganischen Ton h
und der Zweifel an der Richtigkeit seiner Note O wurde aber an der
Seine nicht minder lebhaft empfunden als am Rheine und an der Spree,

und wer will es uns verargen, wenn wir griechische Gesänge zunächst mit Anwendung griechischer Kunstgesetze zu verstehen und zu beurteilen suchen? Mit grofser Genugthuung weist G. auf die Verwandtschaft jener Skala mit der modernen Molltonleiter in c und auf die Betrachtung hin, welche er schon Histoire I 292 darüber angestellt. Diese Verwandtschaft war auch Reinach bei seiner ersten Veröffentlichung der Hymne Bul. XVII S. 600 nicht entgangen. Aber nur um den Leiteton, der zum hohen c führen soll, nicht zu entbehren, erhöhen wir zuweilen b in h; dagegen spielen wir in Deutschland wenigstens lieber die Leiter aufsteigend a h c, abweichend von der absteigenden Leiter c b as, weil die übermäfsige Sekunde as h uns unerträglich scheint. Die Freude, welche der griechische Sänger an dem Tritonus f h und der Sekunde as h empfand, können wir ihm nicht nachfühlen. Fruchtbarer ist Gevaert's Hinweis auf die gemischten Skalen des Ptolemäos, und dankbar wollen wir uns von ihm belehren lassen, dass das späte Altertum mit Aufgebung der aristoxenischen Regeln von der Tonfolge chromatische und diatonische Tetrachorde nicht ungern in einem Musikstücke vereinigte. Wenn also die Lehre von der Harmonik damit neuerdings zu demselben Resultate kommt, zu welchem die Rhythmik sich schon längst getrieben sah, dass nämlich mit allzu starrer Festhaltung an Aristoxenos nicht auszukommen sei, wollen wir doch die Lehrsätze des Tarentiners nicht als „byzantinische Machwerke" verwerfen, sondern als die Grundlehren in Ehren halten, auf denen die griechische Schultheorie fufste, von denen freilich die Praxis sich mitunter frei machte. Angesichts der beiden jetzt bekannt gewordenen Hymnen auf Apollo müssen wir den Gebrauch einzelner chromatischer Tetrachorde zugeben, und zwar sehen wir dieses Klanggeschlecht am ausgiebigsten immer da verwendet, wo von dem süfsen Tone der lydischen Flöte die Rede ist.

Strafsburg.   C. v. Jan.

(Berliner philolog. Wochenschrift 1896, Nr. 28).

Mitteilungen.

* *M. Henry Expert.* Les maitres musiciens de la Renaissance française, éditions publiées par ... Paris 1895 (1896) Alphonse Leduc. kl. fol. Im Jahrg. 1896 wurde der erste Bd. dieser Neuausgabe S. 143 angezeigt. Seit der Zeit sind 2 neue Ausg. erschienen: 1895 *Claude Goudimel's* 150 Psalmen in der Ausgabe von 1580 im 4stim. Tonsätze und 1896 *Guillaume Costeley's* Musique (resp. Chansons à 4 parties) von 1570. *Goudimel's* Psalmenbearbeitung ist hinreichend bekannt und teilweise schon neu veröffentlicht. Hier liegt eine Gesamtausgabe in der Originalnotation mit einer Klavierpartitur versehen, bis jetzt Psalm 1—50 vor. *Costeley's* Chansons waren bisher kaum dem Titel nach bekannt. Forkel, Becker und Fétis halten sie sogar für ein literarisches Werk und versehen es mit der falschen Jahreszahl 1579. Es erschien zu Paris 1570 par Adrian le Roy & Robert Ballard in 4 Stb. Expert teilt den facsimilierten Originaltitel nebst einer Anzahl Sonnette auf den Vorblättern zum Lobe des

Komponisten, sowie das Vorwort Costeley's an seine Freunde mit, gezeichnet in Paris den 1. Jan. 1570. Ebenso berichtigungsnötig scheint die von Fétis gegebene Biographie zu sein, die auch Expert statt etwas Besserem wiederholt. Costeley war Organist und Kammerdiener des Königs Charles IX. von Frankreich, wie er selbst auf dem obigen Titel schreibt. Nach seinem 1570 hergestellten Porträt in zwei verschiedenen Aufnahmen (von Expert ebenfalls wiedergegeben) war er in obigem Jahre 39 Jahr alt, also 1531 geboren, gestorben soll er nach Fétis am 1. Febr. 1606 zu Evreux sein. Nun sagt Fétis: 1571 gab er seine Stellung in Paris auf, zog sich nach Evreux zurück und war einer der Gründer des Cäcilienvereins, der sich zu Evreux alljährlich einmal versammelte und einen Coucours von neuen Kompositionen veranstaltete, deren beste mit Preisen belohnt wurden. Costeley war der erste Prinz, d. h. Vorsitzender des Vereins. Die Monatshefte 22, 185 bringen einen Auszug aus den Akten des Vereins (Fétis kennt die Ausg. von Bonnin et Chassant 1837 sehr wohl), dennoch schreibt er unter Costeley, dass der Verein 1571 gegründet wurde, während er erst am 5. Nov. 1573 ins Leben gerufen und die Statuten von Costeley unterschrieben wurden. Costeley bezeichnet sich aber auch hier, im Jahre 1573, noch mit obigen Ämtern, während Fétis ihn schon 1571 nach Evreux versetzt, wohin er sich zurückgezogen hat. Allerdings liest man bei der Zusammenstellung der Vorsitzenden (Prinz genannt): Costeley, 1. Prinz 1571 (sic?) hielt die erste Sitzung bei Feststellung der Statuten in seinem Hause „du Moullin de la Planche" ab. Ich halte die Jahreszahl 1571 für einen Druckfehler der Neuausgabe. Da er ein Haus in Evreux besafs, so lässt dies vielleicht darauf schliefsen, dass er dort geboren ist und sich in späteren Jahren dorthin zurückzog, denn S. 203 in obigem Bande der Monatshefte wird sein Todestag, wie oben bereits gesagt, verzeichnet, jedoch in Klammer ohne Ort gesetzt. Ob nun diese Angabe in den Akten sich befindet, oder ein Zusatz der Herausgeber ist, bleibt vorläufig eine offene Frage. — Die neue Ausgabe der Chansons ist mit Premier Fascicule bez. und enthält 28 Chansons, ob damit die Sammlung beendet ist, bleibt fraglich. Costeley ist ein genialer Komponist und trifft das leicht rhythmische Kolorit des französischen weltlichen Liedes vortrefflich. Dabei ist er ein kunstgewandter Meister, dem die Kontrapunktik in trefflicher Weise zu Gebote steht. Den Gesangvereinen sind die Chansons sehr zu empfehlen und bilden zugleich einen Prüfstein über die Leistungsfähigkeit des Chors.

	* Einen wertvollen Fund hat Herr Dr. *Hugo Riemann* in Leipzig gemacht in einem seit Jahrhunderten in der dortigen Universitätsbibliothek verwahrten aber bisher von keinem Musikhistoriker bemerkten starken Manuskriptenbande mit Mensuralmusik aus dem 15. Jahrh., der unter anderem eine 3stim. Messe von *J. Verbenet* (sic!), zahlreiche Kompositionen von *Adam von Fulda*, 4 Gesg. von *Heincz Finck*, 3 Gesänge von *Heinrich Isaac*, je eine von *C. Kupsch*, *Paulus de Rhoda*, *Raulequin de mol* und je eine Messe von zweifelhafter Autorbezeichnung enthält. Haberl's nächstes Jahrbuch soll eine genaue Beschreibung des Codex bringen.

	* Aus Jena kommt die Nachricht, dass die Jenaer Liederhandschrift im Lichtdruck in natürlicher Gröfse 56 + 41 cm vollendet ist. Die 133 Blätter der kostbaren Pergamenthandschrift sind — mit Ausnahme von 20 beschädigten Platten, die Herr Hofphotograph Haack hier neu aufnahm — von der bekannten

Firma Meisenbach, Riffarth & Co. in Berlin photographisch aufgenommen und in Lichtdruck vervielfältigt worden. Es sind 2 verschiedene Ausgaben hergestellt: die eine zweiseitig bedruckt auf 133 Blättern wie das Original (110 Stück); die andere einseitig auf 266 Blättern (30 Stück). In dem „Vorbericht" des Direktors der Universitätsbibliothek Dr. K. K. Müller ist das Wissenswerteste über die Handschrift kurz zusammengestellt: sie kam mit der ehemals kurfürstlichen Bibliothek aus Wittenberg 1548 hierher an die neugegründete Universität; ihre besondere Bedeutung liegt darin, dass sie den Texten die Melodien beifügt; leider ist eine gröfsere Zahl von Lücken im Texte infolge des Verlustes von Blättern festzustellen; geschrieben ist sie beinahe durchaus von einer und derselben Hand des 14. Jahrhunderts; abgesehen von Nachträgen am Rande gehören nur die Gedichte Wizlavs einer späteren Hand an. Den Inhalt der Handschrift bilden die Gedichte folgender Sänger: Meister Alexanders, Meister Boppe's, Frauenlob's, Meister Friedrichs von Sonnenburg, Meister Gervelin's, des Goldeners, des Guters, des Hennebergers, Herman des Damen, Höllefeuers, Meister Kelins, Meister Konrads von Würzburg, des Litschowers, des Meifsners, Reynolds von der Lippe, Rubins, Meister Rüdigers, Rumelands von Schwaben, Meister Rumslands, Meister Singaufs, des Spervogels, Meister Stolles, des Tanhäusers, des Unverzagten, des Urenheimers, Bruder Wernhers, Fürst Wizlavs von Rügen, Meister Zilies' von Seine, eines Unbekannten, sowie der Sängerkrieg auf der Wartburg. Neuerdings hat Herr von Liliencron, der schon 1854 mit W. Stade zusammen eine Anzahl Gedichte der Handschrift nebst Musik herausgegeben hatte, in der „Zeitschrift für vergleichende Literaturgeschichte N. F. 7" über die Handschrift gehandelt. Der Preis für die noch übrigen Exemplare ist auf 200 M für das ungebundene und 250 M für das in altertümlicher Weise gebundene Exemplar erhöht.

  * Studien über *W. A. Mozart*. Der Freundeskreis in Salzburg. Verfasst von Carl Freiherrn von Sterneck. Herausgeg. von *Joh. Ev. Engl.* 4. Folge. Salzburg 1896. Selbstverlag des Mozarteums. gr. 8⁰. 24 S. Eine sehr ansprechende und lebhaft interessierende Arbeit, die manches Neue birgt und gar manches spitze Wort der Mozart's auf seinen wahren Grund untersucht. Hierbei sei noch des Druckes der neuen Bearbeitung da Ponte's Don Giovanni gedacht, die in deutscher Übersetzung *Franz Grandaur's* und neu bearbeitet von *Hermann Levi* soeben in München bei Th. Ackermann in kl. 8⁰. 91 S. Preis 60 Pf. erschienen ist.

  * *Wagner* und seine Werke (resp. Richard). Die Geschichte seines Lebens mit kritischen Erläuterungen von *Heinrich T. Finck.* Deutsch von *Georg von Skal.* Breslau 1896. Schottländer. 2 Bde. kl. 8⁰. 434 und 488 S. mit Portr. W.'s.

  * Tijdschrift der Vereeniging voor Noord-Nederlands Muziekgeschiedenis. Deel V. 2de Stuk. Amsterdam 1896. Fr. Muller & Co. gr. 8⁰. 4 Bog. Enthält einen biographischen Artikel über Anthoni van Noord von Dr. Max Seiffert. Die Wilhelmus-Melodie in de Gedenckclanck van Valerius. Nog eens Utricia Ogle en de muzikale Correspondente van Huygens. Anthoni Vermeren von Seiffert. Susanne van Soldt. Mr. Jurrianus van der Cost. Jean Petit de Latre's Grabschrift u. a. kleinere Mitteilungen. Herr Dr. Seiffert macht dem Schreiber dieser Zeilen den Vorwurf im ersten obigen Artikel, dass er zu viel gesagt habe, wenn er Sweelinck den Begründer der Instrumentalmusik genannt

habe. Herr Dr. Seiffert möchte mir doch einen früheren Komponisten oder Zeitgenossen Sweelinck's nennen, der mit so entschiedener Absicht die Fuge und die Variation gepflegt hat, diese beiden Grundformen der Musik, dann ziehe ich gern meinen Ausspruch zurück. E.

* In Paris erscheint seit dem 1. Mai 1896 eine Zeitschrift, die sich ausschließlich mit Bibliographie für Musik beschäftigt, betitelt: *Le Journal musical* Bulletin international critique de la Bibliographie musicale. Paris 11, rue St. Joseph. Preis 7 Fr. Jeden Monat erscheint 1 Bogen in 8⁰.

* Der *Tonkünstler-Verein* zu Dresden versendet seinen Bericht über das Vereinsjahr 1895—96. Es ist immer noch der einzige Tonkünstlerverein, der regelmäßige Aufführungen, auch älterer Werke veranstaltet und eine reich dotierte Bibliothek besitzt, die alljährlich vermehrt wird. Seine Vermögensverhältnisse erlauben ihm Stipendien und Schenkungen auszusetzen, so dass sich nach allen Seiten hin sein Wirkungskreis erstreckt.

* Herr Prof. *Emil Krause* in Hamburg versendet sein Programm für den Kursus für Musik-Literatur, der sich auf die Entwickelung der Symphonie und den Sologesang, resp. Ensemblesätze der Oper erstrecken wird. Mit dem Vortrage geht die praktische Vorführung einer reichen Auswahl einschlägiger Werke Hand in Hand.

* Herr Gr. Odencrantz in Kalmar in Schweden zeigt der Redaktion an, dass der in der Totenliste des Jahres 1895 angezeigte Komponist *Wilhelm Heintz*, Georg Wilhelm Heintze heißt, am 4. Juli 1849 in Jönköping geb. und am 10. Jan. 1895 in Lund starb. Er war vielleicht der größte Orgelvirtuos Schwedens, als Komponist aber weniger bedeutend.

* Am 17. Oktober findet im Antiquariat von *Leo Liepmannssohn* in Berlin SW. Bernburgerstr. 14 eine Auktion von Autographen von Briefen und Musikalien von Musikern statt, die recht wertvolle Piecen darbietet. Alle Klassiker, die neueren und neuesten bedeutenderen Komponisten sind mit interessanten Stücken vertreten. Sammler finden hier eine reiche Auswahl.

* Der 1.—3. Band der Publikation der Gesellschaft für Musikforschung, *Johann Ott's 115 deutsche mehrstimmige Lieder* von 1544 in Part. nebst Klavierpartitur, ist von neuem wieder hergestellt und von Breitkopf & Haertel in Leipzig zum bekannten Preise zu beziehen.

* Hierbei eine Beilage: Katalog der Brieger Musikalien-Sammlung in der Universitäts-Bibliothek zu Breslau. Bog. 5.

Verantwortlicher Redakteur Robert Eitner, Templin (Uckermark).
Druck von Hermann Beyer & Söhne in Langensalza.

MONATSHEFTE

MUSIK-GESCHICHTE

herausgegeben

von

der Gesellschaft für Musikforschung.

| XXVIII. Jahrg. 1896. | Preis des Jahrganges 9 Mk. Monatlich erscheint eine Nummer von 1 bis 2 Bogen. Insertionsgebühren für die Zeile 30 Pf. Kommissionsverlag von Breitkopf & Härtel in Leipzig. Bestellungen nimmt jede Buch- und Musikhandlung entgegen. | No. 11. |

Michelangelo Rossi
ein Komponist des 17. Jahrhunderts.

(Ernst von Werra.)

(Schluss.)

Schluss der 7. Toccata.

Corrente.

Michelangelo Rossi.

Corrente.

Michelangelo Rossi.

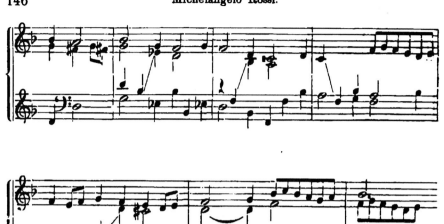

Corrente.

Vergleicht man die hier mitgeteilten Sätze mit denen im Anfange verzeichneten, die Köhler, Riemann u. a. herausgaben, so kommt man zu dem Schlusse, dass dieselben nimmermehr von obigem Autor sein können.

Die Kantoreigesellschaft zu Pirna.
Von Dr. Willibald Nagel.

Der Anteil, welchen das Bürgertum im 16. und 17. Jahrhundert an der Pflege der Tonkunst genommen, ist noch nicht in der Weise erschöpfend dargelegt worden, wie es der Gegenstand verdient. Gehört doch gerade dies Thema zu einer Geschichte des bürgerlichen Wesens, des inneren Lebens unseres Volkes. Wenn die Dichterorden die schöngeistige Geselligkeit mit zum Teil starker Betonung des nationalen Standpunktes pflegten, so blieb doch der Natur der Sache nach ihre Verbindung mit dem Gefühlsleben des Volkes eine wenig innige. Anders war dies bei den musikalischen Gesellschaften, und zwar besonders durch den Umstand, dass — wenn auch nicht überall — die ersten Anfänge der die Musik pflegenden Vereinigungen auf die kirchlichen Hilfsdienste, welche sie leisteten, zurückweisen. Dann aber verlangte die Bethätigung an Musikaufführungen kein anderes als ein nur wenigen versagtes Mafs von Talent, während die Mitgliedschaft an gelehrten und anderen Vereinen sich naturnotwendig auf geringe Kreise beschränkte. Bis jetzt ist, wie gesagt, erst wenig gethan worden, um diese Angelegenheit zu erledigen, wie wir denn auch noch keine erschöpfende Darstellung der Entwickelung unseres geistigen Lebens im Volke — ich sehe selbstverständlich ab von der Geschichte des gelehrten Unterrichts: wie oft hat sich der gelehrte deutsche Michel im Ozean fürchterlicher Nebelheimerei verloren! — besitzen; dass eine solche aber hervorragende Rücksicht auf die musikalischen Kränzchen zu nehmen haben wird, liegt auf der Hand. Spitta hat über das Convivium musicale in Mülhausen Mitteilungen gemacht, vereinzeltes findet sich an anderer Stelle; meiner Darstellung der Nürnberger Musikgesellschaft schliefse ich diese Nachrichten über die Pirnaer Kantoreigesellschaft an, deren Akten mir durch das liebenswürdige Entgegenkommen des Herrn Ratsarchivars O. Speck in Pirna zur Einsichtnahme zugestellt wurden. — Es ist nicht mit Gewissheit aus den Akten zu ersehen, in welchem Jahre die Pirnaer Societät sich konstituierte; doch scheint es, als ob das Jahr 1582, welches zuerst erwähnt wird, die „Cantorey und Musicorum Gesellschaft" erstehen sah. Wie üblich war der Rat um Bestätigung der Statuten ersucht worden; „allerley verhinderung" ließ aber die Gründer ihre Pläne zunächst nicht durchführen. Aus den Akten selbst geht es nicht unmittelbar hervor, doch war die Gesellschaft zur Pflege der Musik in der Kirche und im geselligen Verkehre zusammengetreten. Am 14. September 1630 wurden die Statuten neuerdings bestätigt. Ob, was sehr wahrscheinlich ist, die Pirnaer Stadtmusikanten im Dienste der Kantorei gestanden, ließ sich nicht ermitteln, leider auch nichts über die Verwendung der Instrumente; dass diese aber vorhanden gewesen, beweisen der Ausdruck Musici, der die Instrumentisten im Gegensatze zur Cantorey, den Vokalisten, bedeutet, und der direkte Hinweis auf die Musikinstrumente in der Kirche. Zu Beginn des 17. Jahrhunderts muss die Gesellschaft recht Tüchtiges geleistet haben Dies kann man aus einem Briefe schließen, welchen *Martin Frietzche*, Churf. Sächs. Hofmusikus, am 12. Juli 1601 an den Rat zu Pirna bei der Übersendung „einer newen sehr wol componirten Missa mit 6, so wol auch Vier Magnificat mit 5 und 4, eine Motetam mit 5 stimmen, welche ich auf Median Papier rein abgeschrieben" schickte. Aus den Worten „. . . bitten, solche gesenge von mir, als einem Musico gönstlichen auff vnd annemen, vnd diesen meinen Vleis Ihnen gefallen zu lassen, und gegen mir, nach E. Weiß. grosgönstiger beliebung mit einer ergetzlichkeit sich erzeigen", dürfte man wol auf Frietzsche' als den Komponisten schließen, der wünschen mochte, seine Werke in Pirna vom dortigen Kirchenchore aufgeführt zu sehen, wenn nicht das Verzeichnis (s. u.) uns eines anderen belehrte. Aus den nächsten Jahren ist wenig erhalten, was uns Aufschluss über die Thätigkeit der Leute gäbe; eine Rechnung verrät uns Preise von Gänsen, Hasen und anderen Dingen, welche in Anbetracht der schweren kriegerischen Zeiten überaus hoch waren. Von Interesse für uns ist das Inventarium, welches von *Johann Heinr. Richter*, Scholae Patriae Cantor 1654 angelegt und von diesem, resp. seinem Schwiegervater *Johan Cadener*, Organist und seinem Amtsvorgänger *Valentin Lungwitz* gesammelt worden war.*) Das Verzeichnis ist

---

*) Ich füge hier die Namen der Kantoren und Organisten an der Pirnaer Hauptkirche bis zum Anfang des 18. Jahrhunderts bei:

nicht nur darum wichtig, weil es uns eine Reihe unbekannter Tonsetzer nennt, sondern auch dadurch, dass wir an ihm einen Weiser
über die rasche Verbreitung des neuen auf italienischem Grunde sich
aufbauenden Stiles besitzen, dessen Führer in Deutschland *Mich.
Prätorius* und *H. Schütz* waren. Man kennt aus des grofsen Schütz'
Leben das Elend und den unsäglichen Jammer, mit welchem während
seiner Dresdener Thätigkeit das Kunstleben (nicht allein) in Sachsen
zu kämpfen hatte; auch Pirna blieb bekanntlich nicht von den Kriegs-
wogen verschont: 1639 wurde es durch Banér und die Schweden er-
obert. Da schwieg natürlicherweise jede andere als die unumgäng-
liche Bethätigung an öffentlichen und künstlerischen Fragen, aber
während die Fürsten ihre Musiker in den Zeiten des Niederganges
meist im Stiche liefsen, sammelten diese Leute immerhin Werke zeitgenössischer Meister, unterstützten, wie Schütz, ihre notleidenden Genossen trotz eigener Drangsal und streuten so Samen aus, der in der
Zukunft reichlich Frucht zu tragen verhiefs.

I n v e n t a r i u m.

Was wegen Eines Ehrenvesten und Wolweisen Raths an Can-
tionalien, Partibus, und anderen gedruckten und geschriebenen Moteten
und gesängen, damals Herr Valentin Lungwitz gewesener Cantor,
mein Antecessor seligen in seiner verwahrung gehabt, und annoch zu
befinden, auch was von Herren Johan Cadenern gewesenen Organisten
seligen, und von mir endes benanten hinzu gethan, alles treufleifsig
aufgezaichnet:

Erstlich.

Ein altes Pult darinnen zu befinden
1. Psalterium in folio sehr zerrifsen.
2. Psalterium in folio auf pergament geschrieben.

Kantoren:	Organisten:
Alb. Weissenberger 1536—76.	Georg Tenler 1582—1554.
Christoph Eiben —1588.	Jos. Jhenichen —1559.
Val. Lungwitz —1630.	Christoph Leubnitz —1574.
Joh. Heinr. Richter —1667.	Georg Kadener —1582.
Christ. Geo. Stephani —1670.	Joh. Kadener —1689.
Joh. Quirsfeld —1679 (wurde dann	Sigism. Ranisius —1645.
Archidiaconus in Pirna).	Mich. Pohle —1646.
Polykarp Schwarz —1716.	Christian Pause —1672.
(Vgl. „Sachsens Kirchengallerie".)	Samuel Zieger —1710.
	Joh. Gottfr. Freudenberg —1725.

(Akten des Pfarrarchives.)

(Freundliche Mitteilung des Organisten Herrn A l b. S a a l h e i m.)

3. Psalterium in folio, darinnen des alten Herren Superintendentis Anthonij Lauterbach's seine Hand zu finden, mitt buckeln beschlagen, wird anitzo gebraucht, und ist mitt wifsen des Seligen Herrn Superintendentis M. Danielis Reichardi aus der Sacristey gegeben worden, nach dem Herr Bürgermeister Melchior Rauffuss einen andern hienen (!) verehret.

4. Eine alte Lateinische Biebel bis auff Hiob, hernacher alles ausgeschnitten, und sehr zerrifsen.

5. Eine alte Deutzsche Biebel ist gantz zerrifsen.

6. Ein alt Cantional in bretter gebunden Lateinisch und Deutzsch darinnen die Introitus auff alle Festa zu finden.

7. Ein geschrieben Cantional sehr zerrifsen.

Zum andern.

Ein grüner Schrank unten mit Zweyen Schubkästgen, und dreyen fachen, darinnen in den schubkästgen Zur rechten hand Zubefinden die Antiphonae und Responsoria so wöchentlich gebraucht werden, In den andern Kästgen Zur Lincken hand, allerley geschriebene Moteten in gewifse fasciculos eingetheilet.

Fasciculus Primus.

in obitum Augusti Electoris Sax. 5 Voc. *Georg Cadeners**) ist nicht da.

1. Moteta toti Senatui dedicata et Composita ab *Isaaco Praetorio* 5 Voc.

2. Ad te levavi 5 Voc. Ejusdam. Erhard Nammern dediciret.

3. Revertere *Abrahami Praetorij.*

4. Christus habet. *Andreae Nivaeoti.***)

5. Jubilate Deo. Ejusdam.

6. Epithalamium in honorem *Martini Rentzkij.* 5 Voc. *Conradi Pistorij.**)

Congratulamini ⎫
Wohl dem der ⎭ sind nicht da.

7. Der Herr ist mein Hirt *Bartholo Breunig.**) Hoierswerda.

8. Moteta 5 Voc. *Johannis Friderici* de Beldersheim.*)

9. Cantilena Harmonica 6 Voc. *D. Selichij.*

Fasciculus Secundus.

Advent Weynacht und Ostertag Lieder mit 2. 3. 4. 5. 6. 7. 8 und 9 Stimmen *Johannis Milichij* Stolpensis.*)

---

*) Als Tonsetzer unbekannt.

**) Ich bedauere, keinen Weg zur Übersetzung des zweiten Teiles des Namens gefunden zu haben.

Von geschriebenen Moteten, Magnificat und andern Lateinischen und deutzschen Kirchengesängen, so *Martin Fritzsche*, weyland Churf. Sachs. Hoff Musicus zu Dresden geschrieben und einen Wolweisen Rath offeriret, werden in diesem *Fasciculo Tertio* gefunden.

Sex voces darinnen:

1. Nun lob mein Seel den Herren. 5 Voc. *Walliserj*.
2. Fata movent Cum 2da Parte 8 voc. *Fran. Sale*.
3. Ich freu mich des *Rogerij Mich*.[ael] Churf. Sächs. Capell.
4. Lobet den Herren. 6 Voc. *Conradj Hagij*.
5. Te Deum laudamus.
6. Herr Gott dich loben wir.
7. Magnificat 6 Voc. *Conradi Hagij*.

Fasciculus Quartus.

Officium Paschale. 5 Voc. *Orlandj* [de Lassi].

Fasciculus Quintus.

Octo Voces darinnen.

1. Ascendit Deus in Jubilatione *Caroli Berthj.* *)
2. Missa. 8 Voc. *F. Leonardi Carulanj* Servitae.
3. Verbum Caro factum est. 8 Voc.
4. Magnificat 1 Toni 6 Voc. *Tiburtij* Massaini.
5. Omnis homo primum. Rogerij Mich[ael].

Fasciculus Sextus.

Missa 8 Voc. *Christ. Demantij* Super Leoprico Sardamov.

Fasciculus Septimus.

Opusculum Sacrarum Cantionum 4. 5. 6. 7 et 8 (Voc.)**) *Christiani Roth*. Diese sind sehr gut.

Fasciculus Octavus.

Quinque Voces. Darinnen,

1. Ecce Advenit ⎫ *Rogerij Mich*[ael].
2. In excelso throno. ⎭
3. Drey edle Ding auf Erden *Joan Eccardi*.

Fasciculus nonus.

Missa 5 et 6 Voc. Super O Herre Gott begnade mich. *Erasmi de Glein*.***)

Fasciculus Decimus.

Sex Voces. Darinnen

---

*) Unbekannter Tonsetzer.

**) Veröffentl. nach Fétis nur 1624 in Dresden eine Sammlung von 74 Couranten zu 5 & 6 Stimmen.

***) Cf. Eitner, Bibliographie.

.1. Magnificat $\begin{cases} 1 \text{ toni } 4 \text{ Voc. } \textit{Petri Pacij.} \\ 8 \text{ toni } 4 \text{ Voc. } \textit{Theod. Leonhardi.*)} \\ 6 \text{ toni } 5 \text{ Voc. } \textit{Philippi Schöndorff.**)} \end{cases}$

2. Mifsa Super Exoptata diu 6 Voc. *Georgij Furterj.* (War Tenorist an der Hofkapelle in München.

3. Pater noster, *Horologij.*

4. Magnificat 5 Voc. *Francisci Sale.*

Fasciculus Undecimus.

1. Wer unter den Schirm. 6 Voc. *J. H. Schein.*

2. Mitten wir im Leben sind. 5 Voc. *Chr. Demantij.*

Fasciculus Duodecimus.

1. Gedruckte Cantiones in folio, 8. 10. 15. Voc. *Joan Baptista Pinelli.*

2. In Obitum Augusti Ducis et Elect. Saxoniae, 8 Voc. *Erasmi de Glein.*

Germanica Cantio So spricht der Herr bekehret euch. Ist nicht da. In grofsen fache sind zu befinden

Sedecim Cantionalia in grofs Regal, darunter ein gedrucktes: Mifsae *Clementis non Papae.* Item Eines darinnen de (?) Mefse Super Epitaphium Mauritij ingrofsiret ist. Item von gnad un (!) recht will ich singen *Lamberti de Fetin.**) Item Mifsa *Jacobi Vaets* in grun pergament auf Regal Bapier.

NB. Te Deum Laudamus auf pergament ingrofsiret ward von Herren M. *Augusto Cademan* dem Orgelmacher für baar geld geben.

Pafsio Christj Secundum Matthaeum auf regal Bapier, hernacher eine gedruckte Pafsion Secundum quatuor Evangelistas in folio und defsen bey der Evangelisten in 4to Bey welcher Pafsion in folio die aufferstehung geschrieben *Rogerij Michaelis.****) Die empfängnis unsres Herren Jesu Christi und die Historia von Johanne dem Täuffer *Eliae Gerlachen**) zu befinden.

Nachfolgende Partes sind in beyden fachen des grünen Schränkgen, wie auch in beyden Schränkgen auf der kleinen Orgel zufinden.

---

*) Unbekannter Tonsetzer.

**) Cf. Eitner, Bibl.

***) Dies ist die zweite Spur von Passionskompositionen Michael Rogier's. Nach einem im kgl. Staatsarchiv zu Dresden befindl. Bericht vom 2. März 1601 habe der Meister „zwei Passion, ein Te Deum laudamus und eine teutzsche Mefs componirt". Vgl. Kade, Die alt. Passionscomposition. Gütersloh, Bertelsmann, 1892.

No. 1. Sex Partes *Francisci Sale* Musici Caesarej Cant: Omnis generis instrumentis et vivae vocis accomodatae. 5 Voc. in roth Leder.

No. 2. Octo Partes. in quibus continentur Tres Tomi Cantionum *Jacobi Handels* in roth Leder.

No. 3. Septem Partes *Jacobi Handels* Mifsae. Lang in welschen bund roth auf den Schnidt.

No. 4. Septem Partes. Operis Musici Harmoniarum 4. 5. 6. 8 vel plurium Vocum *Jacobi Händels* in grün pergament.

No. 5. Sex Partes Deutzscher Evangelien *Chr. Demantij.*

No. 6. Quatuor Partes *Pinelli* Deutzscher Magnificat in weis pergament. Bafsus deficit.

No. 7. Quatuor Partes Geistlicher Deutzscher Lieder und Psalmen *Georgij Walteri**) Cantoris in Weifsenfels.

No. 8. Quatuor Partes Christlicher Deutzschen gesänge *Benedicti Thilesij* Varisci.

NB. Quatuor Partes Geistlicher Lieder *Balthasaris Langij**) Neapol. sind nicht vorhanden.

Wie schon leuchtet der Morgenstern *Barth. Nothman**) desgl.

Cantiones sive OPERA *MICHAELIS PRÆTORIJ*:

No. 9. Octo Partes Musarum Sioniarum: Motetae et Psalmi Latini dabey gebunden Herren Lutheri und anderer Deutzsche psalmen, 8 Voc. Erster Theil.

No. 10. Octo Partes, des andern, dritten, Vierdten und fünften Theils deutzscher geistlichen Kirchenlieder.

No. 11. Quatuor Partes des Sechsten, Siebenden, Achten und Neundten Theils deutzcher Geistlichen Kirchenlieder.

No. 12. Octo Partes Mifsae Sive Misfalia Sionia et Megalynodia Sive Magnificat de Nativitate et Resurrectione Christi.

No. 13. { Duodecim Partes Urania Sive Urano Chordia. { Octo Partes klein und grofse Lytaney zusammen geheftet. *Praetorij.*

No. 14. Sex Partes Der Musicalischen Gesellschaft, Tempore *Valentini Lungwitzij* in grun papier gebunden am bund Zimlich schadhaft, worinnen Reminiscere *Losfij* 5 Voc. Egressus Jesus 7 Voc.: *Jachis de Werth.* Magnificat 1. Toni *Praetorij,* Brautmessen *Johann Groh* zu finden.

Hier enden sich die Cantionalia Cantiones und Partes, so mein Antecefsor H. *Valentin Lungwitz* in verwahrung gehabt, auch noch zu finden sein.

---

*) Unbekannter Tonsetzer.

Folget nun, was mein Seliger Herr Schwiegervater *Johan Cadener* gewesener Organist, für Partes auf der Orgel in beyden Schränkgen gehabt:

No. 15. Octo Partes in grün pergament, darinnen *Hieronimi Praetorij* Magnificat per 8 Tonos sampt der Ersten und eltisten edition des Florilegij M. *Erhardi Bodenschatz.*

No. 16. Novem Partes Florilegij. 1 et 2dae Partis M. Erhardi Bodenschatzes, sind in weifs pergament, Zum andern mahl gebunden und Meister George Rübeln von Herren Christoph Pelsnitzen als der Kirchen vorsteher bezahlet worden.

No. 17. Octo Partes in grofs 4to, wobey der Bafsus Continu(u)s in median od. Regal Promptuarij Musici. Authore *Abrahamo Schadeo.* In quibus continentur Tres Tomi.

No. 18. Sex Partes in folio gebunden, und allerley Moteten hieneingeschrieben sonderlich *Henrici Thelemonij.**)

No. 19. Octo Partes, in quibus continentur Introitus *Rogerij Michaelis.* Magnificat 8 Tonorum, diversorum Excellentissimorum Authorum. Collectore *Casparo Haslero.*

No. 20. Octo Partes. in quibus Sacrae Symphoniae *Hasleri* sind Herren Johan *Cadenern* Ao. 1617 von *Johan Dietrichen* NP., vorehret worden, nebenst anderen geschriebenen. Worinnen Haec est Dies Item Lobet den Herren 8 Voc. *Johan Cadeners.* Ao. 17 im Jubelfest musiciert.

No. 21. Octo Partes. Sacrarum Symphoniarum Earundemque Continuatio *Hasleri.*

No. 22. Octo Partes Cantionum *Hasleri. Hier: Praetorij.* Item. Psalm: Poenitentialium 6 Voc. *Joan Croce.* Deutzscher psalm *Hasleri.* Sontäglicher Sprüche *Melch. Vulpij.*

No. 23. Octo Partes Sacrorum Concentuum *Hasleri.* Item: Hagiodecamelydrion oder Zehen Geistlicher Concerten *Thomae Sellij.***)

No. 24. Duodecim Partes, in quibus Reliqviae Sacrorum Concentuum *Giovan Gabrielis* et *Johan Leonis Hasleri* Herren Johan Cadenern verehret von Herren Esaia Mülbachen damaligen Ambtschreiber alhier Ao. 1618 den 24. May.

No. 25. Novem Partes Erster und ander Theil neuer Kirchen und Haufsgesänge M. *Mich. Altenburgij.*

---

*) Eitner (Bibliogr.) führt einen *Thelamonius Hungarus* an.

**) Th. Selle. Titel bei Fétis: Hagio-decamelydria.

No. 26. Octo Partes in quibus Cantiones Sacrae *Vulpij.**) *Coleri.***)
Liturgica *Aichingeri* et aliorum Authorum.

No. 27. Quinque Partes *Ludovici Viadanae.*

No. 28. Octo Partes in quibus Confortativae Sacrae *Henrici Hartmanni.*

2. Geistliche Concerten *J. H. Scheins.*

3. Trifolium Sacrum Musicale *Johan Groh.*

4. Cymbalum Sionium *J. H. Scheins.*

5. Tomus quartus Operum Musicorum *Hier. Praetorij.*

6. Musicalisches Lustgärtlein M. *Joh. Dilligeri.*

---

*) Wohl *Melch. Vulpius.*

**) Wahrscheinlich *David Coler* oder *Koeler*, cf. Fétis.

(Schluss folgt.)

Mitteilungen.

* Max Hesse's Deutscher Musiker-Kalender 1897. Leipzig, Max Hesse's Verlag, kl. 8⁰. Pr. 1,50 M. Enthält die im Lichtdruck hergestellten Porträts *Felix Mottl, Arthur Nikisch, Richard Strauß* und *Felix Weingartner* nebst Biographien, einen interessanten und belehrenden Artikel über den Gebrauch von Instrumenten bei historischen Konzerten von Dr. *Hugo Riemann*, den die Herrn Konzertgeber ganz besonders beachten sollten und die üblichen Adressen von Musikern, Konservatorien, Vereinen, Verlagshandlungen etc. etc. von ganz Deutschland, Österreich-Ungarn, Schweiz etc. bis Amerika. Richtiger wäre daher der Titel des Kalenders: Internationaler Musiker-Kalender. Für den künftigen Musikhistoriker eine Quelle von unschätzbarem Wert.

* Mitteilungen der Musikalienhandlung Breitkopf & Haertel. September 1896 Nr. 46. Außer neueren Werken werden angezeigt: *Seb. Bach's* Gesamtausgabe für den praktischen Gebrauch, d. h. die Gesangswerke im Klavier-Auszuge in modernen Schlüsseln, die Instrumentalwerke in Stimmen-Ausgabe. — Von *Grétry's* Gesamtausgabe wird der 21. Band „L'amant joloux, Pr. 12 M. in Part. angezeigt. — *Orlando di Lasso's* Werke sind bis zum 7. Bande gelangt. An Biographien nebst Anzeige der gedruckten Werke sind vorhanden: *Karl Loewe, Friedr. Grützmacher, Ernst Rudorff* und *M. Enrico Bossi.*

* *Leo Liepmannssohn* Katalog 122, Dramatische Musik. Partituren und Klavierauszüge, 457 Nrn., sowohl neuere, als Werke aus dem 17. u. 18. Jh.; eine wertvolle Sammlung. Mancher Komponist ist mit zahlreichen Opern vertreten.

* Hierbei eine Beilage: Katalog der Brieger Musikalien-Sammlung in der Königl. und Universitäts-Bibliothek zu Breslau. Bog. 6.

Verantwortlicher Redakteur Robert Eitner, Templin (Uckermark).
Druck von Hermann Beyer & Söhne in Langensalza.

Monatshefte

für

MUSIK - GESCHICHTE

herausgegeben

von

der Gesellschaft für Musikforschung.

| IIVIII. Jahrg. 1896. | Preis des Jahrganges 9 Mk. Monatlich erscheint eine Nummer von 1 bis 2 Bogen. Insertionsgebühren für die Zeile 30 Pf.

 Kommissionsverlag von Breitkopf & Härtel in Leipzig. Bestellungen nimmt jede Buch- und Musikhandlung entgegen. | No. 12. |

Die Kantoreigesellschaft zu Pirna.

Von Dr. Willibald Nagel.

(Schluss.)

7. Opus quartum *Biasij Thomasij.**)

8. Kirchen Music Erster theil *Johan Stadens.*

9. Paradisus Secundus Meditationum Musicarum od. ander Musicalisches Lustgärtlein neuer Deutzscher Magnificat aus 2 und 8stimmiger Harmonia, nebenst dem Basso Continuo *Johannis Crügeri.*

10. Pro dromus Musicus, in quo Tria Magnificat *Finolti* (Andreae). Diese sind alle in einem bund.

No. 29. Tredecim Partes in folio *Henrici Sagittarij* et *Selichij* Deutzscher Psalmen.

No. 30. Octo Partes in folio geheftet sind mehrentheils Herren *Johan Cadeners* Componirte sachen geschrieben.

Folgen nun die Partes, so zu meiner Zeit sind geschaffet worden, von Ao. 1630 bis dato.

No. 31. Duodecim Partes Symphoniarum Sacrarum *Lamberti de Sayve*, Potentissimi ac invictissimi Romanorum Imperatoris Mathiae Capellae Magistro. in grofs 4to   3 thl.

No. 32. Octo Partes Cantionum Sacrarum. 8 Voc. *S. Scheids*, 1 thl. 12 g. Archiepiscopi Magdeburgensis Capellae Magistri in grofs 4to und blauen papier gebunden.   12 g.

---

*) Unbekannter Tonsetzer.

No. 33. Octo Partes darinnen allerhand authorum geschriebene sachen von *Johan Herrichen**) gewesenen Quartino geschrieben, sind in pergament geheftet, bekam aus der Büchsen 1 thl. 6 g.

No. 34. Sex Partes in folio gebunden von Herren *Johan Martin Lindenern* gewesenen Organisten in Weizenstein geschrieben, darinnen allerhand Concerten Nahm aus der büchsen 2 thl.
(Siehe Vierteljahrsschrift 6, 492.)

No. 35. Octo Partes in weis pergament gebunden, in welchen zu befinden

1. Neue Deutzsche u. Lateinische Moteten *Erasmi Widemanni* 21 g.
2. Pars 1 Concentuum Sacrorum cum Baſso Continuo *S. Scheids*
   1 thl. 12 g.
3. Musica Votiva *Dilligeri* 10 g.
4. Cantiones Sacrae. 4 Voc. *Henrici Sagittarij* 1 thl.
5. Sacri Concentus *Gümpelzaimeri* 8 Voc. 21 g.
6. Iſraelis brünlein. 5 Voc. *J. H. Schein* 1 thl.
7. Decas concentuum Musicorum *Hantzlinj***) 6 g.
8. Ander Theil Geistlicher Conzerten *J. H. Schein* 1 thl. 12 g.
9. Neue Deutzsche Kirchen gesänge *Mich. Lohr* Cantore zu Dresden, sind von dem Authore einem Ehrenvesten Rath verehret worden, wie im ersten Discant zu finden.
10. Cantiones Sacrae *Pauli Schäfferi****) Musici in Breſslau nebenst einen General Baſs in folio 1 thl.
    Davon zu binden ist gegeben worden 2 thl.

No. 36. Novem Partes in geschrieben pergament mit leistgen gebunden, worinnen zu befinden

1. Symphoniae *S. Scheids* gehören zu No. 35.
2. Pars 1. 2 et 4 Geistlicher Conzerten mit 2. 3. 4. 5. 6. Stimmen Ejusdem 1 thl. 12 g.
3. Musica Christiana *Dilligeri* 8 g.
4. Musicalischer (!) Seelenlust. 5 Voc. *Tob. Michaelis* 1 thl.
5. Dulces mundani exilij Deliciae *Melch. Frank* 18 g.
6. Laudes Dei vespertinae 4. 5. 6. 8 Voc. Ejusdem 1 thl. 6 g.
   NB. Der General Baſs gehöret auch zu No. 35.
   Zu beiden ist gegeben worden 1 thl. 12 g.

No. 37. Octo Partes in beschrieben pergament worauf Hebraischer

---

*) Unbekannter Tonsetzer.
**) Wohl der Zittauer Kantor Jacob Hansel.
***) Bei Fétis ist dies Werk nicht verzeichnet.

litera in quibus Cantiones Sacrae de praecipuis Festis totius anni *Hieronimi Praetorij* wurden von einen böhmen gekauft vor   1 thl.

No. 38. Quinque Partes in quibus Opera Omnia Sacrorum Concentuum 1. 2. 3. 4 Vocum Authore *Ludovico Viadana*, hujus novae artis Musices inventore primo worinnen ein Welscher Lateinischer und Deutzscher bericht, wegen des General Baſs. für die Organisten Zubefinden   1 thl. 6 g.

No. 39. Novem Partes Darinnen zu befinden

  1. Introitus Miſsae. Prosae *Demantij*   1 thl. 6 g.

  2. Deutzsche Paſsion Secundum Johannem Ejusdem   6 g.

  3. Musicalischer andachten ander theil *Hammerschmidt*   21 g.

  4. Deutzscher kirchengesänge ander theil *Mich. Lohr*   15 g.

  5. Suspiria Musicalia *Sendelij**)   6 g.

       zu binden ist gegeben worden sind 5 Capellen darbey also 14 Stimmen   1 thl. 12 g.

No. 40. Septem Partes in welchen

  1. Erster theil kleiner geistlichen Conzerten *Henr. Sag*[ittarii] 12 g.

  2. Musicalischer Seelen Lust ander theil *Tobiae Michaelis* 21 g.

  3. Dialogi *Hammerschmids* wurden von Herrn Bürgermeister Rauffussen verehret   8 g.

  4. Ander theil der Dialogen Ejusdem
zu binden ist gegeben   1 thl. 4 g.

No. 41. Rosetulum Musicum oder Musicalisches Rosengärtlein *Melchior Frankens*.

Auch etzliche geschriebene Madrigalen 5 et 6 Voc. *J. H. Schein*. Septem Partes von Organisten *Christian Pansen* erkauft 1 thl.

No. 42. Quinque Partes in groſs quart, in weiſs pergament gebunden, sind Concerten Andreae Gabrielis, ist defect. Hat Herr Sigemund Ranisius hineingelegt, Darinnen Phantasiae ad Duodecim modos: Germanni. Fugae *Mercheri***) sind gantz.

No. 43. Sex Partes Kronen Krönlein *Steph. Otto*.   8 g.

No. 44. Quinque Partes Ander Theil kleiner geistlichen Concerten *Sagittarij*   18 g.

  2 Arien und Cantaten *Nutelij**)   18 g.

  zu binden   15 g.

---

*) Unbekannter Tonsetzer.

**) Vielleicht *Math. Merker*, der als Instr. Komponist bekannt geworden ist. (Vgl. Fétis.)

No. 45. Septem Partes. Darinnen:

1. Secunda Pars Symphoniarum Sacrarum   1 thl. 12 g.
   und

2. Geistlicher Chor Music *Sagittarij*   1 thl. 12 g.
   In leistgen geheftet   6 g.

No. 46. Symphoniarum Sacrarum Tertia Pars Sagittarij in 12 Stimmen   2 thl. 12 g.

Dem buchbinder 8 g.   8 g.

No. 47. Vierdter Theil Musicalischer andachten in folio in Zehen Stimmen *Hammerschmids*   2 thl.

Dem buchbinder zweymal   10 g.

NB. Kernsprüche Erster und ander Theil *Johan Rosenmüller* hat Herr Johan Christoph Günther der Gesellschaft verehret. Ao. 1653. Kosten mit binderlohn   2 thl.

NB. Eine Basgeige Ao. 1633 von der Gregor Hartmannin erkauft für   3 thl.

Haben die Stadtpfeiffer bey sich, wird die Kirche von ihnen zu fodern wissen.

No. 48. Die aufferstehung Christi besungen von *Heinrich Schützen* in 9 Stimmen, aus der Capelle von Weitzenstein in folio 1 thl 12 g.

Hammerschmids neue kirchen gesenge dem 11 Junij Ao. 53 aus den büchsen Zahlt denen Birgen   1 thl.

54 thl. 20 g.

NB. Nachfolgende gedruckte und geschriebene sachen sind von mir ohne entgeld hinzugethan.

No. 49. Neunzehen Stimmen in folio, worinnen schöne moteten und Concerten der fürnembsten authoren, bekam sie aus der fürstlichen Landschul Meifsen, mehr sind drey Mefsen Super Deus spes nostra Vulpij Item Super Jubilate Deo Marentij etc. von H. *Johan Cadenern* gesetzet. Item 20 Mefsen über aller hand moteten Vincij.

No. 50. Achzehen Stimmen in folio, so ich von Leipzig gebracht, worinnen der anfang ist der Dialogus de Resurrectione und andere Concerten *J. H. Scheins* et aliorum authorum.

Andere Geschriebene und gedruckte sachen in gewifse Fasciculos eingetheilet.

Fasciculus Primus.

No. 1. Mifsa 8 Voc. *Johan Cadeners* Super Jauchzet dem Herren H. Sag[ittarij] ist in meinem inventario No. 4 gantz absonderlich alleine.

Duae Mifsae 8 Voc. Concertatae *Alex. Grandi.*
Missa Duodecim Voc. Super Bone Jesu *Joh. Stadelmeyer.*
Mifsa 8 Voc. *Joh. Valentini.*
Mifsa 6 Voc. *Ranisij.* *)
Mifsa 12 Voc. Super Exultabo incerti.
Mifsa 12 Voc. *Urban Loth.*
Mifsa 14 Voc. *Johan Baptistae.* **)

Das papier
Zu diesen
12 Stimmen
nebenst den
General Bafs
kostet 12 g.

Hierzu sind noch Zwo Mefsen 12 Voc. kommen und Zusammen
geschrieben Nebenst einen General Bafs, in grofs quarto oder
klein folio von 2 Buch Herren papier.

Davon zu binden aus der Büchse gegeben 1 thl.

Fasciculus Secundus.

Moteten und Concerten auf die fürnembsten Festa.

Adventus.

1. Wer ist der. 10 Voc. *Heuptij.* ***)
2. Osanna. 8 Voc. *Math. Kelz.*
3. Es ist eine Stimme *Joh. Groh.*

Nativitatis.

4. Hymnus Angelorum. 6 Voc. *Leonh. Greske.* ***)
5. Alleluja Sihe ich verkündige euch. 8 Voc. incerti.
6. Des Weibes Samen. 9 Voc. *J. H. Schein.*
7. Vom Himmel hoch. 12 et 14 Voc. Ejusdem.
8. In dulci Jubilo. 12 Voc. *Heuptij*

Circumcisionis.

9. Ich freu mich des. 12 et 14. *J. H. Schein.*
10. Nun danket alle Gott. 14 Voc. Ejusdem.
11. Nun danket alle. 9 Voc. *Org. Misn.* †)

Purificationis.

12. Herr nun lestu. 8 Voc. *And. Cad*[ener?]

Annunciatonis.

13. Stehe auff. 8 Voc. *J. H. Schein.*
14. Siehe meine freundin. 8 Voc. *Joh. Groh.*

Resurrectionis.

15. Herr unser Herrscher. 8 Voc. *Joh. Ludi.* ***)
16. Angelus Domini. 8 Voc. *Hildesheim.* ***)

---

*) Vgl. Eitner, Bibl.
**) Ohne Beinamen nicht kenntlich.
***) Unbekannter Tonsetzer.
†) Ist Georg Dietrich aus Meifsen, Kantor an der dortigen Schule in der
2. Hälfte des 16. Jhs., starb vor 1599. (Sächs. Staatsarchiv.)

17. Salve festa dies. 8 Voc. *Dem*[antij].

18. Ich weiſs das mein Erlöser. 6 Voc. *Ranisij*.

19. Die nobis Maria. 8 Voc. *G. Roth*.

20. Weib was weinestu. 5 et 10 Voc. *Sagitta*[rij].

21. Also heilig. 8 Voc. ⎱

22. Vespere. 8 Voc. ⎰ *Andr. Cad*[ener].*)

23. Zu dieser Österlichen Zeit. 12 Voc. *Heuptij*.*)

24. Erschienen ist der herrliche Tag. 16 Voc. Ejusdem.

Ascensionis.

25. Ite in universum mundum. 12 Voc. *And. Cad*[ener].*)

Pentecostes.

26. Dies ist der Tag. 16 Voc. *Heuptij*.*)

27. Alleluia Lobet den Herren. 8 Voc. *J. H. Schein*.

28. Jauchzet Gott alle Land. 8 Voc. *Petri Meyeri*.*)

29. Die Himmel erzehlen die ehre. 8 Voc. *J. Groh*.

30. Jubilate Deo. 12 Voc. *Joh. Hem̄*.*)

31. Singet dem Herren. 12 Voc. *Elias Liesberger*.*)

32. Lobet den Herren in seinen. 12 Voc. *Sethi Calv*[isii].

33. Preise Jerusalem. 6 Voc. *Johan Groh*.

34. Schaffe in mir Gott. 8 Voc. *Heuptij*.

Johannis.

35. Und Elisabeth. 8 Voc. *Heuptij*.

36. Ich will den Herren Loben. 8 Voc. *Petri Meyers*.

Michaelis.

37. Nun Lob mein seel. 8 Voc. *Christ. Roth*.

38. Nun Lob mein seel. 11 Voc. *J. H. Schein*.

39. Lobet den Herren ihr sein engel. 6 Voc. incerti.

40. Es erhub sich ein streit. 8 Voc. *Joh. Groh*.

Dominica ? post Pentecosten.

41. Meister wir haben die gantze nacht. 8 Voc. *J. M. Kinde*.*)

Dominica 20 post Pentecosten.

42. Saget den gästen. 9 Voc. *Hen. Sag*[ittarii].

Ad Placitum.

43. Ich will Schweigen. 6 Voc. *J. H. Schein*.

44. Wohl denen die ohne wandel leben. 5 Voc. *Tobiae Mich*[ael].

45. Die Furcht des Herren. 8 Voc. Ejusdem.

46. Gott ist unser Zuversicht. 8 Voc. *M. Dillig*[er].

47. Gott ist unser Zuversicht. 8 Voc. *J. M. Lindener*.

---

*) Unbekannter Tonsetzer.

48. Jauchzet dem Herren. 10 et 16 Voc. *H. Grimmij.*
49. Erhalt uns Herr. 3 Voc. *Petri Meyeri.*
50. Wie sol ich doch den Herren. 6 Voc. Ejusdem.
51. Am (?) gutten Tag. 3 Voc. Ejusdem.
52. Martha du machst. 4 Voc. Ejusdem.
53. Benedictus Dominus. 0 Voc. *Andr. Cad*[ener].

Fasciculus Tertius.
Brautmeſsen.

54. Wünschet Glück. 9 overò 15 Voc. *Steph. Otto.*
55. Alleluja der segen des Herren. 8 Voc. *Dem*[antij].
56. Veni in hortum. 6 Voc. *Christian Engel.* (Organist in Naumburg.)
57. Du hast mir das hertz. 6 Voc. *Caldenbachij.**)
58. Wie die Sonne. 8 Voc. *J. H. Schein.*
59. Wohl dem der ein tugentsam weib. 4 Voc. *Dillig*[eri].
60. Mein Freund kome. *H. Sag*[ittarij]. 6 Voc.
61. Mein Freundin ist mein. 8 Voc. *Steph. Otto.*
62. Wünschet alle Glück. 8 Voc. *Chr. Dem*[antij].
63. Freu dich des Weibes. 8 Voc. *Joh. Groh.*
64. Freu dich des Weibes. 6 vel 9 Voc. *H. Sag*[ittarij].
65. Du hast mir. 8 Voc. *Ad. Dilli*[geri].
66. Alleluja dancket dem Herren. 8 Voc. *Tob. Michael.*
67. Wohl dem der den Herren fürchtet. 9 Voc. *Joh. Rosenm*[üller].
68. Freue dich des Weibes. 7 vel. 12 Voc. *Hamersch*[midt].
69. Freue dich. 3. 5. 8. 10 et 15 Voc. *Michel Dehne.* (Organist in Freiberg i. S.)
70. Wohl dem der in Gottes Furcht. 10 Voc. *J. Klm.***)
71. Sihe wie schöne bistu. 4 Voc. *Pet. Lichtenfeld.* (Vielleicht Kaspar Peter Lichterfeldt, der in der Bibl. Joachimsthal mit 3 Messen vertreten ist.)
72. Wünschet. 8 Voc. *Dem*[antij].
73. Meine Schwester Liebe braut. 5 Voc. *H Grimmij.*
74. Wohl dem der ein tug(endsam weib). 11 Voc. *J. H. Schein.*
75. Lobe den Herren. 8 Voc. Ejusdem.
76. Siehe wie fein und lieblich. 8 Voc. *Georg Englm*[ann].
77. Lobet den Herren alle Heyden. 8 Voc. *J. H. Schein.*

---

*) Wohl Christian Caldenbach.
**) Wohl aufzulösen in Joh. Klemme der in Dresden geb., in Augsburg ausgebildet, unter Schütz thätig und von 1625 ab Organist in Dresden war.

78. Wohl dem der ein tugendsam. 8 voc. *Hen. Sag(ittarij)*.
79. Haus und Güter. 11 voc. Ejusdem.
80. Wo ist dein freund hingan(gen). 5 vel 10 voc. *J. H. Schein.*
81. Ego dormio. 8 voc. *Joh. Groh.*
82. Alle gute gaben. 8 voc. *Ch. Demantij.*

Fasciculus Quartus.

Leichen Moteten.

83. Zion spricht. 8 voc. *Joh. Stolle.*
84. Sey nun wieder zu frieden. 5 voc. *Hammersch[midt]*.
85. Siehe der Gerechte kömpt umb. 5 voc. *Tob. Mich[ael]*.
86. Unser Leben. 8 voc. *Joh. Groh.*
87. Herr ich hoffe auff Dich. 5 voc. *J. H. Schein.*
88. Das ist ie gewisslich war. 6. v. *H. Sag[ittarij]*.
89. Du frommer und get[rewer]. 5 voc. *Tob. Mich[ael]*.
90. Ihr heiligen Lobsinget. 5 voc. *J. H. Schein.* Deo Dicamus.
     5et 6 voc. *S. Ranisij.*

Solch inventarium ist von mir endes benanten den 24. Oct. A⁰ 1654 aufgesetzet, und dem Wohl Ehrenvesten Vorachtbaren und Wohlweisen Herren Christophoro Poltznitzen p. t. Wohlgeordneten Stadtrichter und des Kirchenkastens wolbestalten Vorsteher übergeben worden.

Johan Heinrich Richter
Scholae Patriae
Cantor.

Auf Richter folgte im Kantorat *Christoph Georg Stephani*, dem am 23. Nov. 67 eine Geldanweisung durch den Bürgermeister und des Collegii Musici Senior, M. Rauffus, ausgestellt wurde. Im folgenden Jahre hatte sich die Kantorei-Gesellschaft beschwert, dass „etzliche von der Bürgerschafft . . . sich bißhero gelüsten laßen, zu Ihnen auf die beiden Orgeln zukommen, die Fenster und andere bequeme Orthe . . . einzunehmen . . . . also, daß sie (die Musiker) offtmahls übel Platz . . . hatten, sich *mit ihren Instrumentis und Partibus* recht zu bethuen", worauf am 29. Dez. 68 Abhilfe geschaffen wurde.

Sei es, dass die Leistungen der Kantorei-Gesellschaft damals wenig genügten, oder dass sie an Zahl zu sehr zusammengeschmolzen war, Bürgermeister und Rat von Pirna entschlossen sich, „einen rechten Chorum Symphoniacum aufzurichten, Welcher nicht allein in der Kirche des Sonn- und Feyertags aufwarte, sondern auch bey denen Leichen Conductibus, Hochzeiten und anderer Gelegenheit sich gebrauchen laße. Es hat aber zeithero theils an dergleichen Subjectis,

theils auch an ihrer Unterhaltung ermangeln wollen". Es hatten
"nun aber ezliche Herren albereit ultrò sich offeriret, dass sie dergleichen Personen respectivè ex amore cultus divini, zur paedagogi
und privat-Information ihrer lieben kleinen Jugend, und ex liberali-
tate auf ein Jahr lang mit der Kost, Lager und Wäsche versorgen
wollen, Wir auch gemeint sind, wann solcher Chorus Musicus complet
sein wird, denselben in der Stadt Schule, (damit auch selbiger in
etwas wieder aufgeholffen, und höhere Lectiones angelegt werden
mögen) mit informiren, und mit Cantiren vor den Thüren (wie in
der Nachbarschafft hin und her geschiehet), etwas Beyschuß colligiren
zu lassen, In solchen und dergleichen neuen Dingen ... der Anfang
schwer ist . . ., und aber ein solcher Knabe so viel zuerhalten nicht
kostet, auch bißweilen mit Schreiben, Information und Obsicht auf
die Kinderlein, ja, mit seinem Studieren und bethen ... wohl mehr
Nuzen als Schaden bringet, So tragen (wir) ... Vertrauen ... Signatum
den 29. Juny Anno 1669." Ein Bild aus der alten Zeit, das einen
beim ersten Blick ganz patriarchalisch-heimelig anmutet. Die guten
Pirnaer Ratsherren waren allzu idealistisch-sentimental veranlagt,
da sie annahmen, ihre werten "Herren und Freunde" würden sie be-
reitwilligst bei ihrem guten Vorhaben unterstützen; zwar schloss sich
von den chursächsischen Beamten nur einer aus, die Ratspersonen
unterschrieben vollzählig, gaben auch höchst nützliche Anmerkungen
zu dem Plane: man betonte die gute Wirkung des Musik-Institutes
in sozialer Hinsicht als Gegenmittel gegen den Musikanten-Bettel vor
den Häusern; der alte Bürgermeister Rauffus pries die Musik als
Vertreiberin des bösen Feindes und freute sich, dass er als alter
Mann noch die Besserung der Musik-Verhältnisse in Pirna erleben
solle; man war der Hoffnung einer "wieder auffhelffung unserer lieben
Stadt Schulen" — — — So schien also die Angelegenheit guten
Fortgang zu nehmen; als aber 1672 der Rat ein neues Rundschreiben
erließ, von der Anstellung "etzlicher feiner Subjecta, deren Anzahl
auff ein annehmliches vermehret worden", sprach, und zu neuen
Unterstützungen aufforderte, da unterzeichnete von den 8 Beamten
keiner, von den 15 Ratsmitgliedern nur der Bürgermeister und von
73 namentlich aufgeführten Bürgern keiner.

Während in Dresden nach dem Kriege sich unter dem 2., 3. und
4. Johann Georg ein vorher nie gesehener Glanz entwickelte, litten
die Provinzstädte noch schwer unter den Nachwirkungen der blutigen
Jahre; in Pirna wagten die Bürger sich nicht einmal mehr den Luxus
einer kleinen Sängerschar, welche den Gottesdienst hätte verschönern

können, zu leisten. Und doch blieb die Kantoreigesellschaft bei einander; das Interesse an ihren Bestrebungen sank so tief, dass sie zu Beginn des XVIII. Jahrhunderts nur 4 Mitglieder zählte, nachdem die Beteiligung vorher noch eine recht rege gewesen war. Gegenwärtig besteht die Kantorei aus 9 Herren, welche bei den Kirchenmusiken singen; den Chor bilden 15 Knaben, zu denen noch 15 Aspiranten kommen.

Wie gering auch immer der Einfluss sein mag, den die kleinen Kirchenchöre der Gegenwart auf ihre Umgebung ausüben, dass ihre Einwirkung auf den Musikgeschmack vergangener Tage eine ganz bedeutende war, kann nicht bestritten werden. Man sagt immer, es habe niemals eine „gute alte Zeit" gegeben. So sehr das im allgemeinen richtig ist, für den deutschen Idealismus trifft es nicht zu und diese einfachen Leute, welche ihr Bestes daran setzten, das kirchliche Leben zu verschönen, ohne auf grofsen materiellen Gewinn rechnen zu können, gehören mit zu seinen Bannerträgern.

Geschichte der Notenschrift.

Die Firma *C. G. Röder*, Notenstechanstalt in Leipzig begeht 1896 das Fest des 50jährigen Bestehens und hat als Festschrift ein luxuriös ausgestattetes Druckwerk herausgegeben, welches die Porträts des Gründers und der jetzigen Besitzer, der Herren *L. Hugo Wolff* und *Karl Reichel*, sowie des früheren Mitbesitzers *Max Rentsch* enthält, ferner eine kurze geschichtliche Entwickelung des Geschäfts, Abbildungen der einstigen und jetzigen Fabrikgebäude, eine Beschreibung der Herstellung eines Musikwerkes im Notenstich, welchen eine historische Abhandlung von Dr. *Hugo Riemann* über Notenschrift und Notendruck in 10 Abteilungen folgt, die sich über die griechische Notenschrift bis zur Neuzeit verbreitet. Als Schluss folgen 28 Tafeln in photolithographischer Herstellung, welche von der Neumennotation bis zur Mensuralschrift des 16. Jhs. Abdrucke bringen. Leider ist die chronologische Ordnung nicht berücksichtigt, eröffnet aber im übrigen eine totale Umwälzung der bisherigen Darstellung des doppelten und einfachen Typendruckes. Auch die Entwickelung der Choral- und Mensuralnote aus der Neumennotation ist bildlich trefflich vor Augen geführt. Der begleitende Text von 88 Seiten behandelt die Notenschrift der Griechen, die Neumenschrift, die Mensuralnotenschrift, die Tabulaturen für Orgel und Laute, berufsmäfsige Noten-

schreiber, der Musikdruck, Musiknoten in Holzschnitt, Musiknoten-
druck mit beweglichen Typen, den Musikdruck des 18. Jhs. und den
Plattenstich. Ich will nur auf die Abteilung 5 und folgende näher
eingehen, die auf S. 34 beginnt. Hier werden die älteren und neueren
Werke namhaft gemacht und ihr Wert in wenig Worten beurteilt,
die über Buch- und Musikdruck in historischer Darstellung handeln
(bis S. 40). Im 7. Abschnitt: Musiknoten in Holzschnitt, S. 41, wird
Mich. Keinspeck's Lilium musicae planae als eines der ältesten Drucke
mit Musiknoten in Holzschnitt angeführt. Die Flores musicae von
Hugo von Reutlingen sind aber älter, sie erschienen 1488 bei Prys
in Strafsburg, dann folgte Keinspeck's Werk bei Mich. Furter 1496
in Basel gedruckt, 1497 in Ulm bei Joh. Schoeffer und erst 1498 in
Augsburg bei Joh. Froschauer, der es auch 1500 nochmals auflegte.
Die letzte Ausg. erschien 1506 bei Matth. Hupfuff in Strafsburg.
Obige Daten kann ich durch zahlreiche Exemplare auf öffentlichen
Bibliotheken nachweisen. Die Notenbeispiele in Gerson's Collectorium
von 1473 können kaum als Holzschnitte angesehen werden, da sie
mit einem Stempel aufgedrückt und die Linien mit der Hand gezogen
sind. Schon das Psalterium von Fust und Schöffer 1457 ist in ähnlicher Weise hergestellt. Mensuralnoten in Holzschnitt finden sich
nach Dr. E. Vogel schon in Gafor's Werk von 1480 und B. Ramos
de Pareja von 1482 (ein Exemplar des letzteren Werkes befindet sich
in der bischöfl. Proskeschen Bibl. in Regensburg, gedruckt von
Balthas. de Hiriberia). Das Werk von Georg Reisch, Ausgabe 1496,
befindet sich in der Bibl. des Konservatoriums zu Paris, Druckort und
Drucker fehlen. Am Schlusse des Abschnittes spricht sich der Herr
Verfasser dahin aus, dass der Holzschnitt von Musikbeispielen wahrscheinlich erst später als der Typendruck der Noten zur Anwendung
gekommen ist. Der 8. Abschnitt (S. 47) behandelt den Druck mit
beweglichen Typen. Es ist Dr. Fr. Chrysander's Verdienst bewiesen
zu haben, dass die kirchlichen Choralbücher schon lange vor Petrucci
mit beweglichen Notentypen gedruckt wurden. Der Herr Verfasser
hat sich nun angelegen sein lassen zahlreiche Choralwerke des 15. Jhs.
auf ihre Herstellung zu prüfen und bezeichnet *Ottaviano Scotto* als
ersten, der die Missale von 1481 (29. Dez.) und 1482 mit zierlichen
Typen auf rote Notenlinien druckte. Der Verfasser geht sehr genau
auf die etwaige Herstellung des Notendruckes ein. 1482 erstand ihm
an *Stephan Planck* aus Passau, der in Rom druckte, ein Konkurrent,
der ein Pontificale in ähnlicher Weise druckte, 1488 folgte ihnen
Joh. Hamannus de Landoia, *Joh. Emmerich* aus Speier u. so fort.

S. 59 wird *Jörg Reyser* (Ryser) in *Augsburg* angeführt, der im
gleichen Jahre wie Scotto am 8. Nov. 1481 ein Missale Herbipolense
herausgab, also 7 Wochen früher als dasjenige von Scotto. Der
Druck ist ein doppelter, die schwarze deutsche Choralnote, sehr sauber
geschnitten, ist auf 4 rote Linien gedruckt. Die Notenköpfe stehen
genau auf Linie oder Zwischenraum (Facsim. Tafel 17). Hiermit
weist der Herr Verfasser nach, dass also sowohl Buchdruck, wie
Musiktypendruck eine *deutsche Erfindung* ist. Deutsche Nachfolger
von Reyser waren *Joh. Sensenschmidt* aus Nürnberg, 1485 in Regensburg; *Erhart Ratdolt* in Augsburg druckte 1487 und 1491 Choralbücher mit deutscher Choralnote, *Mich. Wenssler & Jakob de Kilchen*
druckten 1488 ein vorzüglich hergestelltes Graduale und eine Agenda.
Jörg Stüchs (Stuchs, Stöchs) in Salzburg 1490 u. 1492 u. s. f. Der
Herr Verfasser teilt von allen genannten Musikdruckern ein Facsimile
einer vollen Seite mit, die seinen Ausführungen den sichersten Beweis geben. Seite 69 wird Petrucci's Notendruck, auf die Figuralmusik angewendet, besprochen und sein Verdienst, was er bisher als
Erfinder der beweglichen Notentypen genoss, in keiner Weise ge-
schmälert, sondern mit Recht hervorgehoben, dass seine Drucke musterhaft und anderen zum Vorbilde dienten. Nachfolger von Petrucci
waren *Erhart Oeglin* in Augsburg 1507 und 1512, *Peter Schöffer*
der Jüngere 1512 ff., *Andreas Antiquus* (Antigo) von Mantua in
Rom 1510, *Giacomo Giunta* 1514 u. s. f. Den Druck von *Petrus
von Sambonettus* von 1515, den ich in meiner Bibliographie unter
1515a als einen einfachen Typendruck bezeichnet habe, weist der
Herr Verfasser nach, dass es überhaupt gar kein Typendruck, sondern
ein Kupferstich, oder überhaupt durch Metallstich hergestellt ist (siehe
das Facs. Tafel 28) und muss ich dem Herrn Verfasser recht geben.
Der einfache Typendruck scheint eine Erfindung *Pierre Haultin's* in
Paris zu sein, der auch Verleger war, doch lassen sich seine Typen
erst in *Pierre Attaingnant's* Drucken in Paris nachweisen, der c. von
1527 ab zahlreiche Musikwerke druckte und verlegte, doch umfasste
seine Type nicht das ganze Notensystem, sondern nur soweit als Note
und Hals reichten, so dass die fehlenden Notenlinien erst angesetzt
werden mussten, wie es auch bei den Drucken des Petrejus, Heinr.
Petri in Basel u. a. noch zu finden ist. Erst im 17. Jh. schuf man
vollständige Typenstücke, die alle Linien enthielten, doch wurde der
Typendruck nach und nach so schlecht und kam so in Verruf,
dass man wieder zur Handschrift zurückkehrte, bis dann Breitkopf
um 1755 mit seinem verbesserten Typendrucke auftrat. Seite 84 giebt

der Verfasser ein Bild der Type. Der letzte Abschnitt ist dem Plattenstich gewidmet (S. 85). Derselbe erfuhr die mannigfachsten Veränderungen, welche der Verfasser näher beleuchtet. *Sambonetti's* Plattendruck scheint der älteste zu sein; *Verovio* gab seine Drucke im Kupferstich heraus, gestochen von *Martin van Buyten.* Sie kommen einer flüchtigen Handschrift gleich. Erst als die Engländer *John Cluer, Rich. Mearer* und *John Walsh* um c. 1724 anstatt der Kupferplatten eine Mischung von Zinn und Blei erfanden und die Noten und Zeichen durch Stempel einschlugen, kam der Kupferstich nach und nach ab. Heute wird die Platte auf Umdruckpapier gepresst, das letztere auf den Stein übertragen und von diesem dann die Abzüge zu tausenden gemacht, während früher die Platte schon nach 500 Abzügen unbrauchbar wurde. Der Musikalienhändler *Friedländer* in Berlin, der dann die Peter'sche Musikhandlung in Leipzig erwarb, hat sich um die Erfindung ganz besonders verdient gemacht und dabei sein ansehnliches Vermögen zugesetzt. — Den Wunsch, den der Verfasser S. 39 ausspricht, wird durch mein Quellen-Lexikon, welches sich seiner Vollendung nähert, erfüllt werden. R. E.

Rechnungslegung
über die
Monatshefte für Musikgeschichte
für das Jahr 1895.

Einnahme . . . . 1125,28 M
Ausgabe . . . . 1100,30 „

Specialisierung:

a) Einnahme: Mitgliederbeiträge, darunter an Extrabeiträgen von Herrn Dr. Eichborn 50 M und Herrn S. A. E. Hagen 20 M, nebst Überschuss von 33,78 M aus 1894 . . . . 922,78 M

Durch die Breitkopf & Haertel'sche Musikalienhandlung . . 202,50 „

b) Ausgabe für Buchdruck . . . . 672,10 „

Papier . . . . 112,— „

Verwaltung, Post, Feuerversicherung etc. . . . . 316,20 „

c) Überschuss . . . . 24,98 „

Templin (U./M.) im Nov. 1896.

Robert Eitner,
Sekretär und Kassierer der Gesellschaft für Musikforschung.

Mitteilungen.

* Theorie des Kontrapunktes und der Fuge von *L. Cherubini* in neuer Übersetzung. Bearbeitet, mit Anmerkungen und einem Anhange über die alten Kirchentonarten versehen von *Gustav Jensen*. H. vom Ende's Verlag in Köln-Leipzig. gr. 8⁰. VII S. Vorwort vom Verleger, da Jensen den Druck nicht mehr erlebte, 158 S. Text mit zahlreichen Beispielen, die von Jensen noch vermehrt sind. Der Anhang von 30 Seiten ist von Jensen, er handelt in Beispielen über die Fuge und über die alten Kirchentonarten. Cherubini's Cours de contrepoint et de fugue erschien vor 1837 bei Schlesinger in Paris (1837 erschien die erste englische Ausgabe). Wenn dem Schüler auch der strenge und sich an Fux anlehnende Weg gute Dienste leistet, so sah sich doch Jensen genötigt, manches zu ändern, was dem heutigen Standpunkte der Musiktheorie nicht mehr entspricht und manches hinzuzusetzen was fehlte. Wenn die Angabe im Vorworte richtig ist, dass der Text des Werkes nicht von Cherubini, sondern „wahrscheinlich" von *Jacques Halevy* verfasst ist und die Beispiele aus Fux und Marpurg entnommen und nur zum Teil von Cherubini sind, so bliebe schliefslich nicht viel übrig was Cherubini gethan hat.

* Bei *Breitkopf & Härtel* ist ein Verzeichnis von Violoncell-Piecen erschienen, welches allen Violoncellisten empfohlen sei.

* Die *Purcell-Gesellschaft* in London, giebt durch die Herausgabe eines 4. Bandes, Harpsichord Music and Organ Music und des 5. Bandes, Twelwe Sonatas of three parts, Subskriptionspreis je 21 M, wieder ein Lebenszeichen.

* *Leo Liepmannssohn*, Antiquariat in Berlin SW., Bernburgerstr. 14. Kat. 123. Musiker-Autographe. 819 Nrn., darunter wertvolle Piecen. Auch ein Gedenkblatt von einem Violinspieler Namens Karl Hermann Unthan, der keine Arme hatte und mit den Füfsen die Geige hielt und spielte und auch ebenso schrieb. Er trat in den Jahren 1868—1880 mehrfach öffentlich auf.

* Theodor Bertling in Danzig, Gerbergasse 2. Lagerkatalog 97, enthält auch von Nr. 942 bis 985 literarische Musikwerke.

* Mit diesem Hefte schliefst der 28. Jahrg. der Monatshefte und ist der neue Jahrg. bei *buchhändlerisch* bezogenen Exemplaren von neuem zu bestellen. — Der 25. Jahrg. der Publikation älterer Musikwerke enthält Joh. Eccard's Newe geistliche und weltliche Lieder zu 5 und 4 Stimmen in Partitur nebst Klavierpartitur. Preis 15 M, für die älteren Subskribenten 9 M. Die Versendung erfolgt am 2. Jan. 1897.

* Hierbei 2 Beilagen: 1. Titel und Register zum 28. Jahrg. 2. Katalog der Brieger Musikalien-Sammlung in der Königl. und Universitäts-Bibliothek zu Breslau, Bog. 7, Forts. im nächsten Jahrg.

Verantwortlicher Redakteur Robert Eitner, Templin (Uckermark).
Druck von Hermann Beyer & Söhne in Langensalza.

Namen- und Sachregister.

Beethoven - Autographe.
  Trio in Dd., Skizze 20.
  Trio Bd., op. 97, Skizze 21.
  Tripelkonzert, op. 56, Skizze 14.
  Trocknet nicht Thränen 21.
  Turteltaube, du klagst, Skizze 27.
  Variat. über Kind willst du, Skizze 6.
  Variat. Rule Britan. 12.
  Welsh Melodies 2.
  Zapfenstreich, Skizze 14.
  Zur Erde sank die Ruh 12.
  Von S. 45, Nr. 9 ab allerlei geschäft-
    liche, amtliche u. a. Angelegen-
    heiten, teils im Autogr.
  Schreiben nach Beethoven's Tode an
    Schindler 61 von Nr. 79 ab.
Baumiller, siehe Paurmiller 94. 95.
Behrend-Brandt, Frau Marg, † 1895, 82.
Bennet, William Cox, † 1895, 82.
Benson, Lionel, Ausg. v. Chans. u. a.
  7. 16.
— Direktor der Magpie Madrigal
  society 104.
Bernasconi, Pietro, † 1895, 82.
Berthaume in Oldenburg 87.
Berthius, Carolus, Komp. 152.
Bibliographie musicale, Zeitschrift 140.
Bimboni, Gioachino, † 1895, 82.
Bissy, siehe Hocmelle, † 1895, 82.
Blagrove, Richard M., † 1895, 82.
Bletzacher. Jos., † 1895, 82.
Bleyer, Nicol. in Lübeck, Paduan. 87.
Blum, Jakob, Hofmus. 1636, 95.
Blum, Matth., Vicekapellm. 1638, 94.
Böhm, Georg, † 1895, 82.
Böhm, Jos., Biogr. 15.
Bohn's historische Konzerte 56.
Bongardt, Karl von, † 1895, 82.
Bongartz, Engelbert, u. Sohn, Hof-
  mus. 105.
Borzani, Diotalevi, † 1895, 82.
Bosen, Franz, † 1895, 82.
Bossenberger, siehe Koch, † 97.
Bossi, M. Enrico, Biogr. 156.
Bott, Jean Joseph, † 1895, 82.
Bottwaldt, Barthol., Tromp. 96.·
Bouichère, Emile, † 1895, 82.
Bourgain-Keller, Emma, † 1895, 82.

Boyce, Amelia, † 1895, 82.
Brambilla, Teresa, † 1895, 83.
Breitkopf & Härtel, Mitteilung 16. 156.
Brentano's Beziehungen zu Beethoven 1.
Breunig, Bartholo, Komp. 151.
Bridge, F. A., † 1895, 83.
Brieger Kat. der Musikal., Beilage.
Broughton, Alfred, † 1895, 83.
Buchholz, Hermann, † 1895, 83.
Bumke, Julius, † 1895, 83.
Burton, Ernest, † 1895, 83.
Busi, Aless., Biogr. von L. Torchi 122,
  † 1895, 83.
Cabeçon, Anton de, Orgelbuch, Neu-
  ausg. 121.
Cabisius, Julius, † 1895, 83.
Cadner (Kadner, Kadener), Andr., Herr
  nun lestu 8 voc. 161, 12.
— Also heilig, Vespere, 8 voc. 162,
  21, u. a. Gesge. Nr. 22. 25. S. 163, 53.
Cad(e)ner, Georg. Komp. 151.
Cad(e)ner, Joh., Org. 149. 150. 155.
  157, 30. 160, 49.
Calcott, John George, † 1895, 83.
Caldenbach, Chrstn., Du hast mir das
  hertz 6 voc. 163, 57.
Calvisius, Seth, Eine feste burg 72.
—: Joseph lieb. Jos. 7.
— Lobet den Herrn 12 voc., 162, 32.
Cappeller, Joh. Konrad, Mus. 1638, 94.
Carrodus, John Tiplady, † 1895, 83.
Carulanus, F. Leonard, Servita 152.
Carvalho, Mad. Caroline-Felix-Miolan,
  † 1895, 83.
Casati, Giov., † 1895, 83.
Caspary, Rosa, † 1895, 83.
Castellini, Hieron., Hofmus. 1636, 1638,
  94, 95.
Catavita, Giuseppe, † 1895, 83.
Cesti, Marc' Ant., Il pomo d'oro, Neu-
  ausg. 55.
Chelli, Gregoria, 17. Jh. 105.
Cherubini, Theorie des Kontrap., neue
  Ausg. 170.
Chessi, Luigi, † 1895, 83.
Chiostri, Luigi, † 1894 zu Florenz, Ver-
  besserun g 121.
Chlum, F., † 1895, 83.

Abel, S. 81 ist in Neu-Tasing bei München gest., siehe im Jahresberichte des Münchener Konservat. 1895/96 eine Biogr. — S. 150 lies Panse für Pause.

MONATSHEFTE

FÜR

MUSIK-GESCHICHTE

HERAUSGEGEBEN

VON DER

GESELLSCHAFT FÜR MUSIKFORSCHUNG

29. JAHRGANG.

1897.

REDIGIERT

VON

ROBERT EITNER.

LEIPZIG,

BREITKOPF & HÄRTEL.

Nettopreis des Jahrganges 9 Mark.

Inhaltsverzeichnis.

Gesellschaft für Musikforschung.

Mitgliederverzeichnis.

J. Angerstein, Rostock.
Dr. Wilh. Bäumker, Pfarrer, Rurich.
H. Benrath, Redakteur, Hamburg.
Lionel Benson, Esq., London
Rich. Bertling, Dresden.
Rev. H. Bewerunge, Maynooth (Irland).
Ed. Birnbaum, Oberkantor, Königsberg
  i. Pr.
Grofsherzogl. Hofbibliothek in Darmstadt.
Stadtbibliothek in Frankfurt a. M.
Universitäts-Bibl. in Heidelberg.
Universitäts-Bibl. iu Strafsburg.
Fürstl. Stolbergische Bibliothek in
  Wernigerode.
H. Böckeler, Domchordir., Aachen.
Dr. E. Bohn, Breslau
P. Bohn in Trier
Dr. W. Braune, Prof., Heidelberg.
Breitkopf & Härtel in Leipzig.
Hugo Conrat, Wien.
C. Dangler in Colmar.
Dr. Alfr. Dörffel, Leipzig.
Dr. Herm. Eichborn, Assessor a. D., Gries.
Prof. Eickhoff in Wandsbeck.
Prof. Ludwig Fökövi, Szegedin.
Dr. Hugo Goldschmidt, Berlin.
Dr. Franz Xaver Haberl, Regensburg.
S. A. E. Hagen, Kopenhagen.
Dr. Haym in Elberfeld.
Dr. Rob. Hirschfeld, Wien.
Dr. O. Hostinsky, Prag.
Prof. W. P. H. Jansen in Voorhout.
Prof. Dr. Kade, Musikdir., Schwerin.
W. Kaerner, Freiburg i. Br.
Kirchenchor an St. Marien in Zwickau.
C. A. Klemm, Dresden.
Prof. Dr. H. A. Köstlin, Giefsen.
Oswald Koller, Prof. in Wien.
O. Kornmüller, Prior, Kl. Metten.
Dr. Richard Kralik, Wien.
Alex. Kraus, Baron, Florenz.
Prof. Emil Krause, Hamburg.
Leo Liepmannssohn, Berlin.
Frhr. von Liliencron, Excell., Schleswig.
G. S. L. Löhr, Esq. Southsea (England).

Dr. J. Lürken in Köln a/Rh.
Karl Lüstner, Wiesbaden.
Georg Maske, Oppeln.
Rev. J. R. Milne in Swaffham.
Freiin Therese von Miltitz, Bonn.
Anna Morsch, Berlin.
Dr. W. Nagel, Darmstadt.
Dr. Karl Nef in St. Gallen.
Prof. Fr. Niecks, Edinburgh.
F. Curtius Nohl, Duisburg.
G. Odencrants, Vice Haradshofchingen
  Kalmar (Schweden).
Paulus Museum in Worms.
Bischöfl. Proskesche Bibliothek in
  Regensburg.
Prof. Ad. Prosniz, Wien.
Dr. Arth. Prüfer, Leipzig.
M. Raskai in Arad (Ungarn).
A. Reinbrecht in Verden.
Bernhardt Friedrich Richter in Leipzig.
Ernst Julius Richter, Pastor in Amerika.
Dr. Hugo Riemann, Leipzig.
L. Riemann, Essen.
Paul Runge, Colmar i. Els.
Prof. Dr. Wilh. Schell, Hofrat, Karls-
  ruhe.
D. F. Scheurleer im Haag.
Rich. Schumacher, Berlin.
F. Schweikert, Karlsruhe (Baden).
F. Simrock, Berlin.
Prof. Jos. Sittard, Hamburg.
Dr. Hans Sommer, Prof., Weimar.
Wm. Barclay Squire, Esq., London.
Prof. C. Stiehl, Lübeck.
Prof. Reinhold Succo, Berlin.
Wilhelm Tappert, Berlin.
Pfr. Leop. Unterkreuter, Klagenfurt.
Joaq. de Vasconcellos, Porto (Portugal).
G. Voigt, Halle.
Dr. Frz. Waldner, Innsbruck.
K. Walter, Seminarlehrer, Montabaur.
Wilh. Weber, Augsburg.
Ernst von Werra, Chordir., Konstanz i. B.
Zaar, Postsekretär in Danzig.
Prof. Dr. F. Zelle, Berlin, Rektor.

Rob. Eitner in Templin (U./M.), Sekretär und Kassierer der Gesellschaft.

MONATSHEFTE

für

MUSIK - GESCHICHTE

herausgegeben

von

der Gesellschaft für Musikforschung.

| XXIX. Jahrg. 1897. | Preis des Jahrganges 9 Mk. Monatlich erscheint eine Nummer von 1 bis 2 Bogen. Insertionsgebühren für die Zeile 30 Pf. Kommissionsverlag von Breitkopf & Härtel in Leipzig. Bestellungen nimmt jede Buch- und Musikhandlung entgegen. | No. 1. |

Adrian petit Coclicus.

(1500—1555/56.)

Ein Beitrag zur Musikgeschichte im XVI. Jahrhundert.

Von O. Kade.

Die Lebensschicksale des ebenso begabten als leichtfertigen Komponisten Adrian petit Coclicus sind nun schon von so verschiedenen Seiten darzulegen versucht worden, und stehen an so versteckten oder vergessenen Stellen, dass es geboten erscheint, sie endlich einmal zu einem erschöpfenden Gesamtbilde zu vereinigen. Dazu kommt, dass wir wohl aus dem einen der beiden uns von Coclicus hinterlassenen Druckwerken, aus dem Compendium musices von 1552 ziemlich vollständige Auszüge in älteren Lehrbüchern besitzen, wie in Forkels Musikgeschichte, in Ambros Musikgeschichte, sowie in der Härtelschen Vierteljahrsschrift von Spitta und ähnlichen Arbeiten der Art, aber über das zweite ungleich bedeutendere praktische Tonwerk, das er unter dem Titel „Musica reservata" in gleichem Jahre herausgab, bis jetzt ohne jeglichen Nachweis gelassen sind. Dazu kommt aber noch außerdem der glückliche Umstand, dass sich auch ein bisher ganz unbekanntes größeres Aktenstück im Großherzogl. Mecklenburgischen Hauptstaatsarchiv zu Schwerin vor nicht gar langer Zeit hat finden lassen, das überaus wertvolle Ergänzungen über seine merkwürdigen Lebensschicksale beibringt.

Adrian petit Coclicus*) ward im Jahre 1500**) in Flandern
(Hennegau) geboren.***) Die Vermutung E. Pasqué's†) Condé sei
dieser Ort gewesen, weil hier Coclicus' Lehrer Josquin des Près eine
Pfründe befaſs, die ihm Kaiser Maximilian I. etwa um 1500 verliehen
hatte, um seine letzten Lebensjahre in Ruhe verbringen zu können,
hat sich nicht begründen lassen. Er widmete sich früh dem geistlichen Stande und lernte die Musik bei Josquin des Près bis zu dessen
Tode im Jahre 1515. Ihm, seinem Lehrmeister, hat er in seinem
Compendium musices, 1552, ein ehrenvolles Andenken bewahrt. Er
habe seine Schüler, sagt er, nicht mit langen und vielen Vorschriften
hingehalten, sondern im Gesange mit wenigen Worten die Regel durch
deren Ausübung unmittelbar kennen gelehrt. Sein Grundsatz sei gewesen, nur solche in der Tonkunst auszubilden, die ein besonderer
innerer Drang hinzog; denn er pflegte zu sagen, es giebt so viele
anmutige Werke dieser Kunst, dass ähnliches oder besseres kaum
einer unter Tausenden hervorbringen wird. Wer sich für einen Komponisten hielt, blos weil er die Regeln der Komposition kannte, den
verachtete und verspottete er, indem er sagte, er wolle fliegen ohne
Flügel: — „hos Dominus Josquinus vilipendit ac ludibrio habuit,
dicens eos velle volare sine alis". — Coclicus verdankte einem solchen
Lehrer ebensosehr ein leichtes Kompositionsgeschick, als auch die
Fähigkeit, musikalische Schüler leicht zu begeistern und schnell vorwärts zu bringen. Dies gelang ihm wenigstens sofort in seinem
Wittenberger Aufenthalte 1545. So bildete er sich unter ihm zum
tüchtigen Musiker, Sänger und Kontrapunktisten aus. Nachdem er
die Weihen empfangen hatte, leitete er die Musik und den Unterricht
in der Klosterkirche zu Condé. Aber der mit unwiderstehlicher Gewalt alle Künstler- und Gelehrtenkreise damaliger Zeit erfassende
Wissens- und Bildungsdrang und die Sehnsucht nach fremden Ländern, in deren Beschreibung einzelne, wie *Michaelis Keinspeck* in
seinem Lilium musice, 1491, *Wollick de Seruilla* im Opus aureum,

---

*) Die Lesart Coelicus ist entschieden falsch. Der Name bedeutet soviel
als Gockel-Hahn-Kogel (le coq). Er unterzeichnet selbst ein Aktenstück mit
„gefangener Kogel" wohl eine Anspielung auf seinen Namen.

**) Vgl. sein Porträt vor seinem Compendium musices etc. 1552, welches
ihn als 52jährigen Mann darstellt. Ein andres in der Kais. Königl. Fidei-
commissbibliothek zu Wien.

***) Er nennt sich selbst öfters „Flandrus", so z. B. in dem Briefe aus
Stettin vom 4. Juli 1547.

†) Vgl. Niederrheinische Musikzeitung, herausgegeben von L. Bischoff,
1861. IX, Nr. 3, S. 17—21.

1501, *Ornitoparch* in seinem Microlog von 1517, *Caspar Bruschius* zwischen 1518—1557 durch halb Europa über mehr als 400 Städte, so viel zu erzählen wissen, hatte auch unsern Coclicus mit ergriffen und in die Weite gelockt. Er gelangte zuerst nach Lodi in Ober- italien zum Bischofe *Octavianus*, wurde dessen Kapellsänger und mit der Zeit sein Freund, dem er später einen wichtigen Freundschafts- dienst in banger Not verdanken sollte. Der Ruf seiner Kompositionen und seines Gesanges verbreitete sich und öffnete ihm den Weg nach Rom, wo er unter Papst Alexander Farnese, Paul III. (1534—1549) als Sänger in die Kapelle eintrat und sich neben den bedeutendsten Komponisten, wie Goudimel, Costanzo Festa und andern ehrenvoll hervorthat und behauptete. Schnell erwarb er sich die Gunst des Papstes in so aufserordentlichem Mafse, dass dieser ihn nach kurzer Zeit nicht nur zu seinem Beichtvater, sondern auch zum Bischofe von Duiatum (?) „einer Stadt in der Nähe von Rom" ernannte. Hier sammelte er nicht unbedeutende Reichtümer und lebte in Glück und Freuden bei einem Jahresgehalte von 1000 Dukaten und den Ein- künften mehrerer Bischofssitze.*) Doch unvorsichtige Äufserungen, die seine Neigung zur neuen Lehre der Protestanten verrieten, machten seine Stellung bald unmöglich. Der Papst leitete selbst die angestellte Untersuchung und verurteilte ihn zu lebenslänglicher Haft und zum Verluste aller seiner Habe. Erst nach drei schrecklichen Jahren, gefangen gehalten in der Engelsburg, gelangte er durch seines früheren Gönners Octavianus, Bischofs von Lodi fufsfälliges Bittgesuch beim Papste seine Freiheit wieder, jedoch nur unter der Bedingung, Italien ewig zu meiden. Wohl um 30 Jahre gealtert, mit einem Barte, der bis auf die Knie herabhing, verliefs er 1538 Rom und kam unter langen Irrfahrten, die ihn sogar bis nach Spanien geführt haben sollen, wo er überall ein ketzerisches, unklares, halb unverständliches Zeug predigte,**) endlich nach Wittenberg, dem Sitze des Luthertums. Wir wissen, dass er hier im Sommer 1545 anlangte.***) Da er 1534 nach Rom kam, hier einige Zeit wohl glücklich verlebte (also bis ca. 1535),

---

*) Vgl. das Schweriner Aktenstück, s. u.

**) Vgl. Joh. Voigt, die deutsche Musik im XVI. Jahrh. am Hofe Herzogs Albrecht von Preufsen, in der Germania II, 3 u. 4.

***) Vgl. das Gesuch sämtlicher Professoren mit dem Rektor an der Spitze und von der gesamten Studentenschaft unterschrieben an den Kurfürsten Joh. Friedrich von Sachsen, wo es u. a. heifst: Es ist den vergangenen Sommer ein fürnehmer Musicus hierhergekommen mit Namen Adrianus Petit aus Flan- dern u. s. w. Datum, Wittenbergk, Mittwoch nach Pauli Bekehrung d. h. 25. Januar 1546. (Siehe Niederrheinische Musikzeitung 1861, Nr. 3.)

1*

dann aber drei Jahre gefangen safs (ca. 1535—1538), so muss er sich (von ca. 1538—1545) ungefähr sieben Jahre stellenlos in der Welt herumgetrieben haben,*) die wir mit Belegen nicht auszufüllen wussten. Das sind die Jahre seines wüsten Wanderlebens, von denen wir nur durch Andeutungen Kunde haben. Schon die Verse auf dem Titelblatte seines Compendium musices 1552, geben uns einige Anhaltspunkte: Frankreich sah dich: Gallia te vidit, te vidit et Ausonis ora" etc. Das besagt auch das Schweriner Aktenstück aufs genaueste, wo es heifst: „Vom König von Frankreich seligen Andenkens habe ich jährlich 500 Kronen erhalten". Gemeint sein kann nur Franz I., der von 1517—1547 regierte. Coclicus muss also um 1540 in Paris eine Anstellung besessen oder wenigstens eine Schenkung erhalten haben.

In Wittenberg fand nun Coclicus wohl für seine Kunst dankbares Gehör und regen Zulauf, aber wenig Gewähr für ein sicheres Auskommen. Auf den Grundsätzen Josquin's fufsend, sammelte er bald einen regen Zuhörerkreis um sich. Mit voller Überzeugung legte er der Jugend ans Herz, dass sie nicht zu lange**) an den Schriften der Theoretiker und den mathematischen Vorschriften klebe, sondern dass sie alle Kraft des Geistes dahin wende, zierlich singen und die Worte gehörig unterlegen zu lernen. Dazu hat Gott uns die Tonkunst gegeben, um die Töne auf anmutige Weise zu verbinden. Für einen rechten Tonkünstler darf nicht derjenige gelten, welcher von Zahlen, Proportionen, Prolationen und sonstigen Künsteleien vieles zu schwätzen weifs, sondern wer jedem Tone die gebührende Silbe zuteilt. Er muss schon damals zu den bedeutendsten Musikern Deutschlands gehört haben, denn *Conrad Gessner* nahm ihn 1545 in seine Bibliothek mit einem kurzen Hinweis auf seinen künstlerischen Wert auf. Da mag denn allerdings wieder neuer Lebensmut ihn durchdrungen haben, und überhaupt zu einem leichten Lebensgenuss hinneigend, ging er eine nachmals so unglückliche Ehe mit einer jungen Wittenbergerin ein. Dann, Ende Januar 1546, wandte er sich direkt an den Kur-

---

*) Diese Berechnung bestätigt auch das Schweriner Aktenstück. Es sagt: „ferme per 20 annos exulor". Da das Aktenstück in die Jahre 1555/56 fällt, so verliefs er also auch hiernach Rom ungefähr im Jahre 1538.

**) In docendis enim proeceptis et fpeculatione nimis diu manent, et multitudine fignorum et aliis rebus accumulandis multas difficultates afferunt et diu atque multum disceptantes, *nunquam ad veram canendi* rationem perveniunt. Cum autem videret, suos utcunque in cantu firmos, *belle pronunciare, ornate canere* et textum *fuo loco applicare:* etc. siehe Compendium 1552.

fürsten Johann Friedrich den Großmütigen in einem langen lateinischen Berichte*) und bat ihn um ein kleines Amt an der Hochschule zu Wittenberg mit festem Einkommen. Denn — so begründet er denselben — die Jünglinge klagen, kaum eine Stelle bekommen zu können, wenn sie von hier weggehen, aber die Tonkunst nicht verstehen, und belästigen daher den Fürsten mit häufigen Bitten, dass er einen öffentlichen Professor der Tonkunst bestelle. Beigefügt war eine Komposition nach Worten seines Gönners und Freundes Melanchthon**) und unterstützt war das Gesuch durch ein deutsches Schreiben des Rektors und der Professoren der Universität und sämtlicher Schüler des Coclicus, das die bezeichnenden Worte enthält: „Es ist den vergangenen Sommer (1545) ein fürnehmer Musicus hierher gekommen mit Namen *Adrianus Petit* aus Flandern, der eine Zeit lang allhie Musicam proficiret (vorgetragen) und wie wir bericht durch diejenigen, so der Kunst erfahren, dass er vor andern Musicis im Singen und Lehren ein sonderliche Art und Geschicklichkeit haben solle. Dieweil aber seine Auditores mehrenteils arme Gesellen, die ihme nicht so viel geben können, damit er sich in die Länge bei der schweren und theuern Zehrung, die itzo allhier ist, möchte erhalten, zuvörderst weil er sich vor wenig Wochen beweibet — dero wegen denn gedachte seine Auditores an uns suppliciret und gebeten, ihme mit einem Stipendio zu versehen." Wittenbergk Mittwoch nach Pauli Bekehrung (den 25. Januar) 1546. Trotz so trefflicher Fürsprache und gewichtiger Verwendung gelang es unserm Meister doch nicht die gewünschte Stellung zu gewinnen. Schon am Sonntage darauf beschied der Kurfürst das Gesuch abschläglich: „Dieweil es bis anhero der Brauch nicht gewesen, dass zu dieser Lection ein sonderlich Stipendium verordnet." Ein Zehr- und Trinkgeld jedoch billigte er ihm zu.

So in seinen Hoffnungen arg getäuscht, sah er sich damals genötigt den Wanderstab zu ergreifen, um sein Glück anderwärts zu suchen. Dass ihm dabei seine junge Gattin davonlief, war der Anfang neuen Unglücks.***)

---

*) Auszugsweise in Übersetzung mitgeteilt von Pasqué a. a. O., als Fundort das Gesamtarchiv der sächsischen Lande (in Weimar?) angegeben.

**) Leider nicht mehr vorhanden.

***) Vgl. M. f. M. XII, 1875, S. 176. Zwei Briefe des Coclicus aus dem Königsberger Archiv, mitgeteilt in mangelhafter Übersetzung von Fürstenau. „Denn wenn die, welche ich in Wittenberg als Gattin heimführte, mir nicht davon gelaufen, sondern mir gefolgt wäre, so wäre ich niemals in solcherlei Unglück gerathen." Nürnberg, 16. Januar, 1552.

Er wandte sich nun nach Frankfurt a. d. O. und schrieb von
hier aus an den Markgrafen von Brandenburg.*) d. d. 24. Sept. 1546,
dem er schon früher einmal bei einem Aufenthalte des Fürsten in
Wittenberg (zwischen Januar und September 1546) ein Gesangstück
durch Philipp Melanchthon hatte überreichen lassen und von dem er
dafür belohnt worden war. So bot er ihm denn jetzt drei neue Kompositionen dar, von der bittersten Not und zunehmendem Alter ge-
plagt. Denn wenn er auch in Frankfurt wieder das Amt eines Professors an der Universität bekleidete, so war es doch so gering
dotiert, dass er davon nicht leben konnte, ohne die Unterstützung
anderer anzugehen. Allerdings läuft auch hierin wieder die Bitte um
Wein mit unter, dessen er stets wegen Schwäche des Magens — „ubi
nequeo vino carere ob ftomachi debilitatem" — wie das Schweriner
Aktenstück sagt — dringend bedurft zu haben scheint. Und wieder
glückte es ihm. Der Fürst zeigte sich anfänglich durch Geschenke
erkenntlich, dann nahm er ihn auch nach Königsberg in seine Dienste.**)
Seine Gesänge erfreuten Albrecht, der ihn den Kunstreichen nannte.
Aber das lockere Leben des Künstlers bereitete ihm fortwährend Un-
annehmlichkeiten. Zuerst predigte er wieder seine wirren religiösen
Irrtümer, bis Albrecht öffentlich Widerruf verlangte. Das wollte der
eitle Prälat nicht und versuchte allerlei Ausflüchte und mitleid-
erregende Entschuldigungen: er habe nur vor drei, vier Leuten gesprochen und zwar lateinisch, wie könne er da deutsch widerrufen,
er kenne diese niedere Sprache wenig und würde sich vor dem Volke
nur lächerlich machen, er sei ein schwacher Greis, stehe allein in der
Welt da, und wolle gern den letzten Rest seines Lebens beim Herzoge
bleiben, wenn man gelinder mit ihm verführe und einen Sold gebe,
man möge ihn jetzt zur Winterszeit nicht fortgehen heifsen und
unterzeichnet das Bittgesuch demütigst mit: „Musikus und gefangener
Kogel" (Coq = Hahn) nicht Vogel, wie Voigt schreibt.
       Der Herzog scheint ihm auch wirklich für dieses Mal noch ver-
ziehen zu haben, und wohl hätte der Lieblingswunsch des Bittstellers,
seine Tage in dieser Stellung beschliefsen zu dürfen, in Erfüllung
gehen können, wenn es nicht kurze Zeit darauf einen noch ärgeren
Skandal gegeben hätte. Den schwachen Greis verführte die Sinnen-
lust, sich mit einer armen Wittwe von höchst zweifelhaftem Rufe
abermals zu verheiraten, obgleich er von seiner ersten Frau aus

---

*) Vgl. M. f. M. a. a. O. S. 168.
**) Vgl. Voigt a. a. O.

Wittenberg keineswegs rechtlich geschieden war, so dass er sogar der Bigamie bezichtigt wurde.*) Vergeblich verschwendete Coclicus alle seine Worte; die Verhandlungen zogen sich beinahe ein Jahr hin, als ihn der Burggraf schliefslich aus dem Lande weisen liefs. Im strengen Winter musste der unglückliche Greis seine Wanderung antreten. Bevor er dem protestantischen Norddeutschland gänzlich den Rücken wandte, glaubte er noch einen Versuch machen zu müssen, an dem wenige Jahre vorher 1542 neu begründeten Pädagogium in Stettin eine gleiche Stellung als Musiklehrer der Jugend zu gewinnen. Ein längeres herzerweichendes Gesuch noch dazu in deutscher Sprache**) an „den Fürsten von Preufsen" vom 4. Juli 1547, in welchem er mit grellen Farben seine traurige Lage unumwunden schildert, bittet flehentlich um die Gunst, den Lehrstuhl „für die freie und löbliche Kunst auf rechte Art zu singen und andern zu lehren", ihm übertragen zu wollen. Auch unterstützte er sein Gesuch durch „einen gesang mit vier ftymmen vf den Text: ,vigilate quia nescitis qua hora dominus nofter venturus fit".***) — Ob das Gesuch überhaupt nur beantwortet wurde, ob die leidigen Umstände seines Vorlebens oder Verleumdungen einer festen Anstellung allzu hinderlich waren,†) ob ihm eine Unterstützung zu teil ward, um die er in zweiter Linie gebeten hatte, da er „eine lange reise ghen preussen habe und die zerung, davon er zeren müsse, sehr gering sei:" davon geben die bis jetzt vorliegenden Aktenstücke keine Auskunft. Das traurige Endergebnis für ihn war abermaliges Abbrechen des Wohnortes und weitere Wanderung. Er wandte sich nach einer traurigen Irrfahrt durch den gröfsten Teil Deutschlands schliefslich nach Frankfurt a. M., wie er selbst in dem Vorworte zu seiner „Musica reser-

---

*) Vgl. den Brief M. f. M. 1875, S. 166, von Nürnberg, d. 16. Jan. 1552.

**) Vgl. Königl. Staatsarchiv, Stettin, Signatur P. I. Tit. 92. Nr. 9. Abgedruckt auch in Vierteljahrsschrift Spitta, Jahrg. X, 1894, S. 471 von Rudolph Schwartz.

***) Da den Herausgebern des Aktenstückes in den Monatsblättern für Pommersche Geschichte 1893, sowie in der Vierteljahrsschrift von Spitta, 1894, nicht hat glücken wollen, den Tonsatz auffindig zu machen, so lasse ich ihn unter den Beilagen mit hier folgen.

†) Wie er geradezu dies in dem Briefe vom 16. Januar 1552 aus Nürnberg mit den Worten behauptet: „und wenn mir Stellungen angeboten werden um meiner Kunst willen, die ich durch Gottes Gnade verstehe, und Vielen angenehm sein möchte, so fehlen doch nicht lügnerische und giftige Zungen, welche laut behaupten, dass ich in Deiner Hoheit (Herzog Albert von Preufsen) Vaterland die schimpflichste Todesart verdient hätte".

vata" von 1552 ausdrücklich mit den Worten bekennt: „Peragrata
igitur maxima Germaniae parte tandem perveni Francofurdium ad
Menum." Wahrscheinlich zog ihn in diese Stadt mit ihren berühmten
Buchhändlermessen die Aussicht auf Lebensunterhalt, da „ihm nun
die Musik allein aus dem Schiffbruche übrig geblieben sei, sein Leben
mit dieser Kunst fristen zu können: „me conferrem — sagt er in der
oben erwähnten Vorrede — ad Musicam, quae mihi sola adhuc ex
naufragio (ut ita dicam) relicta erat." Sei es nun, dass diesen Plan
zum Vollzug zu bringen ihm aus Mangel an Ausdauer nicht gelingen
wollte und dass dringende Not wieder an seine Thür klopfte, sei es
dass unbezähmbare Wanderlust ihn abermals von dannen trieb, kurz
er verließ die für ihn so günstige Stadt mit ihrem Verkehre an
Künstlern, Verlegern, Buchhändlern und Fremden aller Art, um sich
(nach dem 4. Juli 1547) nach England zu begeben, wie er selbst
an obiger Stelle der Vorrede erzählt: „me in Angliam conferre ſta-
tuebam". Wahrscheinlich lockte ihn dahin der um diese Zeit daselbst
eingetretene Thronwechsel durch den Tod Heinrichs VIII, 28. Januar
1547, des heftigsten Gegners Luthers wie des Protestantismus überhaupt. Der jugendliche zehnjährige Nachfolger Eduard VI. (1547 bis
1553) war dagegen als warmer Verehrer der Kunst wie der protestantischen Richtung schon bekannt. Wirklich glückte es unserm Meister
und seiner Kunst, sich rasch Bahn und Stellung zu verschaffen, so
dass, wie unser Schweriner Aktenstück besagt: er vom Könige von
England 200 *anglicos* (wohl Goldstücke) erhalten hatte. Trotz dieser
einträglichen und geachteten Stellung trieben ihn aber Kriegsgetümmel
und allerlei andre Hindernisse, die er nicht näher bezeichnet, von
diesem Aufenthalte wieder zurück, wie dies die an den Nürnberger
Senat gerichtete Widmung zu seiner „Musica reservata" mit den
Worten besagt: „At bellorum rumoribus et impedimentis aliis ex ea
peragrinatione revocatus", worauf ich mich — wie er weiter daselbst
erzählt — mit dem Notendrucker Joannes Montanus in eure Stadt
(scil. Nürnberg) begeben habe — „cum Montano typographo ad vestram
urbem appuli". Von hier aus sandte er einen uns noch erhaltenen
lateinischen Brief*) an den Herzog, in welchem der alte Mann nicht
nur sein trauriges Schicksal darlegt, sondern auch nochmals flehentlich bittet, ihn wieder zu Gnaden aufnehmen zu wollen: „ach Gott,
was habe ich nicht für Elend ausgestanden; nachdem ich viele Tage-
reisen zurückgelegt, kam ich nach Nürnberg und trug meine Kom-

---

*) Vom 16. Januar 1552, vgl. M. f. M. VII, 1875, S. 166.

positionen den Buchdruckern zum Druck an, von denen ich einen Teil
an Ewr. Hoheit schicke, nämlich die Tröstungen aus den Psalmen
vierstimmig,*) weil dieselben noch nicht gedruckt sind, die ich bei
Deiner Hoheit und anderwärts componirt habe". — Allein alles war
diesmal vergeblich! In Nürnberg scheint er an der gelehrten Schule
Stellung für den Musikunterricht der Jugend gefunden zu haben,
wenigstens sind die beiden von ihm veröffentlichten Druckwerke sowohl dem Nürnberger Senat, wie der studierenden Jugend gewidmet.
Wie lange er bei seinem unsteten Lebenswandel daselbst gewirkt
habe, darüber giebt es nur schwankende Vermutungen; nach einigen
habe er lange und glücklich bis an sein Ende gelebt, nach andern
soll er sehr bald gestorben oder doch verschollen sein. Beides ist irrtümlich. Das mehrfach erwähnte Schweriner Aktenstück beweist
wenigstens das zur Genüge, dass er noch die Jahre 1555/56 freilich
in grofser Bedrängnis erlebt habe. Denn er erwähnt in diesem
Schreiben an den Herzog von Mecklenburg die Arbeit, die er bei der
Hochzeit des Herzogs durch Komponieren, Singen, Einüben der
Knaben gehabt. Es können hier nur zwei Hochzeitsfeierlichkeiten in
Betracht kommen. Die eine bei der Vermählung Herzogs *Johann
Albrecht I.* (1525 — 1576) mit *Anna Sophia* Prinzessin von Preufsen zu
Wismar am 24. Februar 1555, oder die andre bei der Hochzeit seines
Bruders des Herzogs *Ulrich* (1527—1603) mit *Elisabeth*, verw. *Magnus*,
die ebenfalls zu Wismar am 16. Februar 1556 stattfand.**) Zu letzterer
ward auch Kurfürst *August von Sachsen*,***) de dato: Güstrow 31.
December 1555 mit der Bitte eingeladen „einige gute Zinken- und
Trompetbläser seiner Kapelle leihen oder mitbringen zu wollen". —
Es wäre nicht unmöglich, dass damit auf Antonius Scandellus, auf
die Gebrüder Thola, Besutius und Zacharias hingewiesen ist.†) Viel-

---

*) Coclicus meint die „Musica reservata; Consolationes ex Psalmis" etc. 1552.

**) Vgl. Mecklenb. Jahrbuch, A. XX. 70.

***) Das Originalschreiben im Königl. Sächs. Geheimstaatsarchiv: Mecklenb.
Herzog Johann Albrecht's Schreiben an Kurfürst August zu Sachsen 1553 bis
1583, Loc. 8504.

†) Das Verzeichnis der sächsischen Kapelle vom 3. Okt. 1553 weist folgende Instrumentisten auf:

    1. Anthonio Scandellus (nachheriger Kapellmeister).

    2. Zerbario Besutius.

    3. Matthias Besutius.

    4. Benedictus Thola.

    5. Gabriel Thola.

    6. Quirinus Thola, und

    7. Zacharia, der neue Zinkenbläser.

leicht sind eben damit die Instrumentisten gemeint, auf die des
Coclicus Schreiben mit einer gewissen Scheelsucht hinweist, dass auch
die Vokalmusik: „musica loquens vocalis" nicht vergessen werden
möge, wenn man die Instrumentalmusik: „musica consonans inftrumentis" so reich mit Geschenken bedacht habe. Es empfiehlt sich
daher aus diesen Rücksichten mehr an die zweite Hochzeit von 1556
zu denken, als an die erstere.

Coclicus befand sich also in diesen Jahren offenbar in Mecklenburg, denn er übte selbst die Knaben ein und trat in solche nahe
Verbindung mit dem Mecklenburgischen Hofe, dass dieser ihn nicht
nur beschenkte, sondern ihm auch eine Stellung durch seinen Organisten *Hieronymus (Mors)**) für 50 Thaler jährlichen Gehalt, freie
Wohnung und Kleidung anbieten liefs. Ob es zur Verwirklichung
führte, geht aus dem Schreiben nicht hervor. Jedenfalls verging nach
der Hochzeitsfeier ein Vierteljahr ohne genauere Weisung. Coclicus
lebte im Gasthause von seinem Gelde, war in der gröfsten Not und
richtete aus einer leider nicht genannten Stadt das erwähnte Aktenstück in regellosem Latein an den Herzog. Es möge nun hier originalgetreu folgen. Die Interpunktion wie Übertragung rührt von
mir her:

Sereniss. ac Clementiss. Princeps. Retulit mihi Dom. Jheronimus T. C. *organista* conditionem,
quam T. Cl. mihi offert, videlicet
50 taleros, Habitationem Cantoris
(qui poft pasche ducet uxorem
et ei adherebit) vestes annuatim
Honeftas, quod si fructum effe-
cero pueros docendo (quemadmodum fpero me facturum, Dummodo
fuerint dociles et obedientes)
T. C. michi poterit gratificari clam
muneribus, Si deficeret mihi falarium meum vel anno finito
illud augmentari, qui vix me

Aller Durchlauchtigster, Al-
lergnädigster Fürst. Ewr. Hoheit
Organist, Herr Jheronimus (Mors)
hat mir die Bedingungen mitgeteilt welche Ew. Hoheit mir bietet,
nämlich 50 Thaler, die Wohnung
des Kantors (der nach Ostern eine
Frau heimführt und ihr anhängen
will) dazu jährlich eine anständige
Kleidung und wenn in der Unterweisung der Knaben ich Erfolg
haben würde (— wie ich nicht
zweifle, dass mir das gelingen wird,
sofern sie nur sonst gelehrig und
gehorsam sind) mich Ew. Hoheit
unter der Hand mit Geschenken
begnaden werde, falls meine Be-

---

*) Über die weitverzweigte Organistenfamilie *Mors* aus Antwerpen werde
ich in einem der nächsten Monatshefte berichten.

potero fuftentari tali ftipendio, ubi nequeo vino carere ob ftomaci debilitatem. Habui A rege galliae (pie memorie) 500 anuatim coronatos, A rege angliae 200 anglicos (?), A papa paulo quatuor praebendas episcopatum et alia officia valoris annuatim ·). milia ducatorum; ac pro evangelii confessione omnibus bonis praemiis et acquisitis, mea arte fum fpoliatus et privatus et ferme per 20 annos exulor et peregrinor per mundum quaerens pacem et requiem, nec reperire possum, quod ubique sathan fuscitat adversarios et calumniatores adversum me. Nunc autem Humiliter ac inftanter T. C. fupplico, ut possim cum bona pace et quiete cum veftra Clementia finire dies meos, qui fatis perluftravi mundum et fenio confectus fum ac mihi velit T. C. literas figillatas dare mee ftabilitatis et conditionis, atque ego vicissim promittam vivere et mori Cum tua excellentia. Dummodo recipiam meum falarium omni quartali (ut valeam vivere) et fciam a quo poftulare fint T. C. moleftus (?) etiam T. C. Jusserat per T. C. fatellem Danielem,

soldung nicht reichen sollte, dieselbe nach Ablauf eines Jahres erhöhen zu wollen, da ich kaum mit einem solchen Gehalte werde auskommen können, zumal ich wegen Schwäche des Magens des Weines nicht entbehren kann. Vom Könige von Frankreich seligen Andenkens erhielt ich jährlich 500 Kronen, vom Könige von England Eduard VI. [1547—1553] 200 engl. Kronen, von Papst Paul (III., 1534 bis 1549) die Einkünfte von 4 Bistümern, sowie andere Dienstleistungen im Werte von jährlich tausend Dukaten. Wegen meines Bekenntnisses zum Evangelium bin ich nun aller dieser schönen Einkünfte und Erwerbsquellen und meiner Kunst beraubt, geächtet und des Landes verwiesen irre ich nun beinahe 20 Jahre schon in der Welt umher, Ruhe und Frieden suchend, die ich nirgends finden kann, weil überall der Satan Gegner und Verleumder gegen mich erweckt. Nun aber bitte ich demütigst und inständigst Ew. Hoheit, dass ich meine Tage in guter Ruhe und Frieden durch Ew. Gnade endigen möge, der ich genugsam die Welt durchirrt habe und durch Greisenalter hinfällig geworden bin, Ew Hoheit wolle mir durch einen schriftlichen Anstellungsbrief zu meiner Bestallung meine Verpflichtungen ausfertigen, wogegen ich wiederum verspreche nur bei Ewr.

---

*) Es kann nur Franz I. 1515—1547 gemeint sein.

ut mihi darent thoracem et caligas non recepi nisi 6 vlnas panni fimpliciter; pariter vellem T. C. deprecari, ut aliquam recompensationem reciperem pro meis laboribus, *quos feci in nuptiis T. C. componendo, canendo* pueros inftruendo; quod fi pro aliquo nobili in Francia aut in Italia tot composuissem et laborassem ad minus centum ducatos recepissem, ideo fcio T. C. fore beguinam (? vielleicht: benignam) quod etiam possis mihi aliquid Tribuere et dare; quod fi musica consonans inftrumentis fuerit muneribus dotata, precor T. C. quod musica loquens vocalis et naturalis non oblisviscatur (?), quia nunc fum in Hospicio ac meo ftipendio viuo et jam sunt tres menses affuisse apᵗ (?) T. C. itaque precor T. C. sis memor mei. ita agendo. fum ut fpero, obligatus pro T. C. apt (? = apud?) deum opt. deprecari, vt ipso det nobis foelicem vitam et exitum. Amen.

Tuae Clementiae

(Ohne   Deditissimus

Datum.)   Humilis fupplex

Adrianus petit Coclicus

Musicus.

Hoheit leben und sterben zu wollen, Sobald ich meine Besoldung in jedem Quartale (damit ich leben kann) erhalten und wissen werde von wem Ewr. Hoheit Bewilligungen zu erheben sein möchten. Da nun auch Ew. Hoheit befohlen hatten, dass mir durch Ew. Hoheit Diener *Daniel* ein Brustharnisch und Soldatenstiefeln verabreicht werden sollten, ich gleichwohl einfach nur sechs Ellen Tuch erhalten habe, so wollte ich Ew. Hoheit zugleich gebeten haben, mir irgend eine Remuneration für meine Arbeiten zukommen lassen zu wollen, die ich bei den Hochzeitsfeierlichkeiten Ewr. Hoheit durch Komposition, Gesang und Unterweisung der Knaben geleistet habe, für die ich, wenn ich soviel für einen Edlen in Frankreich oder Italien komponiert und gearbeitet hätte, zum mindesten hundert Dukaten erhalten haben würde, und da ich nun weifs, dass Ew. Hoheit überhaupt freigebig sind, so könnte auch mir etwas ausgesetzt werden insbesondere weil die *Instrumentalmusik* mit Geschenken überhäuft worden ist, so bitte ich Ew. Hoheit, dass auch die *sprechende Vokal-* und *Naturmusik* nicht ganz vergessen werde. Auch wohne ich im Gasthofe, wo ich auf meine Kosten lebe und schon sind drei Monate an Ewr. Hoheit Hofe vergangen. Daher bitte ich Ew. Hoheit wolle meiner eingedenk sein. Durch solche Handlung bin ich, wie ich

hoffe verbunden für Ew. Hoheit
bei dem allmächtigen Gott zu bitten, dass er uns ein glückliches
Leben und Ende geben möge.
Amen.

Ew. Hoheit

Ohne   aller ergebenster
Datum.   demütigst bittender
Adrianus petit Coclicus
Musicus.

So dient das Aktenstück zur Berichtigung einiger Irrtümer, zur
Ergänzung mehrerer wünschenswerten Daten und als Schlussstein
seines so bewegten Künstlerlebens. Wirklich könnten über dem
Lebensgange dieses Mannes als Motto die Worte stehen, die er sich
selbst als Spruchleiste oberhalb seines Porträts seitwärts um den
Kopf herab auf dem Titelblatte seines Lehrbuches: Compendium musices: Nürnberg, 1552 angebracht hat:

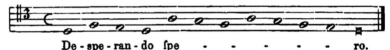

De - spe - ran - do fpe - - - - ro.

Weiteres wissen wir über ihn nicht. Sein Tod ist unbekannt.
(Schluss folgt.)

Mitteilungen.

* *Henry Purcell*: The Duke of Gloucester's birthday Ode, composed by
. . . Neue Partiturausgabe von William H. Cummings in der Purcell-Gesellschaft. London und New York, Novello, Ewer and Co. 1891. gr. fol. 10 Vorbll.,
46 S. Partit. Die Ode schrieb P. zum 24. Juli 1695. Sie besteht aus 8 Sätzen
für 5 Solostimmen, die sich erst im 8. Satze vereinen und kleinem Orchester
(2 Violinen, Viola, 1 Trompete, 2 Oboen und Bass, die sich aber nur selten
vereinen), welches dem Bach'schen und Händel'schen Orchester entspricht.
Überhaupt ist man überrascht von der oft sprechenden Ähnlichkeit der Bach'-
schen und Händel'schen Ausdrucksweise. Purcell beginnt die Ode mit einer
Ouverture, die aus einer prächtigen Einleitung, gleichsam einem Praeludium,
der eine Fuge mit rhythmisch scharfem Thema folgt, welches mehrfach durch
ein sanftes Motiv unterbrochen wird. Den Schluss bildet ein kurzes langsameres
Sätzchen mit breiten Akkorden. Der Eindruck der Ouverture ist in jeder Hinsicht bedeutend und überraschend. Dieser schliefsen sich mehrere Solosätze an, die
nur vorübergehend von wenigen Takten von einem Choreinsatze unterbrochen

werden. Purcell's Melodiebildung ist nicht bedeutend, sie besteht mehr aus einer Aneinanderreihung von kurzen Motiven, die mehr instrumental als gesanglich gedacht sind. Nach Nr. 8, ein Altsolo, welches sich durch das streng durchgeführte Bass-Motiv vorteilhaft auszeichnet, folgt ein längeres Ritornell auf demselben Bass-Motiv mit teilweiser Benützung des vorhergehenden Solos. Der Satz ist aufserordentlich ansprechend. Nr. 6 ist ein Altsolo mit concertierender Trompete. Auch hier tritt wieder die Motivbildung in instrumentaler Weise recht eigenartig auf und ist auf eine tüchtige Koloraturbildung des Sängers gerechnet. Diesem folgt wieder ein Instrumentalsatz, Chacone benannt, die ersten beiden Teile für Streichinstrumente und der 3. und letzte Teil für Blasinstrumente, der sich durch seine joviale Lustigkeit besonders auszeichnet. Der beste, anmutendste und reizendste Satz ist der letzte, der 8. Er beginnt mit einem Duett und entwickelt hier zum erstenmale eine ansprechende liebliche Melodie, wie sie etwa Händel auch schreiben konnte und in ähnlicher Weise geschrieben hat. Ein Mittelsatz in derselben Tonart, Cdur, bringt in derselben Stimmung andere Motive, die er aber durch Wiederholung und Andeutung der ersten Melodie weit ausspinnt (es ist der umfangreichste Satz). Schliefslich vereinen sich alle 5 Solostimmen und bringen teils in genauer Wiederholung des Vorhergehenden, teils mit kleinen Abweichungen den Satz zum Abschlusse. Die Wiedergabe in moderner Partitur ist bis auf den Bratschenschlüssel in unseren heute gebräuchlichen Schlüsseln gegeben. Der Bassus continuus, der oft nur die Singstimme begleitet, ist vom Herausgeber mit grofsem Geschick ausgearbeitet, wenn er auch einige Male zu moderne Akkordfolgen verwendet hat. Übrigens sei noch bemerkt, dass P. vollkommen im modernen Dur- und Mollsysteme schreibt und nur die eigenartige ältere Akkordverbindung an seine Zeit erinnert. Die Ausstattung des Werkes ist ausgezeichnet. Seite 38 Takt 1 muss die Oberstimme a d g und die zweite Stimme c h h heifsen. Trotzdem die Stelle zweimal mit falschen Noten vorkommt, also wohl im Originale so heifst, lehrt uns die noch mehrmalige Wiederholung, besonders Seite 41, 1. Takt und Seite 42, 2. Z. 3. Takt, dass die Stelle nur nach obiger Korrektur so heifsen kann. Dem Herausgeber ist die Stelle trotz ihrem Missklange vollständig entgangen. Oder glaubte er wirklich, dass P. so schreiben konnte?

    * *Wilhelm Widmann*, Domkapellmeister in Eichstaett hat bei Jos. Seiling in München 4 geistliche Lieder und 3 heitere Lieder von *Orl. di Lasso* in Part. herausgegeben, die durch gute Auswahl, richtig gestellte Tonhöhe für unsere heutigen Chorsänger und Vortragszeichen ein treffliches Material für Gesangvereine bilden. Partitur jedes Heftes 1 M., jede Stimme 25 Pf.

    * *Die Musikgeschichte an den Musikschulen.* Unter diesem Titel hat Hr. Dr. phil. *Kurt Benndorf* im letzten Jahresberichte der Dresdener Musikschule eine kurze Abhandlung veröffentlicht, die hoffentlich den Erfolg hat, dass die wichtige Frage einmal gründlich öffentlich besprochen wird. Ich will durchaus keine erschöpfende Darstellung meiner Ansicht über das Thema an dieser Stelle geben, sondern möchte nur einige Punkte hervorheben, an denen mir der Herr Kollege auf falschem Wege zu sein scheint. Unter Beiseitelassung der allgemeinen philosophischen Sätze will ich nur bei dem ersten: „es giebt Kunstwerke, die — wie das Naturschöne — zu allen Zeiten mit derselben beglückenden Gewalt wirken" — einen Augenblick stehen bleiben: diese bestimmt ausgesprochene Thatsache ist, wie die Geschichte auf allen ihren Blättern lehrt im günstigsten Falle die Ausnahme; die Regel ist von jeher gewesen, dass die vorragende Bedeutung grofser Menschen erst nach ihrem Tode erkannt, ihren Werken erst dann der volle Zoll der Dankbarkeit entrichtet wurde, wenn sie selbst zur Ruhe gegangen waren. Und dies war merkwürdigerweise von dem Augenblicke an mehr und mehr der Fall, da sich das ästhetische Gefühl, die Fähigkeit, die innere Gestaltung einer Kunstschöpfung zu erfassen, zu entwickeln begann. Der Vergleich, den Herr B. zu dem Naturschönen zieht, ist schief, wie jeder, der sich mit Literaturgeschichte beschäftigt hat, ohne weiteres zugeben wird: wie lange brauchte es, ehe die Menschheit die Augen für die sie umgebende Natur öffnen lernte, wie verhältnismäfsig kurz liegt die Zeit zurück, da *Albrecht von Haller* sein berühmtes Wort sprach, dass niemand ins Innere der Natur dringe — und fortfuhr: „Zu glücklich, wenn sie nur die äufs're Schale weist," ein Wort, das *Goethe* Gelegenheit gab, eine überaus treffende Antwort zu sagen. — Doch zur Hauptsache Ganz richtig bemerkt Herr B., dass es darauf ankomme, das, was die Musikwissenschaft gewonnen habe, (wir setzen hinzu: zum Teil) für die Praxis unserer Tage zu verwerten. Dass die Musikschulen hier wesentlich in Betracht kommen, liegt auf der Hand. Aber wie soll dies geschehen? „Der Schüler soll mit der eigentümlichen Geistesanlage der Meister bekannt gemacht, ihm die Einzelerscheinung als Glied einer höheren Gesamtheit erkenntlich gemacht werden; er soll die Entwickelung der Kunstformen kennen lernen und die Organe seines Geistes für das Schöne (wir sagen besser: für das Charakteristische) der einzelnen Kunstepochen schärfen lernen." Gut! Aber weiter: „Der musikgeschichtliche Unterricht hat auch zur allgemeinen Bildung des Musikers beigetragen." Sehr gut, aber — wie das beginnen? Wenn Herr Dr. B. sagt, dass mit dem musik- der literärgeschichtliche Unterricht Hand in Hand zu gehen habe und dabei besonderes Gewicht auf die ästhetische Seite zu legen sei, so vergisst er, aus welchem Material sich zumeist die Schüler der Musikschulen zusammensetzen; er vergisst, dass den meisten jungen Musikern, die nur zum Teil eine derartige Vorbildung haben, um solchen Auseinandersetzungen folgen zu können, die Ästhetik vollständig Nebensache, und eine bald zu erhaltende Stelle die Hauptsache ist. Soll ästhetische Belehrung fruchtbringend sein, so erfordert sie ein grofses Mafs von positivem Wissen und Urteilsfähigkeit — andernfalls züchtet sie noch mehr von der Sorte Kritikaster, die sich neuerdings in manchen Blättern breit macht, und heute in Beethoven „der Begeisterung helllodernde Feuerstrahlenglut," morgen irgendwo bei Brahms „hellbraune Rehaugen," sonst aber nichts bemerkt. Solche Ergüsse verhindert aber auch die eventuelle Kenntnis der Form, der musikalischen Syntax nicht: jenes „zieht" beim Publikum, dies langweilt. — Den Satz: „die Kunstgeschichte ist ein Teil der Kulturgeschichte" wird man mit Freuden gelten lassen, und Vorträge, die in diesem Sinne gehalten werden, nur begrüfsen können, da sie in der That ungemein zur Belehrung beitragen können, d. h. wenn man es nicht so macht, wie Herr *Schletterer* oder Herr *Naumann*, welch letzterer an den Professor erinnert, der über preufsische Geschichte lesen wollte und am Ende des ersten Semesters schon bis zu Ramses III. gekommen war! Ich persönlich habe einmal ein althochdeutsches Repetitorium mitgemacht, dass auch in den endlosen Sümpfen der Sprachvergleichung stecken blieb! Wenn Herr Dr. B. ferner sagt, dass die Biographie der Kompositions-

formen wichtiger sei für den Schüler als die Lebensbeschreibungen der Ton-
setzer, so gebe ich das zu, wenn der Schüler in der That „das entschwundene
Schönheitsideal wieder kennen und lieben lernen" kann! Das aber bezweifle
ich bei den meisten: der nächstliegenden Arbeit ist für diese zu viele auf dem
Lehrplan, die allgemeinen Vorbedingungen zur Fähigkeit, historisch denken und
begreifen, das Resultat ästhetisch verwerten zu lernen, sind nur in den seltensten
Fällen erfüllt. Daran scheitert auch die praktische Verwertung des Satzes: die
Methode der Ästhetik muss jedoch empirisch sein, nicht spekulativ. — Wie ich
den Unterricht denke? In zwei Klassen gegeben: die eine ungefähr in dem
Sinne geleitet, wie es Herr Dr. B. meint. Das sind die Ausgewählten, die nicht
nur Lust und Liebe, sondern auch die Fähigkeit, auf historischem Gebiete zu
arbeiten, besitzen; die zweite Klasse umfasst die gröfsere Mehrzahl der Schüler,
die sich begnügen, in grofsen Umrissen ein Bild der Entwickelung der Kunst
zu erhalten; hier wird gerade das biographische in den Vordergrund zu rücken,
das formelle aber nur in weiten Zügen darzustellen sein. — Im Interesse der
Sache wäre es zu begrüfsen, wenn ein weiterer Meinungsaustausch erfolgte; aus
meiner eigenen Erfahrung könnte ich dann eventuell einmal darstellen, wie man
an der Musikschule zu — sagen wir Seldwyla musikgeschichtlichen Unterricht
betrieb. *Dr. Wilibald Nagel.*

* Raabe & Plothow's Allgemeiner deutscher *Musiker-Kalender* für 1897.
kl. 8⁰. 432 und Anhang 60 S. Der Inhalt ist aufserordentlich reichhaltig und
umfasst fast den ganzen Kontinent, mit Ausschluss von Frankreich, Belgien
und Italien. Der Anhang bringt ein Verzeichnis der in der Konzert-Saison
1895/96 aufgeführten Werke, geordnet nach den Komponisten.

* *Leo Liepmannssohn.* Antiquariat in Berlin S.W. Bernburgerstr. 14, Kat.
124 enth. Musikliteratur, Vokal- und Instrumentalwerke, 339 Nrn., dabei Seltenheiten aus älterer Zeit, sowie moderne historische Werke, hierunter auch ein
komplettes Exemplar der Monatshefte, Preis 180 M.

* Der Mitgliedbeitrag für die Gesellschaft für Musikforschung beträgt
inkl. Monatshefte 6 M und ist im Laufe des Januars an den Unterzeichneten
einzusenden. Restierende werden durch Postauftrag eingezogen. Ebenso ist
der Subskriptionspreis für 1897 für die Publikation von 9 M einzusenden.
Templin (U.-M.), Ende Dezember 1896. *Rob. Eitner.*

* Hierbei 1 Beilage: Katalog der Brieger Musikalien-Sammlung in der
Königl. und Universitäts-Bibliothek zu Breslau, Bog. 8.

Verantwortlicher Redakteur Robert Eitner, Templin (Uckermark).
Druck von Hermann Beyer & Söhne in Langensalza.

MONATSHEFTE

für

MUSIK-GESCHICHTE

herausgegeben

von

der Gesellschaft für Musikforschung.

| XXIX. Jahrg. 1897. | Preis des Jahrganges 9 Mk. Monatlich erscheint eine Nummer von 1 bis 2 Bogen. Insertionsgebühren für die Zeile 30 Pf. Kommissionsverlag von Breitkopf & Härtel in Leipzig. Bestellungen nimmt jede Buch- und Musikhandlung entgegen. | No. 2. |

Adrian petit Coclicus.
(1500—1555/56.)
Ein Beitrag zur Musikgeschichte im XVI. Jahrhundert.
Von O. Kade.
(Schluss.)

Es erübrigt noch im Zusammenhange einen Blick zu thun auf seine Werke, von denen uns die Gelegenheitskompositionen ja meist verloren sind. Sein Nürnberger Aufenthalt aber hat zwei Werke gezeitigt, die sich in verschiedenen Bibliotheken Deutschlands finden. Erstens das soeben erwähnte theoretische Werk, das er unter dem Titel veröffentlichte: *Compendium musices*, descriptum ab *Adriano Petit Coclico* discipulo Josquini de Près, in quo praeter caetera tractantur haec: 1. de modo ornato canendi: 2. de regula contrapuncti: 3. de compositione. Impressum Norimbergae in officina Joannis Montani et Ulrici Neuberi, 1552, 4⁰, 15 Bogen. (Die Zuschrift ist an die Nürnberger Jugend; vgl. Forkel, Lit. d. Musik.)

Es ist offenbar ein musikalisches Lehrbuch, wie wir deren seit dem Ende des 15. Jahrhunderts eine ergiebige Anzahl besitzen, so von Adamus de Fulda 1490, Simon de Quercu 1491, Michael Keinspeck 1497, Wollick de Servilla 1501, Andr. Ornitoparch 1517, Mich. Koswick 1511, 1518, Johannes Galliculus 1520, Mart. Agricola 1528, Luscinius 1536, Listhenius 1537, Seb. Heyden 1537, H. Faber 1548, späterer nicht zu gedenken. Nur die direkte Wiedergabe der Kunstlehre unmittelbar aus dem Munde seines berühmten Lehrers Josquin

des Près verleiht dem Werkchen seinen besondern Wert. Diesen
haben von neuern Musikschriftstellern schon richtig erkannt *Forkel*,
Geschichte der Musik B. II, S. 516, 551, 554 und anderwärts, und
Ambros, Geschichte der Musik, B. III, S. 137. Es genügen daher
hier nur kurze Andeutungen. Coclicus teilt darin nach seiner etwas
willkürlichen Weise die Musiker in *vier* Gattungen ein, in deren
erster sich diejenigen Musiker befinden, die musikalische Dinge erfunden haben, als Orpheus, Boëthius, Guido (von Arezzo) Ockeghem,
Jacob Obrecht, Alexander (Agricola). Diese seien nur Theoretiker
gewesen, „Hi autem tantum Theoretici fuerunt."

Die *zweite* Klasse umfasst die mathematischen Musiker, weil sie
bei der Spekulation, und der Masse von Zeichen und Schwierigkeiten
niemals zur wahren Art zu singen gelangt seien: „nunquam ad veram
canendi rationem perveniunt." Unter diese rechnet er Jo. Geyslin
(Ghiselin), J. Tinctoris, Franchinus (Gafor), Dufay, Busnoi, Binchois,
Caron und viele andere.

Zu der *dritten* Gattung rechnet er die allervortrefflichsten
Musiker, gleichsam die Könige, die Theorie und Praxis am besten
verbinden, und alle Seelenzustände auszudrücken vermögen, so dass
ihre Gesänge allein der Bewunderung wert sind. Unter diesen sei
Josquin der Fürst, den er allen übrigen vorziehen möchte. (Inter
hos facile *princeps* fuit Josquinus de Près, cui ego tantum tribuo,
ut eum omnibus caeteris praeferam.) Derartige erfahrne Fürsten der
Musik und kunstbegabte Tonsetzer seien noch gewesen: Petrus de
la Rue, Brumel, Morales, Henricus Isaac, Ludw. Senfl, und viele
andere.

In die *vierte* Klasse endlich verweist er alle diejenigen Künstler,
welche in der dritten gebildet worden, die aber ihre Kunstfertigkeit
blos dazu anwenden, um zum Vergnügen der Menschen recht zierlich
und schön zu singen. Diese übertreffen in der Ausübung der Kunst
alle übrigen, haben den wahren Zweck derselben erreicht und sind
unter allen die beliebtesten. Solche sind vorzugsweise die Belgier,
die Picardier und die Gallier, die daher auch fast allein in den
Kapellen des Papstes, des Kaisers, des Königs von Frankreich und
anderer Fürsten angenommen werden. Eine besondere Vorschrift derselben geht dahin, der Sänger soll den Satz, den der Komponist als
„cantus simplex" betrachtet, durch Kolorieren zum: „cantus elegans"
umstellen. (Vgl. die Beispiele dazu im Ambros III, 137.)

Ungleich bedeutender als dies Compendium ist aber nun das
zweite Werk seines Nürnberger Aufenthaltes, die:

Musica reservata, | Consolationes | piae ex Psalmis Davidicis | ornatae suavissimis concentibus | Mvsicis a peritissimo Musico | *Adriano Petit Coclico,* | Discipulo Josquini de Pratis: | TENOR, Cantionvm quatuor vocum | Norimbergae in officina Joannis Montani et Vlrici Neuberi. M.D.L.II.

(Vorhanden: Königl. Bibl. München, Gymnasialbibl. Heilbronn.)

Das Werk enthält zunächst in der Diskantstimme eine Widmung des Magisters *Oroco,* in 4 Distichen, „Jure unum Coclico nomen Germania jactat": und in der Bassstimme eine von *Joannes Stumelius* mit dem merkwürdigen Anfange: „Scargo, Godinfluo, Guinguerlo, quoque Coclico parvus" in 6 Distichen. Sodann folgt die lateinische, undatierte Vorrede des Verfassers, mit der Dedikation an den Rat zu Nürnberg mit den schon oben benutzten Bemerkungen aus dem bewegten Leben des Autors.

Das Werk selbst nun enthält 41 meist kurze Tonsätze zu 4 Stimmen sämtlich auf lateinische Texte. So bunt, wechselhaft und regellos sein Leben, so auch sein Kunsterzeugnis. Schon der Titel giebt nicht ein ganz richtiges Bild von der Wahl der Texte; denn wenn auch 31 Stück aus dem Psalter entlehnt sind, so hat er doch auch aus der Genesis, dem Buch der Könige, dem Evangelium Johannis und Matthäus seine Worte genommen, ja sogar eine Stelle *Ovid's* (de Ponto IV. Eleg. 3), sodann auch ein eigenes auf seine Lebenslage bezügliches längeres Gedicht in 11 Distichen (Nr. 24) verwendet, und seltsamerweise auch eine katholische Antiphon (Nr. XVII) und einen Hymnus (Nr. XXVIII) zu Grunde gelegt. Für Nr. 2, 11, 26 und 27 ist der Ursprung des Textes nicht nachweisbar, wenigstens nicht in der lateinischen Bibelconcordanz von 1546, nicht in *Daniel's* Thesaurus hymnologicus, endlich auch nicht in Bäumker's kath. Kirchenliede. Unter Nr. 31 findet sich auch die Nummer: „Vigilate et orate": (Matth. cap. 24 v. 42) die er für besonders gelungen gehalten zu haben scheint, und deshalb seinem Bittgesuche um eine Professur an dem neu 1543 gegründeten Pädagogium in Stettin an den Markgrafen Albrecht von Brandenburg vom 4. Juli 1547 beilegte, die der Herausgeber des Aktenstückes Rudolf Schwartz nicht hat auftreiben können.

In der Verwertung des eigentlichen Tonmaterials herrscht dieselbe Ungebundenheit der Behandlung. Gleich seinem grofsen Lehrer Josquin setzt er sich kühn über Regeln und Vorschriften hinweg, die nicht blos zu seiner Zeit, sondern noch lange nachher als unumstöfslich anerkannt und gelehrt wurden, so unter andern über das

Verbot der grofsen Sexte und zwar nicht blos aufwärts, sondern auch abwärts. Eine ähnliche Gleichgiltigkeit zeigt er auch in Bezug auf Quint- und Oktavparallelen, und zwar nicht blos scheinbare, sondern thatsächliche, d. h. in Form von Grundton und Quinte, gleichviel auch ob auf leichten unbetonten Nebennoten oder auf schweren, auf dem guten Taktteile stehenden Noten. Auch in der rhythmischen Gliederung zeigt er grofse Freiheiten, wie z. B. in Nr. 29 Takt 30 bis 35 Alt und Bass in Triolenbewegung mit einander gehen, während der Tenor und Diskant die ⁴/₂ Einteilung festhalten:

Ganz ähnlich ist auch eine Stelle in Nr. 25 formuliert, wo auf die Triolenbewegung im Bass eine Viertelgliederung im Diskant und Alt gestellt ist, während der Tenor den Cantus firmus in Semibreves (◿ ◿) zum Austrag bringt. Am gewagtesten in dieser Beziehung muss freilich eine Gruppierung in Nr. 21 bezeichnet werden, die allerdings den Verdacht eines Druckfehlers nicht ganz auszuschliefsen scheint, weswegen sie hier eine Stelle finden möge. Die rätselhafte Tonverbindung durch andere Schlüssel, andere Notengliederung klären zu wollen hat mir nicht gelingen wollen.

In der *Textunterlage*, auf die er in seinem Compendium die gröfste Sorgfalt gelegt wissen will, verleitet ihn der Wortausdruck zu besondern Eigentümlichkeiten. Rücksichtslos trennt er bisweilen die verschiedenen Silben eines Wortes durch Pausen, und zwar mitten in der Zeile, nicht wie es früher nur bei der Schlusssilbe des letzten Wortes gestattet war, so z. B. Isaac in seinem schönen 6stimmigen Tonsatz zu: Christ ist erstanden: die einzelnen Silben von: „eleison" zauberisch verhallen lässt. So formuliert Coclicus in Nr. 32 das Wort: spiritum: mitten in der Zeile, dass er alle vier Stimmen gleichzeitig nach je einer Minimapause die drei Silben: „spi-ri-tum", oder in Nr. 11 das Wort „respiro" in drei durch Pausen getrennten Dreiklängen zur Aussprache bringen lässt, um das beabsichtigte Schluchzen zu versinnlichen. Die Nr. 9 scheint geradezu auf diesen Kunsteffekt berechnet zu sein, wie die oft wiederkehrenden Silbenbrechungen bei den Worten: a ge | mi-tu cordis mei: anzudeuten scheinen, um das Gestöhn des geängstigten Herzens drastisch auszudrücken. Diese Tonmalerei im einzelnen, nebst dem ängstlichen Bestreben, jeder Silbe, jedem Worte einen besondern Ausdruck zu geben, ist auch der hauptsächlichste Grund, warum ihm die klassische Formbildung der so überaus schön geschwungenen melodischen Tonreihe seines Lehrers Josquin nicht im entferntesten gelingen will. Dies ist am deutlichsten an dem Psalme 30: „In te Domine speravi" zu erkennen, den beide, Josquin sowohl wie sein Schüler Coclicus als eine Art Konkurrenzarbeit mehrstimmig gesetzt haben, der eine in einem sechsstimmigen, der andere in einem vierstimmigen Satze. [vgl. Nr. 32 dieser Sammlung.] Schon der ganze Plan und Aufbau Josquin's zeugt von überwältigender Mächtigkeit der Tonreihen, in der ihn keiner seiner Zeit- und Kunstgenossen nur annähernd erreicht, geschweige denn wohl gar übertroffen hat. Schon Luther, von der gewaltigen Sprache dieses Meisters mächtig ergriffen, brach nach dem Anhören einer Motette von Josquin — die Vermutung, dass es eben vorliegendes Stück gewesen sei, da es sich im Handexemplar Luthers von 1530 befindet, liegt ungemein nahe — unwillkürlich in die höchst charakteristischen Worte aus: „Josquin ist der Noten Meister, die haben's machen müssen, wie er wollt, die andern Sangmeister müssen's machen, wie die Noten wollen." So teilt Josquin hier das ganze Stimmmaterial in zwei gleiche Gruppen, übergiebt den drei Oberstimmen das köstliche unaufhaltsam aufwärts drängende Motiv zur Einführung, denen sich vom vierten Takte an die tiefern Unterstimmen anschliefsen. Damit nicht genug; im zweiten Teile: „Quoniam fortitudo" beginnen die

drei Oberstimmen zwar ebenfalls wieder die thematische Einführung,
jedoch in der Gegenbewegung, demnach nicht aufwärts, sondern abwärts in allen Stimmen, so dass beide Teile zwar in innigster Verwandtschaft zu einander bleiben, aber ein gänzlich verändertes Bild
aufweisen.

Prima pars.

Secunda pars.

Weder ein so tief angelegter Plan, noch eine derartige mit ver-
schwenderischer Pracht aufgebaute melodische Tonreihe, lassen sich
in dem ganzen Werke seines Schülers Coclicus nachweisen. Solch
hohe Kunstmittel stehen ihm nicht zu Gebote. Er muss sich mit
geringeren begnügen und auf minderwertige beschränken. Am wenigsten vollends kann sich mit diesem reichen Kunstgebilde das Gegen-
stück zu demselben Psalm 30: „In te Domine speravi" messen, das
er als Nr. 32 seiner Sammlung einverleibte. Zwar gehört es dem
Umfange nach zu der gröfsten der Sammlung (104 Takte), aber bei
weitem nicht zu den bedeutendsten in Bezug auf Bildung, Gliederung
und Verarbeitung der Tonreihen, die aber gerade als Grundlage bei
Beurteilung des ältern Tonsatzes angesehen werden müssen, an denen
die Meisterschaft des Künstlers sich eben vorzugsweise am besten erkennen lässt.

Unter seinen Kunstmitteln steht in erster Linie die *enge Imitation* einzelner kleiner Motive, die er allerdings meisterhaft zusammen-
zustellen und zu verwerten weifs, wie unter andern folgende Stelle

beweist, die mehrmals in Nr. 7, 12 und 34 ganz gleich oder ähnlich wiederkehrt:

Bisweilen greift er auch ein kleines thematisches Imitationsspiel mit der sogenannten „*Cambiata*" auf, wie in Nr. 22 bei folgender Stelle:

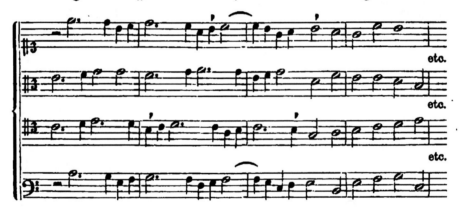

Dies ist zugleich eine jener fraglichen Stellen, bei der es nicht klar ist, ob Coclicus mehr die melodische Tonreihe der einzelnen Stimme oder den akkordlichen Zusammenklang hat ins Auge gefasst wissen wollen. Ist ersteres der Fall, so wird die Formulierung mit dem b rotundum nicht statt haben dürfen wegen der Fortschreitung im Tenor von e nach b. Ohne b rotundum ergiebt der Tonsatz den Tritonus [h D F] in erster Lage, wie ihn Coclicus freilich bisweilen verwertet, wenngleich ihn die Lehre unausgesetzt bestritt. Eine ganz gleiche ebenfalls durch thematische Weiterführung des Themas entstandene Zusammenstellung, bei der sich die Frage ob mit b rotundum oder ohne dasselbe zu konstruieren in erhöhtem Maße aufdrängt, befindet sich in Nr. 33, wo die Imitation des Motivs zu folgender Tonverschlingung geführt hat:

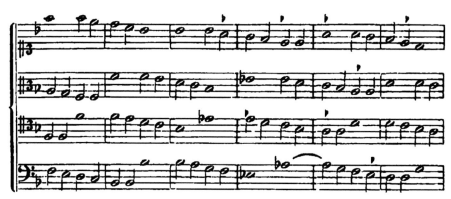

Welch Geschick er in der Verwendung ganz kurzer, höchst einfacher Motive besafs, die sich nur wenig von einander unterscheiden,
mögen folgende zehn Themata darthun, die er zur thematischen Einführung der vier Stimmen benutzte:

zu Nr. 2. Redenti cordis:

zu Nr. 3. Lucerna.

zu Nr. 4. Apud Dominum
(gleich auch mit Nr. 39).

zu Nr. 6 Ne projicias

zu Nr. 8. Educes

zu Nr. 10. Castigans:

zu Nr. 12. Nolite

zu Nr. 13. Dominus

zu Nr. 14. Non salvatur

zu Nr. 39. Non auferetur

Aber er versteht auch voller in die Saiten zu greifen und die Stimmen nicht in langsamen gemessenen Eintritten, sondern in schneller Folge zusammenzubringen. Als ein Beispiel solch lebhafter Entwickelung ist namentlich Nr. 5: „Cum ceciderit", anzuführen, wo nicht nur die Stimmen Schlag um Schlag zur Einführung gelangen, sondern auch in der engen Imitation mit einander wetteifern:

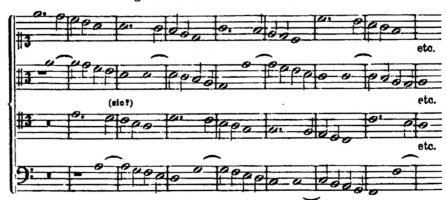

Um zum Schluss nun das Bild des Mannes auch nach seiner künstlerischen Leistungskraft zu vervollständigen, habe ich einen Tonsatz aus dieser Sammlung ausgewählt, der nicht etwa mit besonderen harmonischen oder kontrapunktischen Eigentümlichkeiten schwer belastet ist, sondern sich im Gegenteil durch hohe Einfachheit, strophische Gliederung, klare Harmonieführung vor allen anderen auszeichnet, und dem protestantischen Choralsatze nota contra notam dieser Zeit unbedingt am nächsten steht. Es ist dieselbe Nummer, die er wohl selbst unstreitig für seine beste Arbeit gehalten haben muss, da er sie seinem Bewerbungsschreiben um die Professur am Stettiner Pädagogium vom 4. Juli 1547 beigefügt hat, nämlich die Nummer 31 seiner Sammlung: „Vigilate et orate", die der Herausgeber des Aktenstückes Rudolph Schwartz leider nicht beizubringen vermochte. Eine einzige Stelle darin bleibt zweifelhaft, wo Diskant und Bass in Oktavenparallelen mit einander fortschreiten. Da sie sich wiederholt, ist der Verdacht eines Druckfehlers wohl ausgeschlossen. Auch dürfte sie jedem Versuche einer etwaigen Verbesserung von vornherein spotten, da die eigentümliche Stimmenführung zu eng mit der Anlage verwachsen ist. Im übrigen kann der Satz wohl als Musterbeispiel für die einfache Schreibweise nota contra notam angesehen werden, wie deren um die Mitte des 16. Jahrhunderts nicht eben viele von solcher Schönheit an die Seite gestellt werden könnten.

Wenn ich so dem Sammelwerke des geistreichen Tonsetzers, dem

einzigen, das er uns hinterlassen, nach seinen Vorzügen und Schwächen
gerecht zu werden versucht habe, wird es nötig sein, ein Gesamturteil über dessen Thätigkeit im allgemeinen mit wenig Worten beizufügen. Im hohen erhabenen Kunststile erreicht Coclicus die
Höhe seines gewaltigen Lehrers Josquin in keiner Weise und ein
Stück, wie dessen grofsartiger Psalm: „De profundis" zu sechs Stimmen
überragt alles, was sämtliche Zeitgenossen Josquin's um diese Zeit
geschrieben haben. Dagegen hat die kleine gefällige Komposition des
Kleinmeisters zur damaligen Zeit nicht leicht einen würdigeren Vertreter als unseren Meister gefunden. Darum auch die vielen Freunde
und Gönner, die der begabte Künstler trotz seiner Leichtfertigkeit
überall, wohin er kam: in Italien, Frankreich, England, Deutschland
fand. Es darf daher nicht als besondere Lobhudelei aufgefasst werden,
wenn die Umschrift über seinem Porträt besagte:

Denn du siegst überall durch Süfse und Kunst deiner Stimme,
Philomele sogar singt nicht bessern Ton!

Coclicus, Vigilate et orate:
Musica reservata etc. 1552. Nr. 31, vom 4. Juli, 1547.

50.

- que ho - ram, qua fi - li - us ho - mi - nis ve - ni - et

- que ho - ram, qua fi - li - us ho - mi - nis ve - ni - et

et . . . .

- que ho - ram, qua fi - li - us ho - mi - nis ve - ni - et.

Eine alte Sapphische Melodie.

Dr. Paul Eickhoff hat in der kleinen Schrift: „Der Horazische Doppelbau der Sapphischen Strophe" (1895. Selbstverlag. Wandsbeck) die merkwürdige Thatsache ans Licht gezogen, dass Horaz in den 3 ersten Büchern seiner Oden der Sapphischen Strophe einen Doppelbau giebt, indem neben der metrischen Versmessung nach Längen und Kürzen ein rhythmischer Bau nach den Wortaccenten geht:

rhythmisch: / / ! \ / / / \
Jam satis terris nivis atque dirae
metrisch: — ◡ | — — | — ◡ ◡ | — ◡ | — —

Er schließt daraus, dass Horaz für seine Sapphische Strophe auch zwei verschiedene Melodieen gebraucht haben müsse, die eine nach dem antiken Metrum der Verszeilen, die andere nach ihrem Wortrhythmus gebaut. Die lateinischen Hymnendichter des früheren Mittelalters haben sich, wie Eickhoff weiter nachweist, diesem eigentümlichen zugleich nach Metrum und Wortaccent gestalteten Bau der Sapphischen Strophe angeschlossen, während die Humanisten später den Bau nach Wortaccenten bald wieder fallen liefsen, bald auch ihrerseits beibehielten. Seit dem 16. Jahrhundert finden sich nun wirklich 2 verschiedene Arten von Melodieen für die Oden, Hymnen und Lieder Sapphischen Baues. Als um den Anfang des 16. Jahrh. *Tritonius*, vermutlich von *Konrad Celtis* dazu angeregt, auf den Gedanken kam, die Horazischen Oden in Musik zu setzen, baute er

seine Melodieen rücksichtslos nach dem antiken Metrum, so wie man
es damals verstand, indem man einfach jede Länge zu 2 Kürzen
rechnete. Er schrieb also:

Jam sa - tis ter - ris ni - vis at - que di - rae u. s. w.

und darin folgten ihm *Senfl* und alle andern in orthodoxer Recht-
gläubigkeit an das antike Metrum, obgleich dabei musikalisch thatsächlich unrhythmische Reihen herauskamen. Bekanntlich sind nun
einige dieser Odenmelodieen in den evangelischen Kirchengesang
übergegangen und auch hier wirklich anfangs in ihrer rhythmischen
Unform gesungen worden. So sang man z. B. das berühmte, wahrscheinlich von *Georg Thym* gedichtete Gebet in Sapphischer Strophe
„Aufer immensam", die sog. kleine Litanei im Eingang des Haupt-
gottesdienstes auf folgende metrische Melodie (s. Zahn, Melodieen d.
deutsch. evang. Kirchenliedes, Nr. 967):

Au - fer im - men-sam, deus,   au - fer i - ram. u. s. w.

Man stellte aber dann bald dergleichen metrisch gemessene
Notenreihen musikalisch richtig, wozu z. B. gerade bei dem Sapph.
Metrum eine geringe rhythmische Änderung genügt. So findet sich
z. B. in *Schein*'s Cantional von 1627 eine Melodie zu Melanchthon's
Sapphischem Hymnus: Dicimus grates, die zwar metrisch gebaut aber
gleich musikalisch berichtigt ist (Zahn, Nr. 974). Sie beginnt:

Di - ci - mus gra - tes ti - bi, summe re - rum u. s. w.

Der Wortaccent freilich wird auch hier, wie bei jeder dieser
metrisch gebauten Melodieen auf grausame Weise mißhandelt.

Ganz anders in den Melodieen, welche nach dem 2. Schema
des Horaz'schen Doppelbaues gebildet sind: natürlich, denn das Schema
beruht ja eben auf dem Wortaccent. Es ist musikalisch eben so
korrekt wie schön bewegt und lässt sich melodisch, selbstverständlich
in unbeschränkter Mannigfaltigkeit ausfüllen und ausführen:

C.

Jam-sa-tis ter - ris   ni - vis at - que di - rae.

Melodieen dieses Baues begegnen gleichzeitig mit jenen anderen im
evang. Kirchengesange des 16. Jahrhunderts und zwar mehrfach ausdrücklich als Sapphische Melodieen bezeichnet. Zu dem *Aufer
immensam* findet sich in *Schein's* eben erwähnten Cantional eine
solche, wohl von Schein selbst herrührende rhythm. Melodie (Zahn,
Nr. 970):

Au - fer im - men - sam, de - us au - - fer i - ram u. s. w.

Eine deutsche Übersetzung dieses Hymnus „Herr deinen Zorn"
ward von *Crüger* mit einer rhythmischen Melodie versehen (Zahn,
Nr. 996), zu der dann wieder *Paul Gerhardt* sein Lied, „Lobet den
Herren" dichtete:

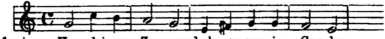

Aufer imm.: Herr, dei - nen Zorn wend ab von uns in   Gna - den
P. Gerhardt: Lo - bet den Her - ren, al - le die ihn eh - ren u. s. w.

Auch herzliebster Jesu und seine schöne Crüger'sche Melodie
tragen diesen Sapphischen Rhythmus (Zahn, Nr. 983):

Herzliebster Je - su, was hast du ver - bro - chen u. s. w.;4.21.: bist du ge - ra - ten.

Ohne Zweifel wäre es von Interesse, zu erfahren, wie frühe sich
Melodieen dieses sapphisch-rhythmischen Baues nachweisen lassen.
In der That *scheint* eine solche Melodie in frühe Zeit zurückzuweisen.

In seinem Essai sur la Musique ancienne et moderne Vol. I,
S. 43 und Vol. II, S. 127 teilt nämlich *de la Borde* als Probe
antiker griechischer Musik, wie er etwas phantasiereich meint, eine
Melodie mit, von der er sagt: es scheine gewiss, dass Horaz manche
seiner Oden auf griechische Melodieen gedichtet habe. Sachkenner
hätten ihm versichert: qu' il nous en restent quelques uns, dont on
se sert encore pour nos hymnes, et entr' autres un, qui a été fait du
tems de Sapho, et sur lequel Horace parodia plusieurs de ses odes.
On l'a adopté depuis pour chanter l'hymne „Ut queant laxis" appelé
l'hymne de S. Jean. Also die berühmte Hymne des Paulus Diaconus,
die in der kathol. Kirche noch heute in der Vesper des 24. Juni ge-

sungen wird. Forkel teilt in seiner Allg. Musikgesch. I, S. 265 die
Melodie aus de la Borde mit.*) Sie lautet:

Ut que-ant la - xis re - so - na - re fi - bris mi - ra ge-
sto - rum fa - mu - li - tu - o - rum sol - ve pol - lu - ti
la - bi - i re - a - ta, sancte Jo - han - nes.

Das ist also eine Melodie eben jenes rhythmisch nach Accenten
gebauten Sapphischen Mafses. Sie findet sich nun, wie ich zunächst
bemerken will, im 16. Jahrhundert wirklich schon vor. *Triller*
nämlich giebt sie, fast gleichlautend mit obiger Form, in seinem Gesangbuch („Singebüchlein“) von 1555 zu dem Liede „Wir wollen
singen heut vor allen Dingen“ und bezeichnet sie als die „Noten
Anna coelestis“. Er fand sie also jedenfalls im kirchlichen Gebrauche
für einen Hymnus auf die hl. Anna vor. Dass aber dies nicht die
ursprüngliche Melodie zu Ut queant laxis ist, das ergiebt sich schon
aus dem Umstande, dass ihr das in der Musikgeschichte durch die
Solmisationssylben so berühmt gewordene Ut re mi fa sol la fehlt.
Diese echte Melodie findet man in ihrer heutigen gregorianischen
Gestalt im röm. Antiphonar zum Fest Johannis des Täufers (24. Juni)
in primis vesperis. Trotzdem aber ist unsere Melodie ebenfalls alt,
denn eben da wird auch sie in gregorianischer Form gegeben, weil
sie an manchen Orten statt der andern Melodie für den Johannes-
hymnus gebräuchlich sei. Leider liegt mir keine ältere Aufzeichnung
der Melodie vor (die evangel. Cantionale's des 16. Jahrh. haben sie
meines Wissens nicht). Aber auch in der Gestalt des heutigen
römischen Antiphonars, die bekanntlich auf der durch das Tridentinum
angeordneten Redaktion der Ritualgesänge beruht, stellt sie sich als
die gregorianische Form der obigen mensurierten Melodie dar:

Ut queant la - xis re - so - na - re fi - bris mi - ra ge-sto-rum fa - mu-li tu-o-rum,

---

* Eine Abschrift aus de la Borde danke ich Herrn Prof. Oskar Fleischer
in Berlin. Die von de la Borde eingesetzten Kreuze lasse ich, bis auf das berechtigte letzte fort, weil sie der Dorischen Tonart der Melodie widersprechen.

Für die des gregorianischen Gesanges nicht Kundigen bemerke ich, dass hier die Notenstriche mit der Länge oder Kürze der Noten nichts zu thun haben. Für den Vortrag der Melodie ist abgesehen von den für den Gesang der Neumen eigentümlichen musikalischen Regeln der Text mafsgebend. Singt man nun hier die Worte Ut queant nach ihren Accenten und dem darauf beruhenden Rhythmus, dann ergiebt sich eben ganz von selbst unsere obige Sapphische Melodie.

Man kann natürlich auch die Hauptmelodie des Hymnus ebenso nach den Wortaccenten singen. Da es vielleicht manchen Leser interessieren wird, das berühmte Ut re mi an seinem Platz zu sehen, will ich sie so mensuriert hersetzen:

R. v. Liliencron.

Mitteilungen.

* Die *Purcell-Gesellschaft* in London gab 1893 *Purcell's* Twelve Sonatas of three parts von 1683 in Part. mit ausgesetztem Generalbass von *J. A. Fuller Maitland* heraus. London, Novello, Ewer & Co. Die Sonaten sind für 2 Violinen, einen Bass (Gambe oder Violoncell) und den Bc. geschrieben. Die Form ist vorwiegend die der Fuge, gröfstenteils im strengen Stile, oft in Doppel- und Trippelfuge mit grofser Gewandtheit hingeworfen. In einem Satze bringt er das Thema in der Engführung zu gleicher Zeit in drei verschiedenen Werten und hat seine Freude daran die Stimmen mit einander zu vertauschen. Man könnte Purcell den englischen Bach nennen. Seine Motive

sind charakteristisch und gröfstenteils auch melodisch. Wo das letztere fehlt,
wird der Fugensatz trocken und langweilig. Die Sonaten sind stets aus
mehreren Sätzen zusammengefügt, die sich in willkürlicher Weise in den verschiedensten Tempi zusammensetzen. Z. B. Maestoso, Vivace, Adagio, Presto,
Largo, Schlusssatz. Die langsamen Sätze sind im einfachen Kontrapunkte geschrieben, gravitätisch und schwerwiegend, dabei melodiös und ein Motiv fest-
haltend. Oder: Andante, Largo, Presto, ein kurzes Adagio, dem ein Vivace
folgt, den Schluss bildet ein Allegro im leichten ⁶/₈ Takt und strengen Fugen-
stil mit allen Kunstmitteln geschrieben, dabei fliegt der Satz leicht und graziös
dahin (Seite 15 der Part.). Die Tonart bleibt in einer Sonate stets dieselbe,
die eine steht in Bdur, die nächste in Dmoll, eine andere in Fd. u. so fort.
Die Tonalität ist die moderne Dur- und Molltonleiter in völliger Vollendung.
— Die englischen Herausgeber älterer Musikwerke scheinen sich zu scheuen
an Druck- oder Schreibfehler des Originals die bessernde Hand zu legen. Wer
sich so eingehend mit einem Werke beschäftigt hat, es kopiert, geprüft, den
Generalbass ausgesetzt, der ist doch vor allen berechtigt, sogar verpflichtet
Fehler zu verbessern. Das Original kann ja immerhin durch irgend eine Bemerkung gewahrt bleiben, damit jeder selbst prüfen kann. So stehen S. 4
bis 5 im Adagio sehr bedenkliche unschöne Noten, die jedenfalls Druckfehler
sind. Die leichteste und sicherste Verbesserung geschieht stets durch Vergleichung von analogen Stellen, oder Wiederholungen. So wäre S. 4, Z. 3,
T. 3 letztes Viertel, 1. Violine es. es | es a in es. es | e a zu verbessern. Der-
selbe chromatische Schritt kommt S. 5, T. 3, 2. Violine vor. Ferner S. 5,
Takt 4, 1. Viertel würde ich unbedingt g setzen, oder noch besser die 1. Violine
gleich mit g statt f einsetzen lassen. Im übrigen hat sich der Herausgeber
aus der heikelen Aufgabe den Generalbass auszusetzen in den meisten Fällen
mit grofsem Geschicke gezogen und wo er nichts zu sagen wusste, hat er klüg-
lich geschwiegen. Die Bezifferung ist nur mager, doch dort wo sie vorkommt,
hätte Herr Maitland genauer sein müssen. Wenn die Publikationen der
Purcell-Gesellschaft nicht so teuer wären, 21 M der Band, so würde ich jedem
Musikhistoriker diese Sonaten zur Anschaffung empfehlen. Das mir vorliegende
Exemplar ist auch nur geborgt.

    * *Karl Nef* aus St. Gallen. (Dissertation) Die Collegia musica in der
deutschen reformierten Schweiz von ihrer Entstehung bis zum Beginn des
19. Jhs. Mit einer Einleitung über den reformierten Kirchengesang und die
Pflege der Profanmusik in der Schweiz in den frühern Zeiten . . . St. Gallen
1896, Zollikofer. 8°. VIII u. 161 S. Eine sehr interessante Schrift auf Dokumente gestützt. Die Einleitung beschäftigt sich mit der Thatsache, dass die
Goudimel'schen vierstimmigen Psalmen in den reformierten Gemeinden den
einzigen Gesangsstoff gebildet haben, und dass es Gemeinden gab, die mit
wunderbarer Sicherheit den vierstimmigen Gesang zu Gehör brachten. Die
weltliche Musik wurde dagegen von den Bruderschaften (Spielleuten) gepflegt,
die sich bis ins 14 Jh. hinein verfolgen lassen. 1613 wurde in Zürich das erste
Collegium musicum in der Schweiz gegründet. Der Verfasser geht sehr ausführlich auf diese Musikgesellschaft ein und auf die sich daselbst bildenden
neuen Gesellschaften, denen dann die übrigen schweizerischen Städte, die
weniger reiches Material liefern, folgen. Noch sei erwähnt, dass die Reformation
durch Zwingli den Gesang und die Orgeln jahrzehntelang aus der Kirche

verbannte und erst ganz nach und nach sich der Gesang wieder einschlich,
bis er sich überall Bahn gebrochen hatte. Die Schrift bietet historisch und
biographisch reichen Stoff.

    * *Hans Kennedy*: Die Zither in der Vergangenheit, Gegenwart und Zu-
kunft. Eine historisch-kritische Studie über das Instrument und seine musikalischen Verhältnisse von ... Mit Federzeichnungen. Tölz 1896, F. Fiedler.
8°. 207 S. Pr. 2,40 M. Die Einleitung, Vorgeschichte der Zither, bietet
manche nicht allbekannte historische Thatsache, die der Verfasser mit Beweisen
zu belegen sucht. Wenn sich derselbe dabei eines weniger burschikosen Stils
bedient hätte. würde seine Beweisführung nicht den Eindruck eines Spaſs-
machers hervorrufen und seinen Gründen mehr Gewicht geben. Der Verfasser
läſst die moderne Zither von dem alten Volksinstrument, dem sogenannten
Scheitholt abstammen, ein langgestrecktes schmales Instrument mit Wirbelkasten
und 3 Saiten bezogen. So bildet es Praetorius Tafel 21 ab und beschreibt es
S. 57 (67). Virdung und Agricola haben es keiner Erwähnung für wert gehalten. Es hat mit dem Monochord die gröſste Ähnlichkeit. Der Verfasser
giebt nun 6 Abbildungen nebst Beschreibung, in denen er die nach und nach
fortschreitende Vervollkommnung zeigt, bis sie die heutige Form erlangt hat.
Wir erfahren ferner die verschiedenen Stimmungen, ihren Seitenbezug und gelangen S. 23 zur modernen Zither. Dem bäurischen Zitherspieler *Johann
Petzmayer*, 1803 geb., der sogar von Fürsten ausgezeichnet wurde, wird ein
breiter Raum gewidmet und ihm das Verdienst zugeschrieben, dass hauptsächlich durch ihn das Instrument so in Aufnahme gekommen ist. Das Folgende
beschäftigt sich mit dem Bau der Zither, der verschiedenen Schulen und ihrer Vertreter. Wenn es auch nur ein verachtetes Instrument ist, so zeichnet sich die
Schrift dadurch aus, dass sie alles zusammenfasst, was überhaupt über dieselbe
zu sagen ist, selbst der Literatur, ihrer Verfasser und Verleger wird umständ-
lich gedacht.

    * *Eduard Hanslick*. Aus dem Concert-Saal. Kritiken und Schilderungen
aus 20 Jahren des Wiener Musiklebens 1848—1868. Nebst einem Anhange:
Musikalische Reisebriefe aus England, Frankreich und der Schweiz von ...
2. durchgesehene und verbesserte Auflage. Wien u. Lpz. 1897 W. Braumüller.
Pr. 8 M. XVI u. 604 S. Dass H. ein vortrefflicher Feuilletonist ist, wird
niemand bestreiten, ebenso dass er ein guter ästhetisch und kritisch veranlagter
Musiker ist. Betrachtet man diese alten aus Zeitungen gezogenen Konzert-
berichte über Virtuosen, Sänger, Orchester- und Gesangvereine vom historischen
Standpunkte, so sind sie eine sehr willkommene Gabe für denjenigen, der sich
biographisch oder kulturhistorisch beschäftigt, denn sie geben nicht nur ein
Bild der Zeit, sondern auch der mehr oder weniger hervorragenden Künstler
und ihrer Leistungen. Sie greifen in eine Zeit zurück, die der heutigen
Generation zum gröſsten Teil ein unbekanntes Feld ist und für diejenigen,
welche die Periode mit erlebt haben, bieten die Kritiken eine anregende Auf-
frischung alter Erinnerungen. Die neudeutsche Schule ist dem Herrn Verfasser nur ein Gegenstand von Verirrungen, und dass er heute noch dieselbe
Ansicht hegt, beweist die Aufnahme alter Glaubensbekenntnisse, die uns heute
recht wunderlich und engherzig anschauen. Von Seite 528 ab beginnt der
Anhang, der den Verfasser von seiner brillantesten Erzählerseite zeigt.

    * Mitteilungen der Musikalienhandlung *Breitkopf & Härtel* in Leipzig,

Brüssel, London, New York. 1896. Nr. 47. Aufser Anzeigen von neuen Verlags-Artikeln, bringen sie das wohlgetroffene Porträt *Johannes Ev. Habert,* des jüngst verstorbenen Meisters in der Kirchenmusik, ferner das von *Xaver Scharwenka* nebst einer launig geschriebenen Selbstbiographie, dann eine Biographie über *Lina Ramann.* An neuen musikhistorischen Unternehmungen werden eine Gesamtausgabe von *J.-Ph. Rameau's* Werken, ediert von C. Saint-Saëns und das Erscheinen des *Colmarer Liederbuches* von Paul Runge angezeigt. Über letzteres werden die Monatsh. nächstens berichten.

    * Herr *R. Hoffmann* und Frl. *Lucky* veranstalteten in dieser Saison *3 historische* Konzerte. Sie trugen am ersten Abend Gesänge aus Opern des XVII. und XVIII. Jahrhunderts, italienischen, deutschen und französischen Ursprungs vor. Wenn sie den Rahmen nicht so grofs wählten, und sich auf eine bestimmte Entwickelungsphase beschränkten, so würden ihre Dargebungen von gröfserem Nutzen für die Hörer sein. Denn „die historischen Konzerte" haben nun einmal die Bestimmung der Belehrung in *erster* Linie. Da diese Sänger über ein ansehnliches Können verfügen, so sollten sie bedacht sein, ihr Programm möglichst sorgfältig zu gestalten, damit ihr Können auch an einer würdigen Aufgabe sich bethätige. Jedenfalls in Anbetracht der unerhörten Flut von Konzertveranstaltungen, die sich durchweg auf den ausgetretenen Bahnen der üblichen Musikmacherei bewegen, ist jeder Versuch auch einmal selten gehörte Werke zu reproduzieren, lobend zu erwähnen.   Dr. H. Goldschmidt.

    * Jakob Rosenthal, Antiquar in München, Karlstr. 10. Kat. 7. Litterrarische Seltenheiten. Bibliothekwerke. Darunter auch 42 Musikwerke zum Teil der gröfsten Seltenheit, wie theoretische Werke und Gesangswerke in kompletten Stimmbüchern des 16. Jhs., Gerle's Lautenbuch von 1533. Es scheint dasselbe Exemplar zu sein, welches schon vor Jahren auftrat. Das erste Exemplar ohne Titel erwarb das british Museum. Ferner Gerbert's und Coussemaker's Scriptores u. s. f.

    * Dr. *Emil Bohn's* historische Konzerte fanden am 30. November und 14. Dez. ihre 65. und 66. Fortsetzung. Das erstere brachte Vokalkompositionen von Joh. Karl Gottfried Loewe und das letztere „Frische deutsche Lieder" aus dem 16. und der ersten Hälfte des 17. Jhs.

    * Quittung über gezahlte Jahresbeiträge für die Monatshefte von den Herren: Dr. Bäumker, Dr. Dörffel, Dr. Haberl, Dr. Haym, Prof. Jansen, Prof. Eickhoff, Prof. Kade, Prof. Köstlin, Kraus figlio, Prof. E. Krause, G. S. L. Löhr, Georg Maske, Fr. v. Miltitz, Dr. W. Nagel, Curtius Nohl, G. Odencrantz, Dr. K. Nef, A. Reinbrecht, E. J. Richter, L. Riemann, Prof. Schell, Rich. Schumacher, Prof. H. Sommer, Barclay Squire, Pfarrer Unterkreuter, Musikdir. Vollhardt, Dr. Waldner, K. Walter, Dr. Weckerling, E. v. Werra, Nord-Neederlandsche Verein, Seminar in Zchoppau, Kgl. Univ.- u. Landesbibl. Strafsburg, Fürstl. Bibl. Wernigerode.

    Templin, den 29. Januar 1897.   *Rob. Eitner.*

    * Hierbei 1 Beilage: Katalog der Brieger Musikalien-Sammlung in der Königl. und Universitäts-Bibliothek zu Breslau, Bog. 9.

Verantwortlicher Redakteur Robert Eitner, Templin (Uckermark).
Druck von Hermann Beyer & Söhne in Langensalza.

MONATSHEFTE

für

MUSIK - GESCHICHTE

herausgegeben

von

der Gesellschaft für Musikforschung.

| XXIX. Jahrg. 1897. | Preis des Jahrganges 9 Mk. Monatlich erscheint eine Nummer von 1 bis 2 Bogen. Insertionsgebühren für die Zeile 30 Pf. Kommissionsverlag von Breitkopf & Härtel in Leipzig. Bestellungen nimmt jede Buch- und Musikhandlung entgegen. | No. 3. |

Eine Trierer Liederhandschrift aus dem Ende des 15. bis Anfang des 16. Jahrhunderts.

Ein Manuskriptenkatalog der Trier'schen Stadtbibliothek war bisher nur handschriftlich in Trier, Berlin und Koblenz vorhanden; derselbe war im Laufe der ersten Hälfte dieses Jahrhunderts von den damaligen Bibliothekaren angefertigt worden. Es ist begreiflich, dass zu jener Zeit, in welcher die Bedürfnisse der einzelnen Forschungszweige noch keineswegs so klar zutage getreten waren, bei der Anfertigung des Kataloges manches Wichtige als unwichtig beiseite gelassen und Nebensächliches mit dem Wichtigen verwechselt wurde. Der jetzige Bibliothekar, Hr. Dr. Keuffer, hat sich der verdienstvollen Arbeit unterzogen, einen den heutigen Verhältnissen der wissenschaftlichen Forschung entsprechenden Katalog anzufertigen, jedoch unter Beibehaltung der alten Katalogsnummern, da diese schon in die Literatur übergegangen sind. Von dieser Arbeit sind im Verlaufe der letzten Jahre drei Fascikel im Verlage von Friedrich Lintz hierselbst erschienen, welche nach den günstigen Beurteilungen berufener Autoritäten darthun, dass Hr. Dr. Keuffer dieser schwierigen Aufgabe gewachsen ist und dieselbe mit Sorgfalt und Gewissenhaftigkeit lösen wird. Das 1. Heft enthält Bibeltexte und Kommentare, das 2. Kirchenväter, das 3. Predigten; das noch in diesem Jahre erscheinende 4. Heft wird Liturgisches enthalten. Den in diese einzelnen Abteilungen fallenden Hauptwerken sind jedoch vielfach kleinere

Werke anderer Disziplinen beigebunden, ja vielfach finden sich auf einzelnen als Trennung zwischen den verschiedenen in solchen Sammelbänden enthaltenen Abhandlungen eingefügten Blättern Aufzeichnungen der verschiedensten Art, die bei der alten Katalogisierung zu wenig berücksichtigt worden waren. So enthält Nr. 322 (cf. Beschreibendes Verzeichnis der Handschriften der Stadtbibliothek zu Trier von Dr. Max Keuffer, 3. Heft, Predigten, S. 140—141) eine Reihe kirchlicher Lieder, ein-, zwei- und dreistimmig; die meisten Texte sind lateinisch, einige deutsch, z. B. Nu bidden wi den heiligen Geist, mit anderer als der bekannten Melodie; Der spiegel der drifaltighet mit der bekannten Melodie, aber im dreiteiligen Takte; Christus ist erstanden in der bekannten Melodie; Also heilig ist der dag. — Die Notation ist die mensurierte Quadratnotenschrift; die Mensurbezeichnung am Anfange der Lieder fehlt; Schlüsseln sind c und ʒ, auch ⊏ und Ϝ. Bei den mehrstimmigen Liedern ist jede Stimme für sich, oft mehrere Stücke von einander entfernt, notiert. Der Text zeigt ein Gemisch von niederländischem und Moselanerdialekt. Die zur Anwendung gebrachten Schlüssel (bei einigen Liedern fehlen sie) und die Schreibart des Textes lassen vermuten, dass der Schreiber verschiedenen Vorlagen die Gesänge entnommen hat. Auf die Schreibweise des Textes mag auch der Ort der Entstehung dieser Handschrift von Einfluss gewesen sein. Sie stammt nämlich aus Eberhards-Clausen, einem noch jetzt sehr besuchten Wallfahrtsorte in der hiesigen Diözese, in der Nähe der Mosel gelegen. Dort bestand zu jener Zeit von der Mitte des 15. Jahrhunderts an ein Augustiner Kloster der Windesheimer-Congregation; in das Kloster waren gegen den Anfang des 16. Jahrhunderts schon viele Priester der Moselgegend eingetreten. Diese Handschrift ist ein neuer Beweis, dass die Mönche beflissen waren, ihren Gottesdienst recht feierlich zu gestalten, und die Gesänge ihren Wallfahrern mundgerecht zu machen. So hatten sie auch 1653 für die Wallfahrer ein besonderes, ziemlich umfangreiches Gesangbuch drucken lassen. (cf. Bäumker, Das kath. deutsche Kirchenlied, I. 109.) Auch eine Marienklage, von mir in den Monatsheften Jahrg. IX veröffentlicht, entstammt demselben Kloster.

Von einigen Liedern folgt hier nur der Anfang; andere gebe ich jedoch vollständig mit kurzer Bemerkung.

1. Das Lied Nr. 1, Also heilig, führt P. Dreves in dem „Kirchenmusikalischen Jahrbuch 1889 nach einer Handschrift der Lyceumsbibliothek in Konstanz mit guidonischer Neumenschrift auf, während unsere Handschrift dieselbe Melodie mit einigen Kürzungen in men-

surierter Quadratnotenschrift notiert. Ich habe die beiden Melodieen zusammengestellt und erstere mit I und unsere mit II bezeichnet. Welche tonale Veränderung und welchen rhythmischen Zwang muss die Melodie ertragen, bis sie in den Rahmen des modernen Taktes gelangt ist! Es zeigt sich auch hier, wie die ursprünglich gleichdauernden Choralnoten zu Noten von verschiedener Dauer geworden sind. Die Mensuralisten hatten für ihre Zwecke eben keine anderen Noten.

2. Die beiden Melodieen Nr. 3 werden bisher als selbständige Melodieen aufgeführt (cf. bei Bäumker l. c. S. 712 u, 715). Ich halte die erstere für einen Diskantus zu der letzteren.

3. Bei Nr. 2 wurde der Text „Jube domine" etc. über den auszuhaltenden Ton recitiert.

Siehe Nr. 1 auf der beiliegenden Tafel.

Nr. 2.

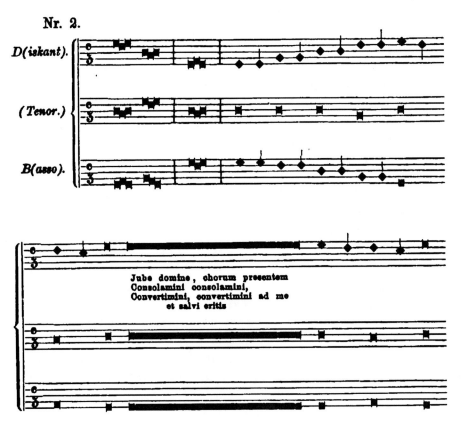

Jube domine, chorum presentem
Consolamini consolamini,
Convertimini, convertimini ad me
et salvi eritis

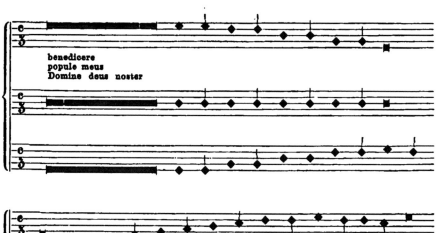

benedicere
popule meus
Domine deus noster

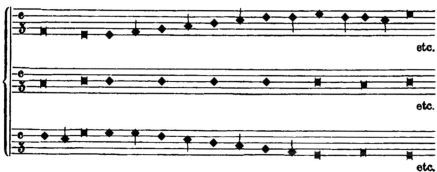

etc.

etc.

etc.

Von hier übernimmt der Diskant den Cantus, Tenor und Bass diskantieren dazu.

Nr. 3.

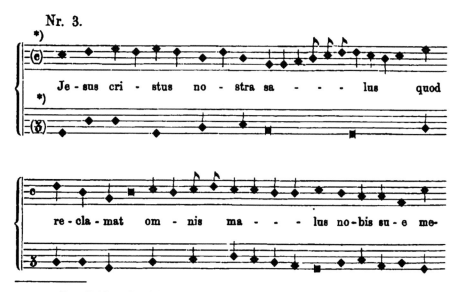

*)

Je - sus cri - stus no - stra sa - - - lus   quod

*)

re - cla - mat   om - nis   ma - - - lus no-bis su - e me-

---

*) Die Schlüssel fehlen.

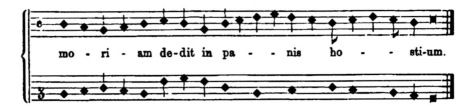

mo - ri - am de-dit in pa - - nis ho - - sti-um.

Nr. 4.

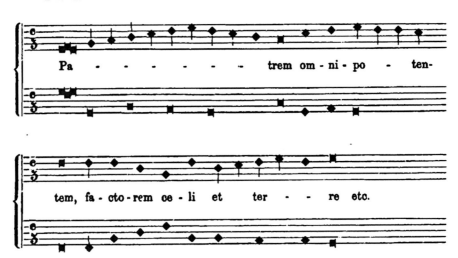

Pa - - - - - - trem om - ni - po - ten-

tem, fa - cto-rem ce - li et ter - - re etc.

Nr. 5.

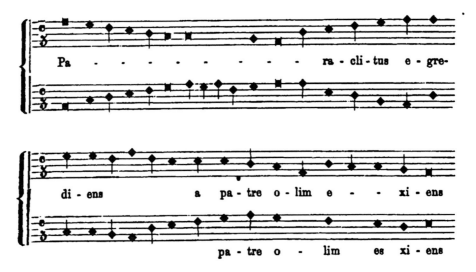

Pa - - - - - - - ra - cli - tus e - gre-

di - ens a pa - tre o - lim e - xi - ens

pa - tre o - lim es xi - ens

Der lateinische Text schließt mit: cle - ri - cus di - cen - do: Nu bid - de wy

de hey - li - ge gest

All um den rech-ten glau-ben al - ler meyst

daz he us eyn du-des en - de

wan wir us die-sem e - ne-len-de

varn eyn gött-li-ches en - de. Ky - - - ri-e ley - - son.

varn eyn gött-li-ches en - de. Ky - ri-e ley - - son.

Nr. 6.

*)

Omni - um san-cto - rum fe-stum re-co - le - mus.

*)   (etc.)

Omni - um san-cto - rum fe-stum re-co - le - mus.

*) Die Schlüssel fehlen im Orig.

Nr. 7.

Ka-tha-ri - na co - ro-na-ta au - re-o-la et au - re-a.

(etc.)

Ka-tha-ri - na co - ro-na-ta au - re-o-la et au - re-a.

P. Bohn.

Die Organistenfamilie Mors im XVI. Jahrh.

nach urkundlichen Aktenstücken der Geh. Haupt - Staatsarchive zu Dresden und Schwerin.

Mors, Jacob, senior, Orgelbauer zu Antwerpen, hatte 3 Söhne und 20 Töchter von *einer* Frau. Die Söhne sind:

1. *Hieronymus* Mors. Organist am Dome zu Schwerin 1552, † 1597 etc.

2. *Antonius* Mors, Orgelbauer, baut 1555 — 1560 die große Orgel im Dome zu Schwerin etc.

3. *Jacob* Mors, junior, Hoforganist des Kurfürsten August von Sachsen 1554, † 1579 etc.

Mors, Hieronymus, Sohn von Jacob Mors, senior, in Antwerpen (Orgelspieler), wird von *Johann Albrecht,* Herzog von Mecklenburg, als Organist am Dome zu Schwerin 1552 angestellt. (Meckl. Jahrb. A. V. S. 54.)

M. J. quittiert: Doberan d. 18. Febr. anno 1574 über 50 Thaler Osterbesoldung für 1573. (Schweriner Kapellakten.)

M. J. stirbt als Domorganist in Schwerin 1597. (Meckl. Jahrb. A. V. S. 54.)

M. J. war unter den 53 verschiedenen Organisten, welche das anno 1596 erbaute Orgelwerk in der Schlosskirche zu Grüningen zu prüfen hatten, der *dritte.* (Vgl. Werckmeisters Organ. Gruning. rediv. § 11.)

M. J. führte die Unterhandlungen mit *Adrian petit Coclicus,* der bei der Vermählung des Herzogs Ulrich von Mecklenburg 16. Febr.

---

*) Die Schlüssel fehlen im Orig.

1556 die musikalische Feier zu leiten hatte behufs einer Anstellung dieses Tonsetzers, die jedoch nicht zu stande kam.

Antonius Mors, Sohn des Jacob Mors senior in Antwerpen. *Orgelbauer zu Antwerpen*, bei dem die grofse Orgel im Dome zu Schwerin, unter dem 30. Okt. 1555 bestellt wurde, die mit dem Meister selbst aus den Niederlanden über Boitzenburg 1557 anlangte. Der Herzog *Johann Albrecht* nahm nun Antonius Mors als Orgelbauer in seine Dienste, nachdem er den Bruder desselben *Hieronymus Mors* 1552 schon zum Organisten am Dome zu Schwerin angestellt hatte. (Siehe diesen.) Ende des Jahres 1559 bat der Kurfürst Joachim von Brandenburg den Herzog Johann Albrecht, ihm den *Antonius* Mors zur Aufstellung einer Orgel, die er bei ihm bestellt hatte, nach Berlin zu schicken, und als beide Brüder Mors um Michaelis 1560 zur Hochzeit des fürstl. Mecklenb. Sekretär *Egidius Ferber* nach Berlin gereist waren, behielt sie der Kurfürst zur Vollendung der Aufstellung dieser Orgel einige Zeit bei sich. (Meckl. Jahrb. A. V. S. 54.)

War unter den 53 verschriebenen Organisten, die das Orgelwerk in der Schlosskirche zu Grüningen 1596 zu prüfen hatten, der 39ste. (Vgl. Werckmeister: Org. § 11.)

Jacob Mors junior, Sohn von Jacob Mors senior in Antwerpen. Wird in der Kurf. sächs. Cantoreiordnung von 1555 an zweiter Stelle nach Philipp *Gall* genannt. „Wir haben *Jacob Mors* an Stelle des ersten Hoforganisten Joachim Keller auff 6 Jahr zu vnserm Diener und Organisten bestallt vnd angenommen, dagegen ihm jährlich 60 Thaler zur Besoldung, wöchentlich 1 Gl. Kostgeld, oder die Kost zu Hoffe vnd jährlich zwai Hoffklaider raichen vnd geben lassen. August, Kurfürst von Sachsen, Dresden, am Neujahrstage, anno 1554.“ (Geh. Staatsarchiv Dresden.)

Der Kurfürst von Brandenburg *Johann Georg* (1571 — 1598) bittet den Kurfürsten August von Sachsen unter d. 14. Mai 1574: „Die Execution an besagtem *Jacob Mors*, seinem Hoforganisten ausüben lassen zu wollen, da ein gewisser Georg Blancke zu Waren ihn Schulden halber belangt habe:“ Der Schösser von Leipzig erhält darauf vom Kurfürst August den Befehl: „die allbereit bevohlene Execution gebührlich vnd wirklich zu vollstrecken, damit Supplicant seiner richtigen Schulden halber endlich befriedigt werde:“ Datum Torgau, d. 14. Mai 1574.

Jacob Mors muss *vor* 1579 gestorben sein, da an seine Stelle

Joachim Mors zum Hoforganisten ernannt wurde: Annaburg, d. 8. October 1579. (Vgl. *Joachim* Mors.) Dass aber *Joachim* der Sohn von *Jacob* Mors war, beweist die Verfügung des Kurfürsten August vom 8. März 1580, in der es heißt: „Nachdem vns vnser Organist *Joachim* Mors zwei Instrumente, *so seinem Vater Jacob Morsen* zuständig — deren eins auf 140 Thaler, das andre auf 70 Thaler gehalten wird, fürbracht vnd wir dasselbe zu behalten gedacht: Datum, 8. März, 1580." (Geh. Staatsarchiv Dresden.)

Joachim Mors, Sohn von Jacob Mors († 1579) junior. „Wir haben *Joachim* Mors zu unserm Hoforganisten bestallet vnd angenommen, ihm jährlich 80 Gl. vor Alles zu Unterhalt gnädigst bewilligt. Kurfürst August von Sachsen, Datum, Annaburg, d. 8. Oct. 1579." (Geh. Staatsarchiv Dresden.)

Joachim Mors verlässt diesen Dienst wieder 1581, wie aus folgendem Aktenstück hervorgeht. „Nachdem wir *Joachim Morssen* Organisten, vff sein vnterthänigst Bitten von seinem Dienste mit Gnaden erleubt, als haben wir *Augustus Nöringer* an seine Stelle angenommen. Kurfürst August von Sachsen. Datum, Dresden, d. 12. Dec. 1581." (Geh. Staatsarchiv Dresden.)

Muss in die Dienste des Kurfürsten Johann Georg zu Brandenburg (1571—1598) getreten sein, denn er findet sich in der Cantorey-Ordnung daselbst noch im Jahre 1603 mit 142 Th. Besoldung angeführt. (Vgl. Schneider, Geschichte der Oper in Berlin, Beilage S. 20.)

Dass *Joachim Mors* der Sohn von *Jacob* Mors, † 1579, war, beweist die unter *Jacob* Mors schon angeführte Verfügung des Kurfürsten August von Sachsen über die beiden von Jacob hinterlassenen Instrumente vom 8. März 1580. (Staatsarchiv Dresden.)

O. Kade.

Adam Krieger

(von **Rob. Eitner**)

geboren den 7. Januar 1634 zu Driesen im Regierungsbezirke Frankfurt a/O., gestorben am 30. Juni 1666 zu Dresden, erst 32 Jahre alt. Man weifs über sein Leben nur wenig zu berichten. Seine Lehrer sollen Samuel Scheidt und dann Heinrich Schütz gewesen sein, also zwei der damals bedeutendsten Komponisten. In Dresden erhielt er schon vor dem Jahre 1657 den Posten eines kurfürstl. Kammerorganisten, denn die Akten des sächs. Staatsarchivs melden, dass sich der kurf. Kammerorganist Adam Krieger 1657 zu der an der Thomasschule in Leipzig erledigten Kantorstelle gemeldet habe, auch erfährt man aus derselben Quelle, dass er Lehrer der kurfürstl. Prinzessin auf dem Clavichord war. Im Jahre 1663 wurde er nach Bayreuth geliehen, d. h. in Bayreuth war irgend eine Festlichkeit, die durch Musikaufführungen verschönt werden sollte und da man an dem kleinen nur schwach dotierten Hofe sich die nötigen Kräfte für gewöhnlich nicht halten konnte, so borgte man sich dieselben von reicheren Nachbaren.

Krieger hat sich als Dichter wie Komponist ausgezeichnet und erregt unser besonderes Interesse noch dadurch, dass er der Erste ist, der eine fliefsende formgewandte Lied-Melodie zu erfinden im stande ist. Leider sind seine Druckwerke so selten und dabei noch so defekt, dass man nur von wenigen einen Gesamteindruck erhält. Er nannte seine Lieder Arien, wie es damals Gebrauch war, schrieb sie für eine, zwei und drei Stimmen, gab aber den einstimmigen den Vorzug, begleitete sie mit einem reichlich bezifferten Bass und fügte den meisten Arien ein Ritornell am Ende bei, bestehend aus 2 Violinen, 2 Violen (Bratschen), einem Violone (Gambe oder Contrabass) und dem Generalbass, der auf einem Clavicimbel ausgeführt wurde. So belehren uns die Titel seiner Druckwerke, von denen er aber nur das erste erlebt hat, während die zweite Sammlung von seinen Freunden ein Jahr nach seinem Tode herausgegeben wurde und eine neue Auflage mit Vermehrung von 10 Liedern der sächs. kurfürstl. Bibliothekar *David Schirmer* 1676 in Dresden besorgte. In dieser letzten Auflage findet man auch Krieger's Porträt mit den Angaben „Nat. Ao. 1634, denat ao. 1666. Poeta et Musicus, Noribg. Dies „Noribergae" ist für den ersten Augenblick überraschend, doch gelangt man bald zu der Einsicht, dass damit nur der Herstellungsort des Porträts gemeint sein kann, denn obige Daten sind so verbürgt, dass kein Zweifel entstehen kann. Auch bestätigt die Ausgabe, dass er ein Schüler Samuel Scheidt's war. Heinrich Schütz wird nur von Fürstenau erwähnt. Von der ersten Sammlung Arien, die 1657 erschien und 50 Nrn. enthält, ist nur das Stimmbuch des Violone bekannt (Königl. Bibliothek in Berlin), doch befinden sich einige Lieder in der Studenten-Liedersammlung von *Christian Clodius* von 1669 (Manuscript german. Octavo 231 der kgl. Bibl. Berlin, beschrieben von Wilh. Niessen in der Vierteljahrsschrift von Spitta, Bd. 7, S. 579), von denen die

Vierteljahrsschrift S. 640 vier Lieder abdruckt, zwei einstimmige, ein zweistimmiges und ein dreistimmiges, jedoch ohne Ritornelle. Letzteres Lied hat sich 1680 sogar als Choralmelodie auf den Text „Eins ist Noth" eingebürgert. Unsere Kenntnis über die erste Sammlung ist demnach sehr gering. Etwas besser ist die nächste Sammlung „Neue Arien in 5 Zehen eingetheilet, von einer, zwo, drey und fünf Vocal-Stimmen, benebenst ihren Ritornellen auf zwey Violinen, zwey Violen und einem Violon, sammt dem Bassus continuus ... Dreſsden 1667" vertreten und zwar ist die Prima voce komplet in Leipzig, defekt in Berlin, die 2. voce kompl. in Berlin, wie sich dort auch die 2 Violenstimmen und der Violone befindet. Den Besitzstand in Lüneburg kenne ich nicht, auch fehlt es mir an einer Verbindung mit der dortigen Bibliothek. Am vollständigsten erlangt man eine Einsicht in Krieger's Können bei der zweiten Ausgabe der „Neuen Arien" von 1676, deren Titel bereits in M. f. M. 20, 140 ausführlich mitgeteilt ist, denn hier finden sich 8 Stb. in Darmstadt, 5 Stb. in der Bibl. Berlin, 8 Stb. wie in Darmstadt in der Stadtbibl. zu Leipzig und in Zittau 7 Stb. Durchweg fehlen aber die Singstimmen der 3., 4. und 5. Stimme, während die Stb. zur 1. 2. Stimme, zur 1. 2. Violine, 1. 2. Viole, des Violone und dem Generalbass mehrfach vorhanden sind. Aus letzterer Sammlung habe ich mir eine kleine Anzahl der besten Kompositionen kopiert und in Partitur gebracht, von denen ich unten einige mitteilen werde. Als Dichter steht Krieger weit über seiner Zeit. Sein Stil ist flieſsend und ungekünstelt und sein Gedankengang, wenn ihm auch der poetische Duft fehlt, ist einfach und natürlich. Er verfällt nie in die haarsträubenden überschwenglichen Reimereien seiner Zeitgenossen, die in ihrer Geistesarmut zu den wunderlichsten Gleichnissen greifen und des lieben Reimes halber die schrecklichsten Sprachsünden begehen. Eine gewisse Hausbackenheit ist auch Krieger nicht abzusprechen, doch gerät er nie in solche ungeheuerliche Verirrungen. Die Form seiner Liedkomposition ist fast durchweg dieselbe und besteht gröſstenteils aus Vorder- und Nachsatz; seltener berührt er die Dominanten-Tonart. Dagegen deklamiert er stets wortgemäſs und erreicht dadurch schon die schöne Einheit zwischen Wort und Ton, die seinen Liedern eine gewisse Frische und natürliche Lebendigkeit verleihen. Die Ritornelle haben nach unseren heutigen Begriffen keinen rechten Sinn. Nur ein einziges Mal nimmt das Ritornell den Anfang der Liedmelodie auf und behält es einige wenige Taktteile bei, bei den übrigen läſst sich eine Zusammengehörigkeit in keiner Weise als der gleichen Tonart erkennen. Zum Gesange selbst wird er auch nie eines der Instrumente als begleitend oder imitierend verwenden, sondern erst nach dem Abschlusse des Gesanges setzt das fünfstimmige Nachspiel ein. Man könnte glauben, dass dasselbe nur deshalb vorhanden ist um dem Sänger Zeit zur Erholung zu geben, ähnlich wie es die damaligen Deutschen in der Oper, im Singspiele machten, ja selbst oft genug in ihren Kirchenkompositionen.

Das erste Zehn.   Aria 1.

1. Wer recht ver-gnü-get le-ben will, al-hier auf die-ser Erden,
der hal-te Gott al-lei-ne still, da-fern es ihm soll werden;

was ihm der Hö-hest auf-er-legt, soll er ge-dul-dig tra-gen, und

wann ein Un-fall sich er-regt, gar nichts dar-wie-der sa-gen.

*) Der Weitgriffigkeit halber bleibt der untere Basston fort.

2. Sein bester Grund worauf er baut, sey ihm ein gut Gewissen, wenn
Er demselbigen vertraut, hat Er sich wohl befliefsen. Das Heucheln, so die
tolle Welt itzund im Schwange führet, ist gegen ihm wie falsches Geld, das
kein Gepräge zieret.

3. Verricht Er das was ihm gehört, und worzu Er berufen, so bleibet Er
wohl unversehrt und baut sich selbst die Stufen, darauf Er in die gröfste Freud
aus diesem Leben steiget, indem er nach der Eitelkeit gar wenig sich geneiget.

(Folgen noch 3 Strophen.)   Forts. folgt gelegtl. als Füllg. v. Lücken.

Mitteilungen.

* *Sebastien de Brossard*, prêtre, compositeur, écrivain et bibliophile (165..—1730) d'après ses papiers inédits par *Michel Brenet*. Paris 1896. Extrait des Mémoires de la société de l'histoire de Paris, t. 23. gr. 8⁰. 53 S. Das biographische Material, was bisher bekannt war, beschränkte sich nur auf wenige Notizen, die nicht einmal erwiesen waren; gleich sein Geburtsjahr mit 1660 angenommen, wird vom Verfasser als falsch bezeichnet, sowie sein bisher angeblich erreichtes Alter von 70 Jahren. Dokumente aus Kirchenbüchern waren zwar nicht mehr vorhanden, dennoch beweist der Verfasser an den von Br. hinterlassenen Papieren, dass sich nur das Jahr 1654 als sein Geburtsjahr annehmen lässt. Schritt vor Schritt führt uns nun der Verfasser durch das Leben Br.'s, teils aus den hinterlassenen Schriften schöpfend, teils auf ältere und neuere historische und biographische Werke über andere Autoren bezug nehmend, so dass er über jede Periode seines Lebens Klarheit verschafft, sogar zum Teil bis auf die Daten genaue Nachrichten giebt. Hierbei laufen nebenbei allerlei Notizen über andere gleichzeitig wirkende Männer unter, denen er in gleicher Weise seine Aufmerksamkeit widmet und die ihm zu Gebote stehenden Quellen in trefflicher Weise verwertet. Besonders anerkennend sind die fortlaufenden genauen Quellenangaben, teils in Manuscripten, teils in gedruckten Werken, stets mit dem Fundorte verzeichnet, die seinen Beweisgründen erst die rechte Unterlage geben. Ein Verfahren, was von den meisten neueren Schriftstellern noch viel zu wenig angewendet wird und ihren Angaben daher die rechte Glaubwürdigkeit benimmt. Der Leser erhält auch dadurch über manches neuere Werk Kunde, welches nicht über einen kleinen Kreis von Kennern hinausgekommen ist. Den Beschluss bildet ein chronologisch geordnetes Verzeichnis der Werke Br.'s, sowohl im Ms., wie im Druck mit steter Angabe des Fundortes. In der Weise wird das Buch zu einer Quelle der Belehrung und Geschichtsforschung von bedeutender Tragweite und gereicht dem Verfasser zu hoher Ehre und Anerkennung.

* *Claude Goudimel*, 2e. Fasc. des 150 Psaumes (éd. de 1580), in M. *Henry Expert*'s Les maîtres musiciens de la Renaissance française. Paris 1896. Alph. Leduc. fol. Partitur. Enthält die Psalmen 51—100 in den Originalschlüsseln mit einer Klavierpartitur. Pr. 12 frcs. Der Herausgeber fügt der Partitur ein Blatt in 8⁰. bei mit Notizen über Goudimel's Leben und seine Werke. Die schon mehrfach widerlegte Gründung einer Musikschule in Rom, wird auch hier wieder aufgewärmt und dabei Namen seiner Schüler genannt, die bisher niemand gekannt hat, wie E. Bottini und A. Merlo. Ferner soll er nach 1557 von Paris nach Metz gegangen sein, eine bisher ganz unbekannte Nachricht, denn bis jetzt wurde stets Lyon genannt, wo er auch in der Nacht vom 27. zum 28. August seinen Tod fand. Ob Goudimel Hugenot war ist noch in Dunkel gehüllt, dass er die Psalmen Marot's und Beze's vierstimmig setzte, ist noch kein Beweis dafür, denn sie wurden anfänglich von Katholiken wie Evangelischen gesungen und erst in späteren Jahren zum Wahrzeichen der Calvinisten erhoben. Was der Herausgeber über die Psalmen selbst sagt, kann man wohl unterschreiben, denn jeder Psalm giebt Gelegenheit die kontrapunktische Gewandtheit G.'s zu bewundern und sich an dem Wohlklange zu erfreuen.

* *Aufzeichnungen eines Künstlers* von *Charles Gounod*, Autorisierte Übersetzung aus dem Französischen von *E. Bräuer*. Bresl., Leipz., Wien 1896.

L. Frankenstein. 8°. 230 S. mit Gounod's wohlgetroffenem Porträt. Eine Selbstbiographie Gounod's, die ein anziehendes Bild seines Denkens und Empfindens bietet. Man könnte fast glauben ein deutscher Gelehrter entwirft seinen Lebenslauf, der fest überzeugt von der Lückenhaftigkeit unseres Wissens ist, so bescheiden und vorsichtig äufsert er sich über seine Leistungen. Gounod war eine reichbegabte Natur und alles Schöne und Herrliche zog ihn in ihre Kreise, so dass er mehrfach in der Wahl seines Lebensberufes schwankend wurde. Diese Vielseitigkeit kann auch nur der Grund sein, warum er in der Musik verhältnismäfsig so wenig erreichte. Anfänglich wandte er sich der Kirchenmusik zu, was er darin leistete kann unmöglich so bedeutend gewesen sein, dass es nach wenigen Aufführungen wieder verschwand. Darauf fühlte er den Drang zum Opernkomponisten. Die ersten Versuche misslangen, bis ihn die Oper Margarethe (Faust) auf den Gipfel des Ruhmes erhob. Wäre es ein deutsches Produkt gewesen, so hätte die Oper schwerlich ihr Glück gemacht, denn trotz einiger gelungenen Scenen, bleibt es ein Gemisch von allerlei Stilen; und was ist aus dem deutschen Gretchen geworden? doch nur eine Grisette. Als Schriftsteller, Kunstrichter und Ästhetiker steht er unbedenklich höher, wie als Komponist, das beweist das vorliegende Buch, das mit Recht eine Perle der Literatur genannt werden kann. Als Anhang werden eine Reihe Briefe Gounod's an seine Freunde und Verwandte mitgeteilt (auch ein Brief Berlioz an G.) Die ersten Briefe sind ohne Interesse, erst vom Jahre 1870 nehmen sie als Briefe eines Franzosen über die damaligen Ereignisse unsere volle Aufmerksamkeit in Anspruch. Leider lernen wir hier G. von der schwächsten Seite seines sonst so vortrefflichen Charakters kennen. Er prahlt gewaltig mit seiner Vaterlandsliebe, verlässt aber als Hasenfufs sein Vaterland in der Not und retiriert bis nach England. Schimpft weidlich auf die Barbaren, die Deutschen, besonders auf die Preufsen, bettelt aber bei Bismarck seine Villa zu schonen, als er hörte, dass unbewohnte Häuser von den Deutschen als gute Beute benützt werden, und die Barbaren gewährten seine Bitte und verschonten es mit Einquartierung. Er geht in seiner man möchte sagen krankhaften Einbildung so weit, die rohe Gewalt der Deutschen der französischen Verfeinerung gegenüber zu stellen, vergisst aber ganz, dass die Franzosen weit mörderische Geschosse besafsen als die Deutschen, nur verstand der Deutsche, kraft seiner Intelligenz, den besseren Gebrauch seiner Waffe als das französische Söldnerheer, oder später die ungeübte Volkstruppe. Wer von dem Buche den rechten Genuss haben will, der überschlage die Briefe.

    * Briefe von *Richard Wagner* an seine Zeitgenossen. 1830—1883. Zusammengestellt, chronologisch geordnet, mit biographischen Notizen über die Adressaten von *Emerich Kastner*. Berlin 1897, Leo Liepmannssohn. 8°. VI u. 138 S. Der Herr Verfasser ist bereits bekannt als eifriger Wagnerforscher, als Verfasser des Rich. W.-Katalogs und Rich. W.-Kalenders. Das neue vorliegende Zeugnis seiner Sammelfreude giebt abermals Kunde von seinem wahren Bienenfleifse. Das Vorwort berichtet über seine früheren oben bereits angeführten Werke und dann über das Entstehen und die Beihülfe, die er bei dem neuen Unternehmen genossen hat; darauf folgt das Quellen-Verzeichnis. Überraschend und nicht recht erklärlich ist in einem im übrigen in deutscher Sprache, von einem Deutschen (in Wien) abgefasste Arbeit über einen deutschen Meister die in Klammer gesetzte französische Übersetzung des Wortes Quellen-Verzeichnis mit „Ouvrages consultés". Was soll das bedeuten? Warum fehlt

bei den anderen Überschriften die französische Übersetzung? Hat wohl Herr
K. schon etwas Ähnliches in einem französischen Werke gesehen? — Auf das
Quellenverzeichnis folgt dann die chronologisch geordnete Anzeige der Briefe,
die in Angabe des Adressaten, Ort und Datum des Absenders, Anfangsworte
des Briefes und Angabe wo derselbe bereits veröffentlicht, resp. Angabe des
jetzigen Besitzers. Mit der stattlichen Zahl von 1470 Briefen schliefst das
Verzeichnis. Darauf folgt ein Namen-Register der Adressaten mit kurzen biographischen Notizen, soweit sie dem Verfasser bekannt sind und als Schluss
ein Register über die Textanfänge der Briefe. Man muss den Sammelfleifs des
Verfassers bewundern und es müssen wohl zwingende Umstände obgewaltet
haben, dass derselbe das im Jahre 1889 begonnene Tonkünstler-Lexikon nur
bis zum Buchstaben A gebracht hat. Eine Fortsetzung ist wenigstens nicht
bekannt geworden.

    * Die Breitkopf & Härtel'sche Verlagshandlung hat neuerdings zwei Pro-
spekte ausgegeben, die ein Verzeichnis ihres grofsartigen Verlages enthalten.
Die „erste Reihe" enthält Biographien, Musikerbriefe und Musikerschriften,
Bibliographische Literatur und ein Verz. der Samlg. Musikalischer Vorträge,
d. h. nicht Vorträge von praktischer Musik, wie man aus dem Wortlaute glauben
könnte, sondern die vom Grafen von Waldersee herausgegebenen Abhandlungen
von verschiedenen Autoren. Jedem Abschnitte sind eine Auswahl von Recensionen aus Zeitschriften beigegeben. Die „Zweite Reihe" enthält Monographien,
Kleinere musikalische Schriften (bestehend aus Einzeldrucken aus Zeitschriften,
kürzeren historischen Abhandlungen, gesammelte Aufsätze eines Autors u. a.),
Handschriften Werke, d. h. alte Autographe in Photolithographie hergestellt
(Bach, die Palaeographie der Benediktiner zu Solesmes und die Musical No-
tation of the Middle Ages der Gesellschaft „Plainsong and Mediaeval" in Lon-
don), Liedersammlungen, Zeitschriften. Ein dritter Katalog in kleinerem Format
enthält ein Verz. aller bisher veröffentlichten Gesamtausgaben von Palestrina,
Orlando di Lasso (noch im Erscheinen begriffen), Jan Pieter Sweelinck (ebenso),
Heinrich Schütz, Händel, Seb. Bach, Gluck's Hauptwerken, Mozart, Beethoven,
Schubert, Josef Lanner, Joh. Strauss, Mendelssohn, Chopin, Rob. Schumann und
Richard Wagner (resp. derjenigen Werke, die in obigem Verlage erschienen
sind). Sehr dankenswert ist das ausführliche Verzeichnis jedes einzelnen Bandes.
Die jedem Autor beigegebenen Bildnisse haben verschiedenen Wert, je nach
ihrem Ursprunge. Die ersten beiden Verz. sind gratis zu beziehen, beim dritten
fehlt eine diesbezügliche Bemerkung.

    * Die kgl. Privatmusikalien-Sammlung in Dresden, der Fürstenau so lange
vorstand, ist auf Allerhöchste Entschliefsung der kgl. öffentl. Bibliothek im
Japanischen Palais übergeben worden und hat in einem besonderen Raume
daselbst Aufstellung gefunden. Die Benützung ist dadurch sehr erleichtert, indem sie jeden Wochentag von 9—1 Uhr geöffnet ist. Mündliche Auskunfts-
erteilungen finden jedoch nur von 12—1 Uhr statt.

    * Berichtigung. Die auf S. 2 Zeile 8 von oben als Todesjahr Josquin's
angeführte Jahreszahl 1515 soll 1521 heifsen.   *Kade.*

    * Quittung über gezahlte Jahresbeiträge für die Monatshefte von den
Herren: Bertling, Birnbaum, Prof. Braune, C. Dangler, W. Kaerner, Prof. O.
Koller, J. Russell Milne, Fr. Niecks, B. Fr. Richter, W. Tappert. Am 15. März
werden die restierenden Beträge durch Postauftrag eingezogen.

    T e m p l i n, den 21. Februar 1897.   *Rob. Eitner.*

    * Hierbei 1 Beilage: Katalog der Brieger Musikalien-Sammlung in der
Königl. und Universitäts-Bibliothek zu Breslau, Bog. 10.

Verantwortlicher Redakteur Robert Eitner, Templin (Uckermark).
Druck von Hermann Beyer & Söhne in Langensalza.

MONATSHEFTE

für

MUSIK-GESCHICHTE

herausgegeben

von

der Gesellschaft für Musikforschung.

| XXIX. Jahrg. 1897. | Preis des Jahrganges 9 Mk. Monatlich erscheint eine Nummer von 1 bis 2 Bogen. Insertionsgebühren für die Zeile 30 Pf. Kommissionsverlag von Breitkopf & Härtel in Leipzig. Bestellungen nimmt jede Buch- und Musikhandlung entgegen. | No. 4. |

Zur Biographie Joh. Staden's und seiner Söhne.

Von Dr. Wilibald Nagel.[*]

Im Anschlusse an meinen Aufsatz „die Nürnberger Musikgesellschaft" (M. f. M. 27, 1) teile ich im nachfolgenden eine Reihe von Dokumenten mit, welche sich auf den kgl. Kreisarchiven zu Nürnberg und Augsburg befinden. Der Inhalt dieser Zeilen ist, wie ich gerne zugebe, nicht ganz der gewählten Überschrift entsprechend; allein ich wollte das Wenige, was ich über die Kollegen des älteren *Johann Staden* und deren Vorgänger im Dienste der genannten Gesellschaft erfahren konnte, nicht in einen besondern Artikel hineinbringen, der überdies kaum mehr als ein Schnitzel geworden wäre.

Man erinnert sich, dass die ersten von der Gesellschaft angestellten Musiker die folgenden waren: *Friedrich Lindtner, Caspar Hassler, Jacob von der Hoeven* und *Martin Paumann. Lindtner* war in Liegnitz um 1540 geboren und hatte in seiner Jugend in der kurfürstlich-sächsischen Kapelle gedient. Er hatte auf Kosten des Kurfürsten, der ihn auf die hohe Schule zu Pforta und auf die Universität Leipzig geschickt hatte, eine vorzügliche Erziehung erhalten, war dann in die Dienste des Landgrafen Georg Friedrich zu Anspach getreten und 1574 nach Nürnberg gegangen, wo er noch

---

[*] Den Herren Kreisarchivaren Dr. Petz in Nürnberg und Dr. Buff in Augsburg, sowie meinem verehrten Freunde Herrn Rob. Eitner spreche ich für ihre Mitteilungen meinen besten Dank aus. Mit Bezug auf meinen Aufsatz in Nr. 1, Jahrg. 95 dieser Zeitschr. bitte ich die falsche Angabe, Joh. Staden's d. ä. Todesjahr betreffend, zu berichtigen.

23 Jahre lang als Kantor bei St. Egidien eine fruchtbringende Thätigkeit entfaltete. Die Angabe des Totenbuches über sein Hinscheiden lautet: Pfarr. Sebaldi 1597 am 15. Sept. † der erbar und wohlgelehrt Fridrich Lindner, cantor bei St. Egidien im Stöpffelgefslein.

Auf *Caspar Hassler*'s Witwe beziehen sich mehrere Dokumente, welche unter den Aktenstücken zur Biographie Joh. Staden's mitgeteilt werden sollen, da auch sein Name in ihnen erscheint. *Jacob von der Hoeven* war Stadtpfeifer zu Nürnberg von 1600—1619. (N. Stadtrechnungen.) Ob *Martin Paumann* aus Nürnberg gebürtig war, oder ob er etwa aus Augsburg stammte, woselbst ein andrer Paumann (oder Baumann) lebte, der, wie wir sehen werden, ein geachteter Musikus war, scheint unbekannt zu sein. Auf jeden Fall bestanden auch in Dingen der Musik recht lebhafte Beziehungen zwischen Nürnberg und Augsburg; auch von diesen wird noch mit einem Worte zu sprechen sein. *Martin Paumann* wurde am 2. Februar 1571 vom Nürnberger Rat als Stadtpfeifer gegen eine jährliche Entlohnung von 52 fl. angestellt. [Perg. Urk. S. 5 $^{44}/_2$ r, Nr. 620, Bund 12.] Er starb nach Ausweis der Totenbücher der Sebald's Pfarrei am 29. November 1598 in seiner Wohnung in der Zisselgasse. Ein andrer *Martin Paumann* erscheint in den nur lückenhaft erhaltenen Nürnberger Stadtrechnungen von 1610—20 als Stadtpfeifer.

Nachdem die Musikgesellschaft der angesehenen Nürnberger Bürger sich im Jahre 1626 wieder völlig rekonstruiert hatte, wurden *Joh. Staden*, sein Sohn *Siegm. Theophil*, *Hieronymus Lang* und *Mathias Cuntz* als Musiker angestellt. Über den zuletzt genannten habe ich nichts in Erfahrung bringen können. *Hieronymus Lang* wird in den Stadtrechnungen von 1617—27 aufgeführt und zwar mit Wartegeld bis 1621, als Stadtpfeifer von 1620 ab 7 Jahre hindurch.

Die Familie *Staden* hat uns hier ausführlicher zu beschäftigen. *Joh. Staden* d. ä. (vergl. Eitner's Biographie in der Allg. Deutsch. Biogr.) ist um 1579 zu Nürnberg geboren. Vom Jahre 1606 ab war er fürstlich brandenburgischer Hoforganist am Hofe des Markgrafen Christian von Bayreuth. Die Stadt Bayreuth muss er schon frühzeitig im Jahre 1616 verlassen haben; aus dem folgenden Dokumente folgt ohne weiteres, dass er jede Beziehung zum markgräflichen Hofe gelöst hatte und sich in Nürnberg bereits persönlich um eine Stelle bewarb. Das betreffende Aktenstück findet sich unter den „Ratsverlässen" No. 80 Fol. 105 und lautet: „Nachdem *Johann Staten* meinen herrn etliche harmonias sacras tedicirt (!), soll man dieselbe von ihme annehmen mit gelegenheit übersingen lassen und den bericht vrieterbringen, unte weil er ein gueter musicus und organist unt eingezogenen lebens ist, seiner beförterung eingetenck zu sein. Actum 24 May anno 1616." Da gar keine Berufung auf Staden's frühere Thätigkeit am Bayreuther Hofe erfolgt, so könnte man aus diesem Umstand vielleicht folgern, dass sein Abschied von der markgräflichen Residenz ein nicht ganz friedlicher gewesen ist. In Nürnberg wusste Staden sich durch sein gleichmäfsiges, solides und gefälliges Wesen sehr beliebt zu machen; besonders *G. Chr. Volckamer* scheint ihm wohlgewogen gewesen zu sein. Schon kurze Zeit nach den zuerst dem Rat dedizierten Musikstücken überreichte er diesem wiederum einige „gesänger", wofür der Rat ihm laut beschluss vom Mittwoch den 5. Juny desselben Jahres „2 Duzet thaler oder 36 fl. münz" verehrte. Mit einer Anstellung wollte es aber immer noch nicht glücken; im folgenden Jahre am 21. November billigte ihm der Rat „für seine praesentirte jubelgesang 6 fl. groschen" zu.

Vor dem 26. August 1618 muss Staden bereits Organist zu St. Lorenz geworden sein, wie aus den folgenden Dokumenten hervorgeht, in deren erstem ausdrücklich sein Recht auf eine Dienstwohnung anerkannt wird.

Rathsverlass de 1618 Aug. 26, Nr. 5, fol. 90: „Obwohl *Christoff Höfflich* cantzlist und *Niclas Krüeger* cantzlei substitut beede umb *Caspar Hafslers* seeligen wonbehausung supplicirt, so ist doch befohlen, weil in dieser behausung die organisten bei S. Lorentzen lange Zeit gewohnet und dieselbe Johann Staden billig auch geburt, den supplicanten ihr begern abzulainen, des Hafslers wittib aber noch ein halb jar drinnen wonen zu lassen." Rathsverlass de 1618, Nr. 7, fol. 18b. „Hester, *Caspar Hasslers* wittib, welche gebeten, sie in ihrer wonbehausung noch bis auf nechstkünftig Walburgis (1. Mai) wohnen zu lassen, ihr auch nochmals eine andre wonung anzuweisen, oder ihr das beneficium, so *Johann Staden* seines bestandhauses halb gehabt, widerfahren zu lassen, soll man solche begern alle ablainen, weil *Johann Staden* seine Zinsswonung alberait aufgekündiget, ihr aber zur abfertigung 50 fl. schencken."

Der Gehalt der Organisten betrug die nicht eben hoch zu benennende Summe von 75 fl.; schon im Jahre nach seinem Amtsantritt petitionierte Staden und mit ihm *Valentin Dretzel* um Aufbesserung, worauf ihnen der Bescheid wurde: „Johann Staden und Valentin Dretzel, beeden organisten in den pfarrkirchen, soll man auf ihr bitt, ihre besoldungen 75 fl. auf 100 erhöhen und diese addition

5*

von des Katharinen closters einkummen nemen." Aus dem Jahre 1621
liegt folgender Erlass vor: „Joh. Staden und Val. Dretzel, . . . soll
man für ihre praesentirte gesännger zum neuen jar iedem 6 fl. verehren. Actum 12. Jan. 1621." Staden war unermüdlich, seine
Gönner zu befriedigen; es musste ihm daran liegen, sie sich günstig
gesinnt zu erhalten, da er sich mit der Absicht trug, seinem Sohne
Siegm. Theophil aufser dem Hause eine gründliche musikalische
Schulung zu teil werden zu lassen. Am 20. April 1620 dekretierte
der Rat: Nachdem Johan Staden . . . den eltern herrn seiner neu-
getruckten gesännger jedem ein exemplar präsentirt, ist uf die herrn
losunger gestellt ihme dafür 24 fl. zu verehren." Gleich darauf muss
er die Ratsherren mit seinen den Sohn betreffenden Plänen bekannt
gemacht haben, denn schon am 11. Juli desselben Jahres beschloss
der Rat: „Johan Staden, organisten bei St. Sebaldt, welcher seinen
Sohn *Sigmund Theophilum Jacoben Pauman* zu Augsburg, umb
bei der music bei ihme etwas zu lernen, zuschicken will und dahero
bittet, weil er, Paumann, für cost und lehrgelt uf ein jar 150 fl. be-
gert, das meine herrn solch gelt auslegen wölln, soll man willfahren,
doch gegen einen revers oder obligation, wie mit andern dergleichen
geschehen und deswegen in der losungsstuben nachsehen lassen."
    Siegmund Theophil mag damals etwa 15 Jahre alt gewesen sein,
sicherlich nicht älter. Sein neuer Lehrmeister, geboren 1571 (s. u.)
war schon im Jahre 1600 in Augsburg thätig; in den Stadtrechnungen
(Baumeisterbuch) von 1600 auf 1601, pag. 168a erscheint unter der
Rubrik *Stadtpfeifer* an erster Stelle der Name *Hans Leo Hasler's*
mit vierteljährlich 37$^1/_2$ fl. Gehalt, an zweiter derjenige *J. Baumann's*
(er selbst schreibt sich mit B, nicht mit P) als auf 10 Jahre von
quattember Pfingsten a 1600 an angestellt mit vierteljährlichem Gehalte von 25 fl. Wie aus seiner am 14. Juli 1601 dem Rate Augsburg eingereichten Supplikation um Gehaltaufbesserung hervorgeht,
war Baumann früher in den Diensten der Frau Anna Fuggerin,
weyland Herrn Jacob Fuggers wittib gewesen. Die „Baumeister", denen
das Vermittlungsamt oblag, urteilten: „Dass Ime In seinem begerm
zu willfahren & umb fl. 50 jars gebefsert werde, In ansehung jetziger
theuren & schweren Zeit, dass er der Music dennoch also geübt &
bericht, dass man mit Ime nach notturft versehen & er neben andern
berümbten musicis wol pafsiern kann." Das Gesuch um Gehalts-
aufbesserung ist in Verbindung mit *H. L. Hasler's* Weggang von
Augsburg zu bringen. Hasler wendete sich nach Nürnberg, woselbst
ihm eine ähnliche Stellung aber unter günstigeren Bedingungen ge-

geben wurde. Unter den Urkunden des Nürnberger Archives wird sein Bestallungsbrief mit 200 fl. jährlichem Lohne aufbewahrt. Der Brief (Pap. Urk. S. 5 44/21, Nr. 581, Bd. 9) enthält Hasler's eigenhändige Unterschrift. (Siehe M. f. M. 25, 12. 13 Abdruck der Eingaben.) Im Musterbuch von 1615 ist er folgendermaßen verzeichnet (pag. 162): Jacob Baumann, alt 44 Jahre, Orgelist in heil. Kreutze-Viertel."

Am 26. Okt. 1632 reichte *Baumann* eine Supplik beim Geheimen Rate ein: „Wol Edle . . . . es ist mir nach der Jüngst vergangen quattember mein von gemainer Statt vil Jarlang gehabter prouission auffgekündet worden, welches ich vngeren vnnd mit schmerzen vernomen, darnach ich aber in kainerley weg nachlessig schädlich oder vnverantwortlich gehandlett, sonder so wol auff die Instrumenta alß auff die bicher ieder Zeit guete Obacht gehaltenn, mit vnderweisung viller Jungen kain vleis vnnd mühe gespart, der Musichen in der Euangelischen Kirchen zu sandt Anna Ordenlich beygewohnt vnnd zu ieden eraigenden gelegenhaiten in meiner profession alle Möglichhait gelaistett auch dahero noch in hoffnung stehe, es werde die beschehene Abkündung auff kain gentzliches oder völliges Vrlaub nit gemaint sein, Alß hab ich mit vmbgehn sollen E. gestreng vnnd herlichkhait vnnd gunsten hiemitt in vnderthenigen gehorsamb zuuerbitten, sie geruehen mir mit vorigen gnaden zu verbleiben mit Raichung meiner prouision zu Constinuiren vnnd mich derjenigen sachen daran ich gantz kain schuld nit trag, nichts entgelten zu lassenn, Mir auch khain anderer der sich auff die Instrumenten nichts versthet vorzuziehen, dargegen bin ich gehorsames vleiß erbietig allem dem waß mir mag auffgetragen werden, getreulich nachzusetzenn, an vnderweisung der knaben nichts zu sparren, der Kirchen Musicieren wie zuvor abzuwarten, vnnd endtlichen zu allen begebenhaitten mich in meiner profeßsion gantz willig vnnd sorgfeltig gebrauchen zu lassenn, hierüber gnedigen willferigenn bschaid erwartenndt etc. etc.

Dieser beweglichen Bitte des alternden Mannes — er war jetzt 61 Jahre alt —, ihn nicht von seinem Amte, das er lange Jahre zur vollsten Zufriedenheit versehen hatte, zu vertreiben, lagen eigentümliche Verhältnisse zu Grunde. Es wurden in dieser Zeit, wie mir Dr. Buff mitteilt, sämtliche katholischen Angestellten der Stadt ihrer Dienste entlassen; was jahrelang die Wirkung der evangelischen Gottesdienste nicht beeinträchtigt hatte, das wurde jetzt auf einmal als der protestantischen Bewegung hinderlich erachtet: dass nämlich der Organist der protest. Kirche, der, wie die das Gesuch begutachtenden Baumeister ausdrücklich hervorhoben, sein Amt „ohnclagbar" versehen habe, ein Katholik war. Dem Manne half alles nichts; er und die andern städtischen Diener „päpstlicher Religion" mussten fort, wie der Rat am 26. Okt. 1632 beschloss. Nach drei Jahren befolgten — die Stadt war wiederum katholisiert worden — die Katholiken dasselbe Recept: die Evangelischen mussten wandern und die damals Vertriebenen, und unter ihnen auch Baumann, bekamen ihre alten Stellen zurück. Noch 1653 war er als Organist thätig. Seine Stelle versah im folgenden Jahre *Wilhelm Liechtlein*, Organist.

Bei Baumann ist *Sigmund Theophil Staden*, welcher die allerersten Grundbegriffe seiner Kunst wohl ohne allen Zweifel bei seinem Vater erlernt hatte, nicht allzu lange gewesen; auch sagt der Umstand, dass Johann bald darauf schon daran dachte, den begabten Knaben einem andern berühmten Lehrer anzuvertrauen, dass Sigm. Theophil's Ausbildung bei Paumann eine noch nicht genügende gewesen sein kann. Genug, im Jahre 1623 stand *Sigm. Theophil* und mit ihm sein Bruder *Johann* schon in Diensten der Stadt Nürnberg; so darf man wohl sagen, wenn auch beide noch nicht fest angestellt waren, sondern nur je 25 fl. Wartegeld bezogen, welche dem Vater ausgehändigt wurden. Der betr. Erlass lautet: Uf den widerbrachten bericht, was etlichen musicanten für expectanden gelt geraicht werde, ist bevohlen, *Johan Staden*, organisten bei S. Sebaldt uf seine zwen söhne uf jeden 25 fl. als ein wartgelt raichen lassen, damit es nicht das ansehen hab, als hette man uf einen so viel gewendet und künftiger Zeit nicht in consequentz gezogen werde. Actum 30. Sept. 1623."

Über den jüngeren Johann (s. u.) Staden enthalten die Ratsverlässe nichts, was uns über den Gang seiner Studien u. a. Aufschluss gäbe. In den Stadtrechnungen ist er zwischen 1624 und 28 mit Wartegeld aufgeführt, und im folgenden Dokumente wird seines redlichen Bemühens lobend erwähnt: (R. V. Nr. 77, Fol. 79ᵣ n. 80) „An stat *Friederich Langen* und *Lorentzen Behaimbs*, beeder stattpfeifer, soll man Görg *Clement Stain* und *Wilhelm Lanngen* (gedachtes Friederich Lanngen sohn) zu stattpfeifern annehmen, doch mit offener hand und uf versuchen, wie sie sich werden anlassen, und weiln auch *Paulus Sperber*, ein leonischer drotzieher, umb solchen dienst wie auch *Balthasar Kohler* umb ein järlich expectanzgelt gebeten, ist uf die herrn losunger gestellt, ob sie der abgedachten pensiones auf sie wenden und was gestallt sie *Johan Staden*, organisten

sohn, der sich auch wol anlest, bedenken wöllen; darbei ist auch bevohlen, meiner herrn musicalische instrumenta, so den stattpfeifern
vertrauet, zu visitirn, ob die alle noch vorhanden sein, und weiln
vor jahren gebreuchlich gewest, das die stattpfeifer bisweilen an den
feiertägen uf dem rathhaufs zusammen kummen und sich exercirt
haben, ist ferner bevohlen solche gewohnheit wider in gang zubringen
und dahin zu richten, das sie alle monat ein mal zusammen kummen,
und sich in der music üben, dazu man ihnen jedesmals 2 oder
3 viertel wein soll raichen lassen. Actum 15 Oct. 1624.“

Dies Dokument enthält des Bemerkenswerten mancherlei. Je
mehr die Instrumentalmusik sich ihrem Gehalte nach ausdehnte, je
mehr neue Instrumente in Mode kamen, um so gröfser wurden die
Anforderungen, welche an den einzelnen Instrumentisten gestellt
wurden. Es liegt auf der Hand, dass die armen, recht schlecht ge-
stellten Leute sich nicht alle möglichen Instrumente anschaffen konnten;
so erwarben die Räte der Städte dieselben und übergaben sie den
Stadtmusikern. Auf diese Weise ist auch nur das meist anstandslose
Bewilligen von Unterstützungsgeldern zu erklären. Auf der andern
Seite ist ebenso klar, dass bei der Erlernung von so mancherlei Instrumenten die Ausbildung im einzelnen viel zu wünschen übrig
lassen musste (man weifs, was der alte *Quantz* über die Schulung
der Instrumentisten seiner Jugendzeit urteilte!); darum war auch
eine längere Probezeit der Kandidaten für etwaige bald frei werdende
Stellungen erwünscht. Die Ausbildung der jungen Musiker war auch,
wie im Falle der beiden Staden, darum eine besonders schwierige,
weil es bei allen derartigen Leuten möglichst früh heifsen musste:
Geld verdienen. Dass hierdurch ein ernstliches Studium allerlei unliebsame Unterbrechungen erfahren musste, liegt auf der Hand.

Aus demselben Jahre 1624 (Dat. 13. Novbr.) liegt noch folgender
Rats-Erlass vor: „*Paulo Sperber*, musico, soll man anstatt gesuchter
auction seiner bishero gehabten 30 fl. expectanz gelt für dismal tacite
zum bibal. 10 fl. raichen. Und soll *Balthasar Koler* dem *Clement
Stain* im expectanzgelt der järlichen 20 fl. succedirn; den beeden
jungen *Staden* sollen zu den vorigen 50 fl. noch 30 fl. järlich addirt
werden.“

In der Zeit von 1624—26 ist in den Erlassen von den Stadens
nicht mehr die Rede; die Stadtrechnungen verzeichnen nur neben
d. j. *Johann* den Namen des S. Theophil mit Wartegeld; dann wird
dieser von 1627—48 als Stadtpfeifer daselbst aufgeführt. Leider
scheint das Datum, an welchem er 1627 die Stadtmusikerstelle an-

trat, nicht angegeben zu sein; wir wären dann in der Lage, genau
die Zeit bestimmen zu können, wann S. Theophil an den Branden-
burger Hof reiste, um bei einem dort angestellten berühmten englischen
Musiker Unterricht zu nehmen. Auf Johann's Ansuchen hatte der
Rat dem Sohne eine nicht unbeträchtliche Unterstützung zu teil werden
lassen. Am 5. Dezember 1626 bestimmte derselbe nämlich: „Nachdem *Johann Staden*, organist bei S. Sebald, supplicirt, seinem sohn
Sigmundt Theophilo nicht allein zuerlauben, dass er zu mehrer erlernung der music, sonderlich uf der *viol bastarda* an dem churf.
Brandenb. hof bei einem berümbten Engelender, namens *Walter Roy*
(Rowe), sich ungefehr ein halb jahr ufhalten möge, sondern auch ihm
zu solchem ende sein jährliches gnadengeld zu erhöhen, soll man ihme
in dem ersten petito willfahren, jedoch darbei anzeigen, das er sich
anderer orthen nicht versprechen noch in Dienst einlasse, die erhöhung aber seiner jährlichen 40 fl. ablainen, sondern es noch darbei verbleiben und ihm zu einem viatico 50 fl. raichen lassen.“

Es war sicherlich nicht nur ein materielles Interesse, welches
den Rat zu diesem Entschlusse, des jungen Mannes sich für die Zukunft zu versichern, bewog; hatten auch die Stadtväter schon manchmal in den Seckel gegriffen, auf alle Fälle versprach Sigm. Theophil's
Talent noch mancherlei Früchte, welche die Nürnberger selbst zu ge-
nießsen dachten. Dass ein gewisser Eigennutz im Spiel war, als
man des alten Staden Bitte beschnitt, ist wohl anzunehmen; dass
man aber andrerseits trotz der Ungunst der Kriegszeiten überhaupt
noch einen derartig entgegenkommenden Beschluss faíste, ist besonderer
Beachtung wert. In *Louis Schneider's* Geschichte der Oper etc. zu
Berlin, (Berlin 1852) ist in den Dokumenten von *W. Roy* oder, wie
der Name wohl richtiger lauten wird: *Rowe* (*Roe* oder *Rowen*) die
Rede. Er war 1614 in Berlin angestellt und, wie es scheint, mit
einer Unterbrechung bis 1647 oder noch länger im Dienst. *Heinrich
Albert* nennt ihn in der Kürbis-Hütte einen bedeutenden Musiker.

Sigmund Theophil kehrte im gleichen Jahre wieder heim; noch
7 Jahre ungefähr durfte er sich des Verkehrs mit seinem treu besorgten
Vater erfreuen, der, was in seinen Kräften lag, gethan hatte, dem
Sohne eine gute Erziehung zu teil werden zu lassen. Die Angaben
des Totenbuches, *Johann Staden* betreffend, lauten: „Pfarr Laurentii
15. November 1634 † der erbar *Johan Staad* vornehmer Musikus
und Organist der Pfarrkirchen S. Sebaldi in der Katharinengafsen.“

Er hatte noch die Blütezeit seiner herrlichen Vaterstadt gesehen
und war Zeuge ihres jähen Falles gewesen. Etwas mehr als von

seinen Kompositionen können wir uns ein Bild seines Wesens entwerfen: rastlos thätig, pflichtgetreu und gediegen, entbehrte er nicht eines gewissen schlauen diplomatischen Zuges; aber nicht für sich selbst suchte er materielle Vorteile: sein Schaffen galt seiner Familie. Er war ein treuer Deutscher, der sich nicht darin gefiel, den das Ausländische plump nachahmenden Narren zu spielen, ein Mann, der sich seiner Würde als deutscher Künstler bewusst war. — Bis zum Jahre 1648 war *Sigm. Theophil Staden* der Stadt Nürnberg als Stadtpfeiffer verpflichtet, wenigstens führen ihn die (allerdings lückenhaften) Stadtrechnungen dann nicht mehr auf. Er lebte in regem Verkehr mit seinen Standesgenossen, unter welchen auch (vgl. Nr. 1, 1895 dieser Zeitschrift) seines Vaters Kollege *Val. Dretzel* noch weilte. Neben seiner kompositorischen Thätigkeit versah er noch das Amt eines Organisten an der Pfarrkirche St. Laurentius. Seinen Heimgang meldet das Totenbuch mit den Worten:

„30. Juli 1655 † der ehrbar Sigmund Theoph. Staden, vornehmer Organist der Pfarrkirch St. Laurentii in der Neuengasse am Spittal-Kirchhoff."

Adam Krieger

(von Rob. Eitner).

Das zweite Zehen. Aria 10.

göld-ner Schein macht al - le Menschen et - was ke - cker; ich

göld-ner Schein macht al - le Menschen et - was ke - cker; ich

wun-dre mich, dass Er so klettern kan und stei - gen und

wun-dre mich, dass Er so klettern kan und stei - gen und

macht, dass sich die gro - fsen Häupter für ihm nei - gen.

macht, dass sich die gro - fsen Häupter für ihm nei - gen.

2. Der muntre Tranck, kann ohne Leiter weiter kommen, wann Er so blanck
die Stirnenburg hat eingenommen, als mancher, der mit Hülfe sich hinan will
bringen, und ohngefehr die Helfte noch weifs zu erzwingen.

3. Drum bleibt darbey, Er hegt ein recht vergöttert Leben, weil Er so

frey kann in der leeren Luft hinschweben, und wenn wir ihn in unsre höhlen Hälser lassen mit Pracht einziehn, empfinden wir es gleicher maſsen.

4. Denn manches Haus, so schwer es sonst auf Seulen stehet, fährt mit hinaus; er mercket, dass es leichter gehet, sobald der Wein durch seine Pfort ist eingezogen, so stimmt es ein und meint, es sey schon hoch geflogen.

5. Wann diſs geschicht, so könte doch kein Haus bestehen, wenn Morpheus nicht der Bau-Kunst an die Hand zu gehen für andern wär erfahren und so weit gekommen, dass ihm die Ehr von Sterblichen noch nie genommen.

6. Denn, wann der Wein aufleget gar zu schwere Dächer, so muss es seyn, dass sich beschweren die Gemächer, und macht Verdruss. Er mag zwar Schiefer-Decker bleiben, doch Morpheus muss den Bau erhalten und fort treiben.

Das dritte Zehen. Aria 1. Ihr bleibet nicht Bestand verpflicht.

1. Mein Lieb ist weiſs wie Schnee, schön wie das Fir - ma - ment: wie a - ber in der Höh als - bald sich das ver-wend in - dem es sei - ne Krey - se so rund vmb lauffen muss .. nach ei - ner sol-chen

Wei-se bringt auch mein Lieb Verdruss, . . bringt auch mein Lieb Verdruss.

2. Weils wie der Schnee ist Sie, wie aber der vergeht und nach gefallner Müh auch nirgend nicht besteht: so ist sie von Gemüthe, das auserwehlte Kind. Ach! dass man ihre Blüthe doch nicht vollkommen sind.

3. Wie sich der Himmel schmückt mit Farben vmb und an, so steht sie sonst entzückt von Schönheit angethan. Das schöne Himmelsblaue führt ihrer Augen Schein, wann ich dieselben schaue, so bin ich nicht mehr mein.

(Folgen noch 3 Strophen.) Kein Ritornell.

Das sechste Zehen. Aria Nr. 4.

1. Küs-sen kan uns recht ver-binden, küs-sen rüh-ret Mund und

Brust, küs-sen, küs-sen ma-chet Lust, küs-sen kan uns ü-ber-

win-den, küs-sen macht die be-ste Treu, küs-sen ma-chet al - les neu.

2. Solches merkt ich neulich eben, da ich mit Betrug und List eine schöne Nymphe küsst, ey! wie stärket sich mein Leben, als ich sie so wohl berückt und an meinen Mund gedrückt.

3. Sie that zornig und ich lachte, weil mein ungewaschen Maul sich er-wiese gar nicht faul, sondern so behende machte, dass ihr zuckersüfser Mund gleich auf meinen Lippen stund.

(Folgen noch 7 Strophen und ein Ritornell.)

Mitteilungen.

* **Kirchenmusikalisches Jahrbuch für das Jahr 1897.** Herausgegeben von Dr. *Fr. Xav. Haberl* zum Besten der Kirchenmusikschule in Regensburg. 22. Jahrg. des Cäcilienkalenders. Regensburg, Fr. Pustet. gr. 8⁰. 72 S. Musik, 141 S. Text, 8 Seit. Register zu den ersten 10 Jahrg. Preis 1,50 M. Der vorliegende Jahrgang ist besonders reich an historischen Aufsätzen. *Thoma Ludovico de Victoria's* Officium hebdomadae sanctae zu 4 Stim. als Fortsetzung aus 1896 eröffnet den Reigen, dem folgt von Dr. Hugo Riemann eine ausführliche Beschreibung des schon S. 138 der Monatsh. 1896 erwähnten Leipziger Chorbuches aus dem 15. Jh. (Man verbessere dort die beiden Autor-namen C. Kupsch in *C. Rupsch* und Raulequin de Mol in *Ranlequin de Mol*). Es hat sich herausgestellt, dass das Berliner Chorbuch des 15. Jhs. (Z 21, be-schrieben in M. f. M. 21, 93) ein Schwestercodex ist, 2 Seiten Facsimile aus beiden Codices und die Feststellung der Übereinstimmung von 18 Tonsätzen geben hinreichende Beweise; es hat sogar den Anschein dass einige Tonsätze von derselben Hand geschrieben sind. Der Berliner Codex hat einst in Halber-stadt gelegen und kam von da aus in des Antiquar Butsch' Hände, von wo aus ihn die Kgl. Bibl. erwarb, der Leipziger Codex dagegen wurde im Jahre 1504 in Leipzig gebunden und gehörte dem Magister *Nikolaus Apel;* seine früheren Schicksale sind unbekannt, doch glaubt Dr. Riemann auf mehrfache Beweise gestützt seine Niederschrift in die Gegend von Fulda und Henneberg verlegen zu dürfen. Er enthält 186 Tonsätze in gegenüberstehenden Stimmen notiert; davon tragen 34 Nrn. Autornamen, die übrigen sind anonym. Einige Male tritt der Berliner Codex aushelfend ein, sowie der Leipziger Codex dem Berliner aushilft. Das Studium beider ist von höchstem Interesse. Ich möchte noch darauf aufmerksam machen, dass sich im Jahrg. 16 der Monatsh. als Beilage zu Nr. 1 auf S. 8 zahlreiche Facsimile aus dem Berliner Codex befinden. Dort ist auch Zeile 6 von unten der von Dr. Riemann mir vorgeworfene als falsch gelesene Name W. F. zu finden, der nach dem Leipziger Codex allerdings A. F. heifsen soll, das scheinbare W also nur Verzierung sein soll, während das eigentliche A sehr unklar zur Geltung kommt. Dr. *Haberl* giebt darauf ein Verzeichnis der Autoren nebst den Anfängen der Texte von den 6 Chorbüchern, die er einst in Trient entdeckte und bedauert, dass die Codices scheinbar in Wien verschwunden sind. Schon im Jahre 1893 teilte man mir aus Wien mit, dass von denselben eine Ausgabe vorbereitet wird und zum behufe dessen Herr Prof. *Osw. Koller* vom Ministerium nach Italien gesandt ist, um die dort auf den Bibliotheken noch vorhandenen alten Chorbücher mit mehrstimmigen Gesängen des 15. Jhs. zum Vergleiche heranzuziehen. Die Trienter Codices befanden sich damals im Ministerium „unter Sperre“. Heute sind durch Herrn Prof. Oswald Koller ein grofser Teil in Partitur gesetzt und harren der Veröffentlichung durch die Denkmäler österreichischer Tonkunst. — Herr *Ernst von Werra* giebt darauf Nachricht von Orgelkomponisten des 18. Jhs. und bringt wertvolle biographische und bibliographische Beiträge. Diesen folgt ein Artikel von Dr. *Haberl* über das traditionelle Musikprogramm der sixtinischen Kapelle nach den Aufzeichnungen des *Andrea Adami* da Bolsena, nebst Porträt und kurzer Biographie des letzteren. *Karl Walter* giebt darauf eine Geschichte der Singknaben-Institute aus dem 16. und 17. Jh. bis zu ihrer Aufhebung. — *Joseph Victor von Scheffel* über *Erhart Oeglin's* Liederbuch von 1512 nebst Bemerkungen über die neue Ausgabe in der Publikation der Gesellschaft für Musikforschung, Bd. 9. — Über *Abraham Megerle*, Kapellmeister in Altötting, biographisch und bibliographisch, nebst Abdruck eines Tonsatzes von Dr. *Haberl*. Den Schluss bilden Recensionen, Alter und neuer Choral und Kirchenmusikalische Jahreschronik.

 * Tijdschrift der Vereeniging voor Noord-Nederlands Muziekgeschiedenis. Deel 5, 3de Stuk. Amst. 1897. Fr. Muller & Co. 8⁰. Enthält „Het Wilhelmuslied uit een muzikaal oogpunt beschuwd“. Eine Untersuchung der Melodie von der frühesten bis zur Neuzeit. Bei der Einteilung in Takte ergiebt sich auch hier wieder, dass bei den älteren Erzeugnissen der Wortaccent dem musikalischen Taktrhythmus vorherrschte. Man sehe S. 164 und weiter hin in was für Ungeheuerlichkeiten man gerät, wenn man die Melodie in den modernen Takt zwängen will: $^6/_8$ $^7/_4$ $^4/_4$ wechseln Takt um Takt. — Der nächste Artikel betrifft eine Biographie *Cornelis Verdonck's* von Dr. *Max Seiffert* in deutscher Sprache nebst einem Verzeichnis seiner Kompositionen mit einem Register der Textanfänge. Es ist eine fleifsige und gewissenhafte Arbeit auf Dokumente gestützt. Eine Würdigung seiner Kompositionen ist ausgeschlossen. Den Schluss bilden die Nekrologe über die jüngst verstorbenen *Joh. Conradus Boers* und *Joh. Gerhardus Rijk Acquoy*.

 * Denkmäler der Tonkunst in Österreich. 4. Bd. Wien 1897. Artaria & Co. Enthält den 2. und 4. Akt der bereits im 3. Bande begonnenen Oper

Marc Antonio Cesti's „Il pomo d'oro", vom 3. u. 5. Akt ist nur der Text mitgeteilt, die Musik fehlt. Nicht aus freiwilligem Entschlusse sind die beiden
Akte fortgeblieben, sondern dem einzig bekannten handschriftlichen Exemplare
der Hofbibl. in Wien fehlen dieselben. Bei weiteren Opernveröffentlichungen
möchten wir aber doch vorschlagen diese endlosen und meist ganz musikalisch
wertlosen Recitative mit einem Bassus continuus (Generalbass) begleitet auf
das kürzeste Mafs zu beschränken und den Text vollständig vor der Partitur
wiederzugeben. Herr Dr. *Guido Adler* hat diesmal durchweg der Partitur einen
ausgesetzten Generalbass gegeben und ein Revisionsbericht am Ende der
Partitur giebt Nachricht über notwendige Verbesserungen. Prächtige Abbildungen von Dekorationen schmücken den Band. — Der 2. Teil des 4. Bandes
enthält die erste Abteilung einer beabsichtigten Neuausgabe von *Johann Jakob
Froberg's* Instrumentalwerken (Orgel und Klavier); sie umfasst die Wiedergabe
der in der Hofbibl. in Wien befindlichen Autographe und zwar 12 Toccaten,
6 Fantasien, 6 Canzonen, 8 Capriccios und 6 Ricercare für Orgel und (oder)
Clavier. 2 Reproductionen aus den Autographen zeigen uns die Handschrift
Froberger's, doch der erste Zierbuchstabe ist so kunstreich gemacht, dass man
kaum glauben kann, dass dies eine Arbeit des Komponisten gewesen sein kann,
der doch Besseres zu thun hatte als Zierbuchstaben zu malen. Am Ende jedes
Satzes versichert uns zwar der Komponist, dass es seine eigene Handschrift
sei. Am Schluss der neuen Ausgabe giebt der Herausgeber Dr. Guido Adler
einen Revisionsbericht: 1. über die Vorlagen, darunter sind alte Drucke und
zahlreiche alte Kopien auf öffentlichen und privaten Bibliotheken zu finden.
2. Kritischer Commentar. Derselbe bezieht sich auf die redaktionelle Wiedergabe des Originals. Die technische Herstellung der beiden Bände ist in der
bekannten prächtigen Manier geschehen und bilden einen Schmuck in der
Typographie.

   * In den Mitteilungen der Musikalienhandlung von *Breitkopf & Härtel,*
Januar 1897, befindet sich auch die Anzeige einer neuen Ausgabe des von
Verovio 1591 herausgegebenen Sammelwerkes: Canzonette a 4 voci, composte
da diuersi eccell. musici, con l'intauolatura del Cimbalo et del liuto. Der
Titel der neuen Ausgabe lässt schwerlich den Originaltitel erraten, denn der
Herausgeber *Alfred Wotquenne-Platteel* schreibt: Chansons italiennes de la fin
du 16 siecle pour quatre voix mixtes avec accompagnement de Clavecin et de
Luth. Das Sammelwerk enthält 20 Gesänge, die in die heute gebräuchlichen
Schlüssel umgesetzt sind. Preis 4 M. Noch findet man in den Mitteilungen
S. 1635 eine Biographie *Hans Huber's* und das wohlgetroffene Porträt *Edgar
Tinel's.*

   * *Richard Bertling* in Dresd.-A., Viktoriastr. 6. Katalog Nr. 31 ent-
hält neben allerlei literarischen Werken auch einige wertvolle Musikwerke, zum
Teil aus der Borghese'schen Bibliothek. Wir machen auf Wm. Boyce, Joh.
Crüger, Doles, Frezza dalle Grotte, H. Hartmann, Marenzio, Merulo, Scheidt,
Schütz und Ugolini's Motecta 1616 aufmerksam, letzteres Werk ist in 4 Stb.
komplet und fehlt nicht der Tenor, wie der Kat. angiebt.

   * Hierbei 1 Beilage: Katalog der Brieger Musikalien-Sammlung in der
Königl. und Universitäts-Bibliothek zu Breslau, Bog. 11.

Verantwortlicher Redakteur Robert Eitner, Templin (Uckermark).
Druck von Hermann Beyer & Söhne in Langensalza.

MONATSHEFTE

für

MUSIK-GESCHICHTE

herausgegeben

von

der Gesellschaft für Musikforschung.

| IXIX. Jahrg. 1897. | Preis des Jahrganges 9 Mk. Monatlich erscheint eine Nummer von 1 bis 2 Bogen. Insertionsgebühren für die Zeile 30 Pf. Kommissionsverlag von Breitkopf & Härtel in Leipzig. Bestellungen nimmt jede Buch- und Musikhandlung entgegen. | No. 5. |

Miscellanea.

Von Dr. Wilibald Nagel.

Das urkundliche Material, welches die folgenden Zeilen enthalten, ist bei dem Versuche, eine Biographie von *Hans Joachim Quantz* zu schreiben, gesammelt worden. Ich habe den Plan aufgeben müssen, nachdem mich mehrere Archive, auf die ich Hoffnungen gesetzt hatte, im Stiche gelassen hatten. Dass wir eine Biographie Quantzen's haben müssten, ist bei der Bedeutung des Mannes, den man als Lehrmeister stets neben *C. Ph. Em. Bach, Leop. Mozart, Joh. Friedr. Agricola* nennen, als Tonsetzer nicht tiefer denn diese stellen wird, einleuchtend; ebenso, dass *Alb. Quantzen*'s Biographie des Mannes als blofse Wiederholung der Angaben der Selbstbiographie mit Hinzufügung einer wenig erschöpfenden Erzählung der letzten Lebensjahre nicht genügend ist. Gerade die Zeit der Wander- und Lehrjahre des Meisters ist die interessanteste, denn auch er hat vieler Menschen Städte und ihr Treiben gesehen, und hat zuweilen scharf beobachtet.

Vielleicht ist ein Zweiter glücklicher als ich im Finden neuer Notizen; diesem und manchem anderen noch werden, so hoffe ich, diese wenigen Notizen nicht unlieb sein.

I. Die Familie *Quantz. Hans Joachim Quantz**) wurde, wie er in seiner Selbstbiographie bemerkt, am 30. Januar 1697 abends

---

*) So nennt ihn die Taufurkunde im O. Kirchenbuch. Der Name wird daselbst stets mit tz geschrieben.

zwischen 6 und 7 Uhr zu Oberscheden im Hannöverschen geboren.
Nach der Sitte der Zeit wurde im Kirchenbuche nur die Zeit der
Taufe angegeben; diese fand gewöhnlich schon am ersten Tage nach
der Geburt statt; in unserem Falle am 6. Februar.*) Es ist nicht
ausgeschlossen, dass Quantz selbst sich über seinen Geburtstag im
ungewissen befand; was im andern Falle die ungewöhnliche Hinaus-
schiebung der Taufe verursachte, lässt sich nicht sagen. Die Eltern
waren evangelisch-lutherisch; der Vater, *Andreas*, betrieb in Oberscheden das Handwerk eines Hufschmiedes: seine Frau war eine geborene
Elisabeth *Beurman*.**) Sie hatten sich am 3. Juli 1684 verheiratet.***)
Die Ehe war mit 6 Kindern†) gesegnet, von denen *Hans Joachim* der
fünfte war. Es lässt sich kaum annehmen, dass die Vermögens-
umstände der Leute sehr günstige waren; Quantz selbst sagt zwar
darüber nichts, wie denn überhaupt sein selbstgeschriebener und von
Marpurg in den histor.-kritischen Beiträgen abgedruckter Lebensabriss
sich über die Eltern in ziemlich auffallender Weise ausschweigt.
Doch lässt sich aus der Thatsache, dass der junge Quantz seinen
ältesten Bruder *Jost Matthies*, wenn derselbe auf den umliegenden
Dörfern den Bauern bei Kirchweihen und anderen festlichen Gelegenheiten zum Tanze aufspielte, auf der deutschen Bassgeige begleitete, immerhin schliefsen, dass der Vater in bescheidener, wenn
auch wohl verhältnismäfsig sorgenfreier Lage lebte. Sein Handwerk
mag ihn genährt, er mag auch wohl etwas Ackerland besessen haben;
von der Musik verstand er auf jeden Fall nichts und hielt auch nichts
davon; denn noch auf dem Totenbette erklärte er, Jochen solle sein
eigenes Gewerbe, zu welchem er ihn schon vom 9. Jahre an an-
gehalten, ergreifen. Auch von seinem älteren Bruder wurde der
Knabe nicht in die ersten Geheimnisse der Tonkunst eingeweiht: er
strich seinen Bass, ohne eine Note zu kennen, was den Bauern, die
nach seines Instrumentes Grundgewalt sich in Reigen drehten, wohl
auch gleichgiltig gewesen sein wird.

---

*) Anno 1697. *Hans Joachim, Andres Quantze's* Sohn, ist getauft den
6. February von H. Pastor *Paulus Klofs* von *Bühren*; Gevatter war *Jochim
Oppermann*, itziger Baurmeister.

**) So im Kirchenbuche zu O., Quantz nennt sie *Anna Ilse Bürmannin*;
der Name Beurmann ist noch jetzt in der Pfarrei vielfach vertreten.

***) Ebenda Anno 1684, *Andrefs Quantz* ist mit seiner J(ungfer) Braut
Elisabeth Beurman, Seel. *Cordt Beurman's* filia copuliert den 3. Juny.

†) *Jost Matthies* geb. 1686; *Andres Matthies* geb. 1. Mai 1689; Anna
Maria geb. 23. Novbr. 1691; Maria Elisabeth geb. 27. Januar 1695; Anna
Catharina geb. 21. März 1701.

Der sorgenden Hand der Mutter sollte der Knabe sich nicht lange erfreuen; am 19. Mai 1702 trugen sie Meister Andres' Lebensgefährtin zu Grabe.*)

Es kann nicht Wunder nehmen, dass der Vater sich möglichst rasch nach einer neuen Hüterin seiner Kinder umsah: schon am 8. Mai des folgenden Jahres führte er die Jungfer *Dorine Catharine Peterssen* aus Hameln zum Altar.**) Auch über die Stiefmutter weiß Jochen nichts zu sagen, ja er nennt nicht einmal ihren Namen: die Eindrücke der Kindheit verwischten sich bei ihm überaus schnell, was freilich nicht groß Wunder nehmen kann, da er, nachdem im Jahre 1707, am Tage vor Ostern, sein Vater gestorben war,***) das Elternhaus sehr früh verließ.

Der Stiefmutter — ihr Vater, Christophen Peterssen hatte schon vor ihrer Verheiratung das Zeitliche gesegnet — war mit den beiden eigenen und den sechs Kindern aus ihres Mannes erster Ehe eine schwere Last aufgebürdet; ob noch andere Kinder das väterliche Haus verlassen, ist unbekannt aber wahrscheinlich, den elfjährigen Jochim zu erziehen erboten sich zwei seiner Onkel, von denen der eine Schneider, der andere, Justus Quantz, Hof- und Stadtmusikus zu Merseburg war; ebenso erbot sich der evangelische Prediger in Lauterecht) in der Pfalz, der Gatte von des verstorbenen Andreas Schwester,††) Vaterstelle an den Verwaisten zu übernehmen.

Quantz war fest entschlossen, Musiker zu werden: im August 1708 war er auf dem Wege nach Merseburg, woselbst er denn beim Stadtmusikus *Justus Quantz,* einem Verwandten, über den sich nichts

---

*) Ebda. Anno 1702. *Ilsabeth Beurman*, Meister *Andres* Quantzens Ehefrau wird begraben den 19. Majus, alt 41 Jahr 2 Mot., Text 1st Timotheum 2 vers 15.

**) Ebda. Mit ihr hatte er noch 2 Kinder: Johann David, geb. 15. Febr. 1704 und Catharina Elisabeth, getauft 26. Febr. 1705.

***) Ebda. Anno 1707. Meister Andreaß Quantz ist begraben den 27. April, Text Johan. 14 vers 28, alt 49 Jahr. Ich verdanke die Mitteil. aus dem Kirchenbuche Herrn Pastor *Groscurth* zu Dankelshausen bei Oberscheden.

†) Jetzt Lauterecken in der Rh.-Pf. *Quantz* nennt den Namen nicht; es war wahrscheinlich *Johann Philipp Oberheim* Wiesbadensis, der von 1706 bis 1745 amtierte. Neben der luther. Pfarrei bestand ein luther. Diakonat, woselbst nach der series pastorum 1706—10 *Joh. Peter Liernur* angestellt war.

††) Vielleicht eine Orthea Elisabeth Quantz, welche 1695 als Gevatterin bei der Maria Elisabeth Quantz' Taufe fungierte. — Die Geburts-, Tauf- und Sterbeurkunden der Lauterecker Gemeinde wurden zur Zeit der franz. Herrschaft an die Mairies abgegeben; die Bürgermeisterämter besitzen nichts mehr von ihnen. Gefl. Mitt. des Pfarramts Lauterecken.

hat ermitteln lassen, in die Lehre trat. Nach drei Monaten, als dieser gestorben war, wurde *Joh. Adr. Fleischhack,* sein (späterer) Schwiegersohn, Just. Quantzens Nachfolger. Bei diesem blieb Hans Jochen 7½ Jahre. Über ihn vgl. die Biographie. Der dort von Quantz als sein Klavierlehrer rühmend genannte Organist *Kiesewetter,* den er seinen Verwandten nennt, hiefs *Johann Friedrich Kiesewetter* und war, wie mir Prof. *Martius,* Dompfarrer zu Merseburg, gütigst mitteilte, im Juni 1708 an der Domkirche zu Merseburg aufgeboten worden und später Organist an der Stadtkirche St. Maximi geworden. Von seinen Arbeiten ist nichts auf uns gekommen.

Über die Merseburger Stadtpfeiferbande, sowie die herzogl. Hofmusik habe ich nichts in Erfahrung bringen können. [Anfragen an das städtische (Rats-)Archiv zu Merseburg und das kgl. sächs. Archiv Dresden.]

II. *Georg Schalle.* Infolge der Hoftrauer (Juni 1714) am herzogl. Hofe hatte Quantz Zeit genug, sich die Welt etwas anzusehen; in Dresden erreichte er zunächst seinen Zweck, vorübergehend Beschäftigung zu finden, nicht; er reiste daher über *Bischofswerda* nach *Radeberg,* wo der Stadtmusikus *Knoll* einen Gesellen brauchte. Allein am 13. Juli äscherte ein schrecklicher Brand die Stadt zum gröfsten Teile ein; in der inneren Stadt blieben nur das Pastorat, sowie einige Häuser in der Pirnaer- und Dresdener Strafse verschont. Die Rats- und Kirchenarchive wurden vernichtet. (Vgl. Chronik von Radeberg von Dr. *H. von Martius*-Bautzen. 1828 bei C. F. A. Weller.) Dass der Brand auch literarisch von theologischer Seite ausgenutzt wurde, lässt sich schon bei der Lektüre der Autobiographie denken. Man vgl. hierüber die angeführte Chronik.

Auf den Rat des armen Knoll ging Quantz nun nach *Pirna,* wo er beim St.-Mus. *Schalle* für den Rest seiner freien Zeit Beschäftigung fand.

Über *Schalle* verdanke ich der Liebenswürdigkeit des Oberlehrers und Stadtarchivars *O. Speck* in Pirna die folgenden Mitteilungen.

Georg Schalle wurde am 29. März 1670 geboren, wie sein aufsen an der Pirnaer Stadtkirche angebrachter Grabstein meldet; der Geburtsort ist nicht zu entziffern. 1706 hatte er sich mit Anna Maria Wagnerin verheiratet und erlangte am 12. Juni 1708 gegen Erlegung von 6 Gulden das Pirnaer Bürgerrecht. Vom März 1707, wo er dem in gröfster Armut gestorbenen *Christian Flade* nachfolgte, bis zu seinem Tode (21. Juni 1720) war er Pirnaer Stadtmusikus. Er bezog wöchentlich 2 Gulden festes Einkommen, sowie jährlich 2 Scheffel

Korn, 1 Schragen Kurz tannen Holz und $^1/_2$ Stein Lichte. Ferner
war ihm der Neujahrsumgang gestattet. Er musste neben sich
„1 Zinkenisten und 2 andere gute Gesellen" halten. Schalle scheint
in leidlichen ökonomischen Verhältnissen gelebt zu haben. Nach der
Pfeifer-Ordnung versah der Stadtmusikant in Pirna zugleich den
Türmerdienst, hatte also Tag und Nacht die Wache zu stellen, stünd-
lich den Seiger fein ordentlich zu schlagen und mit der Trompete
abmelden zu lassen, bei Feuersbrünsten das Alarmzeichen zu geben
und drei Mal täglich (früh nach 4, zu Mittag nach 10 und auf den
Abend nach 6 Uhr) mit seiner Musica zu blasen. „Mit seinem Verdienst war er auf die Hochzeiten in Stadt und Land, sowie auf die
Quartals- und Meisteressen und andre Festlichkeiten der Zünfte angewiesen. Wenn er diesem Verdienste nachging, litt natürlich manchmal sein Dienst auf dem Turme. Da gab es häufig Klagen über ihn,
und nicht selten wurde er in Strafe genommen." [Das Pirnaer Rats-
archiv bewahrt die Artikel über die Anstellung des Stadtmusikus von
1630—1845. Darin die Stadtpfeifer-Artikel von 1631, welche 1667
und 1720 etwas abgeändert wurden.]

Der Dresdener Stadtmusikus *Heine* hatte mit andern auch Quantz
öfter zur Verstärkung seiner Leute nach der Hauptstadt kommen
lassen und lebhaftes Interesse an ihm genommen. Nachdem Quantz
die 1$^1/_2$ Jahre, die noch in Merseburg abzudienen blieben, hinter
sich hatte, bot ihm *Heine* eine Stelle in seinem Chor an, welche der
junge Mann freudig annahm. Dass in seiner Erinnerung das Bild
des in bescheidenen Grenzen wirkenden Mannes gegenüber der
mächtigen Einwirkung, die er von der sächsischen Hofmusik empfing,
stark verblassen musste, liegt auf der Hand.

III. *Gottfried Heyne.* Über Heyne bin ich durch das überaus
liebenswürdige Entgegenkommen der Verwaltung des Dresdener Rats-
Archives in der Lage, eine Reihe von sehr interessanten Aktenstücken
mitteilen zu können. Am 2. August 1698 war der bisherige Stadt-
Pfeifer, *Daniel Weber*, Heyne's Schwager gestorben; am folgenden
Tag richtete Gottfr. Heyne, als Mus. Instr. zu Meißen bestallt, der
damals in Dresden anwesend war, ein Gesuch an den Rat, ihm die
Stelle zu übertragen ... „Wann Sie denn sein erledigtes Dienst mit
nächst zu ersetzen bedacht seyn werden; und ich des Vertrauens,
Sie werden, in Ansehung ich dieser Kunst geraume Zeit hero, sonder
Ruhm, mit allem Fleiße, obgelegen und vordessen eine Zeit lang in
der Kayserl. Capelle zu Wien,*) und Brünn in Mähren, in des Herzogs

---

*) In Köchel's Buch: Die K. Hofmusik-Kapelle in Wien (1869) ist Heyne

von Braunschweig in Wolfenbütel Capelle, in Schlesien, in der Fürstl. Residenz Brügk, mich gebrauchen lassen, auch bey meinen seligen Schwager selbst 7 Jahr gewesen, mir vor andern darzu güthigst zu verhelfen; Alß gelangt ... bin auch der Erbiethung, ein paar von denen hinterlassenen Weberischen unmündigen Kindern, zu deren besserer Aufferziehung zu mir zu nehmen ... (Akten des Rates A. XII. 14. Bl. 2.) Auf dieses Gesuch beschloss der Rat am 14. Sept. 1698, Heyne als Stadtpfeifer anzustellen. Die darüber ausgestellte Urkunde ist der Mitteilung wert:

„Wir Bürgermeister ... Demnach Unß Gottfried Hayne, Stadt-Pfeiffer zu Meifsen ... nach der nebst andern abgelegten Probe darzu am tüchtigsten erachtet worden; Alß haben wir Unß folgender Be-stallung mit Ihm verglichen, Nehmlichen: Es soll gedachter Gottfried Hayne ... sich guter tüchtiger und wo möglich ... unbeweibter Gesellen und Jungen befleifsigen, und dadurch diese Residenz-Stadt und Kirchen allhier, mit allerhand zur Music gehörigen Instrumenten versehen, des Cantoris Anordnung, was die Kirchen Music betrifft, nachkommen, und sich bey denen Auffwartungen, sowohl bey dem Gottesdienst, als anderer Orthen, willig und bescheiden erweisen." Es folgen Anweisungen, die Dienstwohnung auf dem Kreuzturme in rein-lichem Zustande zu halten, die Stunden, falls er nicht durch Hoch-zeiten etc. daran verhindert würde, ordentlich abzublasen, auf etwaige Feuerausbrüche zu achten und diese durch Glockenschlag u. s. w. zu melden u. a. m.

„Die Hochzeiten in und vor der Stadt, soll er nebenst seinen Gesellen, mit Fleis versehen, und das auffwarten, dass sich darüber Niemand zubeschwehren, und selbsten Ehre und Ruhm davon haben möge, verrichten; Wann auch mehr als eine, oder deren etliche zu-sammen kommen möchten, solche vor sich oder durch andere be-stellen, inmaßen er nicht unbillig vor allen andern Musicanten, dem Herkommen nach, den Vorzug haben und behalten soll; Jedoch, weiln sich auch andere der Music zugethane alhier befinden, so soll er diejenigen, welche alhier in der Kirche mit auffwarten, wann Er Adjuvanten benöthiget, vor andern frembden darzu nehmen und sie dessen genüfsen lassen; Es sollen aber auch dieselben sich darbey also bezeign, dass Er und die interefsirende Hochzeit Leute darmit zufrieden seyn können;

Und weiln man bifshero wahrgenommen, dass die Bürger und

---

nicht aufgeführt. Wahrscheinlich ist er also nur ganz vorübergehend dort ge-wesen; dass er geflunkert habe, ist nicht anzunehmen.

andere Einwohner bey Ihren Ehren Tagen andere Musicos lieber als die ordentlich bestellten, gebraucht, So hat Er sich so zu bezeigen, dass hierzu Niemand Ursach habe.

Er soll auch hinführo, wie vor diesem bräuchlich gewesen, an denen hohen Festen, frühe ehe das Läuten angehet, eine halbe Stunde auff dem untersten Gange musiciren, darzu Ihme aus der Schule die benöthigten Knaben gefolget werden sollen.

So offt der Herr Superintendens in der Sophien Kirchen des Montags prediget, soll er, wie bräuchlich, in derselben, so wohl in der Frauen Kirche, mit seinen Instrumentis sich finden, auch zu Alt Dreſsden in Sechs Wochen einmahl, wann Er hierinnen abkommen kann, sich hören lassen.

Wann die Herrschafft auff den Schlitten fähret, muſs Er das abblasen auff dem Rath Hause verrichten, auch, wann die Bürgerschafft ganz oder zum Theil auffziehet, zwey Trommelschläger und zwey Pfeiffer ohne Entgeld verschaffen und vorstellen. Hingegen soll Ihme, von Zeit seines Anzugs zur Besoldung gereichet werden, wöchentlich anderthalben Gülden an Gelde, zwey und zwanzig Gülden Kleyder Geld, Sechs Gülden die Er sonst an Korn wegen der Lichte aus dem Ambte St. Materni bekommen, Vier Gülden, vom Weiser zu stellen, aus dem Brücken Ambte, ingleichen zwey Scheffel Korn aus dem Leubnizer Ambte.

Ferner haben Wir Ihme zu seinen beſsern Aufskommen, aus angeführten beweglichen Ursachen, Wöchentlich noch zehen Groschen 6 Pfg. aus Unser Cammer, bis auff wiederruffen, so Unſs frey stehen soll, zu reichen gewilliget; Und hat er hierüber das Neue Jahr, sowohl in der Vestung als zu Alt Dreſsden, und vor dem Wilſsdorffer Thore von den Innwohnern und Bürgerschafft, dem Herkommen nach, zusam̃blen und einzufordern.

So hat Er auff den Hochzeiten das gewöhnliche Lohn, als von jeder Stimme, Ein Thaler, und was die Gäste aus guten Willen aufflegen, zu gewarten, hierüber aber Keinem was abzufordern, viel weniger einem oder dem anderen, ohne sonderbahrer Verehrung einen Tanz zu versagen."

Ein Sohn von Heyne's Amtsvorgänger, seines Schwagers, war gegen 13 Jahre sein Geselle gewesen. Nachdem Heyne schon 34 Jahre Dienste gethan und das Alter herannahen fühlte, bat er den Rat am 23. Sept. 1732, ihm einen Adjunkten in der Person seines „Vetter's", *Daniel Gottfr. Weber* zu geben. Unter demselben Datum reichte dieser eine ähnlich gehaltene Bittschrift ein, worin er besonders hervorhob, dass schon sein Vater der Stadt Dresden 28 Jahre gedient habe. Das Gesuch schließt: „... mich, mit besagten meines Vetter Heynens Genehmhaltung, demselben zu adjungiren, und nach dessen tödtl. Hintritt, mir die Stelle des hiesigen Stadt-Musici zu conferiren, da, umb mich hierzu zu habilitiren, in die 13. Jahre in der Frembde, und besonders zu Frankfurth, Berlin, Breßlau, Budissin, und anderer Orthen, der Kunst nachgegangen, sowohl hiesigen Orths bey dem Königl. Cammer-Musico Richtern, einige Zeit Lectiones genommen, auch nunmehro bereits 13. Jahre bey mentionirten hiesigen Stadt-Musico in Condition gestanden;

Als ergehet an Ew. Hoch- und Wohl-Edl auch Hoch- und Wohlw. mein unterthänig - gehorsames Bitten Selbte wollen hochgeneigt belieben, mich, meinem Vetter, dem hiesigen Stadt-Musico Heynen, nicht nur zu adjungiren, sondern mir auch nach dessen dereinst erfolgenden Ableben, dessen Dienst, nebst allen Emolumentis, wie solches derselbe, und dessen Vorfahren besessen, gütigst zu conferiren ...“ Am 4. Okt. 1732 legte *Weber* in Gegenwart des Organisten *Pexold* u. a. eine Probe seines Könnens ab; wir erstaunen, wenn wir hören, welche Instrumente die Stadtmusiker zu spielen verstehen mussten — begreifen aber auch Quantzen's und anderer Klagen über die mangelhafte Ausführung guter Musik durch diese Leute. Es liegt über die Probe folgendes Protokoll vor:

(Akten A. XII. 49.)   Dreßden, am 4. October 1732.

Referirt der H. Bgmstr. Vogler in Sen. consessu, daß gestern nach mittags Daniel Gottfried Weber in dem großen Schul auditorio seine Probe auf der violino, Hautbois, Fleute traversière, Fleute a vec (!), violoncello, Posaune und Zinken, gemacht, die ihme vorgelegten Stücken auf obigen Instrumenten theils alleine, ohne Zustimmung des Clavicimbels, theils aber mit demselben, wohl, fertig und hurtig gespielet, und also sey er wohl bestanden.“ ...

Das nächste Dokument soll ganz mitgeteilt werden, da es für die sozialen Verhältnisse der Musiker vom höchsten Interesse ist. Es findet sich in den Akten A. XII. 50.

pr. d. 13. Aug. 1733.

Hoch- und Wohl Edle, Veste, Hoch- und
Wohlgelahrte, wie auch Hoch-
und Wohlweise,
Hochgeehrteste Herren!

Ewr. Hoch und Wohl Edle Hoch und Wohlw. ruhet sonder Zweiffel in Hochgeneigten Andenken, weßgestalt ich mich zum

öffteren beschwehren müssen, daſs man auf denen Hochzeiten andere
Banden zum Auffwartten und Muſic zumachen nimmet, und mich,
dem es mit denen Meinigen ordentlich gehöret, übergehe.

Nun habe ich biſs anhero die wahre Ursache niemahls so eigentlich erfahren können, muſs aber nunmehro mit Erstaunen erfahren,
daſs einige derer Hochzeit-Bitter: daran die gröſste Schuld, indem
sie ihres Genuſshalber nicht nur andere Banden darzu vorschlagen,
sondern auch mich und die Meinigen noch darzu aufs härteste ver-
unglimpffen; Wie denn der Hochzeit-Bitter Rühle nur dieser Tage
in Gegenwarth unterschiedener Personen gesprochen:

> Heyne hat gleich das Vogelschieſsen und da schickt er uns
> gewiſs nur einen von seinen Leuthen und ein Paar Bier-
> Fiedler!

Nachdem nun dadurch von solchen Hochzeit-Bittern mir die
Hochzeite, so doch Pars Salarii sind, nicht nur entzogen werden,
sondern auch unterschiedliche von denenselben wider das Herkommen
und biſsherige gute Gewohnheit auf denen Hochzeiten Unordnung
anfangen, dem ersten Hochzeittag bunte Reyhen machen, welches
nicht alleine denen Hochzeit Gästen sehr verdrüſslich, sondern auch
mir und denen Meinigen höchst prejudicirlich, immaſsen das Aufflegen bey dem Frauenzimmer auff solche Arth allemahl vorbeygehet;
Hiernächst tanzen auch einige von denen Hochzeit-Bittern gemeinig-
lich selber mit unter die Gäste hinein, und verlangen Vor-Reigen,
welches ihnen aber, weil die Gästen das Nachsehen haben müssen,
nicht wohl zu verstatten, es müſste denn ein solcher Hochzeit-Bitter
ein Freund vom Bräutigam oder der Braut, seyn, da es ihm denn
nicht versaget wird. Ja es unterstehen sich einige auch so gar Zeit
wehrenden Essens Schämzer-Lieder abzusingen und pretendiren von
mir und meinen Leuthen ihnen mit denen Instrumenten zu respon-
diren, andere Dinge e. g. wenn sie sich also verkleiden, als ob sie
eine alte Frau in einem Trage-Korbe trüge, und dabey aufflegen
lassen — zu geschweigen.

Nachdem nun aber auch ein solches alles sowohl denen Hochzeit
Gästen meistentheils höchst miſsfällig als auch mir und denen Meinigen
sehr nachtheilig; Alſs habe es Ew. Hoch- und Wohl Edl., Hoch- und
Wohlw. hiermit gehorsamst hinterbringen wollen nicht zweiffelnde
Dieselben werden besonders Rühlen sein übles Bezeigen ernstlich ver-
weisen, ihn zum Ersatz derer Unkosten anhalten und denen andern
Hochzeit-Bittern insgesamt bey Straffe verbiethen, daſs sie mir keine
Hochzeit entwenden und abspänstig machen, auch sonst keine Un-

ordnung auf denen Hochzeiten anfangen sollen. Ich en 2 erharre dargegen allstets   Ewr. Hoch- und Wohl Edl.   en
       Drefsden,   Hoch- und Wohlw.   nd
den 6. Aug. 1733.   gehorsamer
conc.: Johann Benja-   Gottfried Heyne.
      min Münch.   Bestalter Stadt-Musicus.

Der in seiner künstlerischen Ehre gekränkte und materiell ge-
schädigte Mann sah seine Anzeige von Erfolg gekrönt: Durch Urtheil des
Raths vom 22. August 1733 wurde Rühle wegen der Beleidigungen zur
Abbitte vor Gericht, zur Tragung der Kosten und zu 4 alten Schock
oder 8 Tagen Gefängnis verurtheilt, eine Strafe, welche jedoch auf
Rühle's Bitten auf die Hälfte ermäfsigt wurde.

Schon zu Ende des Jahres 32 oder Anfangs des folgenden war
Weber gestorben; am 17. Januar 35 bat Heyne, ihm seinen Gesellen
Johann Andreas Sander beizugeben, der bereits an die 6 Jahre bei
ihm gewesen und sich während dieser Zeit „fromm und christ-
lich aufgeführt“ habe. Bei der zur Wahl eines Adjunkten ausgeschriebenen Probe fiel jedoch die Stimmenmehrheit auf *Joh. Paul
Weifs*, „bifsherigen Hautboisten bey der adlichen Compagnie des
Cadets.“ Am 19. August 1738 meldete Weifs den Tod des alten
Heyne, der am 7. desselben Monats erfolgt war, dem Rathe. In der
Frauenkirche hatte man ihm die Leichenrede gehalten. Er hinterliefs
seine Wittwe offenbar in schlechten Verhältnissen; das halbe Jahres-
gehalt, welches sie „pretendire“, wollte ihr Weifs nicht auszahlen,
doch wandte er sich an seine Vorgesetzten, ihn mit der Frau „in
Richtigkeit zu setzen.“ Was aus der Angelegenheit wurde, weifs
ich nicht.

Adam Krieger
(von Rob. Eitner).

Das sechste Zehen. Aria 8. Der beste Wein kömmt von dem Rhein.

an - dre Trank ver - schleimet nur, dass man ge - brauchen muss der Cur,

die - ser a - ber stärckt das Hertz und er - we - cket lau - ter Schertz

lu - stig in der Teutschen Welt, die der Reinsche Wein er - hält.

So! ihr Brü - der! singt und spielt die be - sten Lie - der auf den ed - len

Reinschen Wein, dass der Rein hö - ret wie wir fröh - lich seyn.

Hol-la! schenkt die Rö-mer ein. Hol-la! Hol-la! schenkt die Rö - mer ein.

Ritornello.

2. Necker-Wein ist auch wohl gut doch macht er schlechten Mut; er ist zu schwach und nicht sehr toll und macht nur die Kaldaunen voll. Dieser aber stürmt die Stirn und belägert das Gehirn in erwünschter Fröhligkeit wenn man ihn recht thut bescheid.

3. Franken-Wein geht auch noch mit auf manchen Ritt und Tritt, zumalen wenn er pflegt zu seyn und kömmt von Würzburg an der Stein. Aber Mosler gilt doch mehr, Bacheracher hat mehr Ehr und Rinckauer machet gut wie Hochheimer Muth und Bluth.

4 Andre Weine, wie sie seyn, die schmecken nicht so fein, sie schmecken zwar, doch aber nicht so lange wie bei dem geschicht. Dieser bleibt im besten Tausch, ob er schon macht einen Rausch, trinkt man doch den andern Tag wiederumb so viel man mag.

5. Seht auch Teutschland wie es liegt und sich so wohl gefügt, dass bei uns so viel Eichen sein zu Ehren unsern Reinschen Wein. Dils Gefäls ist ihm bestellt, wo er sich am besten hält, dass er so alt werden kann als ein ebrlich Teutscher Mann.

6. Also bleibt es nun darbei, dass über ihn nichts sei; du lieber Rein-Wein bleibest wohl, für dir ist meine Gurgel hohl; solche wird alsdann gestillt, wann du sie wohl angefüllt. Erstlich Wein, hernach kein Bier, dieses Sprichwort lieben wir.

Nach jeder Strophe folgt der Refrain: So, ihr Brüder! singt und spielt etc.

Das sechste Zehen. Aria 2.

(Wert um die Hälfte gekürzt.)

und recht er - qui - cket,   o   sü - [ses Hertz! ach kom und

stil - le den Lie - bes   Schmertz!   Hier knie ich für

dir   mit fle-hen-den Seh-nen,   lass dich ge - weh-ren mich zu be-

schö - nen   und zu er - ge - tzen durch dei - ne Zier.

2. Nun bleibet gar eben mein Thun und Leben dir gantz ergeben, o schönes Kind! ach dempffe was du so sehr entzündt, benimm mir die Pein! ich fühle von Herzen flammende Schmerzen, brennende Kerzen, welche noch glimmen von deinem Schein.

3. Nun, weil ich gefunden was mich entzücket und recht erquicket, ach süßes Herz! so komm und stille den Liebes Schmerz! Hier knie ich für dir mit flehenden Sehnen, lass dich gewehnen mich zu beschönen und zu ergetzen durch deine Zier.

(Folgt nach jeder Strophe ein Ritornell.)

Mitteilungen.

* **Cremona.** Eine Charakteristik der italienischen Geigenbauer und ihrer Instrumente von *Friedrich Niederheitmann.* 3. vermehrte Aufl. Leipzig 1897, Carl Merseburger. 8⁰, VIII u. 104 S. Der Verfasser ist seit ca. 1884 tot und wurde die 2. Aufl. nur ein Abdruck der ersten, während die vorliegende durch Dr. *Emil Vogel* in betreff des historisch-biographischen Teils eine völlige Umarbeitung erfahren hat, besonders was den Anteil *Kaspar Tieffenbruckers* betrifft. Ungewiss ist immer noch, wer aus den Violen die Violine zuerst gemacht hat, und da die eingeklebten Firmen größtenteils durch spätere Instrumentenmacher gefälscht sind, wird es sich wohl nie mehr feststellen lassen. Die neue Auflage zeichnet sich noch dadurch aus, dass eine Anzahl alte Firmenzettel in autographischer Manier hergestellt sind. Im übrigen stimmt die Auflage mit der ersten überein.

* *Beethoven's* Missa solemnis. Eine Studie von *Wilhelm Weber.* Augsburg 1897 J. A. Schlosser (F. Schott). 8⁰. 184 S. u. 7 Tafeln mit Beispielen. Obiger Verfasser führte die Messe in Augsburg am 22. März mit dem Oratorien-Vereine auf, dessen Dirigent er ist und verfasste zum Behufe besseren Verständnisses obige Studie. Der Herr Verfasser nimmt es mit seiner Aufgabe sehr ernst und macht den Leser zuerst bekannt mit dem Charakter des Komponisten, seinen eigenen Bekenntnissen aus Briefen und Tagebüchern und schafft durch den Wechsel von Erklärungen und eigenen Aussprüchen ein lebensvolles Bild. Bekanntlich beabsichtigte Beethoven die Messe zur Intronisation als Erzbischof von Olmütz (1820) seines Gönners und Schülers Erzherzog Rudolf von Österreich zu schreiben. Der Verfasser widmet diesem fast freundschaftlichen Verhältnisse ein eigenes Kapitel. Die Messe wurde erst 1823 fertig und ging weit über die Grenzen eines Hochamtes hinaus. In weiteren Abschnitten wird Beethoven's Seelenstimmung und sein Glaubensbekenntnis behandelt, dem schließt sich ein Kapitel über das Hochamt selbst an, Beethoven's Stellung zu demselben und so fort, denen sich dann Seite 81 die Erklärung der Messe mit Angabe der Themen anschließt. Sehr belebend wirken die vielfach eingestreuten Verse aus Gedichten, welche den Eindruck, den der Verfasser erzielen will, in poetischer Form zusammenfassen. Die Gesamtdarstellung ist von hoher Begeisterung getragen und hinterlässt einen erhebenden Eindruck. Der Verfasser kommt auch mehrfach auf die Taubheit B.'s zu sprechen, so z. B. S. 86, wo er das 2. Kyrie bespricht. Hier bringt nämlich B. Vorhalt und Auflösungston

zu gleicher Zeit, wenn auch der erstere gebunden ist. Herr Weber schiebt
die Anwendung dieser Dissonanz B.'s Taubheit zu. Mir liegen gerade deutsche
Gesänge von Scandello aus dem 16. Jh. vor. Scandello konnte bekanntlich
sehr gut hören und als Kapellmeister der sächsischen Hofkapelle hatte er
reichlich Gelegenheit seine Kompositionen zur Aufführung zu bringen und
doch schreibt er dieselben Dissonanzen wie B.; Scandello, Neue geistl. deutsche
Lieder mit 5 und 6 Stimmen, Dresden 1575, Nr. 2, Takt 2, Alt und Bass:

und dazu singt der Discant c, so dass
a h c zu gleicher Zeit erklingen und
doch, wenn der Dirigent das H descresc.
nimmt, wird der Hörer bei dem schnellen
Vorübergange kaum die Dissonanz emp-
finden. Scandello bringt dieselbe Stelle und ähnliche noch mehrfach. Ich er-
wähne sie nur, um zu beweisen, dass damit B.'s Taubheit gar nichts zu thun
hat, denn sein inneres Ohr war feiner ausgebildet als bei je einem Musiker. Nur
Unachtsamkeit und Nachlässigkeit kann hier schuld sein.

　　* *Jahrbuch* der Musikbibliothek *Peters* für 1896. Dritter Jahrgang. Herausgegeben von Emil Vogel. Leipzig 1897, C. F. Peters. gr. 8°. 102 S. mit
Händel's Porträt. Preis 3 M. Der Inhalt besteht aus einem beschreibenden
Verzeichnisse Bach- und Händel'scher Porträts, denen 9 Kritiken über meist
musikhistorische neue Werke folgen. *Hermann Kretzschmar* berichtet darauf
über Konzerte im grofsen Stile, *Max Friedländer* über Mozart's Wiegenlied,
welches sich endlich durch Auffindung eines Originaldruckes und einer alten
Handschrift als ein Lied von *Flies* (Bernhard, Gerber unter Fliess) ergeben hat.
Weniger glücklich ist derselbe Verfasser mit der Zusammenstellung zweier
melodischer Phrasen, die eine von Gluck, die andere von Mozart, die beweisen
sollen, dass Mozart von Gluck beeinflufst wurde. Der Eindruck und der Rhythmus ist bei beiden Phrasen so verschieden, dass ein anderer kaum darauf verfallen
könnte. Dr. Vogel spricht darauf von der einstigen Borgheseschen Bibliothek,
die in alle Winde zerstreut ist und führt darauf 3 Bibliotheken in London,
Paris und Rom an, die eine Anzahl Werke erworben haben. Den Schluss
bildet wieder ein Verzeichnis der 1896 erschienenen Litteratur über Musik mit
Einschluss des Auslandes. Herr Dr. Vogel würde der Nachwelt einen grofsen
Dienst erweisen, wenn er Nekrologe über verstorbene Musiker, gestützt auf
sichere Quellen, alljährlich dem Jahrbuche einfügen wollte.

　　* Dr. *Emil Bohn's* musikhistorische Konzerte in Breslau fanden das 67.
und 68. im Februar und März statt, nur Vokalkompositionen Franz Schuberts
geweiht.

　　* Musikdirektor *Vollhardt* in Zwickau gab vergangenen Winter mit dem
Kirchenchore an St. Marien nebst Unterstützung von Solokräften und der
Stadtkapelle 5 Aufführungen in der Marienkirche, deren Programme zur Hälfte
stets aus alten Tonsätzen bestehen, während die andere Hälfte neueren Kom-
ponisten gewidmet ist. Das 3. Konzert brachte das Oratorium: Die Geburt
Christi von Herzogenberg, op. 90.

　　* Die Beilage kann erst mit der nächsten Nummer geliefert werden. Sie
enthält den Schluss des Kataloges.

Verantwortlicher Redakteur Robert Eitner, Templin (Uckermark).
Druck von Hermann Beyer & Söhne in Langensalza.

MONATSHEFTE

für

MUSIK - GESCHICHTE

herausgegeben

von

der Gesellschaft für Musikforschung.

| XXIX. Jahrg. 1897. | Preis des Jahrganges 9 Mk. Monatlich erscheint eine Nummer von 1 bis 2 Bogen. Insertionsgebühren für die Zeile 30 Pf.

Kommissionsverlag von Breitkopf & Härtel in Leipzig. Bestellungen nimmt jede Buch- und Musikhandlung entgegen. | No. 6. |

Totenliste des Jahres 1896,

die Musik betreffend.

(Karl Lüstner.)

Abkürzung für die citierten Musikzeitschriften:

Bühgen. = Deutsche Bühnen-Genossenschaft. Berlin.
Guide = le Guide mus. Bruxelles, Schott.
K. u. Musz. = Deutsche Kunst- u. Musikztg. Wien, Robitschek.
Lessm. = Allgem. Deutsche Musikztg. Charlottenburg.
Ménestrel = le Ménestrel. Journal du monde music. Paris, Heugel.
M. Tim. = Musical Times. London, Novello.
Mus. sac. = Musica sacra Monatsschrift für kath. Kirchenmusik Regensburg, Haberl.
N. Z. f. M. = Neue Zeitschr. f. Mus. Leipzig, Kahnt.
Ricordi = Gazetta music. di Milano, Ricordi.
Sig. = Signale f. d. mus. Welt. Leipzig, Senff.
Ludw. = Neue Berliner Musikztg. Ludwig.
Wbl. = Musikal. Wochenblatt. Leipzig, Fritzsch.
　　Es wird gebeten falsche Daten der Redaktion gefälligst anzuzeigen.

Abbadia, Luigia, Primadonna, Mezzosopran, Donizetti schrieb für sie die Maria Padilla, st. im Jan. in Rom; geb. 1821 in Genua. Ménestrel 48. Lessm. 128. Ricordi 80.

Abbey, Henri E., Impressario, Gründer der Firma Abbey, Schoffel and Grau, st. 17. Okt. in New-York. M. Tim. 344. Sig. 841.

d'Afflitto, Ricardo Arabella, Komponist in Neapel, st. das. im April. Lessm. 245.

Alwens, Charles, Pianist und Lehrer, st. 5. März in Chaumont, geb. 1824 in Baiern. M. Tim. 268.

Ambrogio, Giovanni, Balletmeister in Frankfurt a. M., vorher in Darmstadt und Dresden, st. 20. April in New-York. M. Tim. 411. Sig. 403.

Amon, Anton, populärer Wiener Volkssänger, st. in Wien 25. August. Lessm. 493.

Andrews, Joseph King, Orgelbauer der Firma Forster and Andrews in Hull, st. das. 5. Okt. M. Tim. 833.

Anton, Philipp Gottlieb, Komponist in St. Louis, seit 1847 dort ansässig, st. im Sept.; geb. 1831 in Darmstadt. Sig. 856.

Arlberg, Fritz, einer der bedeutendsten Opernsänger und Gesanglehrer Skandinaviens, Komponist und Übersetzer von Operntexten in die Sprache seines Landes, st. 21. Febr. in Christiania, geb. 1830 in Dalekarlien. Lessm. 128. Wbl. 147.

Armbrust, Karl Friedrich, Organist an der St. Petrikirche zu Hamburg und Musik-Referent des Hamburger Fremdenblattes, st. auf einer Reise in Hannover am 7. Juli; geb. 30. März zu Hamburg. Nekr. u. Todes-Anzeige im Hamburger Fremdenblatt vom 14. Juli.

Arroyo, João Emilio, Soloflötist und Prof. am Königl. Konservatorium zu Lissabon, st. das. 4. Dez., 64 Jahr alt. M. Tim. 1897, 124.

Auerbach, Adolph, ehemaliger Heldentenor, st. im Jan. in Frankfurt a. M., geb. 1826 in Karlsruhe. Wbl. 91. Lessm. 84.

Avenarius, Richard, Neffe Rich. Wagner's, Prof. an der Universität Zürich, st. das. im Sept. M. Tim. 687.

Aznar, Juan Bantista Plasentia, Kirchenkomponist und Organist in Valencia, st. in Tortosa 18. Sept. Wbl. 579. M. Tim. 762.

Bagge, Selmar, Komponist, Musikschriftsteller und seit 1868 Direktor der Musikschule zu Basel, st. das. 16. zum 17. Juli; geb. 30. Juni 1823 zu Koburg. Nekr. Schweizerische Musikzeitung 140.

Baker, Alfred Stubbs, Organist an der St. James-Kirche in New-York, st. das. 13. Okt., 28 Jahr alt. M. Tim. 762. Wbl. 639.

Ballard-Dittmarsch, Frau Lina, Pianistin in Dresden, st. das. 6. März. Dresdn. Journal.

Barbot, Joseph-Théodore-Désiré, ehemaliger Operntenor, Prof. am Konservatorium zu Paris, st. das. 24. Dez., geb. 12. April 1824 zu Toulouse. Ménestrel 1897, 7. Guide 1897, 18.

Barilli, Nicola, ehemaliger Opernsänger, Halbbruder der Frau Patti, st. 70 Jahr alt im Nov. zu New-York. Ménestrel 399. Wbl. 687.

Barnby, Joseph, Organist, Komponist und Direktor der Guildhall School of Music zu London, st. das. 28. Jan.; geb. 12. Aug. 1838 zu York. Nekr. M. Tim. 81. Lessm. 84.

Bataille, Louis-Nicolas, Gesangkomponist in Paris, st. das. 29. Nov., 56 Jahr alt. M. Tim. 1897, 50.

Beer, Julius, Hornvirtuos, Prof. am Konservatorium zu Prag, st. das. 29. Aug., 59 Jahr alt. Wbl. 483.

Bergmann, Anton, Königl. Musikdirektor am kath. Seminar zu Bautzen, Komponist von Kirchensachen, st. das. 9. Juni; geb. 15. Dez. 1833 zu Grunau bei Ostritz in Sachsen. Mus. sac. 156.

Berla, Aloys, (eigentlich Scheichl), Sänger und Textdichter in Wien, st. das. 17. Febr.; geb. ebenda 1826. Sig. 295. Lessm. 128.

Bernasconi, Alessandro, Pianist, früher in Montevideo, st. in Bergamo 1. Sept.; geb. um 1855. Lessm. 576. Nekrolog im Ricordi 628.

Bertucat, Elisa, Gesanglehrerin in Paris, st. das. Ende des Jahres. Lessm. 1897, 28.

Betjemann, Gilbert R., Konzertmeister und Gesangkomponist in London, verunglückte auf dem Wetterhorn in der Schweiz 9. Sept., 31 Jahr alt. M. Tim. 685.

Blau, Alfred, Librettist und Musikkritiker in Paris, st. 23. Febr. in Brüssel. M. Tim. 268.

Blumenstengel, Albrecht, ehemaliger Konzertmeister am Hoftheater in Braunschweig, st. das. 7. Juni; geb. zu Helmstedt. Sig. 652. Bühgen. 230.

Blume-Santer, Bianca, frühere Primadonna der Berliner Hofoper, st. im Okt. zu Buenos-Ayres. Ménestrel 383. Wbl. 687.

Boers, Joseph Carel, Prof. an der kath. Musikschule zu Nymwegen, Komponist und Musikschriftsteller, u. A. einer Bibliographie der Werke der alten und modernen niederländischen Musiker, st. zu Delft 1. Nov.; geb. zu Nymwegen 1812. Guide 738. Wbl. 639. Todesanzeige.

Boern, Eduard Jean Joseph van den, Harmonium-Virtuose, Musikkritiker der Lütticher „Meuse", Komponist und Dichter, st. 16. Aug. zu Lüttich; geb. 1828 zu Gronsveld. Guide 578. Lessm. 479.

Berdier, Jules, Komponist und Musikverleger in Paris, st. das. 29. Jan., 49 Jahr alt. Ménestrel 40.

Berroni, Pater Alessandro, Kirchenkomponist und Musikdirektor an der Kathedrale S. Francesco in Assisi, st. das. 5. März, 77 Jahr alt. Ménestrel 104. Lessm. 220.

Besmans, Henri, hervorragender Violincellist in Amsterdam, st. das. 40 Jahr alt den 19. Aug. Lessm. 520.

Bessi, Pietro, Organist an der Hauptkirche zu Morbegno (Veltlin), Vater des Direktors am Liceo Marcello in Venedig, st. in erstgenannter Stadt 30. Dez. M. Tim. 1897, 124.

Boucheron, Maxime, Verfasser zahlreicher Opern-Libretti, st. im Nov. in Paris. Guide 758.

Boumann, Franz, Organist an der St. Katharinenkirche zu Herzogenbusch in Holland, st. das. 10. Dez., 30 Jahr alt. M. Tim. 1897, 49. Wbl. 1897, 55.

Braune, Karl, langjähriger Leiter eines Chorgesangvereins in Berlin, st. das. 1. April; geb. 1826 in Potsdam. Lessm. 220.

Bret, Dr. August, Violoncellist, Mitglied des Comité des Konservatoriums und der Symphonie-Konzerte in Genf, st. das. im Aug., 74 Jahr alt. Lessm. 552.

Bruckner, Anton, Hoforganist und bedeutender Komponist in Wien, st. das. 11. Okt.; geb. 4. Sept. 1824 zu Ansfelden, Oberösterreich. Neue fr. Presse v. 13. Okt.

Burchard, Karl, durch seine vierhändigen Klavier-Arrangements bekannter Musiklehrer in Dresden, st. das. 12. Febr.; geb. 1820 das. Lessm. 128. Wbl. 132.

Busshop, Jules-Auguste-Guillaume, belgischer Komponist, st. 10. Febr. in Brügge, geb. 10. Sept. 1810 zu Paris. Guide 138. Lessm. 128.

Cagnoni, Antonio, Opernkomponist, Kapellmeister an der Kathedrale zu Novara, st. 30. April in Bergamo; geb. 8. Febr. 1828 in Godiasco. Nekr. Ménestrel 152.

Campanini, Italo, Operntenor auf italienischen und amerikanischen Bühnen, st. in Vigatto bei Parma 13./14. Okt.; geb. das. 1845. Ménestrel 383. Wbl. 687. Nekr. Ricordi 792.

Casella, Carlo, Violoncell-Virtuos, Komponist und Prof. am Liceo musicale zu Turin, st. das. 3. Sept., 62 Jahr alt. M. Tim. 687. Ricordi 612.

Cavana, Alessandro, während 40 Jahr. Organist a. d. Kathedrale zu Brescia, st. 11. Juni zu Canneto sull' Oglio. M. Tim. 483. Nekrol. Ricordi 434.

Cerfbeer, Anatole, Musikkritiker und Herausgeber des Journals „le théâtre" in Paris, st. das. 22. Aug., 72 Jahr alt. M. Tim. 687.

Cerveny, V. F., Chef und Gründer der Metall-Blasinstrumenten-Fabrik in Königgrätz, st. das. 19. Jan.; geb. 1819 zu Dubeč in Böhmen. Lessm. 84.

Chalmet, Barthélemy, Komponist und Organist in Brest, st. das. im Juni. Ménestrel 200.

Charles, Auguste, Flötenvirtuos und Prof. am Konservatorium in Brüssel, st. im Seebade Knocke im März. Lessm. 220. Wbl. 344.

Claës, Paul, siehe Coutagne.

Conradi, Johan G., Verfasser einer Schrift über Musik und Musiker in Norwegen und Komponist in Christiania, st. das. 28. Nov., 76 Jahr alt. M. Tim. 1897, 50. Wbl. 594.

Courjon, Eugène-Joseph, Rajah von Chandernayor, Komponist, st. 15. Jan. in Paris, 53 Jahr alt. M. Tim. 195.

Coutagne, Dr. Henry, Musikforscher und Musikschriftsteller, unter dem Pseudonym Paul Claës auch Komponist, st. in Lyon im Febr. Ménestrel 63. Guide 138.

Cras, Joseph, Kuratur a. d. Kirche Notre Dame du Sablon, Autorität a. d. Geb. der kath. Kirchenmusik in Brüssel, st. das. 7. Nov. M. Tim. 833.

Crouch, Frederick William Nicholls, Komponist des amerikanischen Volksliedes: „Kathleen Mavourneen", st. 19. Aug. in New-York; geb. 1808 in London. M. Tim. 611.

Dachs, Joseph, langjähr. Klavier-Professor am Konservat. in Wien, st. das. 6. Juni; geb. 30. Sept. 1825 zu Regensburg. Nekr. K. u. Musz. 158.

Danhauser, Adolf Leopold, Verfasser theoretischer Schriften und Gesang. Professor am Konservatorium zu Paris, st. das. 9. Juni; geb. 26. Febr. 1835 ebd. Ménestrel 190.

David, Samuel, Komponist von Opern, Operetten und Hymnen, st. in Paris 30. Okt.; geb. das. 12. Nov. 1838. Lessm. 583.

Degenhardt, Heinrich, während 30 Jahren Organist an der St. Katharinenkirche zu Hamburg, st. das. 9. Dez.; geb. ebenda 20. Okt. 1829. Wbl. 1897, 12.

Delahaye, Léon, Komponist, Klavier-Prof. und Chordirektor an der grofsen Oper zu Paris, st. zu Vésinet im Juni, 52 Jahr alt. Ménestrel 200.

Demol, François, Komponist, Kapellmeister und Organist in Brüssel, st. das. im Jan., 34 Jahr alt. Ménestrel 7.

Dénéreaz, Charles-César, langjähriger Gesanglehrer an der Kantonschule zu Lausanne, um das gesangliche Leben des Waadtlandes sehr verdient, st. 58 Jahr alt zu Bex am 12. Juni. M. Tim. 555. Lessm. 363.

Deppe, A.-J., ausgezeichneter Tubaist des Monnaie-Orchesters in Brüssel, st. im Aug. das.; geb. 1825. Guide 558. Wbl. 460.

Derhelmer, Cécile, geb. Messie, seiner Zeit beachtenswerte Sängerin und Komponistin, starb in Paris im Juli. Guide 558. Wbl, 460.

De Swert, Jean-Caspar-Isidore, Violoncell-Prof. am Konservat. zu Brüssel, Bruder von Jules D., st. das. im Sept.; geb. 6. Jan. 1830. Guide 618.

Deutsch, Willy, Pianist in Budapest, st. das. im Anfang des Jahres, 67 Jahr alt. Lessm. 55.

Diemer, Johannes, einer der hervorragendsten Mitglieder der Passions-Aufführungen in Oberammergau. Er sang von 1860—80 den Prolog als Nachfolger seines Vaters, st. das. 8. Mai; geb. 1830 ebenda. Nekr.: Münchener Neueste Nachrichten Nr. 236.

Dotworth, Allen, Orchesterdirigent in Californien, st. das. im Febr.; geb. 1822 in Sheffield. M. Tim. 267.

Dorell, William, Klavierprofessor an der Royal Academy of Music in London, Gründer der Bach-Gesellschaft, st. das. 13. Dez.; geb. 5. Sept. 1810. M. Tim. 1897, 49.

Dorus-Gras, Julie-Aimée-Josephe, eigentl. van Steenkiste, Säng. an franz. Opernbühnen, st. in Paris 14. Febr.; geb. 1807 zu Valenciennes. Ménestrel 56.

Dorus, Vincent-Joseph, eigentlich van Steenkiste, Bruder der Sängerin Dorus-Gras, Flötist und Professor am Konservatorium zu Paris, st. im Juni zu Etretat; geb. zu Valenciennes 1. März 1812. Ménestrel 190. Lessm. 352.

Douen, Emmanuel-Orentin, Geistlicher zu Paris, Verfasser des Werkes: Clément Marot et le Psautier huguenot, Paris 1878, st. das. im Aug.; geb. 2. Juni 1830 zu Templeux-le-Guérard (Somme). Ménestrel 264.

Dufresne, Emma, geb. Demay, Harmonie-Professorin am National-Konservatorium zu Paris, st. das. 14. Juni; geb. das. 29. Juli 1822. Ménestrel 200. Lessm. 363.

Dulaurens, Charles, Operntenor in Paris, st. das. Ende Mai, 68 Jahr alt. Ménestrel 184. Wbl. 344.

Duprez, Louis-Gilbert, ehemaliger Tenorist an der grofsen Oper zu Paris, st. das. 23. Sept. zu Passy b. Paris; geb. 6. Dez. 1806. Nekr. Ménestrel 307. Guide 617. Nekrol. Ricordi 675.

Eckhard, Hermann, Professor, Komponist und Musikdirektor, ging 1848 mit einem Dresd. Orchester auf Konzertreisen nach Amerika, st. 15. Nov. in Columbus (Ohio); geb. 1823 in Stolpen. Ludw. 412. Lessm. 728.

Edenhofer, Aloys, Königl. Seminarmusiklehrer in Straubing, st. das. 29. März; geb. 30. Jan. 1820 zu Deggendorf. Mus. sac. 119.

Ehrenberg, Alexandra Leah, Konzertsäng. und Lehr. an der Guildhall School of Music in London, st. das. 2. Sept., 34 Jahr alt. M. Tim. 686. Lessm. 576.

Ehrenberg, Jenny, siehe Mauthner.

Eijken, Bernhard van der, Pianist, st. 58 Jahr alt, 18. Okt. in Amsterdam. Wbl. 608.

Eilers, Albert, Grofsherzogl. Hessischer Kammersänger, auch Komponist von Opern und Kirchenmusik, st. 4. Sept. Darmstadt; geb. 21. Dez. 1830 zu Köthen. Nekr. in der Darmst. Ztg. vom 6. Sept. Lessm. 520.

Escales, Juan, Flötist und Komponist, st. 26. Aug. in Barcelona. Ménestrel 287. Lessm. 506.

Eschmann, Henriette, gesuchteste Klavierlehrerin Zürichs, st. das. 66 Jahr alt, 4. Juni. Lessm. 363.

Fahrenbach, Ruppert, Komponist und Dirigent des deutschen Vereins in St. Louis, st. das. 13. Jan.; geb. in Baden. M. Tim. 195.

Faminzyn, Alexander Sergjewitsch, Komponist und Musikschriftsteller, st. 24. Juni in Ligowo bei St. Petersburg; geb. 24. Okt. alten St. (5. Nov.) 1841 zu Kaluga in Rufsland. Ménestrel 256. Wbl. 412.

Farguell, Anais, ehemalige Opernsängerin in Paris, st. das. 8. April; geb. 21. März 1819 zu Toulouse. Ménestrel 119.

Faulhaber, Paul, Pianist und Komponist, st. 7. Juni in Rio Grande do Sul (Brasilien); geb. 1836 in Dresden. M. Tim. 555. Lessm. 413.

Felchner, Gustav Adolph, Universitäts-Musikdirektor in Giefsen, st. das. 10. Mai; geb. 22. Jan. 1832 zu Kuhmenen bei Königsberg. Lessm. 285.

Feld, Leo, Kapellmeister von verschiedenen deutschen Theatern, zuletzt an Covent Garden in London, st. das. 23. Juli; geb. 10. Febr. zu Posen. Todesanzeige in der Breslauer Ztg., Nr. 520.

Filippo, Gennaro de, Opernsänger, st. auf der Überfahrt von Konstantinopel nach Sicilien im Sept. M. Tim. 762.

Fischer-Achten, Karoline, Herzogl. Braunschw. Hofopernsängerin, st. 13. Sept. in Friedensheim bei Graz; geb. 29. Jan. 1806 zu Wien. Bühgen. 335. Lessm. 576.

Fissot, Henri-Alexis, Komponist und Klavierprof. am Konservat. in Paris, st. das. 29. Jan.; geb. 24. Okt. 1843 zu Airaines (Somme). Ménestrel 40.

Fleischhauer, Friedheld, Hofkonzertmeister in Meiningen, st. das. 12. Dez.; geb. 24. Juli 1834 zu Weimar. Todesanz. im Meining. Tagebl., Nr. 297.

Frène, Eugène-Henri, Komponist und Kapellmeister am Theater zu Ostende, st. 35 Jahr alt 5. Dez. zu Paris. Ménestrel 399.

Friese, Friedrich, Hoforgelbauer in Schwerin i. M., st. das. 13. Jan.; geb. 18. April 1827 ebenda. Zeitschr. für Instrumentenbau 329.

Fuller, Levi K., Orgelbauer, Haupt der Firma Estey & Cie., st. 10. Okt. in Brattleboro (Ver. St.). M. Tim. 762.

Garcin, Jules, Komponist und Direktor der Konservatorien-Konzerte in Paris, st. das. 10. Okt.; geb. 11. Juli 1830 zu Bourges. Nekr. Ménestrel. 336.

Gartz, Friedrich, Komp. von zahlr. Männerquart., st. 28. Jan. in Salzwedel; geb. 28. Nov. 1819 zu Perver bei Salzwedel. Lessm. 220. Wbl. 107.

Gassi, Franz, Tenorist an der Königl. Hofoper zu Pest, st. das. 45 Jahr alt, 25. April. K. u. Musz. 131.

Gatti, Napoleone, Kompositions- und Pianofortelehrer in Neapel, st. das. im März. Sig. 443.

Gaunt, Percy, Komponist populärer amerikanischer Lieder, st. 44 Jahr alt, 5. Sept. in Catskills. M. Tim. 686.

Gavaudan, Luigi, Klavierprofessor in Neapel, st. das. 20. April, 73 Jahr alt; Franzose von Geburt. Ménestrel 144.

Gaveaux-Sabatier, Konzerts. in Paris, st. das. 76 J. alt, 12. Okt. Mén. 336.

Gazzagoni, Luigi Guerro, Organist in Forli bei Rom, st. das. 7. Jan., 80 Jahr alt. M. Tim. 195.

Geyer, Adolph, Professor und Gesanglehrer in Berlin, st. 67 Jahr alt, am 18. Juli, im Seebade Prerow. Ludw. 259.

Giese, Fritz, Violoncell-Virtuose, st. 5. Aug. in Boston; geb. 1859 im Haag. Wbl. 506. Berliner Sig. 267.

Gomes, Antonio Carlo, Opernkomponist und vormals Direktor des Mailänder Konservatoriums, st. in Para; geb. 11. Juli 1839 zu Campinos in Brasilien. Ménestrel 312. Biographie im Ricordi 653.

Gorriti, Felipe, Organ. und fruchtb. Kirchenkomp. in Tolosa, st. das. 2. März; geb. 23. Aug. 1833 zu Huarte (Navarra). Ménestrel 119. Ricordi 312.

Graffigna, Achille, Opernkomponist, st. 19. Juli in Padua; geb. 5. Mai 1816 zu San Martino dall' Argine. Wbl. 460. Nekr. Ricordi 516.

Grandaur, Dr. Franz, königl. baier. Hofopernregisseur a. D., Musikschriftsteller, Textdichter und Übersetzer, st. 7. Mai in München; geb. 7. März 1822 zu Karlstadt in Unterfrk. Todesanz. in den Münch. N. Nachr.

Grandjean, Elise, ehemalige Klavier-Virtuosin, st. 7. Jan. in Verviers, 72 Jahr alt. Lessm. 1897, 55.

Grison, J., Org. an der Kathedr. zu Reims, st. das. im Juli. Ménestrel 224.

Groenevelt, Grace, Violinistin, jüngere Schwester der Pianistin Céleste G. in New-Orleans, st. das. 10. Juli im Alter von 19 Jahr. Berliner Sig. 217.

Groote, Louis-Adolphe de, Komponist und Musikdirektor in Paris, st. das. im März, 76 Jahr alt, Holländer von Geburt. Ménestrel 80.

Grosser, F., Musikdir. und Bratschist in Zürich, st. das. im Febr. Wbl. 132.

Grünberger, Ludwig, Komponist in Prag, st. das. 12. Dez., 57 Jahr alt. Nekr. Neue Musikalische Rundschau 148.

Guerra-Gazzagoni, Luigi, Org. zu Forli, st. das. im Anf. d. Jahr. Ricordi 80.

Gumbert, Ferdinand, Liederkomponist und Musikreferent der Tägl. Rundschau in Berlin, st. das. 6. April; geb. 21. April 1818 ebenda. Lessm. 220.

Habert, Johannes Evangelist, Chorregent und Stadtorganist in Gmunden am Trauensee, Kirchenkomponist und Herausgeber der Zeitschr. für kath. Kirchenmusik, st. das. 1. Sept.; geb. 18. Okt. 1833 zu Oberplan in Böhmen. Wbl. 496. Mus. sacr. 227.

Hacken, Adolphe, Gesangsprofessor am Konservatorium zu Lüttich, st. das. 63 Jahr alt, 28 Dez. Guide 1897, 18.

Halanzier-Dufrénoy, H.-O.-Henri, ehemaliger Direktor der grofsen Oper in Paris. st. das. 27. Dez.; geb. ebenda 11. Dez. 1819. Guide 1897, 18.

Hanau, A. W. P., Chordirektor an der Kirche zu St. Dominique zu Utrecht, st. das. 15. April, 63 Jahr alt. Wbl. 344.

Handke, Gottlieb, Königl. Musikdirektor in Breslau, st. das. 72 Jahr alt, 18. März. Deutsche Musiker-Ztg. 164.

Harper, Joseph Wesley, Musikverleger in New-York, st. das. im Juli, 66 Jahr alt. Guide 558.

Harris, Augustus, Direkt. des Convent Garden und des Drury Lane Theaters in London, st. 22. Juni zu Folkestone; geb. 1852 in Paris. M. Tim. 461.

Hartenstein, F., Theaterkapellmeister und Musiklehrer in Halle, st. das. im März. Sig. 382.

Hartmann, Albert, pensionierter königl. preufsischer Kammermusiker, st. 18. Dez. zu Grünberg i. Schl., 79 Jahr alt. Lessm. 1897, 14.

Härtinger, Dr. Martin, Tenorist, Hof- und Kammersänger, Professor an der Musikschule zu München, st. das. 6. Sept.; geb. 6. Febr. 1815 zu Ingolstadt. Todes-Anz. und Nekr. in den Münchener N. Nachr., Nr. 416.

Hassler, C. A., früher Kantor an der Marktkirche und Musikdirektor der Francke'schen Stiftung in Halle a. S., st. 18. Juli, 71 Jahr alt zu Oranienstein a. d. Lahn. Wbl. 425.

Hauser, Leopold, Chormeister an der Gumpendorfer Pfarrkirche St. Aegidi, st. zu Wien 15. März, 40 Jahr alt. Lessm. 220.

Heckmann, Henry J. E., Organist in Meriden (Conn.), st. das. 21. Juni, 62 Jahr alt. Wbl. 388.

Heindl, Eduard, geschätzter Flötist, st. 17. März in Boston, 58 Jahr alt. M. Tim. 338.

Heinebuch, A., königl. Musikdirektor und Organist an der Marienkirche zu Flensburg, st. das. 6 Nov., 53 Jahr alt. Wbl. 654.

Heitzmann, Joseph, Chef der Pianofortefabrik gleichen Namens in Wien, st. das. 7. Juli, 42 Jahr alt. M. Tim. 555.

Helfer, Leander, grofsherzogl. Musikdirektor in Weimar, st. das. im Juli; geb. 11. April 1828 zu Mattstedt. Bühgen. 246.

Herbst-Jazedé, Adele, einst berühmte Sängerin, in Marschner's Biographien viel genannt, st. 21. Dez. in Hamburg; geb. 18. Febr. 1816 in Jassy. Nekr. Hamburger Fremdenblatt Nr. 302. Bühgen. 1897, 4.

Hersee, Henry, Musikkritiker, Textdichter und Übersetzer in London, st. das. 21. Mai. M. Tim. 411.

Hiller, Antolka, geb. Hogé, Sängerin, Witwe des Komponisten Ferdinand H., st. in Köln 26. April, 76 Jahr alt. Todesanzeige der Köln. Ztg. Lessm. 259.

Hilpert, Friedrich, Kammervirtuos, Mitglied des ehemaligen Florentiner Quartetts, zuletzt Soloviolincellist der Hofkapelle in München, st. das. 6. Febr.; geb. 4. März 1841 zu Nürnberg. Wbl. 107.

Hohenlohe-Schillingsfürst, Prinz Constantin, oberster Chef der General-Intendanz der k. k. Hofbühnen in Wien, st. das. 14. Febr., 67 Jahr alt. Lessm. 220.

Hoehle, Gustav, Chef der Pianofortefabrik gleichen Namens in Barmen, st. das. 26. Jan. Zeitschr. für Instrumentenbau 355.

Holdich, George Maidwell, Orgelbauer in London, Erfinder eines Oktav-Kopplers, st. das. 30. Juli; geb. 1816 zu Maidwell in Nordhamptonshire. M. Tim. 611.

Houben, Piet., Violinist, Professor an der Musik-Akademie zu Antwerpen, st. das. im April. Wbl. 344.

Hromatka, Joseph, Orgelbauer in Temesvar, st. das. 17. Juni, 70 Jahr alt. M. Tim. 555.

Interdonato, Stefano, Advokat, Verfasser zahlreicher Opernlibretti, st. 11. April in Mailand; geb. um 1844 in Messina. M. Tim. 411. Ricordi 276.

Issaurat, Claire, Opernsängerin in Paris, st. das. im März; geb. 30. Okt. 1869 zu Cannes. Ménestrel 88.

Jardine, Edward und Joseph, zwei der bedeutendsten Orgelbauer in den Vereinigten Staaten Amerika's, starben 14. und 15. März in New-York. M. Tim. 337.

Jazedé, siehe **Herbst-Jazedé.**

Jewson, Frau, Pianistin in London, st. das. 24. Dez. Wbl. 1897, 163.

Kaaksheln, Christian, Kontrabassist, Königl. Kammermusiker in Berlin, st. das. 31. Jan. Lessm. 115.

Kaminski, Wenzeslaus Miecislav von, ehemals berühmter Tenorist, st. 65 Jahr alt in seiner Vaterstadt Lemberg am 20. Okt. Ménestrel 360.

Kessner, Friedrich, erster Klarinettist des Gewandhausorchesters in Leipzig st. das. 11. Febr., 37 Jahr alt. Wbl. 121.

Kettenus, Aloys, fruchtbarer Komponist in London, st. das. 3. Okt.; geb. 22. Febr. 1823 zu Verviers. M. Tim. 762.

Kiesgen, Auguste, ehemaliger Kapellmeister an der Kathedrale von Paris, st. 20. Sept. zu Beuzeval. Guide 698.

Klafsky-Lohse, Katharina, Opernsängerin, st. 22. Sept. in Hamburg; geb. 19. Sept. 1855 zu St. Johann in Ungarn. Nekr. Hamburger Fremdenblatt Nr. 224. Wbl. 535.

Kopff, Frederik, Direktor des Liederkranzes in Scranton (Ver. St.); st. das 34 Jahr alt, 15. Mai. M. Tim. 483.

Kral, Johann Nepomuk, österr. Militärkapellmeister, Komponist zahlreicher Tänze und Märsche. st. 2. Jan. zu Tulln bei Wien, 56 Jahr alt. Wbl. 65. Lessm. 55.

Kufferath, Hubert Ferdinand, Kompositionsprofessor am Konservatorium zu Brüssel, st. ebdas. 23. Juni; geb. 10. Juni 1818 zu Mühlheim a. d. Ruhr Todesanzeige der Köln. Ztg. Guide 498.

Kümmerle, Salamon, Professor, Organist und kirchenmusikalischer Schriftsteller, st. 28. Aug. zu Samaden (Schweiz); geb. 8. Febr. 1838 in Malmsheim bei Stuttgart. Lessm. 552.

Kürka, Rudolph Wilhelm, Pianofortefabrikant in Wien, Verfasser einer Anzahl fachmännischer Broschüren und Opernbücher, st. das. 17. Juni; geb. das. 15. April 1852. K. u. Musz. 182.

Laboccetta, Domenleo, Komponist und intimer Freund Meyerbeer's, st. 73 Jahr alt im Aug. in Neapel. Lessm. 478.

Lambert, Charles Lucien, Komponist und Klavierprofessor in Rio de Janeiro, st. das. im Mai. Ménestrel 175.

Lancien, . . . langjähriger Orchesterchef an der grofsen Oper zu Paris, st. das. 30. Sept. Guide 638.

Lang, Arnold, ehemaliger Redakteur der Schweizer Sängerzeitung, Verfasser einer Anzahl Volksstücke mit Gesang, st. 12. April in Zürich, 58 Jahr alt. Lessm. 259.

Obersteiner, Johannes, Chorregent in Kufstein, st. das. 24. März; geb. 8. Okt. 1824 zu Zell am Ziller. Mus. sacr. 119.

Oeser, Karl Emil, Kontrabassist, 37 Jahre Mitglied des Gewandhaus-orchesters, st. 18. Aug. zu Leipzig; geb. 14. Juni zu Jöhstadt im sächs. Erzgebirge. Lessm. 576.

Oray, André-Maria, Violinist und Operetten-Komponist, st. im Mai zu Belleville bei Paris, 81 Jahr alt. Ménestrel 168.

Paganini, Achille, Sohn des berühmten Geigers, st. Anfang des Jahres in Parma. Sig. 73.

Pascani, Ferdinando, Violoncellist in Florenz, st. das. Anfang des Jahres. Lessm. 128. Ricordi 80.

Papot, Marie-Anne, Gesangslehrerin am Pariser Konservatorium st. 2. Sept. in Garenne-Colombes, 42 Jahr alt. Ménestrel 287.

Parravicini, Raffaele, Komponist, Librettist und Musikkritiker des: „il Secolo", st. im Juli in Mailand. Ménestrel 232.

Paumgartner, Dr. Hans, Klavier-Virtuose und Musikkritiker der Wiener Zeitung, Gatte der Opernsängerin **Rosa Papier,** st. in Wien 23. Mai; geb. 1843 zu Kirchberg in Oberösterreich. Nekr. Wiener Tagebl. Nr. 143.

Peluso, Michele, ehemaliger Professor und erster Flötist am Theater Bellini zu Neapel, st. das. 21 April, 80 Jahr alt. M. Tim. 411.

Peña y Goñi, Antonio, Komponist (u. a. der baskischen Nationalhymne „Viva Hernani"), Musikschriftsteller in Madrid, befreundet mit Gounod und R. Wagner, st. das. 13. Nov.; geb. in San Sebastian 1846. M. Tim. 1897, 49. Wbl. 671.

Perelli, siehe **Vanzan.**

Pessiack, Anna, geb. Edle von Schmerling, Komponistin von Klavier-stücken, Liedern, Messen u. a., früher Gesanglehrerin am Konservatorium zu Wien, st. das. 14. März; geb. ebenda 15. Juli 1834. Lessm. 220. Wbl. 188.

Peters, Hermann, Gesangdirektor und Musiklehrer in Philadelphia, st. das. 10. Mai. M. Tim. 483.

Pierpont, Marie de, Komponistin und Organistin, st. im Febr. zu Paris. Ménestrel 63.

Plengroth, Friedrich, früherer Kapellmeister am Stadttheater zu Elberfeld, Männergesang-Komponist, st. 12. Sept. zu Elberfeld, 68 Jahr alt. Todes-Anzeige in der Elberfelder Ztg.

Plothow, L., Musiklehrer in Berlin, st. das. im Jan. Lessm. 83.

Pohl, Dr. Richard, Musikschriftsteller, st. in Baden-Baden 17. Dez.; geb. zu Leipzig 12. Sept. 1826. Nekr. Wbl. 1897, 25.

Pomè-Penna, Giuseppe, Bruder des Alessandro, Konzertmeister, st. Ende April zu Mailand. Ricordi 312.

Portéhaut, Etienne, Violinist und Direktor des Cäcilien-Vereins zu Bordeaux, st. das. Ende Sept.; geb. 1827 ebenda. Ménestrel 303.

Prati, siehe **Zanzan.**

Preuss, Eduard, Musiklehrer in Wien, st. das. 21. April, 54 Jahr alt. Lessm. 245.

Pridham, John, populärer Komponist, st. im Aug. 78 Jahr alt, in Taunton. M. Tim. 611.

Pruckner, Dionys, Professor und Königl. Hofpianist in Stuttgart, st. 1. Dez. nach einer Operation in Heidelberg; geb. 12. Mai 1834 zu München. Todesanzeige und Nekr. im Schwäb. Merkur Nr. 283.

Puchegger, August, Baritonist, st. in Dortmund im Febr. Lessm. 128.

Ramellini, Achille, Kirchenkomponist und Organist in Morona in Italien, st. das. Ende des Jahres. M. Tim. 1897, 124.

Raymondi-Bionducci, Marianna, Violoncellistin, Schülerin ihres Vaters Filippo Raymondi in Rom, st. in Alexandria im Sept. M. Tim. 762.

Régibo, Abel, Komponist, Orgelvirtuos und Direktor der Musikschule zu Rénaix, st. das. 24. Nov.; geb. ebenda 1835. Ménestrel 383.

Reichel, Adolph, Komponist, ehemaliger Direktor der Dreißig'schen Sing-akademie in Dresden, später des Cäcilienvereins in Bern, st. in letzterer Stadt 5. März; geb. 1817 zu Tursnitz in Westpreußen. Lessm. 220. Wbl. 160. Schweizerische Musikztg.

Reinthaler, Karl Martin, Prof., Komp. u. Domorganist in Bremen, st. das. 13. Febr.; geb. 13. Okt. 1822 zu Erfurt. Todesanz. in der Weser Ztg.

Remouchamps, Gérard, Sänger, Violinist und Virtuose auf der Tuba, st. 19. Sept. in Hasselt (Belgien); geb. 3. Jan. 1835 zu Lüttich. Lessm. 639.

Reppl, Karl, Orgelbauer in Ried in Österreich, st. das. 26. Okt., 60 Jahr alt. M. Tim. 833.

Riemann, Robert, Oberamtmann in Sondershausen, Komponist einer Oper, Vater des Musikschriftstellers Dr. Hugo R., st. das. 6. Aug., 73 Jahr alt. Lessm. 506.

Ritter, Alexander, Komponist Wagner'scher Richtung, st. in München 12. April, geb. 15. Juni 1833 zu Narwa in Rußland. Todesanzeige in den Münchener N. Nachrichten Nr. 173.

Reddaz, Camille de, Textdichter und Kunstkritiker, st. 5. Juni in Houlbec (Eure), 51 Jahr alt. Guide 478.

Rode, Joachim, Königl. Kammermusiker in Berlin, st. in seinem Heimat-orte Gadebusch, 2. Juni. Vossische Ztg.

Rokitansky, Viktor, Freiherr von, Sänger und Liederkomponist, Professor am Konservatorium zu Wien, st. das. 17. Juli, 60 Jahr alt. Lessm. 440. Wbl. 425.

Roncagli, Francesco, zeitweise Organist an verschiedenen Kirchen, Kirchen-komponist, Präsident der philharmonischen Akademie in Bologna, st. das. 15. Okt., 84 Jahr alt. Ménestrel 360. Ricordi 723.

Roquette, Dr. Otto, Dichter und Textdichter, st. 18. März in Darmstadt; geb. 19. April 1824 zu Krotoschin, Lessm. 220.

Rosati, Vincenzo, Musiklehrer in Rom, st. das. 16. Juni. M. Tim. 555. Ricordi 468.

Rossi, Ernesto, geb. 1829 zu Livorno, gest. 4. Juni zu Pescard. Nekrol. Ricordi 417.

Ruta, Michele, Komponist, Theoretiker und Musikschriftsteller, st. 24. Jan. zu Neapel; geb. 1827 zu Caserta. Ménestrel 48.

Saint-Foy, geb. Clarisse Henry, ehemalige Sängerin an der komischen Oper zu Paris, st. zu Barbizon im Jan., 79 Jahr alt. Ménestrel 24.

Salomé, Théodore-César, Komponist und Organist an der Kirche la Trinité zu Paris, st. das. 20. Juli; geb. ebenda 20. Jan. 1834. Ménestrel 240.

Santen-Kolff, J. van, Musikschriftsteller in Berlin, st. 29. Nov. das.; geb. 1848 in Rotterdam. Nekr. Wbl. 701.

Saville, als Fanny Simonsen Primadonna auf italienischen und amerikanischen Bühnen, st. 61 Jahr alt im Okt. zu Melbourne. M. Tim. 833.

Sawyer, Frank E., amerikanischer Komponist, st. 24 Jahr alt in New-York im Jan. Lessm. 128.

Schachner, Rudolph Joseph, Komponist und Pianist, st. 15. Aug. in Reichenhall; geb. in München 31. Dez. 1821. Nekr. Allgemeine Ztg. Nr. 227.

Scheel, Ignaz, st. 7. Dez., 76 Jahr alt. Mus. sac. 119.

Schenk, Hugo, ehemals Kapellmeister des Theaters an der Wien, auch Komponist, st. 11. Febr. in Wien, 43 Jahr alt. Lessm. 128.

Scheußler, Richard, Violoncellist, erster Lehrer an der Musikschule zu Klingenthal, st. das. 19. Mai; geb. 1859 in Halle. Ludw. 203 u. 337.

Schlimbach, Balthasar, Orgelbauer in Würzburg, st. das. 90 Jahr alt, 30. Aug. M. Tim. 687.

Schluttig, C., Kantor in Roßwein, um das Musikwesen dieser Stadt sehr verdient, st. das. 8. Dez. Lessm. 1897, 14.

Schultz, Louis F., Violinist, Hauptförderer deutscher Musik in Amerika, st. Ende des Jahres in Detroit; geb. 1856 in Buffalo. Leipziger Tagebl. Nr. 23, 1897. Lessm. 1897, 55.

Schumann, Josephine Klara, geb. Wieck, Gattin Robert Sch.'s, Komponistin und Klavier-Virtuosin, st. 20. Mai in Frankfurt a. M., geb. 13. Sept. 1819 zu Leipzig. Nekr. in allen Zeitungen.

Schwencke, Friedrich Gottlieb, der letzte aus der bekannten Musikerfamilie, Organist an St. Nikolai in Hamburg, st. das. 11. Juni; geb. 15. Dez. 1823 ebenda. Todesanzeige und Nekr. in den Hamburger Nachrichten.

Serato, Andrea, st. 5. März zu Castel-franco-Veneto. Ricordi 195.

Schwiedam, Karl Friedrich, Professor, Lehrer an der Königl. Hochschule für Musik in Berlin, st. 16. Sept. im Luftkurort Oberstdorf, 57 Jahr alt. Voss. Ztg. Nr. 444. Lessm. 552.

Serpentin, Rudolph, Bassbuffo und Liederkomponist, st. 15. Aug. in Hanau; geb. 6. Nov. 1839 zu Berlin. Bühgen. 368.

Sessa, Gino, starb Anfang August. Ein Nekrolog im Ricordi 532 ohne Angabe von Daten und Amt.

Seyboth, Wilhelm, Violinist, seit 25 Jahren Mitglied der Stuttgarter Hofkapelle, endete durch Selbstmord in München im Dez. Neue freie Presse vom 17. Dez. Lessm. 1897, 13.

von Seyfried, Heinrich Ritter, Musikreferent in Wien, st. das. 8. Nov., 77 Jahr alt. Lessm. 728.

Siehr, Gustav, Königl. bairischer Kammersänger, st. in München 18. Mai; geb. 17. Sept. 1837 zu Arnsberg in Westfalen. Todesanzeige in den München. Neuesten Nachr.

Simmank, Ernst Wilhelm, Kantor zu St. Petri und Organist an der Marien-
und Marthenkirche zu Bautzen, st. das. 14. Juli, 59 Jahr alt. Ludw.
275. Wbl. 483.

Simon, Franz, Musiklehrer und Vereinsdirigent in Leavenworth (Kansas), st.
das. 28. Okt.; geb. 1826 in Hessen-Nassau. Sig. 953. Lessm. 673.

Simonsen, Fanny, siehe Saville.

Smulders, F. H., Klavierbauer und Erfinder eines Mechanismus, welcher ein
Glockenspiel mit dem Klavier verbindet, st. in Maastricht im Aug.
M. Tim. 687.

Steenkiste, siehe Borus.

Steffenone, Balbina, einst berühmte Opernsängerin, st. im Dez. in Neapel;
geb. 1823 zu Turin. Ménestrel 1897, 7.

Stehle, Eduard, Organist und Chordirigent an der kath. Kirche, Lehrer an
der städtischen Musikschule zu Winterthur (Sohn des Domkapellmeister
E. F. Stehle), st. 11. April in jugendlichem Alter im elterlichen Hause
in St. Gallen. Lessm. 259. Mus. sacr. 119.

Steinmetz - Mayer, Georg, langjähriger Klavierlehrer an der Züricher Musikschule, st. das. 17. Jan.; geb. in Kassel. Lessm. 200.

Steinway, William, Chef und Mitbegründer der Pianoforte-Firma St. & Sons
in New-York und Hamburg, st. in New-York 30. Nov.; geb. 5. März
1836 zu Seesen. Nekr. Sig. 1025.

Stermich, siehe de Valcrociata.

Stieber, Theodor, ehemals angesehener Musiklehrer in Berlin, st. das.
17. Okt., 75 Jahr alt. Lessm. 623.

Stöhle, Adolph, Violin - Virtuose und Direktor der philharmonischen Gesellschaft zu Mühlhausen i. E., st. das. 6. Juli; geb. 19. Aug. 1850 in
Frankfurt a. M. Lessm. 412. Nekrol. Ricordi 516.

Stronconi, Alvaro, Klavierprofessor am Konservatorium zu Palermo, st. das.
im Febr. Ménestrel 96.

Studemund, August, Pianist und Komponist in Schwerin, st. das. 18. Nov.
M. Tim. 1897, 50.

Tamburlini, Angelo, Bassist, Opern- und Kirchensänger, st. 24. März in
Venedig, 43 Jahr alt. Ménestrel 112. Ricordi 228.

Tauwitz, Julius, früher Theaterkapellmeister, seit 30 Jahren in Posen als
Dirigent und Lehrer thätig, auch als Komponist bekannt, st. das. 7. Mai,
70 Jahr alt. Wbl. 273 und 360. Sig. 539. Lessm. 285. (Wurde
in einigen Zeitungen widerrufen.)

Teichmann, Constanze, Gründerin und Dirigentin des Gesangvereins „Dames
de charité" in Antwerpen, um die Verbreitung deutscher Musik in ihrer
Vaterstadt hochverd. Dame st. das. 14. Dez., 72 Jahr alt. Wbl. 1897, 25.

Teige, Dr. Karl, Professor am Gymnasium zu Raudnitz in Böhmen, schrieb
einen thematisch-kritischen Katalog der Werke Smetana's und eine Biographie der böhmischen Musiker, welche unvollendet blieb, st. das.
20. März.

Tennyson, Lady, Gattin des Dichters, als Liederkomponistin bekannt, st.
10. Aug. zu Aldworth (Haslemere). M. Tim. 612.

Termini, Rosario, Operntenor in Palermo, st. das. 5. Juni, 29 Jahr alt. M. Tim. 483.

Teuchner, Aloys, Chordirektor an der Stadtpfarrkirche zu St. Jakob in Innsbruck, st. das. 30. Mai, geb. 1810 in Netschettin in Böhmen. Kirchenchor 61.

Thomas, Charles-Louis-Ambroise, Opernkomponist, Direktor des Konservatoriums zu Paris, st. das. 12. Febr.; geb. 5. Aug. 1811 zu Metz. Nekr. Ménestrel 49. Biogr. Ricordi 121. 140. 269.

Thomas, Lewis, Oratorienbassist und Musikkritiker des Musical World, st. in Londou 14. Juni; geb. 1826 zu Bath. M. Tim. 482.

Thyssen, Joseph, Theaterkapellmeister, st. 9. Juli in Aachen; geb. das. 2. Dez. 1816. Nekr. Bühgen. 273.

Tibus, Bernhard, Orgelbauer in Rheinberg, st. das. 29. März. M. Tim. 338.

Touschmalow, ..., Komponist und Kapellmeister an den Opern zu Warschau und Tiflis, st. 18. Sept. zu Petersburg. Ménestrel 320.

Trianon, Henry, Dramatiker und Opernlibrettist, st. zu Paris 17. Okt. Guide 718.

Trotebas, . . ., Pianist, st. während eines Konzertvortrages am Klavier Anfang Dez. in Paris. Ménestrel 399.

Turban, Alfred, Violinprofessor am Konservatorium zu Paris, st. zu St. Cloud im März; geb. in Strafsburg. Ménestrel 88.

Turpin, James, Organist und Klavierpädagoge in London, st. das. 29. Juli, 55 Jahr alt. M. Tim. 612.

Tutschka, A., Dirigent einer österreichischen Musikkapelle in Melbourne, st. 16. Juni in Auckland (Austr.) N. Z. f. M. 344.

Untersteiner, Antonietta, Pianistin und Komponistin, st. in Mailand 28. Mai; geb. um 1846 in Konstantinopel von italienischen Eltern. M. Tim. 483. Nekrol. Ricordi 397.

Urban, F. W., Musikdirektor, Kantor und Lehrer am Seminar zu Greiz, st. das. 9. Juli. Wbl. 399. Lessm. 412.

de Valcrociata, Graf Nicolo di Stermich, Komponist-Dilettant von zwei Opern, st. im April in Zara (Dalmatien). Ménestrel 144. Ricordi 366.

Vanzan-Perelli, Luigia, ehemalige Primadonna, st. 17. Dez. in Padua. M. Tim. 1897, 124. Ricordi 823 schreibt st. in Mailand.

Vibulano dall' Acqua, Prof. des Pianoforte am kgl. Kollegium zu Mailand, starb daselbst im Nov. Ricordi 776.

Vieuxtemps, Jules-Joseph-Ernest (jüngerer Bruder des Violin-Virtuosen Henry V.), Violoncell-Virtuose, st. in Belfast 20. März; geb. 18 März; 1832 zu Brüssel. Guide 258.

Vieweg, Karl, Pianofortefabrikant in Breslau, st. das. 28. Juni. Breslauer Ztg.

Villaret, François, Tenorist an der grofsen Oper zu Paris, st. 27. April zu Suresnes bei Paris; geb. 29. April 1830 in Milhaud (Dep. Gard). Nekr. Ménestrel 144.

Vitali, Raffaele, Opernbariton, st. 7. Sept. in Rom. Ménestrel 303.

Volkmann, Wilhelm, Mitbesitzer der Verlagshandlung Breitkopf & Härtel, st. in Leipzig 24. Dez.; geb. ebenda 12. Juni 1837. Sig. 1897, 25. Wbl. 1897, 25.

Wagner, August, Königl. Musikdirektor in Greifswald, Komponist der Zumpt'schen Genusregeln, st. das. im März. Sig. 382.

Wallenstein, Martin, Königl. Musikdirektor und Grofsherzogl. Hessischer Kammervirtuos in Frankfurt a. M., st. das. 29. Nov.; geb. ebenda 22. Juli 1843. Todesnachricht der Frankf. Ztg.

Wallner, August, Chorregent an der kath. Kirche zu Baden-Baden, st. das. 30. Mai, 23 Jahr alt. Todesanzeige im Baden-Badener Badebl.

Walter, Dr. Anton, erzbischöflich-geistlicher Rat, Mitglied des Referentenkollegiums für den Cäcilien-Verein, st. 1. Okt. zu Reichenhall; geb. 1845 in Haimhausen (Oberbaiern). Mus. sacr. 236.

Walter-Straufs, August, Komponist, Musikdirektor in Basel, st. das. 22. Jan.; geb. 12. Jan. 1821 zu Stuttgart. Nekr. Baseler National-Ztg. und Deutsche Musiker-Ztg. 66.

Waltzer, John, ehemaliger Opernsänger, st. 4. Sept. in Berlin; geb. 2 Dez. 1821 zu Hannover. Bühgen. 326.

von Wangenheim, Friedrich, Intendant des Grofsherzoglichen Hoftheaters in Oldenburg, st. das. 3. März, 51 Jahr alt. Sig. 328.

von Wasielewski, Wilhelm Joseph, Musikschriftsteller und Königl. Musikdirektor, st. 13. Dez. in Sondershausen; geb. 17. Juni 1822 zu Grofsleesen bei Danzig. Wbl. 1897, 12. Lessm. 1897, 14. Sig. 1081. Nekr. in den Sig.

Weber, Robert, Militärkapellmeister, Erfinder einer in der deutschen Armee eingeführten Schalltrommel, st. 29. Juli in Ringsheim. Wbl. 483.

Wedemeyer, Franz, Musikdirigent, Vorsitzender der Amsterdamer Tonkünstler-Vereinigung, st. das. 27. Sept., 58 Jahr alt. Lessm. 608.

Wesendonck, Otto, Grofskaufmann, Rich. Wagners opferwilligster Freund, st. Mitte Nov. in Berlin, 82 Jahr alt. Lessm. 710. Im Lessmann 1897 Nr. 7 ff. Briefe von Wagner an W. mitgeteilt.

Wessnig, Robert Guido, ehemaliger Sänger, Musikdirektor und Schriftsteller, st. 26. Dez. in Leipzig-Gohlis; geb. 10. Mai 1818 in Breslau. Bühgen. 1897, 23.

Wiesberg, Wilhelm, beliebter Volkssänger und Dichter in Wien, st. das. 25. Aug., 46 Jahr alt. Sig. 698.

Wiezek, Sophie, geb. Witt, Grofsherzogl. Badische Hofopernsängerin, st. 13. Jan. in Wien; geb. 13. Febr. 1823 zu Neapel. Lessm. 83.

Wunderlich, Johann, Musiklehrer in Stuttgart, st. das. 11. Nov., 62 Jahr alt. Schwäbische Chronik Nr. 265.

Xyndas, Spiridion, Volkslieder- und Singspielkomponist, st. 25. Nov. in Athen; geb. 1812 zu Korfu. Wbl. 1897, 25.

Zabban, Benedetto, Opernkomponist, st. 23. Aug. in Ancona, 65 Jahr alt. M. Tim. 687. Wbl. 523. Ricordi 612 schreibt Zaban.

Zanzan, Luigia, geb. Prati, Opernsängerin, st. in Padua im Dez. Sig. 1897, 25.

Zeidler, Charlotte, Klavier-Virtuosin und Musiklehrerin, Schülerin L. Berger's, st. in Berlin 7. Aug., 82 Jahr alt. Lessm. 493. Nekr. Voss. Ztg. Nr. 380.

Zierfuss, Hugo, Musikalienhändler in Nürnberg, st. das. 17. März. M. Tim. 338.

Zimmer, Otto, Königl. Musikdirektor, seit 1859 Organist an der Schloss-kirche zu Oels in Schlesien, Redakteur der fliegenden Blätter für evang. Kirchenmusik, st. das. 31. März, geb. 1827 zu Priskorsine bei Herrn-stadt in Schles. Bresl. Ztg. vom 5. April.

Zipperle, Hans, Komponist, Pfarrchorregent in Bozen, st. das. 29. Juni, 65 Jahr alt. Lessm. 390. Nekr. Münchener Neueste Nachrichten Nr. 301.

Zoboli, Alessandro, Bafsbuffo, st. in Neapel; geb. 1817 in Bologna. Sig. 220. Lessm. 128.

Mitteilungen.

* *Friedrich Zelle,* Prof. und Direktor der 10. Realschule zu Berlin: Eine feste Burg ist unser Gott. III. Die späteren Bearbeitungen. Osterprogramm. Berlin 1897 R. Gaertner's Verlagsbuchhandlung H. Heyfelder. Der Herr Ver-fasser giebt in der Einleitung eine Übersicht über die Behandlung des Chorals überhaupt und über die nach und nach sich einbürgernde Art der Wiedergabe, die sich zum Teil auf Melodie und beziffertem Bass beschränkt, ferner giebt er Beispiele wie die herrschende Süfslichkeit des Pietismus in der Mitte des 18. Jhs. auf die Harmonisierung des Chorals von wesentlichem Einflusse war. Angeführt werden Graupner, Telemann, Joh. Dan. Müller und besonders Doles. Erst Joh. Chrstph. Kühnau schlug wieder kraftvollere Töne an, doch blieb seine Behandlung nur vereinzelt. Erst im 19. Jh. wurde es durch Fischer's Be-strebungen besser. Darauf folgen von Nr. 41—70 Bearbeitungen obigen Chorals und zwar von A. W. Bach 67, Joh. Seb. Bach 50—52, G. Bronner 46, Chr. Buchwälder 41, Joh. Crüger 42, Joh. Fr. Doles 57, O. H. Dretzel 54, Mich. Gottl. Fischer 64, Chr. Graupner 49, Joh. Heinr. Grosse 60, Joh. Ad. Hiller 59, H. Kawerau 69, Joh. Chr. Kittel 61, Joh. Balth. König 55, Joh. Chr. Kühnau 58, Joh. Dan. Müller 56, Joh. Mich. Müller 48, C. H. Rinck 66, Fried. Schneider 65, J. G. Ch. Störl 44, Reinh. Succo 70, G. Ph. Telemann 53 u. 63, K. G. Um-breit 62, Dan. Vetter 45, W. Volkmar 68, Chr. Friedr. Witt 47.

* Die Verleger Fratelli Visentini in Venedig zeigen durch Circular ein im Druck befindliches Werk von dem Bibliothekar der Marcus-Bibliothek in Venedig, Herrn *Taddeo Wiel* an, betitelt: I teatri musicali Veneziani del settecento, Catalogo delle opere in musica, rappresentate nel secolo XVIII in Venezia (1701—1800), con Prefazione dell' autore. 1 vol. in 8° von 602 S. Preis 20 lire; die Einleitung allein 2,50 lire. Es werden nur 125 Exemplare abgezogen und ist daher eine Vorherbestellung notwendig.

* *Leo Liepmannssohn,* Antiquariat, Berlin S. W. Bernburgerstr. 14. Kata-log 126. Enthält 550 Nrn. ältere und neuere Werke. Unter den älteren be-finden sich Seltenheiten, wie Hugo von Reutlingen's Flores musicae, 5 Samlgen. von Corelli in Original-Ausg. Seb. Bach's Clavier-Uebung in Kopie, Hiller's Wöchentl. Nachrichten, das Sammelwerk: Motetti de la Corona, Lib. 1—4

Roma 1526 Junta. Tenor, und manches andere. Unter den neueren Schriften ist die Literatur über Berlioz und Rich. Wagner besonders zahlreich vertreten.

* Die *Direktion* des *Real College of Music* in *London* wird darauf aufmerksam gemacht, dass sie in betreff der Benutzung ihrer so reichhaltigen und kostbaren Musik-Bibilothek ei ne liberalere Einrichtung treffen möge, damit es auch einem Ausländer möglich gemacht wird dieselbe ohne vergeblichen Zeitverlust zu benutzen.

* Hierbei eine Beilage: Titel und Vorwort nebst Register (Bog. 12) zum Brieger Kataloge. Schluss.

* Quittung über gezahlten Beitrag für 1897 von der Gesellschaft der Musikfreunde in Wien und der Universitäts-Bibliothek zu Heidelberg.

Verzeichnis der im Druck erschienenen und noch vorhandenen Publikationen der Gesellschaft für Musikforschung.

Subscriptionspreis: Die ersten 2 Jahre je 15 M, die nächsten 2 Jahre je 12 und dann je 9 M. Alle Jahre Anfang Januar erscheint ein Band von circa 30 Bogen. Anmeldungen bei Rob. Eitner in Templin, oder buchhändlerisch bei Breitkopf & Härtel in Leipzig. Die Auswahl der Bände steht im Belieben des Subscribenten. Einzelne Bände zum Preise von c. 15 M.

Jahrg. 1—3. Joh. Ott's mehrstimmiges deutsches Liederbuch von 1544. Part. von 115 Gesgn. mit Kl.-Ausz. 42 M im Einzelverkauf.

Jahrg. 4, 1. Hälfte zu Ott's Liederbuch die Einleitung, Biographien, Texte und Melodien in allen Lesearten, 8°. Preis 8 M.

Jahrg. 4, 2. Hälfte: Pater Anselm Schubiger, Musikalische Spicilegien über das liturgische Drama, Orgelbau und Orgelspiel, das aufser-liturgische Lied und die Instrumental-Musik des Mittelalters. Mit zahlreichen Musikbeilagen, 8°. Preis 6 M.

Jahrg. 5. Josquin Deprès. Eine Samlg. ausgewählter Kompositionen zu 4—6 Stim. (1 Messe, Motetten, Psalmen u. Chansons) Part. u. Klavierauszg. nebst Porträt. Preis 15 M.

Jahrg. 6. *Johann Walther's* Wittenbergisch Gesangbuch von 1524 zu 3, 4 und 5 Stimmen. Part. nebst Klavierauszug.

Preis 15 und billige Ausg. 6 M.

Jahrg. 7. *Heinrich Finck.* Eine Samlg. ausgewählter Kompositionen zu 4 und 5 Stim. (geistl. u. weltl. deutsche Lieder, Hymnen u. Motetten). Nebst 6 Tonsätzen von seinem Grofsneffen *Hermann Finck.* Part. u. Klavier.-Ausz.

Preis 15 M.

Jahrg. 9. Die Oper von ihren ersten Anfängen bis zur Mitte des 18. Jhs. 1. Teil: Einleitung (Marienklage u. a.), *Caccini's* Euridice, *Gagliano's* Dafne, *Monteverdi's* Orfeo. P. u. ausgesetzter Generalbass. Mit 3 Originaltiteln.

Preis 20 M.

Jahrg. 10. *Sebast. Virdung's* Musica gedeutscht. Basel 1511. Facsimilierter Umdruck, handelt über Theorie und Instrumente mit vielen Abbildungen und Beispielen. Preis 10 M.

Jahrg. 11. Die Oper, 2. Teil, enthält *Franc. Cavalli's* Il Giasone 1649. Marc' Ant. Cesti's La Dori 1663. Mit ausgesetztem Generalb. Preis 20 M.

Jahrg. 12. *Mich. Praetorius'* Syntagmatis musici, Tomus 2 de Organographia (über die Instrumente). Wolfenb. 1618. Neudruck, die Abbildg. facsimiliert.   Preis 10 M.

Jahrg. 13. *Jean Baptiste Lully's* Oper Armide in Part. mit ausgesetztem Generalb.   Preis 10 M.

Jahrg. 14. Alessandro Scarlatti's La Rosaura, Opera. Part. mit ausgesetztem Generalb.   Preis 10 M.

Jahrg. 15. *Hans Leo Hassler's Lustgarten.* 50 deutsche Lieder zu 4—8 Stim. nebst einigen Instrumentalpiecen. Nürnberg 1601. In kleiner Partitur.
                                                                   Preis 10 M.

Jahrg. 16, 17, 18. *Glarean's Dodecachord* in deutscher Übersetzung und allen Tonsätzen in Partitur.   Preis 36 M.

Jahrg. 19, 20. Bd. 17. Georg Caspar Schürmann's Oper Ludovicus Pius oder Ludewig der Fromme 1726. Part. mit Kl.-Auszug.   Preis 18 M.

Jahrg. 20, 21, 22. Reinhard Keiser's Oper: Der lächerliche Prinz Jodelet. 1726. Part. mit Kl.-Auszug.   Preis 25 M.

Jahrg. 23. Jacob Regnart's dreistimmige deutsche Lieder (Villanellen) 1576—79, nebst Leonh. Lechner's fünfstim. Bearbtg. und 4 eigenen Kompositionen. Part.   Preis 15 M.

Jahrg. 24. Martin Agricola's Musica instrumentalis deutsch in 1. und 4. Aufl. 1529 und 1545 in diplomatisch genauem Abdrucke mit zahlreichen Instrumenten-Abbildungen im Facsimile. Kl. 8°.   Preis 10 M.

Jahrg. 25. Johann Eccard's Neue geistliche und weltliche Lieder zu 5 und 4 Stim. Königsberg 1589. 25 deutsche, lat., franz. und ital. Gesge. in Part. nebst Kl.-Auszug.   Preis 15 M.

Verantwortlicher Redakteur Robert Eitner, Templin (Uckermark).
Druck von Hermann Beyer & Söhne in Langensalza.

MONATSHEFTE

für

MUSIK - GESCHICHTE

herausgegeben

von

der Gesellschaft für Musikforschung.

XXIX. Jahrg. **1897.**	Preis des Jahrganges 9 Mk. Monatlich erscheint eine Nummer von 1 bis 2 Bogen. Insertionsgebühren für die Zeile 30 Pf. Kommissionsverlag von **Breitkopf & Härtel in Leipzig.** Bestellungen nimmt jede Buch- und Musikhandlung entgegen.	**No. 7.**

Zur Lebens- und Familiengeschichte Fr. Wilh. Marpurg's.

Von Dr. Willy Thamhayn.

Schon einmal hat der Verfasser dieser Zeilen versucht die Aufmerksamkeit der Freunde heimatkundlicher Forschung auf die Lebens- und Familiengeschichte eines der gröfsten, freilich auch am wenigsten bekannten Söhne der Altmark, des Musikschriftstellers *Friedrich Wilhelm Marpurg* zu lenken. Es geschah dies in einem Artikel des Seehäuser Wochenblattes vom 5. Sept. 1895. Siehe M. f. M. 27. Jahrg. Nr. 11 S. 162. Wenn ich heute von neuem auf den Gegenstand zurückkomme, veranlasst mich dazu der Umstand, dass ich durch neues Material in den Stand gesetzt bin, wesentliche Berichtigungen und Ergänzungen des früher Gebotenen bringen zu können.

Unzweifelhafte Thatsache bleibt es, dass Marpurg — entgegen den Angaben der Musik- und Konversationslexika älterer und neuerer Zeit — nicht in Seehausen i. d. Altm. geboren ist, sondern auf dem Seehof in Wendemark, einem ostwärts von Seehausen, vor Werben gelegenen Dorfe. Die betreffende Eintragung im Wendemarker Kirchenbuche lautet:

Den 21. Novembr: ist Herrn *Friderich Wilhelm Marpurgen* auf dem Seehoff ein Söhnlein gebohren, welches d. 23ᵗ ejsd. getaufft und genannt worden *Friderich Wilhelm*, Testes fuerunt Thomas Christoph Matthaei Past: et pater ipse.

Danach ist also auch das Datum der Geburt, als welches vielfach der 1. Oktober angegeben wird, zu berichtigen.

Nun aber fragt es sich: Welches von den Gütern, die zu Wendemark gehören, führte früher den Namen Seehof? Wir haben darunter nicht, wie ich früher angenommen hatte, das jetzige Buschendorff'sche Rittergut II zu verstehen, sondern das den Namen Neugoldbeck tragende, welches etwa drei Kilometer nordwestlich von Werben in der Nähe des linksseitigen Elbdeiches gelegen ist.

Darauf weist zunächst eine Notiz hin, welche sich in dem 1800 bis 1802 in Stendal anonym gedruckten Werke des Pastors Steinhart „Über die Altmark" findet. Hier heißt es im zweiten Teile, S. 73: „Neu-Goldbeck oder der Seehof, nahe bei Werben, gehört dem Groß-Kanzler v. Goldbeck." Dem hier genannten Besitzer ist der erste Teil des Steinhartschen Werkes gewidmet.

Ein weiterer, und zwar urkundlicher Beweis aber ergiebt sich aus einem Aktenheft, auf welches mich Herr Pastor Wollesen in Werben aufmerksam gemacht hat und das mir durch den derzeitigen Besitzer des Gutes, Herrn Giesecke, freundlichst zur Verfügung gestellt ist. Darin befindet sich abschriftlich u. a. ein in wahrhaft ergötzlichem Lateindeutsch abgefasstes Protokoll über die am 5. Sept. 1776 stattfindende Versteigerung des Seehofes. Ich teile daraus zunächst den Anfang mit:

Es erscheint der Zoll Einnehmer Dölle p.*) Niepagen, und läßt vortragen, wie sein Hof zu Wendemarck mit Pertinentien auf sein Ansuchen, voluntaria**) subhastirt und dazu hodier. T. licit.***) anstehen (sic!), welcher p. publica Proclamat†) und durch die Intelligentz-Blätter bekandt gemacht worden, producendo††) das allhier und zu Werben affigirt gewesene Proclama, affirmando†††) das von Berlin noch nicht zurückgekommene gleichfals wie auch die Intelligentz-Blätter ad acta zu beschaffen, exspectando Licitantes,*†) dabey er aber annoch bekandt machen muß, daß da sothaner Hof vorjetzt verpachtet, die Tradition**†) füglich wohl nicht

---

*) p. = per, d. h. „vertreten durch".

**) Ergänze subhastatione, d. h. unter freiwilliger Subhastation.

***) = hodiernus (vielleicht irrtümlich für hodie) Terminus licitationis.

†) = per publica Proclamata, d. h. durch öffentliche Anschläge; das zweite Wort ist im Original abgekürzt.

††) = unter Vorzeigung des etc.; der dritte Buchstabe scheint verschrieben zu sein.

†††) = unter der Versicherung.

*†) = Er erwartet die Bieter.

**†) Übergabe.

eher als auf Trinitatis anni futuri geschehen können (sic!), accusando event. contum.*) des adcitati, *K. R. Marpurg* wegen seines juris protimiseos**) (sic!).

Hiernach beginnt das Bieten. Von 4600 Thalern steigt man auf bis 7310. Nach Erledigung einiger Formalitäten heifst es weiter:

> Hierauf meldet sich auch der Krieges-Rath *Marpurg* per Meinecke cum mandato producto und saget, dafs ihm zwar Innhalts Recefsus vom 17ten Jan. 1753 das jus protemiseos (sic!) competire,***) er aber nicht convenable finde sich dessen nunmehro zu bedienen, wolle sich dessen begeben und gleichfalls in adjudication consentiren. †)

In dem angehängten, ebenfalls vom 5. Sept. datierten „Bescheid" heifst es zu Anfang:

> Auf ergangene Tax und Subhastation des zu Wendemarck im Seehausen'schen Kreyse belegenen, dem Zoll Einnehmer Döllet††) gehörigen Hofes Seehoff Wendemarck genannt, wird nunmehr sothaner Hof nebst Pertinentien dem Geheimten Rath Goldbeck ... erb und eigenthümlich zugeschlagen etc.

Es kann keinem Zweifel unterliegen, dass der in dem Protokoll erwähnte *Marpurg* identisch mit dem Musikschriftsteller ist, der zu jener Zeit als Kriegsrat und Lotteriedirektor in Berlin lebte. Daraus, dass er im Laufe der Verhandlung auf das Vorkaufsrecht verzichtete, ergiebt sich von selbst, dass seine Familie ehemals im Besitze des Hofes war. An Dölle wurde er wohl 1753 verkauft, d. h. 22 Jahre, nachdem *Marpurg*s Vater, welcher ebenfalls die Vornamen *Friedrich Wilhelm* hatte, gestorben war. Für das Jahr 1727 lässt sich dieser, wie wir gleich sehen werden, aus unserm Aktenheft urkundlich als Besitzer nachweisen.

Kurze Zeit nach der Subhastation verpachtete der neue Besitzer den Hof an einen Lieutenant von Scherer. Am 19. Juni 1777 übernimmt dieser das Inventar. In der Urkunde, welche sich darauf bezieht, führt das Gut noch den Namen „Seehof Wendemarck". Da-

---

*) = accusando eventualiter contumaciam, d. h. er rügt das allem Anschein nach eintretende Nichterscheinen des vorgeladenen Kriegsrates *Marpurg*.

**) Für protimeseos (Vorkaufsrecht).

***) = zustehe.

†) = in die Zuerkennung einstimmen.

††) Auch Delle geschrieben.

gegen wird es in einem am 18. Dezember desselben Jahres aus-
gefertigten Vertrag, in welchem sich von Scherer mit seiner Nach-
barin Witwe Dahmsen über eine Grenzregulierung einigt, bereits als
Neugoldbeck bezeichnet. Gelegentlich dieses Termines bringt Witwe
Dahmsen ein Dokument bei, laut dessen Herr *Friderich Wilhelm
Marpurg* am 11. Dez. 1727 einen Vergleich mit seinem Nachbar
Müller über denselben Streitpunkt einging.

Dies zur Feststellung der Geburtsstätte *Marpurgs*. Sehen wir
uns nun weiter im Kreise seiner Familie um. Der Vater hatte sich
in dem verhältnismäfsig jungen Alter von 24 Jahren anno 1712 zum
erstenmal vermählt. Die Gattin war eine geborene Margarethe Krusemark. Glieder ihrer Familie finden wir im 17. und 18. Jahrhundert
in Seehausen, Pritzwalk und Perleberg als Bürgermeister und In-
spektoren, d. i. Superintendenten.*) Aus letzterer Stadt stammte sie
selbst. Sie schenkte dem Gatten 1713 einen Sohn, der 11 Jahre
alt in Seehausen starb. 1715 starb den Eltern „ein Söhnlein," in
demselben Jahre aber auch, wie sich aus dem Wendemarker Kirchenbuche ergiebt, die Mutter.

Diese letztere Thatsache war mir bei Abfassung des ersten Artikels unbekannt, so dass ich dort irrtümlich Margarethe Krusemark
als Mutter des Musikschriftstellers annahm.

Wohl die Rücksicht auf die Wirtschaft veranlasste den Vater
sehr bald wieder zu heiraten. Wie mir Herr Pastor Wollesen mitteilt,
wurden nach Ausweis des Werbener Kirchenbuches am 4. Trinitatis
des Jahres 1716 zum erstenmal aufgeboten:

> H. *Friedrich Wilhelm Marpurg* Erbgesessen auf dem Seehof
> in Wendemark, Wittwer und Jungf. Maria Magdalena Hupen, H.
> Johann Christian Hupen wollverdienten Burgermeisters, und auch
> Einnehmers allhier ehel. Tochter.

Die in vorstehendem zweimal gebrauchte Form „Hupen" ist Genetiv;
der eigentliche Name lautet „Hupe".

Aus der Ehe ging als Ältester unser *Friedrich Wilhelm* hervor.
Ihm folgten 1720 eine Schwester, welche jedoch schon im nächsten
Jahre starb, und 1725 ein Bruder, welcher dem Grofsvater mütter-
licherseits zu Ehren Johann Christian getauft wurde.

Was in der früheren Arbeit über den Grofs- und Urgrofsvater

---

*) Vgl. Bekmanns Märkische Chronik, Artikel Perleberg Spalte 59, Pritz-
walk 123 ff., Seehausen 18 f.

unseres *Marpurg* gesagt wurde, bringe ich hier der Vollständigkeit halber noch einmal, wenngleich in etwas veränderter Gestalt.

Der Urgroßvater, *Johannes Marpurg*, war zur Zeit des dreißigjährigen Krieges Bürgermeister in Seehausen, und zwar wird er als solcher im Kirchenbuche unter dem 7. II. 1644 bei der Taufe seines dritten Kindes bezeichnet. Dass dies in der Notiz über die beiden ersten (1638 und 1641) nicht geschehen, beruht wohl lediglich auf Zufall. Jedenfalls nennt ihn der märkische Chronist Bekmann (Artikel Seehausen, Spalte 42) bereits für das Jahr 1636 als einen der Bürgermeister der Stadt. Er gedenkt seiner gelegentlich der Plünderungen, von welchen Seehausen in diesem Jahre heimgesucht wurde. Als die Feinde kein Geld mehr finden, werfen sie die Urkunden, welche auf dem Rathause liegen und z. T. von Privatleuten daselbst niedergelegt sind, auf die Straße, darunter einen *Marpurg* gehörigen Schuldschein, welchen derselbe voller Schmutz wiederfindet; obwohl obendrein ein Blatt davon abgerissen ist, gelingt es ihm doch dem Schuldner gegenüber vor dem Richter seine Ansprüche aufrecht zu erhalten und ihn zur Zahlung zu zwingen.

Nach erster kinderloser Ehe verheiratete er sich 1637 zum zweitenmale — und zwar mit Dorothea Schreiber, Tochter des Bürgermeisters Schreiber in Seehausen. Aus dieser Ehe gingen vier Söhne und zwei Töchter hervor. Im Sterberegister wird dieser ältere *Johannes Marpurg* unter dem 27. Juni 1652 als verstorben bezeichnet.

Als erstes Kind war ihm eine Tochter geboren, als zweites sein Sohn *Johannes*, der Großvater des großen Musikkenners, welcher im Hause Christoph Sasses, dem sich die Mutter 1654 vermählt hatte, aufwuchs. Im Alter von 31 Jahren vermählte er sich mit Emerentia Gleim zu Werben. Im Trauregister dieser Stadt wird er als „Notarius publicus wie auch Secretarius" aufgeführt (23. Sept. 1672). Seine Ernennung zum Bürgermeister erfolgte 7 Jahre später. Nach Bekmann, der ihn (Artikel Seehausen, Spalte 14) als Mitverwalter eines Stipendiums erwähnt, ist er noch 1711 im Amte gewesen. Danach hätte der Großvater des berühmten *Marpurg* der Stadt Seehausen mindestens 39 Jahre, darunter 32 als Bürgermeister gedient. Man darf annehmen, dass er nicht nur in den Kreisen seiner Bürgerschaft, sondern auch bei dem Adel der Umgegend in Ansehen stand. Bei der Taufe seines vierten Kindes Gödula Magdalena (16. IV. 1685) tritt eine Frau von Jagow-Crüden als Patin auf; an der Wiege des jüngsten, des uns schon bekannten älteren *Friedrich Wilhelm* (Taufregister, 6. Jan.

1688) standen „Herr Friderich Wilhelm, Herr von Kannenbergk" und „Herr Hans Friderich von Barsewisch". Ersterer gab also dem Sohne und indirekt damit auch dem Enkel den Namen.

Zum Schlusse möchte ich noch auf ein interessantes Denkmal der Familie *Marpurg* aufmerksam machen. Es ist ein Holzepitaph, welches der Seehäuser Petrikirche gehört, seit einigen Jahren aber der historischen Sammlung des Gymnasiums überwiesen ist.

Das Grabdenkmal, welches etwa $5/4$ m breit ist und in seiner ursprünglichen Gestalt (gegenwärtig ist die Verzierung oben und an beiden Seiten nicht mehr vollständig) eine Höhe von fast $2^1/_2$ m gehabt haben mag, trägt in goldenen Buchstaben auf schwarzem Untergrund die Überschrift:

„Epitaphium trium Marpurgiadum praemature demortuorum." (Grabdenkmal dreier frühzeitig verstorbener Kinder Marpurgs.)

Der Mittelraum, welcher etwa zwei Drittel des Ganzen ausmacht, zeigt in seinem oberen Teil ein allegorisches Bild. Im Hintergrunde desselben sieht man die Stadt Seehausen, wie sie sich im Ausgange des 17. Jahrhunderts dem Beschauer von Westen her darbot. Im Vordergrunde rechts steht in einem Gartengehege ein Baum, an welchem drei abgeknickte Zweige herabhängen. Links ist Jehovah, in einer Wolke schwebend dargestellt. Seine Rechte hält ein Bäumchen, auf welches drei Äste aufgepfropft sind; den Wurzelteil desselben birgt die Wolke, in die es gleichsam eingepflanzt ist. Über ihm liest man die Worte: „Hic nobis maior honos" („Hier wird uns gröfsere Ehre zu teil"). Die Deutung des Bildes ergiebt sich aus der Überschrift und den lateinischen Versen, welche darunter gesetzt sind. Sie lauten in deutscher Übertragung folgendermafsen:

„Wanderer, wer du auch seist, schau her, betrachte dies Bildnis.
  Welche Bedeutung es birgt, lass mich verkünden sogleich,
Dass in anderen Boden versetzt die Pflanze gedeihe
  Kräftiger als zuvor, weifs, wer verständigen Sinns.
Pfropfst Du auf saftigen Stamm den Zweig, vom Baume geschnitten,
  Herrlicher blüht er heran, prächtiger steigt er empor.
Marpurgs Sprösslinge, die den heimischen Boden verliefsen,
  Zweigen vergleicht sie mit Recht wohl der betrachtende Geist.
Ja, drei Zweige, vereint auf einem Stamme im Himmel,
  Nähret sie edlerer Saft, als er hienieden sich beut.
Vor des Wurmes nagendem Biss, vor der Kälte geschützet,
  Tragen sie himmlische Frucht, jetzt und in ewige Zeit.
Wer dies überirdische Glück im Herzen erwogen,
  Sehnt sich zu sterben sogleich, dass ihn der Himmel empfängt."

Unter den Distichen, welche ebenfalls in Goldschrift auf schwarzem Untergrunde stehen, befinden sich die Initialen: „J. B. S. S. C."

Den unteren Teil endlich bildet ein Familienbild. Als Hintergrund desselben ist ein dunkler, in der Mitte gardinenartig auseinandergehender Vorhang gemalt. Links der Öffnung sieht man das Familienoberhaupt in bürgermeisterlicher Tracht, rechts die Gattin, zwischen beiden zwei im Kindesalter stehende Töchter, zur rechten Hand des Vaters drei Sprößlinge, deren mittelster sich durch seine Kleidung als Knabe verrät, während die beiden andern sozusagen à la baby gekleidet erscheinen (weißes, mit schwarzen Schleifen geziertes Kleid und weiße Häubchen).

Was die Entstehungszeit des Denkmals angeht, so ergiebt sich zunächst aus dem Umstande, dass in der Abbildung Seehausens beide Türme der Petrikirche mit sogenannten welschen Hauben versehen sind, mit voller Gewissheit, dass es erst nach 1676 entstanden sein kann. Bis zum 30. August dieses Jahres hatte der nördliche Turm (wie ursprünglich auch der südliche) eine schlanke, pyramidenförmige Spitze, welche auf der Abbildung in Merians Topographia electoratus Brandenburgensis noch zu sehen ist. An dem genannten Tage aber wurde dieselbe durch einen Blitzschlag zerstört.

Daraus folgt zunächst, dass das Epitaph nicht in Beziehung zu der Familie des obengenannten älteren *Johannes Marpurg* steht. Wie aber verhält es sich mit der des jüngeren? Aus den Tauf- und Begräbnislisten der Petrikirche lässt sich folgendes feststellen.

Der jüngere *Johannes Marpurg* ließ beerdigen:

1. 1674 einen Sohn *Johann Jakob*. Da sich die Eltern 1672 vermählt hatten, dürfte er 1673 geboren sein. Im Taufregister fehlen die Eintragungen vom 3. Mai 1671 bis 26. Okt. 1675.

2. 1681 einen Sohn *Johann Gottfried*, getauft am 19. Sept. 1678.

3. 1685 „ein Töchterlein." Dies kann nur die 1683 geborene *Emerentia Sophie* sein. Denn die vor ihr — 1676 — geborene Dorothea Elisabeth tritt 1689 unter dem 30. Okt. als Taufzeugin auf.

Ein 1681 „todtgebohrnes Söhnlein" ist hier ohne Bedeutung.

Außer den genannten drei Sterbefällen verzeichnet die Begräbnisliste keine weiteren, welche für uns in Betracht kommen könnten. Erhalten blieben den Eltern:

1. Die bereits erwähnte *Dorothea Elisabeth* (geb. 1676).

2. *Gödula Magdalena*, geb. 1685, Rogate 1704 zum erstenmal aufgeboten.

3. *Friedrich Wilhelm,* der Vater des Musikschriftstellers, geb. 1688.

Da nun der dritte Sterbefall 1685 eintrat, ist es natürlich, anzunehmen, dass das Denkmal 1686 oder spätestens 1687 entstand, so dass also *Friedrich Wilhelm* noch nicht darauf figurieren konnte. Die Gruppierung des Familienbildes passt hierzu vortrefflich: zwischen den Eltern die beiden zur Zeit lebenden Töchter, zur rechten Hand des Vaters die drei verstorbenen Kinder.

Aber auch die Initialen unter den lateinischen Versen deuten, wie ich meine, darauf hin, dass sich das Denkmal auf den jüngeren *Johannes Marpurg* bezieht. Sie dürften zu lesen sein: „Johannes Berends Senatus Seehusani Consul." — Berends wird für das Jahr 1674 als Bürgermeister erwähnt. Zwei Jahre später tritt er als Pate bei der Taufe Dorothea Elisabeth Marpurgs auf, ein Umstand, der gewiss auf freundschaftliche Beziehungen des damaligen Herrn Secretarius zu seinem Vorgesetzten hinweist. Berends stirbt 1697.

Danach wären wir denn in der glücklichen Lage ein Bild der grofselterlichen Familie *Marpurg*s nachweisen zu können, an dem nur eins zu bedauern ist: es fehlt ihm der jüngste Sprofs, der Vater des grofsen Sohnes. Übrigens ist das Grabdenkmal auch in allgemein kulturgeschichtlicher Beziehung nicht ohne Interesse.

Adam Krieger

(von Rob. Eitner).

Das vierte Zehen.   Aria Nr. 8.

Frei-lich, frei-lich ist die Glut, so da hier in eu-ren Mut

Ritornello.

Johann Philipp Krieger

(von Rob. Eitner).

Der ältere Bruder des Johann, von dem im Jahrg. 1896 die Klavierpiecen veröffentlicht wurden. Er wurde am 26. Febr. 1649 zu Nürnberg geboren und starb zu Weifsenfels den 6. Febr. 1725. Gerber im neuen Lexikon giebt eine ausführliche Lebensbeschreibung, zu der nur einige archivalische Auffindungen ergänzend einzufügen sind. Er war in Nürnberg Schüler von Joh. Drechsler und Gabriel Schütz, ging dann nach Kopenhagen und nahm bei Schröder noch Unterricht, dessen Vertreter er später an der deutschen Kirche am St. Peter wurde. Gegen 1670 kehrte er nach Deutschland zurück. Gerber sagt nach Nürnberg. Er mag wohl vorübergehend Nürnberg berührt haben, da aber sein Bruder Johann ihn in Zeitz aufsuchte, um sich unter ihm auszubilden, so muss Philipp dort gelebt haben. 1672 wurde er in Bayreuth Kammerorganist und bald darauf Kapellmeister. Da aber die Herrschaft abwesend war, nahm er Urlaub und ging nach Italien, studierte in Venedig unter Rosenmüller, reiste dann nach Rom und machte unter Abbatini einen Kursus durch, besuchte auch Neapel, ging nach Venedig zurück und erwartete die Befehle seines Herren. Als derselbe eintraf reiste er über Wien, spielte vor dem Kaiser und erhielt von ihm den Adelsbrief, dessen Bildnis und 25

Dukaten. In Bayreuth die Amtspflichten wieder übernehmend, fand er manches, was ihm nicht gefiel und nicht ändern konnte und kurz entschlossen, forderte er seinen Abschied, ging nach Frankfurt a. M., dann nach Kassel und hier erreichte ihn die Aufforderung des Herzogs August von Sachsen-Weifsenfels, eine Nebenlinie des Kurhauses Sachsen, der auch gleichzeitig Administrator des Erzstiftes Magdeburg mit dem Sitze in Halle war, die Hoforganistenstelle zu übernehmen. Gerber glaubt nun, dass der Administrator und der Herzog von Sachsen-Weifsenfels zwei verschiedene Häuser sind und lässt Philipp zuerst nach Halle, dann nach Weifsenfels gehen. Allerdings befand er sich nach einem Briefe vom 6. Dez. 1677 in Halle, besuchte in Begleitung des Herzogs den Hof in Dresden und liefs sich vor dem Kurfürsten hören, der ihm einen kostbaren Ring verehrte (La Mara's Briefsamlg. 1, 124 und Fürstenau 2. Bd. S. 9 zur Geschichte der Musik in Sachsen). In den Akten wird der 12. Dez. 1677 als Anstellungsdatum verzeichnet, während der Brief schon vom 6. datiert. Das Schreiben ist an den Herzog August gerichtet, bei dem er sich für die Anstellung als Kammerorganisten bedankt, möchte aber nicht als Untergebener des Kapellmeister David Pohlen stehen, sondern direkt unter dem Herzoge, dem er alles Gute verspricht was er leisten wird. Da er mit der Erfüllung der Bitte die Annahme abhängig macht, wird sie ihm wohl gewährt sein. Sein Gehalt betrug 230 Thlr. Am 12. Febr. 1679 ernannte ihn der Herzog zum Vicekapellmeister mit 500 Thlr. Gehalt. Zugleich erfahren wir auch aus den Akten des sächs. Staatsarchivs, dass sein Sohn *Johann Gotthilf* daselbst Kammermusiker und Kammerorganist wurde. Herzog August starb am 4. Juni 1680 zu Halle und fiel damit das Stift Magdeburg an Brandenburg (Preufsen). Sein Sohn, Johann Adolf I. folgte ihm in Weifsenfels, wo er auch residierte und scheint die Kapelle nach Weifsenfels gezogen zu haben, wie man aus dem Umstande vermuten kann, dass Krieger nun in Weifsenfels seine Funktion übernahm und dort am 18. März 1712 zum Kapellmeister befördert wurde. Aufserdem nahm ihn noch der Herzog Christian von Sachsen-Eisenberg „von Haus aus" als Kapellmeister bei besonderen Gelegenheiten in Anspruch.

Von seinen geistlichen Gesangswerken für Chor und kleines Orchester hat sich sehr viel in Hds. erhalten und besonders in der Kgl. Bibl. zu Berlin in den Manuskripten 12150. 12151 bis 53, nebst 2 Autographen. Bei den Hds., wo der Vorname fehlt, ist es schlechterdings unmöglich festzustellen, ob sie *Philipp* oder seinem

Bruder *Johann* angehören, und ist man bei der einen Stelle geneigt
Philipp's Schreibweise zu erkennen, so wird man gleich darauf wieder
an Johann erinnert. An Bach und Händel reichen sie beide allerdings nicht heran, doch ist es immerhin von Wert die Mittelglieder
kennen zu lernen, welche dem Fassungsvermögen ihrer Zeitgenossen
gerecht wurden und in der Achtung derselben höher standen als die
Heroen der Kunst.

Sie haben beide eine sogenannte gefällige Musik in der Ausdrucksweise ihrer Zeit geschrieben und hin und wieder blickt auch
einmal ein wirklich hübscher Gedanke durch. Einen sehr umfangreichen Satz in Form einer Kantate hat Philipp im Ms. 12152 über
die Choralmelodie „Ein feste Burg ist unser Gott" für Chor, 2 Violinen,
2 Violen, Fagott and Bassus continuus geschrieben, dessen Instrumentaleinleitung das Hauptmotiv des Chorals kontrapunktisch verwertet
und darauf die Choralmelodie in ihrem ganzen Umfange den vier
Singstimmen abwechselnd giebt und zwar in der Weise, dass sie
zuerst der Sopran führt, dann singt sie der Alt ganz durch, darauf
Tenor und Bass. Der Satz ist wenig ansprechend; die schwachen
Ansätze von einer kontrapunktischen Behandlung der Stimmen sind
zu geringwertig, als dass sie Ersatz für die harmonische und melodische Eintönigkeit bieten könnten. Nach sorgsamer Auswahl teile
ich folgenden Gesangssatz mit, den ich wieder, wie im Jahrg. 1896
die Klavierpiecen von Johann Krieger, als Beilage zum Hauptblatte
geben werde. Ich halte die Monatshefte ganz besonders geeignet auch
die kleineren Geister zum Worte zu lassen, während die *Publikationen*
nur das Beste bringen sollen.

Cantata à 2 Cantus et Bassus cont. (Ms. 12152 Nr. 9 in der
Kgl. Bibl. Berlin).*)

*) Kleine Schreibfehler und fehlende Kreuze sind ohne Anzeige verbessert.
Die Tonart ist entschieden das moderne Gd. und Ddur.

(Forts. Nr. 8 Beil.)

Mitteilungen.

* *Cenni sull' origine e sul progresso della Musica liturgica con appendice intorno all' origine dell' organo di Federico Consolo.* (Winke über den Ursprung und über das Fortschreiten der liturgischen Musik nebst einem Anhange über den Ursprung der Orgel von Friedrich Consolo). Florenz bei Monnier's Nachfolger. XXIV und 104 S. 4⁰.

Auch die Synagoge empfindet das Bedürfnis einer Reform des Kultus und besonders des liturgischen Gesanges und man ist bestrebt, diesen in seiner ursprünglichen Form wieder herzustellen. Jedoch der gänzliche Mangel an alten liturgischen Monumenten, die durch die mehrmalige Vertreibung des jüdischen Volkes aus seinem Lande unterbrochene Tradition, wie auch die Verschiedenheit der Aussprache des Hebräischen in den verschiedenen Ländern machen das Unternehmen äufserst schwierig, wenn nicht unmöglich. Der Autor unseres Buches, ein geborner Israelite, musikalisch und humoristisch gebildet, hat den Weg der Forschung auf diesem Gebiete betreten und schon im Jahre 1891 eine nach dem Rituale der israelitischen Gemeinde zu Livorno eingerichtete Sammlung von Gesängen unter dem Titel Libro dei Canti d'Israele veröffentlicht, welches Werk wegen der Wichtigkeit des Gegenstandes für die Geschichte der Musik von namhaften Musik-Gelehrten Anerkennung gefunden, andrerseits aber Bedenken erregt hat, ob die dargebotenen Melodien wirklich alt und traditionell seien. Wie der Titel des uns beschäftigenden Werkchens angiebt, will der Verfasser zur Lösung sehr wichtiger Fragen nur Andeutungen geben, welche nach meiner Meinung noch einer sehr eingehenden Begründung und Ausführung resp. Erklärung bedürfen, um in denselben eine Lösung dieser Fragen auch nur erwarten zu können.

Zuerst behandelt der Verfasser die für die Lesung der Bibel in der Synagoge bestimmte musikalische Notation, die Neghinoth — Taamim oder Tropen. Diese aus den grammatikalischen Accenten entstandenen Zeichen sind aramaischen und syrischchaldäischen Ursprungs, und ihre richtige Notation findet sich in der Masora, einer von den alten Rabbinern hergestellten Sammlung kritischer, grammatikalischer und paläographischer Beobachtungen und Bemerkungen über das, was in dem Bibeltexte enthalten ist. Eine Erklärung und Übertragung dieser Accente in die moderne Notation ist mehrfach geliefert worden; der Verfasser schenkt der des Johannes Reuchlin, eines Humanisten des 16. Jahrhunderts volles Vertrauen. Die nach Reuchlin und Naumburg beigefügte Übertragung dieser Accente in die moderne Notenschrift und deren Anwendung auf den Anfang des I. Kap. Genesis bieten jedoch keineswegs etwas Neues. (Vergl. Dn. Dom. Mettenleiter, Archiv etc. I. Heft. S. 198 u. s. w.) Die in der Übertragung angewandte moderne Mensur wie auch die accidentiellen Veränderungen der Töne war doch wohl den alten Israeliten unbekannt!

Der zweite Wink gilt der Lesung der Neumen in den gregorianischen Codices. Ausgehend von dem mathematischen Grundsatze „Fortschreiten von dem Bekannten zum Unbekannten" will der Autor aus der Nebeneinanderstellung mehrerer mit und ohne Linien neumierter Notationen desselben Stückes die Neumen entziffern. Ob er jedoch auf diese Weise zu einem sichereren Resultate gelangt, als man bisher durch dieses Verfahren kommen konnte, hat er nicht gezeigt. Auch will er das Geheimnis entdeckt haben, in einer ohne Linien und ohne Schlüssel notierten Choralmelodie deren Tonalität bestimmen zu können. Die Töne fa und ut sollen ihm als Ausgangspunkte dienen.

Der folgende Abschnitt handelt über das liturgische Recitativ. Hiernach hat die allgemeine liturgische Musik ihren Ursprung in der hebräischen Melodie, aus welcher das Christentum einen Schatz entwickelt hat, in welchem die christliche Kirche heutzutage die wahre Tradition besitzt. Die sich hieranschliefsenden Kompositionen des Verfassers sind in mehrfacher Hinsicht interessant. Den Schluss bildet seine Meinung über den Ursprung der Orgel, welche, wie das Monochord, aus der Aufstellung der Tetrachorde (vergl. Boetius, musica, I. Buch. Kap. XX.) entstanden sei.

Der Verfasser meint (S. V), die Accente Taamim entsprächen den gregorianischen Neumen, während zwischen beiden doch ein wesentlicher Unterschied besteht. Die Neumenfiguren sind auflösbar; es sind Zusammensetzungen aus Virga und Punktum und sie geben, wenn auch nicht nach bestimmten Intervallen, die Modulation der Stimme an; beides ist bei den Accenten Taamim nicht der Fall.

Die Bestrebungen des Verfassers verdienen alle Anerkennung, zumal er durch seine Kenntnis der hebräischen Sprache zu diesen Arbeiten besonders befähigt ist. Im Anschlusse an die mustergültigen Arbeiten der Benediktiner von Solesmes, die ihm nicht unbekannt sind, dürfte er manches für die Musikgeschichte Wertvolle zu Tage fördern.　　　　　　　　　　　　P. B.

　* *Taddeo Wiel.* I teatri musicali Veneziani del settecento. Prefazione al Catalogo delle opere in musica rappresentate nel secolo XVIII in Venezia. Venezia 1897 fratelli Visentini. gr. 8⁰. 79 S. u. Appendice 8 Taf. Preis 2,50 M. Die Verleger versenden die eben im Druck vollendete Vorrede, die in geschichtlichem Rahmen und in freier Behandlung das ganze Feld der europäischen Opernproduktion bis zur Neuzeit enthält; diesem schliefst sich dann eine Aufzählung mit historischen Notizen der 14 venezianischen Theater des 17. Jhs. an, denen dann Einzelheiten, Dokumente u. a. folgen. Die angehängten Tafeln scheinen die Plätze im Theater anzuzeigen, so verstehe ich wenigstens die Aufzählung der Procenj, Pargoletto und wieder Proceni der ersten und zweiten Ordnung, wohl gleichbedeutend mit unserer Bezeichnung 1. u. 2. Rang. Der Katalog soll dann ähnlich eingerichtet sein wie Lajarte's Bibliothèque musicale du Théâtre de l'Opéra à Paris 1878, nur leider mit dem Unterschiede, dass in Venedig gröfstenteils die Partituren fehlen, während gerade Lajarte's Katalog so wertvoll durch das Vorhandensein derselben wird.

　* *Rudolph Freiherr Procházka.* Arpeggien. Musikalisches aus alten und neuen Tagen von ... Dresden 1897, Oskar Damm. gr. 8⁰. 12 und 149 S. Preis 3 M. Eine mit lebhaften Farben geschilderte Mozartverehrung in Prag in 4 Abschnitten: Don Juan, Zauberflöte, Allgemeines, Titus, mit manchem neuen Moment versehen. Darauf folgen die böhmischen Musikschulen, Das musikalische Prag der Gegenwart, Prager Glockenstimmen (Geläute), Haydn, Mozart und Beethoven mit dem hübschen Motto: „Haydn ist der Weg zum Himmel, | Mozart ist der Himmel selbst, | Beethoven der Gott in demselben." Ferner: Musiker und Dichter (von Operntexten), Ernestine von Fricken, Schumann's erste Braut, zum ersten Male nach Familien-Nachrichten ausführlich dargestellt. Künstlerbilder aus der Werkstatt, der Bühne und dem Konzert-

saal. Streiflichter über Robert Franz und sein Lied, enthält meistens Selbst-
erlebtes, da er mit Franz befreundet war. Eine moderne Musikgeschichte, betrifft Dr. *Svoboda's* Illustrierte Musikgeschichte. Stuttgart 1894, Karl Grüninger,
die in den Augen des Verfassers vortrefflich ist und Ambros an die Seite gesetzt werden kann. Dem Schreiber dieser Zeilen ist sie bis jetzt unbekannt,
doch muss dieselbe nach dem Urteile obigen Verfassers ein wahres Wunder-
werk sein. Noch sei erwähnt, dass der Abschnitt „böhmische Musikschulen"
aus einem kleinen biographischen Lexikon besteht, welches manches Neue und
wie es scheint auch Verbürgte enthält.

    * Die von Prof. *Ernst Rabich*, Herzogl. sächs. Musikdirektor und Hof-
kantor in diesem Jahre neu gegründete Musikzeitung: Blätter für Haus- und
Kirchenmusik, Langensalza 1897, Hermann Beyer & Söhne, in gr. 4^0, monat-
lich eine Nummer, mit modernen Musikbeilagen, enthält auch einige historische
Artikel, die der Erwähnung wert sind. In Nr. 1/2 von *Jos. Sittard*: Zur Ge-
schichte des Kirchengesangs in *Hamburg* in der ältesten Zeit mit Dokumenten.
Die Nachrichten beginnen mit dem 11. Jh. und schliefsen mit Emanuel Bach.
In Nr. 3/4 befindet sich von *Hugo Riemann* ein Artikel über die *Söhne Seb.*
Bach's mit der Mitteilung eines Streichquartetts von Em. Bach als Beilage.
Der Artikel beschäftigt sich nicht mit der Lebensgeschichte derselben, sondern
ausschliefslich mit ihren Leistungen und ihrer Stellung als Komponist zu den
Zeitgenossen. Hierbei sei die Gelegenheit benützt auf die Neuausgaben obigen
Verfassers der Söhne Seb. Bach's bei Steingräber in Leipzig aufmerksam zu
machen. Es sind dies *Johann Bernhard Bach*: Fuge in Fd., *Joh. Chrstn. B.*:
Konzerte in Gd. Ed. Dd. mit untergelegtem 2. Pfte. und eine Sonate in Cm.
Joh. Chrstph. B.: Sarabande mit Variationen, *Joh. Chrstph. Friedr. B.* ein
Allegretto mit Variationen, *Karl Phil. Em. Bach:* Ausgewählte Klavierwerke,
Konzerte in Cm. Gd. Dd. Dd. (Nr. 2), Esdur mit untergelegtem 2. Pfte. *Wilh.*
Friedemann Bach: Konzerte in Em. Dd. Amoll, Fd. mit untergelegtem 2. Pfte.,
Suite in Gmoll, Sonaten und kleinere Klavierpiecen.

    * Die Antiquariats-Buchhdlg. von *J. St. Goar* in Frankfurt a. M. bietet
eine Sammlg. von 14 Konzerten von Mendelssohn, Beethoven, Seb. Bach, Rob.
Schumann, Mozart und Weber, aus dem Nachlasse der Frau Klara Schumann
in meist älteren, zum Teil Original-Ausgaben mit den Orchesterstimmen und
mit zahlreichen Korrekturen und Vortragszeichen der ehemaligen Besitzerin
versehen, zum Preise von 120 M aus.

    * *Kirchhoff & Wigand* in Leipzig. Katalog Nr. 998, enth. 1309 Nrn.
Geschichte der Musik, theoretische Schriften, praktische Musik. Eine wertvolle Sammlung, deren letztere Abteilung auch ältere Werke enthält, als liturgische Werke, Gesangbücher, Opern, Oratorien u. a.

    * Hierbei eine Beilage: Nachrichten über die Musikpflege am Hofe zu
Innsbruck nach archivalischen Aufzeichnungen von Dr. Franz Waldner. Bog. 1·

Verantwortlicher Redakteur Robert Eitner, Templin (Uckermark).
Druck von Hermann Beyer & Söhne in Langensalza.

MONATSHEFTE

für
MUSIK - GESCHICHTE

herausgegeben

von

der Gesellschaft für Musikforschung.

| IIIX. Jahrg. 1897. | Preis des Jahrganges 9 Mk. Monatlich erscheint eine Nummer von 1 bis 2 Bogen. Insertionsgebühren für die Zeile 30 Pf. Kommissionsverlag von Breitkopf & Härtel in Leipzig. Bestellungen nimmt jede Buch- und Musikhandlung entgegen. | No. 8. |

Ein Dialog John Hilton's.
Von Dr. Wilibald Nagel.

Der Mann, von dessen Schöpfungen eine hier besprochen und mitgeteilt werden soll, kann in der Musikgeschichte keinen besonders hervorragenden Platz beanspruchen. Doch sind der Gründe, welche mich zur Mitteilung des Dialoges *Hilton's* veranlassen, mancherlei, Gründe, von denen ich hoffe, dass sie auch von den Lesern dieser Zeitschrift anerkannt werden mögen. Man wird sie im einzelnen aus den folgenden Angaben entnehmen können.

Mit dem Wirken *Palestrina's* war der Höhepunkt der Entwickelung der älteren Kontrapunktistenschule erreicht, die Formen der Messe, der Motette waren bis zu dem Grade ausgebildet, dass jeder Schritt darüber hinaus ein Schritt abwärts werden musste, Form und Inhalt deckten sich in ihnen vollkommen. Wollten die Tonsetzer nicht auf jede künstlerisch-selbständige Äußerung verzichten, so war es geboten, nach neuen Formen, nach neuen Mitteln des musikalischen Ausdruckes zu suchen. Dieser notwendigen Forderung kamen gewichtige Umstände zu Hilfe: die strenge Satzweise, welche in Italien ihren vorläufigen Abschluss fand, war kein originäres italienisches Produkt, niederländische Künstler hatten sie im lachenden Süden eingebürgert. Aber wenn auch der nordische Ernst die leichter geknüpfte Kunst, welche der heitere Himmel Italiens geboren, in den Hintergrund drängte, sie vernichten, jede Spur von ihr verwischen

konnte er nicht. In den „Frottole" lebte das auf den homophonen
Bau der Sätze gerichtete italienische Prinzip der Komposition mehrstimmiger Tonstücke fort, und diese Form erwies sich sogar so
lebenskräftig, dass, als nach dem hauptsächlich durch mancherlei so-
ziale Gründe bedingten massenhaften Anwachsen der *Madrigale* sich
das Interesse der Musikliebhaber mehr und mehr von der kirchlichen
Kunst entfernte, in eben dieser neuen Form gesellschaftlicher Musik
zwei Kompositionstypen auf lange Zeit nebeneinander her gingen,
deren einer sich der nordischen Satztechnik vorwiegend anschloss,
während der andere gröfsere Hinneigung zur Weise der Frottole be-
kundete. Wie sich beide Arten dann mehr und mehr mischten, ist
bekannt. Der zweite Punkt, welcher die allmähliche Auflösung der
Kontrapunktik bedingte, war das Aufkommen der Monodie und der
Oper; von vorneherein war die Tendenz dieser neuen Kunstrichtung
der kontrapunktisch-kombinierenden Satzweise entgegengesetzt gewesen.
Glücklicherweise erfolgte die Entwickelung der Kunst nicht im Sinne
der erzaristokratischen Gruppe der (damaligen) Neuplatoniker, wenn
auch die Musiker, vorab *Caccini*, den Lehrsatz des griechischen Philosophen (theoretisch!) adoptierten, dass Musik nichts als Sprache und
Rhythmus und erst zuletzt Ton sei. Natürlich nicht, denn zu allen
Zeiten hat der Satz des alten *Horaz* gegolten, den man an dieser
Stelle wohl am besten dahin variiert: Naturam expellas penna, tamen
usque recurret. Das Madrigal und die Anfänge der Oper stehen nur
insofern in innerem Zusammenhange, als in diesen dank dem ge-
sunden Sinne und der natürlichen Begabung der Tonsetzer durchaus
nicht alles auf die theoretisch beabsichtigte trockene tonale Dekla-
mation hinauslief; vielmehr zeigten sich da und dort melodische
Keime von zuweilen grofser Schönheit, imitatorische Einsätze bei mehrstimmigen Partieen — Ausdrucksweisen also, welche dem *Madrigale*
durchaus nicht fremd waren. Die spezifische Art von *Caccini's* Kolo-
raturen fehlt den Madrigalen; wohl begegnet man ihr in italienischen
„Dialogen", wenn auch mehr oder weniger modifiziert.

Das Madrigal gelangte, soviel wir wissen, Ende der 80er Jahre
des 16. Jahrhunderts zuerst nach England. Als *Caccini* seine „Nuove
Musiche" veröffentlichte (1602), war im Norden schon eine Sammlung von „*Ayres*" publiziert, welche die Bekanntschaft mit des Italieners „Richtung" voraussetzt. Wir dürfen diesen Satz unbedingt
in der Form aussprechen; einmal gingen den „Nuove Musiche" lang-
jährige Erörterungen der Kunst-Art, welche sie repräsentierten, vor-
auf, und England war, wie aus *N. Yonge's, Th. Morley's* u. a. Lebens-

geschichten bekannt ist, seit Jahren gewohnt, italienische Musik zu importieren, ein englischer Künstler konnte andererseits damals unmöglich auf dieselbe Idee wie die gleichzeitigen Italiener kommen, nämlich rein deklamatorische Musik zu schreiben, ohne dass zu dieser neuen Stilart eine zwingende innere Notwendigkeit vorlag. Dass dem so war, dass gar kein dem englischen Musikleben entkeimter Grund vorhanden war, der die englischen Tonsetzer von ihrer gewohnten Ausdrucksweise sich hätte entfernen und ganz neue, der bisherigen Musikart diametral gegenüberstehenden Bahnen hätte aufsuchen lassen können, lehrt ein Blick auf die englische Musikgeschichte des 16. Jahrhunderts. Ich leugne durchaus nicht, dass im allgemeinen zwei Menschen, die weder sich noch etwas von sich gegenseitig kennen, gleichzeitig dieselbe Idee haben können. Aber mit den „Erfindungen" auf künstlerischem Gebiete sollte man uns verschonen, da geht die Entwickelung Schritt für Schritt, keine Erscheinung ist ohne eine voraufgegangene andere zu erklären. Dass die Engländer im 16. Jahrhundert und um dessen Wende keine Lust an theoretischen Spekulationen hatten, wie sie dem Kreise der Italiener, dem wir die Monodie verdanken, eigen war, darf man schlankweg sagen: man lese, wie *Morley* es bejammert, dass er einen Traktat schreiben soll, wie *Dowland* ein ausführliches Werk — verspricht, wie *Elway Bevin* statt einer Kompositions- und Musiklehre eine Sammlung von Kanons in die Welt schickt u. s. w.

Die Oper fand in England keinen günstigen Boden. (Es ist hier nicht der Ort, um auf die Gründe für diese auffallende Erscheinung einzugehen.) Höfische Festlichkeiten mit einem gewissen dramatischen Zuschnitt, bei welchen die Musik oft reichlich zu thun hatte, waren in England seit langer Zeit bekannt und beliebt. Aber ihr Publikum beschränkte sich in den meisten, wenn nicht allen Fällen auf den Kreis des Hofes, das Volk hatte nichts von all dem Glanz und der Kunst, die da entfaltet wurden. Aber das Bedürfnis nach dramatisch-musikalischen Formen war in den weitesten Kreisen vorhanden. Man war von alters her gewohnt, Instrumentalmusik bei den öffentlichen dramatischen Spielen zu hören. Chöre waren in dieselben eingefügt worden, um die Zwischenakte des Drama's auszufüllen, oder seine Moral in knapper Form zu bieten; gewisse, allerdings zum Teil unscheinbare Keime lagen in der Art, wie sich in geistlichen und dann auch in weltlichen Werken ganze Chortruppen gegen einander aufstellten, und wie in den Quodlibets — in einem englischen Manuskripte fand ich den bezeichnenden Ausdruck „Medley" dafür, über

9*

welchen *Grove* keine Auskunft giebt — direkter Bezug auf das dem Gesang lauschende Publikum genommen wird u. s. w. Das, was über die höfischen Feste in die Öffentlichkeit drang, musste die grofse Menge mit Neugierde und dem Sehnen, Ähnlichem beizuwohnen, womöglich Gleiches oder Entsprechendes zu besitzen, erfüllen. In den Tagen *Elisabeth's* hatte sich ein ganz gewaltiger Umschwung im Musikleben Englands vollzogen: war unter ihres Vaters Herrschaft die künstlerische Bethätigung im wesentlichen auf die Kirchen und vor allem auf den Hof beschränkt geblieben, so war die Musikbildung im England der Queen Befs eine allgemeine. (Ich darf die Aufzählung der Faktoren, welche dieselbe bedingten, hier übergehen und auf den 2. Teil meiner Geschichte der Musik in England, — Strafsburg, Trübner — welcher im Drucke ist, verweisen.) Das mehr und mehr erkaltende Interesse an den Werken kirchlicher Kunst, die Freude an den neuen Formen des Madrigals, der Canzonetten, Balletten, die Lust am Instrumentalspiel, am gemeinsamen, geselligen Musizieren, die mit dem unablässigen, hier in gewissem Sinne: planlosen Musizieren verbundene Sucht nach Neuem musste die Tonsetzer veranlassen, die neue Art des deklamatorischen Musikstiles, welche im Grunde genommen nur im dramatischen Werke Existenzberechtigung hatte, auf das einfache Lied zu übertragen. Der im Volke vorhandene Wunsch nach einer Art von Äquivalent für die ihm verschlossene „Oper", das Vorbild, welches diese in einzelnen Teilen hierfür abgab, führte dann zu der recht ausgedehnten Pflege der „Dialoge".

Wir haben zunächst die Form der englischen „Dialoge" einer kurzen Betrachtung zu unterziehen. Was die Tonsetzer und Theoretiker unter diesem Namen begreifen, ist durchaus nicht immer das gleiche, wie ein Blick auf das letzte Stück von *Morley's* Balletten von 1597 und auf die letzte zweistimmige Ayre in *Dowland's* 3. Buch von 1603 u. a. m. lehrt. In der *Dowland*'schen Komposition macht ein 5 stimmiger Chor den Schluss, *Morley's* genanntes Werk ist für 7 Stimmen gearbeitet. In jenem wirken 2 Lauten mit; *Hilton's* Dialoge haben als Fundament einen (nicht bezifferten) Bass. Mit der fortschreitenden Pflege des Sologesanges entwickelte sich die Form dahin, dass der Dialog — nicht ausschliefslich — aus Frage und Antwort bestand; am Schlusse vereinigten sich die beiden Stimmen zum „Chorus". Vielfach wurde eine bestimmte szenische Voraussetzung für den Inhalt des Dialoges angenommen, später sogar direkt angegeben. So schrieb *George Herbert* ein Anthem in Form eines Dialoges zwischen einem Christen und dem Tod, *Ford* setzte ein

Anthem zum Gebrauch für die Weihnachtszeit (Davey) und in „The Treasury of Musick, cont. Ayres . . . Comp. by Mr. *Henry Lawes*, late Servant etc. London 1669" (3 Bücher) findet sich unter Nr. 1 folgende szenische Angabe: „A Storm, Cloris at Sea, near the Land, is surprized by a Storm: Amintor on the Shore, expecting her Arrival." In diesen Stücken ist von irgendwelcher dekorativer Verwendung der Musik, wie sie die Engländer schon früher versucht hatten (vergl. einzelnes im Fitzwilliam Virginal Book edd. Squire und Fuller-Maitland) nicht die Rede. Der Stil ist meist trocken deklamatorisch, hin und wieder findet sich in den Dialogen einmal ein einzelnes Wort verziert. Überaus charakteristisch ist es, wenn in einzelnen Handschriften, z. B. der Nr. 11608 der Add. MSS. des British Museum, sich eine dem Schreiber derselben nicht gehörende Hand den Spaß gemacht hat, einzelne Takte, z. B. Schlusscadenzen durch arg gedehnte Schnörkel zu erweitern. Davon blieben auch geistliche Sätze nicht verschont, wie das „Ardens est cor meum" *Deering's* in derselben Handschrift lehrt. *Hilton* ist in dem gleichen Manuskript mit Dialogen vertreten; er setzte das Urteil des Paris mit, natürlich 4stimmigem, Chor, das Urteil Salomos über das Kind und die um dessen Besitz streitenden Mütter und den Dialog „Job", der hier mitgeteilt werden soll.

Wir müssen vorher jedoch noch ein Wort über das Verhältnis des „Dialogs" zur Cantate, speziell zur Kammercantate sagen. Man kann dasselbe dahin fixieren, dass jener die Keime aufweist für die durch *Carissimi's* Wirksamkeit in Aufnahme gekommene erste typische Form der Kammercantate, welche man im allgemeinen als aus dem Wechsel von Recitativen, Arien und Solosätzen bestehend bezeichnen kann. Von der älteren Form der Dialoge behielt *Hilton* die Gewohnheit bei, die Stimmen sich am Schlusse zum „Chor" vereinen zu lassen. Auch in seinen Dialogen findet der Wechsel zwischen recitativischen und mehr arios gehaltenen Stellen —, welche sich allerdings in bescheidenen Grenzen halten — statt. Wie in der Kammercantate ist in den Dialogen eine intensive, farbenreiche Mitwirkung von Instrumentalmusik ausgeschlossen — im „Dialog" war schon durch seinen geringen Umfang daran nicht zu denken. Die Begleitung bildet der, wie schon gesagt, unbezifferte Bass.

Überaus bemerkenswert sind weniger bei *Lawes* u. a. als bei *Hilton* die Ansätze zu dramatisch wirksamer Abgrenzung der einzelnen Verse, resp. Sätze. Wir kommen darauf zurück.

Biographisches über den Komponisten an dieser Stelle mitzuteilen,

erscheint überflüssig; man findet das einzelne in *Davey's* Buch.*) Es
genüge, dass *Hilton* 1599 geboren wurde und 1657 starb. Einen
bestimmten Zeitpunkt der Abfassung jener Dialoge vermag ich nicht
anzugeben.

Nach einigen einleitenden, freien Worten, welche sogleich mitten
in die Situation führen, folgt *Hilton's* Text im wesentlichen den charakteristischen Versen des 1. und 2. Kapitels aus dem Buche Hiob.
Die singenden Personen sind: Gott, Satan, die 4 Boten (von einer
Stimme gesungen), Hiob und dessen Frau, deren Partie der (Sopran-)
Sänger der Boten ausführte. Hiob singt Alt, Gott Tenor und Satan,
nicht mehr als recht und billig, den Grundbass.

Das Stück hebt ganz im konventionellen Tone des deklamatorischen
Stiles an; die Worte Satan's „up and downe" werden selbstredend
zu einer wiederholten passenden Tonverbindung (ebenso das „wandring")
benutzt. Solchen kleinen ausschmückenden Zügen begegnen wir schon
in den Madrigalen. Bis zu dem 2. Gesange Satan's bleibt jedoch der
Ton im allgemeinen gleichmäfsig trocken. Satan wird jedoch gleich
seinem berühmten Vetter Mephisto dieses Tones satt: Die Modulation
wird reicher, die melodische Linie bewegter. Ganz trefflich im engen
Rahmen ist die Steigerung in den Berichten der 4 Botschafter musikalisch illustriert. Für die aufsteigende chromatische Linie im Berichte des vierten Boten finden sich bei anderen Tonsetzern mancherlei
Parallelstellen. [Ich verzichte hier darauf, die Stellung der englischen
Musiker des 16. und 17. Jahrhunderts zur Chromatik darzulegen;
man wird erschöpfende Angaben darüber in meinem Buche finden.]
Die Mittelstimme zu bilden, wie in der von mir vorgeschlagenen
Ausführung des Basses geschehen, wird kaum einem Widerspruche
begegnen. In dem folgenden Sätzchen Satans ist die Siegesgewissheit
und die hämische Freude des Beherrschers aller Verdammten recht
charakteristisch wiedergegeben; dass Se. höllische Majestät nicht chro-

---

*) Trotzdem *Davey* mit Recht darauf aufmerksam macht, dass 2 *J. Hiltons*
existiert haben müssen, — der ältere lieferte einen Beitrag zu der grofsen
Madrigalsammlung: The Triumphs of Oriana — findet sich im Index seines
Buches keinerlei Hindeutung darauf. Derselbe ist überhaupt im ganzen völlig
unbrauchbar, da *Davey* das Bestreben hat, an jeder Stelle, wo er einen Tonsetzer nennt, alles mögliche über den Mann zu sagen, dann nochmals zusammenfasst, einzelnes auslässt, um einige Seiten weiter wiederum auf ihn zurückzukommen, und nun — völlig zwecklos — jede Seite im Index verzeichnet, wo
der betr. Komponist, wenn auch ohne weitere Hinzufügung eines charakteristischen
Zuges vorkommt. Auf die „Dialogues" geht *Davey* nicht ein, wie ihm überhaupt die formelle Seite der Kunst u. m. a. gleichgiltig ist.

matisch grunzt und knurrt, sondern als „zielbewusster" Teufel sich
in klaren tonalen Grenzen hält und voll Behagen sich an dem „downe"
freut, ist nur der Situation entsprechend. Sehr ausdrucksvoll und
bezeichnend ist auch Hiob's Gesang. Das Kunstmittel, eine Phrase
in höherer Lage zu wiederholen, um den Eindruck zu verstärken, hat
Hilton auch in dem Salomonischen Urteil angewendet:

Die Haupttonart ist Gdur, eine Vorzeichnung ist nicht angegeben.
Ich lasse nach diesen Bemerkungen den Dialog folgen.

The Dialogue of Job. (God, Satan, Job's wife, the Messengers.)
God. (Die Bezifferung ist hinzugesetzt.)

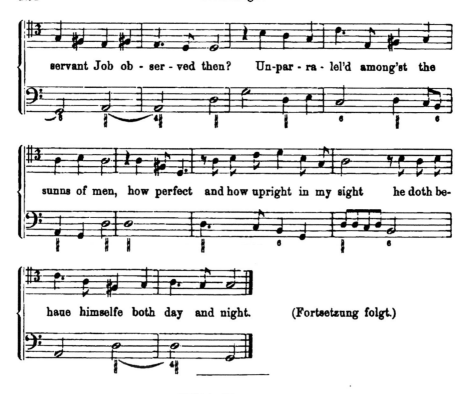

servant Job ob - ser - ved then?   Un-par - ra - lel'd among'st the

sunns of men, how perfect and how upright in my sight   he doth be-

haue himselfe both day and night.   (Fortsetzung folgt.)

Mitteilungen.

* Die neu gegründete Berliner Verlags-Gesellschaft „Harmonie" beginnt demnächst ein gröfseres wertvolles Unternehmen, das die weitesten Kreise, besonders aber das musikliebende Publikum interessieren wird. Es ist eine von Prof. Dr. H. Reimann (Berlin) herauszugebende Sammlung von Lebens- und Charakterbildern aller grofsen Tonmeister, nebst Einführung in deren Werke. Die Sammlung erscheint in einzelnen, vornehm ausgestatteten, illustrierten Prachtbänden (à M 3,—). Die hervorragendsten Musikforscher haben ihre Mitarbeiterschaft in Aussicht gestellt, z. B.: Dr. H. Welti, Prof. Jedliczka, Otto Lessmann, Prof. Dr. S. Jadassohn, Hoftheaterdirektor Wittmann, Dr. Gehrmann, A. Niggli, Prof. Gernsheim, Priv.-Doz. Dr. Sternfeld, La Mara, Kapellmeister Volbach, Prof. L. Auer, Prof. Dr. Heinr. Bulthaupt, und viele andere.

* Zeitschrift für Bücherfreunde, Verlag von Velhagen & Klasing in Bielefeld und Leipzig, 1. Jahrg. 1897. Erscheint in monatlichen Heften in hoch 4⁰ von je 9 Bogen und Beilagen für Anzeigen. Der Inhalt umfasst alles dasjenige was Büchersammler interessieren kann: Historisches, Praktisches, Winke bei Anlage von Sammlungen jeder Art. Z. B. enthält Heft 4 einen Artikel über „moderne Plakatkunst," ferner „Vom Autographensammeln," dann eine Encyklopädie der Wissenschaft von A. L. Jellinek in Wien. Ganz besonders wertvoll sind die zahlreich eingestreuten Abbildungen in Buntdruck, die luxuriös ausgeführt sind. Der Preis des Jahrganges von 12 Heften beträgt 24 M.

* Hierbei zwei Beilagen: 1. Joh. Phil. Krieger. Bog. 1. 2. Nachrichten über die Musikpflege am Hofe zu Innsbruck nach archivalischen Aufzeichnungen von Dr. Franz Waldner. Bog. 2.

Verantwortlicher Redakteur Robert Eitner, Templin (Uckermark).
Druck von Hermann Beyer & Söhne in Langensalza.

MONATSHEFTE

für

MUSIK-GESCHICHTE

herausgegeben

von

der Gesellschaft für Musikforschung.

	Preis des Jahrganges 9 Mk. Monatlich erscheint eine Nummer von 1 bis 2 Bogen. Insertionsgebühren für die Zeile 30 Pf.	
XXIX. Jahrg. 1897.	Kommissionsverlag von Breitkopf & Härtel in Leipzig. Bestellungen nimmt jede Buch- und Musikhandlung entgegen.	**No. 9.**

Ein Dialog John Hilton's.

Von Dr. Willibald Nagel.

Satan.

(Fortsetz.)

Doth Job serue God fir nought, loves hee not more thy guifts then thee whe-rof thou send'st him store, hast thou not fenst his per-son and his state, Encreas't his substance, made him for-tu-nate, Touch but his bones, torment

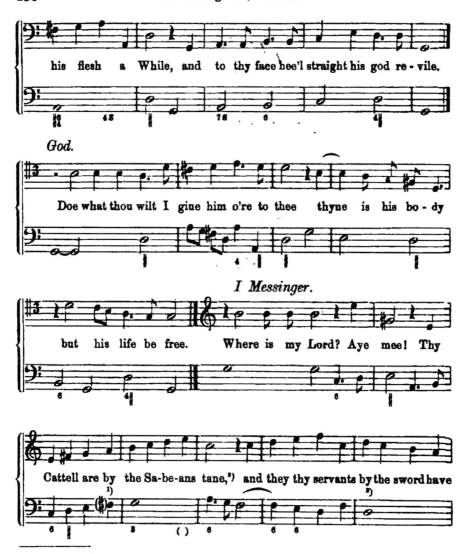

¹) Das ♯ ist von mir hinzugefügt, trotzdem derartige Querstände in engl. und andern Werken der Zeit nichts Seltenes sind. *Bird* pflegte sie als eine Art Spezialität. Die gleiche Erscheinung im folgenden Takt hat weniger Auffallendes; umgehen ließ sie sich hier nicht: die Fortschritte weisen des entschiedensten auf F♯ als das Ziel.

²) Bei Shakespeare kommt die Form ta'en vor = taken.

³) Etwa so auszuführen:

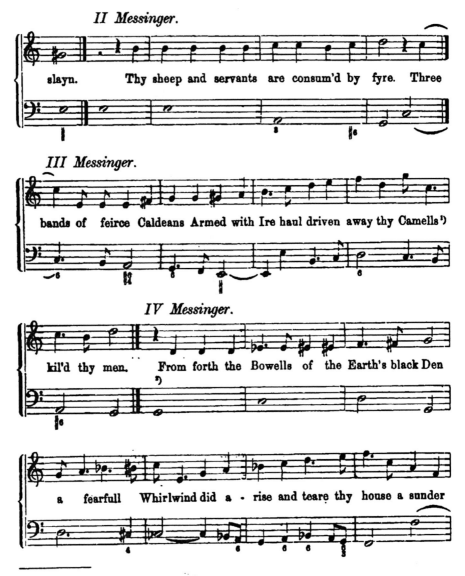

II Messinger.

slayn.   Thy sheep and servants are consum'd by fyre.   Three

III Messinger.

bands of   feirce Caldeans Armed with Ire haul driven away thy Camells[1]

IV Messinger.

kil'd thy men.   From forth the Bowells of   the Earth's black Den

a   fearfull   Whirlwind did a - rise and teare thy house a sunder

---

[1] Die Rücksichtnahme auf den Wortaccent ist wie hier, so an mehreren anderen Stellen zu bemerken.

[2] Ich denke mir eine Ausführung etwa so:

Job's wife. Still patient Job, t'is that prolongs thy payne, Curse God and dye.

Job. Woman thou prat'st in vayne; thou foole, shall good things to - us welcome bee and shall wee then repine at Mi - ser - y

¹) Na - ked I from my Mother's wombe was tane,²) and na - ked thither must re - tur - ne agayne t'was God that gave them me, and t'was the same that took them

¹) Die nächsten Takte sind in der Handschrift nicht klar.
²) Die Handschrift hat offenbar irrtümlich hier sane. ³) Seite 134.

from mee. Bles - - - sed bee his name.

Chorus 4 pts.

Meanwhile no waywardness in Job appear'd; nor Muttringe

speech a - gaynst his God was heard.

[3]) Vielleicht

Mitteilungen.

* Tabvlae Codicvm Manv Scriptorvm praeter graecos et orientales in Bibliotheca Palatina Vindobonensi asservatorvm, edidit Academia Caesarea Vindobonensis. Volvmen IX. (Codicvm musicorvm pars I.) Cod. 15501—17500. Vindobonae 1897 venvm dat Caroli Geroldi filivs bibliopola Academiae. gr. 8°. 10 S. Vorwort, 420 S. Text. Pr. 7 M.

Auf gut deutsch heißt das obige: Katalog der Musikhandschriften der K. K. Hofbibliothek in Wien. Wenn ein Katalog je ein Vorwort bedurft hat, so ist es der vorliegende. Wir haben in betreff der Musikkataloge schon Manches erlebt, aber der vorliegende setzt allen die Krone auf. Doch ehe wir uns in das Vorwort vertiefen, wollen wir der *K. K. Akademie* der Wissenschaften in Wien, der *Direktion* der Hofbibl. und vor allem dem Verfasser des Kataloges selbst, Herrn Dr. *Joseph Mantuani* unsern Dank abstatten für die Herstellung eines gedruckten Kataloges der Musikalien der so überaus reichhaltigen Hofbibliothek und hoffen, dass die Ksl. Akademie nicht auf halbem Wege wird stehen bleiben, sondern Herrn Dr. *Mantuani* die Vollendung des Kataloges bis auf die Druckwerke übertragen. So wie der Titel des Kataloges ist auch der Katalog selbst in lateinischer Sprache abgefasst, doch hat Herr Dr. Mantuani die Original-Titel und jede Bemerkung auf der Handschrift in der Originalsprache wiedergegeben. Das Wunderlichste ist aber die Reihenfolge der Werke. Die Hofbibl. hat das Unglück gehabt nach einer Reihe begabter Bibliographen und Musikverständiger nur Pflichtbeamte zu erhalten, denen Bibliographie und Musik Nebensache war. Anton Schmid starb 3. Juli 1857. Er hinterließ einen wohlgeordneten ausführlichen Zettelkatalog, der aber von den Nachfolgern missachtet und verworfen, zum Teil vernichtet wurde. Die Bibliothek wurde nun von Neuem geordnet und signiert und ohne auch nur irgendwie Rücksicht auf den Inhalt der Werke zu nehmen, blindlings nach dem Format eingereiht und mit der laufenden Nummer versehen, zum Teil auch in andere Fächer eingeordnet, so dass neben einem liturgischen Werke z. B. eine Oper, eine Messe, eine Sinfonie, ein Liederwerk, ein Klavierwerk in wilder Reihe aufeinander folgen und in dieser gewiss einzig dastehenden Unordnung musste der Katalog nolens volens angefertigt werden. Nicht einmal die Werke eines Komponisten stehen zusammen. Andere Bibliotheken ordnen ja auch ihre Werke nach dem Format und nehmen fortlaufende Nummern, doch die Kataloge werden alphabetisch oder wissenschaftlich geordnet und die Signatur nebst Standort hinzugefügt. In der Weise sind die gedruckten Kataloge der Liegnitzer, Königsberger, Freiburger, Heilbronner, Joachimthal'schen, Briegschen u. a. Bibliotheken hergestellt. Die alphabetische Ordnung ist immer die beste, da sie dem Suchenden die wenigste Zeit kostet und nie Irrtümer durch Angabe falscher Seiten oder Nrn. im Register entstehen können. Auf diese sehr einfache Idee scheint man aber in Wien gar nicht gekommen zu sein und hat sich nur auf die Ordnung der laufenden Nr. gesteift, trotzdem dieselbe die absonderlichste in ihrer Art ist. — Was nun die Beschreibung der Mss. selbst betrifft, so verdient Herr Dr. *Mantuani* unser ungeteiltes Lob. Schon dass er eine bestimmte Art festgesetzt hat, wie jedes Ms. zu beschreiben ist und dies durch den ganzen Katalog streng durchführt, ist ein nicht gering

zu schätzender Vorzug, der nur von wenigen Bibliographen mit dieser Gewissenhaftigkeit befolgt wird. Ferner giebt die Beschreibung der Mss. auf
jede Frage Antwort und der Suchende kommt nirgends in Zweifel. Bei Sammelwerken ist der Inhalt genau verzeichnet. Selbst diejenigen, denen das Latein
nicht mehr geläufig ist, werden sich sehr bald einarbeiten. — Die Hofbibl.
steht allerdings unter der Verwaltung des Oberhofmeisteramtes, wird aber von
der Ksl. Akademie der Wissenschaften in Wien unterstützt, die auch den
Katalog drucken lässt, und da die Verfasser, Verleger und Drucker des österreichischen Staates die Verpflichtung haben von jedem Werke, welches erscheint,
ein Exemplar der Hofbibl. abzuliefern, so hat auch der Staatsbürger ein ge-
wisses Recht die Bibl. zu benützen, was auch in jeder Hinsicht gewährt wird.
— Aus dem Vorworte erfährt man, dass erst durch die Bemühungen des Grafen
Moritz von Dietrichstein der Bestand der Musikalien ein so bedeutender geworden ist. Bis dahin besaß die Bibl. nur Werke die aus Klöstern stammten und
bei der Aufhebung derselben der Hofb. eingereiht wurden, doch teilte man sie
teilweise nicht der Musik, sondern der Theologie zu. Der bereits erschienene Bd.
der theologischen Abteilung ist aber in betreff der Musik-Codices, sehr ungenau und
fast unbrauchbar und doch befinden sich darunter sehr wertvolle Codices die einer
neuen Beschreibung bedürfen. Darunter sind Lieder der Minnesänger und Trou-
badours, Autographe von Lassus u. a. Graf von Dietrichstein's Verdienst bestand
nun darin im Jahre 1827 aus dem Archive der Ksl. Hofkapelle 47 Bde. mit
polyphoner Musik des 16. und 17. Jhs. der Hofb. einzuverleiben. 1828 legte
er eine Autographen-Samlg. an. 1829 schaffte er noch das Übrige aus dem
Hofkapellarchive in die Hofb., worunter sich auch die reichhaltige historisch
wichtige Privatbibl. des Ks. Leopold I. befand. In dieser Samlg. befanden
sich zahlreiche Opern, Serenaden, Kantaten u. a. aus der Zeit zu und nach
Leopold I., unter den Kaisern Joseph I., Karl VI. und Maria Theresia gesammelt. Auch der Hofkapellmeister *Joseph von Eybler* hat die Hofb. um
Vieles vermehrt, besonders durch Partituren von A. Salieri aus dem Archive
der „Witwen- und Waisen-Pensionfonds-Gesellschaft der Wiener Tonkünstler“.
Auf diese Weise wuchs der Bestand der Musikalien bis auf 8000 Nrn., die von
Anton Schmid geordnet und alphabetisch katalogisiert wurden. Erst 1850 warf
man diese Ordnung um und schuf das jetzige Chaos. — In der Hoffnung, dass
Herr *Mantuani* mit seinen Vorschlägen zur Vollendung des Kataloges durch-
dringt, sei der *Ks. Akademie* nochmals unser Dank dargebracht für die Veröffentlichung des kostbaren Bestandes der Hofbibliothek.

   * Fehlerverbesserung. Seite 118 Z. 14 v. o. lies humanistisch statt
humoristisch.

   * Hierbei zwei Beilagen: 1. Joh. Phil. Krieger, Bog. 2. 2. Nachrichten
über die Musikpflege am Hofe zu Innsbruck nach archivalischen Aufzeichnungen
von Dr. Franz Waldner, Bog. 3.

Verantwortlicher Redakteur Robert Eitner, Templin (Uckermark).
Druck von Hermann Beyer & Söhne in Langensalza.

MONATSHEFTE

für

MUSIK - GESCHICHTE

herausgegeben

von

der Gesellschaft für Musikforschung.

| XXIX. Jahrg. 1897. | Preis des Jahrganges 9 Mk. Monatlich erscheint eine Nummer von 1 bis 2 Bogen. Insertionsgebühren für die Zeile 30 Pf. Kommissionsverlag von Breitkopf & Härtel in Leipsig. Bestellungen nimmt jede Buch- und Musikhandlung entgegen. | No. 10. |

Die Weimarer Hofkapelle im XVI. Jahrhundert
bis zum dreifsigjährigen Kriege.
Von **Ernst Pasqué** († 20./3. 1892).
Manuskript in der Grofsherzogl. Bibl. zu Weimar.*)

Wenn auch mit dem Einzuge *Johann Friedrich des Grofs-müttigen* in Weimar (1552) die Stadt wieder eine wirkliche Residenz geworden, so war doch die dortige fürstliche Hofhaltung noch immer eine einfache, deren musikalischer Bestandteil nur durch den Organisten und wenige Trompeter repräsentiert wurde. 1554 starb der entthronte Kurfürst und sein zweiter Sohn *Johann Wilhelm* erhielt Weimar (der ältere, *Johann Friedrich der Mittlere* zog nach Gotha und starb als Gefangener fern der Heimat 1595). Der junge Herzog, welcher oft mit dem französischen Hofe in Berührung kam, war ein prachtliebender Fürst und sein Hofstaat zu Weimar wurde nach und nach ein ebenso bunter als zahlreicher. Er hielt Musiker, Geiger und Lautenisten, die bald eine vollstimmige Kapellmusik bildeten; in einer eigenen Kapellschule wurden die „Singeknaben" unterrichtet, um den Dienst bei Hofe wie in der Hofkirche zu verrichten. An der Spitze dieser „Cantorey" oder Hofkapelle stand *David Köhler*, vordem Kantor zu Altenburg (starb als solcher zu Zwickau), und unter den Schülern der Kapellschule erscheint ein Mann, der bald als hellleuchtender Stern am musikalischen Horizont strahlen sollte. Es war

---

*) Mit Erlaubnis der Direktion obiger Bibliothek zum Abdruck gebracht.

dies *Johannes Eccard.* 1553 zu Mühlhausen in Thüringen geboren, war er etwa 14 Jahre alt als Singeknabe in die Weimarer Kapellschule getreten (1567 wird er urkundlich daselbst erwähnt), dann als „Hofmusicist" angestellt worden. Er blieb bis 1571 in Weimar; in letzterem Jahre erhielt er 3 Gld. „zu endlicher Abfertigung", weil er sich „an ein ander Orth begeben". Johannes Eccard starb als hochberühmter Komponist und Kapellmeister am Brandenburgischen Hofe 1611 zu Berlin.*) Von 1567—1569 war *Johannes Hermannus* aus Arnstadt Kapellmeister.

1570 sah sich Johann Wilhelm genötigt seinen Hofhalt einzuschränken und der gröfste Teil der Hofkapelle wurde entlassen. Dafür erscheint ein neuer Kantor Namens *Paulus Köhler,* der jedoch schon im folgenden Jahre 1571 wieder abging. 1569 waren vorhanden: 14 Sängerknaben, 5 welsche Geiger,**) 5 musikalische Trompeter, 1 Heerpauker und 2 Zinkenbläser.

Die fürstlichen Hofkapellisten trugen eine „Livrey". Dieselbe bestand nach einer gleichzeitigen in Farben ausgeführten Zeichnung (ein Modebild des XVI. Jahrhunderts!) aus schwarzen Strümpfen und Schuhen, weiten Spangenhosen und kurzer Jacke von gleicher Farbe. Letztere war seitwärts zugenestelt, hatte einen hohen Stehkragen, der den ganzen Hals umschloss, aus dem ein weifser enggehäkelter Kragen hervorschaute. Jacke und Ärmel waren mit schwarz- und weifsgestreiftem Zeug eingefasst.***) Dazu trugen sie einen überhohen, oben abgerundeten Hut mit ganz schmaler Krempe und einem kleinen gemsbartartigen Federchen. Auf der rechten Schulter am Ärmel fand sich von Goldfäden eingestickt: V(erbum) D(omini) M(anet) I(n) Ae(ternum) und ein Zeichen bestehend aus zwei Querstrichen, die sich kreuzten und einen Bogen, der sie verband. Dies war die einzige Zierrat ihrer ebensowenig schönen als bequemen Kleidung. Dennoch muss bemerkt werden, dass sie einen französischen Korbdegen an der Seite und einen Dolch im Gürtel trugen.

Johann Wilhelm starb 1573 und nun wurde diese älteste Weimarer Hofkapelle vollends aufgelöst. Jede Musik verstummte im

---

*) Muss zu Königsberg heifsen, ein alter Irrtum.   Die Redaktion.

**) Zwei dieser welschen Künstler heifsen: *Anthonio Andriel* und *Hans Pelz.*

***) Zu dieser Kleidung war erforderlich pro Mann: $7\frac{1}{2}$ oder $8\frac{3}{4}$ Ellen „lundisch" (londoner) Tuch zum Rock und zu 2 Paar Hosen, 6 Ellen Barchent zum Wamms, $1\frac{1}{2}$ Ellen Futtertuch „unter die Hosen", 3 Ellen Leinwand als Futter für das Wamms.

Schlosse und die welschen Geiger zogen mit ihren Instrumenten von dannen. Nur ein einziges „kleines Geiglein" fand sich in dem Nachlasse des Herzogs vor, dafür aber eine grofse Menge verschiedener musikalischer Blasinstrumente. *)

Eine Zeit der Ruhe folgte und so gut wie unbewohnt blieben die verschiedenen fürstlichen Wohnsitze in Weimar. Die beiden Söhne Johann Wilhelms, die Herzöge *Friedrich Wilhelm I.* (n. 1562 m. 1602) und *Johannes* (n. 1590, m. 1605) lebten nach ihres Vaters Tode von 1573 bis 1586 unter Vormundschaft des Kurfürsten *August* von Sachsen auf dem Schlosse zu Altenburg, woselbst sie ihren Studien oblagen und sich viel mit Kunst beschäftigten. Beide unterhielten auf dem Altenburger Schlosse einen kleinen Verein von Sängern und Instrumentisten, der zuerst von einem jungen Musiker Namens *Rosthius*, früher Kapellschüler in Torgau, dann aber von einem tüchtigen, als Komponist bekannt gewordenen Kapellmeister, *Johannes Heroldt* geleitet wurde. Diese Kapelle und ihr Vorstand folgten den Herzögen nach Weimar, als letztere 1586 daselbst wieder ihren Wohnsitz nahmen.

Friedrich Wilhem I. (Stifter der älteren, 1672 erloschenen Linie Altenburg) hatte die Prachtliebe seines Vaters geerbt und rasch wurde der junge Weimarer Hof einer der glänzendsten Fürstensitze der sächsischen Lande. Der Herzog unterhielt Musiker und Sänger, Maler, Kunstdrechsler und Baumeister und alle sonstigen zu einer Hofhaltung nötigen — oder auch sehr unnötigen Personen. Doch nicht lange dauerte dies rauschende kostspielige Leben und Treiben. 1591 übernahm Friedrich Wilhelm I. die Vormundschaft der Söhne *Christians I.* von Kur-Sachsen und verlegte seine Residenz nach Torgau. Sein Bruder *Johann* blieb in Weimar, doch verlegte er oftmals seine Residenz nach dem liebgewonnenen Altenburger Schlosse.

Unter Herzog Johann gestaltete sich die Weimarer Hofhaltung zwar einfacher wie unter seinem älteren Bruder, doch wurde Musik und Gesang mit Vorliebe gepflegt und für die abgedankten oder nach Torgau gezogenen Musiker traten nach und nach neue ein. Nicht lange dauerte es und eine förmliche Kapelle war wiederum bei-

---

*) Das Inventar der nach dem Tode Johann Wilhelms vorgefundenen musikalischen Instrumente lautet: „5 sthille (gerade) Zinken, 4 krumme neue Zinken, 3 krumme alte Zinken, 2 voyandt Zinken, 2 alte Pohssaunen, 1 grofse quartta Possaun, 1 Futter alte Flötthen, 1 grofse Flötthen, 1 Bafs Pumhardt, 8 Krümphörner, 1 Futter Schreipfeiffen, 1 Futter alte Schweitzer-pfeiffen, 1 kleines Geiglein." — Das Wort „Futter" ist gleichbedeutend mit Futteral.

sammen, die diesmal ein längeres Leben fristen sollte als ihre Vorgängerin. Ihm, dem Stifter der neuen fürstlichen Weimarer Linie, wäre demnach auch die vollständige Einbürgerung der Musik am Weimarer Hofe und ihr dortiges rasches Aufblühen zu danken.

Herzog Johann vermählte sich 1593 mit Dorothea Maria von Anhalt und feierte 1594 die Geburt seines ältesten Prinzen Johann Ernst. (Er hinterliefs, wie bekannt, zwölf Kinder, unter denen Herzog *Bernhard*, einer der Helden des dreifsigjährigen Krieges ganz besonders hervorragte.) Vermählung und Taufe gaben Anlass zu grofsen Festlichkeiten, bei denen Musik und Gesang natürlich nicht fehlten. So sehen wir denn auch in jenen Jahren (1593 und 1594) am Weimarer Hofe einen Verein von etwa vierzehn Musikern; in Betracht des damaligen Musikzustandes überhaupt ein recht vollständiges und vollstimmiges Konzert. Die meisten dieser Musiker waren samt dem Kapellmeister, wie schon erwähnt, mit den beiden Herzögen von Altenburg gen Weimar gezogen und hier ihre Verhältnisse geregelt (verbessert) und endgiltig festgestellt worden. Sie bildeten einen Teil des fürstlichen Hofhaltes unter der Bezeichnung „Hofkapelle" und zugleich auch das erste und älteste *wirkliche* derartige Institut am Hofe zu Weimar.

Der Bestand dieser Weimarer Hofkapelle vom Jahr 1594 war folgender:

Johannes Heroldt, Kapellmeister, Walter Strobel, Lautenist, Zacharias Seufs, Fidelist, Maroldus Campius, Conrad Günther und Johann Linke, Bassisten, Johann Richter, Peter Timme und Heinrich der Kellerschreiber, Tenoristen, Tobias Küchler und Petrus Templin, Altisten, Walter Stepher, Christianus Johannes Agricola und Johann Caspar Nicolaus Rosthius, Diskantisten.

Der Kapellmeister *Johannes Heroldt* bezog einen jährlichen Gehalt von 57 Gld. 3 Groschen; pro Woche 1 Gld. Kostgeld; 9 Gld. 3 Gr. für die Sommer-, 5 Gld. 12 Gr. für die Winterkleidung und 10 Gld. für den Hauszins. Sodann erhielt er noch, auf dafs er die Diskantisten und andere Musikanten um ein leidliches speisen könne, 6 Scheffel Weimarisch Korn, 3 Fass Bier, 1 Tonne Wildpret und 4 Klafter Holz. Die übrigen Musiker empfingen jährliche Gehalte von 20—40 Gld., der Altist Küchler aber 52 Gld. Die vier Erstgenannten erhielten dazu noch ein Jeder pro Woche 1 Gld. Kostgeld und *Johann Linke* als Pagenlehrer noch 16 Gld. für ein Kleid.

Von mehreren dieser Musiker vermag ich Näheres mitzuteilen. *Johannes Heroldt* war seiner Zeit ein bekannter Komponist.

Zu Jena geboren und dort in der Musik ausgebildet, zog er als junger Bursche hinaus in die Welt, um es in seiner schönen Kunst weiter zu bringen und zugleich sein Glück zu versuchen. Nach längerem Aufenthalt in österreichischen Landen, trat er zu Altenburg in die Dienste der beiden Herzöge und zog dann mit ihnen nach Weimar, woselbst er bis an seinen Tod, der um 1610 erfolgte, blieb. Er lieferte für die Kirchen- und Kammermusiken seines Fürsten mancherlei Kompositionen, wovon mehrere durch den Druck bekannt geworden. So erschienen von ihm: 1594 zu Gratz ein 6stimmiges Passionale, 1601 zu Nürnberg „Teutsche Liedlein" in 4 Stimmen und ebendaselbst 1606 „Schöne weltliche Liedlein mit 4 Stimmen, auf allerley Instrumenten zu gebrauchen."

Von *Christian Johann Agricola*, der später seine Stellung in Weimar mit der eines Kantors an der Schule zu Erfurt vertauschte, besitzen wir ebenfalls mehrere gedruckte Werke, u. a. eine Partie Motetten mit 4, 5, 6, 8 und mehr Stimmen, und eine Anzahl 5-, 6- und mehrstimmiger Gesänge auf alle Feste des Kirchenjahrs, beide Sammlungen von Kompositionen zu Nürnberg bei Conrad Bauer zu Anfang des XVII. Jahrhunderts gedruckt und erschienen.

Nicolaus Rosthius war zu Weimar geboren, dann als Musiker in die Dienste des Hofes zu Altenburg getreten. Von dort zog er nach Heidelberg, woselbst er 1580 bei der kurpfälzischen Hofkapelle als Diskantist angestellt wurde. Hier komponierte er „dreifsig weltliche und geistliche teutsche Lieder von 4, 5 und 6 Stimmen", welche er seinem damaligem Herrn, dem Kurfürsten Ludwig von der Pfalz, widmete und 1583 zu Frankfurt am Main im Druck erscheinen liefs. 1593 sehen wir ihn wieder als Mitglied der Weimarer Hofkapelle und in demselben Jahre lässt er in Altenburg drucken: „dreifsig newe liebliche Galliarden mit schönen lustigen Texten und mit 4 Stimmen componirt." Diese Lieder wurden ein Jahr später (1594) zu Jena aufs neue aufgelegt, ein Zeichen, dass die lustigen Texte und Kompositionen viele Liebhaber gefunden. 1614 treffen wir Rosth als Pastor zu Cosmenz, im Altenburgischen, doch ist er auch noch immer als Musiker thätig, denn in demselben Jahre erscheinen von ihm zu Gera 17 Motetten für 6 und 8 Stimmen.

Noch wäre *Konrad Günther* zu erwähnen, der ein tüchtiger Musiker — Bassist — gewesen sein muss, da wir ihn bald an der Spitze der Weimarer Hofkapelle sehen werden.

Die Aufgabe der Hofkapelle bestand in der musikalischen Aus-schmückung des Gottesdienstes, Ausführung der Tafelmusiken und

Mitwirkung bei den verschiedenen Hof- und Familienfesten, welche damals meistens durch Inventionen, Karussels und balletartigen Darstellungen im Reithause, dann im Tanzsaale gefeiert wurden. Zu diesen letzteren Musikern wurden meistens noch die Trompeter und Pauker herangezogen, desgleichen auch, nach Bedürfnis, die „Thurnmänner mit ihren Gesellen" von Weimar und Erfurt. Da mussten denn die „Singer und Instrumentisten, Lautenisten und Fiedler", als „wilde Männer", oder „alte Teutsche" verkleidet mit dem bunten Aufzuge der Fürsten und Herren durch die Gassen ziehen, fiedelnd und blasend, um dann später wieder im Tanz- und Bankettsaale lustige Trinkliedlein oder zierliche galante Galliarden nach den mehr oder minder kunstreichen Kompositionen ihres Kapellmeisters zu singen und zu spielen.

Herzog Friedrich Wilhelm I. war 1602 mit Tode abgegangen; sein fürstlicher Bruder Johann überlebte ihn nur wenige Jahre: er starb 1605 und hinterliefs seinen acht Söhnen die Regierung, über welche der Kurfürst von Sachsen nun seinerseits die Vormundschaft führte, bis 1613 der älteste der Prinzen, *Johann Ernst* (n. 1594, m. 1626), die Regierung übernahm.

Während dieses Zeitraums waren mancherlei Veränderungen in der Hofkapelle vorgegangen.

Nach dem Tode des Kapellmeisters *Johann Heroldt* wurde ein Musiker des Namens *Johannes Stoll* dessen Nachfolger. Er war vordem Kantor zu Reichenbach, 1591 in Zwickau, schrieb manche geistliche und weltliche Lieder und starb zu Weimar 1613. Nun wurden die Funktionen eines Kapellmeisters provisorisch dem früher genannten Bassisten *Konrad Günther* übertragen. Nach erfolgter Grofsjährigkeit und dem Regierungsantritte des Herzogs Johann Ernst, berief dieser Fürst, welcher der Musik ganz besonders zugethan gewesen sein muss, einen der bedeutendsten Musiker damaliger Zeit an seinen Hof und an die Spitze der Hofkapelle. Es war dies der wohlbekannte

Johann Hermann Schein,

einer der berühmten grofsen S, worunter man damals den kursächsischen Hofkapellmeister *Heinrich Schütz*, den Organisten und Kapellmeister zu Halle, *Samuel Scheidt*, und unsern *Schein* verstand, als drei der bedeutendsten Meister des XVI. und des beginnenden XVII. Jahrhunderts.

Hermann Schein, Sohn des Pastors Hieronymus Schein zu Grünheim bei Meifsen, ward in letzterer Stadt am 20. Januar 1586

geboren. Nach seines Vaters Tode brachte die Mutter ihn nach
Dresden, wo der dortige Hofprediger Polykarpus Leyser den Knaben
als Diskantist in die Hofkapelle aufnahm. Hier blieb Schein vier
Jahre und übte sich fleifsig in der Musik, besonders im kunstreichen
Gesange. 1603 am 18. Mai bezog der junge siebzehnjährige Mann
die Schule zu Schulpforta und hierauf die Leipziger Universität. In
letzter Stadt blieb er nun, in manigfacher Weise, besonders aber als
Musiker, zuletzt sogar als Director musices thätig, bis Herzog Ernst
den bereits Wohlrenommierten 1613 an seinen Hof nach Weimar zog. *)
    Schein muss ein ebenso talentvoller, als seinem Bilde nach zu
urteilen, origineller Mensch gewesen sein; er mochte sich wohl als
Künstler, als Meister einer der schönsten der freien Künste fühlen
und demgemäfs auftreten, denken und handeln. Dies musste von
Einfluss auf die Kapellmusiker sein, an deren Spitze er stand. Es
mag von nun an wohl lustig in den Musiksälen des Weimarer
Schlosses geklungen haben. Geübte Stimmen sangen die wohlgesetzten
weltlichen Liedlein ihres Kapellmeisters, ernste und sinnige sowohl,
als lustige und sogar recht schelmische, unter den Klängen der
damals üblichen Instrumente, zur Freude des Fürsten, seiner Gäste
und seines Hofes. Auch die Kirchenmusiken erhielten neue Gestalt.
Schein muss deren manche komponiert haben (wovon aber nichts
aufzufinden gewesen, **) denn es heifst, dass in der Schlosskirche „mit
Zinken, Drumeten und Heerpauken, mit Fideln und Lauten gar
künstlich musiciret" worden sei. Das Wirken Schein's in Weimar,
sein Ruf und Ruhm verbreiteten sich bald über die thüringischen
Lande hinaus, so dass, als 1617 am 23. November der berühmte
Kantor der Thomasschule in Leipzig, *Sethus Calvisius* mit Tode abging, der Magistrat letzterer Stadt dem Weimarer Hofkapellmeister
diese wichtige aber wenig einträgliche Stelle antrug, welche Schein
denn auch, mit Bewilligung seines ihn ungern scheiden sehenden
Fürsten, annahm. Er siedelte wieder nach Leipzig über und blieb
daselbst, fortwährend schaffend und lehrend, bis an seinen Tod, der
ihn am 19. November 1630 im 45sten Jahre seines Alters ereilte.
    Vor den 1621 erschienenen „Waldliederlein" befindet sich sein
Bildnis im Holzschnitte. Es stellt ihn dar in seinem 35. Jahre: eine
kräftige gedrungene Gestalt mit einem originellen Kopfe, der einen

---

*) Siehe die Biographie von A. Prüfer, Lpz. 1895, Breitkopf & Härtel,
gr. 8⁰.
    **) Man kennt heute aufser den zahlreichen geistlichen Gelegenheitsgesängen
von 1615—1627 acht Sammlungen mit geistlichen Gesängen.

ganz ungewöhnlichen zu beiden Seiten weit wegstehenden Haarputz zeigt; ein Schwert an der Seite und die Linke kräftig auf die Hüfte gestemmt, während die Rechte eine beschriebene Notenrolle hält. Das Blättchen gehört heute zu den Seltenheiten.

Nach Schein's Abgange von Weimar übernahm der Bassist *Konrad Günther* wiederum provisorisch die Funktionen eines Director musices, bis er später Vicekapellmeister und endlich wirklicher Kapellmeister wurde, in der Reihe der Vierte. Doch die Glanzepoche der Weimarer Hofkapelle war vorüber. Der beginnende und auch Weimar hart heimsuchende dreifsigjährige Krieg hemmte die heitere Entwickelung musikalischer Kunst an dortiger Stelle und erst nach Beendigung jenes furchtbaren Kampfes gewinnt sie wieder ein neues und fruchtbringendes Leben.

Mitteilungen.

* Die Sangesweisen der Colmarer Handschrift und die Liederhandschrift Donaueschingen. Herausgegeben von *Paul Runge.* Leipzig 1896, Breitkopf & Härtel, fol. 14 Vorbll. mit 2 autographierten Umdrucken und Vorwort, 199 Seiten mit 132 Liedern. Im ganzen 6 Facsimile. Preis 20 M.

Die Colmarer Hds. befindet sich auf der Kgl. Hof- und Staatsbibl. in München, die Donaueschinger ist der Colmarer fast gleich, die wenigen Abweichungen sind vom Verfasser aufgenommen. Die Melodien sind mit der deutschen Choralnote, die mit der Neume noch die meiste Ähnlichkeit hat, notiert. Der Verfasser hat sie verständigerweise mit der römischen Choralnote wiedergegeben. Einen absoluten Wert haben beide Notengattungen nicht, daher der Taktstrich wegfällt und an die Stelle der Rhythmus des Textes tritt. In betreff der Anwendung der *Plica ascendens* und *Plica descendens*, die Dr. *Hugo Riemann* dem Verfasser zur Anwendung empfahl, gehen die Ansichten auseinander: Dr. *Bäumker* beweist im literarischen Handweiser 1896, Nr. 662, S. 754, dass ihre Anwendung hier nicht stattfinden kann und verweist auf den Artikel von *P. Bohn* im 27. Jahrg. der M. f. M. S. 47, der speziell über die Plica handelt. Man lese dort besonders den Abschnitt S. 47 unten, der in klarer und einfacher Weise die Plica erklärt. Da jedoch ihre Anwendung auf den Melodieschritt keinen Einfluss ausübt, so ist die Verwendung derselben ohne Schaden und braucht man nur die schiefe Stellung in eine grade und den kurzen Strich sich wegzudenken. Der Verfasser macht im Vorworte sehr richtig darauf aufmerksam, dass der Inhalt beider Handschriften keine Meisterlieder, sondern Minnelieder sind und sucht der ältesten Niederschrift nachzugehen, die aber heute nur schwer mehr feststellbar ist. Die Melodien sind aufserordentlich gesangreich und zeigen sogar hin und wieder durch die Wiederholung des Anfanges am Schlusse der Melodie das Bestreben nach Form. Man muss sich nur hüten irgend eine Taktart der Melodie aufdrängen zu wollen, wie es der Verfasser im Vorworte gethan hat, sondern nur den Text ausdrucksvoll deklamieren, wie es noch heute im Recitativ Gebrauch ist, was freilich Rich. Wagner zum Tempel hinausgejagt und dafür das rhythmisch taktisch begleitete Recitativ eingeführt hat. Dem Freunde alten Minnegesanges wird die prächtig ausgestattete Sammlung zu einem Quelle hohen Genusses werden.

* Die *Klavier-Sonate*, ihr Ursprung und ihre Entwickelung von *J. S. Shedlock* B. A. Aus dem Englischen übersetzt von Olga Steglitz. Berlin 1897, Karl Habel. kl. 8⁰. VI u. 185 S. mit Reg. Pr. 4 M. Eine sehr verdienstliche, gewissenhafte und auf Quellen gestützte Arbeit. Für die frühere Zeit hätte man allerdings eine umfangreichere Quellenkenntnis gewünscht, doch betrifft dies nur die Einleitung, denn von dem Momente ab, wo sich der Verfasser der Klaviersonate nähert, sind seine Quellennachweise ausgiebig und den Thatsachen entsprechend. Der Herr Verfasser ist einer der wenigen Engländer, die des Deutschen vollkommen mächtig sind, und da die Klaviersonate ganz eigentlich ein deutsches Produkt ist, so kommt ihm diese Sprachkenntnis sehr zu statten. Es erregt in der That unsere Bewunderung, wie gut der Herr Verfasser in der älteren bis zur neuesten Literatur der deutschen Musikforschung bewandert ist und wie er sie für sein Thema zu verwerten versteht. Ebenso müssen wir seinem ästhetischen Urteile unsere Anerkennung zollen. Von Kuhnau bis Liszt und Brahms treffen wir überall die genaueste Kenntnis der einschlägigen Werke und ein richtiges fein abgewogenes Urteil, verbunden mit einer trefflichen Ausdrucksweise. Die Übersetzerin scheint manchmal mit der Musiktheorie nicht ganz vertraut zu sein und wählt Ausdrücke, die in der Theorie nicht Gebrauch sind, auch lässt sie sich hin und wieder von der englischen Satzkonstruktion zu sehr beeinflussen und stört dadurch den im Übrigen geschickten Fluss der Rede. Das Thema ist für uns Deutsche nicht neu, doch ist immerhin die Darstellung eine so vorzügliche und so in die einzelnen Leistungen eingehende, dass Jeder mit Vorteil das Buch benützen wird.

* *Hans Loewenfeld* aus Berlin. Dissertation: *Leonhard Kleber* und sein Orgeltabulaturbuch als Beitrag zur Geschichte der Orgelmusik im beginnenden XVI. Jahrhundert ... Berlin 1897, Druck von R. Boll. 8⁰. 81 Seiten. Eine sehr fleifsige und gewissenhafte Arbeit, die leider in der breitspurigen Spitta'schen Art, wie derselbe das Liederbuch „Sperontes Singende Muse an der Pleifse" behandelt hat, abgefasst ist und des Lesers Geduld auf eine starke Probe stellt. Gründlichkeit ist für den Historiker die erste Bedingung, doch alles hat seine Grenzen. Lässt er sich auf Hypothesen ein, die nicht lösbar sind, weil die Quellen und Beweise fehlen und beschränkt sich nicht auf eine gedrängte Darstellung, so verfällt er philologischen Spitzfindigkeiten, die schliefslich in Nichts zerfallen und wie eine Seifenblase sind. Ebenso haben bibliographische Beschreibungen von Handschriften und Druckwerken ihre Grenze; überschreitet man dieselbe und kommt nicht über das Itippelchen hinweg, so wird man langweilig. In letzteren Fehler ist der Herr Verfasser verfallen, indem er die dem Historiker wohlbekannte Handschrift auf 21 Druckseiten beschreibt. Der wichtigste und beste Abschnitt ist der auf Seite 22: Das Leben Kleber's. Hier giebt der Herr Verfasser zum grofsen Teil wohl beglaubigte Nachrichten, die ihren positiven Wert haben und wo die Ausführlichkeit selbst bei aufgestellten Mutmafsungen ihren Wert behalten, oder Fingerweise für spätere Nachforschungen geben. Ebenso anerkennenswert sind die folgenden Abschnitte: Das musikalische Leben, Lehrer und Einflüsse, die auf Kleber wirkten. Die Orgel in der Kirche. Die Orgelpraxis Kleber's und der Inhalt der betreffenden Handschrift. Sehr gut sind die Nachweise über sonst vorkommende Tonsätze, doch hätte der Herr Verfasser noch hinzufügen können, welche von den Tonsätzen bereits neu veröffentlicht sind: Isaac's Frater Conradus (Bl. 142 v.) befindet sich im 2. Teile des deutschen Liedes des 15. und 16. Jhs. (M. f. M., Beilage, Jahrg. 12 ff. S. 171). 17 Praeludien und 1 Fantasie als Anhang zum Buxheimer Orgelbuche (M. f. M., Jahrg. 19 ff. S. 96 u. f.).

* 23. Jahresbericht der *Kgl. Akademie der Tonkunst* in *München* für das Studienjahr 1896/97. München 1897, Hofbuchdruckerei Kastner & Lossen. 8°. 82 S. Aufser den üblichen Berichten über Lehrer- und Schülerbestand nebst Aufzählung der Lehrfächer und ihre Schülerbeteiligung (Musikgeschichte trägt *Berthold Kellermann* in 40 Stunden mit einer Zuhörerschar von 48 weiblichen und 48 männlichen vor) werden die Werke namhaft gemacht, die einstudiert und vorgetragen wurden, darauf folgen 12 Konzerte und Übungsabende in denen auch ältere Meister zum Worte gelassen werden. Als Schlufs folgen 6 Nekrologe über verstorbene Lehrer des Instituts: *Otto Hieber, Ludw. Muggenthaler, Heinr. Richter, Martin Härtinger, Aug. Skerle* und *Karl Brulliot*, die zugleich einen wertvollen Nachtrag zur Totenliste in Nr. 6 der Monatsh. bilden.

* *Erwiderung.* Auf S. 67 des 29. Jahrg. der Monatsh. habe ich Herrn F. van Duyse aufmerksam gemacht, dass mittelalterliche Melodien nicht in den Taktrhythmus einzuzwängen sind, sonst erhält man solche Wunderlichkeiten, wie er auf Seite 164 der Tijdschrift 5, 3 zum Besten giebt. Der genannte Herr will mich nun in einem zweiten Artikel belehren, dass dies beim niederländischen Volksliede nicht der Fall war, da Text und Musik gleichen Rhythmus hatten (bekanntlich ist dies bei allen Völkern der Fall). Da das Mittelalter aber mit der Neume, oder der Choralnote notierte, die keinen absoluten Wert haben, da sie nicht Mensuralnoten sind, so ist obiger Einwurf hinfällig. Allerdings hatte die Melodie den Rhythmus des Textes, doch lässt sich der Rhythmus nicht in den modernen Takt zwängen. Lange genug hat es gewährt, ehe der Musikhistoriker zu der Erkenntnis gelangt ist, doch heute können nur Dilettanten dagegen sündigen. Der römisch katholische Choralgesang beruht heute noch auf denselben mittelalterlichen Gesetzen.   Rob. Eitner.

* Hierbei zwei Beilagen: 1. Joh. Phil. Krieger, Bog. 3. 2. Nachrichten über die Musikpflege am Hofe zu Innsbruck nach archivalischen Aufzeichnungen von Dr. Franz Waldner, Bog. 4.

Verantwortlicher Redakteur Robert Eitner, Templin (Uckermark).
Druck von Hermann Beyer & Söhne in Langensalza.

MONATSHEFTE
für
MUSIK - GESCHICHTE
herausgegeben

von

der Gesellschaft für Musikforschung.

| XXIX. Jahrg. 1897. | Preis des Jahrganges 9 Mk. Monatlich erscheint eine Nummer von 1 bis 2 Bogen. Insertionsgebühren für die Zeile 30 Pf. Kommissionsverlag von Breitkopf & Härtel in Leipzig. Bestellungen nimmt jede Buch- und Musikhandlung entgegen. | No. 11. |

Anonymi
Introductorium Musicae.
(c. 1500.)
Nach dem Unicum der Leipziger Universitätsbibliothek
neu herausgegeben von **Dr. Hugo Riemann.**

Die anscheinend an Musikalien so arme Leipziger Universitätsbibliothek birgt doch bei genauerer Untersuchung mancherlei wertvolle Raritäten. Zu diesen gehört auch ein musiktheoretisches Kompendium, ein dünnes Bändchen von nur 35 Druckseiten klein 4⁰, eigentlich 8⁰, aber mit breitem fortlaufend mit Stichworten und kleinen Notenbeispielen versehenem Rande, in drei Ternionen liegend, deren Vorderblätter mit A (I), II, III, B I, II, III, C I, II, III foliiert sind. Das Werkchen ist vollständig, da das (nicht foliierte) erste Vorderblatt von A auf der ersten Seite den kurzen Titel „Musica" zeigt und das dritte Rückblatt der Lage C nur auf der oberen Hälfte der Vorderseite bedruckt, sonst aber leer ist. Auch erweist die Abgeschlossenheit des Inhalts die Vollständigkeit. Trotz aller Bemühungen gelang es mir nicht, den seltenen Druck zu identifizieren, der sämtlichen Bibliographen unbekannt ist. Dass derselbe spätestens im Anfange des 16. Jahrhunderts hergestellt ist, geht mit Bestimmtheit aus dem datierten Acquisitionsvermerk auf der leeren Rückseite des letzten Rückblattes (C IIIb v.) hervor:

„Dono dedit quidam baccalaureus tunc temporis magistrandus MDVII".

Das Schriftchen ist also seit 1507 Eigentum der Bibliothek — vielleicht ist der „baccalaureus t. t. magiftrandus" selbst der Verfasser? Die höchst merkwürdigen Typen wollen aber zu denen keines der Leipziger Drucker dieser Zeit passen, auch würde doch wohl der Verfasser nicht unterlassen haben, ein Dedikationsexemplar mit den farbigen Initialen versehen zu lassen, für deren Eintragung bei sämtlichen Kapitelanfängen der Raum frei gelassen ist. Überhaupt habe ich aber aus der Vergleichung einer sehr grofsen Zahl alter Drucke den Eindruck gewonnen, als sei das Kompendium vor 1500 gedruckt.*)

Das ganze lateinisch abgefasste Schriftchen ist mit gothischen Lettern einer mittleren Gröfse gedruckt, aber für die Anfänge der einzelnen Absätze sind stets romanisierende Typen einer höchst seltenen und völlig übereinstimmend mir nicht nachweisbaren Form gewählt (vgl. das Facsimile, das ich beifüge, um mit seiner Hilfe den Drucker vielleicht doch noch ausfindig zu machen). Die Abbreviaturen sind zum Teil bis an die Grenze der Lesbarkeit gehäuft z. B. dr͞na für differentia, r͞oe für robore, f'm für secundum, pᵗˢ für partis. Zufolge dieser Häufung der Abkürzungen und einer sehr knappen Darstellung ist der Inhalt des Kompendiums reicher als sein Umfang vermuten lässt. Übrigens ist die Ausdrucksweise gewählt und von einer an Pedanterie grenzenden Vermeidung von Wiederholungen derselben Worte. Durch Ausscheidung alles irgend Entbehrlichen ist die Darstellung zu einer besonders übersichtlichen und wirklich bestimmt orientierenden geworden (vgl. z. B. die Erklärung der Taktzeichen und Proportionen). Jedenfalls nimmt das Kompendium einen Platz unter den besten Arbeiten gleicher Tendenz in Anspruch, sodass die Vervielfältigung des vielleicht einzigen erhaltenen Exemplars den Freunden der Musikgeschichte willkommen sein wird.

Die Notenbeispiele sind ziemlich ungeschickt in Holzschnitt ausgeführt,**) was einer Datierung des Drucks vor 1500 wenigstens nicht

---

*) Auffällig ist die wörtliche Übereinstimmung einer grofsen Zahl von Sätzen mit der „Musica" des *Adam von Fulda* (1490); von diesen Sätzen entstammen einige den Traktaten des *Johannes Tinctoris*, aus denen sie z. B. auch in des *Gafurius* Practica musicae übergingen, andere aber finden sich nur bei *Adam*. Da Adam's Traktat zum ersten Male 1784 durch Gerbert veröffentlicht wurde (nach der einzigen vielleicht autographen 1870 verbrannten Strafsburger Handschrift), so liegt der Gedanke nahe, dass das Introductorium wenn nicht von *Adam* selbst, so doch von einem Schüler desselben herrührt. Dadurch gewinnt aber die Vermutung, dass der Leipziger Mensuralkodex 1494 zu Adam von Fulda selbst in engerer Beziehung stehen könnte, neue Nahrung.

**) Sämtliche Holzstöcke sind, wie ich nachträglich bemerke, in der 1514 von Friedrich Peypus in Nürnberg gedruckten 3. Auflage des Musiktraktates des *Johannes Cochlaeus* wieder benutzt, welche Schrift überhaupt in *naher Ver-*

widerspricht. Das Wasserzeichen des Druckpapiers ist ein halbgefüllter schlanker Henkelkrug mit einem kleinen Kreuze über der engen Mündung, das des (jedenfalls jüngeren) Vorsetzblattes ein Tannenzapfen.

(fol. 1 r.) **Muſica.**

(fol. 1 v.) **Introductorium musice.**

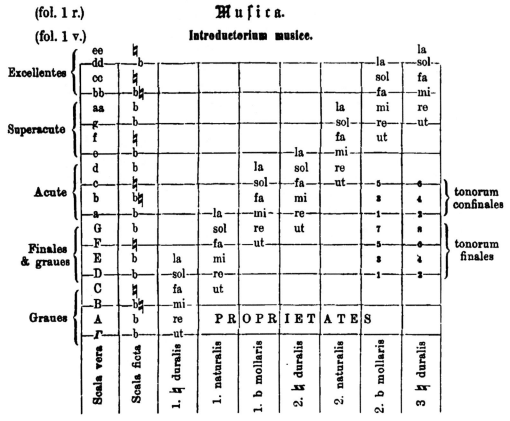

(fol. 2 r.) **De definitione Musice ejusque diuisione.**

(M)usica est recte modulandi scientia. Et deducitur a musa vocabulo greco quod cantum significat, pro quo et Uergilius musam posuit dicendo:

Vocabuli allusio.

Pastorum musam Damonis et Alphesibei.

Est autem quantum ad presens sufficit duplex musica Choralis videlicet vel plana que uno accentu prolationeque existit. Mensuralis

Uergilius.
Musica plana.
Mensuralis.

wandtschaft zu unserem Anonymus steht. Dass aber in demselben nicht etwa die Kölner Ausgabe des *Cochlaeus* von 1507 vorliegt, beweist Fétis' Beschreibung der letzteren. Vielleicht ist aber der Anonymus eine bisher *gänzlich unbekannte allererste Ausgabe des Cochlaeus* (?) oder aber — Cochlaeus entpuppt sich als Plagiator. Dass die beiden *Cochlaeus*, der Biograph Theodorichs und der Kantor (vgl. Fétis), schwerlich eine Person sind, sei beiläufig angemerkt.

12*

vero que vario modo variaque vocum harmonia modulatur: de qua posterius dicetur.

De clauibus Musice.

Clauis.

(C)lauis est Reseratio cantus. Tot autem constat esse claues quot in manu dictiones: que omnes comprehenduntur sub septem litteris *Septem sunt* bis terue in scala repetitis: videlicet A. ♮. C. D. E. F. G. quo autem *litere voce et* facto discernantur inter se claues, precedens descriptio sufficienter *forma diffe-* informat. verum si vox vel notula sese obtulerit extra introductorii *rentes.* claues: non secus ac ejus octaua est modulanda. Clauium autem *Claues* quedam signantur: hee profecto potissime sc. *Γ.* f. c. g. d. que *signate.* omnes in linea ponuntur. harum quedam sunt magis familiares sicut f. c. et g.   G vero greco rarius vtimur, dd la sol rarissime.

De Uocibus.

Uox.

(U)ox est aer spiritu verberatus. Uoces autem siue syllabas quas ad musice opus assumimus sex constat esse: scilices VT RE MI FA *Tres sunt* SOL LA: sumpte (vt ajunt) ex himno „vt queant laxis". Quarum due *voces.* puta VT et FA molles exiftunt: RE SOL naturales: et MI LA dure. *Sex sunt no-* his itaque syllabis pleraque cantica cujuscunque generis depromuntur *mina vocum.* per crebram continuamque harum variationem.

De vocum proprietatibus.

Proprietas. *Deductio.*

(P)roprietas est singularis sex syllabarum deductio. Deductio autem est sex ipsarum syllabarum progressio: ut ascendendo hoc ordine: VT RE MI FA SOL LA. descendendo vero: LA SOL FA MI *Septem deduc-* RE VT. quarum VT caput et principium existit. Hee autem voces *tiones :* septies repetuntur in manu. hinc septem dicimus esse deductiones in scala musicali. et has septem deductiones vocamus proprietates; *Tres proprie-* quarum tres ♮ dure; due ‖ (fol 2 v.) natura: ac due b molli adscribuntur. *tates.* ♮ durales autem in g, b mollares in f: ac naturales in c litterulis exordia sumunt. versus:

In c natura f b mol gque ♮ dura

quod ex ordine introductorij precedentis liquido percipitur.

De vocum mutatione.

Uocum mu- *tacio.*

(M)utatio est consona vocis in vocem perversio. Uoces autem ipsas deductionum syllabas intelligo. non enim vox in vocem mutatur: sed syllaba in syllabam et proprietas seu qualitas in qualitatem: quod vulgo dicimus cantum in cantum verti. In clavibus item unam tan- *Prima* tum vocem habentibus nulla fit mutacio: quod quum fieri necessitate *Regula.* contingeret: pristinum deductionum ordinem iterabis. In clauibus duarum vocum due alternatim eueniunt mutationes. Prima fit mutando priorem syllabam in sequentem ascendendi gratia. Secunda fit e conuerso descendendo quum vertimus sequentem syllabam in precedentem: quod in sequenti notularum descriptione potest facile comprehendi. In clauibus autem tribus vocibus preditis sex prodeunt mutationes. primo enim mutatur syllaba prima in secundam. Secundo vertitur syllaba prima in terciam. Et tercio mutatur secunda in terciam: et hee ♮ ascensum respiciunt. Quarto e conuerso mutamus syllabam terciam in secundam. Quinto variamus syllabam tertiam in primam. Et sexto mutamus secundam in primam: descensus gratia: vt his sequentibus percipitur exemplis.

In b fa ♮ mi non fit mu- tacio.

In b FA ♮ MI autem quum ambe syllabe non sint vnisone i. e. ejusdem soni, nullam posse fieri mutationem nemo est qui nesciat: apotomes enim intervallo hoc est majore semitonio ab inuicem sunt disjuncte. Mutacionum insuper pluralitatem asserunt fugiendam nec ocius tardiusve ac necesse fuerit mutationem prosequendam esse ferunt. Et si euenit transitus notularum ultra ordinem deductionis alicujus sine interuallo: puta per septem aut octo voces vel etiam per plures *quod in mensuratis cantilenis frequentius observatur:* fiat saltus sine mutatione de notula in notulam: dicendo mimi: fafa: et sic deinceps.

De modis seu intervallis musice.

Quid sit inter- uallum.

(E)st enim interuallum soni acuti grauisque distantia. Sunt autem 15 vocum interualla discreta et essentialia sc. ‖ (fol. 3 v.) vni- sonus: semitonium: tonus: semiditonus: ditonus: diatessaron: tritonus: semidiapente: diapente: semitonium cum diapente: tonus cum diapente: semiditonus cum diapente: ditonus cum diapente: semidiapason: dia- pason: Ex quibus septem consone: relique vero dissone exaudiuntur. de quibus posterius dicetur. nunc hoc tantum nosse sufficiat. quibus quantisve intercapedinibus seu interuallis cantilena texatur.

a)

Unisonus igitur dicitur quasi unus sonus quoniamquidem fit quando eadem vox crebre repetitur ut hic a).

Tonus secunda perfecta: dictus a tonando i. e. perfecte et integre sonando: fit quando graditur in proximam notulam ut ex VT in RE vel e conuerso descendendo de RE in VT. hoc modo b). sicque de reliquis syllabis: MI et FA demptis. que tamen cum aliis syllabis sursum et deorsum juncte tonum constituunt.

b)

Toni diuisio. Diesis. Diaschisma. Apotome. Comma.

Dividitur autem tonus in Apotomen i. e. semitonium majus et diesin i. e. semitonium minus. Est autem diesis spacium quo major est sesquitercia proportio i. e. diatessaron duobus tonis. Et diui- ditur in duo diaschismata. Etenim diaschisma est dimidium dieseos i. e. semitonii minoris. Apotome vero partitur in diesin et comma. quod est spatium quo major est sesquioctava proportio i. e. tonus duabus diesibus i. e. semitoniis minoribus. Comma consequenter secatur in duo schismata. Et est schisma dimidium commatis. Majus ergo semitonium vincit minus uno commate: quod ultimum com-

Semitonium majus.

prehendere potest auditus. Semitonium insuper majus symphoniam non intrat: sed dumtaxat minus quod passim inter MI et FA conci- pitur. Ex dictis liquet MI et FA voces in b FA ♮ MI semitonio majore ab inuicem esse disjunctas.

Semitonium secunda imperfecta: fit quoque quum progreditur in

proximam vocem: sed dumtaxat de MI in FA et e conuerso ut
hic c).

Et dicitur a semi quod est imperfectum vel incompletum vel
non integrum et tonus quasi imperfectus et non integer tonus. non
autem quod dimidius sit tonus ut quidam imperiti autumant: siquidem
tonus in equa diuidi non potest: sed vt predixi in majus et minus
semitonium: vel in duo minora et unum comma vel in quatuor diaschismata et unum comma. Una autem diesis est major 3 commatibus ac minor 4: apotome vero vna est major 4 commatibus et
minor 5. igitur to- ‖ (fol. 4 r.) nus est major 8 commatibus et minor
quidem nouem.

Ditonus tercia dura: est duorum tonorum aceruus. dictus a dia
i. e. duo et tonus: quia ex duobus jungatur tonis. Et fit duobus
modis: primo ascendendo de UT in MI: secundo de FA in LA et e
conuerso descendendo hoc modo d). *minuitur autem ditonus semi-*
tonii majoris subtractione.

Semi(di)tonus tercia mollis: est toni ac semitonii commixtio a
semum dictus quasi imperfectus ditonus. habet species duas scilicet
RE FA et MI SOL ut hic e). *Fitque major per semitonii majoris*
additionem.

Diatessaron quarta naturalis: constat ex duobus tonis et semitonio minore. dicta a dia quod est de et tessaron quatuor quasi ex
quatuor vocibus facta. habet tres figuras diuersas: quum omnis proportio vnam semper minus habeat figuram quam sint ejus voces.
prima pertransit ex RE in SOL secunda procedit ex MI in LA. tercia
tendit ex UT in FA hoc modo f). differunt tamen inuicem diatessaron figure hoc pacto: nam prima que inter RE et SOL deducta est
semitonium in secundo intervallo habet. secunda retinet duos tonos
semitonio acutiores. tercia autem semitonium duobus tonis acutius
habet.

Tritonus quarta durior. dictus a tris et tonus: quia tres tonos
sustineat excluso semitonio: quum non habeat tantum dulcedinis sicut
diatessaron a paucis curatur. fitque ab F graui ad ♮ MI in acutum:
ac etiam a (b) fa sursum ad e superacutum ut hic g).

Diapente quinta integra: tres tonos et unum semitonium com-
plectitur. dicta a dia quod est de et penta quinque: quia ab vna
incipiens voce ad quintam transiliat. Atque quatuor habet species. prima
procedit de RE in LA: secunda de MI in MI. tercia de FA in FA:
quarta de VT in SOL: hoc modo h).

Semidiapente quinta ne integra: duos tantum tonos ac totidem semitonia sustinet. a semi dicta quasi imperfecta et diminuta diapente.

i)

Fitque ab ♮ MI ln F grave: et plerisque aliis locis: ponendo **MI** contra FA ut hic i). *Et reperitur tantum in mensuratis cantilenis plerumque in figuris diminutioribus.*

Tonus cum diapente sexta major: a sex vocibus dicta: con- |

k)

(fol. 4 v.) stat ex tono et diapente hoc est ex quatuor tonis et semitonio minore. Fitque duobus modis: primo de UT*) ad LA: secundo de RE ad MI hoc modo k).

l)

Semitonium cum diapente sexta minor: constat ex semitonio et diapente: hoc est ex tribus tonis et duobus semitoniis minoribus. Et fit ab E gravi ad c acutum: et plerisque aliis: ut hic l).

m)

Ditonus cum diapente septima perfecta: constat et ditono et diapente: continet enim tonos quinque et unum semitonium. Et fit a c gravi ad ♮ durum. ut hic m)

n)

Semiditonus cum diapente septima imperfecta: constat ex semiditono et diapente: confectus quatuor tonis ac semitoniis duobus. Fitque ab E gravi ad d acutum: ac aliis plerisque locis. hoc modo n).

Diapason octaua integra: constat ex quinque tonis ac duobus semitoniis minoribus. Dicta a dia quod est de et pason omne: quasi ex omnibus vocibus consistens. Sunt autem septem differentes dia-

o)

pason species. prima fit ab A graui ad a acutum. Secunda a ♮ graui ad ♮ acutum. Tercia a C graui ad c acutum. Quarta a D graui ad d acutum. Quinta ab E graui ad e superacutum. Sexta ab F graui ad f superacutum. Septima a G graui ad g superacutum: ut hic o).

p)

Semidiapason octaua non integra: constat ex quatuor tonis et tribus semitoniis minoribus. Fitque quemadmodum diapason de littera ad proximam sibi parem: ponendo mi contra fa: hoc modo p). *que etiam non nisi in mensuratis cantilenis et plerumque in figuris diminutioribus inuenitur* quem ad modum et semidiapente. Et si tibi alie clausulae preter dictas occurrant: *quod in mensuratis cantilenis nonnunquam usu venit* eas ad predictas reducito: sunt enim equisone precedentibus. Nam quemadmodum diapason equisonat unisono ita tonus cum diapason tono: et ditonus cum diapason ditono. sicque de reliquis clausulis quas omnes quis in predictis usitatus: facile et ratione et usu apprehendere potest.

---

*) Re ist natürlich Druckfehler.

(Forts. folgt.)

Mitteilungen.

* *Nagel*, Dr. *Wilibald:* Geschichte der Musik in England. Zweiter Teil.
Straßburg 1897. K. J. Trübner. 8⁰. V und 304 S. mit Register. Pr. 8 M.
Mit diesem 2. Bande, der bis zu Purcell's Tode reicht und Händel auf den
Plan tritt, schließt das Werk ab. England wurde von da ab (im 18. Jh.) in
einer Weise von Ausländern überschwemmt, dass die eigene Produktivität auf
ein Minimum zusammenschrumpfte und sich erst in jüngster Zeit zu einer an-
erkannten Selbständigkeit wieder erhob. Der erste Band umfasste bekanntlich
das Mittelalter mit seinen Theoretikern, während die praktische Musik durch
Dunstable den Beginn der neuen Zeit verkündet. Der ursprüngliche Plan des
Herrn Verfassers erlitt durch das inzwischen erschienene Geschichtswerk von
dem Engländer *Henry Davey* insoweit eine Einschränkung, als derselbe das
bibliographische Material, welches durch Davey besonders berücksichtigt war,
auf das knappste Maß beschränkte und nur soweit erwähnte, als es zur Kritik
des betreffenden Komponisten unbedingt notwendig wurde. Hierdurch hat aber
der Fluss der Darstellungsweise ungemein gewonnen und wirkt auf den Leser
in fesselnder Weise. Neben Ambros' Musikgeschichte kann man ohne Über-
treibung Nagel's Werk als das bedeutendste musikgeschichtliche Werk der
Gegenwart betrachten. Die ernstesten, umfassendsten und gewissenhaftesten
Quellenstudien versteht der Verfasser mit gewandter Feder in ein interessantes
Gewand zu hüllen und die Fülle des Stoffes ist in einer so geschickten Trennung dargestellt, dass man nirgends den Sprung bemerkt, der bei der Verschiedenartigkeit des Materials nicht zu vermeiden ist. Neben der Entwickelung
der Musikformen und ihres stetigen Wechsels, in Verbindung mit den politischen und religiösen jeweiligen Zuständen Englands, dem Anteil den die breite
Volksschicht an der Musik nimmt, ist der Kritik der Werke der großen und
kleinen Meister ein breiter Raum gewidmet und man bewundert die unerschöpfliche Darstellungskraft bei den oft wiederkehrenden gleichartigen Erscheinungen. Während den kleinen Meistern nur wenige Sätze gewidmet sind,
oft nur der Name genannt wird, ist den bedeutendsten Komponisten, wie
Dunstable, Fairfax, Tye, White, Byrd, Orlando Gibbons, Henry Purcell und
manchem anderen ein breiter Raum gewährt und mit scharfer Kritik ihr Verdienst und ihre Schwächen abgewogen. Die englischen Musiker, Musikgelehrten
und Musikliebhaber haben von jeher für Neuausgaben ihrer älteren Komponisten
gesorgt und in keinem anderen Lande sind soviel Sammelwerke älterer Meister
gedruckt worden. Dies kommt dem Historiker heute sehr zu statten und erleichtert seine Vorarbeiten um ein Beträchtliches, dennoch ist es keine kleine
Aufgabe das umfangreiche Material kennen zu lernen, zu sichten, zu prüfen,
von Jedem das Beste auszusondern, seinen Leistungen gerecht zu werden und
den Tadel wohl abzuwägen. Dr. Nagel ist ein strenger Richter, dem nicht so
leicht eine schwache Leistung irgend eines Komponisten entgeht, doch ist er
ebenso bereit Anerkennung denjenigen zu zollen, die ihr Talent ihren Kräften
gemäß zu verwerten verstanden. Es wird sich manche Stimme in England erheben, die Einspruch gegen das strenge Urteil Dr. Nagel's erheben wird und
doch muss man ihm vollständig recht geben. Selbst ihr gefeiertester Komponist, *Henry Purcell*, ein außerordentlich begabter Mann, der aber unter den
Verhältnissen der Zeit viel gelitten hat und zeitweise den Lebensunterhalt

sogar mit Kopieren erringen musste, hat neben bedeutenden und hervorragenden Leistungen soviel Minderwertiges geschaffen, Gelegenheitsarbeiten des Verdienstes halber, dass seine Werke nur teilweise das bieten, was man bei so eminenter Veranlagung erwarten könnte. Unsere deutschen Meister, Mozart oben an, sind in ihren Leistungen ebenfalls den menschlichen Schwächen unterworfen, doch ist die Zahl ihrer bedeutenden Werke so überwiegend groß, dass man von den minderwertigen ganz absehen kann, während bei Purcell das Verhältnis zwischen bedeutenden und minderwertigen Arbeiten sich wohl gegenseitig hebt. Der Herr Verfasser kann mit Genugthuung auf seine jahrelangen Studien in England blicken und der Erfolg seiner Leistungen wird nicht ausbleiben. — Chrysander's Händel - Biographie bildet die Fortsetzung von Dr. Nagel's Arbeit. Händel betrat im Jahre 1710 Englands Boden.

* In Rabich's Blätter für Haus- und Kirchenmusik (Langensalza bei Hermann Beyer & Söhne) 1897, p. 153 befindet sich ein historischer Artikel von Dr. *Hugo Riemann* über die Trio - Sonaten der Generalbass-Epoche, der sehr lesenswert ist und am Ende eine Sonate für zwei Violinen und bes. Bass von *Salamone Rossi* Ebreo aus 1613 bringt, deren Bass aber der Herr Verfasser nicht ausgesetzt hat, trotzdem er vorher dies als erste Notwendigkeit bei der alten Instrumentalmusik erklärt. Im Verlaufe des Artikels kommt er auch auf die Ausführung älterer Zeit zu sprechen und weist aus Praetorius nach, dass die Trio-Sonaten nicht nur von drei Spielern, sondern auch in vielfacher Besetzung vorgetragen, sogar noch andere Instrumente zur Verstärkung herangezogen wurden um einen gesättigten Klang zu erzielen.

* Herr *Michel Brenet* veröffentlicht in der italienischen Zeitschrift „Rivista musicale italiana." Torino, fratelli Bocca, tom. 4, fasc. 3, 1897 eine Abhandlung über die Oratorien *Carissimi's* und deren Vorhandensein in französischen Bibliotheken nebst interessanten Abschweifungen. 24 Seiten.

* Mitteilungen der Musikalienhandlung Breitkopf & Haertel. September 1897. Nr. 50. *Eugen d'Albert's* Porträt schmückt die Titelseite. An musikhistorischen Unternehmungen sind hervorzuheben: Neue Publikation der *Plainsong* and *Mediaeval* Music Society zu London. Englische Musik aus dem 10.—15. Jh. durch Lichtdruck hergestellt und in moderner Übertragung. — *Rameau's* Sämtliche Werke ediert von C. St.-Saëns enth. bis jetzt 2 Bände Klaviermusik und 1 Bd. Kantaten. — Giov. Tebaldini in Padua kündigt eine Ausgabe alter Venezianischer Meister an. Seite 1737 ist das Porträt *J. Albeniz* nebst Besprechung seiner Oper Pepita Jimenez zu finden.

* Der *Dresdner Tonkünstler - Verein* versendet den Bericht über das 43. Vereinsjahr, der ein stetes Wachsen desselben bekundet, nicht nur an Mitgliederzahl, sondern auch in der Bibliothek.

* Herr Prof. *Emil Krause* in Hamburg kündigt wieder seine musikhistorischen Vorlesungen nebst Aufführung von Tonsätzen der besprochenen Periode an.

* Hierbei zwei Beilagen: 1. Joh. Phil. Krieger, Bog. 4. 2. Nachrichten über die Musikpflege am Hofe zu Innsbruck nach archivalischen Aufzeichnungen von Dr. Franz Waldner, Bog. 5.

Verantwortlicher Redakteur Robert Eitner, Templin (Uckermark).
Druck von Hermann Beyer & Söhne in Langensalza.

Monatshefte

für
MUSIK - GESCHICHTE

herausgegeben

von

der Gesellschaft für Musikforschung.

| XXIX. Jahrg. 1897. | Preis des Jahrganges 9 Mk. Monatlich erscheint eine Nummer von 1 bis 2 Bogen. Insertionsgebühren für die Zeile 30 Pf. — Kommissionsverlag von Breitkopf & Härtel in Leipzig. Bestellungen nimmt jede Buch- und Musikhandlung entgegen. | No. 12. |

Anonymi
Introductorium Musicae.

(c. 1500.)

Nach dem Unicum der Leipziger Universitätsbibliothek

neu herausgegeben von **Dr. Hugo Riemann.**

(Fortsetzung.)

(fol. 5 r.)   **De mentali vocum mutatione.**

(I)stis igitur clausulis bene inhibitis de mentali vocum mutatione disserendum est. quum sc. vna syllaba in mente seruatur altera in quam sc. fit mutatio exprimitur. *que quidem mutatio est amica cantilenis mensuratis:* ubi non permittitur precipue in diminutioribus figuris quin ambae syllabae exprimantur . quandoquidem ista mora geminando syllabas gigneret dissonanciam: totusque concentus confunderetur. ut quisque ex se ipso facile considerare potest.

In cantu igitur duro ascendentes in d et a RE sumamus: descendentes vero in a et e litterulis LA capiamus. In cantu autem molli ascendentes in d et g RE sumamus: descendentes vero in a et d litterulis LA capiamus. Verum in cantu ficto quemadmodum etiam in vero cantu dumtaxat observandum est FA . quo habito relique syllabae sua sponte se offerent.

Regula mutacionum.

Ex his liquet omnem solmisandi vim in eo exiftere: ut sciamus quando MI quandove FA maxime in b clave modulandum sit: quo scito omnis solmisandi modus evidenter haberi poterit.

Aduertendum est igitur Quandoquidem in principio cantilene b rotundum ponitur in b claue: tunc ibi dicendum esse FA. alias enim cum illo semper esse MI.

Preterea cantilena tercii et quarti tonorum exiens in E la mi: cantusque septimi et octaui tonorum occidens in G sol re ut: exigit MI in b fa ♮ mi. si non sit ibi specialiter signatum b rotundum: quod ut predixi FA innuit.

In primo autem tono et secundo desinenti(bus) in D sol re. si post LA sola notula conscenderit puta ad b fa ♮ mi: tum ibi non MI sed FA leniter jubilandum ferunt. hoc modo q). alias vero in b fa ♮ mi ut plurimum (quod dico ob paucas cantilenas poscentes in prefato loco FA) in primo tono et secundo MI dicimus. At quintus tonus et sextus exiens in F fa ut: postulat FA in b claue. si non mutetur b mollis qualitas in duram. Quod potissime fit, quum post LA sola notula conscenderit ad e superacutum: mox iterum per descensum tangendo b fa ♮ mi. quia tunc ad deuitandum tritoni duriciem: ibidem MI dici quadrat: quousque cantus iterum ad suam naturam recurrerit.

q)

Gaudeamus.

Sin autem dictus cantus terminetur per transpositionem in c sol fa ut tunc habebit MI in b fa ♮ mi ‖ (fol. 5 v.) demptis certis clausulis in quibus ante transpositionem coactus tono et necessitate in e la mi FA habuit. *gratia cujus ecclesiastici nostri ejus modi cantilenas: ad deuitandam musicam fictam in confinalibus finiunt.*

De musica ficta.

(M)usica ficta est que per fictas voces modulatur: hoc est per syllabas, que essencialiter in eisdem clauibus non continentur. Nonnumquam enim ob cantus asperitatem ad b molle (sine quo nulla in musica est suauitas) nos convertimus: dicentes FA in eo loco in quo tamen nullum FA continetur: quod frequentius in e et a fieri videmus. mox tamen ad priorem reuertendo solfam. Interdum etiam quum voluerimus nimiam cantus molliciem subterfugere ad ♮ durum nos conuertimus. dicentes MI in ea claue ubi FA essencialiter locatur. quod potissime in c et f fieri conspicimus. Nam in singulis clauibus in quibus FA localiter ponitur potest dici MI. Et in quibus FA localiter non continetur poterit modulari FA per musicam fictam: quemadmodum in precedenti introductorio perlucescit. quando autem modulandum sit pro MI FA signatura b mollis indicabit: et si pro FA MI dicendum sit ♮ durum manifestabit.

Vocum mutationes.*)

a) in cantu duro.

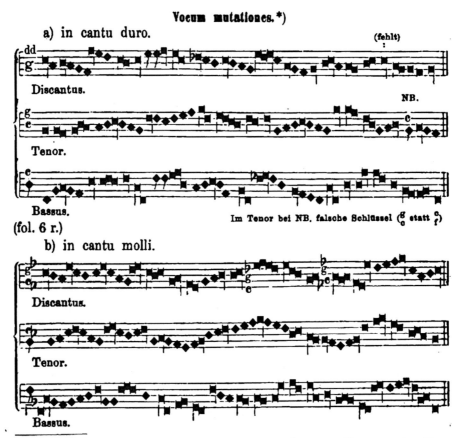

(fol. 6 r.)

b) in cantu molli.

Im Tenor bei NB. falsche Schlüssel ($\frac{g}{c}$ statt $\frac{c}{f}$)

*) Diese drei Sätze sind Musterstücke dreistimmigen Kontrapunkts Note gegen Note. Jeder Versuch, der Notierung einen mensuralen Sinn zu imputieren, scheitert an der sich sofort einstellenden Zerstörung der Reinheit des Satzes. Ich stelle die Töne zur bequemen Übersicht einfach in gleichen Achteln über einander:

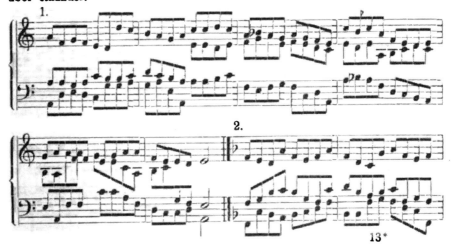

c) in cantu ficto.

Discantus.

Tenor.

Bassus.

(fol. 6 v.)   **De Tonis.**

(T)onus est Regula per ascensum et descensum quemuis cantum in fine dijudicans. Quorum apud grecos tantum quatuor fuisse conftat: videlicet Prothus Deuterus Tritus et Tetrardus: vnde et quatuor tantum finales habemus. Posteri antem hos videntes non sufficere ob eorum discordiam quam in altum et profundum habuere: quemuis tonum in duos partiti sunt: vtputa Prothum in primum et secundum: Deuterum in tercium et quartum, Tritum in quintum et sextum Tetrardum in septimum et octauum. atque iccirco nunc octo habemus modos .i. tonos in duas partes partitos. Uni de numero impari constantes sc. primus tercius quintus septimus autentici siue principales nuncupantur. Alteri vero de numero pari constantes puta

3.

secundus quartus sextus octauus plagales seu collaterales vocantur.   *Plagales.*
Quorum tenores subjectis notulis pernoscuntur :

Adam *primus*   Noe *secundus.*   *Tercius* Abraam.   *Quatuor* evange-
homo.   listae.

Quinque libri   *Sex* hydriae positae.   *Septem* scholae   Sed *octo* sunt partes.
Mosi.   sunt artes.

De tonorum finalibus.

(F)inis est teste philosopho uniuscujusque rei perfectio.   *Finis.*

Tonorum autem claues finales in quibus omnis cantus solito   *Finales.*
more desinit esse sunt quatuor secundum octo tonorum conbinationem:
videlicet D E F G graues. Sunt insuper tres confinales magis fami-   *Confinales.*
liares sc. a ♮ c acute, quas sibi cantus in proprio cursu deficientes
vsurpant. Namque primus tonus et secundus terminantes in D sol re:
nonnumquam in a la mi re. tertius et quartus in E la mi: quan-
doque in ♮ acuto. Quintus et sextus in F fa ut: interdum in c
acuto: vel etiam ‖ (fol. 7 r.) in C graui dicendo MI in ♮ mi. Septimus
et octauus in G sol re ut terminantes: perraro in d la sol re vel in
C graui modulando in ♮ mi FA. Verum qui mensurabiles cantilenas
describunt ad nutum sili confinales vendicent . dum modo eadem con-   *Alie con-*
sonantia cantus persistere poterit. Iccirco primus tonus et secundus   *finales.*
condecenter terminantur in G sol re ut. Tercius et quartus in a la
mi re. Quintus et sextus in b fa ♮ mi. Septimus et octauus in c sol
fa ut. *modulando bmolliter.* quamquam ecclesiasticis pernotationibus
raro consesserint has quatuor confinales. dicunt enim quamlibet con-
finalem diapentes intervallo debere distari a voce finali.

De cursu tonorum.

(C)ursus siue ambitus in proposito est spatium quod regula   *Cursus.*
vnicuique tonorum in scala musicali indulget quantum sc. quisque a
finali suo ascendere vel descendere debeat. Omnes itaque autentici a
finali suo ad octauam regulariter ascendunt: licenter ad nonam vel *Prima regula*
decimam. Descenduntque ab eodem ad proximam: dempto quinto *pro autenticis.*
qui propter evitare semidiapente in finali manebit: aut per semiditonum ac etiam per diatessaron descendit. Plagales autem omnes a *Secunda re-*
finali ad quintam regulariter ascendunt: et licenter sextam assumunt. *gula pro*
Descenduntque a finali ad quartam et licenter ad quintam: dempto *subjugalibus.*

Regularum intellectus. sexto qui propter evitare semidiapente non descendit. Quod autem dicimus autenticos ad octauas et ad quintas collaterales ascendere sic accipiendum est: quod tam alte ascendant .i. ascendendi potestatem habeant. neque enim omnis cantus autenticorum ad octauas neque

Regula. omnis plagalium canor ad quintas pertingit. Si igitur cantus ascendat ad quintam supra vocem finalem ibique aliquamdiu versetur: aut sepius remigret certum est eum de autenticorum esse numero. Sin autem sub ejus finali plus perseruet etsi saltum in quintam vel sextam faciat mox iterum precipitando nullam ibi faciens moram est

Permixti toni. toni plagalis. Sed hoc quoque animadvertendum cantus nonnumquam permixtos habere tonos: quos ecclesiastici autentico ascibunt tono si equaliter mixti sint. nam quum inequaliter duobus tonis miscentur:

Imperfecti toni. illius sunt cujus naturum magis participant. Similiter antiphonas breviores quarum notule a finali voce ditono tantum ascendunt autentico ascribunt.

(fol. 7 v.) **De vera et infallibili tonorum agnitione.**

Tonus cognoscitur ex melodia. (M)elodia insuper ducit in cuiusuis toni agnitionem vsque adeo ut solum audita harmonia alicuius modulationis mox cuius toni sit facillime poterit agnosci. Cantus igitur qui versatur in RE pluries

Prima regula. repetens in acutum LA repercuciendo sursum ad FA est primi toni. Si vero versetur in RE sepius sursum FA ejus terciam reuerberans est

Secunda. toni secundi. Uerum si in MI versetur: et sepe visat sursum FA ejus sextam est tercij toni. Sin autem sepius repetat a MI sursum LA est

Tercia. quarti toni. Quum autem sepius FA occupauerit arripiens sursum SOL et si frequentius decidat ad ejus terciam sc. MI: iterum verberando

Quarta. est quinti toni. Si vero frequentius a FA sursum LA repercuciat est sexti toni. Quod si in UT moram fecerit: pluries repetens in acutum SOL: reuerberando sursum ad LA est septimi toni. Sin autem sepius ab UT FA reuerberet decidens per quintam ad FA est toni octavi. quod his duobus versiculis perlucescit:

PRI *re la*; SE *re fa*; TER *mi fa*; QUART quoque *mi la*; QUINT *fa sol*; SEXT *fa la*; SEPT *vt sol*; OCT tenet *vt fa*.

Quod etiam presentibus exemplaribus notissime percipi potest.

Formula primi toni.   Pogressio secundi.

Formula tercij toni.   Progressio quarti.

Formula quinti toni.   Progressio sexti.

(fol 8 r.)

Formula septimi toni.   Progressio octavi.

De clavibus tonorum inicialibus.

(I)nicia primi toni sunt C D F graues et a acuta. At secundi toni principia sunt A C D F graues. Inicia tercij toni sunt E F G graues et (a?) acuta. At quarti toni principia sunt C D E F G graues. Inicia quinti toni sunt F gravis, a et c acute. At sexti toni principia sunt D F graues. Inicia septimi toni sunt G grauis et a ♮ c d acute. At octaui toni principia sunt C D E F G graues et a c acute. Que vera sunt: si toni in propriis finalibus exierint sin autem in confinalibus terminentur ipsi sua inicia secundum proporcionem dictarum distanciarum variant. Et quia eiusdem toni antiphone diuersa habeant inicia iccirco diuerse sunt tonorum differencie. Nanque primus tonus quinque habet differencias: secundus nullam: tercius quatuor: quartus quatuor: quintus vnam: sextus vnam: septimus quatuor: et octauus quatuor: vt in subjectis notulis peruidetur. que quidem differencie solum ornatus gratia peritorum cantorum placito sunt inuentae: quo facilior et suauior fiat antiphonarum inceptio super psalmos: atque introituum super gloria patri. nam sicut se habet principium seculorum amen ad finem antiphone ita principium versiculi ad precedentem sui cantus terminacionem Quocirca in diuersis locis alias et alias tonorum differencias offendimus: quas tamen passim in Antiphonarijs comperies pernotatas. Et quanquam toni vt supra dictum est in fine discernantur: differentie tamen eorum non nisi in fine valent dijudicari. Verum Gradualis atque Responsorij finale ante uersum comprobatur. et cui tono gradualium et alleluia atque responsoriorum cantica attribuuntur: eidem et eorum versus sunt ascribendi. Sequuntur tonorum differencie.

Tonorum inicia.

Tonorum differencie.

Cur utamur differentiis.

(fol. 8 v.)

Primi toni   scd'a drn̄a   3a drn̄a   4ta drn̄a   5ta drn̄a
drn̄a prīa

Tercij toī   2a dr̄na   3a dr̄na   4ta dr̄na   Quarti toni
dr̄na prīa   dr̄na prima

2a dr̄na   3a dr̄na   4ta dr̄na   Quīti toni   Sexti toni
                                               dr̄na   dr̄na

Septī toni   2a dr̄na   3a dr̄na   4ta dr̄na   Quarti toni
dr̄na prima   dr̄na prīa

2a dr̄na   3a dr̄na   4a dr̄na q̄ et   (in solcher Weise ist der ganze
                peregrina d'r (dicitur) Text m. Abbreviaturen durchsetzt)

De psalmorum intonacione.

Forma intonandi est duplex quedam fit in pausis productis: vbi non ponuntur dictiones monosyllabe vel hebraice aut apud nos indeclinabiles: ut me te se fac Syon Hierusalem etc. Quedam fit in pausis corruptis ubi ponuntur dictiones jam dicte et consimiles que omnes contra toni naturam debent elevari vt his exemplaribus comprobatur.

Dixit dn̄s   dn̄o meo sede a dex. m.   Credidi ppt' qd' locutus sum.
(fol. 9 r.)

Magnificat anima mea dn̄m.   Benedictus dn̄s deus israel.

2g.

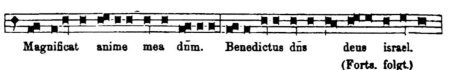

Dixit dominus domino meo sede a dextris meis. Credidi propter quod locutus sum.

Magnificat anime mea dn̄m.   Benedictus dn̄s deus israel.

(Forts. folgt.)

Rechnungslegung
über die
Monatshefte für Musikgeschichte
für das Jahr 1896.

Einnahme . . . . 1093,48 M.
Ausgabe . . . . 1094,40 M.

Specialisierung:

a) Einnahme: Mitgliederbeiträge nebst den Extrabeiträgen der
Herren Dr. Eichhorn 50 M und S. A. E. Hagen 26 M, sowie
Überschuss aus 1895 . . . . 881,98 M.
Durch die Breitkopf & Haertel'sche Musikalienhandlung . . 211,50 M.

b) Ausgabe für Buchdruck . . . . 696,25 M.
Papier . . . . 110,25 M.
Verwaltung, Post, Feuerversicherung, Annoncen etc. . . . 287,90 M.

c) Mindereinnahme . . . . —,92 M.

Templin (U./M.) im Nov. 1897.

Robert Eitner,
Sekretär und Kassierer der Gesellschaft für Musikforschung.

Mitteilungen.

* Indice Generale dell' Archivio musicale Noseda, compilato dal Prof.
Eugenio de' Guarinoni, bibliotecario del R. Conservatorio di musica di Milano
. . . Milano 1897, tipogr. Enr. Reggiani. gr. 8⁰. XIV u. 420 Seiten, mit der
Photograph. des Begründers der Bibliothek *Gustavo Adolfo Noseda*, geb. 24. 11.
1837 zu Mailand, gest. 27. Jan. 1866 ebd. Das Vorwort bringt eine Biographie
über denselben. Trotz des knapp zugemessenen Lebenspfades brachte derselbe seine
Musikbibliothek bis auf 10253 Nrn. Über die erste Hälfte des Kataloges wurde
bereits im Jahrg. 1894 p. 23 berichtet. Heute liegt der Katalog vollendet vor
und zeichnet sich durch seine präcise Kürze und dabei doch gröfste Genauigkeit aus. Herr *Guarinoni* hat wahrhaft ein Kunststück vollbracht, indem er
durch dasjenige was er nicht sagt, das Werk beschreibt. So kurios dies klingt,
so wahr ist es. Nämlich: Druckwerke tragen den Druckort, Verleger und
Jahreszahl, fehlt diese Anzeige, dann ist das Werk ein Manuskript. Ist das
Werk in Stimmbüchern vorhanden, so zeigt der Katalog „in parte" an, fehlt
diese Angabe, dann ist es eine Partitur. Bei älteren Musikern befindet sich
gleich hinter dem Autornamen das Jahr der Geburt und des Todes, fehlen die
Daten, dann ist es ein neuerer Komponist. Ist das nicht aufserordentlich praktisch? Selten nimmt ein Titel mehr wie zwei Zeilen ein, nur wenn bei Sammlungen der Inhalt nebst den Tonarten angezeigt wird, nimmt er einen gröfseren
Raum ein. Nur einen Vorwurf müssen wir dem Herrn Verfasser machen, und
zwar, dass er bei der Anzeige „V. diversi autori" nicht auch die laufende Nr.
verzeichnet. Es sind 30 Werke, die man dann jedesmal durchsehen muss bis
man den betreffenden Autor findet. Den Schluss bilden zwei Verzeichnisse,
das eine nennt diejenigen Autoren von denen Autographe vorhanden sind und
das andere verzeichnet die vorhandenen Opern nach dem Titel. Das Konser-

vatorium besitzt übrigens noch eine Bibliothek älteren Bestandes, die manches seltene alte Werk enthält. Vielleicht entschließt sich die Direktion auch darüber einen Katalog zu veröffentlichen.

* *Julius Fuchs*: Kritik der Tonwerke. Ein Nachschlagebuch für Freunde der Tonkunst, von . . . In Kommission bei Fr. Hofmeister in Leipzig. 1897. gr. 8°. 2 Vorbll. 152 und 400 Seiten. Der Verfasser beabsichtigt ein Nachschlagewerk, welches den Wert von gegen 50000 Musikwerken (Kompositionen) bestimmt, eingeteilt nach Klassen, vom Besten zum Minderwertigen herabgehend. Ein kühnes Wagstück 50000 Piecen nach ihrem Werte zu bestimmen. Um die Masse des Stoffes auf einen annähernd kleinen Raum zu drängen, werden Zeichen der verschiedensten Art angewendet, um den Wert anzuzeigen und sind sehr oft nur die Opuszahlen verzeichnet. Wer sich hier durcharbeitet, muss so vertraut wie der Verfasser mit der Arbeit sein. Wir erkennen den Fleiß des Verfassers an, halten aber Idee und Ausführung für verfehlt. Die Whistling-Hofmeister'schen Handbücher der musikalischen Literatur, die jetzt 8 starke Bände bilden, haben dem Verfasser jedenfalls zur Grundlage gedient und er hätte sich ein großes Verdienst erworben ein Gesamtregister über dieselben zu geben. Dies wäre dem praktischen Musiker, dem Historiker, Musikalienhändler und Dilettanten ein schätzenswertes Handbuch gewesen, während sich das vorliegende wohl nur wenige Freunde erwerben wird.

* Herr *Michel Brenet* hat, wie schon erwähnt, in der Rivista musicale italiana (Torino 1897, fratelli Bocca, Bd. 4, Fasc. 3) über die *Oratorien* von *Carissimi* sehr ausführliche Nachrichten über die auf öffentlichen Bibliotheken befindlichen Exemplare gebracht. Er geht von dem Artikel Chrysander's in der Allgem. musikalischen Zeitung, Leipzig 1876, S. 67 ff. aus, der eine Reihe Oratorien aus der Bibliothek Farrenc's erworben hatte und dieselben der Stadtbibl. in Hamburg übergab. Mich. Brenet erwähnt nun die Oratorien, die sich in der Nationalbibl. zu Paris, zum Teil in der Kopie von Brossard befinden, ferner im Conservatoire zu Paris und einem Manuskript zu Versailles, im Ganzen 10 Oratorien, von denen aber die „Historia Davidis et Jonathae" (Paris, Nationalbibl. Vm 1, 1474) zweifelhaft ist. Ein anderes von Fétis erwähntes Oratorium „Jugement dernier", fehlt heute in der Nationalbibl. Andere Bibliotheken, die noch im Besitze von Oratorien sind, erwähnt der Herr Verfasser nicht, so besitzt das Real College of Musik in London vier Oratorien, darunter ein nicht erwähntes „Daniele" im Ms. P. Weiter weist derselbe nach, dass das „Oratorio di Salomone" nicht von Carissimi, sondern von *Cesti* ist und die Oratorien „Historia Davidis" und „Jonatha" von einem unbekannten französischen Komponisten herrühren. Eine sehr merkwürdige Entdeckung hat der Verfasser in dem zweiten Teile von *Samuel Capricornus* Theatrum musicum seu sacrae cantiones von 1669 gemacht, dort befindet sich nämlich als Komposition Capricornus' das Carissimische Oratorium „Jugement de Salomon". Die Ausgabe erschien nach des Komponisten Tode; die Sammlung wurde daher aus dem Nachlasse desselben zusammengestellt und lässt sich die Aufnahme obigen Oratoriums nur in der Weise erklären, dass sich Capricornus das Oratorium kopierte ohne den Namen des Komponisten hinzuzufügen und dies täuschte die Erben und hielten es für eine Komposition Capricornus'. Bisher kennt man von obigem Drucke Capricornus' nur ein Exemplar in der Nationalbibl. zu Paris, während der erste Teil in Deutschland mehrfach vertreten ist.

* Katalog Nr. 292 des Antiquariats von List & Francke in Leipzig, Thalstr. 2. Enth. 1902 Werke: Theorie, Geschichte, geistliche und weltliche Musik im Druck und Manuskript, Hymnologie, Orgelmusik u. a. in 15 Abteilungen zerlegt, die aber oft der Abteilung unter der sie stehen so wenig entsprechen, dass die Ordnung in ein Alphabet bei weitem vorzuziehen ist.

* Konzert Handbuch. Lager deutschen und ausländischen Verlages. III. Chorwerke ohne Begleitung. Breitkopf & Haertel in Leipzig, Brüssel London, NewYork 1897. kl. 8⁰. 148 S. in 19 Abteilungen. Das Vorwort ist überschrieben „Allgemeine Konzertbibliothek" und bildet die Fortsetzung früherer Verzeichnisse. Das Verz. besteht nicht nur aus Verlagsartikeln der Firma Breitkopf & Haertel, sondern auch aus anderen Verlagsanstalten, die ein Lager bei ersterem halten. Es bietet den Konzert-Instituten und dem Publikum ein willkommenes Hilfsmittel, sich in der einschlägigen Literatur zu orientieren und seine Einkäufe danach einzurichten. Das 1. Verz. enthielt Orchestermusik, das 2. Gesangmusik mit Orchester und das 3., das vorliegende enthält Lieder und Gesänge für gemischten Chor, für Männerchor und für Frauenchor ohne Begleitung. Die Preise sind stets verzeichnet. — Ein 2. Verzeichnis, unabhängig von obigem, enthält auf 219 S. in kl. 8⁰ ein Verz. von Klaviermusik, eingeteilt in Schulwerke, Vortragsstücke und Bearbeitungen von Opern, Sinfonien u. a. für Klavier.

* Mit diesem Hefte schließt der 29. Jahrg. der Monatshefte und ist der neue Jahrg. bei *buchhändlerisch* bezogenen Exemplaren von neuem zu bestellen. — Der 26. Jahrg. der Publikation älterer Musikwerke enthält von *Joachim von Burck:* Zwanzig deutsche (geistliche) Liedlein mit 4 Stim. Erfurt 1575 und 2 deutsche Passionen zu 4 Stim. von 1568 und 1574 in Partitur mit Klavierauszug, Preis 15 M, für die älteren Subskribenten 9 M. Die Versendung erfolgt am 2. Jan. 1898.

* Hierbei drei Beilagen: 1. Titel und Register zum 29. Jahrg. 2. Joh. Phil. Krieger, Bog. 5. 3. Nachrichten über die Musikpflege am Hofe zu Innsbruck nach archivalischen Aufzeichnungen von Dr. Franz Waldner, Bog. 6. Die Beilagen 2 und 3 werden im 30. Jahrg. fortgesetzt.

Verantwortlicher Redakteur Robert Eitner, Templin (Uckermark).
Druck von Hermann Beyer & Söhne in Langensalza.

Namen- und Sachregister.

Urban, F. W., † 100.

Ut queant laxis, Melodie 31 ff.

Valcrociata, Graf Nicolo di Stermich de, † 100.

Vanzan-Perelli, Luigia, † 100.

Verdonck, Cornelis, Biogr. u. Bibliogr. 67.

Verovio's Canzonette a 4 v. Neuausg. 68.

Verz. der Publikation 103.

Vibulano dall' Acqua, † 100.

Victoria, Th. Ludov. da, Officium 4 voc. 66.

Vieutemps, Jules-Jos.-Ernest, † 100.

Vieweg, Karl, † 100.

Villaret, François, † 100.

Vitali, Raffaele, † 100.

Vogel, Dr. Emil, Jahrb. der Musikbibl. Peters 84.

Volkmann, Wilhelm, † 100.

Wagner, August, † 101.

Wagner, Rich. Briefe, chronolog. Verz. 51.

Wallenstein, Martin, † 101.

Wallner, August, † 101.

Walter, Dr. Anton, † 101.

Walter-Strauß, August, † 101.

Waltzer, John, † 101.

Wangenheim, Friedrich von, † 101.

Wasielewski, Wilhelm Joseph von, † 101.

Weber, Daniel Gottfried, Stadtmusik. 75 ff.

Weber, Robert, † 101.

Weber, Wilh., Beethoven's Missa solemnis 83.

Wedemeyer, Franz, † 101.

Weimar's Hofkapelle im 16. Jh. 137.

Weiß, Joh. Paul, Stadtmusik. 78.

Wesendonck, Otto, † 101.

Wessnig, Robert Guido, † 101.

Widmann, Wilh., 7 Lieder von Lassus 14.

Wiel, Taddeo, I teatri mus. Veneziani 119.

Wiener Konzerte 1848—68, 35.

Wien's K. K. Hofbibl., Musikkat. 135.

Wiesberg, Wilhelm, † 101.

Wilhelmuslied 67 (lies für beschuwd, beschouwd).

Wlczek, Sophie, geb. Witt, † 101.

Wunderlich, Johann, † 101.

Xyndas, Spiridion, † 101.

Zabban, Benedetto, † 101.

Zacharia, Zinkenbläs. 1553, 9.

Zanzan, Luigia, geb. Prati, † 101.

Zeidler, Charlotte, † 101.

Zeitschrift für Bücherfreunde 128.

Zelle, Friedrich, Eine feste Burg 3. Abtlg. 102.

Zierfuß, Hugo, † 102.

Zimmer, Otto, † 102.

Zipperle, Hans, † 102.

Zither, historisch etc. 35.

Zoboli, Alessandro, † 102.

Druckfehlerberichtigung.

S. 118 Z. 14 lies humanistisch statt humoristisch.

MONATSHEFTE

FÜR

MUSIK-GESCHICHTE

HERAUSGEGEBEN

VON DER

GESELLSCHAFT FÜR MUSIKFORSCHUNG

30. JAHRGANG.

1898.

REDIGIERT

VON

ROBERT EITNER.

LEIPZIG,

BREITKOPF & HÄRTEL.

Inhaltsverzeichnis.

Gesellschaft für Musikforschung.

Mitgliederverzeichnis.

J. Angerstein, Rostock.
Dr. Wilh. Bäumker, Pfarrer, Rurich.
H. Benrath, Redakteur, Hamburg.
Lionel Benson, Esq., London
Rich. Bertling, Dresden.
Rev. H. Bewerunge, Maynooth (Irland).
Ed. Birnbaum, Oberkantor, Königsberg
   i. Pr.
Grofsherzogl. Hofbibliothek in Darmstadt.
Stadtbibliothek in Frankfurt a. M.
Universitäts-Bibl. in Heidelberg.
Universitäts-Bibl. in Innsbruck (Tirol).
Universitäts-Bibl. in Strafsburg.
Fürstl. Stolbergische Bibliothek in
   Wernigerode.
H. Böckeler, Domchordir., Aachen.
Prof. Dr. E. Bohn, Breslau.
P. Bohn in Trier.
Dr. W. Braune, Prof., Heidelberg.
Breitkopf & Härtel in Leipzig.
Hugo Conrat, Wien.
C. Dangler in Colmar †.
Henry Davey, Brighton.
Dr. Alfr. Dörffel, Leipzig.
Dr. Herm. Eichborn, Assessor a. D., Gries.
Prof. Eickhoff in Wandsbeck.
Prof. Ludwig Fökövi, Szegedin.
Dr. Angul Hammerich, Kopenhagen.
Dr. Hugo Goldschmidt, Berlin.
Dr. Franz Xaver Haberl, Regensburg.
S. A. E. Hagen, Kopenhagen.
Dr. Haym in Elberfeld.
Dr. Rob. Hirschfeld, Wien.
Dr. O. Hostinsky, Prag.
Prof. W. P. H. Jansen in Voorhout.
Prof. Dr. Kade, Musikdir., Schwerin.
W. Kaerner, Freiburg i. Br.
Kirchenchor an St. Marien in Zwickau.
C. A. Klemm, Dresden.
Prof. Dr. H. A. Köstlin, Giefsen.
Oswald Koller, Prof. in Wien.
O. Kornmüller, Prior, Kl. Metten.
Dr. Richard Kralik, Wien.
Alex. Kraus, Baron, Florenz.
Prof. Emil Krause, Hamburg.
Leo Liepmannssohn, Berlin.
Frhr. von Liliencron, Excell., Schleswig.
G. S. L. Löhr, Esq. Southsea (England).
Dr. Friedr. Ludwig, Strafsburg (Elsafs).
Dr. J. Lürken in Köln a/Rh.

Karl Lüstner, Wiesbaden.
Georg Maske, Oppeln.
Rev. J. R. Milne in Swaffham.
Freiin Therese von Miltitz, Bonn.
Anna Morsch, Berlin.
Dr. W. Nagel, Darmstadt.
Dr. Karl Nef in Basel.
Prof. Fr. Niecks, Edinburgh.
F. Curtius Nohl, Duisburg.
G. Odencrants, Vice Haradshofchingen
   Kalmar (Schweden).
Paulus Museum in Worms.
Bischöfl. Proskesche Bibliothek in
   Regensburg.
Prof. Ad. Prosniz, Wien.
Dr. Arth. Prüfer, Leipzig.
Puttmann in Eberswalde.
M. Ráskai in Arad (Ungarn).
A. Reinbrecht in Verden.
Bernhardt Friedrich Richter in Leipzig.
Ernst Julius Richter, Pastor in Amerika.
Dr. Hugo Riemann, Leipzig.
L. Riemann, Essen.
Paul Runge, Colmar i. Els.
Prof. Dr. Wilh. Schell, Hofrat, Karls-
   ruhe.
D. F. Scheurleer im Haag.
Rich. Schumacher, Berlin.
Dr. Rud. Schwartz in Leipzig.
F. Schweikert, Karlsruhe (Baden).
F. Simrock, Berlin.
Fräul. Elise Skrodski, Hilden b. Düsseldorf.
Prof. Jos. Sittard, Hamburg.
Dr. Hans Sommer, Prof., Weimar.
Wm. Barclay Squire, Esq., London.
Reinhold Starke, Oberorg. u. Direktor.
   Breslau.
Prof. C. Stiehl, Lübeck.
Wilhelm Tappert, Berlin.
Pfr. Leop. Unterkreuter, Klagenfurt.
Joaq. de Vasconcellos, Porto (Portugal).
Martin Vogeleis, Pfarrer, Behlenheim
   (Elsafs).
G. Voigt, Halle.
Dr. Frz. Waldner, Innsbruck.
K. Walter. Seminarlehrer, Montabaur.
Wilh. Weber, Augsburg.
Ernst von Werra, Chordir., Konstanz i. B.
Zaar, Postsekretär in Danzig.
Prof. Dr. F. Zelle, Berlin, Rektor.

Rob. Eitner in Templin (U./M.), Sekretär und Kassierer der Gesellschaft.

MONATSHEFTE

für
MUSIK-GESCHICHTE

herausgegeben
von
der Gesellschaft für Musikforschung.

| XXX. Jahrg. 1898. | Preis des Jahrganges 9 Mk. Monatlich erscheint eine Nummer von 1 bis 2 Bogen. Insertionsgebühren für die Zeile 30 Pf. Kommissionsverlag von Breitkopf & Härtel in Leipzig. Bestellungen nimmt jede Buch- und Musikhandlung entgegen. | No. 1. |

Anonymi
Introductorium Musicae.
(c. 1500.)
Nach dem Unicum der Leipziger Universitätsbibliothek
neu herausgegeben von Dr. Hugo Riemann.
(Fortsetzung.)

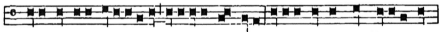

Dixit dominus domino meo sede a dextris meis. Credidi propter quod locutus sum.

3⁹.

Magnificat anima mea dominum.   Benedictus dominus deus israel.

Dixit dominus domino meo sede a dextris meis.   Credidi ‚ppt' qd' locutus sum.

4¹⁹.

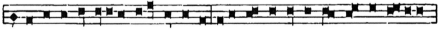

Magnificat anima mea dominum. Benedictus dominus deus israel.
(fol. 9 v.)

Dixit dominus domino meo sede a dextris meis. Credidi ‚ppt' qd' locutus sum.

5¹⁹.

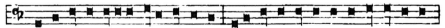

Magnificat anima mea dominum. Benedictus dominus deus israel.

6us.
Dixit dominus domino meo sede a dextris meis.   Credidi ‚ppt' qd' locutus sum.

Magnificat anima mea dominum.   Benedictus dominus deus israel.

7^{ms}.
Dixit dominus domino meo sede a dextris meis.   Credidi ‚ppt' qd' locutus sum.

Magnificat anima mea dominum.   Benedictus dominus deus israel.

8us.
Dixit dominus domino meo sede a dextris meis.   Credidi ‚ppt' qd' locutus sum.

(fol. 10 r.)

Magnificat anima mea dominum. Benedictus dominus deus israel.

Tonus peregrinus.

In exitu israel de egipto domus iacob de populo barbaro.

Pfalmi quoque terminantur multifarie secundum annotationem suorum E u o u a e i. e. seculorum amen: ommisse enim sunt brevitatis causa consonantes omnes. nam hoc ultimum est in Gloria patri quod post cuiuslibet psalmi finem decantatur.

Finis muſice plane.

(fol. 10 v.)   **De figuris notularum.**

Figura.

(F)igura enim representatio vocis recte atque ommisse. Recte quidem vocis figure sunt ipse notule. Ommissa vox pausa declaratur. Sunt autem quinque figure essenciales sc. maxima longa brevis semibrevis et minima. Maxima est figura quadrangulo corpore descripta habens virgulam in latere dextro ascendentem vel descendentem cujus longitudo triplicat latitudinem vt hic (a). Longa autem est notula quadrata cum virgula in dextro latere sursum vel deorsum ab ipso quadrato derivante hoc modo (b). Brevis quoque quadrato corpore describitur sed absque virgula ut hic (c). Semibreuis insuper ipsius breuis (in duas equas partes diametraliter partite) medietatem obtinet hoc modo (d). Minima quoque describitur vt semibreuis apposita alteri angulorum virgula plerumque acutiori vt hic (e). Minimam inde posteritas ad eleganciorem ornatamque melodiam duas in partes equas distinxit quas seminimas vocamus: descriptas quidem ut minimas sed pleno corpore: vel vacuo uncata dextrorsum virgula hoc modo (f). Rursus seminiminam duas in partes equas distinguunt quas fusas nominant pleno corpore scriptas ut seminimas. sed uncata dextrorsum virgula: vel vacuo cum duobus uncis ut hic (g). Semifusam autem plerumque describunt fusam plenam (bis) uncata dextrorsam virgula: vel vacuam bis uncata dextrorsum virgule summitate: angulo insuper deorsum uncato hoc modo (h).

De ligaturis figurarum.

(L)igatura est simplicium figurarum per tractus debitos ordinata conjunctio. Ligabiles notule sunt quatuor. sc. maxima, longa, breuis et semibreuis. Ligaturarum igitur alia habet virgulam in sinistro latere alia in latere dextro. Ligaturarum quoque alia habet virgulam ascendentem alia descendentem. Si habuerit virgulam ascendentem *Prima regula.* in latere sinistro semibreuis est una cum sequente. Sin autem descendentem breuis est. *Secunda.* Uerum omnis ligatura cujus notula virgulam *Tertia.* habuerit a latere dextro tam ascendentem quam descendentem longa *Quarta.* est. Mediis autem ligaturarum notulis nulla inest essencialis differentia. sunt enim omnes medie breves. Maxima insuper siue colligetur sive non nulla vnquam quantitatis diversitate variatur. Relique ligaturarum notule his duobus versiculis facile innotescunt:

Prima carens cauda longa est cadente secunda
Ultima quadrata dependens sit tibi longa.

ut his peruidetur ligaturis:

(fol. 11 r.)

De pausis.

(P)ausa est figura artificiosam a cantu desistentiam monstrans *Pausa.* que cantoribus innuit a cantu se continere. Hanc musici et ad refectionem vocis et ad cantus suauitatem instituerunt. Pausarum alia generalis, alia modi, alia longa, alia pausa, alia semipausa, alia suspirium, alia semisuspirium. Pausa generalis est virgula simplex vel duplex per omnes lineas chori ducta, finemque vocis declarat.

Modi.

Pausa modi est trium temporum i. e. brevium virgula que quatuor lineas attingens tria integra occupat spatia. hec longam perfectam valet. Pausa longa duarum sc. brevium est virgula duo integra trium

Longa.

Pausa.

linearum complectens intervalla. Pausa est virgula ducta a linea ad lineam viciniorem vnum tantum spacium complectens et valet brevem.

Semipausa.

Suspirium.

Semipausa est virgula que alicui linee adherens ad medium tantum spacii descendit. hec semibrevem valet. Suspirium est virgula linee apposita ascendens ad medium intervalli vicinioris. hec dimidiam

Semi-suspirium.

semibrevis obtinet quantitatem. Semisuspirium describitur ut suspirium sc. ascendens uncata sinistrorsum summitate et valet semiminimam. Sunt igitur ipsarum pausarum descriptiones hoc modo:

Gene- modi   longa   pausa   semipausa suspirium semisuspirium
ralis

De modo tempore et prolatione.

(Modus.)

(M)odus est mensura longarum in maximis, et brevium in longis. Est autem duplex modus scilicet (fc̓) major et minor. ‖ (fol. 11 v.)

Major
Minor.

Major modus est longarum in maximis debita mensura. Minor autem modus est brevium in longis sub debito numero consideratio. Rursus

Perfectus.

modus est duplex perfectus scilicet et imperfectus. Perfectus igitur modus est quum in ipsa maxima tres longe et in longa tres breves

Imperfectus.

consistunt. Imperfectus vero quum maxima duas longas et longa duas tantum breves claudit. Binariam enim hujusmodi notularum considerationem imperfectam existimant: perfectam vero ternariam ut hac descriptione percipitur.

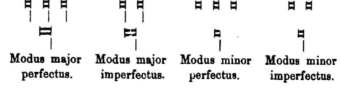

Modus major   Modus major   Modus minor   Modus minor
perfectus.   imperfectus.   perfectus.   imperfectus.

Tempus.

Tempus est quantitas brevibus notulis ascripta. Est enim duplex tempus perfectum scilicet et imperfectum. Perfectum tempus breui notule tres semibreues ascribit. Imperfectum vero tempus eidem duas tantum semibreves attribuit vt hoc demonstratur exemplo (i).

Prolatio est quantitas semibreuibus ascripta. Et est duplex perfecta *Prolacio.*
sc. et imperfecta. Perfecta prolatio semibreuem figuram in tres minimas distinguit. Imperfecta vero prolatio eandem in duas tantum
minimas diuidit: vt hoc constat exemplo (k).

De signis.

(S)ignum est quod priorem facit cognitionem de cantu quoad
modum tempus et prolationem. Frustra enim modus tempus et prolatio absque signis agnoscerentur que priorem eorum dant cognitionem.
Uerum signorum aliud prolationis perfecte aliud imperfecte. aliud
diminutionis: aliud modi vt in subjecta descriptione notissime comprehendi potest:

⊙ } perfecte prolationis { perfecti temporis
ₑ }   { imperfecti temporis

○ } imperfecte prolationis { perfecti temporis
C }   { imperfecti temporis

φ } diminutionis { perfecti temporis
₵ }   { imperfecti temporis

○3 }   { majoris perfecti temporis perfecti
○2 } modi { minoris perfecti temporis imperfecti
C2 }   { minoris imperfecti temporis imperfecti

Signa extrinseca

Rursus signorum aliud Reinceptionis ‖:

Convenientie ⁀

Pause generalis ⌒

b mollis ♭

b duri ♮ ♯

F faut

c solfaut

(fol. 12 r.)

Recenciores enim musici circulum absque numero perfecto tem- *Circulus.*
pori et semicirculum tempori imperfecto ascribunt. Puncto in- *Punctus.*
super signo temporis inscriptum perfecte prolacioni: ac absenciam
puncti imperfecte prolacioni attribuentes. Uerum si numerus apposi- *Numero.*
tus fuerit circulo vel semicirculo, tunc numero ternario et binario
tempus perfectum ac imperfectum declarant. Modum insuper perfectum circulo quum perfecta sit figura ascribi volunt ac imperfectum

modum semicirculo tali numero postposito declarantes. ita vt numerus circulo vel semicirculo postpositus diminutionem innuat. Inde et *Modus major.* perfectam maximarum quantitatem quum major in ipsis modus consistat monstrant hoc modo (k). Demum perfectum minorem modum in longis declarant hoc signo (l). Constat igitur ex dictis prolationem sine tempore atque modum majorem sine minore et minorem item sine tempore in cantilenis constitui non posse.

Preterea modus major perfectus duabus ipsis trium spaciorum pausis declaratur atque unica insuper trium temporum pausa, ac etiam trium longarum repletione minoris modi perfectio ostenditur vt hic (m). Tempus autem perfectum trium brevium repletione aut duabus semibrevium notularum pausis principio cantilene descriptis facile consideratur hoc modo (n). At prolatio perfecta trium semibreuium replecione aut duabus minimarum pausis *contiguis*: plerumque in fronte cantilene descriptis notissime comprehendi potest ut hic (o).

De diminucione.

(D)iminutio in proposito est abstractio certi temporis ab ipsa mensura. Fit enim in tempore perfecto per virgulam circulum integrum scindentem hoc modo (p). In tali enim signo *tercia* mensure pars minuitur: non notularum numerus. Brevis siquidem temporis perfecti sive diminute sive integre ducatur tres semper continet semibreves servata perfectione. Eodem quoque modo duas semper semibreues continet breuis temporis imperfecti etiam ipsi diminutioni subjecta. At in hujusmodi signis (q) est diminutio temporis perfecti si equaliter per omnes carminis partes ponantur et brevis perfecta aut tres semibreves vno mensurantur tactu. ‖ (fol. 12 v.) Semiditas autem fit in tempore quum sc. semicirculus per virgulam scinditur hoc modo (r). In hoc enim signo precise altera pars temporalis mensure minuitur. Idem quoque contingit in illis signis sc. quia ut dictum est numerus postpositus circulo vel semicirculo diminutionem innuit.

De argumentatione.

(A)ugmentatio est alicujus cantilene in suis notulis plurificatio vt ponendo minimam pro semibrevi, semibrevem pro brevi, et hujusmodi. Et coguoscitur per circulum vel semicirculum cui inscriptus est punctus: plerumque penes unam dumtaxat cantilene partem positum hoc modo (t). et sic minima valet tactum. Si autem omnes cautilene partes punctum in circulo vel semicirculo contineant pro-

---

Marginal notes (left column):

Modus major.
O3 *(k)*.
Modus minor.
O2 *(l)*.
Signa intrinseca modi perfecti.
(m).
Temporis perfecti.
(n).
(o).

Diminucio.
Ø *(p)*.
Diminutio temporis perfecti.
O3
C3 *(q)*.
Semiditas.
₵ *(r)*
O2
C2 *(s)*.
sic! *Augumentatio.*
Signa augmentacionis.
⊙
₵ *(t)*.

latio perfecta declaratur in qua tres minimae aut perfecta semibrevis tactu mensuratur. Verum intrinsecum augmentationis indicium est paucitas notularum in una carminis parte dispositarum sine signo repetitionis. In augmentatione insuper pause non secus ac notule augentur. *Signum intrinsecum.*

De tactu.

(T)actus est continua motio in debita mensura contenta. Tactus autem per figuras et signa in singulis musica gradibus fieri habet. nihil enim aliud est nisi debita et conveniens mensura modi, temporis et prolationis. secundum enim horum diminutionem et augmentationem figure notularum tanguntur, cujus priorem agnitionem signa indicare habent. Quot autem unaqueque figurarum in singulis etiam quantitatibus valeat tactus innotescit ex resolutione figurarum secundum uniuscujusque signi informationem. Verbi gratia si scire velis quot maxima in isto signo (v) contineat tactus, eam in tres longas resolve ac longam ipsam quum perfectus in ipsa modus consistat in tres breves rursus brevem in duas semibreves (hujusmodi enim binariam brevium resolutionem numeri binarii declarat positio) et habebis 18 semibreves. tot maxima in tali signo valet tactus. Namque una semibrevis in quolibet signo mensuratur tactu: augmentatione et proportionibus demptis. verum in diminutione vt dictum est tercia pars et in semiditate altera pars mensure ademitur et si brevis in semiditatis signo aut consimili mensuretur tactu ‖ (fol. 13 v.) quod idem est tangendo tardius. tunc maxima in eo novem continet tactus ac longa tres et sic deinceps. Similis fit processus in omnibus aliis signis. *Tactus.*

O2 (v.)

De figurarum imperfectionibus.

(I)mperfectio est alicujus figure in numero ternario depredacio. Est enim duplex imperfectio totalis sc. et parcialis. Totalis fit quum precise tertia notule pars detrahitur. et hoc modo notula ternarii numeri capax imperficitur a sua parte propinqua: et sic longa a breui. brevis a semibrevi. semibrevis a minima imperficitur: aut ab aliquo equivalente cujusmodi sunt notule minores. aut pause ipsis correspondentes. Parcialis est remocio tercie partis non tocius notule sed alicujus partis ejus sive propinque sive remote et sic longa etiam si fit imperfecta a semibrevi gratia breuis perfecte in ea incluse imperficitur et brevis a minima robore semibrevis quam continet. Pausa autem numquam imperficitur. nec similis similem imperficere poterit: immo notula imperficiens semper minor erit sua imperfectibili. Imperfectio insuper *Imperfectio.*

Totalis imperfectio.

Parcialis.

Pausa.

solum fit in quantitatibus perfectis ob numeri ternarii constitutionem.
vbi semper minorum notularum ternaria dinumeratio fieri debet secun-

Regula imper-
fectionis.

dum numerationem notule majoris cujus est quantitas perfecta. Quociens-
cunque igitur notule minores ante vel post majorem describuntur
superflua ternaria notularum numerositate tunc major ipsa imperficitur
a propinquiori minore. Plerumque tamen notula minor majorem precedentem imperficit et non sequentem nisi punctus divisionis aut

Notularum
impletio.

perfectionis hoc impediat aut notularum colligatio. Adde quod color
plerumque notulam imperficit auferendo ab ea terciam partem nisi
in imperfectis notularum quantitatibus que ternariam sorciantur

Proportio
hemiola.

divisionem repletio Hemiolam innuit proportionem. In quantitatibus
quoque perfectis repletio nonnunquam nihil ademit sed solum perfectionis vel alterationis vel imperfectionis gratia notule implentur.
quemadmodum in modo in breuibus et semibrevibus et in tempore
in semibreuibus et minimis et in prolatione in minimis et semi-
minimis vt hoc constat exemplo

De puncto.

Punctus.

(P)unctus in proposito est minimum quoddam signum quod notulis accidentaliter preponitur vel postponitur vel interponitur. Est
enim triplex punctus sc. diuisionis perfectionis et addicionis ‖ (fol. 13 v.)
Diuisionis punctus est qui prepositus vel postpositus alicui notule
ipsam nec auget nec minuit sed ad precedentem vel sequentem eam

Diuisionis.
(x).

indicat applicandam et connumerandam pro perficienda ternaria in
notulis diuisione ut hic (x). Punctus autem perfectionis est qui postpositus alicui notule perfecte que si a minore eam (precedente vel)**)

Perfectionis.)*
(y).

sequente posset imperfici: ipsam in propria facit perfectione
remanere hoc modo (y). Punctus vero additionis quum post-

Additionis.
(z).

ponitur alicui notule imperfecte: ipsi notule mediam partem addit
vt hic (z).

*) Im Original sind die Beispiele des Punctum perfectionis et additionis
vertauscht.

**) Die von mir geklammerten Worte sind überflüssig.

(Forts. folgt.)

Mitteilungen.

* M. *Henry Expert* hat einen neuen Bd. seiner „Maîtres musiciens de la Renaissance française" in Paris bei Alph. Leduc herausgegeben, der das Sammelwerk „Trente et vne chanson (?) musicales a 4 parties", Paris chez Pierre Attaingnant 1529 enthält. Dasselbe fehlt in meiner Bibliographie; Expert giebt keinen Fundort an. Die Nationalbibl. zu Paris besitzt es nicht, sonst hätte ich Kunde davon. An Komponisten sind vorhanden: Claudin (de Sermisy) 11, Consilium 2, Courtoys, Deslouges, Dulot, Gascongne 2, Hesdin, Jacotin, Janequin 5, Lombart, Sohier, Vermont primus und 3 Anonymi. Ich bereite einen Band Chansons aus dem 35 Bücher umfassenden Sammelwerke Attaingnant's zur Publikation vor und wurde bei der Auswahl aus den 927 Chansons überrascht von dem Wohlklange, der kontrapunktischen Kunstfertigkeit, dem sich in den Vordergrund drängenden melodischen Elemente und nicht zum kleinsten Teile von dem pikanten rhythmischen leicht dahineilenden Charakter vieler Tonsätze. Die vorliegende Ausgabe lässt nur zum Teil die geschilderten Vorzüge erkennen, denn soviel Hervorragendes die Franzosen und Niederländer leisteten, soviel Minderwertiges setzten sie auch in die Welt und nur eine Auswahl aus so grofser Menge kann einen hinreichenden Überblick über ihre Leistungen gewähren. Dennoch ist die vorliegende Sammlung für den Historiker von grofsem Wert, da er nach allen Seiten hin über ihre Leistungen unterrichtet wird und auch der Musikliebhaber und die Gesangvereine finden ihre Rechnung dabei, denn es befindet sich mancher prächtige charakteristische Satz dabei. Ich mache besonders auf folgende aufmerksam: Seite 7 von Consilium, S. 13 ein Anonymus, S. 27 von Lombard, S. 32, 40, 54, 57 und besonders S. 66 von Claudin, S. 60 von Sohier, S. 72, 82 u. 93 von Jannequin; letztere ist durch ihre melodische Erfindung besonders hervortretend. Auch S. 109 von Courtois ist eine reizende sich lebhaft fortbewegende heitere Chanson. Was nun die Herstellung der Partitur betrifft, so müssen wir dem Herausgeber den Vorwurf machen, dass er wohl hin und wieder ein ♭ einfügt, doch alle Kreuz-Versetzungszeichen vernachlässigt, so dass weder Schlussformeln noch sonst irgendwo die nötigen ♯ ergänzt sind. Da dem Herrn Verfasser darüber jede Auskunft zu fehlen scheint, so verweisen wir ihn auf die Monatshefte für Musikgeschichte Bd. 18, S. 77 ff. und Bd. 20, S. 75 u. 176, wo Erläuterungen mit zahlreichen Beispielen alten Werken entnommen zu finden sind. Auch die Wiedergabe des Textes, den er in der Originalnotierung wiedergiebt, ist nicht genau und wechselt zwischen modern- und altfranzösisch. Ich mache nur auf die Apostrophe aufmerksam, die im Altfranzösischen nie vorkommen, ebensowenig wie ein Accent; auch schreibt er S. 68 „sçavoir".

* *Tijdschrift* der Vereeniging voor Noord-Nederlands Muziekgeschiedenis. Deel 5, 4de Stuk. Amsterd. 1897. Fr. Muller & Co. Enthält von F. van Duyse aus dem Liber musicus von 1571 zwei zweistim. Gesänge: „Godt es mijn licht" und „Comt al wt zuyden"; von Dr. Max Seiffert die Biographie *Cornelis Schuijt*, über die bereits die früheren Bouwsteene aktenmäfsiges Material veröffentlichten, welches der Verfasser in eine lesbare Biogr. verwandelt nebst dem Verz. seiner Werke und der Mitteilung eines vierstim. Kanons: „Bewaert Heer Hollandt". Dieser folgen eine Anzahl kleinere Mitteilungen von mehr oder weniger Bekanntem. Nennenswert sind die Notizen über *Heinrich Utrecht*,

Cornelis Boscop, dem Nachfolger Sweelinck's, *Eduard Melchior Johanns Bastiaans*, geb. 31./10. 1812. Register der Klokkendennen van den Alkmaarschen Waagtoren. Nekrolog Jan Pieter Nicolaas *Land*, gest. 30./4. 1897. 9 Programme von historischen Konzerten in Breslau von Dr. Emil Bohn veranstaltet.

    * *Martinus Luther*, der Autor des Chorals „Ein' feste Burg ist unser Gott" von *Ad. Köckert*, Sonderdruck aus Nr. 17/18 der Schweiz. Musikztg. 1897. Der Verfasser führt alle bekannten Beweise für Luther's Autorschaft der Melodie zu obigem Liede an, ohne einer befriedigenden Antwort näher zu kommen. Der beste Gedanke ist die Ausführung der einstigen Trennung zwischen einem Sänger, der eine Melodie erfinden kann, aber keinen Tonsatz setzen und einem Komponisten, der das letztere im Stande ist zu leisten, doch vergisst er zu bemerken, dass der Komponist ebensogut wie der Sänger, da er meist selbst Sänger war, die Melodie zum Tenor erfand. Der Verfasser stellt nun Luther unter die Sänger, und das passt sehr wohl zu den eigenen Aussagen L.'s, die z. B. in der Biographie Senfl's im 4. Bde. der Publikation 1876 S. 73 mitgeteilt sind.

    * *Parsifal*. Der Weg zu Christus durch die Kunst; eine Wagner-Studie von *Albert Ross Parsons*; aus dem Englischen nach der 2. Aufl. übersetzt von Dr. Reinhold Freiherr von Lichtenberg. 1897. Verlag von Paul Zillmann, Berlin-Zehlendorf. 8⁰. XV u. 212 S Enthält Wagner's religiöse Ansichten, teils aus dem Parsifal nachgewiesen. Die Übersetzung ist vortrefflich.

    * Der Mitgliedsbeitrag von 6 Mark inclus. Monatshefte ist im Laufe des Januars an den unterzeichneten Kassierer zu senden.

    Templin (U.-M.).   Rob. Eitner.

    * Hierbei zwei Beilagen: 1. Joh. Phil. Krieger, Bog. 6. 2. Nachrichten über die Musikpflege am Hofe zu Innsbruck nach archivalischen Aufzeichnungen von Dr. Franz Waldner, Bog. 7.

Verantwortlicher Redakteur Robert Eitner, Templin (Uckermark).
Druck von Hermann Beyer & Söhne in Langensalza.

MONATSHEFTE

für

MUSIK - GESCHICHTE

herausgegeben

von

der Gesellschaft für Musikforschung.

| XIX. Jahrg. 1898. | Preis des Jahrganges 9 Mk. Monatlich erscheint eine Nummer von 1 bis 2 Bogen. Insertionsgebühren für die Zeile 30 Pf. Kommissionsverlag von Breitkopf & Härtel in Leipzig. Bestellungen nimmt jede Buch- und Musikhandlung entgegen. | No. 2. |

Anonymi
Introductorium Musicae.
(c. 1500.)
Nach dem Unicum der Leipziger Universitätsbibliothek

neu herausgegeben von **Dr. Hugo Riemann.**

(Schluss.)

De alteratione.

(A)lteratio est proprii valoris secundum notulae formam duplicatio. *Alteratio.* Et fit quemadmodum imperfectio in quantitatibus perfectis ob numeri ternarii completionem. Quotienscunque igitur in prolatione perfecta *Regula altera-* due tantum minime et in tempore perfecto due semibreves, in modo *tionis.* minori perfecto due breues fuerint residue ultra ternariam quantitatis dinumerationem secunda semper alteratur. Pausa autem non alteratur, *Pausa.* neque maxima quum non habeat majorem se, neque in semiminima ceterisque figuris diminutioribus poterit fieri alteratio quum triplacione careant. Potest tamen tolli alteratio sicut imperfectio per punctum diuisionis vel notularum colligationem vel ipsarum repletionem vt hoc discernitur exemplo:

De proportionibus.

(P)roportio est duarum quantecunque sint ejusdem generis quantitatum certa alterius ad alterum habitudo. Verum proportionum alia equalitatis alia inequalitatis. Proporcio equalitatis est duarum quantitatum equalium adinuicem respectus vt duorum ad duo, 4 ad 4 et sic deinceps. Inequalitatis autem proportio est duarum inequalium quantitatum adinuicem relatio ut 4 ad 3, 7 ad 1 et sic deinceps. *Majoris* Harum ‖ (fol. 14 r.) autem inequalium proportionum alia majoris in*inequalitatis.* equalitatis dicitur quum sc. major quantitas minori coequatur in *Minoris.* relatione vt 4 ad 3. Alia minoris inequalitatis quum minor quantitas majori coequatur per relationem ut 3 ad 4. Majoris insuper inequalitatis quinque sunt genera, sc. Multiplex, Superparticulare, Superpartiens, Multiplex superparticulare, Multiplex superpartiens. Sunt et minoris inequalitatis quinque genera predictis opposita iisdemque vocabulis cum propositione ‚sub' nuncupata. et vnicuique istorum infinite species conueniunt.

Multiplex.   Est igitur multiplex primum inequalitatis genus quum major numerus ad minorem comparatus continet ipsum pluries precise. vt bis vel ter vel quater et sic deinceps. que si bis major continet minorem dicitur proportio dupla: si ter tripla: si quater quadrupla et sic in infinitum procedendo.

Dupla.   Dupla proportio est quum major numerus minorem precise bis continet vt duas notulas ad unam: 4 ad 2 ejusdem speciei modulando et figuratur in cantilenis hoc modo

$$\frac{2}{1}, \quad \frac{4}{2}, \quad \frac{6}{3}$$

vt hoc concento percipitur:

(Cantus.)   NB. (Punkt fehlt.)   Tenor.

Dupla.

(Übertragung:

Tripla.   Tripla fit quum major notularum numerus ad minorem relatus eum in se ter precise includit vt tres notulas ad unam ejusdem speciei cantando et figuratur sic

$$\frac{3}{1}, \quad \frac{6}{2}, \quad \frac{9}{3}$$

vt hic patet:

(Übertragung:

(fol. 14 v.)

Quadrupla fit musicaliter quum major notularum numerus ad *Quadrupla.*
minorem comparatus ipsum minorem precise quater continet: vt 4
ad 1, 8 ad 2 et sic deinceps et describitur in notulis hoc modo

$$\frac{4}{1}, \quad \frac{8}{2}, \quad \frac{12}{3}$$

vt hoc notatur exemplo:

(Übertragung:

Sic omnis proportio destruitur per immediatam contrarie propor-
tionis suppositionem aut per signum temporis post*) proporcionatas
notulas positum. Alterum majoris inequalitatis genus dicitur super- *Super-*
particulare et fit quando major numerus ad minorem comparatus *particularis.*
comprehendit eum totum cum una ejus parte aliquota. Pars autem *Pars aliquota.*
aliquota est que aliquociens sumpta reddit suum totum precise: vt
media que bis sumpta suum integrum numerum implet et tertia ter
sumpta et quarta quater et sic deinceps. Sunt enim hujus generis
species infinite sc. sesqualtera sesquitertia sesquiquarta et sic in
infinitum procedendo. Sesqualtera proportio fit quum major notu- *Sesqualtera.*
larum numerus ad minorem comparatus continet ipsum semel totum
et insuper dimidiam ipsius partem vt 3 ad 2, 6 ad 4 et sic deinceps
et figuratur in cantibus hoc modo:

$$\frac{3}{2}, \quad \frac{6}{4}, \quad \frac{9}{6}$$

quod presens declarat concentus:

*) ? [p⁹]

Hemiola.

Solet plerumque sesqualtera proportio in cantilenis absque numerorum characteribus denotari: quum sc. notulis plenis sub imperfectis notularum quantitatibus pernotatur: et tunc a quibusdam hemiola nuncupatur vt dictum est de imperfectione.

Sesquitercia.

Sesquitercia proportio fit quum major notularum numerus ad minorem relatus continet ipsum semel et insuper tertiam ipsius minoris partem vt 4 ad 3, 8 ad 6 et sic deinceps. figuratur in cantibus sic

$$\frac{4}{3}, \frac{8}{6}$$ vel similiter *) vt hic constat:

(fol. 15 r.)

Verum relique species istorum duorum generum ac omnes aliorum trium generum species ob canendi difficultatem raritatemque ad presens relinquantur.

Finis musice menfuralis.

(fol. 15 v.)   **De contrapuncto et ejus elementis.**

Concordantia.

(C)oncordantia est dissimilium inter se vocum in unum redacta concordantia. At concordantiarum alie simplices et primarie que sc.

Concordantie inter septem simplices sonos concipiuntur: vt unisonus. tercia. quinta
simplices. et sexta. Alie replicate et secundarie vt octava decima duodecima
Secundarie. et terciadecima. he(e) enim equisone sunt precedentibus. namque

---

*) Statt *similiter* (sıl'r) ist gedruckt „sic꜒"

qd idem est tāgendo tardius. tūc maxia in eo nouē ɔtinet tactus ac lōga tres ꝛ sic deinceps. silis fit ꝓcessus in oibꝫ alijs signis.

De figurar̄ impfectionibꝫ.

Impfectio.

Impfectio est alicui⁹ figure in nūero ternario dep-dacio. Est em̄ duplex ipfectio. total'. s. ꝛ parcialis.

Totalis impfectio

Totalis fit quū p̄cise tercia notule pars detrahit. ꝛ hoc mō notula ternarij nūeri capax ipficit a sua pte ɔpinqua: ꝛ sic lōga a breui: breuis a semibreui: semibreuis a minia impficit: aut ab aliquo equalēte cuiusmodi sūt notule minores: aut pause ipsis correspōdentes.

Parcialis

Parcial' est remocio tercie pt̄s nō totius notule s; alicui⁹ pt̄s eius siue ɔpinque siue remote ꝛ sic lōga. etiā si sit ipfctā: a semibreui gratia breuis pfctē in ea incluse ipficit: et breuis a minia rōe semibreuis quā ɔtinet.

Pausa

Pausa aūt nūq; ipficit. nec silis silem ipficere poterit: imo notula ipficiens sp minor erit sua ipfectibili. Impfectio insup solū fit in quātitatibꝫ pfectis ob nūeri ternarij ɔstitutiōem: vbi sp minorū notularū ternaria dinumeratio fieri debet sm̄ nūeratiōnē notule maioris cui⁹ est quātitas pfecta.

Regula impfectionis

Quociensc̄ūq; igit notule minores ante vel post maiorē describūt supflua ternaria notular̄ nūerositate tūc maior ipa ipficit a ɔpinquiori minore. Plerūq; tn̄ notula minor maiorē p̄cedentē impficit ꝛ nō seq̄ntē: nisi pūctus diuisiōis aut pfectiōis hoc impediat: aut notular̄ colligatio.

Notular̄ repletio.

Adde q color plerūq; notulā ipficit auferendo ab ea terciā ptē nisi in ipfect' notular̄ quātitatibꝫ q ternariā sorciant diuisionez repletio.

Proportio hemiola

Hemiolam inuit ꝓportionē. In q̄ntitatibꝫ quoq; pfectis repletio nōnūq̄ nihil ademit: s; solū pfectiōis vel alterationis vel ipfectiōis gratia notule implent: queādmodū in mō in breuibꝫ ꝛ semibreuibꝫ: in tpe in semibreuibꝫ ꝛ minimis. ꝛ in ꝓlatōe in minis ꝛ seminimis. vt hoc ɔstat exēplo.

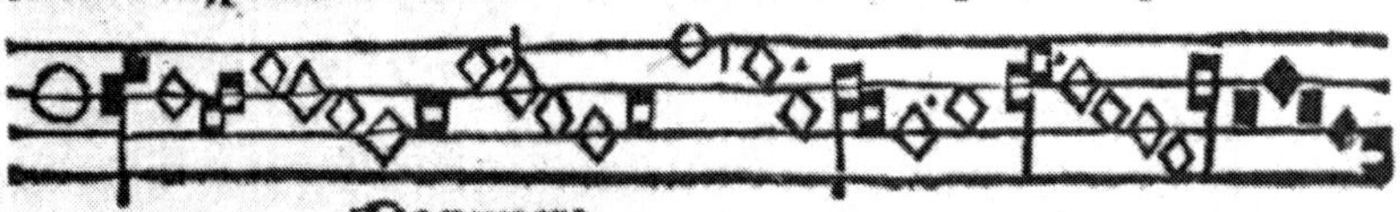

De puncto

Punctus.

Punctus in ɔposito ē minimū qddā signū qd notulis accidētaliter p̄ponit vel postponit vl' interponit

Est em̄ triplex pūctus. s. diuisionis pfectiōis ꝛ addiciōis

d

octava equisonat unisono: decima tercie: duodecima quinte: tertia-
decima sexte, ad quam quum sit octaua ipsius naturam sapit. Alie
triplicate et terciarie: vt quintadecima decimaseptima decimanona *Terciarie.*
et vigesima. Quintadecima est equisonans unisono et octaue. decimaseptima tercie et decime. decima nona quinte et duodecime: vigesima sexte et tertiedecime. Relique autem sonorum conjunctiones *Disonancie.*
insuauiter aurium sensum ledunt: puta secunda et quarta simplex et
•septima: ac que ipsis simplicioribus equisonant vt sunt nona undecima
quartadecima decimasexta decimaoctava. Concordantiarum quoque *Concordantie*
alie perfecte sc. unisonus octaua quintadecima: seu etiam quinta *perfecte.*
duodecima ac decimanona: que etsi perfecte non sint: perfectis tamen
(ob quam sortiuntur suavitatem) connumerantur. ipsarum regulas
atque mandata servantes. Alie imperfecte vt tertia sexta decima *Imperfecte.*
tercidecima (sic!) decimaseptima et vigesima. quod presentis figure
descriptione notissime percipitur:

Sex concordantie perfecte   Sex imperfecte

octo dissonancie   concordanciarum reiterationes

(fol. 16 r.)   De quibusdam regulis contrapuncti.

Prima regula Quod principia cujusuis cantilene sumantur per *Prima regula.*
concordantias perfectas. Verum hoc primum mandatum non est
necessarium sed arbitrarium: nam et imperfectis concordantiis cantilenarum exordia plerique instituerunt.

Secunda regula est Quod due perfecte concordancie eiusdem *Secunda*
speciei non possunt consequenter et immediate simul ascendendo *regula.*
vel descendendo in cantilena deduci vt hic (aa). Hec regula non est *(aa)*
arbitraria sed legalis omnem penitus exceptionem reijciens. Verum
due concordantie perfecte similes possunt in contrapuncto consequenter et immediate constitui: modo dissimilibus procedant motibus *(bb)*
atque contrarijs hoc modo (bb). Plures item perfecte concordantie
eiusdem speciei immobiles possunt in cantilena constitui vt hic (cc). *(cc)*

Tercia regula.   Tercia regula Quod plures perfecte et dissimiles concordancie ascendentes vel descendentes possunt in contrapuncto consequenter

(dd) deduci vt quinta post vnisonum vel post octauam et octaua post quintam: ac relique eodem modo vt hic (dd).

Quarta regula.   Quarta regula Quod inter duas concordantias perfectas similes vna saltem imperfecta concordancia debet media constitui hoc modo (ee).

(ee) Plures item imperfecte similes atque etiam dissimiles vt due vel tres vel quatuor tercie et vna aut plures decime inter duas perfectas quoque decenter disponuntur.

(ff)   *Verum nunquam plures sexte ascendentes possunt in contrapuncto simplici constitui.* complures tamen descendentes possunt consequenter et immediate disponi. dummodo vltimam sequatur octaua quam requirit vt hic (ff). poterit tamen eam etiam sequi decima

(gg) tenore remisso per quartam vel terciam. similiter poterit eam sequi tercia tenore ascendente in quartam hoc modo (gg).

Quinta regula.   Quinta regula Quod concordancie viciniores in discantu queri
(hh). debeant verbi gratia quum discantus cum tenore terciam mollem tenuerint diuersis utriusque partis motibus in vnisonum convenient vt hic (hh). Verum ex ipsa tercia dura diuersis item motibus ad

(ii) quintam transferuntur hoc modo (ii). Quum autem discantus per terciam tenori superpositus vnica intenditur voce: remissus tunc tenor per quintam octauam inuicem perficient. et e converso quum sc. tenor in octava cum discantu dispositus intenditur per quintam et sola voce discantus remittitur ex octaua in terciam peroptime

(kk) pro-‖ (fol. 16 v.) ceditur ut hic (kk). Quum autem tenor et discantus

(ll) sextam majorem tenuerint tunc ambo contrariis motibus in octauam, que ipsi sexte propinquior est illico convenient. minor vero sexta ad quintam frequentius revertitur vnico motu altera sc. cantilene parte

(fehlt) immobili. contrariis item motibus ad octauam pertransit hoc modo (ll).

(Sexta regula.)   Sexta et ultima regula est Quod omnis cantilena debet finiri et terminari in concordancia perfecta: videlicet aut in vnisono vt antiquis mos fuit aut in octava aut in quintadecima: quod nunc omnis musicorum scola frequentius observat.

De compositione trium parcium contrapuncti.

Prima regula.   Contrapunctus qui tribus partibus componitur hoc ordine consideratur. Quum tenor et discantus vnisonum fecerint contratenor in tercia 5. 8. 10. sub tenore deductus concordabit ut hic (mm).
Secunda regula.   Verum si in tercia supra tenorem fuerit dispositus: contratenor in tercia 8. 10. sub tenore dispositus quam optime concordabit hoc

modo (nn). Quum autem discantus quintam habuerit supra tenorem: *Tercia regula.* contratenor poterit in tercia supra tenorem aut in octaua sub tenore *Quarta regula.* constitui *et non in sexta:* ea enim in grauioribus sonis plerumque discordat nisi illico ex ipsa in octauam immediate diversis motibus conveniant vt hic (pp).

Quod si discantus sextam supra tenorem duxerit: tunc contra- *Quinta regula.* tenor terciam ac suavius quintam sub tenore possidebit hoc modo (qq). *Sexta regula.* Item quum tenor et discantus octauam inuicem seruauerint contratenor terciam 5. supra tenorem aut terciam 8. sub tenore non insuauiter possidebit vt hic (rr). Quod si discantus decimam supra tenorem sonuerit tunc contratenor per terciam 5. 8. supra tenorem aut per
4?
terciam, 5. 10. sub tenore concorditer disponitur hoc modo (ss).

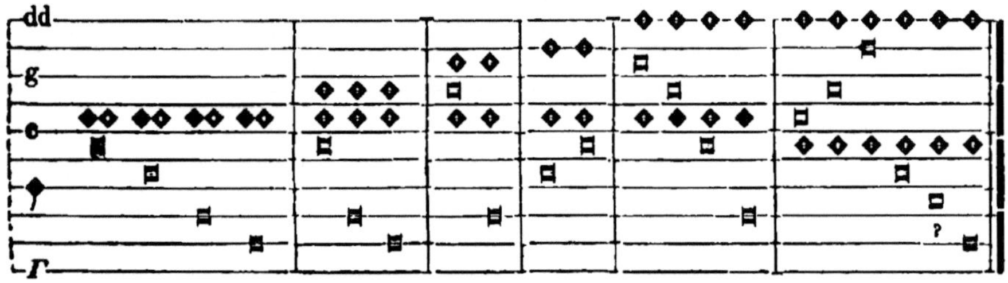

(◆ Tenor. ◆ Discantus. ⌑ Contratenor.)

(mm) *(nn)* *(pp)* *(qq)* *(rr)* *(ss)*

(fol. 17 r.) **De cantilenarum conclusionibus.**

Quum ex concordantia imperfecta perfectam petimus concordan- *Prima regula.* tiam tamquam cantilene terminationem vel alicuius partis eius tunc semper penultima discantus in sexta supra tenorem quiescat et ambo contrariis motibus procedentibus sc. tenor vnica voce descendens et discantus vnica pariter voce in acutum intentus in octauam conveniant. Et penultima Contratenoris debet in quinta sub tenore constitui qui tunc a discantu per decimam distabit. Verum ejus ultima notula poterit unisonum cum tenore aut quintam supra tenorem possidere. poterit item per terciam sub tenore disponi et tunc cum discantu decimam personabit: *hoc modo tamen in fine tocius cantilene deduci non poterit.* namque vt predixi perfectionem non principiis sed terminationibus attribuere debet, suauius tamen in octaua infra tenorem commoratur. Verum si tenor clauditur in MI, penultima *Secunda regula.* contratenoris debet in tercia collocari sub tenore discantu manente in sexta supra tenorem et sic ultima contratenoris in quinta sub tenore disponetur descendendo per quartam his syllabis SOL RE. Si autem tenor discantus formulam assumpserit capiat discantus speciem *Tertia regula.* tenoris commeando cum tenore: aut ex tercia in unisonum stante

penultima contratenoris in tercia sub tenore: aut ex quinta in terciam: ita tamen ut ipse contratenor cum tenore ex sexta in octauam
conueniat commeando cum discantu in decimis vt hac descriptione
percipi potest:

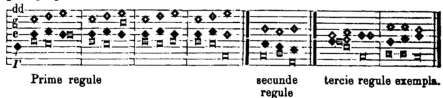

Prime regule   secunde   tercie regule exempla.
                                               regule

Caueat postremo cantilenarum compositor in speciebus perfectis
et in quarta MI contra FA disponere. hec enim vocum congeries
insuauiter aures offendit. hinc ab ipsis contrapuncti elementis se-
jungitur.

Finis contrapuncti simplicis.

(fol. 17 v.)

Prime proprietatis ♮ duralis Tritura prima

Prime naturalis Tritura 2a

Prime bmollaris Tritura tercia

Secunde ♮ duralis Tritura 4ta

Secunde naturalis Tritura quinta
(fol. 18 r.)

Secunde bmollaris Tritura sexta

Tercie ♮ duralis Tritura septima

Ende.*)

*) Beiliegend Facsimile von (fol. 13 r.) in Lichtdruck. — Errata: J. XXIX S. 148 Z. 17 l. ratione st. robore. S. 149 i. d. erst. Zeile d. Tabelle l. ♭ st. ♮. S. 151. Z. 8 die ♮ s. streichen. S. 161 Z. 15 v. u. l. sibi und vendicant. S. 164 vorletzte Notenzeile l. 2° (secundus) st. 2g. J. XXX S. 7 Z. 16 v. u. l. (fol. 13 r.), Z. 5 v. u. l. ratione st. robore.

Mitteilungen.

* *Johannes Brahms*. Erläuterung seiner bedeutendsten Werke von *C. Beyer*, *R. Heuberger* etc. etc. Nebst einer Darstellung seines Lebensganges .... Von *A. Morin*. Frankfurt a. M. Verlag von A. Bechhold. — So sehr ich jede Schrift mit Freuden begrüße, welche sich zur Aufgabe setzt, das Lebenswerk des gestorbenen großen Meisters weiteren Kreisen zugänglich zu machen, so sehr muss ich die Art bedauern, in der das in dem vorliegenden Buche geschehen ist. Nicht als ob es in seinen einzelnen Teilen überaus schlecht wäre! Durchaus nicht: es finden sich recht gute Erläuterungen zu Brahms'schen Werken von der Hand *Riemann's*, *Sittard's* u. a. m. Wogegen ich mit allem Nachdrucke protestiere, ist folgendes: der Verleger giebt sog. Musikführer heraus, kleine Heftchen, die öfter gehörte Musikwerke nach ihrem thematischen und aesthetischen Gehalte behandeln. In der Serie waren Orchesterwerke, die großen Vokalkompositionen, Kammermusikwerke und die Instrumentalkompositionen von Brahms besprochen: flugs ließ Herr Bechhold, als Brahms gestorben war, eine Biographie zusammenschweißen und gab alles zusammen unter dem mitgeteilten Titel heraus! Als ob Brahms keine Lieder, keine Klavierstücke geschrieben hätte, die auch zu seinen „bedeutendsten Werken" gehören. Es scheint, dass man in Frankfurt a. M. noch in anderen Kreisen, als von denen es längst bekannt war, die Kunstwerke nach der Elle misst. — Die einleitende Biographie von der Hand *Morin's* ist im ganzen genügend, einem anspruchslosen Publikum die Umrisse von des Meisters Leben zu bieten. In die Tiefe geht sie nicht, wie sie überhaupt sehr ad hoc geschrieben erscheint Seite X steht blühender logischer Unsinn, der sich wohl daraus erklärt, dass Zeile 15 ein „nur" fortgeblieben ist, im Satze: Aber nicht „nur" der zunächst auffallende u. s. w. Einzelne schnoddrige Ausdrücke sind nicht gerade angenehm, wunderschön ist der Satz: „Brahms war einer der *besthonoriertesten* Komponisten — — —" man darf im Interesse der Tonsetzer vielleicht hoffen, dass es noch einmal *besserhonoriertere* geben wird. O du heilige deutsche Sprache! Vielleicht sieht sich Herr Morin das nächste Mal nach einem Frankfurter Wustmann um. Dann lese Herr Morin doch auch nach, dass z. B. die Klavierstücke op. 76, die Kammermusikwerke etc. bei Simrock in *Berlin* erschienen. (Vgl. Seite XVII.)

Darmstadt.   *Dr. Wilib. Nagel.*

* *Oud Hollandsche Boerenliedjes en Contradansen* bewerkt voor Viool met begeleiding van Klavier door *Julius Röntgen*. — 20. Ausg. der Vereeniging voor Nederlands Muziekgeschiedenis. Amsterdam. (Lpz., Breitkopf & Haertel) kl. fol., 17 S. Part. nebst Violinstimme, 12 Nrn. Das Originalwerk besteht aus 13 Teilen, daher ist die vorliegende Sammlung nur eine Auswahl, die ganz

allerliebste kleine Liederchen und Tänze aus dem Ende des 17. Jh. enthält.
Die Klavierbegleitung ist ganz modern gehalten, was der Verfasser im Vor-
worte gleich befürwortet. Auch der Bass scheint mehrfach geändert zu sein.
Die einfachen hübschen Melodien haben durch die moderne vollstimmige immer-
hin recht geschickte Klavierbegleitung ihren Charakter vollständig eingebüfst.
Wie würde wohl eine antike Statue mit modernem Kleiderschmuck umhangen
aussehen? Ähnlich ergeht es obigen Melodien. Nr. 5 sieht weit mehr einem
Mendelssohn'schen Liede ähnlich. Nr. 6 ist dem Verfasser durch eine dem
Stile mehr anpassende Begleitung besser gelungen. Ebenso Nr. 7 und zum
Teil auch Nr. 10. Nebenbei bemerkt der reizendste Satz der ganzen Sammlung. Schade, dass man über das Originalwerk so gar nichts erfährt. Dasselbe
befindet sich in der Bibliothek obiger Gesellschaft in Amsterdam, doch auch
der Katalog S. 110 lässt uns völlig im Dunkeln. Er schreibt: Boeren Lietis
en contredansen. — Oude en nieuwe Hallantse — 13 dln (1 bd). Amsterdam,
Est. Roger z. j. (s. a.) kl. qu 4⁰. Dl I—III. 2de druck. Eine spätere Ausg.
ebendort ist etwas besser angezeigt: Boeren Lieties ... Op nieuws verb. en
verm. voor de hand-viool, de fluydt en haubois. Dl. V. Amst., P. Mortier
s. a., kl. qu 4⁰.

* Honderd oude vlaamsche liederen met woorden en zangwijzen verzameld
en voor de eerste maal aan het licht gebracht door *Jan Bols*, pastoor van
Alsemberg ... Namen 1897. Ad. Wesmael-Charlier. XXIV, 263 S. 8⁰. Die
Lieder sind teils älteren Handschriften, teils mündlicher Tradition entnommen,
zur Hälfte geistlich und weltlich. Herr Dr. Joh. Bolte bespricht die Sammlung
in der Zeitschrift des Vereins f. Volkskunde, 7, 331 (1897) und zeigt dabei
vielfache Quellen an, wo ein und das andere Lied bereits vorkommt.

* Dr. *Emil Bohn's* 69. und 70. historisches Konzert in Breslau brachte
Vokalkompositionen (mit Ausschluss der Oper) von *Gaetano Donizetti*, geistliche
und weltliche Gesänge für Chor und Soli, Duette u. a. — und als 2ten Abend
Werke von *Christoph Wilibald Gluck*, Arien und Chöre aus selten gehörten
Opern. Das 71. Konzert wird Lieder aus den Befreiungskriegen bringen.

* Die Verlagshandlung von *Breitkopf & Haertel* versendet einen Musik-
Verlagsbericht des Jahres 1896, 64 Seiten in 8⁰.

* Leo Liepmannssohn. Antiquariat. Berlin, SW., Bernburgerstr. 14.
Katalog 129. Musikliteratur, 255 Werke aus älterer, neuer und neuester Zeit
dabei auch einige Musikwerke, wie *Briegel's* Trost-Quelle, sein Blumengarten.
Calvisius' Harmonia cantionum 1597, das *Gothaer* Cantional 1655/1657, *Frescobaldi's* Toccate lib. 1. Roma 1637 u. a.

* Hierbei zwei Beilagen: 1. Joh. Phil. Krieger, Bog. 7. 2. Nachrichten
über die Musikpflege am Hofe zu Innsbruck nach archivalischen Aufzeichnungen
von Dr. Franz Waldner, Bog. 8.

* Quittung über gezahlte Mitgliedsbeiträge für Monatsh. und Publikation
für 1898 von den Herren A. Asher, Dr. Bäumker. Rich. Bertling, Ed. Birnbaum.
Prof. Braune, Fr. Curtius-Nohl, Darmstadt Hofbibl., Schulrat Israel, Prof. W.
P. H. Jansen, Prof. O. Kade, Dr. Köstlin, Prof. Krause, Dr. F. Ludwig, von
Miltitz, G. Odencrants, L. Riemann, R. Schwartz, Strafsburg Universit., W. Tappert.
K. Walter, Prof. Weckerling, Pfarrer Vogeleis, Dr. Frz. Waldner, Ernst von Werra.

Templin 25. Jan. 98.   Rob. Eitner.

Verantwortlicher Redakteur Robert Eitner, Templin (Uckermark).
Druck von Hermann Beyer & Söhne in Langensalza.

MONATSHEFTE

für

MUSIK - GESCHICHTE

herausgegeben

von

der Gesellschaft für Musikforschung.

| III. Jahrg. 1898. | Preis des Jahrganges 9 Mk. Monatlich erscheint eine Nummer von 1 bis 2 Bogen. Insertionsgebühren für die Zeile 30 Pf. Kommissionsverlag von Breitkopf & Härtel in Leipzig. Bestellungen nimmt jede Buch- und Musikhandlung entgegen. | No. 3. |

Musik und Musiker am Hofe Gabriel Bethlen's.
Von Ludvig Fökövi.

Der Biograph *Gabriel Bethlen's*, Anton *Gindely*, erklärt *Bethlen* für den gröfsten Herrscher Siebenbürgens, der auf den Gang und die Entwickelung der Ereignisse seiner Zeit einen ähnlichen, wenn nicht gröfseren Einfluss geübt hat, wie die anderen hervorragenden Gestalten der grofsen Tragödie des dreifsigjährigen Krieges: die *Mannsfeld, Thurn, Christian von Halberstadt, Christian IV.* König von Dänemark und der Churfürst *Max von Baiern.* Nur was die Gröfse seiner Erfolge betrifft, bleibt er hinter *Gustav Adolf, Wallenstein* oder *Richelieu* zurück. Als Feldherr kämpft er gegen die hervorragendsten Heerführer seiner Zeit, ohne je besiegt zu werden; als Diplomat stand er den geriebensten Vertretern der Diplomatie gegenüber, ohne dass sein Genie je unterlegen wäre.

Der Heerführer und Diplomat war aber auch als Herrscher einer der ersten. Als er den Thron bestieg, fand er Siebenbürgen in traurigster Lage. Während seiner sechzehnjährigen Herrschaft hebt sich das Land materiell und geistig und erkämpft sich die Anerkennung Europas. Vor ihm herrscht in seinem Reiche das Mittelalter die Kraft seines Genius führt Siebenbürgen in die neue Zeit über und stellt es in die Reihe der gebildeten Staaten.

Bethlen wusste sehr wohl, dass die Monarchie vor allem äufserer Kraft bedürfe, die nicht nur auf das Volk Eindruck macht, sondern auch den Gesandten der fremden Fürsten imponiert. Sein Hof war

einer der glänzendsten und an äufserer Pracht den gleichzeitigen
Fürstenhöfen Deutschlands gewiss überlegen.

Seine Residenz Karlsburg schmückte er mit einem herrlichen
Palaste; sein Schlafzimmer schmückten zehn grofse Fresken unter
denen Epigramme von *Martin Opitz* standen. Bei allem Glanz und
aller Pracht war der höchste Schmuck seines Hofes die Pflege der
Wissenschaften und Künste.

Bethlen selbst war einer der gelehrtesten Fürsten seiner Zeit,
so dass er nicht nur äufserlich der Gelehrsamkeit seinen Schutz an-
gedeihen liefs, sondern bestrebt war die nationale Kultur zu heben.
Die Hochschule, die er in seiner Residenz errichtete, war eine der
hervorragendsten. An dieser Schule wirkte durch Jahre *Martin Opitz* *)
und vielleicht auch *Jakob Kopisch,* der aber nur kurze Zeit in Siebenbürgen gelebt haben kann.

An derselben Schule wirkte *Allstedt*, *Bisterfeld* und *Philipp
Piscator*, die er mit grofsen Kosten in seine Residenz berief, dort
elegant einquartierte und reichlich dotierte.

Die ganze Hochschule, Lehrer und Schüler gehörten zum fürstlichen Hofhalte.

Bei einem so glänzenden Hofhalte konnte auch die Musik nicht
fehlen: sie war gewiss die Hauptwürze aller Hoffeste.

Fürst Gabriel selbst war ein grofser Freund der Musik, er hatte
Geiger, Lautenisten und Sänger, gewiss hervorragende Kräfte, die er
mit grofsen Kosten aus Wien, Polen, besonders aber aus Italien ver-
schrieb und ständig an seinem Hofe unterhielt. Die Kirche seiner
Residenz erhielt eine prächtige grofse Orgel und einen, den höheren
Anforderungen des Hofes entsprechenden Sänger- und Musikchor,
obwohl diese Neuerungen in den strengeren Kreisen der protestantischen Geistlichkeit nicht allzu gerne gesehen wurden.

Chor und Musik begleiten ihn ins Lager und auf seine Reisen
und als er am 23. November 1623 mit seiner siegreichen Armee in
Tyrnau eingezogen war, überliefs er seine eigenen Sänger am 13. Dezember den Jesuiten für ihre Kirche zur Feier des Heiligen Franz
von Xaver.**)***) Bei der Prachtliebe der ungarischen Magnaten war

---

*) Opitz war von 1622—1625 in Karlsburg.
**) Kazy. Hist. Regni Hung I. köt. III. k. 211—212 Cap.
***) Auch aus anderer Quelle ersieht man, dass der Fürst seine Musiker
mit sich führte. In seinem „Memorial" (*Szilágyi* „Levelek és akták Bethlen
Gábor történetéhez") vom 26. Mai 1624, in welchem die zur Beförderung seines
Hofhaltes nötigen Transportmittel aufgezählt werden lesen wir:

es nicht selten, dass sie mit aufserordentlich glänzendem Gefolge reisten. In dem Gefolge fehlten die Musiker wohl selten. Als *Ladislaus Rhédey* den Fürsten *Georg Rákóczy II.* im Jahre 1657 nach Polen in den Krieg begleitete, waren 2 Musiker und 3 Trompeter im Gefolge. Dass die *Bethlen*sche Musik zu ihrer Zeit hervorragend organisiert war, ergiebt sich daraus, dass er auch die zu jener Zeit in unserem Vaterlande seltenen Harfenisten hatte.*)

Im Jahre 1619, als seine ausländischen Musiker ihn gröfstenteils im Stiche gelassen hatten, und er keine Harfenisten hatte, ersuchte er den Nicolaus Eszterházy **) er möge ihm, bis seine neuen Musiker anlangen, seinen eigenen Harfenisten für die Dauer der Hochzeit überlassen. ***)

„16. Den ersten Wagen der Musiker mit alten, bunten Pferden bespannt Jakob Horváth.

17. Den zweiten Wagen der Musiker mit gefleckten polnischen Pferden bespannt.

18. Den dritten Wagen der Musiker mit neu erworbenen deutschen Pferden aus Bánócz."

*) Die älteste Spur der Harfe findet sich in Ungarn nach den von Albert *Nyári* in Reiserechnungen aus dem Jahre 1520, die zu den *Hyppolit*-Kodexen gehören. Dieser — der Erzbischof *Hyppolyt* (Sohn des Hercules von Este) — giebt „einem Harfenisten" („uno sonore d'Arpa) 16 denare. (*Századok* 1874 évf.).

**) Bethlen's Brief an Esterházy bringt Horváth Mihály „Kismartoni Regesták" (Történelmi Tár Band 10, 8.)

***) — Wir haben einen Brief *Bethlen's*, der beweist, dass er auch sonst zu Hochzeiten Musikanten bringen liefs. Der Brief lautet: (*Szilágyi* Sándor: „Bethlen Gábor levelei". Tört. Tár. 1885. 241. E.) „Gabriel Bethlen dei gratia princeps Transsilvaniae partium regni Hungariae dominus et Siculorum comes etc.

Generosa domine fidelis nobis syncere dilecte salutem et benevolentiae nostrae commendationem. Ew. Gnaden wollten wir über diese Angelegenheit schreiben: zu der bevorstehenden Hochzeit wünschen wir nemlich aus mehreren Städten Musikanten kommen zu lassen, mahnen wir Ew. Gnaden und wollen es gern sehen, dass Sie uns auch von dort aus Sieben (Hermannstadt) den deutschen Virgina-Spieler *Georg* mit mehreren Musikanten, mit seiner Virgina und Regallia (Regal) beisammen, mit dem Ueberreicher dieses unseres Schreibens uns alsogleich schicken. Nach dem Hochzeitstage werden wir sie für ihre musikalische Leistung befriedigen und nach Hause zurückkehren lassen. Datum in arce Fogarasiensi die 10. Februarii anno domini 1615

benevolus
Gabriel Bethlen.

Titel: Generoso domino Colomano Gochmairter consiliario nostro civitatis nostrae et sedis saxonicalis Cibiniensis judici regio etc. fideli nobis honorando.

Ob der Fürst selbst irgend ein Instrument spielte, wissen wir
nicht, wohl aber scheint seine zweite Frau *Katharina von Brandenburg* das Instrument Virgina*) gespielt zu haben. Darauf deutet
wenigstens der Umstand, dass sie dasselbe nach dem Tode ihres
Mannes auf ihren Witwensitz Munkács mitnahm. In dem Verzeichnis ihrer Mobilien findet sich eine mit Perlmutter gezierte und mit
Füfsen versehene Virgina-Lade.

Ums Jahr 1631 fordert die Witwe unter anderem auch dieses
Virginal von dem Fürsten *Georg Rákóczy I.* zurück.

Die Hofhaltung des Fürsten Bethlen kennen wir aus den durch
Baron *Béla Radvánszky* herausgegebenen Werken: „*Udvartartás és
számadás Rönyvek*" Bd. I. „*Bethlen Gábor fejedelem udvartartása*".

Das Rechnungsbuch *Bethlen*'s gehört zu den interessantesten
Denkmälern, die uns erhalten sind. Es besteht aus 4 Teilen. Der
erste Teil verzeichnet die Einkäufe des Fürsten vom Jahr 1615 bis
1627, das zweite die Rechnung der Kaschauer Kammer von 1624
und 1625, das dritte enthält die kleineren Daten über den Hofhalt,
das vierte das Verzeichnis der Mobilien, welche die Witwe des
Fürsten von *Georg Rákóczy I.* zurückfordert.

Die Musikkapelle des Fürsten bestand, wie aus seinem Briefe
an *Eszterházy* ersichtlich, zum grofsen Teile aus Fremden. Sein
capellae magister war *Tesselnis.* Wer dieser *Tesselnis* war, ist vollkommen unbekannt. Wir kennen vorläufig nur seinen Namen, doch
muss er ein hervorragender Musiker gewesen sein, wenn ihm *Bethlen*
seine Kapelle anvertraute und er ihn nach den Daten des Rechnungsbuches in einer neuen für 78 Gulden erworbenen Kutsche zum
Hofe abholen liefs. Aus den Daten des Rechnungsbuches geht auch

---

*) Virgina ist der ungarische Name des Virginals und Clavicimbalum. Nach
Karl Krebs Vierteljahrsschrift für Musikwissenschaft VIII, 113 ff. kommt der
Name Virginal in England schon unter König *Heinrich VII.* in einem Proverb
vor. Auch in Deutschland kommt der Name vor und schon Virdung gebraucht
ihn. Nach Ungarn kam er sehr früh und wurde hier „Virgina" oder „Vir-
gyina" geschrieben. Nach dem historischen Wörterbuche der ungarischen Akademie der Wissenschaften kommt es im Jahre 1565 bei Peter *Melius* vor. Das
Virginal scheint in Siebenbürgen beliebt gewesen zu sein. Unter den Mobilien
des Fürsten *Michael Apafi* (1661—1690) kommt ein Virginal im Werte von
40 Gulden vor. (*Thallóczi* Apafi udvara Seite 15.)

Im Nachlasse seiner Gattin kommt auch eine Virgina vor, mit Zubehör
in einem Kasten. Wert 40 Rh. Gulden. (*Jakab Elek:* „Századok" 1883, S. 861.)

Im Hofhalte Emerichs *Thököly* wird verzeichnet: „der Virgina-Spieler
Martin Melioris ist eingetreten am 9. August 1682" (*Thály Kálmán:* „Magyar
történelmi emlékek," Bd. II.).

hervor, dass er aus Wien zu *Bethlen* berufen wurde und dass er dort für den Fürsten Instrumente kaufte und Musiker anwarb. Nach Seite 113 des Rechnungsbuches geschah dies im Jahre 1625 und *Tesselnis* erhielt 160 Thaler zum Ankaufe der Instrumente und zur Verpflegung der Musiker.

Im Jahre 1620 verzeichnet das Rechnungsbuch:

Dem Lautenisten habe ich in Krakkau 30 ungarische Gulden gegeben.*)

Der Musiker *Barthos* schrieb seinem Sohn einen Brief für dessen Beförderung der Bote 4 ungarische Gulden bekam.

Beim Transport des Lautenisten an Spesen, da wir infolge des schlechten Weges sehr langsam vorwärts kamen, für mich, die Dienerschaft und die Pferde, 50 Gulden.

In dem Venediger Ankauf von Stefan *Horváth* 1622: eine Teorbae**) — Laute — Ziether — und eine Musikgeige gekauft für 35 fl. 80 dr.

Benedict, dem Lautenisten, 82 fl. 75 dr., damit er sich in Venedig von seinen Gläubigern auslöse.

---

*) Valentin *Székely*, Beamter des Fürsten Gabriel *Bethlen*, schreibt seinem Herrn aus Warschau 1629 Febr. 26. unter anderem: „Trompeter konnte ich bisher nicht bekommen, denn, wie uns auch hier die guten Verhältnisse empfehlen, so giebt es ohne Gegenwart des ,Mammon' nichts, und das ist ,dobra wolja stoj za nucz'. Diejenigen, die früher geneigt waren, haben ihre Absichten geändert." (*Szilágyi* Sándor „Levelek és okiratok Bethlen Gábor utolsó évi történetéhez" Történelmi Tár 1887. 19. E.) — Zur selben Zeit schreibt der Fürst an Ladislaus *Cseffey* und ordnet an: „Unter den Franzosen giebt es ausgezeichnete Trompeter, ich bitte Euch darum dringend, geliebte Getreue, dass Ihr nur einen besonders hervorragenden Trompeter verschaffet; ohne diesen kommet nicht zurück, er soll aber excellentissimus sein, einen gewöhnlich guten bringet nur nicht" (Szilágyi daselbst). — Selbst Frankreich war dem Fürsten nicht zu weit, wenn es sich darum handelte einen guten Musiker zu engagieren.

**) Es scheint mir interessant hier zu erwähnen, dass, während man in der Wiener Hofkapelle nach *Köchel* („Die Kaiserliche Hof-Musik-Kapelle" S. 22) die Thorbe erst von 1663 an benutzt, wir in den Rechnungsbüchern Bethlen's dieses Instrument schon im Jahre 1622 finden. — Das Vorhandensein der Viola di gamba in seiner Kapelle beweist der folgende an ihn 1620 gerichtete Brief: „Ich konnte Ew. Hoheit nur einen einzigen Geiger, der eine kunstreiche gute grofse Geige, die Fiola gamba heifst, spielt, verschaffen. Hätte ich mehr verschaffen können, so hätte ich es bereitwillig gethan. Schade, Ew. Gnaden, dass der Geiger aus Meseritsch, der bei Ew. Hoheit in Kaschau war, zurückgekehrt ist, denn einen solchen Geiger habe ich selbst in Prag selten gehört. Man bekommt zur Zeit überhaupt keinen solchen mehr." *Bichae* die 5. Maji anno 1620. (Tört. Tár 1888 434 E. Mitteilung von *Szilágyi Sándor*.)

Georg dem Geiger in ähnlicher Weise 49 fl. 35 dr.

Im Jahre 1624 am 7. September: *Stefan*, dem Geiger Seiner Majestät 19 Thaler.

Für Geigen und andere Instrumente 22 Thaler. In Mähren, dem Boten, der einen anderen Geiger und andere Musiker holen sollte, 2 Thaler. Dem jetzigen Musikanten 20 Thaler Vorschuss, die ihm abzuziehen sind.

1624 am 12. November den jetzt gebrachten deutschen Musikanten an Gehalt und Spesen: den Musikanten hat Herr *Mikó* in Wien 120 Thaler gegeben. *Stefan* dem Geiger 3 Thaler. Darauf folgt die Verrechnung der Spesen von Station zu Station, von Wien bis Klausenburg. Interessante Daten enthält die Verrechnung vom 26. Dezember 1624. 14 Bund Saiten gekauft von *Andreas Tiffenbach;* für die Laute, ca. 5 Bund, 14 Gulden. 6 Bund Violin-Saiten, 4 Bund 4,80 fl.

Dem *Prospero,* dem Vocaldiscantisten, einen Hut, 2 Gulden, Gehalt 10 Goldgulden, in Mestri ihm gegeben 4 fl.; einen italienischen Anzug ihm machen lassen, dazu 11 Ellen Seidenstoff 15,40 fl., Zubehör und Macherlohn 11,74 fl., Schuhe, Socken, Salavári (Hosen) und sonstiges Gewand für denselben 10,80 fl., außerdem hie und da gegeben 6,44 fl. Reise-Spesen nach Padua um Musiker abzuholen 4 Gulden.

Im Mai 1625 Lautenisten und Musikanten aus Deutschland gebracht, 177 Thaler. 8 Bund Lautensaiten 16,5 Thaler.

Im Jahre 1625 ein Lautenist von Danzig für den Hof, bekommt 12 silberne Thaler und 237 dr.

1626: die Trompeter bekommen 80 fl. Vorschuss: Fuhrlohn und Spesen 50 fl.

In den Verrechnungen der Kaschauer Kammer im Jahre 1624 bis 1625 fanden sich über die Hofmusiker folgende Daten:

„18. junii. Ex benigno suae Serenitatis mandato egregio Anthonio *Chanádi,* cum uno musico pro conducendis reducendisque aliis musicis ad rationem suae Serenitatis, Viennam expeditis, in rationem sumptus itenarii fl. 15.“

„7. septembris. Musico germano fidicini *Michaeli Puchinger,* ratione salarii sui ex commissione erogati hungar. flor. 16.“

„25. septembris. *Eidem,* musico fidicini suae Serenitatis per suam Serenitatem ratione conducendorum musicorum Viennam expedito, pro salario excommissione suae Serenitatis soluti hung. fl. 87,50 dr.“

Bethlen's zweite Hochzeit wurde am 2. März 1626 mit großem

Pomp in Kaschau begangen. Das Ceremoniale ist bei *Radvánszky* beschrieben, wonach zum Schlusse der Trauung Gesang mit Instrumentalbegleitung erschallt und das Te Deum mit Gesang und Instrumentalbegleitung vorgetragen wird. Auch hier hat gewiss die Hofmusik des Fürsten mitgewirkt. In dem Hochzeitgefolge des Fürsten octo tibicines et caetereri (sic).

Fürst *Bethlen* kannte seine Musiker persönlich, wie aus seinen zwei Briefen an Emerich *Thurzó* hervorgeht.*)

Am prachtliebenden Hofe *Bethlen*'s spielte die Musik also eine große Rolle. Er hielt ein tüchtiges Musikchor und sorgte dafür, dass es immer komplet sei.

Die zu seiner Zeit gebrauchten Instrumente sind in seinem Musikchore alle vertreten. Die Mode, die den italienischen Musikern den Vorzug gab, macht sich auch beim *Bethlen*schen Musikchore geltend, der besonders seine Sänger aus Italien verschreibt.**)

Das Musikchor spielte sowohl in der Kirche, wie auch bei Hoffesten und Tanz- und Maskenbällen, Unterhaltungen, die besonders zur Zeit seiner zweiten Gattin, Katharina von Brandenburg, bei Hofe beliebt waren.***)

---

*) Die Briefe — datiert von 1621 Febr. 13. und Febr. 26. — lauten (*Szilágyi* Sándor „*Bethlen Gábor* Riadatlan politikai levelei") „Mit dem Trompeter *Verdugo* haben wir auch andere Gefangene entlassen ea conditione, dass sie die Angelegenheit der hier gebliebenen Gefangenen bei ihren Prinzipalen erledigen, die Privilegien besorgen: daran ersuchen wir Ew. Gnaden, dass Sie dieselben in Frieden mit salvus conductus entlassen, damit sie über eine Woche wieder vor uns erscheinen." — Dem anderen Briefe entnehmen wir über *Verdugo*: „Den Inhalt des Briefes Verdugo's haben wir zur Kenntnis genommen und Ew. Gnaden kann ihm Antwort erteilen und auch die Angelegenheit des Gefangenen haben wir euch selbst überlassen."

**) Am Hofe des Fürsten von Siebenbürgen lebten schon früher italienische Musiker, so z. B. beim Fürsten *Siegmund Báthory* (geb. 1573 — gest. 1613) *Pietro Busto* aus Brescia. Dieser war Musiker und Höfling und in letzter Eigenschaft schrieb er einen Bericht über Siebenbürgen, der handschriftlich in der Pariser Nationalbibliothek liegt: (Tört. Tár. 1878. 971) „*Descrizzi one della Transilvania fatta da maistro Pietro Busto Bresciano Musico di quel Serenissimo Principe 1595.*" — *Busto* verbreitet sich in der Beschreibung des Landes auch über den Hofhalt des Fürsten und charakterisiert den Fürsten folgendermaßen: „An Gliedmaßen stark, in Ball- und Feuerspiel und Fechten sehr geschickt, hebt schwere Gewichte und zerbricht Eisen, so dass er ohne Gleichen ist. Im Reiten und Speerwerfen kann sich niemand mit ihm messen, *dabei ist er ein sehr guter Musiker und komponiert der besten Meister würdige Stücke.*" — Dies ist also der Fürst, dem *Girolamo Diruta* 1597 sein „*Il Transilvano*" zueignete.

***) Wie es scheint liebte die Fürstin die Maskenbälle und den Tanz sehr,

Die Pflege der Musik am Hofe *Bethlen's* war im 16. und 17. Jahrhundert in unserem Vaterlande keine sporadische Erscheinung. Die reicheren Magnaten hatten wohl sämtlich ihre eigenen Musikchöre, so namentlich Emerich *Thököly.* Über die Pflege der Musik im 15. Jahrhundert behalte ich mir vor bei anderer Gelegenheit zu berichten.

denn in ihrem Mobiliar-Verzeichnisse finden sich: „Item in zweyen laden Maskarade oder faschangkleider" (Radvánszky Számadas könyv 243. l.)

Mitteilungen.

* *Johannes Brahms* von *Heinrich Reimann.* Harmonie, Verlagsgesellschaft für Literatur und Kunst. Berlin W 8. (1897). gr. 8⁰. Haupttitel: Berühmte Musiker, Lebens- und Charakterbilder nebst Einführung in die Werke der Meister, herausgeg. von H...R... I. Joh. Brahms. 104 S. mit 8 Taf. Autogr., zahlreichen Abbildungen und vielen Musikbeispielen. Preis 3,50 M. Eine mit grofser Sorgsamkeit vorbereitete Biographie des jüngst verstorbenen Meisters, die nach allen Seiten hin denselben beobachtet, beurteilt und seine Leistungen auf die Wagschale der Kritik legt. Das äufsere Leben Br.'s läuft sehr einfach dahin. Die mühevollste Zeit war seine Jugend, wo ihm der Eltern Not zum Geldverdienen zwang. Der Eintritt ins Leben wird ihm durch Rob. Schumann's Unterstützung sehr erleichtert und alle Blicke wenden sich auf den neuen Messias in der Kunst. Wenn er nicht, wie einst Mendelssohn, vom Publikum vergöttert wurde, so lag dies an der strengen Kritik, die er, wie einst Beethoven, an seine Werke legte ehe er sie der Welt übergab und an der ernsten Richtung, die sein Genius nahm, unbekümmert um den Beifall oder das Missfallen des Publikums; zum Teil war auch der Zwiespalt daran schuld, den Richard Wagner durch seine Schriften und seine Werke zur Zeit hervorrief und die Leidenschaften für und wider in einer nie dagewesenen Weise aufregte. Dennoch zeichnet sich die Neuzeit vorteilhaft vor der älteren aus: Während Haydn Sklavendienste verrichten musste um zu leben, befand sich Mozart in steten Nahrungssorgen, Weber ging es kaum besser und Lortzing verhungerte. Die neue Zeit mit ihrem Unternehmungsgeiste, geschützt durch eine sachgemäfse Gesetzgebung, verschaffte unseren Meistern ein sorgenloses Dasein und all ihr Denken und Trachten konnten sie allein ihrer Kunst weihen. Der Verfasser der vorliegenden Biographie verbindet in geschickter Weise das äufsere Leben Br.'s mit der Kritik seiner Werke. Zahlreiche Musikbeispiele helfen dem Worte nach, Aussprüche und Urteile anderer Schriftsteller werden zu Hilfe genommen, so dass die Arbeit nach allen Seiten hin einen befriedigenden und genussreichen Eindruck hervorruft. Die folgenden Bände des neuen Unternehmens sollen Chr. (? Georg) Fr. *Händel* von Fritz Volbach und Joseph *Haydn* von Leopold Schmidt enthalten. Wir wünschen den Unternehmern Glück und hoffen, dass sie die kostbare Herstellung der Werke nicht zu bereuen haben, denn der Deutsche ist ein schlechter Bücherkaufer und ganz besonders der praktische Musiker.

* Von *Claude Goudimel's* 150 vierstimmig bearbeiteten Psalmen, herausgegeben von *Henry Expert*, ist nun auch das 3. Fasc. erschienen, welches den Schluss nebst den zwei angehängten Gesängen: „Leve le coer ouvre l'aureille" (Ego sum Dnus. Deus) und „O laisse, Creatur" (Nunc dimittis) enthält. Paris 1897. Alphons Leduc. Part. fol. 143 Seit. Siehe die Besprechung im Jahrg. 1897, S. 50.

* Zwei geistliche Duette f. 2 Sopran und Orgel von *Konstantin Christian Dedekind*, herausgegeben von *Reinhard Vollhardt*. Leipzig, Rob. Forberg. fol. 1. Es ist dir gesagt, Mensch. (Nr. 2 fehlt). Die vorliegende Nummer zeigt einen kirchlich ernsten Charakter. Die Form ist dreiteilig. Das melodische Element tritt mehr im Mittelsatze hervor, während der Hauptsatz einen mehr recitativischen Eindruck hervorruft. Die Begleitung ist vom Herausgeber geschickt und dem Charakter anpassend hergestellt.

* *Anton Wilhelm Schmidt*, Dissertation zur Erlangung der philosophischen Doktorwürde in Leipzig. Die Calliopea legale des Johannes Hotby, ein Beitrag zur Musiktheorie des 15. Jhs. Leipzig 1897. Druck von Hesse & Becker. 8°. 74 S. Herrn Dr. Hugo Riemann gewidmet. Die Einleitung giebt eine Übersicht über die bisherigen Schriften über Hotby und seine Abhandlungen nebst dem kargen biographischen Material über das wir heute verfügen. Dort wird auch Kritik über die bisher erschienenen Schriften über Hotby ausgeübt, die nicht zu Gunsten derselben ausfällt. Dr. Nagel's Geschichte der Musik in England, Bd. 1, S. 84 ff., die sich über Hotby ausführlich verbreitet, ist vom Verfasser übergangen, wahrscheinlich aus dem sehr triftigen Grunde, da beide Arbeiten wohl so ziemlich zu gleicher Zeit erschienen. Raymund Schlecht gab von der Calliopea in Hermesdorff's Cäcilia 1874 eine deutsche Übersetzung mit Anmerkungen heraus, die aber, wie der Verfasser der Dissertation sagt, größstenteils irrtümlich sind. Doch auch der Verfasser erklärt, dass die Aufgabe jede Stelle der Abhandlung zu erklären, ihm nicht gelungen sei, drückt sich aber sehr vorsichtig S. 6 unten aus, indem er schreibt: „Diese Aufgabe vollständig zu lösen, war allerdings insofern nicht möglich, als die ausführliche Entwicklung aller bei Hotby angeführten Bezeichnungen und Definitionen einerseits die dieser Arbeit gesteckten Grenzen überschritten hätte, andererseits aber wegen zu geringer Ergiebigkeit der erreichbaren Quellen sich als nicht durchführbar erwies." Eine ausführliche Besprechung der Arbeit soll in einer der nächsten Hefte geschehen.

* Herr Dr. *Rudolph Schwartz* hat in der Monatsschrift für Gottesdienst und kirchliche Kunst, 1. Jhg. 1896, Nr. 2, S. 50 einen bio-bibliographischen Artikel über *Philippus Diluchius* veröffentlicht, den er den pommerschen Lassus nennt. Die biographischen Notizen sind bis heute noch sehr dürftig, doch ist es dennoch dem Herrn Verfasser geglückt einiges Licht über sein Leben aus den Kirchenbüchern von Chemnitz, seinem Geburtsorte, und Stettin, dem Orte seiner Lebensthätigkeit, zu verbreiten (S. 53). Über seine Werke dagegen sind wir besser unterrichtet, die komplet auf öffentlichen Bibliotheken vorhanden sind und durchweg aus geistlichen Gesängen zu 4, 5 bis 8 Stimmen bestehen. 13 Druckwerke sind nachweisbar, von denen der Herr Verfasser nur sieben ganz kurz anführt, dagegen aus den Dedikationen und Vorreden mancherlei mitteilt, was von Interesse ist. Schließlich hofft derselbe eine Gesamtausgabe der Werke Diluchius zu Stande zu bringen, was jedenfalls sehr verdienstlich wäre, da D. Werke noch ganz unbekannt sind.

* Die Verlagshandlung von *Gustav Fock* in Leipzig versendet einen Prospekt über die im Jahre 1896/97 gedruckten Dissertationen und Schulprogramme, von im ganzen 3974 Abhandlungen (Musik ist mit 7 Arbeiten vertreten). In den bisher erschienenen 8 Jahrgängen sind die Titel von 29364 Abhandlungen verzeichnet!

* Hierbei zwei Beilagen: 1. Joh. Phil. Krieger, Bog. 8. 2. Nachrichten über die Musikpflege am Hofe zu Innsbruck nach archivalischen Aufzeichnungen von Dr. Franz Waldner, Titel mit Register.

* Quittung über gezahlte Mitgliedsbeiträge für Monatsh. und Publikation für 1898 von den Herren L. Benson, Bewerunge, H. Böckeler, E. Bohn, Bibliotheken zu Innsbruck, Wernigerode und Musikfreunde in Wien, Fr. Chrysander, Dr. Dörffel, Prof. Eickhoff, Wilh. Kaerner, G. S. L. Löhr, Dr. Lürken, G. Maske, Reinbrecht, B. F. Richter, E. J. Richter, Hugo Riemann, Hofrat Schell, Schumacher, F. Schweikert, B. Squire, R. Starke, Leop. Unterkreuter, G. Voigt, Weber.

Templin 25. Febr. 98.   Rob. Eitner.

Verantwortlicher Redakteur Robert Eitner, Templin (Uckermark).
Druck von Hermann Beyer & Söhne in Langensalza.

MONATSHEFTE

für
MUSIK - GESCHICHTE

herausgegeben

von

der Gesellschaft für Musikforschung.

XXX. Jahrg. 1898.	Preis des Jahrganges 9 Mk. Monatlich erscheint eine Nummer von 1 bis 2 Bogen. Insertionsgebühren für die Zeile 30 Pf. Kommissionsverlag von Breitkopf & Härtel in Leipzig. Bestellungen nimmt jede Buch- und Musikhandlung entgegen.	No. 4.

Ein Stück alteuglischer parodistischer Musik.

Mitgeteilt von **Dr. W. Nagel.**

tus,   hic   stul - tus   Goe tol-lo the   bell.

Orig.

din - ge dong . . . . . Fa - re   well . . . . .

. . . . fri - ar Fraun - cis fare well   ringe out his

knell: ding de dong de . . . .

. . . . cease now the

bell,[1]) He loved a pot of ale good well, he

[2]) He loved a faire jonge dam-sell well, he

[3]) Good fri-ar fraun-cis now fare-well, he

loved   a   pot   of   ale good   well.

Das vorstehend mitgeteilte Stück entnahm ich einem Sammelbande des British Museum (Add. MSS. 17786.—91), den ich in meiner Englischen Musikgeschichte mehrfach beizuziehen Veranlassung hatte.

Der Autor des Satzes ist mir unbekannt; entstanden mag die Komposition im ersten oder zweiten Jahrzehnt des XVII. Saeculums sein. Die Herstellung der Partitur stiefs auf keinerlei nennenswerte Schwierigkeiten: zwei zweifelhafte Stellen habe ich ohne weiteres verbessert.

Das ästhetische Interesse an dem Stücke ist ohne Frage gering, das musiktechnische in keiner Weise bedeutend. Aber als kulturgeschichtliches Dokument verdienen die paar Takte Beachtung. Offenbar läuft das ganze auf eine übrigens ziemlich harmlose Verspottung katholischer Geistlichen hinaus, möglich, jedoch wenig wahrscheinlich, dass eine historische Persönlichkeit hinter dem guten Bruder Franciscus steckt.

Also nicht als Beispiel für das technische Können der Engländer darf der Satz betrachtet werden, nur als einer der wenigen Versuche alter Zeit, durch die Musik komische Effekte zu erzielen.

Wie die Stellung der Juden zu den Christen diesen fortwährend Gelegenheit gab, die Hebräer zu verhöhnen, so nach eingetretener Kirchenspaltung die Gegensätzlichkeit der beiden kirchlichen Parteien, sich bald moralisch, bald faktisch gegenseitig das Fell zu gerben. Man findet ein köstliches Beispiel derartigen Hechelns — leider blieb es ja dabei nicht! — im Simplicius. Aus dem geistlichen, in dem der Jude eine der ältesten komischen Figuren abgab, wurde er in das bürgerliche Spiel übernommen, und auch in den ersten Versuchen der musikdramatischen Literatur vor der Zeit und Geltung der Monodisten trat er auf.

Ich habe in dieser Zeitschrift vor einigen Jahren Chöre aus dem *Luzerner Osterspiel* von 1583 veröffentlicht, in welchem ein seltsamer Mischmasch von Sprachenunsinn, der den Juden in den Mund gelegt wird, den komischen Effekt bewirken soll. An der Musik selbst ist kein komischer Zug zu entdecken. Anders in dem von Ambros ausführlich besprochenen „Amfiparnasso, Commedia harmonica" von *Hor. Vecchi:* hier wurden die Synagogengesänge u. a. zu einem ganz erstaunlichen, musikalisch bedeutsamen Satze verwoben.

Derlei Dinge sind für die Vorgeschichte der Oper wichtig. Aus Italien kann man u. a. noch die „Prudenza giovenile" des *Adriano Banchieri,* den „Waschweiberzank" des *Al. Striggio,* aus Deutschland eine ganze Reihe von Quodlibets, aus Frankreich *Jannequin's* Arbeiten über die „Voix de ville", aus England die von mir a. a. O. erwähnten „Cries" als in derselben Richtung liegend anführen. Überall das Bestreben nach einem charakteristischen, dem Texte möglichst getreu werdenden Ausdrucke der Musik, welcher dem komischen nicht aus dem Wege ging, sondern nach Mitteln und Wegen suchte, ihm gerecht zu werden.

Dass es sich hierbei vielfach nur um eine Ausdrucksart handelte, welcher der Begriff des komischen durch das Hinzutreten des Wortes verliehen wurde, oder um eine solche, welche nur dem musiktheoretisch geschulten Ohre als komisch erschien, oder endlich um eine Ausdrucksart, welche durch die Art der Bewegung der Stimmen, die im schnellsten Zeitmafse durcheinander wirbelten, eine komische Wirkung erzielte, versteht sich von selbst. Der Engländer, dem wir den kleinen musikalischen Scherz verdanken, griff die Sache in seiner Weise recht geschickt an — an einem musikalischen Kunstwerke war ihm, wie's scheint, herzlich wenig gelegen: er parodierte einen katholischen Gesang, liefs eine feierliche Imitation hören, mengte lateinisch und englisch zusammen, ahmte das Glockengeläut nach und schloss mit einem fidelen $^3/_4$-Takt, damit nur ja niemand über den Ulk im Zweifel bliebe.

Bedeutungslos, wie solch ein Sätzchen auf den ersten Blick erscheinen mag, in den rechten Zusammenhang gebracht, wird man ihm immerhin einige Beachtung schenken dürfen.

Alessandro Orologio.

(Rob. Eitner.)

Wie wenig die Biographien in unseren selbst besten biographischen Musiker-Lexika den Thatsachen entsprechen, habe ich bei der Bearbeitung meines Quellen-Lexikons fast täglich Gelegenheit zu beobachten. Bei der Bearbeitung obigen Autors, stiefs ich auf zwei Nachrichten, die sich in keiner Weise auf eine Person vereinigen liefsen. *Köchel* in seinen Registern der Ksl. Hofkapelle in Wien S. 112 und Nr. 277, 288 bezeichnet ihn vom 1. April 1603 als Vizekapellmeister mit 30 fl. Gehalt monatlich und *Fürstenau* in seinen Beiträgen zur Geschichte der kgl. sächs. Hofkapelle 1849 verzeichnet ihn Seite 38 in demselben Jahre 1603 als Vizekapellmeister an der Dresdner Hofkapelle mit 228 fl. 12 gr. Auch die Druckwerke, welche den Namen Alessandro Orologio tragen (Fürstenau nennt ihn fälschlich Orelogio) weisen zwei verschiedene Länder auf, die einen erscheinen in Venedig, die anderen in Deutschland. Um über die Angaben der beiden Quellenwerke Sicherheit zu erlangen, wandte ich mich nach Wien und Dresden und erfuhr neben bisher unbekannten Nachrichten die volle Bestätigung der gemachten Angaben. Beide waren anfänglich als Instrumentisten angestellt und wurden in ein und demselben Jahre Vizekapellmeister, der eine in Wien, der andere in Dresden. Leider ist von keinem der Geburtsort bekannt, den die Komponisten dieser Zeit gewöhnlich ihrem Namen hinzufügen, auch ihre Drucke geben über ihre Stellung keine Auskunft, ein Mangel, der hier ganz besonders zur sicheren Feststellung des Autors empfindlich ist und bei einigen Drucken ein Hindernis bietet den richtigen Verfasser zu bestimmen.

Der *Wiener Orologio* ist Violinist und wird von Köchel l. c. um 1580 als Kammermusikus an der Ksl. Hofkapelle in Prag genannt, wo Kaiser Rudolph II. residierte. Sein Gehalt betrug monatlich 15 fl. Vom 1. April 1603 ab bekleidet er das Amt eines Vizekapellmeisters mit 30 fl. monatlich. 1613 tritt er in den Ruhestand, als Kaiser Mathias den Thron bestieg, denn die Hofkapelle war eine Privatsache des jeweiligen regierenden Kaisers, so dass bei seinem Tode die Kapelle aufgelöst wurde und der neue Kaiser eine neue bildete, die zum Teil aus den alten Mitgliedern bestand. Ältere Mitglieder dagegen, die schon lange gedient hatten, erhielten aus Gnade eine kleine Pension, andere Empfehlungen an kleine deutsche Höfe. Orologio lebte noch bis 1630 in Prag und wird in den Akten als Hofkomponist

weitergeführt. Köchel trägt S. 126 noch nach, dass O. aufser obigem
Gehalte, zur Zeit als er noch Vizekapellmeister war, 20 fl. jährlich für
ein Kleid erhielt, 30 fl. Neujahrsgeld und 70 fl. für den Hauszins.
Dass er nach 1613 als Komponist thätig war beweist der Druck von
1616 und ein Aktenstück von 1619 im Münchener Kreisarchiv; dort
heifst es: „Alesandro Arologio (sic?) der negst verstorbenen kays. Ms.
(Majestät) gewester Vicecapellmaister wegen verehrten Gesengen 24 fl."
Der *Dresdner Orologio* war Cornettist und Zinkenist und wird
in den Akten erst 1590 erwähnt, als er vom Kurfürst eine Begnadung
(Geld-Geschenk) erhielt, jedenfalls gehörte er aber der Kapelle schon
einige Jahre an. Sein Gehalt betrug jährlich 228 fl. 12 gr., der auch
im Jahre 1606, trotzdem er 1603 zum Vizekapellmeister ernannt war,
noch derselbe war. Der englische Lautenist Dowland lernte ihn 1584
am Hofe des Landgrafen von Hessen in Kassel kennen und dies giebt
zugleich eine Stütze, dass das im Jahre 1595 erschienene 2te Buch
Madrigale, welches dem Landgrafen gewidmet ist, vom Dresdner und
nicht vom Wiener Orologio ist, trotzdem es in Venedig erschien.
Im Jahre 1597 gab er eine Sammlung Intraden in Helmstädt heraus
und unterzeichnet die Dedikation ebendort, doch lässt sich nicht annehmen, dass dies sein Wohnort war, sondern sich nur zur Zeit des
Druckes seines Werkes dort aufhielt, um die Korrektur an Ort und
Stelle zu machen, wie es damals allgemein Sitte war, wo die Verbindung durch Posten sich noch in den Kinderschuhen befand oder
gar keine vorhanden war. Im Jahre 1589 widmete er das 2te Buch
4-, 5- und 6stimmige Madrigale dem Kurfürsten von Sachsen und
unterzeichnet die Dedikation in Dresden den 1. Mai 1589. Aus dem
Jahre 1603 den 24. Juni besitzt das sächsische Staatsarchiv ein
Schreiben an den Kurfürsten, in dem er erklärt, dass ihm seine
„Leibesschwachheit nicht mehr erlaubt mit dem Cornett oder Zinken
aufzuwarten" und so ungern er auch den sächsischen Hof verlasse,
doch dazu gezwungen werde. Dies mag auch der Grund gewesen
sein, der den Kurfürst bewog ihn zum Vizekapellmeister zu ernennen,
doch verzeichnet ihn das Hofbuch von 1606 immer noch unter den
Instrumentisten mit 228 fl. 12 gr. Gehalt. Wann sein Tod eintrat
hat sich bis jetzt aus den Akten noch nicht ergeben. Soweit reicht
das aktenmäfsige Material. Was nun die Werke der beiden Orologio
betrifft, so ist ihre Zuerteilung dem Einen und Anderen nicht ganz
leicht und kann die folgende Liste nur als ein Versuch gelten.
Dem *Wiener Orologio* lassen sich mit einiger Gewissheit folgende
Werke zuschreiben:

... Di Alessandro Orologio | Il primo libro de Madrigali | a cinque voci, | Nouamente composti, & dati in luce. | Drz. ‖ In Venetia Appresso Angelo Gardano. 1586. | 5 Stb. in quer 4⁰. 20 Madrigali. Dedic. Kaiser Rudolph II. Er nennt sie sein erstes Druckwerk und unterzeichnet die Dedikation in Prag den 20. Mai 1586. Exemplare in Stadtbibl. Danzig und Bibl. Estense in Modena, beide komplett.

... Canzonette | a tre voci | di Alessandro Orologio | Nouamente poste in luce. | Libro primo. | Drz. ‖ In Venetia appresso Angelo Gardano. 1593. | 3 Stb. in 4⁰. 21 Canzonette. Dedic. Pietro Myschowschi da Mirova, Governatore e Capitano del stato de Checzinij, gez. vom Autor in Venedig den 24. Febr. 1593. Exemplare in Landesbibl. Kassel: C2. B. — Universitätsbibl. Basel: C2. — British Museum: C1. B.

... Canzonette a tre voci | Di Alessandro Orologio | Nouamente poste in luce. | Libro secondo. | Drz. ‖ In Venetia appresso Angelo Gardano. | 1594. | 3 Stb. in 4⁰. 22 Canzonette. Demselben dediciert und in Venedig den 1. März 1594 gezeichnet. Exemplare im Liceo musicale in Bologna komplett. — In Landesbibl. Kassel: C2. B. — In Basel: C2. — Im Brit. Museum: C1. B.

... Di Alessandro | Orologio | Terzo Libro de Madrigali a cinque et a sei voci. | Nouamente composti, e dati in luce. | Drz. ‖ In Venetia, appresso Giacomo Vincenti. 1616. | Stb. unbekannt, wahrscheinlich 5 und die 6. Stimme verteilt in die übrigen Stb.. in 4⁰. 19 Madrigale, davon nur 4 zu 6 Stimmen. Ohne Dedikation. Nur der Cantus im Liceo musicale zu Bologna.

Das 2te Buch Madrigale zu 5 Stimmen von 1595 dem Landgrafen von Hessen-Kassel dediciert und die Dedikation in Venedig unterzeichnet bleibt trotz der Dedikation immer noch zweifelhaft von welchem Orologio es herrührt (siehe den Dresdner Orologio).

Dem *Dresdner Orologio* wären folgende Drucke zum Teil mit Sicherheit zuzuschreiben:

... Di Alessandro Orologio | Il secondo libro de Madri- | gali à quatro, à cinque, & à sei voci. | Nouamente composti & dati in luce. | Wappen. ‖ Dresdae, | Typis Elect. Saxoniae, anno 1589. | 5 Stb. in quer 4⁰. 21 Madrigali. Dedic. dem Herzoge Christian von Sachsen, gez. mit Alexander Horologius, Dresdae, prima Maij 1589. Exemplare in Ratsbibl. Zwickau: C1. 2. defekt, A. und T. komplett. — Kgl. Bibl. Berlin: 5a. vox defekt. — British Museum in London: T. u. 5a. — Seite 13 ist ein Tonsatz von Rogier Michael, dem sächsischen Kapellmeister, aufgenommen: Fiamma d'amor, à 5 voci.

... Di Alessandro | Orologio | il secondo libro | de Madrigali à cinque voci, Nouamente composti & dati in luce. | Wappen. ‖ In Venetia appresso Angelo Gardano. | 1595. | 5 Stb. in 4⁰. 20 Madrigale. Dedic. dem Landgrafen Moritz von Hessen-Kassel, gezeicbnet in Venedig den 29. September 1595. Exemplare in der Stadtbibl. zu Danzig komplett. — In der herzogl. Bibl. in Wolfenbüttel: T. — In der Bibl. Canal zu Crespano.

Trotz der Dedikation an den Landgrafen von Hessen bleibt mir das Werk doch zweifelhaft welchem Orologio man es zuschreiben soll, da eben soviel Gründe für den Wiener, wie für den Dresdner sprechen.

Intradae | Alexandri | Orologii, | quinque & sex vocibus, | quarum in omni genere instru- | mentorum musicorum vsus esse potest. | Liber primus. | Dänische Wappen. | Bez. des Stb. ‖ Helmaestadii | in officina typographica Jacobi Lucij, | 1597. | 6 Stb. in kl. hoch fol. 28 Piecen, davon 8 zu 5 und die übrigen zu 6 Stimmen. Exemplare in der Ritterakademie in Liegnitz, fehlt der Bassus. — Landesbibl. in Kassel, die 6. Stimme zum 5tus gebunden. — Kgl. Bibl. in Kopenhagen 6 Stb.

In alten Sammelwerken befinden sich 13 Gesänge (siehe meine Bibliographie), denen noch 6 Intraden in Hagius' Sammelwerk von 1617 und nach Vogel's Bibliothek ein Madrigal in Th. Morley's Madrigalen von 1598: „Sudden passions" und in Angelo Gardano's Dialoghi musicali von 1590: „Lucilla io vo morire", 7 voci hinzuzufügen sind. Einige lassen sich durch Vogel's Bibliothek, der die Indices jedes Werkes mitteilt, feststellen, wem der Tonsatz angehört, andere sind zweifelhaft. Ebenso geht es mit den im Manuskript noch vorhandenen Tonsätzen:

· Die Kgl. Bibl. in Berlin besitzt im Ms. Z 39, 12 Stb. des 17. Jhs. Nr. 110 den Tonsatz: Cantate Domino canticum, 8 voc.

In der Ritterakademie zu Liegnitz befinden sich ein Miserere und ein Videns Christum zu 5 Stimmen.

In der Landesbibl. zu Kassel ein Amorosi pastori 5 voc., welches dem Wiener angehört.

In der Stadtbibl. zu Breslau eine Missa super Quando fra bianche perle, 5 voc.

In der Staatsbibl. zu München im Ms. 218, 2 Madrigale zu 5 und 6 Stimmen mit untergeschobenen Texten.

Im Stifte Kremsmünster, Hds. von Lechler, Bd. 2 in gr. fol. ein Magnificat zu 5 Stimmen.

In neuer Ausgabe ist nur ein Miserere zu 5 Stimmen in Commer's Musica sacra, Band 24 bisher veröffentlicht, ohne Bestimmung welchem Orologio es angehört.

Die chromatische Alteration im liturgischen Gesange der abendländischen Kirche von *Gustav Jacobsthal*.   Berlin, bei Julius Springer.   gr. 8⁰.   Pr. 14 M.

(P. Bohn.)

In diesem Buche sucht der Autor den Nachweis zu führen, dass auch in dem liturgischen Gesange der abendländischen Kirche der Gebrauch eines chromatisch alterierten Tones und dessen diatonischer Stufe, wenn auch nicht in unmittelbarer Folge, sondern durch andere Töne getrennt, eine Stelle hatte, und zwar als spezifisches, charakteristisches Ausdrucksmittel. Nachdem er auf breiter Grundlage in der Antiphon *Urbs fortitudinis nostrae Sion* (Dom. II. Adventus ad Laudes) ein Fis nachgewiesen, zeigt er an einer Reihe von Beispielen, unter Benutzung musikalischer Schriften mittelalterlicher Autoren, dass die Zeit des Verfassers der *Enchiriadis* das Chroma und seine Wirkung unbefangen anerkannte und dass zur Zeit *Oddo's* sich zwei Strömungen geltend machten: die eine nahm an dem Chromo Anstoß und hielt jede Melodie, die nicht schon auf andere Art davon befreit werden konnte, für emendationsbedürftig, während die andere gegen die Beseitigung des Chroma's war. Hierdurch wurde der Lebensfaden des Chroma's nicht abgerissen, und um es vor gänzlichem Untergange zu bewahren, fand man ein Mittel in der Transposition in die höhere Quarte und Quinte, wodurch der Ton Fis seinen Ausdruck durch ♮ und Es durch das in die Tonleiter aufgenommene b fand.

Der Verfasser beansprucht nicht, die aufgegriffene Aufgabe vollständig gelöst zu haben, sondern er will der Forschung ein Ziel setzen, mit den gewonnenen Resultaten eine Grundlage gewinnen, auf welcher weiter gebaut werden kann, und hierzu Weg und Richtung zeigen. In dieser Beziehung wird demselben das Zeugnis ausgestellt werden müssen, dass er mit seltener Sachkenntnis und großem Fleiße gearbeitet hat.

Die angestellten Untersuchungen und die durch dieselben gewonnenen Resultate werfen ihr Licht auch noch auf andere Fragen, die bisher verschieden beantwortet wurden. So z. B. erhalten nach Darlegung des Emendationsverfahrens *Cotto's* dessen Klagen über Verderbnis der Gesänge durch die Sänger eine ganz andere Bedeutung, als man ihnen bisher beilegte. Nach Darlegung des Verfahrens *Berno's* und *Cotto's* sagt der Verfasser S. 110: „Freilich, wenn ich früher sagte, wie viel klüger sich der Schriftsteller *Berno* als der Schriftsteller *Cotto* in der Behandlung dieses chromatischen Tones zeigt, so muss ich nun sagen: Als viel natürlicher und der Tradition treuer als die Gelehrten *Cotto* und seine Gewährsmänner erweisen sich die vielgeschmähten, durch keine Gelehrsamkeit voreingenommenen Sänger."

Bei der Nachweisung des Fis in der *Com. Beatus servus* werden zwei von *Cotto* beschriebene Emendationsweisen dieses Gesanges angeführt, von welchen die zweite wegen Verderbtheit des Textes undeutlich ist, wodurch der Verfasser zu einem bestimmten Resultate nicht gelangen konnte. *Cotto's* Anweisung bezieht sich auf die Melodie über den Worten *Dominus invenerit.* Nach dem Usus heifst dieselbe: Do-mi-nus in-ve-ne-rit; nach *Cotto's* erster Emendationsweise: Do-mi-nus in-ve-ne-rit. Bezüglich der zweiten sagt er: „alii autem ita emendant, quod *invenerit* iuxta usum incipiunt et penultimam eius in mese a inchoantes, in lichanos meson (G) per unisonum cantetur". Ein Beispiel dieser Emendation liegt mir in einer Notation aus dem 12. Jahrhundert vor und heifst: in-ve-ne-rit. Hier beginnt invenerit in herkömmlicher Weise, die vorletzte Silbe hebt mit der Mese a an und in der letzten Note (G) trifft sie mit der ersten Emendation zusammen.

Eine Vergleichung der Melodie dieser Com. zeigt in den verschiedenen Codizes über *invenerit* noch eine andere Verschiedenheit: über der ersten Silbe (in) finden sich in den liniierten Codizes bald zwei Noten, bald nur eine. Soll da nur ein Schreibfehler vorliegen? Das würde der Fall sein, wenn alle notierten Codizes Kopien der guidonischen Übertragung wären, was man vielfach behauptet. Nun findet sich aber dieselbe Verschiedenheit auch in den neumierten Codizes. Daraus dürfte doch wohl hervorgehen, dass die Übertragung nach verschiedenen Vorlagen geschah.

Heinrich Isaac's

Choralis Constantinus, erster Teil. Graduale in mehrstimmiger Bearbeitung (a-capella). In neuer Partitur-Ausgabe von Emil Bezecny und Walter Rabl. Denkmäler der Tonkunst in Österreich. 5. Band. Wien 1898. Artaria & Co. Fol. 9 Bll. 267 Seiten. Die Einleitung giebt eine ausführliche Darstellung des Lebens Heinrich Isaac's. Es wird auf Otto Kade's irrige Annahmen hingewiesen und nach den neueren Erforschungen der Lebenslauf beschrieben, in denen aber die Dokumente von Dr. Waldner in der Beilage zu den Monatsheften: Nachrichten über die Musikpflege am Hofe zu Innsbruck (1490—1519) fehlen und deshalb noch Manches zu berichtigen bleibt. Isaac selbst nennt sich in seinem Testament „Ugonis de Flandria" und G. Milanese, der in der Rivista critica della literatura italiana 1886 im Junihefte die bekannten Dokumente veröffentlichte, die dann van der Straeten im 8. Bande seiner La Musique aux Pays-Bas Seite 539 weiteren Kreisen zugänglich machte (siehe auch M. f. M. 22,

64) stellte die Mutmaſsung auf, dass sein Vatername wahrscheinlich „*Huygens*" war, jedoch hat Isaac diese Wortform selbst nie gebraucht. Weder das Datum seiner Geburt noch seines Todes ist bis heute bekannt. Der letzte Zusatz zu seinem Testamente rührt vom 4. Dez. 1516 her und scheint es, als wenn bald darauf sein Tod eintrat, denn er selbst fühlte seine Kräfte schwinden. Ebensowenig ist über seinen Bildungsgang etwas bekannt. Die früheste Nachricht erhalten wir aus dem Jahre 1477, in dem er als Organist am Hofe der Medici in Florenz genannt wird. 1489 ging er mit einigen Empfehlungsschreiben Lorenzo's nach Rom, doch kann dieser Aufenthalt nur vorübergehend gewesen sein. Bis zum Jahre 1494 scheint er dann wieder in Florenz gelebt zu haben, bis ihn die Revolution aus Florenz vertrieb. Er ging nach Deutschland in der Hoffnung am ksl. Hofe eine Anstellung zu finden. Kaiser Maximilian I. befand sich aber zur Zeit in den Niederlanden, hielt darauf den Reichstag in Worms ab und ging dann nach Augsburg. Hier wird er mit dem Kaiser zusammengetroffen sein, der ihn auch an seinen Hof fesselte und nebst Frau und den Mitgliedern der Kapelle 1496 vorläufig nach Wien schickte (Waldner S. 25). Zu Anfang des Jahres 1497 war der Kaiser wieder in Innsbruck und aus dem Anstellungsdekret vom 3. April 1497 (Waldner 27) ersieht man, dass auch Isaac nach Innsbruck beordert war und vom Kaiser als Komponist „vnd Diner aufgenommen" wurde mit 200 Gulden Gehalt, und derselbe nach Isaac's Ableben seiner Witwe alljährlich 50 Gulden sich zu zahlen verpflichtete. Aus den 200 Gulden wurden aber durch die Vorstellungen der Kassenbeamten nur 150 Gulden, die auch Isaac selbst in seinem Gelöbnis (Waldner 27) als Gehalt anführt, nebst den 50 Gld. für seine Hausfrau *Bartholomea*. Er unterzeichnet sich mit „H. Yzaac m. p." So weit ist die vorliegende Biographie genügend, während ihr von nun ab die Quellen fehlen, obgleich schon die La Mara in ihren Musikerbriefen 1886, S. 5 einen Teil des Aktenstückes mitteilt, in dem Isaac am 27. Januar 1515 mit vollem Gehalte nach Florenz geht, gleichsam mit politischer Mission betraut. La Mara teilt auch das Autograph Isaac's mit. Dr. Waldner teilt S. 56 das ksl. Schreiben an seine Räte mit. Isaac scheint selbst dem Kaiser sein Verlangen nach Florenz wieder zu gehen geäuſsert zu haben und zugleich den Wunsch im alten Dienstverhältnisse als Hofkomponist des Kaisers zu verbleiben, da seit 1513 die Mediceer sich wieder im Besitze von Florenz befanden. Isaac scheint schon krank in Florenz eingetroffen zu sein, so dass er zu dem am 15. August 1502 angefertigten Testamente noch ein zweites Kodizill am 4. Dez. 1516 anhängte, in dem er seinen ganzen Nachlass verteilt. — Sehr ausführlich behandelt darauf die Einleitung die Entstehung des Choralis Constantinus, gelangt aber doch nur zu einem zweifelhaften Ergebnis, da sich in keiner Weise eine Erklärung der Bezeichnung „Constantinus" oder „Constantiensis", wie Sophonius Paminger in einer Kopie desselben schreibt, geben läſst, da ein Konstanzer altes Choralbuch nicht mehr aufzutreiben ist. Es war jedenfalls Isaac's letzte Arbeit, denn der Tod ereilte ihn mitten in der Komposition der Sequenz: „Virginalis turma sexus" die sein Schüler *Lud-*

wig Senfl, wie derselbe im 3. Teile erklärt, vollendete. Die Veröffentlichung des ganzen Werkes erfolgte erst vom Jahre 1550 ab und zog sich
bis 1555 hin. Den ersten Teil druckte und redigierte der kunsterfahrene
Buchhändler *Johann Ott* in Nürnberg und als auch ihn der Tod während
der Herausgabe ereilte, übernahm *Hieronymus Formschneider* in Nürnberg die Vollendung des Werkes in 4 Stimmbüchern. Die Kosten trug
der Buchhändler *Georg Willer,* der es dem Grafen Johann Jakob Fugger
widmete. Der erste Teil enthält die Officien der Sonntage von Trinitatis
bis I. in Adventum. Jedes derselben besteht aus einem Introitus, Graduale,
Alleluja und der Kommunion. Darauf folgen die Officien der vier Advent-
Sonntage und der drei Sonntage *infra* und *post Epiphaniam.* Die
Officien der Sonntage Septuagesima bis Palmarum und der Sonntage
zwischen Ostern und Pfingsten bilden den Schluss des ersten Bandes,
dessen Kompositionen hier in Partitur vorliegen. Wie der Bericht weiter
ausführt, liegt der Choral in dem von Winterburger in Wien 1511 veröffentlichten Graduale Pataviense vollständig vor, wie ihn Isaac benützt
hat. — Die Partitur ist genau in den jeweiligen Originalschlüsseln ohne
Beigabe einer Klavierpartitur in unserem Violin- und Bassschlüssel hergestellt, wird daher für gar Viele ein unüberwindliches Hindernis sein
Kenntnis von dem Werke zu nehmen. Eine Zugabe der Klavierpartitur
hätte freilich die Ausgabe um ein Bedeutendes vergröfsert und damit ver-
teuert und das wird auch der Grund gewesen sein davon Abstand zu
nehmen. Die Tonsätze sind von grofser Einfachheit ohne jegliche kontrapunktische Kunstfertigkeit. Trotzdem sie im Figuralstile geschrieben sind,
vermeidet Isaac jedwedes kunstvolle Stimmengewebe; seine Stimmen
schreiten in melodischer Behandlung im feierlichen Stile einher, unbekümmert
ob die Harmonie an Härten streift oder durch fehlende Füllstimmen der
harmonischen Klangfarbe entbehren. — Die Herausgeber haben sich vielfach gescheut die fehlenden Versetzungszeichen zu ergänzen und bis auf
einige wenige scheinen sie sich auf den Dirigenten wie in alter Zeit verlassen zu wollen. Doch wenn selbst die Herausgeber eines alten Werkes
ihrer Sache nicht sicher sind, wie kann dann der praktische Musiker den
Ausschlag geben sollen? Der Grund liegt immer daran, dass die Herren
immer noch nicht wissen auf welchen Grundsätzen die Alten die Versetzungszeichen gebrauchten.   *R. E.*

Mitteilungen.

* Festschrift zur Feier des 50jährigen Bestehens des *Cäcilien*-Vereins zu
Wiesbaden. Wiesbaden 1897, J. F. Bergmann. gr. 8°. 127 S. Die Schrift
zerfällt in 3 Abschnitte: Zur Einführung, vom Vorstande, Chronik des Vereins
und Statistik von 1847—1897, beide von *Karl Lüstner.* Die Einleitung oder
Einführung macht den Eindruck der Unzufriedenheit, sowohl über den schwankenden Bestand der Mitgliederzahl, als über den knappen Kassenbestand und

sie schreien nach Hilfe eines reichen Vermächtnisses, was sich durchaus nicht finden lassen will. Einen trefflichen Eindruck dagegen macht die fleifsige und sorgsame Arbeit Karl Lüstner's, die nicht nur die Vereinsquellen benützt, sondern darüber hinaus die jeweiligen Leiter und Musikdirektoren des Vereins, die recht oft gewechselt haben, mit biographischen und charakterisierenden Beiträgen umkleidet. Man lernt hier eine grofse Anzahl Männer aus der Zeit von 1847—1897 kennen über die wohl nur Wenige unterrichtet sind und bieten dem späteren Lexikographen ein vortreffliches Material. Leider fehlt ein Namen-Register, ein Fehler den die Deutschen nicht ablegen und einsehen wollen. Ich nenne von obigen Männern nur einige um darauf aufmerksam zu machen: Karl Freudenberg S. 34, Jahn S. 35, 54, Louis Lüstner S. 59, Lux S. 44, Friedr. Marpurg S. 34, 49, Rummel S. 19, 20, Bernh. Scholz S. 54, Wallenstein S. 49, 54, 59, 61, Leonh. Wolff S. 44 etc. Die Statistik enthält Verzeichnisse über die Konzerte, die aufgeführten Chorwerke, nebst Anführung der Solisten und über die Mitglieder.

* Kirchenmusikalisches Jahrbuch für das Jahr 1898. Herausgegeben von Dr. *Fr. X. Haberl* zum Besten der Kirchenmusikschule in Regensburg. 23. Jhrg. des Cäcilienkalenders. Regensburg bei Fr. Pustet. gr. 8°. IV u. 136 S. Daran schliefsen sich S. 73—160 als Fortsetzung des Officium hebdomadae Sanctae von Th. Lud. de Victoria in Partitur an, nebst Register. Unter den schriftstellerischen Arbeiten sind der Musikgeschichte gewidmet: Geschichtliche Bemerkungen über die Notation von Dr. *H. Bellermann.* Die Arbeit beginnt mit dem frühesten Gebrauch der Mensuralnoten und reicht bis zum Anfange des 15. Jhs., beschäftigt sich also nur mit der schwarzen Note und dem Tempus perfectum. Darauf giebt der Herausgeber eine sehr gründliche Anweisung wie man Vokalkompositionen des 16. Jhs. in Partitur setzt; darunter befindet sich auch ein Notenblatt von Giov. Maria Nanino, der für seine Schüler einen vierstimmigen Satz mit den verschiedensten je vorkommenden Ligaturen schrieb mit darüber gesetzten Zahlen, welche den Wert jeder Note anzeigen. Dazu setzt Herr Dr. Haberl den Tonsatz in vierfacher Verkürzung in moderne Partitur. Das 16. Jh. beschränkte sich nur auf sehr wenige Ligaturen, daher das Beispiel Nanino's nur zum kleinsten Teile Anwendung seiner Zeit fand. Den Schluss der Abhandlungen bildet eine bio-bibliographische Studie über *Marcantonio Ingegneri* vom Herausgeber, die sich durch eine Fülle von Quellenmaterial auszeichnet, nicht nur über Ingegneri selbst, sondern auch über *Vincenzo Ruffo* u. a. Besondere Beachtung verdient die Aufdeckung eines Werkes, welches man bisher Palestrina zuschrieb und welches erst durch Auffindung des Originaldruckes, der bisher unbekannt und erst 1897 in Leo Liepmannssohn Antiquarkatalog Nr. 126 S. 12 zum Verkauf für 110 M angeboten und von Herrn Dr. Haberl erworben wurde, sich als ein Werk Ingegneri's kundgab. In der Gesamtausgabe von Palestrina's Werken ist dasselbe unter die zweifelhaften Kompositionen aufgenommen Den Schluss des Jahrbuches bilden Kritiken über musikhistorische Werke, die sich zum Teil sehr ausführlich mit denselben beschäftigen.

* Herr Dr. *Alfr. Chr. Kalischer* teilt in der Zeitschrift: Deutsche Revue, Jan. 1898, S. 73 aus Kopien, die einst Otto Jahn selbst anfertigte und jetzt in den Besitz der Kgl. Bibl. zu Berlin gelangt sind, 20 Briefe *Beethoven's* an den Freiherrn von *Zmeskall* und 20 Briefe Beethoven's an Frau *Nanette Streicher* in Wien mit. Die ganze Sammlung beträgt 111 Briefe an Zmeskall und 62

an Frau Streicher, von denen Herr Kalischer nur diejenigen mitteilt, die bisher noch nicht durch Thayer, Nohl, La Mara und Frimmel veröffentlicht wurden. Sehr dankenswert sind die vom Verfasser eingestreuten Erklärungen. Die Briefe selbst bestehen meist nur aus wenigen Zeilen, die sich oft nur auf seine täglichen Wünsche beziehen. Einmal wünscht er Schreib-Federn geschnitten, ein anderes Mal betrifft es den Wohnungswechsel, dann wieder seinen Gesundheitszustand u. s. f. Nur wenige tragen ein Datum. Immerhin ist es von Interesse Beethoven bis in die kleinsten Umstände seines Lebens zu verfolgen.

* Mitteilungen für die Mozart - Gemeinde in Berlin. Herausgegeben von Rud. Genée. 5. Heft, Febr. 1898. Berlin, Mittler & Sohn. 8⁰. S. 147—169 mit einem Notenhefte in quer 8⁰. Den Hauptbestandteil bildet ein Skizzenbuch aus dem Jahre 1764, welches Mozart in London schrieb, im Besitze des Geh. Kommerzienrat von Mendelssohn-Bartholdy. Aus demselben werden 13 Piecen für Klavier mitgeteilt, davon 4 im Autograph. Aufserdem befinden sich Artikel über M.'s Handschriften, die erste Darstellung des Don Giovanni, Mozart's Ohr und kleine Mitteilungen nebst Mozart als sechsjähriger Knabe im Galakleide am Wiener Hofe, nach einem Ölgemälde.

* Herr *Julius Fuchs*, Verfasser der Kritik der Tonwerke (M. f. M. 1897, 166), versendet einen Bogen in gr. fol. mit autographierten Briefen von Rich. Wagner, Hans von Bülow, Frz. Liszt und Anton Rubinstein nebst 2 Seiten Abdruck der Recensionen über sein Werk. Das Eine ist nur merkwürdig daran, dass er die tadelnden wie die lobenden abdruckt.

* *Thomas Tallis*, ein englischer Komponist des 16. Jhs., hat unter anderem eine 40stimmige Motette für 8 Chöre geschrieben: „In spem alium non habui“, die nun in England seit dem Jahre 1835 viermal aufgeführt worden ist. Am 6. Jan. 1897 wurde sie in London von Dr. *Mann* bei Gelegenheit der Incorporation der Society of Musicians Conference (?) von neuem von 200 Sängern, gröfstenteils aus Fachmusikern bestehend, aufgeführt und erregte bei den Zuhörern, die ebenfalls meist Musiker waren, das gröfste Interesse. Herr Henry Davey schreibt der Redaktion, dass der Wohlklang ein wunderbarer war und die Zuhörerschaft sich bis zum Dacaporufe begeisterte.

* Herr *Otto Dienel*, Organist an der Marienkirche zu Berlin, veranstaltet seit Jahren Orgelkonzerte mit Gesangsvorträgen verbunden, ebenso wie Herr Dr. *Heinr. Reimann* an der Kaiser Wilhelm Gedächtniskirche. Seit der Erkrankung Herrn Dienel's führen seine Schüler C. Franz, B. Irrgang, H. Trahndorff, A. Mönch u. a. die Konzerte in gleicher Weise fort und pflegen neben neueren Werken ganz besonders die älteren Meister bis zu Pachelbel herunter.

* Historische Konzerte wurden vom *Riedel-Verein* in Leipzig am 12. Febr. in der Thomaskirche mit Werken aus dem 17. und 19. Jh. und am 14. Febr. vom Conservatorium *Klindworth-Scharwenka* in Berlin mit Kompositionen des 16. und 17. Jhs. gegeben. Besonders das letzte zeichnet sich durch eine Auswahl von 16 Nrn. für Chor, Soli, Klavier- und Orgel-Kompositionen aus

* Mitteilungen der Musikalienhandlung von Breitkopf & Haertel, Februar Nr. 52. Den Titel verunziert das bekannte und unangenehm fette Gesicht mit der wulstigen Perücke *Seb. Bach's*. Warum wählt man nicht das neuere, durch Photographie hergestellte charakteristische und ideale Porträt und versenkt das alte in Vergessenheit? Aufserdem enthält das Heft noch Porträts von *John Francis*

Barnett und Georg Schumann's, beide mit Biographien. An neuen Ausgaben
älterer Werke werden angezeigt: *Orl. di Lasso's* Bd. 6, Madrigale; Henry
Purcell's Bd. 8, An Ode on St. Cecilia's Day, 1692; Mehreres von Seb. Bach
im Klavierauszug und Stimmenausgabe, Mozart's Cosi fan tutte mit neuer Textunterlage und Gluck's Orpheus und Eurydice, Partitur.

* Das neunzehnte Jahrhundert in Bildnissen (Portraits), mit Beiträgen
hervorragender Schriftsteller und Fachgelehrten, herausgegeben von *Karl
Werckmeister*. Berlin C 1898. Photographische Gesellschaft, Kunstverlag, an
der Stechbahn 1. 75 Liefg. à 1,50 M in hoch fol. Die 1. Lieferung ist soeben
ausgegeben, sie enthält neben dem Texte die Portraits (teils Brustbild, teils
nur Kopf, der Lebensgröfse sich nähernd) von Wilhelm und Jakob Grimm in
verschiedenen Lebensaltern, Adrian Ludwig Richter, Felix Mendelssohn-Bartholdy, Werner von Siemens, Thorwaldsen. A. M. L. Prat da Lamartine und
Lord Byron in ganz vorzüglich künstlerischer Darstellung. Es wäre wünschenswert, wenn das Unternehmen durch zahlreiche Subskribenten lebensfähig
würde.

* Antiquariats - Katalog Nr. 446 von Theodor Ackermann in München.
Enthält 893 Werke meist neueren Datums, sowohl musikliterarische als praktische. Am Ende eine Sammlung komischer Operntexte des 18. Jhs. zum
gröfsten Teile mit angehängten Melodien, wie es damals Gebrauch war. Eine
reichhaltige und wertvolle Sammlung.

* Am 8. Mai 1898 auktioniert die Buchhandlung von J. L. Beijers in
Utrecht, Neude G. 21, eine Sammlung von 492 musiktheoretischen und historischen Büchern und Musikalien aller Art, gröfstenteils neuerer Zeit. Kataloge
versendet obige Buchhandlung.

* Quittung über gezahlte Mitgliedsbeiträge für Monatsh. und Publikation
für 1898 von den Herren Dr. Haberl und Proske'sche bischöfl. Bibl., J. R.
Milne, Dr. Nagel, Seminarbibl. in Plauen, Vereeniging voor N. N. Muziekgeschiedenis.

Templin 29. März 1898.   Rob. Eitner.

* Hierbei eine Beilage: Joh. Phil. Krieger, Bog. 9.

Verantwortlicher Redakteur Robert Eitner, Templin (Uckermark).
Druck von Hermann Beyer & Söhne in Langensalza.

MONATSHEFTE
für
MUSIK - GESCHICHTE
herausgegeben

von

der Gesellschaft für Musikforschung.

| XXX. Jahrg. 1898. | Preis des Jahrganges 9 Mk. Monatlich erscheint eine Nummer von 1 bis 2 Bogen. Insertionsgebühren für die Zeile 30 Pf. Kommissionsverlag von Breitkopf & Härtel in Leipzig. Bestellungen nimmt jede Buch- und Musikhandlung entgegen. | No. 5. |

Daniel Purcell.

Von Dr. W. Nagel.

Henry Purcell's jüngerer Bruder *Daniel* wurde, wie man annimmt, gegen 1660 geboren. Der Vater starb schon nach 4 Jahren; so würde, auch wenn der Knabe frühe Neigung zur Kunst gezeigt haben sollte, doch die Anfangsbildung ihm nicht durch den Vater gegeben worden sein können. Es scheint aber, als wenn die Liebe zum Künstlerberuf erst allmählich in Daniel, vielleicht durch den wachsenden Ruhm des Bruders, wach geworden sei: von seiner Zugehörigkeit zur Chapel Royal hören wir nichts, und dieser Schule würde er, der nicht in glänzenden Verhältnissen aufwuchs, sich kaum haben entziehen können, hätte eben der Plan seines Lebens ein für allemal und unverrückbar festgestanden. Gleichwohl muss er eine sorgfältige Ausbildung auch in der Musik genossen haben. Wer sein Lehrer war, ist nicht überliefert. Als Nachfolger des *Benjamin Rogers* wurde Daniel 1688 Organist am Magdalen College zu Oxford. An Arbeiten aus der Oxforder Zeit, welche sich bis in das Todesjahr seines Bruders erstrecken, werden handschriftlich aufbewahrte Anthems und eine Cäcilienode für das Jahr 1693 (auf Worte von *Thomas Yalden*) genannt.

Nachdem er freiwillig sein Amt niedergelegt, ging Daniel nach London: seine spätere Thätigkeit sagt klar genug, dass die Bühne ihn lockte; auch war es in der alten Universitätsstadt nach einer recht glänzenden musikalischen Periode still geworden; endlich mag auch vielleicht eine gewisse Spekulation auf den Namen seines berühmten

Bruders für ihn bestimmend gewesen sein. In London gelang es ihm
sofort mit den literarischen Kreisen in Verbindung zu treten.

Schon 1696 schrieb er die Musik zu *Mary Pix*'s Tragoedie
„Ibrahim XII", deren „Spanish wives", (wahrscheinlich) zu dem anonym
ausgegebenen Drama „Neglected virtue", und komponierte die „Oper":
Brutus of Alba or Augusta's Triumph von *G. Powell* und *J. Ver-
bruggen*. Ins Jahr 1697 gehören die Kompositionen zu „The Triumphs
of Virtue" (anon.), *d'Urfey's* „Cynthia and Endymion" (Instr.-Musik)
und die mit *Jer. Clarke* gemeinsam komponierte Oper *Settler's* „The
new world in the moon". 1698 erweiterte D. Purcell eine früher
geschriebene Cäcilienode (vgl. „London Gazette" vom 29. XII. 98)
und komponierte Gesänge für *Ch. Gildon's* „Phaeton or the fatal
divorce", *Cibber's* „Love makes a man" und *Lacy's* Bearbeitung der
„bezähmten Widerspenstigen": Sawney the Scot. Auch schrieb er in
diesem Jahre noch eine Ode auf den Geburtstag der Prinzessin Anna
und die Musik zu *Nahum Tate's* „Lamentation" auf seines Bruders
Tod. 1699 folgte die Oper: The Island Princess (Text von Motteux),
an welcher *Jer. Clarke* und *Rich. Leveridge* teil hatten. (Dieser
Leveridge, ein Sänger, lebte von 1670—1758; er schrieb viele Lieder,
auch Musik zu „Macbeth"; sein „berühmtes" Lied auf das englische
Roast Beef berechtigt ihn zum Titel eines englischen „Bratenbarden".)
1700 komponierte Purcell Gesänge zu *Oldmixon*s: The Grove or
Love's Paradise; in demselben Jahre gewann er den 3. von 4 in der
„London Gazette" ausgeschriebenen Preisen (30 £) für die Komposition von *Congreve's*: The judgment of Paris. Den ersten gewann
John Weldon, Henry Purcell's Schüler, den zweiten *John Eccles*,
den letzten der Deutsche *G. Finger*, welcher sich aus Ärger über
das ungünstige Resultat schleunigst aus England fortmachte. Nur
Purcell's und Eccles' Kompositionen wurden gedruckt.

Es folgen dann die Werke: Musik zu *Farquhar's* „Constant
couple", *d'Urfey's* „Masaniello", „The Pilgrim", *Burnaby's* „Reformed
wife", *Cibber's* „Careless Husband". 1701 einige Nummern für die
Neuaufführung von Lee's „Rival Queens" und Musik zu *Cather.
Trotter's* „The unhappy penitent"; 1702 Musik zu *Farquhar's* „The
Inconstant" und *Steele's* „Funeral"; 1703 Music zu *Steele's* „Tender
Husband".

1704 war er mit der Komposition seiner Oper „Orlando Furioso"
beschäftigt. Wie ein Artikel in „The Muses' Mercury" vom Jan. 1707,
den auf meine Bitte Mr. W. Barclay Squire für mich zu kopieren die
Freundlichkeit hatte, zeigt, war der Text derjenige *Quinault's*, welchen

Lully am 18. Jan. 1685 unter dem Titel „Roland" vor dem französischen Hofe mit seiner Musik aufgeführt hatte. (Der Schlusssatz des betr. Artikels ... „the Harmony of the Numbers have given Mr. *Purcell* an Opportunity to do Honour to the Memory of his Brother" könnte zu der Annahme führen, Henry sei Daniel's Lehrer gewesen; vielleicht ist der Satz aber auch nur eine der beliebten journalistischen Redewendungen, welche Söhne oder Brüder berühmter Leute von Alters her als moralische, freilich sehr unnütze Rippenstöfse zu empfangen gewohnt sind.) Die Oper Purcell's gelangte am 9. April 1705 zur Aufführung. 1707 schrieb er Musik zu Farquhar's „Beaux' Stratagem", eine Maske „Orpheus and Euridice", 1707 eine Cäcilienode (für Oxford). Weitere Arbeiten von ihm sind: Sonatas or Solos for the Violin with a Thorough bass for the harpsichord or bassviolin; Sonatas for flute and bass; Cantatas, Lieder für Dramen und ein Psalmenwerk (s. u.).

1713 wurde Daniel Purcell Organist an St. Andrew, Holborn. Er behielt diese Stelle bis zu seinem Tode, der 1717 erfolgte. Als Kandidat für den erledigten Posten meldete sich *Henry's* Sohn *Edward Purcell*; dem half aber seines Vaters Name ebenso wenig als seine Verteidigung (im „Daily Courant" vom 12. XII. 1717) gegen „die falschen und nichtswürdigen Gerüchte, dass er ein Papist sei"; Nachfolger seines Onkels wurde ein Mr. *Green*.

Einzelne von Daniel Purcell's Werken bieten zu besonderen Bemerkungen Anlass; im ganzen darf man von ihm sagen, dass er sich den Stil seines Bruders sorgfältig, soweit sich dergleichen eben nachahmen lässt, zu eigen gemacht hatte. Aber den Zug des nur Anempfundenen, Gemachten wird seine Musik niemals los; so fehlt ihr sowohl die überzeugende Kraft des Ausdruckes in der Melodik wie die geistreiche und doch leichte Durcharbeitung der Ideen, das also, was Henry's Werke auszeichnet.

Die englischen Historiker bemühen sich, die Gründe für das Nachlassen der Produktionsfähigkeit in ihrem Volke nach H. Purcell's Heimgang zu finden. Dabei wird dann alles mögliche ins Feld geführt, die Centralisation der geistigen Kräfte in London an erster Stelle, das Umsichgreifen des italienischen Geschmackes u. s. w. Das alles trug gewiss mit dazu bei, der Hauptgrund war aber doch der, dass kein kräftiger Nachwuchs im Lande war. Kräftig in doppelter Beziehung: in intellektueller und moralischer. Schon Chrysander hat ausgeführt, wie sehr England damals ein Zuchtmeister nötig, und wie wenig zu einem solchen der grofse *Henry Purcell* geeignet gewesen sei. Ich habe selbst an einer anderen Stelle ausgeführt, dass man vom rein menschlichen Standpunkte aus genug Entschuldigungsgründe dafür auffinden könne; aber schliefslich gewinnt doch die moralische Qualität des *Künstlers* dadurch nichts! Wenn wir *Daniel Purcell*, um auf diesen zurückzukommen, über die musikalischen Verhältnisse seiner Zeit sprechen und ihn dieselben zum Teil beklagen hören, wobei er die Ursachen für den Verfall dort sucht, wo sie an letzter Stelle zu suchen sind, beim Publikum und seiner Stellungnahme gegenüber der Kunst, ich sage, wenn Purcell in dieser Weise ein schiefes Verhältnis zwischen dem Künstler und dem Publikum konstruierte, so bewies er eben damit, dass er keine Ahnung von dem Künstlerberufe im höheren und höchsten Sinne des Wortes hatte.

Er hat das soeben Angeführte im Vorworte seiner „Cantatas for a voice, with a through bafs" mit anderem kurz berührt. Wir wollen noch mit einem Worte darauf eingehen. Die Klage, dass seit Einführung der italienischen Oper in England die alte nationale Weise mehr und mehr an Geltung verlor, kehrt oft wieder. Der Organist *Hall* z. B. hat sie so gefasst:

> Duly each Day our young Composers bait us
> With most insipid Songs, and sad Sonatas.
> Well were it if our Wits would lay Embargo's
> On such Allegros and such Poco Largos;
> And would enact it, there presume not any
> To teize (= tease) *Corelli* or burlesque *Bassani*
> And with Divisions and ungainly Graces,
> Eclipse good Sense, as weighty wigs do Faces ...

Die Ansicht, die englische Oper solle die italienische nachahmen, solle ganz aus Musikstücken bestehen, sei, meint Daniel, zu verwerfen. Würde die englische Oper aus seines Bruders Zeit wieder aufleben, so würde man ihr den besten Willkommen entgegen bringen, es würden ihr neue Talente erwachsen u. s. w. u. s. w. Man sieht, sich selbst das Feld zu bestellen, fiel diesen Leuten, als deren Typ unser Autor gelten kann, gar nicht ein. Sie standen alle unter dem Einflusse einer unendlich liederlichen Bühne und niedrig erotischer Lyrik.

Die englische Liedproduktion und das Drama nach H. Purcell's Tode hatten die heftigsten Angriffe zu erleiden, zum gröfsten Teile geschah beiden nur Recht damit. Wie auf der Bühne herrschte im Liede zügellose Schlüpfrigkeit. Freilich bleibt zu bedauern, dass die Angriffe keine geschicktere Hand leitete als die des polternden Kaplanes *Bedford*; aber man darf dem Manne, blofs weil er in seiner grotesken Tollpatschigkeit zuweilen über die Schnur hieb, nicht bestreiten, dass er in vielen Punkten Recht hatte. Nach Bedford lag in der guten Aufnahme aller derartigen Songs etc. der Grund, warum die geistliche Musik, Psalmen, Hymnen und Anthems „are kick'd out of doors". Damit war es ja nun freilich in Wirklichkeit nicht so schlimm bestellt, im Gegenteil wurde damals eine ganze Menge kirchlicher Musik in England geschrieben. Möglich übrigens, dass Bedford hier nur auf Grund persönlicher Erfahrung sprach: er hatte ein Werk „Temple Musick" herausgegeben, in welchem er nicht nur unglaubliche „hebräische Melodieen" ungeschickt genug mit englischen Texten versah, sondern auch den „tunes" trostlose drei weitere Stimmen beigab — — — es ist möglich, sogar wahrscheinlich, dass diesem Werke irgendwo eine unliebsame Kritik begegnet war, auf die Bedford nun Bezug nahm.

Es ist wichtig, diese Verhältnisse kennen zu lernen; indem sie erklären, warum aus dieser Atmosphäre der englischen Musik kein helfender Ritter erwachsen konnte, helfen sie gleichzeitig die Lücke zwischen H. Purcell's Tode und dem Beginn von Händel's Wirksamkeit auf englischem Boden ausfüllen.

Nun aber noch einen Blick auf Daniel's Kompositionen. Die vorhin angeführten Kantaten sind meist Liebeslieder, Idyllen, kurzgefasste Gebilde von stereotypem Ausdrucke, ohne Schwung in der Melodie, ohne harmonischen Reiz. Das Ganze läuft auf die Suche nach einer Art von neutraler Ausdrucksform hinaus, wie Daniel Purcell denn sehr für das italienische Recitativ schwärmte, das er „very affecting" nannte. Um seine dramatische Musik kennen zu lernen, genügt ein Augenblick des Verweilens bei seinem „The Judgment of Paris". Die Symphonie dazu (Trumpets, Violins and Hoboys, kettle Drums) teilt sich in die aus seines Bruders Werken bekannten Abschnitte: Einleitung — wesentlich fanfarenartig auf Tonica und Dominant gearbeitet — Canzone:

Dann 12 Takte Adagio, endlich ein lustiges Allegro. Im ganzen stellt das Werk dem *technischen* Können des Mannes ein gutes Zeugnis aus; den Singstimmen wird viel zugemutet, die Sucht zu *malen* ist bemerkenswert (im Vorworte sagt er selbst: there is a sort of Painting in musicke, as well as Poetry); bezeichnend ist auch die Vorliebe für chromatische Partieen:

Die einzelnen Personen werden mit kurzen Sinfonieen eingeführt.
Purcell charakterisiert Juno als „wife of Thundring Jove" so:

Die Symphonie für Venus (S. of Fluts) hebt an:

Man wird in all dem ganz brave Arbeit, aber keinen einzigen
originalen Gedanken finden. Mit der technischen Arbeit ist es eigentüm-
lich bestellt in einem Werke, auf das wir noch ganz kurz zu sprechen
kommen wollen, in Purcell's Psalmbearbeitung. Dies kuriose Opus
heißt: „The Psalms set full for Organ or Harpsichord, as they are
plaid in Churches and Chappels in the maner given out, as also
with their Interludes of great Variety" und wurde erst nach seinem
Tode am 26. April 1718 im „Post Boy" angezeigt. Man sagt, Daniel
Purcell sei ein Witzbold gewesen; dies Buch sieht nach Witzen aus,
freilich nach schlechten. Ich notiere hier einige Takte aus dem
„Canterbury Tune with the Interludes":

etc.

Dies sind nicht die einzigen Stellen der Art; ich meine jedoch, die Verantwortung dürfe hier vielleicht nicht ausschließlich Dan. Purcell treffen, der immerhin mehr konnte, als derartiges Zeug zusammenschreiben.

Heinrich Isaac.
(Rob. Eitner.)

Um den Lesern der Monatshefte einen Begriff von dem vielgenannten und wenig gekannten *Choralis Constantinus* zu geben, über den in letzter Nummer berichtet wurde, werden hier einige Sätze in unserer heutigen Notierung auf 2 Systeme zusammengezogen und der Wert der Noten um die Hälfte verkürzt, wie es schon das Original durch das Tempus (C) anzeigt, mitgeteilt. Bei dem Übergreifen einer Stimme über die andere, wo die Stellung des Halses der Note zur Kennzeichnung nicht ausreicht, sind die Stimmen mit 1—4, vom Cantus aus gezählt, bezeichnet. Die Tonsätze sind so gleichartig in der Behandlung der Stimmenführung, in Benützung des Kontrapunkts und auch in Klangfarbe und ästhetischem Eindrucke, dass man blindlings hineingreifen kann und stets auf einen Satz treffen wird, der charakteristisch für das Ganze ist.

Dominica in Septuagesima. (S. 149 der neuen Partitur.)

Circum-de-de-runt me ge-mi-tus mor-tis

(Schluss folgt.)

Entgegnung.

In Nr. 4 des laufenden Jahrganges der „Monatshefte für Musik-geschichte“ ist der 1. Teil des 5. Jahrganges der „Denkmäler der Ton-kunst in Oesterreich“ (Heinrich Isaak „Choralis Constantinus, tomus I., ediert von Professor Emil Bezecny und Dr. Walter Rabl“) besprochen. Die Schlussbemerkungen dieser Anzeige veranlassen den Unterzeichneten als Leiter der Publikationen zu folgender Erwiderung:

1. Die Spartierung alter Werke in den Originalschlüsseln ist eine wissenschaftliche Notwendigkeit, von der nicht nur ich, sondern eine Reihe anderer Fachmänner überzeugt sind. Man darf heute von jedem gebildeten Musiker, nicht etwa nur von dem Musikhistoriker die Kenntnis der alten Schlüssel verlangen. Das Original tritt hier in sein volles Recht gegen-über demjenigen, der es in der Neuausgabe kennen lernt. Die nähere Begründung dieser, wie der folgenden Bemerkungen würde zu weit führen, so dass ich, der ich nicht Mitglied der „Gesellschaft für Musikforschung“ bin, nicht Anspruch erheben könnte auf den hierfür erforderlichen Raum in den „Monatsheften“.

2. Von der Zugabe einer Klavierpartitur wurde abgesehen, nicht wegen der etwaigen Vergröfserung und Verteuerung der Ausgabe, sondern ob der Erkenntnis, dass Partituren von A-Capellawerken eines Klavier-auszuges nicht nur entbehren können, sondern entraten sollen. Etwas anderes ist es bei Kompositionen mit Basso Continuo, in denen die Aus-setzung desselben in kleineren Notentypen nicht nur eine willkommene, sondern auch eine sachgemäfse Bereicherung der Edition bildet. Dass der Kostenpunkt nicht mafsgebend war, ergiebt sich schon daraus, dass die österreichischen Denkmäler im 5. Jahrgang (1898) 2 Teile bringen, von denen der erste (Chor. Const.) XVIII und 268 Seiten, der zweite (H. F. Biber, Violinsonaten, 1681, mit ausgeführtem Generalbass) XX und 78 Seiten nebst 6 Reproduktionen, also zusammen 390 Seiten enthalten (wobei der Stich im Chor. Const. gegenüber anderen Neuausgaben viel kompresser, also kostspieliger ist), während die leitende Kommission gegen-über den Subskribenten bei dem Jahresbeitrage von fl. 10 = M 17 sich nur zu höchstens 300 Seiten verpflichtet hat. Es hätten also, um etwa einen Klavierauszug dem Chor. Const. beizufügen und trotzdem den Normalumfang von 300 Seiten nicht zu überschreiten, nur die Biber-sonaten wegfallen können, wie dies bei der Besprechung des 5. Jahrganges unserer Denkmäler in den „Monatsheften“ thatsächlich geschehen ist.

3. Bezüglich der Accidentien, die in den Stimmen der älteren Werke vielfach der Einsicht und dem Belieben der Sänger und Spieler über-lassen waren, daher sich nicht beigesetzt finden, stellte die Leitung der Publikationen ausdrücklich folgende Bemerkung an den Kopf der Neu-edition: „Es wurden die Erfahrungen der zuverlässigeren Neupublikationen benutzt und zu Rate gezogen. Dem Kenner werden die Abweichungen unserer Edition nicht entgehen; da sie aber mehr bei den Publikationen der dem 15. Jahrhunderte angehörenden, sogenannten „Trienter Codices“

hervortreten werden — denen erfreulicherweise mit vielem Interesse entgegengesehen wird — so möge die Erörterung bis zu dem nahe bevorstehenden Zeitpunkte ihrer Veröffentlichung aufgeschoben werden". Das Verfahren bei Hinzufügung der Accidentien war demnach ein wohl überlegtes nach Heranziehung der verfügbaren Quellen und der hierüber erschienenen Untersuchungen. Sagt doch einer der gewiegteren und zugleich praktisch erfahrenen Kenner und Herausgeber alter Werke in dem (nach Edition des „Chor. Const." erschienenen) Aufsatz „Wie bringt man Vokalkompositionen des 16. Jahrhunderts in Partitur?" (Dr. F. X. Haberl, „Kirchenmusikalisches Jahrbuch, 1898, S. 35"), dass diese „Materie eine schwierige sei" und beschränkt sich ohne wissenschaftliche und historische Untersuchung nur auf die Aufzählung einiger Fälle der Hinzufügung von Accidentien. Es wäre nach dem heutigen Stande der Wissenschaft eine Selbstüberhebung, von einer in allen Fällen sicheren und apodyktisch gebotenen Beisetzung resp. Auslassung der Accidentien sprechen zu wollen. Und dies sage ich mit Freimut, selbst nach genauer Berücksichtigung des Tucher'schen Aufsatzes „Zur Musikpraxis und Theorie des 16. Jhdts.", speziell der 11 längeren Artikel über „Accidentien und musica ficta" (Allg. Mus.-Ztg., redig. v. J. Müller, VIII, 1873) (der am relativ vollständigsten die Materie zu behandeln bestrebt ist), ferner der Thesen in R. Eitner's „Wie bringt man Vokalkompositionen des 16. Jahrhunderts in Partitur" (M. f. M., XX, S. 75).*) Bereits seit 6 Jahren beschäftige ich mich eingehend mit diesen Untersuchungen an der Hand der Quellenschriften und zog bei der Bearbeitung der Trienter Codices in Gemeinschaft mit meinem Mitarbeiter Professor Oswald Koller eine Reihe von Lesarten aus den verschiedensten Bibliotheken zu etwa 200 Kompositionen heran, die in den Trienter Codices stehen (im ganzen enthalten sie ungefähr 1600 Stücke) — immer mit Berücksichtigung der Verschiedenheit der Accidentien in den einzelnen mannigfach von einander abweichenden Vorlagen. Somit glaube ich mich berechtigt, bei dem großen Werk von H. Isaak, der zum guten Teil in den Traditionen der Kunst des 15. Jhdts. wirkte und schuf, die

---

*) Die Unsicherheit in Beurteilung der Anwendung von Versetzungszeichen beruht stets darauf, dass man nach modernem Gebrauche die Akkordfolge in Betracht zieht, während die Alten eine Akkordfolge nicht kannten, sondern Stimmen zusammenfügten und jede für sich gesanglich behandelten. So findet man z. B. Stellen, wo man *g fis g* singen müsste, vor dem *f* aber ein ♮ steht, obgleich kein fis vorgezeichnet ist, Beweis, dass sie sonst *fis* sangen; ebenso finden sich ähnliche Beispiele bei Stellen, wo *d es d* gesungen werden muss, der Komponist aber *d e d* haben will und daher vor *e* ein ♮ setzt. Allerdings kommen Stellen vor, wo man in Zweifel gerät, da unser Ohr an solche Härten nicht gewöhnt ist, die Alten dagegen nicht so empfindlich waren, wie man oft Gelegenheit hat zu beobachten. Bei solchen Stellen ist es besser von einem Versetzungszeichen abzusehen. Die Beispiele in M. f. M. 20, 75 u. 176 sind so instruktiv und aus den Originalen selbst gezogen, dass man meinen sollte sie wären für alle Fälle genügend.   Die Redaktion.

Beisetzung der Accidentien regulieren zu können und trage allein die Verantwortung hierfür; denn meine beiden Schüler, die Herren Professor Bezecny und Dr. Rabl folgten meinen Anordnungen und fanden sich als gute, geübte, praktische Musiker in voller Übereinstimmung mit mir. Ja sonderbarerweise hat der letztere, ein modern schaffender Komponist (auch von dem erstgenannten erschien bereits eine Anzahl von Kompositionen), noch mannigfache Beschränkungen in der Beisetzung der Accidentien vornehmen wollen. Dass wir dabei vorsichtig vorgingen (was nicht gleichbedeutend ist mit der Behauptung in der Besprechung der M.: „die Herausgeber haben sich gescheut, die fehlenden Versetzungszeichen zu ergänzen") ist aus der Art der Bei- recte Übersetzung der Accidentien zu erkennen, indem die unbedingt gebotenen ♯ und ♭ ohne Klammern gesetzt wurden, die ratsamen, aber nicht unzweifelhaft feststehenden Accidentien mit Klammern versehen wurden. Nach Vergleich verschiedener Vorlagen von je ein- und demselben Stücke und aus anderen Gründen hege ich die Überzeugung, dass in den letzteren Fällen (in denen die Accidentien mit Klammern beigesetzt wurden) die Einsicht, ja das Belieben, um nicht zu sagen: die Willkür der Sänger verschiedene Ausführungen vornahm. Hierüber feste, ausnahmslos geltende Grundsätze aufstellen zu wollen, dürfte dem Weisesten der Weisen nicht gelingen. Gerade diese Zufallsbestimmungen führten endlich zur Notwendigkeit, alle Accidentien prinzipiell und ausnahmslos beizusetzen. Man wird also dem modernen Dirigenten immerhin eine gewisse Freiheit gewähren, ob er dort oder da noch ein Versetzungszeichen hinzufügen oder von den in Neuausgaben Beigesetzten hinweglassen will. Ich für meine Person ziehe vor, dem modernen Sänger lieber Gelegenheit zu ersterem (zum Hinzufügen) als zum Weglassen zu geben. Das entspricht viel mehr dem Geiste der alten Schreib- und Auffassungsweise. Zudem ist es für den gewissenhaften Gelehrten oberstes Prinzip, nicht mehr vorzugeben, als man weiß und wissenschaftlich verantworten kann.

4. Schließlich sei noch bemerkt, dass der Verfasser der Einleitung ausdrücklich hervorhebt, dass die biographischen Daten nach den bisherigen Forschungen zusammengestellt wurden, wobei sie aber in einer einheitlichen Weise gefasst erscheinen. Das Hauptgewicht wurde auf die musikwissenschaftlichen Untersuchungen und den Revisionsbericht gelegt; die biographische Forschung sollte bei den folgenden Lieferungen Isaakscher Werke eine Bereicherung erfahren durch die Innsbrucker Akten, die zu erreichen vor Fertigstellung der Einleitung (Mai 1897) eine physische Unmöglichkeit war. Dann sollte auch das Aktenstück aus dem Innsbrucker Archiv, das in La Mara's Musikerbriefen losgerissen von den anderen erschien, Berücksichtigung finden. Die von Nr. 7, 1897 (Juni) erschienenen „Nachrichten über die Musikpflege am Hofe zu Innsbruck" von Dr. F. Waldner konnten natürlich nicht mehr herangezogen werden.

Guido Adler.

Mitteilungen.

* Die Verlagsgesellschaft Harmonie hat soeben den 2. Bd. ihrer Musiker-
Biographien herausgegeben: *Georg Friedrich Händel* von *Fritz Vollbach*. In
8⁰, 86 S. mit zahlreichen Abbildungen. Preis 3,50 M. Die Herstellung ist wie
beim 1. Bande eine aulsergewöhnlich kostbare, sowohl was das Äufsere als die
Abbildungen betrifft. Der Text ist dem Chrysander'schen Werke in neuer
Fassung und gedrängter Darstellung entnommen, zum Teil in recht anregender
Ausdrucksweise, zum Teil verfällt aber der Herr Verfasser in einen recht
trocknen Ton. Die Abbildungen bestehen in zahlreichen Porträt-Darstellungen,
dem Bilde Georg I. und Händel auf einer Kahnfahrt, mehreren Facsimile von
Autographen, wie die Einschreibung im Matrikelbuche der Universität zu Halle,
2 Seiten einer Partitur und das Testament Händel's vom 1. Juni 1750, also
noch vor seiner Erblindung.

* *Heinrich Franz Biber's* acht Violinsonaten mit ausgeführter Klavierbegleitung, 5. Bd. 2. Teil der Denkmäler der Tonkunst in Österreich, herausgegeben und bearbeitet von *Guido Adler*. Der Originaldruck rührt aus dem
Jahre 1681 her. Die Einleitung bringt sehr wertvolle biographische Nachrichten, die bis jetzt noch äufserst sparsam bekannt waren: Geboren ist er am
12. Aug. 1644 zu Wartenberg, eine Ortschaft zwischen Böhmisch Leipa und
Liebenau. Sein Vater war daselbst Flurschütze. Wo er seine musikalische
Ausbildung, besonders als Violinist empfangen hat, ist bis jetzt noch unbekannt,
doch scheint der Dresdner Konzertmeister Johann Wilhelm Forchheim oder
Furchheim den meisten Einfluss auf seine Kompositionsthätigkeit ausgeübt zu
haben, denn die 1674 erschienene „Musikalische Tafelbedienung" Forchheim's
rief bei Biber 1680 die „Klingende Taffel oder Instrumentalische Taffel-Musik
mit frisch lautenden Geigen-Klang" hervor. Um 1670 muss er sich in Kremsier
am erzbischöflichen Hofe befunden haben, denn das dortige Archiv enthält
mehrere hds. Sammlungen von ihm, deren die eine die Aufschrift trägt „del
Signor Henrico Biber, composti Cremsirij 1670 und zwei andere das Datum
1673. 1676 wird er nach Salzburg an die erzbischöfliche Kapelle berufen als
Musikus mit dem Titel Kammerdiener, hatte aber seit 1677 auch die Dom-
sängerknaben im Figuralgesange zu unterrichten. 1684 wurde er Präfekt des
Singknaben-Institutes im Kapellhause, 1680 führt er bereits den Titel eines
Vizekapellmeisters, wie man aus dem Drucke der Mensa sonora (Taffel-Musik)
ersieht. Er war hierzu am 12. Januar 1679 ernannt, behielt aber noch den
Titel eines „Cubicularius" bei. In einer Eingabe an den Kaiser vom 2. Mai
1681 bittet er denselben um Erhebung in den Adelsstand. Er unterzeichnet
sich hier mit Heinrich Franz Biber, in Böheimb zu Wartenperg geboren. Als seiner
Bitte nicht willfahrt wurde, richtete er kurz vor dem 17. Juli 1690 eine er-
neuete Eingabe an den Kaiser, doch hatte derselbe ihm mittelst Resolution schon
am 7. Juli 1690 den erblichen rittermäfsigen Adelsstand verliehen („heute Orden,
damals Adelsdiplom). Am 6. März 1684 ernannte ihn der Erzbischof von Salzburg zum Kapellmeister und verlieh ihm den Titel eines fürsterzbischöflichen
Truchsess mit dem Range nach den geistlichen Doktoren. In dieser Stellung
verharrte Biber bis zu seinem am 3. Mai 1704 erfolgten Tode. Von seinen
Kindern ist nur der Sohn *Karl Heinrich von Biber* in die Fufstapfen seines
Vaters getreten; er wurde am 2. Nov. 1714 Vizekapellmeister in Salzburg und

am 4. Oktober 1743 Kapellmeister mit dem Titel eines Truchsess. Das Dom-
archiv in Salzburg besitzt viele seiner Kompositionen im Manuskript, auch
schrieb er für Mattheson's Ehrenpforte eine 4 Zeilen lange biographische
Notiz über seinen Vater. Ein Beweis wie wenig er über das Leben desselben
unterrichtet war. — Der Titel des vorliegenden Werkes in moderner Partitur
lautet: Sonatae, Violino solo, Celsissimo, ac Rev. ... Maximiliano Gandolpho ..
Archiepiscopo Salisburgensi ... dedicatae. Ab Henrico I. F. Biber ... Capella
Vice-Magistro. Anno M.DC.LXXXI. 1 vol. in qu.-4º. Violinstimme und un-
bezifferter Bass. Die neue Ausgabe enthält im Facsimile das Titelblatt, die
Dedication, Biber's Porträt und 1 Seite Notenstich. Die 8 Sonaten, von
denen die achte für 2 Violinen und Bass geschrieben ist, bieten gröfstenteils
noch wenig Anziehendes. Die besten Sätzchen sind die kurzen eingeschobenen
langsamen Sätze, die einzigen die bekunden, dass Musik der Ausdruck innerer
Empfindungen ist und nicht nur eine tändelnde oberflächliche Spielerei mit Noten.
Biber wählt sehr oft die Variationform, doch selbst seine Themen sind so unbedeutend und nichtssagend, dass man bei den Variationen nicht erwarten kann
etwas Besseres zu hören. Sie laufen zumeist auf eine gedankenlose Spielerei
'aus. Am ansprechendsten ist noch das Thema S. 27 zur 3. Sonate mit „Aria“
überschrieben, während aber auch hier die Variationen ohne tieferen Gehalt
sind. Man vermisst in allen Sätzen eine Themenerfindung, welche dieselben
nach allen Seiten durchdringen. Hierdurch zeichnen sich die beiden *Krieger*
so vorteilhaft von ihren Zeitgenossen aus, dass ihre Instrumentalsätze auf ein
bis zwei Themen, oft mit einem Gegenthema versehen, sich aufbauen und dem
Satze einen inneren Zusammenhang verleihen. Siehe z. B. den Satz in der
Beilage Krieger S. 68 unten, das Presto. Interessant ist die Technik der sich
die damaligen Violinisten schon bedienten: Läufe bis zum viergestrichenen E
im schnellsten Tempo, Akkorde bis zu drei Tönen, zahlreiche Doppelgriffe, die
wie Etüden aussehen, geben der Partitur ein buntes Aussehen. Die Sonaten
bestehen zum Teil aus einem sehr figurierten Einleitungssatze, der sich mehrfach auf einem einzigen Basstone aufbaut, dem folgt ein Adagio, oder Aria mit
Variationen, wieder ein Presto und den Schluss bildet ein Finale. Jedoch hat
jede Sonate eine andere Satzfolge; so besteht die 4. Sonate, in der die Esaite
in D gestimmt ist, um die zahlreichen Akkorde des einleitenden Satzes hervorbringen zu können, da sie in Ddur steht, aus alten Tanzformen, wie Gigue,
2 Double, denen ein Adagio und eine Aria mit Variationen folgt. Den Schluss
bildet wieder ein Finale, das mit einem Presto abschliefst. Herr Dr. Guido
Adler hat sich mit dem ausgesetzten Bass redlich Mühe gegeben und in sach-
gemäfser Weise den Sätzen ein harmonisches Gewand gegeben, welches ihnen
zum grofsen Vorteile gereicht und auch den Spielern den Eindruck erhöhen
wird. Übrigens soll man nicht glauben, dass die Violinstimme leicht sei, im
Gegenteil, es gehört schon ein tüchtiger Virtuose dazu um sie gut auszuführen.

    * *Böhner-Album.* Sammlung auserlesener Compositionen für das Piano-
forte von J. L. Böhner. Herausgegeben von P. *Bodeusch.* 2 Bände à 2,40 M.
Langensalza bei Gressler. kl. fol. zu je 31 Seiten. Jedem Unparteiischen wird
es unerklärlich sein, wie sich heute ein Böhner-Verein bilden und Begeisterte
für dessen Compositionen schwärmen können. Es liegen hier 19 Kompositionen
vor: Praeludium, Variationen, Bruchstücke aus Klavierkonzerten, Tänze u. a.
Böhner streift vielfach an die Schreib- und Empfindungsweise Weber's an,

ohne dessen pikante melodische Erfindungsgabe zu besitzen. Seine Piecen
klingen alle sehr harmlos, zeugen von einem musikalisch leicht erfindenden
Talente ohne je die Grenzen harmloser Gemütlichkeit zu überschreiten. Von
genialen Blitzen ist auch nicht die Spur zu merken. Genial war er dagegen
in seiner excentrischen Lebensweise, in seinem Bummelleben und — im Trinken.
Also auch dadurch kann man Unsterblichkeit erreichen!

    * *Ferdinand Fürchtegott Huber*. Ein Lebensbild von Dr. *Karl Nef*. Mit
Porträt und einer Musikbeilage. Herausgegeben vom historischen Verein in
St. Gallen. St. Gallen 1898, Fehr'sche Buchhdlg. (vorm. Huber & Co.). gr. 4⁰.
44 S. Huber, ein echter Sohn der Schweiz mit ihren Liedern und Jodlern, war
geboren am 31. Oktober 1791 zu St. Gallen, wo sein Vater Prediger war, gestorben den 9. Jan. 1863 ebendaselbst. Früh verlor er den Vater und wurde
in Lippstadt von fremden Leuten erzogen. Nach Hause zurückgekehrt, sollte
er einen Beruf wählen und verlangte Musiker zu werden. Der ältere Bruder
schickte ihn nach Stuttgart zum Stadtmusikus Nanz in die Lehre. Wie damals
der Unterricht betrieben wurde und wohl auch heute noch bei den Stadtmusici
in kleinen Städten (z. B. in der Mark Brandenburg), erzählt Huber in seiner
Selbstbiographie in drastischer Weise. Nachdem er 6 Wochen gebummelt hatte,
nahm ihn der Meister einmal vor und liefs ihn G-dur ohne jegliche Erklärung
spielen. Als Huber f statt fis griff, gab es eine tüchtige Ohrfeige, die zur
näheren Erklärung dienen sollte. Huber sah sich daher auf sich und auf sein
gutes Gehör angewiesen und dies hat ihm ohne je gründlicheren Unterricht genossen zu haben durch sein ganzes Leben begleitet. Nach der Schweiz zurückgekehrt, erhielt er an Schulen und Instituten Musiklehrerstellen, strich in den
Mufsestunden fleifsig in den Bergen herum und sammelte Volkslieder und Jodler,
schrieb selbst volkstümliche Schweizer-Lieder und gelangte nach und nach in
den Ruf eines Schweizer-Liedersängers, der bei allen schweizerischen Festlichkeiten aushelfen musste und sich Alt und Jung an seinen Liedern erfreute.
Es war die Zeit in der das Interesse fürs Volkslied neu erwacht war und Huber
hat viel dazu beigetragen den Dichtern und Sammlern die Melodieen zu ver-
mitteln. Seine eigenen Lieder sind das treue Abbild der schweizerischen Sanges-
weise und tragen den Stempel der Volkstümlichkeit unverkennbar an sich. Das
mitgeteilte Lied nebst den Bruchstücken sind zwar zur Beurteilung seiner
Kompositionsthätigkeit nicht ausreichend, doch sind sie wieder an sich so
charakteristisch, dass sich ein Schluss auf dieselbe wohl ziehen lässt. Ich teile
eine Melodie mit und lasse die unwesentliche Klavierbegleitung weg: Der
Gemsjäger.

I de Flüehne ist mys Le - be un im Thal tuen i ke
gut. An - dri weh - re mirs ver - ge - be! Gang doch nit's
ist G'fahr ums Le - be! „O ihr lie - be gue - te Lüt, eu - es

Sä - ge nützt hie nüt, eu - es Sä - ge nützt hie nüt.

* Jahrbuch der Musikbibliothek *Peters* für 1897. Vierter Jahrg. Herausgegeben von *Emil Vogel.* Leipzig 1898, C. F. Peters. gr. 8⁰. 9 und 105 S. mit dem Porträt *Gluck's* nach dem Stiche von Miger in Paris. Das Jahrbuch enthält wieder manches Interessante. Es beginnt mit einer Aufzählung neu erworbener Bücher der älteren Zeit, einer Zusammenstellung der Benützung der Bibliothek und einer Abhandlung über Gluck-Porträts von *E. Vogel.* Wie alle Arbeiten des Verfassers sich durch Gewissenhaftigkeit in Benützung der Quellen auszeichnen, so auch hier. *Hermann Kretzschmar* bespricht darauf in zwei Artikeln die im Jahre 1897 erschienenen Bücher über Musik (nicht „musikalische Bücher" wie der Verfasser sie nennt) und das deutsche Lied seit dem Tode Richard Wagner's. Beide Artikel beginnen mit einer räsonnierenden Einleitung, die in absprechender Weise jede Leistung der Gegenwart als nichtig und schwach verurteilt, schiebt die Schuld zum Teil auf die Zeitungs-Redakteure (!), dann wieder auf die Musiker, die kein Buch und keine Zeitung lesen, aufser wenn etwas über sie selbst darin steht, schwärmt darauf für die Zeit als Rochlitz an der Allgemeinen musikalischen Zeitung in Leipzig Redakteur war und Beethoven das Eindringen ins Publikum erleichterte. Man sollte solche Schnitzer bei einem so gewandten Schriftsteller kaum erwarten: Rochlitz, der Beförderer alles Mittelmäfsigen und Unterdrücker jeder Genialität, soll sich für Beethoven's umwälzende Kompositionen begeistert haben! Im Gegenteil, er stand ihm so verständnislos gegenüber, dass er ihm riet sich an Wölfl zu bilden und ihm nachzustreben. Wölfl, ein brillanter Klavierspieler, aber ein ganz oberflächlicher Komponist. Haydn und Mozart standen Rochlitz näher und da hat er allerdings viel zur Verbreitung besonders der Werke des Letzteren beigetragen, doch war das ein Verdienst, welches er in seiner Zeit mit Vielen teilte, denn Mozart befand sich seit Jahren nicht mehr unter den Lebenden. Beide Arbeiten des Herrn Verfassers schlagen aber, nachdem er seinem Unmute Luft gemacht hat in der zweiten Hälfte des Artikels ins gerade Gegenteil um. Er führt dann eine stattliche Reihe von Büchern und Liedkompositionen an, die seine volle Anerkennung finden, so dass man ganz verwundert sich frägt, wie zwei so verschiedene Beurteilungen ein Mann von der Kenntnis in einem Atemzuge aussprechen kann. In beiden Artikeln enthält die zweite Abteilung, die Besprechung der einschlägigen Werke, sehr viel Wertvolles und die Beurteilungen sind mit Sachkenntnis und gröfstenteils auch mit richtiger Erkenntnis gegeben. Nur eine Bemerkung ist auffällig. S. 42 bespricht der Verfasser Dr. Nagel's englische Geschichte der Musik und sagt am Schlusse: „Das Buch ist das beste, was wir über den Gegenstand besitzen, ernstlich nur in den unzureichenden Quellenangaben." Die Arbeit beruht auf eigener Anschauung der Werke selbst, verbunden mit der jeweiligen politischen und religiösen Zeitströmung. Die Bibliographie tritt dabei völlig zurück, besonders noch deshalb, weil kurz vorher Henry Davey's Geschichte über denselben Gegenstand und dieselbe Zeit erschienen war, der der Bibliographie einen sehr breiten Raum einräumt. Nagel that daher sehr wohl daran, in betreff der Nachweise auf Davey's Buch zu verweisen. — Wen derselbe S. 22 unter dem „Notizenkram steht in hoher Blüte" meint, ist leicht zu erraten. Der „Notizenkram" bildet aber die Grundlage zur Erforschung der Musikgeschichte, geradeso wie Mommsen Steininschriften zur Ergründung der römischen Geschichte dienen. Die übrigen Artikel sollen nur kurz genannt werden: Balladen-Fragmente von *Rob. Schumann* von Max Friedlaender mit Notenbeilagen. *Bach* und *Graupner* als Bewerber um das Leipziger Thomas-Kantorat 1722/23 von W. Kleefeld. *Friedrich Grimmer*, eine biographische Skizze mit 2 Liedern, von Rud. Schwartz. Die ältesten Singweisen zu *Arndt's* „Was ist des Deutschen Vaterland", von E. Vogel, nebst Notenbeilage. Ein Verzeichnis der im Jahre 1897 erschienenen Bücher und Schriften über Musik von E. Vogel bilden den Schluss des Jahrbuches. Was hiermit bestens empfohlen sei.

Das 71. und 72. historische Konzert des Bohnschen Gesangvereins in Breslau brachte im ersten „Das deutsche Lied in den Befreiungskriegen 1813 bis 1815" mit 15 ein- und mehrstimmigen Gesängen und Liedern und das zweite: Geistliche Musik von Felix Mendelssohn-Bartholdy, darunter das wunderbar schöne „Heilig" für 8stim. Chor.

* Katalog 18 von Jakob Rosenthal in München, Karlstr. 10. Neben den gröfsten Seltenheiten der Literatur in Drucken und Hds. auch Einbände u. a. befindet sich auch unter Nr. 1441—1458 eine auserwählte Sammlung von Seltenheiten aus dem Musikfache, sowohl in Theorie als Praxis, sowie einige hymnologische Werke, darunter eine Hds. vom Jahre 1070. Die Preise sind in Anbetracht der Seltenheiten nicht hoch.

* Katalog 130 von Leo Liepmannssohn, Berlin SW., Bernburgerstr. 14. Eine Sammlung Musiker-Porträts, nebst bildlichen Darstellungen mit einem Tonsatze u. a., darunter grofse Seltenheiten. Auch eine Sammlung Titelblätter von Musikalien des 18. und 19. Jhs.

* Hierbei eine Beilage: Joh. Phil. Krieger, Bog. 10.

Verantwortlicher Redakteur Robert Eitner, Templin (Uckermark).
Druck von Hermann Beyer & Söhne in Langensalza.

MONATSHEFTE

für

MUSIK GESCHICHTE

herausgegeben

von

der Gesellschaft für Musikforschung.

III. Jahrg. 1898.	Preis des Jahrganges 9 Mk. Monatlich erscheint eine Nummer von 1 bis 2 Bogen. Insertionsgebühren für die Zeile 30 Pf. Kommissionsverlag von Breitkopf & Härtel in Leipzig. Bestellungen nimmt jede Buch- und Musikhandlung entgegen.	No. 6.

Heinrich Isaac.

(Rob. Eitner.)

(Schluss.)

Heinrich Isaac.

Folgt ein 2stimmiger Satz: Si iniquitates. Darauf:

Heinrich Isaac.

Heinrich Isaac.

Aktenmaterial aus dem städtischen Archiv zu Augsburg.

Der verstorbene H. M. Schletterer in Augsburg übergab der Redaktion vor seinem Tode den Rest seiner aus obigem Archive gezogenen Nachrichten zur beliebigen Verwendung. Die wichtigsten Aktenstücke hatte er selbst im Jahre 1893 in den Monatsheften Nr. 1 und 2 veröffentlicht. Damals beklagten sich mehrere Herren über die Veröffentlichung, da sie, wie sie mir erklärten, ebenfalls das Material für ihre Arbeiten ausgezogen hätten und sich durch die Veröffentlichung benachteiligt fühlten. Vier Jahre habe ich gewartet, doch keiner der Herren hat von den erwarteten Arbeiten etwas ans Tageslicht gefördert, so dass ich zum allgemeinen Besten den Rest der Dokumente hier veröffentliche. Unter den Eingaben befinden sich 9 Stück, die sich auf theatralische Vorstellungen beziehen und mit Musik nichts zu thun haben. Die älteste rührt aus dem Jahre 1551 her, in der der Schullehrer *Hanns Rogell* um Erlaubnis bittet mit seinen Schülern eine Komödie aufführen zu dürfen, „damit sy (die Schüler) inn Redenn vnd andern Sachen desto geschickter würden". Im März 1562 kommt die Gesellschaft der *Meistersänger* in Augsburg beim Rat ein am künftigen Ostermontage eine Comedie abhalten zu dürfen. Im 17. Jahrh. (eine Jahreszahl fehlt) führen die *Meistersänger* am 18. Oktober das „Teutsche Schau-Spihl auf: Die vom Himmel beschützte, belohnte Unschuld und Tugend, oder der Kampf zwischen einem Ritter und ungeheuren Risen in der wilden Insel. Der Schau-Platz ist in Jacober-Vorstadt in der Herrn Stadel und wird umb 3 Uhr der Anfang gemacht werden" (ein Anschlagezettel in fol.). — Im Dezember 1602 kommt ein *Ruppert Braun* aus London mit seiner Gesellschaft nach Augsburg und erhält die Erlaubnis geistliche Schauspiele aufzuführen. — Im Oktober 1613 erhält der Direktor *Peter Gilch* aus Paris die Erlaubnis französische Comedien aufzuführen. — 1698 will ein *Andreas Elenson* aus Lauenburg mit seinen Komedianten Vorstellungen geben. — 1782 ein R. A. Dobler. — Im November 1786 kommt der bekannte *Emanuel Schikaneder,* von Memmingen aus, um Erlaubnis ein mit seiner Truppe in Augsburg Vorstellungen geben zu dürfen. — Ein *Johann Niefser,* der in München 1771 das Nationaltheater errichtete, stellt am 2. August 1788 dem Stadtrat von Augsburg vor, wie vorteilhaft es wäre, wenn man ihm erlaubte ein stehendes Theater in Augsburg einzurichten. — Die Beschlüsse über die Eingaben fehlen zum größten Teile und entwerten dadurch die Eingaben um ein gut Teil. Sollte überhaupt das Material so lückenhaft vorhanden sein, oder hat Schletterer nur eine Auswahl getroffen?

Besonderes Interesse für die Musikgeschichte haben folgende Aktenstücke:

Valentin Lichtlein, der hier *Liechtle* genannt wird, war bisher nur aus den Dresdner Akten bekannt, wo er in den Jahren 1609 und 1612 als Kammermusikus erwähnt wird. Wie aus folgendem Schriftstücke sich ergiebt diente er vor dieser Zeit als Musikus in Augsburg und wurde 1606 wegen Widersätzlichkeit entlassen. Das Schreiben lautet:

Wir Pfleger, Bürgermeister vnd Rhate der Statt Augspurg bekhennen öffentlich, vnd thon khundt menniglich mit disem Brieue, das *Valentin Liechtle,* In die siebenzechen Jar vnnser vnd gemeiner Statt bestellter Musicus gewesen auch sich (.Vnsers wissens.) bis auf sein widersetzlichkeit, derowegen wir Ime solchen seines Dienstes erlaßen, ehrlich vnd .vffrecht alhie verhalten, Allso das Er fürehin seinen freyen Zug vnd wandel haben, auch sich in ander herren Dienste vnserenthalben wol begeben mage. Zu Vrkhund haben wir Ime diesen Brieue mit gemainer Statt anhangenden Innsigel verfertigt geben den 5ten tag Monats septembris Nach Christi vnnsers lieben Herrn vnnd Seeligmachers geburt Im 1606ten Jar.

Auf der Vorderseite liest man: Valentin Lichtels Abschied. 5. Septembris 1606.

Das nächste Aktenstück erweckt unser Interesse durch das aufzuführende Stück, welches kein anderes als *Sigmund Staden*'s Seelewig sein kann, welches in den Monatsheften 13, 53 veröffentlicht wurde. Der schon vorher erwähnte *Andreas Elenson* aus Lauenburg hat vom Stadtrate die Erlaubnis zur Aufführung erhalten und schreibt:

Hoch Edel gebohrne gestrenge, gnedige undt
hochgebittende Herrn Herrn,

Man pflegt in gemeinen sprichwortt zu sagen, undankbarkeit ist dafs gröste Laster Damit mir unfs aber difses laster nicht wollen theilhaftig machen, seindt mir gesonen zur underthenigen dankbarkeit vor ertheilten gnedigsten Consens, und andere erwifsene hoche gnaden, einer hoch gebietenden obrigkeit, eine absonderlich rare Hystory auffzuführen, gelanget derowegen unfser underthenigstes bitten an Ihro hoch Adelich gestreng und herrl. künfftigen Mitwochen, alfs den 30. April, weiln mir wegen der Music nicht ehender kenen fertig werden, bey difser Action zu erscheinen welches eine aufs des berühmten Herrn Harrstorffers Hystorien ist, undt alſs eine schäfferey wirdt vorgestelt werden, wie beyligende Synopsis aufsweiſsen, hoffen also dise gnade zu geniſsen, anbey bittent, unſs noch die hoche gnade zu erweiſsen, daſs mir noch etliche Comedien aufführen derffen, damit mir mit unſsern Cretitoren gerecht werden megen erwartten eine gnedige Resolution undt verbleiben

Eurr hoch Adelich gestreng undt herrl.

> underthenigst gehorsambster *Andreas Elenson*, principal der hochfürstl. baadischen hochteutschen Hoff Comedianten.

Signiert: „Solle denen Heren Deputirten ob der MeistersingerOrdnung vorgehalten werden.

Decretum in Senatu den 26. April 1698.

Im Jahre 1761 beabsichtigt der bekannte Münchener TheaterIntendant Graf von Seeau in Augsburg komische Opern aufzuführen und schreibt:

Hoch Wohl Gebohrne Hoch zu Ehrende
Herren Statt pflegere.

Da Ihro Churfürstl. Drt. mein gnädigster Herr einige Zeit ausser dero Residenz sich auf zu halten gewüllet sind, mir aber als directeur des plaisirs obliget, sowohl die Tänzer alſs andere zur comedie gehorige perſsohnen in beständiger ybung zu erhalten, welches bey selbst bekanten umbstandten dahier eine Zeit lang nicht geschehen khan, alſs erſsueche Eur Hochwohlgebohrn mir daſs Vergniegen zu gönnen, und zu erlauben, daſs ich mit diſsen leuthen 1 biſs 2 Monathen, nach Ostern auf dem theatro welches von löbl. Reichs Statt Augspurg dennen Jeſsuiter schüelleren erbauet worden, einige opera buffa aufführen könne, dero, und eines gefsamten Hoch löbl. geheimen Raths Geſsünnungen gegen alles waſs zu beförderung deſs dienstes meines gnädigsten Herrn gereichet, lafsen mich an geneigter Willfahr nicht Zweiflen, Zumablen, da ich vor die untadelhaffte conduitte diſser leuthe, und weitters zu all möglich: gegen gefälligkheiten mich verbinde, anbey mit aller Hochachtung verharre.

Euer Hoch Wohlgebohrne

München den 4. Marty
1761.

> Votre tres humble et tres obeissant
> Serviteur Joseph Comte de Seeau.

Vier Jahre darauf meldet sich eine italienische Gesellschaft von 4 Personen, die Opern in Augsburg aufführen will. Die Eingabe des Direktors und die Genehmigung lautet:

Wohlgebohrne
Hoch- und Wohl Edelgebohrne, Hoch Edle, Gestrenge
Wohl Edelveste, Wohl Ehrenveste, Fursichtige, Ehrsame
Hoch- und Wohlweise Herren Stattpfleger, Burgermeister
und Räthe allhier.
Gnädig, Hochgebietend, Grg. Hochgeehrteste Herren!

Ein HochEdler und Hochweiser Rath geruhe gnädig und grofsg. aus anliegenden zweyen Anschlagzettlen so ich mir unterthänig zurückbitte, huldreichst zu ersehen welcher gestalten ich Endsgesetzter Directeur einer vor etlich wenig Tagen hier angekommenen Venetianischen Gesellschafft Italienischer Virtuosen die resp^{ve} Allerhöchste und hohe Gnade erhalten, meine Operetta in 4 Persohnen mit schönster Music, vor beeden Röm. Kay. und Königl. May. in dem Kay. Königl. privilegirten Theater zu Wien, sowie auch in dem Hochfürstl. Ball Haufs zu Salzburg, mit allergnädigst Kay. Beyfall und Hochfürstl. Salzburg. Wohlgefallen aufzuführen, an welch beeden Orten nicht nur allein, sondern auch in Brünn, Prefsburg und letztlich zu München vor Sr. Churfurstl. Durchlt. in Bayern obgedachte Venetianische Gesellschafft von Virtuosen sich dergestalten in Choren, Duetten, Finalen und Arien hervorgethan haben, dafs sie auch so gar ihres meritirten Vorzugs halber in öffentlichen Zeitungen gesetzet, und befundenen Umständen nach, mit Grund der Wahrheit bestens belobt worden sind.

Wann nun aber Gnädige und Hochgebietende Herren ich vor wenig Tagen in allhiesig Weltberühmte Kay. freie Reichs Statt gekommen, in der Absicht auch allhier Persohnen von hoch- und niderm Standt meine musicalische Operetta in dem sogenannten Herren Stadel aufzuführen, und zu zeigen, dafs diese nur in 4 Persohnen bestehende Virtuosen eines besondern Vorzugs vor vielen anderen würdig seyen, und gleichwie aller Orten, also auch hier das beste Zeugnifs von Music Verständigen davon tragen werden, dieses aber lediglich von Eines Hochlöbl. Magistrats gnädiger Concefsion abhanget, und ebevor nicht bewerkstelliget werden kan noch mag; als

Gelanget demnach an Einen HochEdel und Hochweisen Rath mein unthertheniges Ansuchen und Bitten, dafs Hoch Dieselben huldreichst geruhen wollen, mir zu Aufführung meiner Operetta die Hoch Obrigkeitliche Gnade auf eine selbst zu determiniren beliebige Zeit per Decretum Senatus mildreichst zu ertheilen. Für Hochgnädige

Willfahr ich die Ehre habe mit Lebenslänglicher Verehrung in tiefestem Respect zu beharren

Eines HochEdel und Hochweisen Raths

unterthänigster Diener
Gio. Domenico Zamperini.

(Juli 1765.)

P. P.

Gebietende, Grosgünstige Hoch- und
Vielgeehrteste Herren,

Auf das von dem Giovanno Domenico Zamperini, Directeur einer venetianischen Gesellschaft italienischer Virtuosen, incl. sen. überreichte Bitten: um gnädige concefsion einige italienische Operetten in dem sogenannten Herrnstadel aufführen zu dürfen, so uns per decr. incl. sen. d. d. 16. Juli um Bericht und Gutachten vorgehalten worden ist, sind wir der ohnmasgeblichen Meinung: dafs dem Supplicanten gar wohl willfahret werden könne, wenn wir zugleich in Erwegung ziehen, dafs derselbe seine musikalische Stücke nicht nur aller Orten mit grofsem Beifall aufgeführet, sondern auch derlei operetten die Ohren der musikliebenden Zuhörer auf die angenehmste Art ergötzen, und die gute Sitten nicht im mindesten beleidigen. Wir stellen aber alles dem Ermessen incl. sen. anheim und sind mit Ehrerbietung und Hochachtung

Euer Herrl. und Grosg.

gehorsame
die Deputirten über die
Meistersänger,
J. W. Langenmantel Westheim
Johann Thomas H. Scheidlin.

Die von dem Sig. Zamperini gebethene Aufführung einiger italienischer Operetten betr.

Aus dem Jahre 1615 liegt ein Verzeichnis aller in Augsburg angestellten Musici und Instrumentenmacher vor, nebst Angabe ihres Alters und ob sie Söhne haben:

Bab, Mathäus, Trompetenmacher, 24 Jahr alt.

Baumann, Jakob, Organist, 44 Jahr alt. Aus den Akten in M. f. M. 25, 12, 13, erfährt man, dass er im Jahre 1600, den 18. Mai mit jährlich 100 fl. angestellt wurde. In M. f. M. 29, 57 ist er als Organist am hlg. Kreuze-Viertel bezeichnet, muss 1632 den Evangelischen weichen (siehe seine Eingabe l. c.) und wird 1635, als die Katholiken wieder ans Ruder kamen, von neuem angestellt und war noch .bis 1653 thätig. Erst im folgenden Jahre wurde Wilhelm Liechtlein, oder wie es hier in den Akten heifst: Wilh. Liechtle sein Nachfolger.

Biedermann, Samuel, Instrumentenmacher, 80 Jahr alt, 1 Sohn.

Bossart, Rudolf, Lautenmacher, 54 Jahr alt.

Enderis, Hans, Spielmann, 23 J. alt.

Erbach (Ernbacher geschrieben), *Christian*, Organist, 42 J. alt. Er wurde am 11. Juni 1602 angestellt (siehe Monatsh. 25, 21 ff.). Sein Geburtsjahr war demnach 1573 zu Algesheim (nicht Altesheim).

Enderis, Hans, Spielmann, 23 J. alt.

Erhart, Matthäus, Spielmann, der Vater 60, und der Sohn 26 J. alt.

Fischer, Philipp, Spielmann, 30 J. alt.

Frum, Bernhard, Spielmann, 25 J. alt.

Götzfried, Balthasar, Spielmann, 33 J. alt.

Haifser, Adam, Instrumentenmacher, 34 J. alt.

Hartmann, Hans, Instrumentenmacher, 63 J. alt.

Hirfs (Hirsch), *Zacharias*, Organist, 63 J. alt.

Hurlacher (Horlacher), *Philipp*, Spielmann 31 J. alt.

Kögel, Ignax, Trompeter, 40 J. alt.

Kramer, Hans, Spielmann, 35 J. alt.

Lausterer, Martin, Organist, 36 J. alt.

Lechmayr, Jakob, Spielmann, 32 J. alt.

Liechtle, Wilhelm, Musikus, 30 J. alt. Über diesen Liechtle, der auch Lichtl, Lichtlein und Liechtlein geschrieben wird, liegen mir mehrfache Dokumente vor, aus denen man fast annehmen könnte, dass sie sich auf zwei, eigentlich drei Personen beziehen. Denn wenn obiger Liechtle 1615 dreifsig Jahr alt ist, so muss er 1585 geboren sein. Nun befindet sich aber im Ms. Z. 28 Seite 86 der Kgl. Bibl. zu Berlin ein Capriccio di Cornetti 6 voci mit Wilhelm Licht. gez., eine Partitur mit der Jahreszahl 1599, die keinenfalls einem 14jährigen Menschen zuzuschreiben ist. Andererseits erhält ein *Wilhelm Liechtlein* 1654 den Organistenposten am hlg. Kreuz-Viertel zu Augsburg (M. f. M. 29, 58). Sollte dies der 30jährige Liechtle sein, so wäre er 1654 neun und sechzig Jahr alt und dies widerspricht jeglicher Erfahrung, so dass man einen Wilhelm Lichtlein des 16. Jahrhunderts, einen der ersten Hälfte des 17., und einen der zweiten Hälfte annehmen müsste.

Linder, Hans, Lautenmacher, 66 J. alt, 1 Sohn.

Mair, Jakob, Pfeiffer, 33 J. alt.

Mayr, Erasmus, Spielmann, 45 J. alt.
Messenhauser, Bernhard, Organist, 48 J. alt.
Mielich, Matthias, Spielmann, 30 J. alt.
Ostermair, Hans Christof, Spielmann, 24 J. alt.
Otthauser, Christof, Stadtpfeifer, 26 J. alt.

(Schluss folgt.)

Mitteilungen.

* Geschichte des Chorals: Komm, heiliger Geist, Herre Gott. Von Prof. Dr. *Friedrich Zelle,* Direktor der 10. Realschule in Berlin, Osterprogramm 1898. 4⁰. 26 S. mit Musikbeilagen. In ähnlicher Weise wie der Herr Verfasser den Choral Ein feste Burg ist unser Gott behandelt hat, betrachtet er auch den vorliegenden in seinem Texte, seiner Melodie und den frühesten bis spätesten Ausgaben und weist die von früh an sich eingeschlichenen Fehler nebst den späteren Änderungen in Text und Melodie nach. Den Schluss bilden 14 ein- und mehrstimmige Tonsätze vom 14. Jahrhundert ab bis 1888. Luther benützte einen alten Hymnus, der schon im 14. Jahrh. in deutscher Fassung in einem Cod. der Staatsbibl. in München (Cod. germ. 716) vorliegt (Chum heiliger geist herre got erfüll mit deiner genaden pot . . .). Luther brachte ihn in ein festes Metrum, dichtete noch 2 Strophen hinzu und Joh. Walther nahm Einiges aus der alten Melodie, bildete sie aber zum Teil gänzlich um (1524). 1529 erschien die Melodie sich mehr an die ursprüngliche Lesart anlehnend und ihr sind dann die Späteren mit mannigfachen Abweichungen und Verschlechterungen gefolgt, besonders was das rhythmische Element anbelangt. Stellen wie „dei | ner Gläubigen | Herz, Mut und | Sinn" sind doch haarsträubend. S. 18 giebt dann der Herr Verfasser seiner Meinung Ausdruck wie diese Fehler zu verbessern sind. Die Musikbeilagen enthalten die beiden ältesten deutschen Niederschriften aus dem 14. und 15. Jahrh., eine Orgelbearbeitung aus Kleber's handschriftlichem Orgelbuche der Kgl. Bibl. zu Berlin von circa 1520. Die Melodie aus dem Luthercodex von 1529. *Osiander's* vierstimmige Bearbeitung mit der Melodie in der Oberstimme von 1586. *Hassler's* vierstim. Tonsatz von 1608, *Praetorius'* Melodie aus 1609, Joh. *Walther's* vierst. Tonsatz aus 1524 mit der Melodie in der Oberstimme, Joh. *Eccard's* Tonsatz aus 1597, Joh. *Crüger's* Melodie aus 1640, Seb. *Bach's* Tonsatz von 1716 und die 3 Melodieen aus den Choralbüchern von *König* 1738, *Kühnau* 1786 und dem Brandenburger Provinzial-Choralbuche von 1888. Prof. Zelle's Darstellungsweise ist bekannt. Sie zeichnet sich vorteilhaft von den sonstigen Gepflogenheiten der Herrn Philologen durch ihre praecise Kürze aus, durch eine sorgfältige Quellenforschung und praktische Verwertung derselben. Zu beziehen ist dieselbe durch R. Gaertners Verlags-buchhandlung, Hermann Heyfelder in Berlin. Programm Nr. 126.

* Neue Folge ungedruckter Briefe *Beethovens.* Mitgeteilt und erläutert von Alfr. Chr. *Kalischer* in Deutsche Revue, April 1898, Stuttgart, Deutsche Verlags-Anstalst. Die zweite Auslese aus dem Nachlasse Jahn's umfasst 11 Briefe nebst Erläuterungen (siehe die erste Auslese S. 44 in M. f. M.). Sie sind wert-

voller als die früher veröffentlichten und an den Freiherrn Johann von Pasqualati, Friedrich Treitschke den Dichter und Umarbeiter des Fidelio-Textes und
ein unbedeutendes Schreiben an den Bruder der Nannette Stein, Andreas, der
in Wien Klavierbauer war, gerichtet. B.'s Humor bricht sich in den oft nur
kurzen Schreiben in recht derber Art Bahn. In den Briefen an Treitschke
kann er es nie unterlassen Wortspiele und Hänseleien anzubringen, z. B. „Hier!
lieber falscher Dichter, die Rechnung" oder am Schlusse „Leben Sie wohl!
Dichter! und Trachter!" und dann als Nachschrift „Um Verzeihung! Das Papier
ist kein Jude! alle Schneiderwerkzeuge sind auf dem Lande". Ein anderes Mal
redet er ihn an: „Lieber! vortrefflicher! Allerdichtester Dichter!" Die Briefe
an den Freiherrn von *Pasqualati* sind mehr geschäftlicher Art und betreffen
zum Teil die Regelung seines Jahresgehaltes von seiten des Fürsten von Lobko-
witz; auch wohnte B. häufig im Pasqualatischen Hause auf der Mölker Bastei,
zog zwar schnell in einem Launeanfall in eine andere Wohnung, kehrte aber
immer wieder zurück, so dass der Freiherr in jovialer Weise erklärte, wenn B.
wieder einmal auszog: „Das Logis wird nicht vermietet, B. kommt schon wieder".
Des Herausgebers Erläuterungen am Ende jedes Briefes sind sehr dankenswerte
Zugaben. Noch liegt die 4. Folge vor, Brief 12—23. Sie sind an den Gubernial-
rat Varena in Graz gerichtet, dem er ein Pianoforte von Schanz besorgt ohne
eine Provision zu nehmen, die 200 fl. betrug, an Stein-Haslinger, an den Privat-
sekretär des Erzherzogs Rudolph, mit Namen Baumeister, an den Engländer
Neate, dem er ordentlich den Text liest, an den Erzieher seines Neffen, del
Rio, an den Grafen Moritz von Lichnowsky, an Prof. Dr. W. C. Müller, an den
Violoncellisten Bernhard Romberg mit dem er schon von Bonn her befreundet
war und an den Musikalienhändler Moritz Schlesinger in Berlin. Auch hier
sind die Erläuterungen des Herausgebers von großem Wert.

* Schon wieder ist ein Autograph einer bisher unbekannten Liedkomposition von *Beethoven* ans Tageslicht gezogen. Im Nachlasse des verstorbenen
Beethoven-Biographen *Thayer* fand sich der Entwurf zu Goethe's Haidenröslein,
den Herr *H. E. Krehbiel* in der illustrierten Sonntagsbeilage der NewYorker
Tribüne vom 6. März 1898 im Facsimile veröffentlichte und Herr Otto Lessmann in seiner Allgemeinen Musik-Zeitung S. 217 einen facsimilierten Abdruck
bringt. Die obige NewYorker Tribüne enthält auch eine Übertragung der
Melodie mit einer ausgearbeiteten Klavierbegleitung, die aber, wie Herr Lessmann erklärt, vielfache Irrungen enthält. Das Autograph ist allerdings in einer
so flüchtigen Weise hingeworfen, enthält auch Skizzen, die offenbar nicht zu
dem Liede gehören, dass eine richtige Wiedergabe desselben fast zu den Un-
möglichkeiten gehört.

* *Georg Friedrich Händel* von *Fritz Volbach*, Bd. 2 der Berühmte Musiker
Lebens- und Charakterbilder ... herausgeg. von Heinrich Reimann. Berlin
1898, Harmonie, Verlagsgesellschaft. gr. 8⁰. 86 Seiten mit vielen Abbildungen,
Pr. 3,50 in stilvollem Einbande. Nach Chrysanders Händel-Biographie, wenn
sie auch nur ein Torso ist und ein Torso zu bleiben scheint, ist es für den
späteren Biographen kaum möglich seine Selbständigkeit zu bewahren, besonders
wo die Quellen so ausgenützt sind und uns so fern liegen. Der Verfasser erklärt daher auch von vornherein, dass er seiner Lebensbeschreibung die von
Chrysander zu Grunde legt und folgt ihm Schritt für Schritt aufs kürzeste
Maß zusammengezogen und geschmückt mit Porträts, z. B. das seines Vaters,

dem Wundarzte, mit dem Geburtshause, der Eintragung Händel's in die Matrikel
der Universität Halle, Händel's selbst in den verschiedenen Lebensaltern, H.
und König Georg I. von England auf einer Kahnfahrt nach einem Kupfer-
stiche, Abbildungen mehrerer Denkmäler, 2 Autographe im Facsimile u. a.
Vom Jahre 1739 ab (Seite 64) hört Chrysander's Biographie auf und nur
16 Seiten sind der Zeit von 1739—1759 gewidmet, einer Zeit in der all die
großen Oratorien entstanden, die seinen Namen erst unsterblich machten und
an denen sich noch die heutige Generation erfreut und erbaut. Die Diction
schwankt zwischen glücklicher Inspiration und weniger geglückten Abschnitten,
so dass sie zurück bleibt gegen die von Dr. Reimann im Brahms so trefflich
geschlossene Einheit. Immerhin wird sie ein würdiges Glied in der Kette der
beabsichtigten Biographien bilden und was die elegante Ausstattung betrifft,
so steht sie der Brahm'schen Biographie völlig gleich und bildet einen Schmuck
jeder Bibliothek.

    * Neue erschienene Bücher: Dr. *Karl Stumpf*, Beiträge zur Akustik und
Musikwissenschaft. 1. Heft, Konsonanz und Dissonanz. Lpz. 1898, A. Barth.
8⁰. 108 Seiten. Preis 3,60 M.

    Werker, Die Theorie der Tonalität, ein Beitrag zur Gründung eines kon-
sequenten Ton- und Musiktheorie-Systems. Norden und Norderney 1898, Herm.
Braams. 8⁰. 50 Seiten. Preis 2 M.

    Heinrich Adolf Köstlin, Geschichte der Musik im Umriss. 5. verbesserte
Auflage. Berlin 1898, Reuther & Reichard. 8⁰. 1. Liefg. 80 Seiten. Pr. 1 M.
Eine Besprechung kann erst erfolgen, wenn das ganze Werk vorliegt. Diesmal
hat der Herr Verfasser für einzelne Abschnitte noch andere Kräfte herangezogen,
wie *Karl Schmidt* für die Musik des Altertums und die Gegenwart und Dr.
Wilib. Nagel für den Abschnitt über die Entwickelung der Musik unter der
Vorherrschaft der Italiener in Italien, Frankreich und England bis zum Aus-
bruch der klassischen Periode in Deutschland. Das Werk ist auf 7 Lieferungen
berechnet, also auf 7 M.

    * Mitteilungen der Musikalienhandlung Breitkopf & Haertel in Leipzig,
Nr. 53. An musikhistorischen Werken werden angezeigt: *Grétry*, La Caravane
du Caire, Opéra-Ballet en 3 actes. Lfg. 22. — *Palestrina's* Werke erscheinen
für den heutigen Chorgebrauch von Mich. Haller und Fr. X. Haberl eingerichtet
in einer Auswahl im Einzeldruck in Partitur und Stimmen. — Henry Purcell's
An Ode on St. Cecilia's Day, Bd. VIII der Purcell-Ausgabe. — Das Fitzwilliam
Virginal book ist bis zum 32. Hefte gediehen. — Die Ausgabe der Hispaniae
schola Musica sacra hat im 6. Bde.: Psalmodia modulata a diversis auctoribus
und im 7. Bde. Tonsätze von Ant. a Cabezon gebracht. An Biographieen
neuerer Musiker sind aufgenommen *Friedrich E. Koch*, *Hans Winderstein*,
Heinrich Zöllner nebst Porträt und einem kleinen Verzeichnis seiner Werke und
Kritiken über dieselben, *Ludwig Bouvin*, Verzeichnis seiner Werke nebst Kritiken.
Den Schluss bildet ein Verzeichnis derjenigen Werke, die aus obigem Verlage
im Winterhalbjahre öffentlich aufgeführt worden sind.

    * Fehlerverbesserung. Auf S. 32, Z. 1 von oben lies *tolle* (einsilbig)
statt *tol-lo*.

    * Hierbei eine Beilage: Joh. Phil. Krieger, Bog. 11.

Verantwortlicher Redakteur Robert Eitner, Templin (Uckermark).
Druck von Hermann Beyer & Söhne in Langensalza.

MONATSHEFTE

für
MUSIK GESCHICHTE

herausgegeben

von

der Gesellschaft für Musikforschung.

| III. Jahrg. 1898. | Preis des Jahrganges 9 Mk. Monatlich erscheint eine Nummer von 1 bis 2 Bogen. Insertionsgebühren für die Zeile 30 Pf. Kommissionsverlag von Breitkopf & Härtel in Leipzig. Bestellungen nimmt jede Buch- und Musikhandlung entgegen. | No. 7. |

Aktenmaterial aus dem städtischen Archiv zu Augsburg.

(Schluss.)

Rauchwolf, Sixt, Lautenmacher, 65 J. alt.

Reisch, Georg, Choralist bei St. Moritz, 40 J. alt.

Reifsach, Peter, Stadtpfeifer, 34 J. alt.

Schmeck, Peter, Choralist bei St. Moritz, 58 J. alt, 2 Söhne.

Seiboldt, Wolfgang, Stadtpfeifer, 50 J. alt.

Sigmayr, Philipp, Spielmann, 25 J. alt.

Sperlin, Christof, Spielmann, 21 J. alt.

Völk, Matthäus, Organist, 54 J. alt.

Walbach, Thomas, Choralist an St. Moritz, 45 J. alt, 1 Sohn.

Wannenmacher, Christof, Spielmann, 24 J. alt.

Weldeshofer, (Weldishofer), *Jeremias*, Spielmann, 24 J. alt.

Zendelen, Philipp, Organist, 45 J. alt.

Das ergiebt 39 Angestellte und zwar

7 Organisten,

1 Pfeifer und 3 Stadtpfeifer,

1 Musikus,

16 Spielmänner,

1 Trompeter,

3 Choralisten,

7 Instrumentenmacher, darunter 3 Lautenmacher und 1 Trompetenmacher.

Eine zweite Liste bietet ein chronologisches Verzeichnis vom Jahre 1471—1801, doch kann sie in keiner Weise ein vollständiges Bild gewähren, da nicht nur in manchen Jahren nur einer oder wenige eingezeichnet sind, andere Jahrgänge ganz fehlen und wieder andere recht zahlreich vertreten sind.

1471. *Claus*, Pfeiffer, Leonhard *Argenist* (Arginist)? der auch 1474 wiederkehrt als Organist und Meister gezeichnet.

1475. *Schraudy*, Singer.

1480. *Lamenit*, Peter, Lautenmacher.

1486. *Ulbrich*, Stadtpfeiffer, Yerg *Walch*, Stadtpfeiffer, letzterer auch 1492 genannt.

1492. *Knaufs*, Yerg, Pfeiffer, ist bis 1503 verzeichnet. *Jacob von Hurloch* (Harloch) bis 1509. Balthas. *Diethel*, Posauner.

1497. *David*, Stadtpfeiffer, bis 1509 verzeichnet. *Ulrich*, Stadtpfeiffer, bis 1498.

1498. *Peyrlin*, Leonhard, Meister-Singer.

1501. *Augustin*, Stadtpfeiffer. Hans *Hegeldorfer* (Hegendorfer), Stadtpfeiffer, bis 1509 verzeichnet. Endres *Mair*, Singer. Jacob *Mair*, Pfeiffer. Urlrich *Schubinger*, Stadtpfeiffer.

1504. *Steudlin*, Hans, Posauner.

1509. *Paul*, Meister, Organist. Seite 25b im Musterbuche und im Jahrgang 1516, S. 27d: *Paul Hofhaimer*, Ritter, kaiserl. Organist. Stetten in seiner Geschichte Augsburgs p. 525 fand im Jahre 1518 in den Steuerregistern einen Paul Hofhaimer verzeichnet. Da wir heute durch Dr. Waldner's Innsbrucker Aktenstücke ganz genau darüber unterrichtet sind, dass der bekannte Hofhaimer bis 1519 im Januar, dem Todesjahr des Kaisers Maximilian I., Hoforganist in Innsbruck war, sich allerdings vielfach auf Reisen befand, so ist unter dem erstgenannten *Paul* und dem Bürger von Augsburg von 1518 nicht der Hoforganist zu verstehen. Der im Jahrg. 1516, S. 27d verzeichnete kaiserl. Hoforganist kann allerdings kein anderer als der bekannte Hofhaimer sein und bedarf es einer genaueren Feststellung aus den Akten oder dem Musterbuche in welcher Eigenschaft er hier genannt ist.

1522. *Klingenstein*, Bernhard, Kapellmeister im Jesuitenkollegium Augsburgs. Dies muss ein Vorfahre des am Ende des 16. und Anfange des 17. Jahrhunderts lebenden Bernhard Klingenstein sein, der Kapellmeister an der Jungfrauenkirche in Augsburg war und von dem sich im Druck und Manuskript eine Anzahl geistliche Chorgesänge erhalten haben (siehe die Bibliographie der Sammelwerke von Eitner). — Ulrich *Lang*, Singer. Bernhard *Rem*, Organist.

1552. Hans *Drechsel* der Jüngere. Wolfgang *Gaufs*. Wolfgang *Perger* und Yerg *Prenner*, Stadtpfeiffer. Gaufs war Posauner.

1556. Hans *Drechsel* der Alte, der noch bis 1573 zu verfolgen ist, siehe auch M. f. M. 25,5 unter Trechsell. — Melchior *Neusidler*, Stadtpfeiffer.

1565, 3. September, Gregorius *Wagner*, Musiker in Erfurt, widmet dem Rat seine Psalmen Davids.

1566, 20. März. Jacob *Haupt*, Pfarrer im Bistum Zeitz, dediciert dem Rat eine von ihm komponierte Passion und Auferstehung Christi.

1567, 4. Nov. Schreiben des Erzherzogs Ferdinand von Österreich an den Rat wegen einer Schuld des Bürgers Andreas Dürnhofer in Augsburg an den Organisten Servatius *Rorif*. Rorif war Organist am Hofe zu Innsbruck. In der Staatsbibl. zu München, Ms. 207 Nr. 61 befindet sich ein 4stim. geistliches Lied von ihm. Obiges Schreiben in M. f. M. 25, 11.

1579. David *Drechsel*, Stadtpfeiffer.

1581. Wolfgang *Fischer*, Hans *Xell* und Hans *Schlump*, Stadtpfeiffer. Letzterer auch 1583 gez.

1583. Erasmus und Hans *Mair*, Organisten. Jakob *Paix*, Organist.

1585 werden an Stadtpfeiffer genannt: Ludwig Brelauf, Yerg Braun, Hans und Melchior Drexel, Wilhelm Danemann, Matthäus Erhart, Matthäus Falck, Yan Frezmaner, Hans und Tobias Haltenwanger, Jakob *Hassler*, Hans Heberlin, Jakob Hurlach, Hans Kellerstock, Thomas Lang, David und Johannes Mair, Eustachius Megerich, Christof, Georg, Georg der Jüngere und Patrix Nueber, Sebastian Prenner, Laux Rieger, Hans Rock, Jakob Rueff, Laux Schmidt, Jakob Seitz, Ulrich Sigmair, Georg und David Sperlin, Hans Stark, Endres Sternecker, Anton Stopfer, Hans Vogel, Elias Weilbach, Christof Zettenpfennig, Summa 38 Musici.

1599. Wolfgang *Seiboldt* und Hans *Morhart*, Stadtpfeiffer.

1600. Johannes *Seubold*, Stadtpfeiffer. Hans Leo *Hassler*, Organist. Bernhard *Messenhäuser*, Stadtpfeiffer.

1601. Jakob *Baumann*, Organist. Jakob *Hassler*, Organist.

1603. Martin *Contzmann* von Pfersee.

1604. Valentin *Liechtel*, Philipp *Hurlacher*, Philipp *Zindelin*, Stadtpfeiffer.

1607. Melchior Drechsel, Christof Holzhauser, Marx Kölin, Organist, Jo. Erasmus Meyr (noch bis 1611 verzeichnet), Ludwig Prelauf, Peter Reysach, Hans Seiboldt, Wolfg. Seiwolt, Ulrich Sigmair, Georg Sperlin, Stadtpfeiffer aufser Kölin.

1613. Wolfgang Drechsel, Stadtpfeiffer.

1616. Leonhard Bapeter, Lukas Fischer, Bartholome Honsel, Jobst Metzger, Kaspar Rebstock, Stadtpfeifer. Metzger ist bis 1621 verzeichnet.

1617. 18 „Stadtmusikanten": Marx Anton und Leonhard Baler, Jeremias Buroner, Joh. Bapt. Hainzel, Marx Hopfner, Hans und Jacob Hoser, Hans Manlich, Karl Nehlinger, Hans Ulrich und Jeremias Oesterreicher, Wolfg. Pichler, Adam Schiller, Matthaeus Schorer, David, Hans und Jacob Wagner, Martin Zobel.

1620. Wilhelm *Liechtlin*, Stadtmusikant.

1621. Hans David *Gnauff* aus Straſsburg, Harfenist und Stadtmusikant. Hans Georg *Schätzler* und Hans Leonhard *Barttenbach*, Stadtmusikanten.

1622. Wolfgang *Agricola*, Wolfg. *Baur* und Philipp *Fischer*, Stadtmusikanten.

1624. Christof *Ertinger* und Balthas. *Götzfried*, Stadtmusikanten.

1625. Kaspar *Gerhardini*, Wolfg. *Molitor*, Johann *Seitz* und Hans Christof *Vosenmayr*, Stadtmusikanten.

1626. Kaspar *Hainlin*, Marx *Völk* und Gottfried *Weitzenauer*, Stadtmusikanten. *Völk*, oder wie er selbst schreibt *Völkh* und *Völckhen*, ging am 22. März 1631 einen 10jährigen Kontrakt ein (M. f. M. 25, 30).

1634. Martin Schnapper von Pfersee, Stadtmusikant.

1644. Michael Satzger, Stadtpfeiffer.

1648. Joh. Friedr. Fabricius, Organist bei St. Ulrich und Afra.

1651. Hans *Graulock* und Jonas *Fischer*, Stadtpfeiffer.

1653. Arnold Halter, Stadtpfeiffer.

1655. Franz Finkenzeller, Stadt-Türmer.

1658. Adam und Martin *Frantz*, Gabriel *Kolb*, Stadtpfeiffer.

1685. Johann Ludwig Jung, am 21. Juli zum Organisten berufen.

1778. Anton Joseph *Briemann*, Harfenist. Anton *Feighofer* aus München, Musiker.

1787. Joh. Nepomuk *Briemann*, Harfenist.

1788. Johannes Krieger, ?

1789. Ulrich *Casanova*, Harfenist und Josef *Weisgerber*, Klarinettist.

1694. Nicolaus Veron aus Paris, Musiker.

1799. Johann Baumgartner, Musiker.

1801. Leopold Wittmann, Musiker.

Totenliste des Jahres 1897,
die Musik betreffend.
(Karl Lüstner.)

Abkürzung für die citierten Musikzeitschriften:

Bühgen. = Deutsche Bühnen-Genossenschaft. Berlin.
Guide = le Guide mus. Bruxelles, Schott.
K. u. Musz. = Deutsche Kunst- u. Musikztg. Wien, Robitschek.
Lessm. = Allgem. Deutsche Musikztg. Charlottenburg.
Ménestrel = le Ménestrel. Journal du monde music. Paris, Heugel.
M. Tim. = Musical Times. London, Novello.
Mus. sac. = Musica sacra. Monatsschrift für kath. Kirchenmusik. Regensburg,
    Haberl.
N. Z. f. M. = Neue Zeitschr. f. Mus. Leipzig, Kahnt.
Ricordi = Gazzetta music. di Milano, Ricordi.
Sig. = Signale f. d. mus. Welt. Leipzig, Senff.
Wbl. = Musikal. Wochenblatt. Leipzig, Fritzsch.

Es wird gebeten falsche Daten der Redaktion gefälligst anzuzeigen.

Agnes-Zela, Sophie, norwegische Sängerin, seit 1889 mit dem Advokaten
Achorn in Boston verheiratet, st. das. 10. Juni. Voss. Ztg. Nr. 271.

Agie, Amalie, geb. Kurier, ehemalige Opernsängerin, st. 77 Jahr alt am
1. Febr. in Neisse in Schlesien. Bühgen. 84.

Albanesi, Luigi, Pianist und Komponist, st. am 4. Dez. in Neapel; geb.
3. März 1821 in Rom. Ricordi 1898, 13. Ménestrel 1898, 24.

Allen, George Benjamin, Komponist und früherer Chormeister an der West-
minster-Abtei zu London, st. 30. Nov. zu Brisbane in Queensland; geb.
21. April 1822 zu London. M. Tim. 1898, 121.

Allon, Henri Erskine, Komponist von Kirchen- und Klaviermusik, st. 3. April
in London, 32 Jahr alt. M. Tim. 338.

Alwens, Edmund, Professor und langjähriger Klavierlehrer am Königl. Konservatorium zu Stuttgart, st. das. 25. Sept., 65 Jahr alt. Lessm. 590.
Sig. 696.

Antoldi, Alessandro, Komponist und Gesanglehrer an der öffentlichen Schule
in Mantua, st. das. 25. März, 82 Jahr alt. Ricordi 195. M. Tim. 338.
Lessm. 302.

Atkins, Frederick, Organist an der St. John's Kirche in Cardiff, st. das.
5. Dez.; geb. 1830 zu Cromhall, Gloucestershire. Lessm. 1898, 33.

Banister, Henry Charles, Komponist, Musikschriftsteller und Harmonieprofessor
am Royal College of Music in London, st. 20. Nov. in Streatham; geb.
13. Juni 1831 zu London. M. Tim. 842.

Barbier, Marie, Gattin des bekannten Librettisten Jules B., ehemals als
Sängerin und Dichterin geschätzt, st. 21. Aug. in Paris. Lessm. 590.

Bargiel, Woldemar, Komponist, Professor und Senator der Königl. Akademie
der Künste in Berlin, st. das. 23. Febr.; geb. ebenda 3. Okt. 1828.
Todesanzeige in der National-Zeitg. Nr. 132. Nekr. Sig. 242.

Barth, Gustav, Herzogl. Nass. Hofkonzertmeister a. D., Liederkomponist und
Musikkritiker st. 11. Mai in Frankfurt a. M.; geb. 2. Sept. 1812 zu
Wien. Todesanzeige in der Frankf. Ztg. Nr. 132. Lessm. 338.

Bassi, Giuseppe, einer der bedeutendsten Violin-Virtuosen Italiens, seit 1861 Lehrer am Konservatorium zu Mailand, st. 9. Aug. zu Cremona; geb. 1834 zu Cremona. Ricordi 472. Ménestrel 280. Wbl. 475.

Basté, Ferdinand, während 40 Jahren Theaterdirektor in Rheinland und Westfalen, st. 26. Jan. in Essen a. d. Ruhr; geb. 24. Jan. 1818 zu Brandenburg. Leipz. Illustr. Ztg. Nr. 2797.

Bauer, Klemens Albin, Sächs. Kammervirtuos, erster Flötist der Dresdner Hofkapelle, st. das. 24. Juni; geb. 12. Febr. 1856 zu Potschappel. Wbl. 385.

Bax, siehe **Saint Yves Bax.**

Bazzini, Antonio, Komponist, Violinvirtuose und Direktor des Konservatoriums zu Mailand, st. das. 10. Febr.; geb. 11. März 1818 zu Brescia. Todesanzeige in der Roma Nr. 42. Im Ricordi S. 91, Biogr. nebst Porträt.

Beale, Thurley, Oratorien-Bariton in London, st. das. 5. Mai; geb. 1847 zu Royston, Hertfortshire. M. Tim. 412.

Becker, Frau Ida, Liederkomponistin und ehemalige Sängerin, Schwester des Komponisten **Emil Naumann,** st. in Berlin im April, 65 Jahr alt. Leipz. Illustr. Ztg. Nr. 2811.

Behr, Heinrich, Opernbassist, später Theaterdirektor, st. 13. März in Leipzig; geb. 2. Juni 1821 zu Rostock. Nekr. Sig. 305. Lessm. 201.

Bendl, Karl, Kapellmeister und Opernkomponist, st. 16. Sept. in Prag; geb. das. 16. April 1838. Wbl. 534. Nekr. und Porträt: Neue Musikal. Presse (Wien) Nr. 39.

Berger, Otto, Violoncellist und Mitbegründer des böhmischen Streichquartetts, st. 24 Jahr alt 30. Juni in seiner Heimatstadt Machau in Böhmen. Wbl. 397. Lessm. 433.

Bertal, Georges, Librettist, st. in Paris 28. Juli. M. Tim. 626.

Best, William L., Stadtorganist und Orgelkomponist zu Liverpool, st. das. 10. Mai; geb. zu Carlisle 13. Aug. 1826. Englands bedeutendster Orgelspieler. Nekr. M. Tim. 382. Lessm. 338.

Beyer, Wilhelm, ehemaliger Heldentenor, st. in Weimar 10. März; geb. 5. Nov. 1819 zu Berlin. Leipz. Illustr. Ztg. Nr. 2807.

Biaggi, Girolamo Alessandro, Komponist und Musikschriftsteller in Florenz, Prof. der Ästhetik am Istituto musicale, st. das. 21. März; geb. 1819 in Mailand. Biogr. Ricordi 182. Ménestrel 112. Lessm. 250.

Bianchi, Angelo, Kardinal und Bischof von Palestrina, Protektor des Allgem. Cäcilienvereins für die Diözesen Deutschlands, Österreich-Ungarns und der Schweiz, st. zu Rom 22. Jan.; geb. ebenda 19. Nov. 1817. Mus. sac. 51.

Bianchi, Giovanni, Opernbariton an der Scala in Mailand, st. 25. Juni in Sesto Calende. Ricordi 384. Wbl. 460. Lessm. 498.

Bird, Horace G., Komponist, Organist und Konzertsänger, st. in Chicago, 67 Jahr alt, im März. Wbl. 252.

Bisaccia, Giovanni (oder **Giambattista**), Komponist und Kapellmeister an der Kirche St. Ferdinando zu Neapel, st. das. 20. Dez., 82 Jahr alt. Ménestrel 416.

Bleuer, Ludwig, langjähriger Konzertmeister des philharmonischen Orchesters in Berlin, st. das. 12. Sept.; geb. 1862 in Budapest. Lessm. 541.

Boëllmann, Léon, Komponist und Organist an der Kirche St. Vincent-de-Paul in Paris, st. das. 11. Okt.; geb. 2⁹. Sept. 1862 zu Ensisheim im Elsafs. Ménestrel 336. Guide 650.

Boetti, Alessandro, st. im Juli zu Mailand. Ricordi 399 bezeichnet ihn nur als Maestro.

Bolelli, Giovanni, Violinist, Orchesterdirektor und Impresario in Bologna, st. das. 3. Juli. Ricordi 411. Mus. T. 556. Wbl. 460.

Borschitzky, John Francis, Komponist und Musiklehrer in London, st. das. 76 Jahr alt, 22. Okt. Mus. T. 843.

Bösse, Olga, unter ihrem Mädchennamen Grofs, Konzertsängerin, st. 37 Jahr alt, 21. Jan. in Oldenburg. Lessm. 136. Sig. 1·55.

Bradley, Frank, Pianist und Orgelprofessor am Trinity College in Birmingham, st. das. 1. Nov., 44 Jahr alt. Mus. T. 843.

Brahms, Johannes, Komponist, st. 3. April in Wien, geb. 7. Mai 1833 zu Hamburg. Alle Musikzeitungen und Tagesbl. brachten mehr oder weniger ausführliche Biogr. Wertvolle Biogr. in Buchform sind: Prof. Heinrich Reimann's Biogr. in der Verlagsgesellschaft Harmonie, 1897, 8⁰, und .Dr. Hermann Deiters Biogr. in Samlg. musikal. Vorträge, Nr. 23, 24 und 63, 2. Aufl. Leipz., Breitkopf & Haertel, 8⁶, geb. 4 M.

Bratford, Dr. Jacob, Komponist eines Oratoriums: Judith und anderer Werke, st. 19. April in London. Mus. T. 338.

Brennemann, August, Königl. Kammermusiker a. D. in Berlin, st. das. 4. Okt., 71 Jahr alt. Lessm. 590.

Broad, William B., Organist und Musiklehrer in Worcester, st. in Swansea, 57 Jahr alt. Wbl. 99. Lessm. 136.

Brückmann, Bruno, Musikschriftsteller in Zürich, st. das. 2. April; geb. 1827 in Dresden. Lessm. 201.

Brulliot, Karl, Professor und Gesanglehrer an der Königl. Akademie der Tonkunst in München, st. das. 23. März; geb. ebenda 31. Juli 1831. Wbl. 204. Nekr. Bühgen. 131.

Buchheister, L., Stadtmusikdirektor in Weifsenfels, st. das. 29. Juli, 67 Jahr alt. Lessm. 498.

Butenuth, Leopold, Kapellmeister am Tivoli-Theater in Kiel, st. das. 5. Febr., 59 Jahr alt. Bühgen. 68.

Caldicott, Alfred James, Komponist, Organist und Harmonieprofessor am Royal College of Music in London, st. 24. Okt. in Gloucester; geb. 26. Nov. 1842 in Worcester. Mus. T. 842. Lessm. 776.

Cano, Antonio, Guitarrenvirtuos und Komponist für sein Instrument, st. 14. Okt. in Madrid, 86 Jahr alt. Mus. T. 843. Lessm. 692.

Caradog, siehe **Jones.**

Carvalho, Léon, eigentlich **Carvaille,** Direktor der komischen Oper zu Paris, st. das. 29. Dez.; geb. 1825. Nekr. Ménestrel 1898, 3.

Castelmary (Graf Armand de Castan), Opernsänger, st. in der Rolle des Tristan in Martha in New-York 10. Febr.; geb. 16. Aug. 1834 zu Toulouse. Sig. 220. Lessm. 168.

Cavazza, Guglielmo, Trompeten-Virtuos und Lehrer am Liceo musicale zu Bologna, st. das. 3. Aug. Ricordi 455. Wbl. 492.

Cecchi, Pietro, Gesanglehrer in Melbourne, st. das. 4. April; geb. in Rom. Mus. T. 338.

Chivot, Henri, im Verein mit Alfred Duru († 1889) Textdichter zahlreicher komischer Opern, st. 17. Sept. in Le Vesinet bei Paris; geb. 15. Nov. 1850. Le monde artiste 623.

Clinton, James, Klarinett-Virtuos in London, st. das. 4. Febr., 44 Jahr alt. Mus. T. 197.

Coccius, Theodor, Professor und seit 33 Jahren Lehrer am Konservatorium zu Leipzig, st. das. 24. Okt.; geb. 8. März 1824 zu Knauthain bei Leipzig. Todes-Anz. im Leipz. Tagebl.

Cogui, Giacomo, ehemals Klarinettist in der städt. Kapelle zu Piacenza, st. als Generalprokurator am Apellhofe zu Casale-Monferato Ende des Jahres. Lessm. 776.

Cohn-Holländer, Cäcilie, frühere Klavier-Virtuosin, st. 25. Juli in Wien. Wbl. 459.

Conrad, Anton, Zauberpossendichter und früherer Singspieldirektor, st. in Währing bei Wien 3. Juni, 83 Jahr alt. Leipz. Illustr. Ztg. Nr. 2816.

Cross, Michael, Organist und Musikdirektor in Philadelphia, st. das. 26. Sept., 67 Jahr alt. Mus. T. 769.

Damcke, Madame, Schwägerin des Komponisten **Franz Servais,** ausgezeichnete Pianistin, Freundin von Berlioz, St. Heller und Rubinstein, st. in Paris 8. Juni. Mus. T. 482.

Dannström, Johann Isidor, Sänger und Komponist in Stockholm, st. das. 17. Okt., 83 Jahr alt. Lessm. 641.

David, Adolphe-Isaac, Komponist in Paris, st. das. 24. Juni; geb. 1842 zu Nantes. Ménestrel 208.

Davidsohn, George, Chefredakteur des Berliner Börsen-Courier, Gründer des Berl. Wagner-Vereins, st. 6. Febr. in Berlin; geb. 1835 zu Danzig. Nekr. Wbl. 99.

Davies, John, Chordirigent in Dowlais, st. das. 3. Dez., 66 Jahr alt. Wbl. 1898, 43.

Deldevez, Edouard-Marie-Ernest, Komponist, Theaterkapellmeister und Professor am Konservatorium zu Paris, st. das. 6. Nov.; geb. ebenda 31. Mai 1817. Nekr. Ménestrel 365.

Dietrich-Strong, Aurelia, Pianistin, st. 9. März 59 Jahr alt in New-York. Wbl. 205.

Dietsch, Thérèse-Pauline, Witwe des Komponisten **Pierre D.,** als Mademoiselle Sacré bedeutende Kontraltistin, st. 8. Aug. in Paris; geb. 19. Nov. 1810 zu Brüssel. Guide 542. Wbl. 475.

Dietz, Friedrich Wilhelm, Violinist und Komponist von Kammermusikwerken in Frankfurt a. M., st. 16. Dez. zu Soden im Taunus. Lessm. 776.

Dolgoruky, Fürstin Lilli, Violin-Virtuosin, geborene Spanierin, st. im Dez. in San Salvador. Sig. 1898, 75.

Donadio, Antonio, Opern-Bariton, st. im Okt. in Neapel, 80 Jahr alt.
Ménestrel 336.

Dralli, Luigi, Musiklehrer und Dirigent, st. im Okt. in Varese (Italien),
wo er auch geb. war. Ricordi 691. Sig. 954.

Eckert, Beda, Kirchenkomponist, st. 15. Febr. im Franziskanerkloster zu
Dietfurt, Diözese Eichstätt; geb. 16. Juni 1827 zu Miltenberg. Mus.
sac. 72.

Ehrlich, August C., Königl. Musikdirektor in Dresden, st. das. 9. April;
geb. in Brieg. Dresd. Nachrichten Nr. 101.

Eichhorn, Eduard, ehemaliger Hofkonzertmeister in Koburg, st. das. 4. Aug.;
geb. ebenda 17. Okt. 1823. Wbl. 460. Lessm. 487.

Eljken, H. van der, Komponist und ehemaliger Organist an der lutherischen
Kirche zu Harlem, st. das. 10. April, 68 Jahr alt. M. Tim. 338.

Elbert, Emerich, Komponist und Professor am Konservatorium zu Budapest,
st. das. 28. Aug. Ménestrel 287. Lessm. 523.

Emery, Fanny, Klavier-Virtuosin in Czernowitz, st. das. 4. Nov. Wbl. 669.

Ermer, Karl, Fürstl. Musikdirektor in Arnstadt, st. das. 4. April, 62 Jahr
alt. Lessm. 276.

Errani, Achilles, Gesanglehrer in New-York, st. das. 73 Jahr alt, 3. Febr.
Sig. 204. Wbl. 84.

Esterhazy, Graf Nicolaus, freigebiger Kunstmäcen, st. auf seinem Schlosse
Totis in Ungarn 7. Mai; geb. 5. Dez. 1839. Lessm. 338.

Falcon, Cornélie, verehelichte **Malançon**, ehemalige Opernsängerin, welche
ihrem Rollenfache den noch jetzt in Frankreich gebräuchlichen Namen
gegeben, st. 26. Febr. in Paris; geb. ebenda 28. Jan. 1812. Nekr.
Ménestrel 72.

Ferrari, Angelo, Pianist, dann Opern-Impressario, aus Mailand stammend
und vor 45 Jahren nach Amerika ausgewandert, st. 30. Dez. in Buenos-
Ayres, 67 Jahr alt. Lessm. 1898, 14. Sig. 1898, 41.

Fischer, Joseph, Kapellmeister an den Kollegien St. Michel und St. Gudule
in Brüssel, st. das. 21. Sept.; geb. 23. April 1819; Vater des Violon-
cell-Virtuosen Adolphe F. († 1891). Nekr. Guide 607.

Förster, August, Gründer der Pianoforte-Fabrik gleichen Namens in Löbau
in Sachsen, st. das. 18. Febr., 68 Jahr alt. M. Tim. 267.

Fonteneau, Daniel, Komponist und Pianist, st. im Sept. zu Albi, 44 Jahr
alt. Le monde artiste 591.

Fournier, Emile-Eugène-Alix, Komponist, st. 12. Sept. in Joinville-le-Pont;
geb. 11. Okt. 1864 zu Paris. Ménestrel 303.

Frei, Victor, Organist in Canton (Ohio, Ver. St.), st. das. 3. Aug.; geb.
1849 in Solothurn. Wbl. 534.

Friebe, Fritz, Musikdirektor in Berlin, st. das. 17. März, 35 Jahr alt.
Berliner Signale 105.

Fumagalli, Angelo, Musikdirektor in Mailand, st. das. im Jan. Ricordi 75.

Furtado, Charles Fitch, Musiklehrer in London, st. das. 31. Dez., 81 Jahr
alt. M. Tim. 1898, 122.

Gallay, Jules, Beamter und Musikschriftsteller, dem man interessante Ver-

öffentlichungen über den Bau der Streichinstrumente verdankt, st. in
Paris im Nov.; geb. 1822 zu St. Quentin. Guide 762. Lessm. 708.

Galli, Luigi, Organist in Mailand, st. das. 31. Juli, 32 Jahr alt. Ricordi
455. Sig. 649.

Garett, Dr. George Mursell, Kirchenkomponist, st. 8. April in Cambridge;
geb. 8. Juni 1834 zu Winchester. Nekr. M. Tim. 310.

Garland, W. H., Organist und Chordirigent in Halifax (Yorkshire), st. das.
13. Febr., 45 Jahr alt. Wbl. 163.

Gerstenberg, F., Chormeister und langjähriger Dirigent des evangelischen
Singvereins in Wien, st. 24. Aug. in Leoben. Lessm. 590.

Gillet, Henri, Violoncell-Virtuose, Professor an der Musik-Akademie zu
Barcelona, st. 3. Aug. in Ostende. Guide 526.

Giraldoni, Leone, Opernbariton, Lehrer am Konservatorium zu Moskau, st.
das. 20. Sept.; geb. 1824 zu Paris. Ricordi Biogr. 583. Ménestrel 336.

Godefroid, Felix, Harfen-Virtuose und Komponist, st. 12. Juli in Villiers
sur Mer; geb. 24. Juli 1818 zu Namur. Ménestrel 222.

Grammann, Karl, Opernkomponist, st. 30. Jan. in Dresden; geb. 3. Juni
1844 zu Lübeck. Todes-Anzeige im Dresdner Journal Nr. 25. Biogr.
in Neue Musikztg. Stuttgart 1897, 62.

Grisa, Karl, ehemaliger Opernsänger, st. 26. Juli in Berlin; geb. 25. Juli
1841 zu Kassel. Bühgen. 270.

Grofs, siehe **Bösse.**

Günther, Dr. Otto, seit 1881 Direktor des Leipziger Konservatoriums, st.
das. 11. Sept.; geb. ebenda 4. Nov. 1822. Nekr. Wbl. 505.

Guladani, Edoardo, Opernkomponist, st. 6. Juli in Cremona; geb. um 1854
zu Villa Rocca bei Cremona. Ricordi 411. Ménestrel 240.

Hagen, siehe **Norbert-Hagen.**

Haisauer, Julius, Kommissionsrat, Musikverleger in Breslau, st. das. 26. Dez.;
geb. 24. Nov. 1827 zu Grofs-Glogau. Todesanzeige in der Bresl. Ztg.

Hall, Edna A., Sängerin und Gesanglehrerin in Boston, st. das. 12. Febr.
M. Tim. 267.

Hammond, Dr. Stocks, Organist an der St. James-Kathedrale in Torronto
(Canada), st. das. im Juni, 35 Jahr alt. Wbl. 385.

Harraden, Samuel, Organist in Hampstead, wegen seiner verdienstvollen
Forschungen über die Musik der Hindu's zum Dr. Mus. ernannt, st.
das. 17. Juli; geb. 1831 zu Cambridge. M. Tim. 626.

Hart, August, Lehrer in Stettin, Komponist von Männerchören, st. das.
29. Mai. Leipz. Illustr. Ztg. Nr. 2814.

Heiser, Wilhelm, Königl. Musikdirektor, Liederkomponist, st. 9. Sept. in
Friedenau-Berlin; geb. 15. April 1816 zu Berlin. Todesanzeige in der
Voss. Ztg.

Heller, . . ., Hofopernsänger, st. 14. April in der Heilanstalt Illenau bei
Karlsruhe. Münchener Neueste Nachrichten Nr. 180.

Herdtmann, Karl, Organist an der lutherischen Kirche zu Moskau, st. das.
20. Jan. Lessm. 168.

Herrmann, Wilhelm, Hofmusiker in Stuttgart, Oboe- und Klavierlehrer am

Konservatorium, st. das. 27. Juli; geb. 25. Dez. 1836 zu Ludwigsburg. Wbl. 408. Lessm. 487.

Herrmann, Joseph, ehemaliger Opernsänger, st. 15. Dez. in Bonn; geb. 1817 in Kiel. Lessm. 776.

Hess, Karl, Königl. Sächs. Kammer-Virtuos, Komponist von Liedern und Klavierstücken, st. 2. Sept. in Dresden. Nekrolog mit Porträt Berliner Signale 273. Wbl. 492. Lessm. 523.

Heyer, Karl Otto, Balladenkomponist, st. 11. Febr. in Racine (Wisconsin), 64 Jahr alt. Berliner Sig. 106.

Hieber, Otto, bairischer Hofkapellmeister und Professor an der Akademie der Tonkunst zu München, st. das. 9. Jan., 49 Jahr alt. Todesanzeige in den Münchener Neuesten Nachrichten.

Hiebsch, Joseph, Gesang- und Violinpädagoge, Verfasser theoretischer Werke, st. 10. April in Karlsbad; geb. 7. Okt. 1854 zu Tyssa in Böhmen. Wbl. 293.

Holländer, siehe **Cohn-Holländer.**

von Holstein, Hedwig, geb. **Salomon**, Witwe des Komponisten **Franz von H.**, musikalisch feingebildete, kunstbegeisterte Frau, der zahlreiche junge Talente die Förderung ihrer musikalischen Studien zu danken haben, st. 18. Okt. zu Leipzig, 78 Jahr alt, Sig. 761. Lessm. 641.

Hürse, Karl, Königl. Musikdirektor und ehemaliger Theaterkapellmeister, st. 2. Mai zu Magdeburg, 59 Jahr alt. Bühgen. 172. Wbl. 279.

Jones, Griffith Rhys, bekannt unter dem Beinamen „Caradog", Dorfschmied, später Hotelbesitzer, Geiger und Chordirigent, st. 3. Dez. in Pontypridd; geb. 21. Dez. 1834 zu Trecynon (Wales). Wbl. 1898, 43. Lessm. 1898, 33.

Joost, Johann Ferdinand, Schauspieler, Sänger und Kapellmeister, st. 20. März in Detmold; geb. 9. Juli 1810 zu Leisnig. Bühger. 360.

Jouy, Jules, Komponist französischer Chansons, st. 20. März in Paris. M. Tim. 338.

Kamm, Ferdinand, Professor an der Kantonschule zu St. Gallen, durch zahlreiche Vokalkompositionen populär geworden, st. 9. April zu Aix in der Provence, 52 Jahr alt. Lessm. 362.

Kahnt, Christian Friedrich, Kommissionsrat, Begründer und bis 1886 Chef der Musikalienhandlung gleichen Namens, langjähriger Redakteur und Verleger der „Neuen Zeitschrift für Musik", st. in Leipzig 5. Juni; geb. 10. Mai 1823. Nekr. N. Z. f. M. 284.

Karyakin, ..., Russischer Hofopernsänger, st. Anfang Februar. Badische Landeszeitung vom 5. Febr.

Kempees, Jo., Niederländische Sängerin, st. 28. Sept. in Frankfurt a. M., 29 Jahr alt. Sig. 791.

Kern, Karl August, Komponist von Männerchören, Organist in Laubach, Oberhessen, st. das. 22. Juli. Rheinischer Kurier Nr. 208.

Koehnken, John H., Orgelbauer in Cincinnati, st. das. 24. Febr.; geb. 1. Aug. 1819 zu Altenbühlstedt. Lessm. 237. Sig. 330.

Kothe, Bernhard, Kirchenkomponist, Musikschriftsteller und Seminar-Ober-

lehrer in Breslau, st. das. 25. Juli; geb. 12. Mai 1821 zu Gröbnig
in Schles. Mus. sac. 216. Lessm. 511.

Kratz, Robert, Musikdirektor in Düsseldorf, st. das. 26. Jan.; geb. 1851
bei Erfurt. N. Z. f. M. 67.

Krebs, John, in Amerika sehr bekannter deutscher Sänger, st. 7. Dez. in
New-Orleans; geb. 1846 in Köln. Lessm. 1898, 33.

Krelle, Theodor, Königl. Kammermusiker in Berlin, st. das. 22. Juni,
34 Jahr alt. Lessm. 401.

Krenn, Franz, Kirchenkomponist und Kapellmeister an der Hofburg-Pfarr-
kirche zu St. Michael in Wien, st. das. 18. Juni; geb. 26. Febr. 1816
zu Drofs in Nieder-Österreich. Lessm. 401.

Kretschmann, Wilhelm, ehemaliger Opernsänger, st. 13. Sept. in S. Francisco. Lessm. 608.

Krolop, Franz, Königl. Kammersänger in Berlin, st. das. 29. Mai; geb.
5. Sept. 1839 zu Troja in Böhmen. Nekr. Bühgen. 197.

Kuczynsky, Paul, Bankier, Pianist und Komponist in Berlin, st. das. 21. Okt.,
51 Jahr alt. Lessm. 641. Sig. 810.

Kuhn, Margarethe, Klavier-Virtuosin, st. Anfang August im Bade Bartfeld.
Neue freie Presse vom 7. August.

Kulke, Eduard, Musikschriftsteller, Kritiker des Wiener Fremdenblattes, st.
20. März in Wien; geb. 28. Mai 1831 zu Nikolsburg. Lessm. 202.

Labatt, Leonard, ehemaliger Sächs. Hofopernsänger, st. in Stockholm 7. März;
geb. ebenda 1838. Dresdner Journal. Lessm. 201.

Laffont, Olive, Direktor des Opernhauses zu Nizza, und früher der Königl.
Oper im Haag, st. 14. Juli in Vichy, 65 Jahr alt. M. Tim. 556.

Lafleurance, J. B., Erster Flötist der grofsen Oper in Paris, st. das. 8. Nov.;
geb. 1837 zu Bordeaux. Guide 762. Wbl. 669.

Land, Dr. Jan Pieter Nicolaas, Professor an der Universität Leyden, st.
30. April zu Arnheim, 63 Jahr alt. Verfasser einer grofsen Anzahl
Schriften über Musik u. a. Tonschriftversuche und Melodieenproben aus
dem muhamedanischen Mittelalter, — über javanesische Musik u. v. a.;
geb. 23. April 1834 zu Delft. Biogr. in Tijdschrift voor Nord-Neder-
lands Muziekgesch. 5, 281.

Lavoix, Henri-Marie, Musikschriftsteller in Paris, st. das. 27. Dez.; geb.
1846 ebenda. Schrieb u. a. „Histoire de l'instrumentation, 1878“.
Lessm. 1898, 33.

Lavoye, Anne-Benoîte-Louise, einst gefeierte Sängerin an der Oper comique
zu Paris, st. das. 10. Okt.; geb. 28. Juni 1823 zu Dünkirchen.
Ménestrel 336.

Lazare, Martin, Komponist und Hofpianist in Brüssel, st. das. 6. Aug.;
geb. ebenda 27. Okt. 1829. Guide 526.

Lehfeldt, Frau, länger als 60 Jahre Lehrerin an der Guildhall School of
Music in London, st. das. 31. Jan. Wbl. 163.

Lenz, Karl, Musikdirektor und Chormeister an der Kirche St. Borromaeus
in Wien, st. das. 15. Nov., 71 Jahr alt. M. Tim. 843.

Letamendi, Professor Dr., Dekan der medizinischen Fakultät an der Universität in Madrid, st. das. 20. Juni. Komponist, Musikkritiker und eifriger Vorkämpfer für R. Wagner. Lessm. 498.

von der Linden, W., Königl. Musikdirektor im Haag, st. das. 5. April, 52 Jahr alt. M. Tim. 338.

Lockey, Martha, als Fräulein **Rae Williams** mit ihrer Schwester, zu Zeiten Mendelssohn's, durch ihre Gesangsduetten und auch als Solistin hoch angesehen, st. 28. Aug. in Hastings; geb. 1821 zu Bitterley bei Ludlow. M. Tim. 696.

Lockwood, Ernest, Harfen-Virtuose in London, st. das. 21. April, 57 Jahr alt. M. Tim. 412.

Löhr, George Augustus, Organist und Beförderer des Chorgesanges in Leicester, st. das. 25. Aug.; geb. 23. April 1821 zu Norwich. M. Tim. 696.

Loman, A. D., Professor, Verfasser einer Geschichte der niederländischen Kirchenmusik, st. 18. April in Amsterdam, 73 Jahr alt. M. Tim. 413.

Lufer, Bernhard, Klavierlehrer am Konservatorium zu Wiesbaden, st. das. 25. April durch Selbstmord. Lessm. 338.

Mabellini, Teodulo, Komponist, ehemaliger Toskanischer Hofkapellmeister, 30 Jahre Lehrer am Istituto musicale für Contrapunkt in Florenz, st. 10. März zu Florenz; geb. 2. April 1817 zu Pistoja. Biogr. Ricordi 167. Ménestrel 96.

Malançon, siehe **Falcon.**

Malferari, Luigi, Komponist und Dirigent in Bologna, st. das. am 19. Nov., 34 Jahr alt. Komponist von Kammermusik und Operetten. Ricordi Biogr. 691. Sig. 954.

Mancio, Felice, Konzertsänger, zuletzt Gesanglehrer am Konservatorium zu Wien, st. das. 4. Febr.; geb. 19. Dez. 1841 in Turin. K. u. Musz. 61. Schweizer Musikztg.

Manetta, Francesco, Komponist und Organist in Bergamo, st. das. 30. März. M. Tim. 338.

Mann, Thomas Eduard, Horn-Virtuose, Professor am Royal College of Music in London, st. 15. Jan. in Kilburn. M. Tim. 124.

Maretzek, Max, anfangs Chordirektor und Komponist einiger Opern, später Opern-Impressario in Amerika, st. 14. Mai in Pleasant Plains (Ver. St.); geb. 28. Juni in Brünn. Lessm. 362.

Mayer, Louis, Violoncellist, Komponist, Musikschriftsteller und Professor, st. 13. Dez. in St. Louis; geb. 1838 in München. M. Tim. 1898 122.

Mazzone, Luigi, Komponist, Gesangsprofessor und Musikschriftsteller in Neapel, st. das. 17. Febr.; geb. 19. Dez. 1820 zu Manfredonia. Ménestrel 64.

Meilhac, Felix Godefroid, geb. 24. Juli 1818 zu Namur, st. im Juni. Biogr. im Ricordi 411.

Meilhac, Henri, Dramatiker und Libretto-Dichter, st. 6. Juli in Paris; geb. ebenda 23. Febr. 1831. Ménestrel 222.

Meiners, Giovanni Battista, Opernkomponist, st. 6. Aug. zu Cortenova bei Valsassino; geb. um 1826 zu Mailand. Biogr. Ricordi 472. Lessm. 498.

Mela, Vincenzo, Opernkomponist, st. 21. Nov. 76 Jahr alt zu Cologna
Veneta (Lombardei). Ménestrel 376. Ricordi schreibt 676: st. zu
Isola della Scala, Prov. Novara, im Nov., 77 J. alt. Komponist von
Romanzen, überhaupt von Gesangsmusik und einigen Opern.

Melchiori, Antonio, Violinist, ehemaliger Kapellmeister an der Scala und
Komponist einer Anzahl Ballets und Violinsachen, st. 24. Juli in Mailand; geb. 25. Nov. 1827 zu Parma. Ménestrel 240. Im Ricordi
411 wird er nur als Violinist bez.

Meluzzi, Salvatore, seit 1853 Kapellmeister der Capella Giulia der Patri-
archalbasilika St. Peter in Rom, Kirchenkomponist, st. 17. April das..
82 Jahr alt. Ricordi 257. M. sacr. 112.

Mendelssohn-Bartholdy, Dr. Karl, Professor der Geschichte in Freiburg,
ältester Sohn von Felix M.-B., st., seit 1874 geistig gestört, 23. Febr.
zu Brugg in der Schweiz; geb. 7. Febr. 1838 zu Leipzig. Sig. 298.
Nekr. Neue fr. Presse vom 17. März.

Mériel, Paul, Komponist, Direktor des Konservatoriums zu Toulouse, st.
das. 24. Febr.; geb. 3. Jan. 1818 zu Mondoubleau (Loire-Cher).
Ménestrel 96.

Merk, Dr. Heinrich, Kapellmeister am Hoftheater zu Wiesbaden, st. 8. Juni
in Graz. Lessm. 375.

Meyer, Louis H., Direktor des Beethoven-Konservatoriums in Berlin, st. das.
1. Febr., 57 Jahr alt. Lessm. 136.

Mikuli, Karl, Pianist, Schüler Chopin's, Direktor der galizischen Musikgesellschaft und des Konservatoriums in Lemberg, st. das. 20. Mai;
geb. 20. Okt. 1821 zu Czernowitz. K. u. Musz. 135.

Milesi, Pietro, Bassist, ehemaliger Opernsänger, st. in Bergamo im April,
65 Jahr alt. Ricordi 242. Sig. 459.

de Montarlen, Henri, Operetten-Komponist, st. 6. März zu Toulouse, 62
Jahr alt. Ménestrel 88.

Moritz, J. A. Karl, Königl. Hofinstrumentenmacher in Berlin, st. das.
28. Nov., 58 Jahr alt. Lessm. 776.

Müller, Dr. Hans, Musikschriftsteller, seit 1886 Professor für Musikgeschichte an der Berliner Hochschule, st. das. 11. April; geb. 18. Sept.
1854 zu Köln, Sohn des Dichters Wolfgang Müller von Königswinter.
Lessm. 276.

Müller, Wilhelm, Violoncellist, ehemals Mitglied des Quartetts der jüngeren
Gebrüder Müller, nachher Professor an der Königl. Hochschule zu Berlin,
st. im Sept. in New-York; geb. 1. Juni 1833 zu Braunschweig.
Lessm. 641.

Mylius-Rutland, Elisabeth, ehemals Koloratur-Sängerin, seit 1880 Gesanglehrerin in Wien, st. das. 4. Febr. Bühgen. 68.

Nagel, Friederike, Klavier- und Gesanglehrerin, st. in ihrer Vaterstadt Ulm
30. Sept. Wbl. 653.

Nagel, Gerhard Ludwig, Hofpianofortemacher in Heilbronn, st. das. im März.
M. Tim. 267.

Naubert, August, Grofsherzogl. Mecklenbg. Musikdirektor, Komponist und

Pianist, st. 26. Aug. in Neubrandenburg; geb. 23. März 1839 zu
Schkenditz in Sachsen. Nekr. Klavierlehrer 233.

Naylor, Dr. **John,** ehemals Organist von York Minster, Komponist einer
Anzahl Kantaten und Orgelsachen, st. auf einer Reise von Australien
nach dem Kap 15. Mai; geb. 8. Juni 1838 zu Stanningley bei Leeds
(Engld.). M. Tim. 481.

Neuendorff, Adolph, Kapellmeister, Theaterdirektor und Opernkomponist, st.
5. Nov. in New-York; geb. 13. Juni 1843 zu Hamburg. Lessm. 776.

Neuner, Ludwig, Streichinstrumentenmacher in Mittenwald, st. das. 22. Juni,
53 Jahr alt. Lessm. 401.   (Schluss folgt.)

Mitteilungen.

* *Johann Mattheson*, ein Förderer der deutschen Tonkunst, im Lichte
seiner Werke. Musikgeschichtliche Skizze von Dr. *Heinrich Schmidt*, Bayreuth.
Leipzig 1897, Breitkopf & Haertel. 8°. 83 Seiten Text und 47 S. Notendruck.
Pr. 4 M. Das biographische Material nahm der Verfasser aus Ludwig Meinardus
Arbeit in Waldersee's musikalischen Vorträgen Nr. 8. Das eigentliche Verdienst
der vorliegenden Biographie besteht in der Würdigung und den Auszügen aus
Mattheson's Werken selbst und dadurch hat sich der Verfasser allerdings unsere
Anerkennung erworben, denn mit großer Sorgfalt nimmt er die literarischen
Werke desselben durch und zieht aus allen diejenigen Stellen heraus, die besonders charakteristisch für Mattheson's Denkweise ist. Die mitgeteilten Noten-
sätze aus M.'s Kompositionen, deren er so überaus zahlreiche schuf, sind nicht
besser und nicht schlechter als diejenigen seiner Zeitgenossen, mit Ausnahme
von Bach und Händel, nur zweifelt man an mancher Stelle, ob sie auch originalgetreu ist, denn der Wohlklang wird so oft in der krassesten Weise verletzt, dass man kaum glauben kann, dass M., bei der sonst so zahmen Musik,
solche Härten nicht selbst empfunden haben soll. Manchmal hilft ein Versetzungszeichen und daher lässt sich mutmafsen, dass dem Herausgeber die
gröfsere Schuld beizumessen ist. Dass es mit des Verfassers musikhistorischen
Kenntnissen schwach bestellt ist, beweist die erste Seite hinreichend. Hier sagt
er, dass sich im Laufe des 17. Jahrhunderts die Formen der Suite, der Sonate,
Sinfonie, Ouverture u. a. ausbildeten, dass das Klavier vervollkommnet wurde
und dass Viadana unter seine Bässe Zahlen schrieb. Alle drei Aussprüche sind
von der Wirklichkeit so weit entfernt und gehören durchweg dem 18. Jahrh.
an, mit Ausnahme des bezifferten Basses, der sich in der ersten Hälfte des
17. Jahrh. ausbildete, denn weder die Opern von Peri und Gagliano, noch die
Konzerte von Viadana weisen irgend welche Bezifferung auf, dass man vor den
historischen Kenntnissen des Herrn Verfassers keinen allzugrofsen Begriff erhält. Im übrigen geben die sorgsamen Auszüge aus Mattheson's Werken der
Arbeit einen besonderen Wert und seine Bemühungen erkennt man gern an.

* *Johannes Brahms* von Dr. *Herm. Deiters.* 2. Auflage. Leipzig 1898,
Breitkopf & Haertel. 8°. 112 Seiten. 3 M, gebunden 4 M. Die Biographie
besteht aus 2 Abschnitten, der erste wurde schon früher, zu Lebzeiten Brahms'

in Waldersee's musikalischen Vorträgen Nr. 23 und 24 veröffentlicht, während der zweite Abschnitt erst nach dessen Tode entstand und die Zeit von 1880 ab umfasst. Das biographische Material ist das bekannte und schliefst sich eng an frühere Arbeiten an, dagegen ist der Hauptwert in der liebevollen Beurteilung der Werke Brahms' zu suchen, die er von seinen ersten veröffentlichten Werken bis zum letzten mit grofser Ausführlichkeit behandelt. Fast scheint es dem Leser manchmal des Lobes allzuviel und man bewundert nur den Schriftsteller, mit welcher Gewandtheit und welchem Erfindungsgeiste er immer noch Worte findet seine Begeisterung in immer neuen Wendungen zum Ausdrucke zu bringen. Diese Wärme der Empfindung verleiht dem Buche einen grofsen Reiz und wer Brahms noch nicht genügend kennt, dem sei das Deiter'sche Buch ganz besonders empfohlen.

* In Berlin hat sich eine Konzertvereinigung „Madrigal" gebildet, die in der abgelaufenen Saison drei Konzerte gab, die einige ältere Gesänge nebst neueren und Klavierpiecen zum Vortrage brachte. Über die Aufführungen selbst ist nur wenig bekannt geworden. Die Programme selbst bieten ein buntes Gemisch, was den Zuhörer nur verwirren kann.

* Die 6. Abteilung der ungedruckten Briefe Beethoven's erschien im Junihefte der Deutschen Revue, S. 346—363. Sie enthält die Nrn. 24—50. Sie beschäftigen sich gröfstenteils mit Verlagsgeschäften und Privatangelegenheiten und zeigen dabei teilweise Beethoven in einer so heiteren Stimmung, dass die frühere Annahme seiner Verdüsterung und Vereinsamung völlig unzutreffend sind, da die Briefe zum grofsen Teile aus dem Jahre 1826 herrühren, also ein Jahr vor seinem Tode. — Man bedauert nur, dass Herr Kalischer seine Publikationen so verzettelt und fast jede in einer anderen Zeitschrift veröffentlicht. Zu einer gesammelten Ausgabe scheint er nicht entschlossen zu sein, oder findet keinen Verleger der gut bezahlt.

* Herr *Wilh. Tappert* hat für die allgemeine Musik-Ausstellung zur Errichtung eines Wagner-Denkmals in Berlin eine Zusammenstellung von Drucken und Manuskripten seiner Privatbibliothek daselbst ausgestellt, welche die Entwickelung der Musik-Notenschrift vom 8. Jahrh. bis zur Gegenwart versinnbildlichen sollen. Ein sorgsam angefertigter Katalog giebt dem Beschauer näheren Aufschluss. In der 1892 in Wien stattfindenden Musik-Ausstellung waren ganz ähnliche Bestrebungen zu finden und zwar in grofsartigem Mafsstabe. Es war die einzige Abteilung die ein befriedigendes Resultat hervorrief.

* *Leo Liepmannssohn*, Antiquariat, Berlin SW., Bernburgerstrafse 14. Katalog 131. Enthält 465 Werke über Musik, sowohl der älteren als neueren Zeit. Eine interessante Zusammenstellung.

* Herr Prof. *Guido Adler* teilt der Redaktion mit, dass nicht er, sondern Herr *Josef Labor* der Verfasser des ausgearbeiteten Generalbasses zu Biber's Sonaten ist und dass die letzte Sonate nicht für 2, sondern nur für 1 Violine, trotz der Notierung auf 2 Notensysteme. ist. (Siehe die Besprechung der Sonaten S. 60 u. 61.)

* Hierbei eine Beilage: Joh. Phil. Krieger, Bog. 12.

Verantwortlicher Redakteur Robert Eitner, Templin (Uckermark).
Druck von Hermann Beyer & Söhne in Langensalza.

MONATSHEFTE

für
MUSIK GESCHICHTE

herausgegeben

von

der Gesellschaft für Musikforschung.

| XIX. Jahrg. 1898. | Preis des Jahrganges 9 Mk. Monatlich erscheint eine Nummer von 1 bis 2 Bogen. Insertionsgebühren für die Zeile 30 Pf. Kommissionsverlag von Breitkopf & Härtel in Leipzig. Bestellungen nimmt jede Buch- und Musikhandlung entgegen. | No. 8. |

Totenliste des Jahres 1897,
die Musik betreffend.
(Karl Lüstner.)
(Schluſs).

Newland, Robert A., Organist und Musiklehrer am Blindeninstitut zu Indianopolis, st. das. 18. Sept.; geb. in England. Mus. T. 769.

Norbert-Hagen. Hannah, Opernsängerin in Stettin, st. das. 30. Nov. Bühgen. 447.

Nordica, Lillian, Wagner-Sängerin, st. 7. Juli in London. Ménestrel 248. Wurde aber verschiedentlich widerrufen.

Neufflard, Georges-Frédéric, Musikschriftsteller neuerer Richtung, schrieb ein Buch über Richard Wagner. Kritiker in Frankreich, st. 51 Jahre alt, 4. März in Lugano. Ricordi 211. Ménestrel 104.

Noyer, Michael Alfred, Kirchenkomponist, Chormeister an der Karmeliterkirche zu Kensington, st. das. 9. Mai; geb. in Frankreich. Mus. T. 333.

Olivieri, Gideoni, weitbekannter Gesanglehrer, st. 13. Nov. in Dorcester (Massachusetts), 46 Jahr alt. Mus. T. 1898, 51.

Pabst, Paul, Pianist und Komponist, Direktor der Kaiserl. Musikgesellschaft in Moskau, st. das. 28. Mai; geb. 27. Mai 1854 zu Königsberg. Lessm. 362. Wbl. 333.

Pache, Johannes, Kantor in Limbach in Sachsen, Komponist von über 200 Werken, st. das. 24. Dez.; geb. 9. Dez. in Bischofswerda. Lessm. 1898, 14. Nekr. Leipz. Tagebl. Nr. 660.

Persichini, Venceslao, Komponist und Gesangsprofessor an der Kgl. Akademie der S. Cecilia zu Rom, st. das. 19. Sept., 70 Jahr alt. Ricordi 584. Ménestrel 328.

Pfeffer, Karl, langjähriger Chordirektor der Hofoper in Wien, Opernkomponist, st. das. 17. Febr., 64 Jahr alt. Sig. 250. Neue fr. Presse.

Philipot, Jules, Pianist, Klavier- und Opernkomponist in Paris, st. das. 18. März; geb. ebenda 24. Jan. 1824. Ménestrel 96.

Platti, Bartolo, Flötist, später Theaterdirektor in Cremona, st. das. 31. März. Mus. T. 338.

Pinsuti oder **Pisuti, Domenico,** Komponist, st. 15. Juni zu Sinalunga (Italien). Lessm. 498. Mus. T. 556.

Plüddemann, Martin, Balladenkomponist und Musikschriftsteller in Berlin, st. das. 8. Okt.; geb. 29. Sept. 1854 zu Kolberg. Todesanzeige. i. d. Bresl. Ztg. Berliner Signale S. 305 u. 1895 Nr. 14.

Pohl, Julius, Klarinettist, Königl. Kammer-Virtuos und Lehrer an der Hochschule zu Berlin, st. das. 25. Okt., 74 Jahr alt. Nekr. Voss. Ztg. Nr. 505.

Pohle, Hugo, ehemaliger Musikalienhändler und Herausgeber der Hamburger Signale, st. 5. Juni in Zürich. Lessm. 375.

Pollini, Bernhard, recte **Baruch Pohl,** früherer Bühnensänger, dann Theaterdirektor in Hamburg, st. das. 27. Nov.; geb. in Köln 16. Dez. 1838. Nekr. Sig. Nr. 59.

Pontecchi, Egisto Napodano, Violoncellist zu Cortona, Komponist von Opern und geistlicher Musik und einiger Kinder-Operetten, st. 76 Jahr alt 3. Juni in Villadadda (Prov. Bergamo). Ricordi 339. Lessm. 375.

Pughe-Evans, David, Kirchenkomponist, st. 3. Febr. in Swansea, 28 Jahr alt. Wbl. 163.

Pugno, Camillo, st. im Juni zu Asti, war Lehrer am Istituto musicale zu Florenz. Ricordi 384.

Quaranta, Francesco, Komponist und Gesangsprofessor am Konservatorium zu Mailand, st. das. 26. März; geb. 4. April 1848 zu Neapel. Ricordi 195 kurze Biogr. Ménestrel 120.

Quintillo, Vincenzo, Direktor des Konservatoriums in Mexiko, st. das. 25. Febr.; geb. in Teramo (Italien). Mus. T. 267.

Ramann, Bruno, Dichter und Komponist, st. 13. März in Dresden; geb. 17. April 1832 zu Erfurt. Wbl. 204. Nekr. Berl. Sig. 104.

Rampone, Agostino, Blasinstrumentenmacher besonders für Flöten in Quarna Sotto nel Novarese (Italien), st. das. 16. Aug., geb. das. 1843. Ricordi Biogr. 527. Ménestrel 303.

Rauber, Theodor, Musikdirektor und Gesanglehrer in Baden in der Schweiz, st. das. 31. Dez. 1896; geb. in Konstanz. Lessm. 1897, 88.

Redaelli, Napoleone, Komponist und städtischer Musikdirektor in Savonna (Italien), schrieb mehrere Ballette, st. das. 65 Jahr alt, 11 Jan. Ricordi 43. Mus. T. 198.

von Reden, Helene, geb. **von Boja,** einst gefeierte Opernsängerin, st. 14. Mai in Weimar. Leipz. Ill. Ztg. Nr. 2814.

Réty, Amélie, geb. **Faivre,** ehemalige Sängerin am Théâtre lyrique in Paris, st. das. 61 Jahr alt 16. Nov. Ménestrel 375.

Riegel, Ludwig, Rechtsanwalt, Pianist und Konzertberichterstatter, st. 62 Jahr alt, Anfang Febr. in Freiburg i. B. Nekr. Frankf. Ztg. vom 13. Febr.

Riehl, Dr. **Wilhelm Heinrich**, Königl. Universitäts-Professor, Musikschriftsteller und Komponist in München, st. das. 16. Nov.; geb. 6. Mai 1823
in Biebrich am Rhein. Todesanzeige in den Münchener Neuesten
Nachrichten. Lessm. 760.

Robinson, **William**, C. F., Kolonial-Gouverneur in Melbourne, Komponist von
Volksgesängen und einer Oper, st. das. 2. Mai. Mus. T. 413.

Röntgen, **Johann Matthias Engelbert**, erster Konzertmeister am Gewandhaus
zu Leipzig, st. das. 12. Dez.; geb. 30. Sept. 1829 zu Deventer. Nekr.
Sig. 1011 und Wbl. 698.

Ross, **John**, Orchesterdirigent, Lehrer und Gründer des Liverpool College
of Music, st. 22. Nov. zu Liverpool, 56 Jahr alt. Mus. T. 843.

Rossi, **Julius**, siehe **Schreiber**.

Rossi, **Marcello**, Violinvirtuos, st. 4. Juni zu Bellagio am Comersee; geb.
16. Okt. 1862 zu Wien. Todesanzeige im Wiener Abendblatt, Nekr.
Neue fr. Presse Nr. 11778.

Rousseau, **W. W.**, Organist in Troy (N. Y.), st. das. Wbl. 99.

Ruscheweyh, Bankvorsteher, um das Musikleben der Stadt Görlitz hoch-
verdient, st. das. 17. Mai; geb. 1823 zu Langenöls in Schlesien. Lessm. 338.

Rusell, **Alice**, Sängerin, st. 27. Aug. zu Brisbane (Australien). Lessm. 590.

Rutland, siehe **Mylius-Rutland**.

Sacré, **Thérèse-Pauline**, siehe **Dietsch**.

Saint-Yves Bax, Gesangsprofessor am Konservatorium zu Paris, st. das. im
Febr., 68 Jahr alt. Guide 158.

Sarti, **Cesare**, Tenorist und Musikalienhändler zu Bologna, st. das. 2. Mai.
Ricordi 271. Sig. 474.

Sasse, **Wilhelm**, ehemaliger Theaterdirektor, zuletzt Gesanglehrer in Wien,
st. das. 25. Aug. Bühgen. 319.

Scheele, **Anton**, Musikschriftsteller Anti-Wagnerischer Richtung, vorher
Sänger, st. 82 Jahr alt 18. März in Hannover. Lessm. 288.

Schmetz, **Johann Paul**, von 1881—93 Königl. Seminar-Musiklehrer in
Montabaur, st. als Kreis-Schulinspektor in Zell a. d. Mosel 25. Sept.;
geb. 2. Sept. 1845 zu Rott bei Aachen. Mus. sac. 242.

Schmidt, **Bernhard**, ehemaliger Sänger am Hoftheater zu Weimar, st. das.
17. Dez.; geb. 15. März 1825 zu Dargun in Mecklbg. Bühgen. 478.

Schmidt, **Franz**, Operntenor, st. 8. Juni auf seinem Gute Csömör bei Pest.
46 Jahr alt, Bühgen. 221.

Schneider, **Kurt**, Komponist und Kantor an der Lukaskirche in L. Volk-
marsdorf in Sachsen, st. das. 13. Nov.; geb. 4. Aug. 1866 zu Treuen
i. Voigtl. Nekr. Leipz. Tagebl. Nr. 638. 6. Beilage.

Schreck, **Franziska**, einst wohlbekannte Oratoriensängerin, st. in hohem
Alter 25. Juli in Rudolstadt. Less. 523.

Schreiber, **Julius**, Direktor-Stellvertreter am Stadttheater in Baden bei Wien,
unter dem Namen **Julius Rossi** beliebter Operntenor, st. im Aug. das.
Bühgen. 303.

Schroetter, **Hermann**, Heldentenor, Herzogl. Kammersänger in Braunschweig,
st. das. 2. Aug., 54 Jahr alt, Lessm. 487. Wbl. 460.

Schulz, Ferdinand, Komponist von Männerchören, Musikdirektor und Organist an der Sophienkirche in Berlin, st. das. 27. Mai; geb. 21. Okt. 1821 zu Kossar bei Krossen a. d. O. Nekr. Voss. Ztg. Nr. 248. Lessm. 362. Sängerhalle Lpz. 1892, 4 u. 1897, 310.

Serbolini, Enrico, Bassist, st. im Juni zu Florenz, 44 Jahr alt. Ricordi 355.

Seyerlen, Reinhold, Organist an der Johanniskirche und Professor am Konservatorium zu Stuttgart, st. das. 49 Jahr alt 27. Nov. Lessm. 692.

Siegert, Ferdinand, ehemaliger verdienter Dirigent des Leipziger Lehrer-Gesangvereins, st. das. 28. Nov. 47 Jahr alt. Wbl. 669.

del Signore, Carlo, Direktor des Civico Istituto de Musica in Genua, st. das. im Nov. Wbl. 683.

Skerle, August, Königl. bair. Kammervirtuose, Harfenist, st. 47 Jahr alt, 20. Jan. in der Irrenanstalt Feldhof bei Graz. Sohn des vor mehreren Jahren verstorbenen Aug. Skerle. Münch. Allg. Ztg. Nr. 281. Sig. 155.

Smallwod, William, Komponist von gefälligen Klavierstücken und einer Klavierschule, st. 6. Aug. zu Kendal; geb. ebenda 31. Dez. 1831. Mus. T. 625.

Smith, Henry, Erster Oboer der Glasgower Choral Union, st. 3. Aug. zu Fulham (London), 41 Jahr alt. Mus. T. 626.

Smythson, Marcus Alfred, Chormeister an verschiedenen Bühnen Londons, st. das. 79 Jahr alt. Wbl. 99.

Spahr, Fritz, Violinvirtuos, st. 18. Jan. in Berlin, 27 Jahr alt durch Selbstmord. Wbl. 99.

Spark, Dr. **William,** Komponist, Musikschriftsteller und Organist der Town Hall in Leeds, st. das. 16. Juni; geb. 1825. Musical News 590.

Spittel, Wilhelm, Herzogl. Musikdirektor und Seminarmusiklehrer in Gotha, st. das. 8. Febr. Wbl. 114.

Stagno, Roberto, Operntenor, st. 26. April in Genua (Mailand), geb. 1836 zu Palermo, Gatte der Sängerin **Gemma Bellincoui.** Ricordi 257 schreibt „Mailand" statt Genua. Lessm. 288. Sig. 427.

Steck, Georg, Pianofortefabrikant in New York, st. das. im März; geb. 1829 zu Kassel. Lessm. 276.

Stein, Adolf, genannt **Schmidt,** Bassist, Mitglied der Damrosch-Operntruppe in Amerika, wurde von einem Eisenbahnzuge bei Station Woodside überfahren im Nov., 43 Jahr alt, geb. in Leipzig. Sig. 921.

Stoltz, Eduard, Orgelbauer in Paris, st. das. 11. Juni, 55 Jahr alt. Ménestrel 232.

Stonnex, Henry, Komponist, Organist und Chordirektor in Great Yarmuth, Ost-England, st. das. 10. Jan.; geb. 1824 zu Norwich. Mus. T. 123.

Strepponi, Giuseppina, seit 1844 Gattin Verdi's, einst berühmte Sängerin, st. 14. Nov. zu Busseto; geb. 1815 in Monza bei Mailand. Nekr. Guide 762.

Succo, Reinhold, Senatsmitglied der Königl. Akademie der Künste und Lehrer an der Hochschule für Musik zu Berlin, st. 29. Nov. zu Breslau: geb. 29. Mai 1837 zu Görlitz (Fehler in Riemann's Lex). Nekr. Voss. Ztg. Nr. 564. Lessm. 760. Todesanzeige.

Taskin, ..., Opernbariton und Deklamationsprofessor am Konservatorium zu Paris, st. das. 4. Okt.; geb. ebenda 18. März 1853. Ménestrel 328.

Tertnick, Joseph Karl, Heldentenor am Stadttheater zu Brünn, st. das. 1. Mai, geb. 1868 in Laibach. Bühgen. 173. Sig. 491.

Thayer, Alexander Wheelock, Beethoven-Biograph, st. 15. Juli zu Triest, geb. 22. Okt. 1817 in South Natick bei Boston. Wbl. 420.

Thiard-Laforest, Joseph, Komponist und Domkapellmeister in Prefsburg, st. das. 20. März, 54 Jahr alt. Lessm. 202.

Tignani, Enrico, Violoncellist, Professor am Liceo Rossini zu Pesaro, st. 13. Febr. in Rom. Ricordi 117. Mus. T. 267.

Toller, Ernst Otto, Grofsherzogl. Hofkapellmeister in Altenburg, st. das. 9. Dez., 77 Jahr alt. Wbl. 698.

Tours, Berthold, Komponist und Violinist in London, st. das. 11. März; geb. 17. Dez. 1838 zu Rotterdam. (Schwager **Bargiel's**.) Nekr. Mus. T. 238.

Tozer, Gilbert, Organist in London, st. das. 17. Sept. Lessm. 590.

Triebel, Bernhard, Operettenkomponist und Kapellmeister am Stadttheater zu Trier, st. das. 14. Juli; geb. 1847 zu Frankfurt a. M. Lessm. 498.

Trimnel, Thomas Tallis, Komponist und Organist in Wellington auf Neu Seeland, st. das. 15. Sept.; geb. zu Bristol 13. Okt. 1827. Mus. T. 696.

Tuch, Hermann, Chef der Hofpianofortefabrik **Tuch & Geyer** in Magdeburg, st. das. 22. März. Todesanzeige Magdeb. Ztg.

Türke, Otto, Organist an der Marienkirche zu Zwickau, st. das. 31. Okt., 66 Jahr alt. Schweizer Musikztg. Lessm. 708.

Ucko. Louis, Heldentenor, Württembergischer Hofopernsänger, st. 4. Juni in Berlin. Lessm. 375.

Ueberlée, Adalbert, Komponist, Königl. Musikdirektor und früher Organist an der Dorotheenkirche in Berlin, st. 15. März in Charlottenburg bei Berlin; geb. 27. Juni 1837 zu Berlin. Lessm. 201.

de Vaux, Ludovic, Pianofortekomponist und Musikkritiker in Paris, st. das. 2. Juli, 38 Jahr alt. Ménestrel 222.

Verdi, Giuseppina, siehe **Strepponi**.

Wack, Martin, einst hervorragender Baritonist, seit 25 Jahren als Kapellmeister und Musiklehrer in Friedenau bei Berlin ansässig, st. das. 13. Juli, 79 Jahr alt. Bühgen. 262.

von Weber, Karl Maria, sächs. Obristlieutenant, jüngster Enkel des Komponisten gleichen Namens, st. 15. Dez. in Dresden. Nekr. Leipz. Tagebl. Nr. 660.

Weinlich, Hans, Inhaber der Opernschule W.-Tipka, ehemals Kapellmeister in Wiesbaden und an a. O., st. in Graz 4. Sept., 64 Jahr alt. Wbl. 493.

Weifs, Gottfried, Gesanglehrer, Verfasser einer „Allgemeinen Stimmbildungslehre", Musikreferent des Reichsboten in Berlin, st. das. 1. Okt.; geb. 13. Dez. 1820 zu Konradswaldau in Schles. Lessm. 590.

Wiesner, Otto, langjähriger Musiklehrer am Lehrerseminar zu Rorschach in der Schweiz, st. das. 3. Okt. Lessm. 641.

Williams, Rae, siehe **Lockey**.

Williams, Marian, Oratoriensängerin in London, st. das. 2. Aug. Mus.
T. 626.

Wolf, Hermann, Komponist und Musikdirigent in Kreuznach, st. das. 7. Dez.
Wbl. 698.

de Wolf, Frank, Opernsänger aus New York, st. 35 Jahr alt in Paterson
(N. Yersey). Wbl. 129.

Wynne, Edith, Oratoriensängerin in London, st. das. 24. Jan.; geb. 11. März
1842 zu Holywell. Mus. T. 197.

Young, John Matthew Wilson, Kirchenkomponist und Organist an der Lincoln
Kathedrale zu West Norwood, st. das 4. März, 75 Jahr alt. Mus.
T. 266.

Zangel, Joseph Gregor, Kirchenkomponist und emeritierter Domorganist zu
Brixen, st. das. 6. März; geb. 12. März 1821 zu Steinach. Mus. sac. 72.

Zimmermann, Ignaz, Opernsänger, st. 19. Mai zu Halle a. S.; geb. 6. Febr.
1830 zu Nikolsburg. Bühgen. 196.

Zschocher, Johann, Leiter des nach ihm benannten Musikinstituts in Leipzig,
st. das. 6. Jan.; geb. ebd. 10. Mai 1821. Sig. 59. Lessm. 55.

Johann Rosenmüller.

Herr *August Horneffer* hat als Doktor-Dissertation an der Universität zu Berlin (4. Mai 1898) eine umfangreiche Schrift über das
Leben und Wirken R.'s herausgegeben und da Dissertationen nicht
in jedermanns Hand kommen, so wird uns wohl der Herr Verfasser
erlauben einen Auszug nebst einigen Zusätzen aus seiner fleifsigen
und quellenmäfsigen Darstellung zum allgemeinen Besten zu geben.
Bisher war das Leben *Rosenmüller*'s nur in einigen Lebensabschnitten
bekannt. Dem Herrn Verfasser ist es durch seine Bemühungen geglückt, wenn auch nicht fortlaufend, doch einigermafsen den Verlauf
seines Lebens klar zu stellen. *Rosenmüller* war in der Stadt Oelsnitz
im Voigtlande um 1619, vielleicht auch etwas später geboren. Das
Kirchenbuch zu Oelsnitz enthält seinen Namen nicht, soweit der
Verfasser durch den dortigen wenig entgegenkommenden Beamten
erfahren konnte. Dass aber Oelsnitz sein Geburtsort ist, wird dreimal
bewiesen: durch seine Druckwerke, wo er seinem Namen „Olsnicensis
Variscus" beifügt, durch die Universitäts-Matrikel und durch seinen
Grabstein. Der Grabstein bestimmt die Dauer seines 1684 abge-
schlossenen Lebens auf „XIII lustra", also 65 Jahre. Die Rechnung
mag aber etwas vereinfacht sein. Die bisher angenommene Geburts-
zahl 1615 hat wenig Wahrscheinlichkeit für sich, denn sie setzt die
Geburt entschieden zu früh an; dagegen wird 1619 richtiger als
frühesten denn als spätesten Zeitpunkt anzunehmen sein. R. stammte

aus einer armen Familie, dennoch konnte er durch die damaligen Einrichtungen eine Lateinschule und die Leipziger Universität besuchen, die er zum Sommersemester des Jahres 1640 bezog. Er zählte 4 Groschen Immatrikulationsgebühr. Wahrscheinlich hatte er schon vorher eine andere Universität besucht, denn schon an Term. Crucis (14. September) 1642 wird er in den Leipziger Stadtkassenrechnungen als Kollaborator an der Thomasschule verzeichnet. Sein Gehalt betrug vierteljährlich 10 fl. (!), doch waren Nebeneinnahmen durch Leichenbegängnisse verbunden, die den schmalen Gehalt einigermaßen aufbesserten. Wie es scheint, war R. ein Schüler *Tobias Michael*, oder sein Berater und Helfer in musikalischen Dingen, denn er widmet ihm den ersten Teil seiner Kernsprüche, die 1648 in Druck erschienen. Schon im Jahre 1645 gab er sein erstes Werk, ein Instrumentalwerk, heraus: Paduanen, Alemanden, Couranten, Balletten, Sarabanden, mit drey Stimmen, vnd ihrem Basso pro Organo ... Leipzig, in Verlag Heinrich Nerrlichs, druckts Timoth. Hön. 1645, 4 Stb. in 4⁰ nur inkomplet bekannt (Katharinenbibl. in Brandenburg besitzt den 2. Cantus, den Bassus und Bassus continuus). Es sind kleine bescheidene Stücke, die uns von der Befähigung des Verfassers noch keinen ausreichenden Beweis geben können; nicht einmal von der Beherrschung über die musikalische Technik. Wie schon erwähnt, war sein nächstes veröffentlichtes Werk die „Kernsprüche, mehrentheils aus heiliger Schrift Altes und Neues Testaments, theils auch aus etlichen alten Kirchenlehrern genommen und in die Music mit 3. 4. 5. 6. und 7. Stimmen samt ihrem Bc., auff unterschiedliche Arten, mit und ohne Violen gesetzt von ... In Verlegung des Autors und bey demselben in Leipzig zu finden. Leipzig, gedr. bey Friedr. Lanckischen sel. Erben 1648."

Also soweit reichten die Einnahmen R.'s, dass er schon die Kosten eines umfangreichen Werkes von 6 Stb. mit 20 Gesängen bestreiten konnte. Das Werk ist auf zahlreichen deutschen öffentlichen Bibliotheken vertreten, wie Berlin, Breslau, Dresden, München, Kassel, Königsberg, Brandenburg, Elbing, Wolfenbüttel u. a. Der zweite Teil erschien erst 1652/53, ebenfalls in 6 Stb. mit 20 Gesängen, doch hier hat es ein deutscher Verleger gewagt das Werk auf eigene Kosten herauszugeben und zwar „Auff Kosten Zachar. Hertels, Buchführer in Hamburg, druckts in Leipzig mit Friedr. Lanckischen Schriften Christopherus Cellarius 1652." Die Widmung ist am Neujahrstage 1653 in Leipzig von R. unterzeichnet. Horneffer sagt: Man erkennt in der Vorrede zu dem Werke (die derselbe mitteilt) den Theologen: Religiosität zu fördern der Zweck der Musik und ihres vornehmsten Teiles: der Kirchenmusik.

Tobias Michael, mit dem R. befreundet gewesen sein muss, litt stets an Kränklichkeit und konnte seinen Verpflichtungen als Thomas-Kantor nur sehr ungenügend nachkommen, so dass R. stets helfend eintreten musste und schließlich der Dienst ganz in seinen Händen lag. R. muss ein tüchtiger Dirigent gewesen sein, denn selbst der Stadtrat war mit seiner Vertretung so zufrieden, dass er folgendes Ratsprotokoll abfasste: „In eodem conventu haben alle anwesende vnd obspecificierte herrn der 3 Räthe einhellig beschlossen, dass Joh. Rosenmüller die expectantz oder succession zur cantorsstelle in der Thomasschule, wann sich dieselbe verlediget, versprochen werden solle, doch dass ihm gewisse erinnerung geschehe. Leipzig am 19. März 1653." Rosenmüller war aber mit diesem allgemeinen Versprechen nicht zufrieden, sondern verlangte eine schriftliche bestimmte Zusage. Auch dazu verstand sich der Stadtrat und übersandte ihm am 19. Dez. 1653 folgendes Schriftstück: „Demnach E. E. Rath alhier HE. Johan Rosenmüller die Vertröstung thun lafsen, weil er sich geraume Zeit des chori musici treulich vndt fleifsig alhier angenommen, das er zur succession des cantoris zu St. Tomas alhier, als directoris chori musici, wann sich dessen stelle verledigte, vor andern befordert werden solte, derselbige auch zu mehrer versicherung, damit er inmittelst nicht andere gelegenheit ausschlagen vndt diesfalls in vngewifsheit sitzen dürffte, vmb dessen beglaubten Schein gebeten, Vnd E. E. Rath sich versiehet, er Rosenmüller werde bey künftig erlangter beförderung auch E. E. Rath als patrono allen gebührenden respect vnd ehre erweisen, danebenst auch die Jugend nach anleitung der Schulordnung fleifsig instituiren, Vnd mit gebürend bescheidenheit mit derselben vmbzugehen wissen, als hat derselbige auf gemachten einhelligen Schlufs aller drey Räthe solchen beschehenen ansuchen statt gegeben, vndt dahero ob gedachten Johan Rosenmüllern diese schriftliche Zusage vnd Expectantz zur künftigen succession bemeltes directoris musici wan eine vacantz durch resignation oder in andern wege erfolgen solte, vnter gemeiner Statt Insigel wifsentlich aushändigen lassen." R. war während der Zeit in die erste Kollaboratorstelle aufgerückt und hatte aufserdem seit 1651 den Organistenposten an der zweiten Hauptkirche St. Nikolai erhalten.

In die Zeit von 1650—52 fallen zwei Gelegenheitsgesänge: eine Glückwünschung an Herrn Friedr. Blumberger von Schneeberg von 1650 für 2 Stim. u. Bc. und ein Leichengesang zum Begräbnis des

Herrn Paul von Hensberg, Poesie und Musik von R. 1652 (beide in
B. Zwickau). Herr Horneffer sagt von letzterem, dass er trefflich
gelungen sei, dagegen führt er noch einen anderen Leichengesang
aus dem Jahre 1649 an, über den Text: Welt ade, ich bin dein
müde, von dem ihm ein Exemplar nicht bekannt ist. Die Studenten-
music (60 Stück), darinnen zu befinden Allerhand Sachen mit 3 und
5 Violen oder anderen Instrumenten, Leipzig 1654 Grossens sel.
Erben, 6 Stb. in 4°, hält derselbe für verschollen und erwähnt sie
nur nach Walther und Gerber. Ein Exemplar, dem leider der Cantus
2 und Bassus 1 fehlt, findet sich in der Privatbibliothek des Prof.
R. Wagener, jetzt im Besitze des Herrn Prof. Strahl in Giefsen. R.
hatte dieselbe dem Rate von Görlitz gewidmet und am 3. Juni 1654
von demselben ein Honorar von 20 Thlr. erhalten, ein für damalige
Zeit- und Geldverhältnisse hohe Summe. In Görlitz bestand schon
im Jahre 1649 ein Collegium musicum, in der sich Ratsmänner und
Bürger befanden (siehe Hammerschmid's geistliche Motetten) und R.
konnte daher darauf rechnen, dass seine Kompositionen auch ihre
Würdigung finden werden; ob er dabei noch auf die Erlangung einer
Kantorei daselbst spekulierte, ist nicht nachzuweisen, dass er aber
trotz der sicheren Zusage auf die Kantoreistelle an der Thomasschule
seine Wünsche nicht befriedigt fand, beweist die Vergebung der
Kantorei an der Kreuzschule in Dresden, die im Jahre 1654 nach
Michael Lohr's Tode frei geworden war und zu der sich auch Rosenmüller meldete, sie aber nicht erhielt, sondern Jakob Beutel.

Aus dieser gesicherten und hoffnungsreichen Stellung wurde er
plötzlich im Mai 1655 durch ein in der Stadt entstandenes Gerede
herausgerissen, vom Rat zur Rechenschaft gezogen und ins Gefängnis
gesetzt, aus dem es ihm gelang zu entfliehen. Mit Bestimmtheit
lässt sich nicht sagen, worin sein Verbrechen bestand, doch nach
allen Verhandlungen im Rat und späteren Aussagen muss er Unzucht
mit seinen Schülern getrieben haben. Winterfeld im evang. Kirchengesange 2, 241 bemüht sich zwar ihn rein zu waschen, doch steht er
damit ganz vereinzelt da, mehr seinen eigenen Anschauungen der
Menschenwürde entsprechend, als der Leidenschaftlichkeit des Indivi-
duums. Nach übereinstimmenden Berichten floh R. nach Hamburg
und soll von da aus an den Kurfürsten von Sachsen (wohl Johann
Georg I., der 1656 starb) eine „Supplic" nebst einer Komposition des
Albinus'schen Liedes „Straf mich nicht in deinem Zorn" gesendet
haben. In der Darmstädter Hofbibl. befindet sich der Gesang „Ach
Herr, straf mich nicht" für Cantus solo con Eccho e 4 strumenti,

Ms. in Partitur, der jedenfalls der obige Gesang ist, von Herrn
Horneffer aber nicht gekannt. Lange mag sich R. nicht in Hamburg
aufgehalten, denn er mag sich wohl vor Verfolgung nicht sicher ge-
fühlt haben. Er ging nach Italien und liefs sich in Venedig nieder.
Dort suchte ihn *Johann Philipp Krieger* auf und nahm bei ihm
Kompositions-Unterricht. Über den Aufenthalt in Venedig liegt ein
tiefes Dunkel und wenn nicht Krieger ihn dort aufgesucht hätte,
wüssten wir wohl überhaupt nichts von seinem italienischen Aufenthalte. Kantaten, Motetten für 1 und mehr Stimmen mit Begleitung
einiger Instrumente haben sich auf deutschen, sowie auswärtigen
Bibliotheken recht zahlreich erhalten, besonders die Kgl. Bibl. zu
Berlin weist deren in verschiedenen Manuscripten gegen 142 auf
die Wolfenbüttler Bibl. besitzt 3 lat. Gesänge, die Stadtbibl. in Breslau
2 deutsche geistliche, die Berliner Singakademie: 1 Messe und 4
Motetten, das Institut für Kirchenmusik in Berlin 5 Gesänge, die
Universitätsbibl. in Königsberg 5 deutsche und lateinische geistliche
Gesänge, in Darmstadt befinden sich 4 Gesänge, die Schweriner
Fürstenbibl. besitzt eine und an ausländischen Bibliotheken ist das
Conservatoire zu Brüssel, die Oxforder Christkirche und Musikschule,
die Universität zu Upsala und die Fitz William Bibl. zu Cambridge
mit einigen Gesängen vertreten, letztere besitzt sogar 6 Gesänge im
Autograph. Der Herr Verfasser ist geneigt eine Reihe dieser Kantaten
und Motetten in die Zeit zu verlegen, wo R. in Venedig lebte. Irgend
welcher bestimmende Grund liegt nicht vor, doch lässt sich mit
Sicherheit annehmen, dass R. die Venediger Zeit nicht unbenutzt gelassen hat, wenn er auch wahrscheinlich den Lebensunterhalt durch
Unterricht erteilen sich erwerben musste. Ein verloren gegangenes
Werk, von Walther erwähnt, fällt in diese Zeit der Verbannung:
11 Sonate da camera à 5 stromenti, zu Venedig in fol. gedruckt
und dem Herzoge Johann Friedrich von Braunschweig gewidmet.
Jede Sonate beginnt mit einer Sinfonie, der Allemanden, Correnten,
Ballette, Sarabanden und ähnliches folgen. Es soll sogar 1671 in
2ter Ausgabe erschienen sein, nebst einem Arrangement für 2 Violinen
und Bass. Walther weist am Ende des Artikels auf Printzen's Mus.
Histor. cap. 12, § 83 hin. Die Dedikation des Werkes giebt uns
zugleich einen Fingerweis, wie er mit dem Braunschweig'schen Hause
bekannt geworden ist. Die deutschen Fürsten damaliger Zeit waren
ständige Besucher Venedigs. Sie holten sich von dort ihre Sänger,
ihre Musiker, verbrauchten viel Geld, versetzten ihr Land in Schulden
und amüsierten sich jeder auf seine Weise; so kam es auch, dass

der Fürst Johann Friedrich von Braunschweig R. kennen lernte, seine Kompositionen mitbrachte*) und ihn dem regierenden Herzoge *Anton Ulrich* empfahl, der ihn auch im Jahre 1674 an seinen Hof berief und zum Kapellmeister ernannte. Die Kapellmitglieder wurden vermehrt und R. fand ein ergiebiges und auskömmliches Feld seiner Thätigkeit. Nach langer Leidenszeit, von 1655—1674, fast 20 Jahre, endlich ein seinen Fähigkeiten entsprechendes Feld! Die alte Schuld war verjährt und schwer gebüfst, daher muss dieser Wechsel seines Lebens verjüngend auf ihn eingewirkt haben und all die vielen Kantaten und Motetten, die sich handschriftlich erhalten haben, möchte ich zum gröfsten Teil in diese Zeit der gewonnenen Lebenssicherheit verlegen, obgleich sich ein Beweis dafür oder dagegen nicht aufbringen lässt.

Der Verfasser bespricht eine grofse Anzahl der handschriftlichen Gesänge und weist auf ihre mutmafsliche frühere oder spätere Entstehung hin, sich stützend auf die niedere oder höhere Kunstfertigkeit und Ausdruckfähigkeit Rosenmüller's. Ein Verfahren was jedenfalls sehr schätzenswert ist. — Nur ein Druckwerk fällt in die Braunschweiger Zeit und zwar wieder ein Instrumentalwerk, mit dem er sein Leben abschloss, wie er es begonnen hatte; es sind „Sonate à 2. 3. 4. è 5. Stromenti da Arco et Altri; Consecrate All' Altezza Serenissima di Antonio Ulrico Duca di Brunsvich, e Luneborgo ... da Giouanni Rosenmüller. à Norimberga, appresso gli heredi del negozio librario di Cristoforo Endter. 1682. Er muss sich zur Zeit in Venedig aufgehalten haben, vielleicht in Begleitung seines Fürsten, der in demselben Jahre nachweislich Venedig besuchte, denn die Dedikation ist in Venedig am 31. März 1682 unterzeichnet. Der Verfasser bespricht die Sonaten Seite 114, es sind ihrer 12 und schreibt: Der Wert der einzelnen Sonaten und Sätze innerhalb einer jeden ist fast durchweg ein gleicher und doch muten sie uns ganz verschieden an. Manche wären ohne weiteres einem heutigen musikalischen Publikum verständlich, während wiederum andere man nur mit gähnender Langeweile ertrüge. Der instrumentale Stil ist es in erster Linie, der noch gar viel zu wünschen übrig lässt. — Über den Tod R.'s ist viel gestritten worden und man schwankte zwischen 1682 und 1686 und jeder brachte seine Beweise (siehe Seite 53/54). Das Wolfenbüttler Kirchenbuch der St. Johannes-Kirche löst alle Zweifel;

---

*) Heute besitzt die Wolfenbüttler Bibl. nur die Kernsprüche 1. Teil. und 3 Gesänge in Hds.

dort heifst es im Jahre 1684 „c. d. 12. Sept. ist H. Rosenmüller
Fürstl. Capell Director beygesetzt", also muss er den 10. oder 11. Sept.
1684 gestorben sein. Der Grabstein hat sich auch in der Johanniskirche erhalten, doch dient er jetzt als Fufsboden. Den Wortlaut
teilt der Herr Verfasser Seite 54 mit. Eine Jahreszahl findet sich
nicht darauf. — Einen breiten Raum nimmt die Besprechung seiner
Werke nebst historischen Auseinandersetzungen in der Dissertation
ein, die uns den Herrn Verfasser als einen belesenen und historisch
wohl bewanderten auch musikalisch gebildeten Mann erkennen lassen,
dessen Arbeit einen bleibenden Wert hat.

Handschriften des 15. Jahrhunderts.

Die italienischen musikhistorischen neueren Werke werden in
Deutschland so selten bekannt, dass es sich wohl lohnt den Inhalt
folgenden Werkes mitzuteilen, besonders da der Titel nicht ahnen
lässt, welchen wichtigen Inhalt das Buch für den Musikhistoriker in
sich birgt:

Poesie musicali dei secoli 14, 15 e 16 tratte da vari codici per
cura di Antonio Cappelli, con un saggio della musica dei tre secoli.
Bologna 1868 presso Gaetano Romagnoli. kl. 8⁰ 74 S. mit 2 Tonsätzen
im Facsimile und Übersetzung nach Coussemaker. Der Umschlagtitel
lautet: Scelta di curiosità letterarie inedite o rare dal secolo 13 al
17. In Appendice alla Collezione di opere inedite o rare.

Der Verfasser teilt nach einem kurzen Vorworte den Inhalt von
folgenden alten Codices mit:

Florenz, Bibl. Laurenziano, Codex Nr. 87, der einst Antonio
Squarcialupi gehörte, einem Organisten an San Maria del Fiore in
Florenz. Er enthält 347 Ballate, Cacce und Madrigali.

Paris, Bibl. Nationale, Codex 568 (früher Supplem. 535), 141
Bll. mit 198 Gesängen zu 2 und 3 Stimmen, gröfstenteils eine Kopie
des Codex in der Laurenziana (nach Michel Brenet, dagegen zählt
Cappelli nur 173 Kompositionen, wovon 90 mit dem Florentiner Codex
übereinstimmen).

Modena, Biblioteca palatina, Codex 568 in kl. fol. Pergament-
band aus dem Ende des 15. und Anfange des 16. Jahrh. Enthält
68 geistliche und weltliche Gesänge zu mehreren Stimmen in drei
verschiedenen Sprachen und zwar werden folgende Komponisten genannt:

Anthonellus de Caserta,

Bartholinus, Frater de Padua,

Bartholomeus, Frater de Bononia, ordinis S. Benedicti.

Brenon.

Carmelitus, frater.

Ciconia, J., (Giovanni Cicogna),

Conradus, Frater de Pistorio, ordinis Heremitarum,

Dactalus de Padua,

Egardus,

Egidius, Frater ordinis Heremit. S. Augustini,

Filipoctus de Caserta,

Franciscus de Florentia (ist Landino),

Joannes, Frater de Janua,

Mattheus de Perusio,

Selesses, Jacopinus,

Zacharias.

Modena, Bibl. palatina, Codex 1221, geschrieben um 1495, enthält Gesänge zu 3 und 4 Stimmen, an Komponisten werden nur genannt

Franciscus Venetus,

Joannes Broc [chus Veronensis],

Crispinus (ist Stappen). Es scheint, dass letzterer der Schreiber, Besitzer, oder vielleicht sogar der Komponist der anonymen Gesänge ist. Er lebte zu Padua und findet sich am Ende des Codex ein Abschiedsgedicht an Padua, was Cappelli S. 13 mitteilt.

Als letzte Handschrift erwähnt Cappelli den Codex derselben Bibliothek Nr. 8 classe speciale, der in den Jahren 1574 bis 1604 von *Cosimo Bottegari* geschrieben ist und die Autoren enthält:

Bottegari, Cosimo,

Caccini, Giulio, detto Romano,

Conversi, Girolamo,

Dentici, Fabrizio,

Feretti, Giovanni,   (Schluss folgt.)

Mitteilungen.

* Briefwechsel zwischen *Carl von Winterfeld* und *Eduard Krüger*. Nach den Originalen mitgeteilt und mit einer Einleitung versehen von Dr. *Arthur Prüfer*, Dozent an der Universität Leipzig. Mit drei Bildnissen. Leipzig 1898.

Verlag von E. A. Seemann, 8⁰ 57 und 143 Seiten. v. Winterfeld ist als Musikhistoriker bekannt; er war geb. am 28. Jan. 1784 zu Berlin, Sohn eines Assistenz-
arztes und Erbherrn auf Menkin und Wolschow, gest. den 19. Febr. 1852 ebendort. Er war Jurist und seit 1832 Geh. Obertribunalsrat in Berlin, lebte in
sehr vermögenden Verhältnissen und bewegte sich in kunstbeflissenen Kreisen.
Er hatte ein vornehmes, würdevolles Wesen und nahm in Kunstsachen eine
unbedingte Autorität für sich in Anspruch. Seine Verdienste um die Musikgeschichte, deren Erforschung er sich weder Mühe, Fleifs noch Geld verdriefsen
liefs und zwar in einer Zeit, wo dieselbe noch in den Kinderschulen sich befand,
wird man stets mit Achtung erwähnen müssen, trotzdem er durch seine alt-
juristische Ausdrucksweise und seine Geheimniskrämerei, die er sogar im per-
sönlichen Umgange nicht ablegte, niemals diejenige Würdigung erlangen kann,
die seinem umfangreichen Wissen wohl gebührte. Ich selbst kenne seine Kataloge
und die 103 starken Bände Partituren, die er sich von früh ab anlegte: in
Italien und aller Orten Deutschlands, wo er nur irgend etwas fand, um das
Material zu sammeln. Stets sind die genauesten Quellenangaben gemacht, die
er dann der Öffentlichkeit verheimlichte. *Eduard Krüger* ist das volle Gegenteil: Arm, gezwungen Philologe statt Musiker zu werden, verschlagen in einen
nördlichen Erdenwinkel, unzufrieden mit sich und seiner Stellung und dabei
wahrhaft heifshungrig auf alles was Musik heifst. Er war am 9. Dez. 1807 zu
Lüneburg geb. und gest. den 9. Nov. 1885 zu Göttingen. 1833 kam er als
Gymnasiallehrer nach Emden, wurde darauf Rektor, 1848 übernahm er die
Redaktion der Hannoverschen Zeitung, die aber schon 1849 ihr schnelles Ende
fand und kehrte wieder nach Emden in seine alte Stellung zurück. Den
8. Nov. 1851 wurde er zum Ober-Schulinspektor für die Provinz Ostfriesland
in Aurich ernannt, musste jedoch 1859 das Amt niederlegen wegen fast
völliger Taubheit. 1861 folgte er einem Rufe als Professor der Musikwissenschaft nach der Universität Göttingen, verbunden mit dem Amte eines Biblio-
thekars. Die Briefe erhalten durch die Verschiedenartigkeit der beiden Charaktere
noch einen besonderen Reiz. Winterfeld ist der sichere, gelehrte und vornehme
Herr, Krüger der zagende, schwankende, schwärmerische, oft bis ins Süfsliche
gehende Musikverehrer, der zu Winterfeld mit Bewunderung und hoher Verehrung blickt. Die Briefe umfassen die kurze Zeit von 1845 bis 1851 und
sind in der abwechselnden Reihe ihrer Abfassung mitgeteilt, was ihnen sehr
zum Vorteile gereicht. Die Einleitung von 57 Seiten, die uns mit dem Leben
beider Männer bekannt macht, giebt auch ein Bild ihrer Thätigkeit in ihren
Werken, deren Titel nicht nur mitgeteilt werden, sondern auch der Inhalt kurz
besprochen, so dass man mit den Leistungen derselben völlig vertraut wird.

* *Jean-Philippe Rameau*, édition de *C. Saint-Saëns*. Paris 1895—98 A.
Durand et fils, in gr. fol. Bis jetzt sind 3 Bände erschienen, doch scheint
Charles Malherbe der Herausgeber zu sein und Saint-Saëns ist nur das Aus-
hängeschild, denn Vorreden und kritischer Kommentar sind von Malherbe ge-
zeichnet. Jeder Band beginnt mit einem anderen Porträt Rameau's, die sich
wesentlich von dem bekannten, wo er als alter Mann dargestellt ist, unter-
scheiden. Rameau war geb. den 25. Sept. 1683 und gest. den 12. Sept. 1764.
Der 1. Bd. enthält die schon vielfach veröffentlichten „Pièces de Clavecin".
Das Vorwort enthält die Biographie, die Bibliographie, den facsimilierten
Originaltitel, sowie die Vorblätter des Originals nebst einem Blatte einer Noten-

seite im Autograph. Sie zeigt eine saubere Handschrift, wenn auch flüchtig geschrieben. Darauf folgen 134 Seiten sehr weitläufiger aber prächtiger Notendruck, der das 1. und 2. Buch der Klavierstücke enthält. Die Piecen zeigen eine fließende melodische Erfindung in feste Formen gefügt und sind meistenteils recht ansprechend. Die Zweistimmigkeit herrscht vor, doch zeichnen sich die Bässe durch ein kraftvolles Fortschreiten aus. Die Couperin'sche Verzierungs-Manier ist fast verschwunden und nur hin und wieder tritt ein Pralltriller auf. — Der 2. Band enthält die Pièces de Clavecin en Concerts avec un Violon ou une Flûte, et une Viole ou un deuxième Violon. Paris 1741 l'auteur ruë des Bons-Enfance. Titelblatt im Facsimile. Eine 2. Ausg. mit gleichem Titel erschien Paris 1752 l'auteur, kl. fol. (Titel im Facsim.). 35 Seiten Vorblätter. Die Partitur stellt ein Trio dar. Die Molltonart herrscht wie schon im 1. Bde. vor. Mehrere nicht zu lange Sätze mit charakteristischen Überschriften bilden ein Konzert. Dieselben Konzerte folgen darauf als Sextette bearbeitet für 3 Violinen, Viola und 2 Violoncells. Die Bearbeitung ist sehr interessant zu vergleichen. — Der 3. Band besteht aus Cantates francoises à voix seule avec Simphonie, comp . . . Paris, l'auteur, hoch fol. liv. 1. Gravées par Mlle. Roussel (im Facsim.). 31 Seit. Vorwort, darauf folgen 8 Kantaten: Le berger fidèle für 1 Stim. und 2 Violinen mit vom Herausgeber (nämlich Malherbe) ausgesetzten Generalbass. R.'s Satz ist recht gesangreich, gut deklamiert und in jeder Weise interessant. Auch verwendet er in manchen Sätzen die Violine zu einer recht bewegten Gegenstimme. L'impatience, ebenso besetzt. Hier tritt ein öfterer Wechsel zwischen Recitativ und Arie ein. La Musette, für 1 Stimme und Bassus continuus, doch werden auch einzelne Sätze mit 1 Violine und Viola begleitet. Eine natürlich fließende Melodik, mit oft recht lebhafter Instrumentalbegleitung, zeichnet dieselbe aus. Die Kontrapunktik fehlt völlig. Thétis, für 1 Singstimme mit Violine und Klavier, sowie die folgenden: Orphée. Les amants Thalis und Aquilon et Orithie. Den Titel der ersten Kantate habe ich vergessen zu notieren.

    * Von der *Sweelinck*'schen Gesamtausgabe, ediert von Dr. *Max Seiffert* (Amsterdam im Verlage der Gesellschaft zur Beförderung der Tonkunst) sind 3 Bände erschienen. Der erste enthält Orgel- und Klavierpiecen. Vorwort holländisch und deutsch, 28 u. 25 Seiten. Die folgenden 129 Seiten enthalten 13 Fantasien, 11 Toccaten, 2 Choralbearbeitungen, 6 Lieder mit Variationen für Klavier und 4 Fragmente. Der 2. Band von 218 Seiten besteht aus 50 Psalmen zu 4 bis 7 Stimmen, Amsterdam 1604 nebst einem trefflichen Porträt. Der 3. Band von 204 Seiten enthält 30 Psalmen zu 4 bis 8 Stimmen. Die Vorworte berichten über die Originalien und Verbesserungen.

    * Herr Prof. Jos. Sittard schreibt im Feuilleton des Hamburger Korrespondenten über die Musikausstellung im Messpalast zu Berlin zum Besten eines Denkmals für Rich. Wagner. Wann wird man zu der Einsicht gelangen, dass Musik kein Ausstellungsobjekt wie Bilder und Sculpturen bildet. Weder Musiker noch Publikum kann an dem Anschauen von Büchertiteln, Einbänden oder aufgeschlagenen Blättern eines Buches irgend welches Interesse haben. In Wien hatte man z. B. einige hundert Textbücher aufrecht neben einander wie in einem Regale aufgestellt, von denen man nichts weiter sah als den Rücken der dünnen Büchelchen, oder man sah ein kleines Pappkästchen mit der Inschrift „eine Locke Beethovens" u. s. f. Wem hierbei nicht das Widersinnige einer

solchen Ausstellung klar wird, dem ist überhaupt nicht zu helfen; selbst die hohen Deficits scheinen nicht klug zu machen. Die Berliner Ausstellung soll mit wenigen Ausnahmen ganz kläglich sein und Sittard schildert sie mit scharfem Spotte. Es ist z. B. in manchen Abteilungen ein Durcheinander der verschiedensten Gegenstände, die zu der gegebenen Aufschrift in keiner Weise passen, dass man über die Naivität staunt; gerade so wie es in Wien war. Man überstürzt die Anordnung, wählt ungeeignete Kräfte, die vom Inhalte der Werke keine Ahnung haben. Die Tappert'sche Abteilung soll noch die beste sein, doch nicht ausreichend, um ein übersichtliches historisch fortschreitendes Bild zu geben. Die Ausstellung alter Musikinstrumente, dem Kgl. Instrumenten-Museum gehörig, ist die einzige Abteilung, die einen befriedigenden Eindruck hervorruft, doch dazu bedarf es keiner Musikausstellung, die kann man täglich in Berlin umsonst sehen. Lobenswert werden noch erwähnt: die Sammlung von Nikolaus Manskopf aus Frankfurt a. M., die Sammlung japanischer und chinesischer Musikinstrumente, die Abteilung „Bülow" und „Wagner", die aber beide noch sehr mangelhaft besetzt sind.

    * Herr Pfarrer M. Vogeleis teilt der Redaktion folgendes mit: „Drei Meter über der Fläche der Strafsburger Münsterplattform befindet sich in den Stein eingemeißelt folgende Inschrift:

Vielleicht eine Melodie die der Türmer zu blasen hatte?" kann Jemand darüber Auskunft erteilen?

    * Herr *Heinrich Rietsch* hat in der Zeitschrift für deutsches Altertum und deutsche Litteratur, herausgegeben von Edward Schroeder und Gustav Roethe, Berlin 1898 Weidmannsche Buchhandlung S. 167 ff. die Sangesweisen der Colmarer Handschrift, ediert von *Paul Runge*, Leipzig 1896, einer scharfen Kritik unterzogen. Trotzdem ihm beide Hds. fremd sind die Runge veröffentlicht, zieht er andere Hds. zum Vergleich herbei und weist daran die mannigfachsten Irrtümer des Herausgebers und seines Helfers Herrn Dr. *Hugo Riemann* nach. Wir machen die beiden Herren auf den Artikel aufmerksam, da er vielfach Gelegenheit bietet Aufklärung in die alte Notation zu bringen und stellen Ihnen zu einer Replik die Monatshefte zur Verfügung.

    * *Leo Liepmannssohn*, Antiquariat in Berlin S. W., Bernburgerstr. 14. Katalog 130: Musiker-Portraits und bildliche Darstellungen auf Musik bezüglich, 382 Nrn. aus alter und neuerer Zeit, eine wertvolle Sammlung. — Katalog 133 Schriften und Kompositionen Richard Wagner's, Hector Berlioz' und Franz Liszt's, 483 Nrn. Das Verzeichnis enthält nicht nur die eigenen Werke obiger drei Musiker, sondern auch ein Verzeichnis von Schriften über ihre Person und Werke.

    * *Breitkopf & Härtel* in Leipzig. Konzert-Handbuch IV. Ein Verzeichnis von Musikalien für das Harmonium nicht nur des eigenen Verlages, sondern auch des Auslandes, geordnet in 22 Fächer mit Angabe der Preise, 180 Seiten.

    * Hierbei eine Beilage: Joh. Phil. Krieger, Bog. 13.

Verantwortlicher Redakteur Robert Eitner, Templin (Uckermark).
Druck von Hermann Beyer & Söhne in Langensalza.

MONATSHEFTE

für

MUSIK - GESCHICHTE

herausgegeben

von

der Gesellschaft für Musikforschung.

| III. Jahrg. 1898. | Preis des Jahrganges 9 Mk. Monatlich erscheint eine Nummer von 1 bis 2 Bogen. Insertionsgebühren für die Zeile 30 Pf. Kommissionsverlag von Breitkopf & Härtel in Leipzig. Bestellungen nimmt jede Buch- und Musikhandlung entgegen. | No. 9. |

Handschriften des 15. Jahrhunderts.

(Schluss.)

Lasso, Orlando di,
Isabella Medici, Schwester des Grofsherzogs von Toscana.
Nola, Giov. Domenico da,
Palestrina, Gianetto,
Rore, Cipriano,
Striggio, Alessandro,
Vinci, Pietro,
Wert, Giaches.

Cappelli teilt nun 75 Gedichte in 3 Abteilungen mit, nebst Angabe des Codex und des Komponisten; leider nur eine Auswahl, so dass sich ein vollständiger Inhaltsanzeiger daraus nicht ergiebt, doch muss man selbst das Stückwerk dankbar anerkennen. Cappelli erwähnt noch, dass die Gedichte meistenteils fehlen und nur die Anfangsworte verzeichnet sind und das ist auch der Grund, warum er nur diejenigen Gedichte mitteilen konnte, welche vollständig vorhanden sind. Die mitgeteilten Gedichte sind folgende:

1. Se pronto non serà. Bibl. palatina zu Modena Nr. 568, car. 15. — Cod. Bibl. Mediceo-Laurenz. Nr. 87, Bl. 170. — Cod. Nat.-Bibl. Paris 568, Bl. 91. Komponist: *Landino*. Abdruck im Facsimile und Übersetzung.

2. 1 bei sembianti coi bugiardi. Cod. Modenese 568, 22. — Cod. Laurenziano 87, 102. Autor: *Frater Carmelitus*. Im Cod. Laurenziano 87 steht „*Fra Bartolino da Padova*".

3. Benchè lontan mi trovi. Cod. Modenese 568, 23. — Cod. Laurenz. 87, 176. — Cod. dell' Ambrosiana di Milano E, 56. Komponist: *Mag. Zacharias.* In dem zuerst genannten Codex wird dem Namen Maestro Zaccaria der Zusatz „cantore del Papa" beigefügt.

4. Perchè cangiato è il mondo. Cod. Moden. 568, 40. — Cod. Laurenz. 87, 115. Komp.: *Frater Bartholinus.*

5. Già da rete d'amor libera. Cod. Mod. Bl. 47. Komp.: *Brenon.*

6. Sol mi trafigge 'l cor. Cod. Mod. Bl. 14. — Cod. Laur. Bl. 177. Von *Mag. Zacharias.*

7. Sarà quel giorno mai, dolce. Cod. Moden. Bl. 48. Von *Mag. Mattheus de Perusia.*

8. Benchè la bionda treccia. Cod. Laurenz. Bl. 152. (Fragm.) Text 6 Verse. Musik von *Francesco Cieco da Firenze* (Landino).

9. Giunta è vaga bellà con gentilezza. Cod. Laur. 87, 160. Autor: *Landino,* wie vorher genannt.

10. Non mi giova nè val, donna, fuggire. Cod. Moden. 568, 4—5. — Cod. Laurenz. 87, 114. Autor: *Fra Bartolino de Padova.*

11. Tal mi fa guerra, che mi mostra pace. Cod. Laurenz. Bl. 91, ohne Autor. — Cod. Vitali in der Bibl. zu Parma 1081, Bl. 92 Madrigale di *Nicolò del Proposto* zu Perugia.

12. O Giustizia regina, al mondo freno. Cod. Laur. Bl. 84 und 43 plut. (?) 40, Bl. 46 ohne Namen. — Cod. Vitali 1081, Bl. 91: Madrigale di Giov. Boccacci. Komp.: *Nicolò del Proposto da Perugia.*

13. Agnel son bianco, e vo belando be. Cod. Laur. Bl. 1. — Cod. der Bibl. National zu Paris 568, Bl. 18 (ohne Autor). — Cod. Vitali 1081, Bl. 92: Madrig. di Franco Sacchetti. Komp.: *Giov. da Cascia, detto anche da Firenze.*

14. Somma felicità, sommo tesoro. Cod. Laur. Bl. 127 und 43 plut. 40, Bl. 44. — Cod. Vitali 1081, Bl. 92: Madrigale di Fr. Sacchetti. Komp.: *Francesco Cieco da Firenze* (sc. Landino).

15. Come da lupo pecorella presa. Cod. Laur. Bl. 77 o. Nam. — Cod. Laurenziano Rediano gia 151 ora 184 Bl. 88 von Nicolò Soldanieri. Komp.: *Donato monaco Benedettino da Firenze.*

16. Per prender cacciagion leggiadra e bella. Cod. Laur. 87, Bl. 30. — Cod. Marucelliano C. 155, Bl. 54.*) Komp.: Maestro *Gherardello da Firenze.*

---

*) Eine Bibl. in Florenz.

17. Di riva in riva mi guidava amore. Cod. Laur. Bl. 51. — Cod. Marucelliano C. 155, Bl. 54. Komp.: Maestro *Lorenzo da Firenze*.

18. Togliendo l'una all' altra foglie e fiori. Cod. Laur. 87, Bl. 3. — Cod. 568 in Paris Bl. 20. Komp.: Maestro *Giovanni da Firenze*.

19. Cogliendo per un prato ogni fior bianco. Cod. Laur. Bl. 93: Maestro *Nicolò del Proposto da Perugia*.

20. La bella e la vezzosa cavriola. Cod. Laur. Bl. 27: Maestro *Gherardello da Firenze*.

21. La sacrosanta carità d'amore. Cod. Laur. Bl. 103. — Cod. Marciano di Venezia 223, classe XIV, Bl. 69, Gedicht von Giov. Dondi. Komp.: M. *Fra Bartolino da Padova*.

22. Donna, l'altrui mirar, che fate. Cod. Laur. Bl. 31. — Cod. Marucelliano C. 155, Bl. 54: Maestro *Gherardello da Firenze*.

23. Non vedi tu, Amor, che me tuo servo. Cod. Laur. 87, Bl. 47. — Cod. Marucelliano C. 155, Bl. 53: M. *Lorenzo da Firenze*.

24. Senti tu d'amor, donna? — No. — Perche? Cod. Laur. Bl. 72: *Donato monaco Benedettino da Firenze*.

25. La donna mia vuol essere 'l messere. Cod. Laur. Bl. 93: M. *Nicolò del Proposto da Perugia*.

26. Madonna bench' i' miri (viva) in altra parte. Cod. Laur. Bl. 110: *Fra Bartolino da Padova*.

27. Miracolosa tua sembianza pare. Cod. Laur. Bl. 111: *Fra Bartolino da Padova*.

28. Tanto di mio cor doglio. Cod. Laur. Bl. 117: *Fra Bartolino da Padova*.

29. Piacesse a Dio, ch'io non fossi mai nata! Cod. Laur. Bl. 173: *Frate Egidio Guglielmo di Francia*.

30. Tal sotto l'acqua pesca. Cod. Laur. Bl. 86: Maestro *Nicolò del Proposto da Perugia*.

31. Une Dame requis l'autrier d'amer. Cod. Modenese 568, Bl. 13: Fr. *Joannes de Janua*.

32. En un vergier clos par mesure. Cod. Modenese 568, Bl. 10. Ohne Autor.

33. En remirant vo douce portraiture. Cod. Mod. 568, Bl. 35: Mag. *Philipoctus de Caserta*.

34. Dame souverayne de beauté, d'onour, Merci. Cod. Mod. Bl. 39: Mag. *Mattheus de Perusio*.

35. Dame gentil, en qui est ma sperance. Cod. Mod. Bl. 39: *Anthonellus de Caserta*.

9*

36. Ma douce amour et ma sperance. Cod. Mod. Bl. 28: Fr. *Jo. de Janua.*

37. Dame d'onour c'on ne puet esprixier. Cod. Mod. Bl. 20. *Anthonellus de Caserta.*

38. A qui fortune est tout dis ennemie. Cod. Mod. Bl. 20, ohne Autor.

39. Tres nouble Dame souverayne, je vous supli. Cod. Mod. Bl. 29. *Anthonellus de Caserta.*

40. Notés pour moi cest ballade. Cod. Mod. Bl. 14. Derselbe.

41. Par les bons Gedeon et Sanson delivre. Cod. Mod. Bl. 32: *Philipoctus de Caserta.*

42. Ore Pandulfum modulare dulci. Ib. Bl. 34. (o. Autor.)

43. Veri almi pastoris musicale collegium. Ib. Bl. 37: Fr. *Conradus de Pistorio ord.* Herem.

44. Furnos reliquisti quare queso frater. Ib. Bl. 36: *Egardus.*

Anhang p. 55. *Poesie del secolo XV.*

45. Se in te fosse pietà com' è bellezza. Cod. Bibl. palatina di Modena 1221, Bl. 5/6. (o. Autor.)

46. La luce di questi occhi tristi manca. Ib. Bl. 14/15: *Franciscus Venetus* (ist Ana oder Dana, der Satz wird im Facs. und Übersetzung mitgeteilt).

47. Vado cercando come possa stâmi. Ib. Bl. 16/17. (o. Autor.)

48. Come ti puote uscire della mente. Ib. Bl. 35/36. (o. Autor.)

49. Se tu sapessi il duol che l'alma acquista. Ib. Bl. 44/45. (o. Autor.)

50. Poi che la lingua mia tacendo dice. Ib. Bl. 45/46. (o. Autor.)

51. Dimmi quanto tu vuoi, crudele, a torto. Ib. Bl. 46/47, o. Autor.

52. La vecchiarella peregrina e stanca. Ib. Bl. 56/57, o. Autor.

53. Ahi! fortuna crudel, poi che soggetto. Ib. Bl. 57/58, o. Autor.

54. Io t'amo e voglio male grandemente. Ib. Bl. 59/60, o. Autor.

55. Alla regina, a te piangendo vegno. Ib. Bl. 61/62, o. Autor.

56. Che giova di gittar miei preghi al vento. Ib. Bl. 63/64, o. Autor.

57. Se per fedel servir morte patisco. Ib. Bl. 64/65, o. Autor.

58. Che cosa potria far perchè tu amassi. Ib. Bl. 70/71, o. Autor.

59. Tu mi fai tanto mala compagnia. Ib. Bl. 76/77, o. Autor.

60. Fosse il mio core un giorno sol contento. Ib. Bl. 78/79, o. Autor.

61. Armati, core mio, levati e dàle. Ib. Bl. 79/80, o. Autor.

62. Mille prove aggio fatto per levarme. Ib. Bl. 97/98, o. Autor.

63. Vedendo gli occhi miei la sepoltura. Ib. Bl. 98/99, o. Autor.

64. Se la fortuna non mi muta corso. Ib. Bl. 100/101, o. Autor.

65. Speranza ognor mi muta e mi mantene. Ib. 101/102, o. Autor.
66. Credeva per amor essere amato. Ib. 103/104, o. Autor.

Poesia varie del secolo XVI.

Nach dem Cod. der Bibl. palatina zu Modena Nr. 8, classe speciale.

67. Quando da voi, Madonna, son lontano. Bl. 27: *Giov. Domenico da Nola.*
68. Un giorno andai per pigliar. Bl. 46: *Cosimo Bottegari.*
69. Io moro amando, e seguo chi m' uccide. Bl. 26: *Ippolito Tromboncino.*
70. Come avrà vita, Amor, la vita mia. Bl. 27, o. Autor.
71. Ancor che col partire Io mi senta morire. Bl. 34/35: *Cipr. Rore.* (Anmkg.: „dieses Madrigal war im 16. J. sehr beliebt durch Orazio Vecchi in seinem Amfiparnaso [Ven. 1597] geworden.")
72. Mi parto, ahi sorte ria! Bl. 2/3: *Cos. Bottegari.*
73. Gentil signora e singolar, di cui (an Bianca Cappello, Großherzogin von Toscana gerichtet). Bl. 1: *Cos. Bottegari.*
74. Nr. 8: O dolce e vago e dilettoso Aprile (zum Lobe des April) Bl. 48, o. Autor.
75. Nr. 9: Chi dice ch'io mi do pochi pensieri (Contro i Pensiero, Sonetto di Mons. Giovanni della Casa). Bl. 2, o. Autor.

Herr *Michel Brenet* in Paris sandte der Redaktion vor kurzem ein Namensverzeichnis der Komponisten des Codex 568 der Nat.-Bibl. zu Paris. Wie schon erwähnt, enthält der Codex 198 Gesänge auf 141 Blättern; davon sind anonyme Frottolen (die Franzosen nennen sie Chansons italiennes) 27, anonyme Chansons françaises, nur wenige mit vollständigem Text, 31. Ein Tonsatz ohne Text und ein Benedictus. An Komponisten sind genannt, verglichen mit dem Florentiner Ms. 87:

Frater *Andrea* (nach Ms. 87: horganista de Florentia). Fr. *Bartolomeo* auch Bartolino und Bartholin gez., 4 Nrn., dabei ein Patrem (in Ms. 87: Frater Bartolinus de Padua). Don *Donato* da Cascia 5 Nrn. (Ms. 87: Donatus de Florentia). *Francesco* degli orghanj, auch nur Francesco, Franc. und F. gezeichnet, 45 Nrn. (in Ms. 87: Magister Franciscus cecus horganista de Florentia). *Gherardello* und Gherardellj, 5 Nrn., dabei 1 Et in terra und 1 Agnus, (in Ms. 87: Ghirardellus de Florentia). *Gian* Toscana, 1 Nr. (in Ms. 87 kein gleichlautender Name). *Giovanni* da Firenze, auch Giovannj und

Johanj gez., 4 Nrn. (in Ms. 87: Joannes de Florentia). Fratre *Guglielmo* di Francia, 2 Nrn. (in Ms. 87: Guilelmus de Francia). *Jacopo* da Bologna, auch Ja. und Jacopo gez., 11 Nrn. (in Ms. 87: Jacobus de Bolonia). Signor *Lorenzo* da Firenze, auch Sr. Lorenzo, 4 Nrn. dabei 1 Sanctus, in Ms. 87: M. Laurentius de Florentia). *Nicolo* del Proposto, auch nur Nicholo und Nic., 4 Nrn. (in Ms. 87: M. Nicolaus prepositus de Perugia). Don *Paolo* tenorista di Firenze, auch nur Paolo, Pa., P., 29 Nrn., (in Ms. 87: Paulus Abbas de Florentia). *Schappuccia* 1 Nr. (im Ms. 87 kein ähnlicher Name). L'abbate *Vincenzio* da Imola, 2 Nrn. (in Ms. 87: Vincentius Abbas de Carimino).

Über das Florentiner Ms. berichtet Ambros in Geschichte der Musik Bd. 3, 496 und führt noch einen *Egidius de Francia* an, der im Pariser Ms. fehlt. Ferner teilt er mit, dass jedem Komponisten in sehr feiner Miniaturmalerei nach Art eines Initials sein Bildnis in ganzer Figur vorangestellt ist. Fétis bespricht das Pariser Ms. im Artikel Landino. Er zählt 199 „Chansons italiennes à deux et trois voix" (das ist die 3te abweichende Zählung). Landino ist der oben verzeichnete *Francesco* degli orghani und schreibt er ihm nur 5 Gesänge zu, von denen er einen Tonsatz in der Revue musicale 1827 p. 111 ff. veröffentlichte und sich über die vielen Fehler des Ms. beklagt. Über das Florentiner Ms., welches einst dem Organisten Squarcialupi gehörte, berichtet Casamorata in der Gazzetta musicale di Milano 1847 Nr. 48, die mir leider unerreichbar ist.   *R. E.*

Mitteilungen.

* Old Chamber Music (Alte Kammermusik). A selection of Canzones, Sonatas, etc. (da chiesa and da camera) for strings alone, or with a thorough-bass, by composers of the 17th and 18th centuries. Edited and arranged by Dr. *Hugo Riemann.* Score. Augener & Co. London. fol. Der Inhalt besteht aus einem Ricercar a 8 per sonar (1587) von *Andrea Gabrieli.* Einer Canzon, 9. toni a 8 (1597) von *Giovanni Gabrieli.* Einer Sonata con 3 Violini e Basso se piace (1615) von *Giov. Gabrieli* mit ausgesetzter Begleitung vom Herausgeber. Einem Ricercar a 4 voci (1595) von *Gregor Aichinger*, mit beliebiger Klavierbegleitung. Darauf eine Canzon francese a 4, a risposta (1602) von *Ludovico Viadana*, mit hinzugefügter Klavierbegleitung. Eine Fuga 4 vocum vom *Landgrafen Moritz von Hessen* († 1632) für 3 Violinen und Violoncell. Eine Canzon a due Canti e Basso (1628) mit Klavierbegltg. von *Girol. Frescobaldi,* sowie die folgende Canzon a due Canti e Violoncello mit ausgesetztem Generalbass aus dem Drucke von 1628. Mit *Frescobaldi* beginnt die Instrumentalmusik

ihrem Wesen nach eine festere Gestalt zu gewinnen, denn bis dahin flocht man ein Motivchen ans andere und folgte darin genau den Gesangskompositionen des 16. Jhs. ohne ihren belebenden Eindruck zu erreichen. Die *Sweelinck*'schen Errungenschaften, ein oder mehrere Motive von charakteristischem Typus fugenartig im Kontrapunkt gegen einander zu verwenden und damit einen ganzen Tonsatz zu bilden, waren selbst seine unmittelbaren Schüler nicht im stande nachzubilden. *Frescobaldi*'s Instrumentalsätze bestehen aus mehreren Abschnitten, zwar in gleicher Tonart, doch in verschiedenen Taktarten und jeder Abschnitt kontrapunktiert mit einem charakteristischen Motive, so dass nicht nur die Einheitlichkeit jedes Abschnittes gewahrt ist, sondern auch durch den Taktwechsel das Interesse neu belebt wird. Auch modulatorisch ist sein Satz sehr wirksam. Der Herausgeber hat die Sätze mit vieler Sorgfalt behandelt, nicht nur der ausgesetzte Generalbass ist kunstmäfsig behandelt, sondern auch die Stricharten und Vortragszeichen sind mit grofser Genauigkeit eingetragen.

* In Absam in Tirol ist am 10. Juli c. ein Denkmal für den bekannten Violinbauer *Jakob Stainer* enthüllt worden. Das Comité in Innsbruck schreibt hierüber folgendes:

Im Jahre 1842 wurde auf Anregung des bekannten tirolischen Gelehrten und Schriftstellers Sebastian Ruf, Kaplan des Irrenhauses in Hall, von dem damaligen Pfarrer Lechleitner an der Kirche zu Absam ganz im Stillen dem berühmten Geigenmacher Jakob Stainer und seiner Frau ein kleiner Denkstein gesetzt. Der Text auf demselben und die Form der Inschrift waren so gewählt und ausgeführt, als wäre der Stein unmittelbar nach dem Tode des Geigenmachers, der bekanntlich im Jahre 1683 in Armut und Elend starb, gesetzt worden. Um diese Illusion glaubwürdig zu machen, musste der Todestag des Meisters, den man bis zur Stunde noch nicht kennt, willkürlich eingesetzt und ferner angenommen werden, dass Stainer, wie gewiss wahrscheinlich, innerhalb des jetzigen Kirchhofes seine letzte Ruhestätte gefunden habe.

Obwohl Kaplan Ruf in seiner Schrift: „Der Geigenmacher Jakob Stainer" ausdrücklich erklärte, dass dieser Erinnerungsstein im Jahre 1842 und nicht früher an der Kirchenwand zu Absam angebracht worden sei, liefsen sich oberflächliche Beurteiler verführen, denselben als Original-Grabstein von 1683 auszugeben, brachten ihn als interessante Reliquie im Jahre 1892 auf die Musikund Theater-Ausstellung in Wien und veranlassten hierdurch, dass die falsche Datums-Angabe als willkommene Ergänzung des Sterbetages des Meisters in musikgeschichtlichen Werken Eingang fand.

Diese irreleitende, zudem in äufserst bescheidenen Dimensionen und in leicht verwitterbarem Materiale (Sohlenhofer-Schiefer) ausgeführte Erinnerungs-Tafel durch eine bessere, würdigere und dauerhaftere zu ersetzen war die Aufgabe des Comités. — Als Grundstock diente ein von dem dermaligen Pfarrmessner Max Haider in Absam selbständig für einen solchen Zweck gesammelter Beitrag. Das Comité hat auf Grund eines erlassenen Aufrufes aus dem Inund Auslande so zahlreiche Beisteuern erlangt, dass die Herstellung des Denkmales in edlem Materiale schon nach kurzer Zeit gesichert war.

Der Entwurf des in Bronze auf marmorner Basis ausgeführten Monumentes ist ein Werk des Professors Josef Tapper, der in grofsmütiger Weise auf jede Entlohnung Verzicht leistete. Die Ausführung des Modelles und Gusses besorgte der Fachlehrer der k. k. Staats-Gewerbeschule in Innsbruck Josef Biendl; die Marmor-Arbeiten entstammen der Werkstätte des Steinmetzmeisters Hohenauer in Innsbruck.

Im Einvernehmen mit der Kirchenvorstehung und mit Genehmigung des f. b. Ordinariates in Brixen wurde als Aufstellungsplatz die freie Nordwand der Kirche zu Absam gewählt.

* Die internationale Stiftung: Mozarteum in Salzburg hat am 9. Juli c. auf dem St. Sebastians-Friedhofe, links vom Mittelgange zur Gabriels-Kapelle, *Leopold Mozart*, dem Vater des Wolfgang Amadeus, eine Gedenktafel auf dem jüngst entdeckten Grabhügel gesetzt. Sie trägt die Inschrift:

„Am 23. April 1898 aufgefundene Grabstätte des

L e o p o l d M o z a r t

f. e. Vice-Hofkapellmeister,

geb. 14. Nov. 1719 zu Augsburg, gest. 28. Mai 1787,

und der Frau

G e n o f e v a v. B r e n n e r,

gest. im 31. Lebensjahre, 13. März 1798,

der Mutter Karl Maria v. Weber."

Die Kosten dieser Gedenktafel, wie jene der Aufdeckung des Grabes und seines kleinen Blumenbettes durch den Stadtgärtner Karl Cinibulk, übernahm die Internationale Stiftung: Mozarteum.

* Herr *Bernhard Ziehn* hat in der Allgemeinen Musik-Ztg. von Lessmann 1898, S. 423 die Melodie zu *„Ein feste Burg"* einer genauen Untersuchung auf Grund Kade's Bemerkung in der Neuausgabe von Joh. Walther's Geistlich Gesangbuleyn von 1524 (Publikation Bd. 7 Vorwort, Spalte 8) unterzogen und bringt zahlreiche Beweise, dass sich aus Walther's 42 Tonsätzen die ganze Melodie in ihren 6 Versen rekonstruieren lasse. Die Darstellung und Beweisführung ist von Herrn Ziehn sehr sinnreich ersonnen. Merkwürdig ist es nur, dass sich auch in Kompositionen anderer Meister derselben Zeit und etwas früher, wie *Okeghem* und *Josquin des Près*, schon Motive aus der Melodie vorfinden. Es ist als wenn sie in der Zeitrichtung gelegen hätten, denn kein anderes Lied hat wohl die Verbreitung und Anerkennung gefunden wie gerade „Ein feste Burg ist unser Gott". Damit wäre auch endgiltig die Autorschaft Walther's entschieden und zugleich bewiesen, dass Walther sehr wohl befähigt war zu Luther's Liedern die Melodie zu erfinden. — Herr Ziehn sei noch darauf aufmerksam gemacht, dass das Citat „siehe Otto Kade's Auserwählte Tonwerke der berühmtesten Meister des 15. und 16. Jhs." sehr leicht irre führen kann. Besser war die Angabe: Siehe Ambros' Geschichte der Musik, 5. Bd. von Otto Kade, denn unter dem Titel weiß jedermann was gemeint ist.

* Vor einiger Zeit zeigte der Direktor der Kgl. öffentlichen Bibliothek in Stuttgart der Redaktion das Vorhandensein eines Promptuariums aus Blaubeuren, in 4 Pergament-Bänden in fol. in starke Holzdeckel gebunden an. Herr Pfarrer Schott unterzog dieselben einer Prüfung, ob sie etwa Figuralmusik enthalten. Das Resultat war folgendes: Es sind nicht 4 Bände, sondern nur drei und da der 3te eine Kopie des einen ist so bleiben nur 2 volumen übrig, die nicht Figuralmusik, sondern einstimmige Choralgesänge aus dem Anfange des 16. Jhs. enthalten. Der 1. Bd. trägt den Titel: *Antiphonarium* secundum consuetudinem Mellicensium (?) und schließt der 1. Teil mit den

Worten „Finit antiphonarium hyemale per fratrem Fridericum scriptoris de Schorndorf patrem et conventualem hujus monasterii Lorch. Inceptum a principio usque septuagesimam et completum per fratrem Balthasar Schad de Esslingen et conventualem monasterii Elchingen. Anno domini 1512 ... Der 2. Teil enthält die Gesänge von Ostern bis Schluss. Der 3. Teil beginnt: Incipit commune sanctorum. In natalitiis apostolorum. Der Verfasser nennt sich „frater Udalricus ... Augustensis. Notatum autem per fratrem Michael Keurleber de Nürtingen a. d. 1511“ und der 4. Teil: Incipit promptuarium sanctorum secundum rubricam romanam. In vigilia S. Andreae ... Die Schlussbemerkung fehlt, während das 2te Exemplar: „Finit antiph. de sanctis ... per fratr. Frid. scriptoris de Schorndorf ... 1512.“ hat. Der 2. Bd. enthält gröfstenteils Sequenzen und schliefst mit den Worten: Explicit *graduale* secundum rubricam Mellicensium exaratum per me fratrum Laurentium (...?) de Blaubeuren conventualem et custodem monasterii beatiss. Mariae virginis in Lorch. Notis vero elaboratum per me ... Leonh. Wagner (im Kloster Ulrich und Afra in Augsburg). Die Initialen sind durchweg sehr kunstvoll in rot und schwarz hergestellt.

 * Die Vierteljahrsschrift von 1892 (Bd. 8, S. 275) brachte von Max Friedländer einen Artikel über das Mozart fälschlich zugeschriebene Lied: *Schlafe, mein Prinzchen*, es ruhn Schäfchen und Vögelchen nun. Der Dichter ist *Gotter*, der Komponist soll *Friedrich Fleischmann* sein. Beide Lesarten, die sogenannte Mozartsche und die von Fleischmann werden im Abdruck mitgeteilt. Der Unterschied zwischen beiden Kompositionen, trotz einiger wenigen Übereinstimmungen, ist auffallend, so dass auch der Herr Verfasser des Artikels zu keinem Schlussresultate gelangt. Nun finde ich aber in v. Ledebur's Tonkünstler-Lexikon Berlins unter dem Namen *Bernhard Wessely* die Bemerkung: „Nach Mitteilung des Herrn G. M. D. Meyerbeer's ist *Wessely* der Komponist des früher sehr beliebt gewesenen Wiegenliedes: „Schlafe mein Prinzchen, schlaf ein,“ dessen Komposition auch dem Prinzen Louis Ferdinand zugeschrieben wurde.“ Nissen brachte das Lied zuerst in seiner Mozart Biographie, die 1829 erschien (Wessely ist 1768 geboren). Köchel verz. sie unter Nr. 350 seines thematischen Kataloges.

 * Die historischen Volkslieder der Deutschen vom 13. bis 16. Jahrhundert, gesammelt und erläutert von *R. von Liliencron*, 4 Bände in grofs 8°, mit den Melodieen, Leipzig 1865—69 bei Adolf Weigel, die früher 43 M 50 Pf. kosteten, sind jetzt zum herabgesetzten Preise zu 16 M 50 Pf. franko zu erwerben. Auch die von Ditfurth'schen Lieder-Sammlungen mit Melodieen aus dem 17. und 18. Jh. sind zum herabgesetzten Preise von 1 M 50 Pf., gebunden 2,50 ebendort zu beziehen.

 * Hierbei zwei Beilagen: 1. Joh. Phil. Krieger, Bog. 14. 2. Katalog der v. Thulemeier'schen Musikalien-Sammlung, Bog. 1.

Verantwortlicher Redakteur Robert Eitner, Templin (Uckermark).
Druck von Hermann Beyer & Söhne in Langensalza.

MONATSHEFTE

für

MUSIK · GESCHICHTE

herausgegeben

von

der Gesellschaft für Musikforschung.

IX. Jahrg. **1898.**	Preis des Jahrganges 9 Mk. Monatlich erscheint eine Nummer von 1 bis 2 Bogen. Insertionsgebühren für die Zeile 30 Pf. Kommissionsverlag von Breitkopf & Härtel in Leipzig. Bestellungen nimmt jede Buch- und Musikhandlung entgegen.	**No. 10.**

Bernhard Christian Weber und Johann Sebastian Bach.

Die alte Erfahrung, dass selbst das gröfste Genie auf den Errungenschaften seiner Vorfahren fufst, weiterbaut und die Periode zum Abschlusse bringt, — was selbst bei Richard Wagner, dem eminenten Erfindungstalente sich nachweisen lässt, denn sein Orchester ruht auf den Errungenschaften Beethoven's, die Singstimme auf Lully's und Gluck's Prinzipien und die wechselvolle unvermittelte Akkordfolge auf seinem unmittelbaren Vorgänger Berlioz und auf Palestrina, den er hoch verehrte, — tritt bei dem Vergleiche beider obigen Meister so recht in helles Licht. Bach, den man noch vor 40 Jahren als einzigen Repräsentanten in seinem Fache des Präludiums und der Fuge kannte, erweist sich bei der erweiterten Fachkunde der Werke seiner Vorgänger immer mehr als der Schlussstein seiner Periode, der alle Errungenschaften seiner Zeit zur höchsten Vollendung bringt.

Bernhard Christian Weber, Organist zu Tennstadt im Regierungsbezirke Erfurt, dem Heimatslande Bach's so nahe gelegen (ein Musiklexikon kennt ihn nicht), gab folgendes Werk um 1689 heraus, etwa 28 Jahre vor Bachs gleichnamigen Werke:

„Das wohltemperirte Clavier oder Praeludien und Fugen durch alle Tone und Semitonia sowohl Tertiam majorem oder Ut re mi anlangend, als Tertiam minorem oder Re mi fa“ ... ohne Ort, Verleger und Jahr, eine spätere Hand schrieb die Jahreszahl 1689 mit Rotstift auf das Titelblatt, 86 Blätter.

Den Druck besafs Prof. Rud. Wagener in Marburg, der glückliche Erbe ist Prof. Dr. *H. Strahl* in Giefsen, doch ist die Bibliothek noch nicht geordnet aufgestellt, so dass eine Einsicht in das Werk eine Unmöglichkeit ist.

Dass Bach das Werk nicht gekannt haben sollte, wird man sogleich als leere Frage erkennen. Der Originaltitel zum 2. Teile des wohltemperierten Klaviers von 1722 (der erste Teil lässt sich nur aus Bruchstücken zusammensetzten) lautet:

„Das wohl temperirte Clavier oder Praeludia und Fugen durch alle Tone und Semitonia so wohl tertiam majorem oder Ut Re Mi anlangend, als auch tertiam minorem oder Re Mi Fa betreffend. Zum Nutzen und Gebrauch der Lehrbegierigen Musicalischen Jugend als auch derer in diesem Studio schon habil seyenden besondern Zeit Vertreib aufgesetzet und verfertiget von Johann Sebastian Bach p. t. Hochfürstl. Anhalt. Cöthenischen Capell-Meistern und Directore derer Cammer-Musiquen. Anno 1722.“

Das Autograph besafs Ott-Usteri in Zürich, dessen Bibliothek nach seinem Tode an die Züricher Stadtbibliothek kam. Ein zweites Autograph, einst im Besitze Friedmann Bach's, befindet sich jetzt auf der Kgl. Bibl. zu Berlin, ein drittes mit der Jahreszahl 1732 besafs einst Prof. Rud. Wagener. Bei dem Titel des Weber'schen wohltemperirten Claviers fehlt mir die Fortsetzung des Titel, die ich nur mit ... bezeichnen konnte. Vielleicht gelingt es Herrn Prof. *Strahl* das Werk herauszufinden und den vollständigen Titel mitzuteilen.

R. E.

L'homme armé.
(Michel Brenet.)

Unter den zahlreichen Liedmelodieen, die von den Meistern des 15. und 16. Jahrhunderts zu ihren polyphonen Kompositionen benützt worden, ist wohl obige Liedmelodie die am meisten verwendete und doch steht sie heute uns gegenüber als die am wenigsten gekannte, sowohl in Text, als Melodie. Während andere Melodieen aus dieser Zeit in Text und Melodie uns durch kontrapunktische Tonsätze wohl erhalten sind, hat sich „L'homme armé" nur fragmentarisch und textlos bis zu uns vererbt. Die Forschung über das französische Lied im allgemeinen ist überhaupt noch so gering, dass man von der Seite aus nur wenig Unterstützung findet und daher ist jede, wenn auch nur scheinbar geringe Entdeckung von Wert und nicht von der Hand zu weisen.

Bottée de Toulmon und nach ihm Fétis u. a. haben aus Joannes Tinctoris' Proportionale, cap. IV, ein Fragment von Text und Melodie ausgezogen, welches den Anschein hat, als wenn es Text und Melodie zu dem Liede sei, so dass z. B. Herr J. B. Weckerlin in seinem Kataloge des Conservatoire zu Paris (Bibliothèque 1885) S. 394 den Text nach Tinctoris Angabe unter einen Kanon (Et sic de singulis) aus Petrucci's Odhecaton, Ausgabe von 1504, setzt, den Petrucci nur mit den Anfangsworten „L'homme armé" mitteilt. Tinctoris Wiedergabe will aber meiner Ansicht nach ganz anders verstanden sein. Nach Coussemaker's Scriptores de musica medii aevi, Bd. IV, S. 173 lautet Tinctoris Melodie wie folgt:

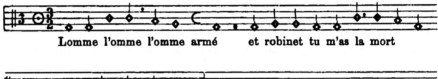

Offenbar ist dies ein Gesang, der aus drei verschiedenen Teilen besteht und den Tinctoris vielleicht aus einem Quodlibet zog. Sinnlose Text- und Themenbruchstücke aus volkstümlichen weltlichen Liedern, selbst aus liturgischen Gesängen zu ziehen und sie in ein sogenanntes Quodlibet zu vereinen, oft sogar in der Weise, dass beim vierstimmigen Satze jede Stimme einen anderen Text nebst ihrer Weise singt, war im 15. und 16. Jahrhundert eine beliebte Art, wie es z. B. die spätere Zeit mit ihren Potpourris nachahmte. In Deutschland nannte man sie damals Quodlibet und in Frankreich „Fricassées". In diesem Sinne kann man die Mitteilung Tinctoris meiner Meinung nach nur verstehen. Was vielleicht als vorgefasste Meinung erscheint, wird sich bald zur Gewissheit erklären, sobald ich meine Beweise erbringen werde. „L'homme armé — et Robinet tu m'as la mort donné, quant tu t'en vas" sind Bruchstücke ganz verschiedener Chansons. L'homme armé, der bewaffnete Mann, fand ich in den Dichtungen des Chronikschreibers und Dichters *Jehan Molinet* († 1507). Unter seinen Gedichten finden sich öfter kurze, wie ein Akrostichon gebaute Verse, deren Inhalt bald geistlich, bald weltlich ist und dessen zahlreiche Strophen öfter mit dem ersten Verse einer bekannten Chanson beginnen. Obige Verse (l'homme armé) beginnen ein Gedicht aus 38 siebenzeiligen Strophen, ein Gespräch zwischen

einem Kriegsmann und einem Liebhaber: „L'homme arme et l'amou-
reux." Die 3. Strophe beginnt mit: „L'homme armé doit-on redouter"
(den bewaffneten Mann soll man fürchten), welches unzweifelhaft der
wahre Anfang des volkstümlichen Liedes L'homme armé ist.*)

Für die zweite von Tinctoris notierte Weise: „et robinet tu m'as
la mort donné" finde ich im Codex n. a. fr. 4379 der Pariser National-
bibliothek**) einen mehrstimmigen Tonsatz, der im Superius mit „Hé,
Robinet" beginnt, während der Contratenor und Tenor andere Texte
haben und sich der Gesang auch als eine Art Quodlibet charakterisiert.***) Die Superiusstimme steht in der Prolatio perfecta unter
dem Diskantschlüssel und heifst (der Text ist wie im Originale unter-
gelegt):

Auf deutsch heifst der Text: Ach, Robinet, du hast mir den Tod
gegeben; warum hast du mich wegen Gretchen verlassen, denn in
der Tiefe des Gartens hast du sie mit einem Hütchen (Kranze) von
Maiblumen eingeweiht. Ach, Robinet!

---

*) Les faictz et dictz de feu de bonne memoire maistre Jehan Molinet,
etc., Paris 1531, in 4⁰, goth., fol. 95 v. (Paris Bibl. nat.).
**) Die Abkürzung „n. a. fr." vor der Bibliotheks-Nummer bedeutet: nou-
velles acquisitions françaises. Die Handschrift stammt aus dem 15. oder 16. Jh.
und befindet sich seit 1885 auf der Nationalbibl. Ich habe die Absicht diese
und ähnliche französische Handschriften einer genauen Beschreibung zu unterziehen und dieselbe zu veröffentlichen.
***) Im Sammelwerk 1556⁰. Jardin musical, ediert von Hub. Waelrant et
Jean Laet (siehe Eitner, Bibliographie) steht p. 28 die Chanson: Robin si
tu vas.   D. Redakt.

Der dazu gehörige 2. Teil steht sowohl im Texte als der Melodie in gar keiner scheinbaren Verbindung und scheint nur durch die Laune des Komponisten daran gebunden zu sein.

Über den dritten Abschnitt der Melodie bei Tinctoris: „quand tu t'en vas" habe ich noch nichts entdecken können.

Pietro Aaron schreibt im Toscanello lib. I. cap. 38: Man glaubt, dass der Gesang l'homme armé, mit dem Signum punctatum notiert, von *Busnois* erfunden sei (si stima, che da Busnois fussi trovato quel canto chiamato l'omme armé, notato con il signo puntato). Die Vermutung Aaron's lässt sich heute mit Sicherheit beweisen, dass nämlich Busnois nicht nur Komponist, sondern auch Dichter war. Drei mit seinem Namen gezeichnete Dichtungen (ohne Musik) sind neuerdings in verschiedenen Druckwerken und Handschriften gefunden worden (siehe „Société des anciens textes français. Rondeaux et autres poésies du XV* siecle, publiés d'après le Manuscrit de la Bibliothèque Nationale, par *Gaston Raynaud*." Paris 1889, 8°. pag. xj, xii, 93).

Busnois war ein Zeitgenosse *Molinet's* und mit ihm befreundet. Unter den oben erwähnten drei Dichtungen ist eine dem Chroniker Molinet gewidmet, die dann Molinet in seine poetischen Werke wieder aufgenommen hat, sowie der letztere an Meister *Anton Busnois*, Dekan zu Vornes im vlämischen Lande (pays flandrinois) einige gar dunkele und schwer verständliche Versspiele richtet. Das oben erwähnte gereimte Gespräch zwischen dem bewaffneten Manne und dem Liebhaber könnte man wohl als eine zweifelhafte Anrede des Dichters an seinen Freund betrachten.

Der außerordentliche Erfolg des Liedes l'homme armé lässt sich wohl dadurch erklären, dass in damaliger Zeit der Kriegsmann eine bedeutende Rolle im öffentlichen Leben spielte, wo ein Krieg den anderen ablöste und der Kriegsmann eine populäre geachtete und gefürchtete Person war. An Schildern und Häusern prangte seine Gestalt und an manchen Häusern kann man seine Figur noch heute finden, nur das Lied zu seinem Preise scheint verloren zu sein.

Nachschrift der Redaktion: Ein sicherer Beweis für die Ansicht des Herrn M. Brenet giebt die Messe Josquin des Près über das Lied L'homme armée. Josquin benützt die ganze Melodie, die sich wie folgt aus der Messe rekonstruieren lässt:

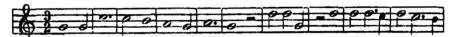

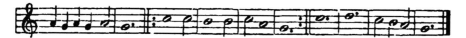

Die ersten zwei Verse finden sich auch in folgender Lesart:

(Siehe Publikation Bd. VI.)

Mitteilungen.

* Dr. *Friedrich Walter*: Geschichte des Theaters und der Musik am kurpfälzischen Hofe von ... Leipzig 1898, Breitkopf & Härtel. 8°. 4 Bll. 378 S.
3 Taf. mit Abbildungen. Preis 5 M. Haupttitel: Forschungen zur Geschichte
Mannheims und der Pfalz, herausgegeben vom Mannheimer Altertumsverein.
Letzterer Verein ist so glücklich durch Herrn Friedrich Bertheau in Zürich,
eines geborenen Mannheimers, eine Stiftung empfangen zu haben, die ihn in
den Stand setzt über die Geschichte Mannheims nicht nur gröfsere Arbeiten
zu veröffentlichen, sondern auch ein Schriftstellerhonorar auszusetzen. Die vorliegende Arbeit ist die erste ihrer Publikation und können gleich hinzufügen,
dass sie in wohlverdiente literarisch, musikalisch und musikalisch historisch ge-
bildete Hände gelegt worden ist, die trotz der wenig ergiebigen archivarischen
Quellen, dennoch ein lebensvolles und wahrheitsgetreues Bild zu schaffen verstand. Sie beginnt mit der frühesten Zeit als Ludwig I. aus dem Hause Wittels-
bach im Jahre 1214 mit der rheinischen Pfalzgrafschaft belehnt wurde und
schliefst mit dem Jahre 1778, als die Pfalz mit Baiern in eine Hand fiel. Die
ersten Kurfürsten der Pfalz residierten anfänglich in Heidelberg, dann in
Düsseldorf, bis 1736 der Kurfürst Karl Philipp Mannheim zur Residenzstadt
erhob. Schon Dr. Nagel klagt in seinem Artikel Gilles Heine (Hennius) in
M. f. M. 28, 89 ff. über die Unzulänglichkeit der Akten der einstigen Hofkapelle
in Düsseldorf, und in Heidelberg ist es nicht besser. Auch in Mannheim ist
bei der Belagerung der Österreicher 1795, als sie die Franzosen aus Mannheim
vertrieben, durch Feuersbrünste Archive und Bibliotheken vernichtet. Der
Herr Verfasser war daher genötigt, die Quellen aus gedruckten Büchern, Zeitungen,
Textbüchern von Opern und Oratorien, Hofkalendern, Grundbücher der Haus-
besitzer, Zahl- und Besoldungslisten, aus Resten von Personalakten, Briefen,
Memoiren u. a. aufzusuchen. Da das Werk seiner nächsten Bestimmung entsprechend bei strengwissenschaftlicher Grundlage einen gewissen populären
Charakter tragen sollte, der es dem Interesse des gebildeten Laien zugänglich
macht, wurde der ganze wissenschaftliche und archivarische Apparat in den
Anhang gewiesen. Auch sollte es nicht nur der Musikgeschichte dienen, sondern
eine allgemeine kultur- und kunstgeschichtliche Entwicklung mehrerer Jahrhunderte widerspiegeln. Allerdings kommt dabei der Musikhistoriker schlecht
weg, der nach Daten und verbürgten Nachrichten Umschau hält, obgleich immer

noch genug Material zu Tage gefördert wird, was manchem bisher wenig bekannten Meister zu gute kommt und zwar von der ältesten Zeit bis ins 18. Jahrhundert hinein. Da ist z. B. der Sängermeister *Johann von Soest* oder Sust, auch Suzato geschrieben, *Jobst vom Brant, Othmayer, Zirler, Christian Hollander*, den der Verfasser S. 15 unter *Christian Janson* anführt und in Klammer Janszone und Janson hinzufügt. Nur aus den angeführten Druckwerken, welche sein Freund, Joh. Pühler von Schwandorf, herausgab, ist Hollander zu erkennen. Das 17. Jahrhundert bietet nur wenig Unbekanntes dar, doch hilft sich hier der Verfasser durch die auszüglichen Mitteilungen von Operntexten, die bei Hofe zur Aufführung gelangten und bietet den Sammlern von Opertiteln ein willkommenes Material. Da die damaligen Textbücher zum Teil auch die Ausführenden mitteilen, so sind sie auch in betreff der einstigen Sänger von Wert, und der Verfasser lässt sich diese Quelle nie entgehen. Über angestellte Musiker in Düsseldorf giebt das Buch von Seite 57 ab wertvolle Nachrichten, teils aus Textbüchern, teils aus Resten von Aktenstücken. So erfährt man Näheres über *Sebastians Moratelli, Georg Kraft*, der die Ballette zu den Opern komponierte, *Joh. Hugo Wilderer*, der von 1697 bis 1723 Kapellmeister am Düsseldorfer Hofe war u. a. Reicher ausgestattet ist das 18. Jahrhundert, in dem es sogar möglich war Mitgliederlisten der Hofkapelle aufzufinden. Solche Besoldungslisten sind Seite 77 ff., Seite 102 und im Anhange Seite 344 mitgeteilt, und von Seite 368 ab findet sich ein alphabetisch zusammengestelltes Mitgliederverzeichnis der Hofkapelle von 1723 bis 1778. Ebenso werden Seite 362 die seit 1681 bis 1778 in Heidelberg, Düsseldorf, Mannheim und Schwetzingen aufgeführten Opern, Oratorien, Ballets u. a. mit allen näheren Angaben des Dichters, Komponisten, des Aufführungsjahres u. a. chronologisch verzeichnet. Der Historiker ist erfreut über die aufserordentliche Belesenheit des Herrn Verfassers, der sich auch nicht die entferntestliegende Notiz in irgend einem Druckwerke oder Manuskripte entgehen lässt und sie entweder in den Text verknüpft oder im wissenschaftlichen Anhange mitteilt. Die am Ende beigegebenen Tafeln enthalten Abbildungen des Naturtheaters im Schwetzinger Schlossgarten, der Bühne im Heidelberger Schlosse und Grundrisse des kurfürstl. Opernhauses in Mannheim, 1795 abgebrannt. Eine sehr dankenswerte Beigabe ist das sorgsam angefertigte Namenregister, eine Beigabe, die man in deutschen historischen und biographischen Werken immer noch selten antrifft, oder in flüchtiger Weise hergestellt findet.

* *Pisani, Agostino:* Manuale teorico-pratico del Mandolinista di ... Con 13 figure, 3 tavole e 39 esempi. Ulrico Hoepli in Milano. 1899 (sic?). kl 8°. Eine Methode für die Mandoline mit Erklärungen und Übungen. Den Anfang bilden Abbildungen derselben von 1300—1700, 8 Stück, darunter ein Kopf aus der Werkstatt des Stradivario's; diesen folgt eine kurze historische Abhandlung, die aber wenig zu sagen weifs, doch werden aus der 2ten Hälfte des 18. Jahrhunderts 6 Verfertiger von Mandolinen genannt: *Antonius Vinaccia* filius Januarii fecit. Neapoli 1764, *Vincenzo Vinaccia* fece alla calata dell' Ospedaletto. Neapoli 1776, *Gajetanus Vinaccia* fecit. Neapoli 1779. *Donatus Filano.* Neapoli 1765, *Giov. Battista Fabricatore*, Napoli 1784 und *Gennaro Fabricatore*, Napoli 1793. Am Ende befindet sich ein Verzeichnis über Lehrbücher.

* *Tijdschrift der Vereenigung voor Noord-Nederlands Muziekgeschiedenis.* Deel VI 1. en 2. stuck. Amsterdam 1896 Fr. Muller & Co. 8°. 128 S. Enthält

den Nekrolog über den 1897 am 17. April verstorbenen Abr. Dick Loman, 10 S., darauf „Verslag van de Werkzaamheden en den Staat der Vereenig. v. N. Muziekgesch. over 1897. S. 16 beginnt der umfangreiche Hauptartikel: Marschen en Marschmuziek in het nederlandsche leger, der achttiende eeuw, door *J. W. Enschede,* mit zahlreichen Mitteilungen von Marschmelodieen.

    * Die Verlagshandlung „Harmonie" in Berlin W, Kronenstr. 68/69 versendet folgende Notiz: Prof. *Heinrich Bulthaupt,* der bekannte Verfasser der „Dramaturgie der Oper" etc. hat eine Biographie des Balladen-Komponisten *Carl Loewe* vollendet. Dieselbe wird — ungefähr gleichzeitig mit der *Haydn*-Biographie von Dr. *Leop. Schmidt* (Verfasser der „Geschichte der Märchenoper") — in der von Professor Dr. *H. Reimann* redigierten Monographien-Sammlung „Berühmte Musiker" im nächsten Monat mit aufserordentlich reichem Illustrations-Schmuck in obigem Verlage erscheinen.

    * Sollte jemand vom Buxheimer Orgelbuche, Monatsheft 1886/87 *Bogen 5* doppelt besitzen, so bittet die Redaktion um gefällige Übersendung, sowie den Bogen 15, das Register zum Jahrgange 1888.

    * Hierbei zwei Beilagen: 1. Joh. Phil. Krieger, Bog. 15. 2. Katalog der v. Thulemeier'schen Musikalien-Sammlung, Bog. 2. 3. Ein Circular an die Mitglieder der Gesellschaft für Musikforschung das 3. Generalregister betreffend. 4. Prospekt der Buchhandlung Th. Griehen (L. Fernau) in Leipzig.

Die Mitglieder der Gesellschaft für Musikforschung erhalten von Prof. Dr. *E. Bohn, Breslau, Kirchstrafse 27* gegen Einsendung des Betrages nachstehende bibliographische Werke franco mit 50% Rabatt.

1. E. Bohn. Bibliographie der Musik-Druckwerke bis 1700, welche in der Stadtbibliothek, der Bibl. des akademischen Instituts für Kirchenmusik und der Kgl. Universitätsbibl. zu Breslau aufbewahrt werden. — Berlin 1883. VIII u. 450 Seiten in gr. 8° — statt 14 M, 7 M.

2. E. Bohn. Die musikalischen Handschriften des 16. u. 17. Jahrh. in der Stadtbibliothek zu Breslau. — Breslau 1890. XVI u. 423 Seiten gr. 8° — statt 15 M, 7½ M.

3. E. Bohn. 50 historische Concerte in Breslau 1881—92. Nebst einer bibliographischen Beigabe: Bibliothek des gedruckten mehrstimmigen weltlichen deutschen Liedes vom Anfange des 16. Jahrh. bis ca. 1640. — Breslau 1893. 188 Seiten gr. 8° — statt 4 M, 2 M (Exemplar auf stärkerem Papier statt 6 M, 3 M).

---

    * Die Redaktion hat den Auftrag folgende Publikationsbände zu einem sehr herabgesetzten Preise zum Verkaufe anzubieten:

    Ott's Liederbuch 1544 zu 15 M, Josquin Després zu 6 M, Joh. Walther zu 6 M, Heinrich Finck zu 6 M, Oeglin's Liederb. 1512 zu 6 M, Oper 1. Teil: Caccini, Gagliano u. Monteverde zu 10 M, Virdung auf Büttenpapier 5 M, Oper 2. Teil: Cavalli u. Cesti zu 10 M, Oper 3. Teil: Scarlatti u. Lully zu 10 M, Hassler's Lustgarten zu 5 M, Glareans Dodecachord deutsch 15 M, Oper 4. Teil: Schürmann u. Keiser 15 M, Regnart 3stimm. Lieder nebst Lechner's Bearbeitung 6 M.

Verantwortlicher Redakteur Robert Eitner, Templin (Uckermark).
Druck von Hermann Beyer & Söhne in Langensalza.

MONATSHEFTE

für

MUSIK - GESCHICHTE

herausgegeben

von

der Gesellschaft für Musikforschung.

III. Jahrg. **1898.**	Preis des Jahrganges 9 Mk. Monatlich erscheint eine Nummer von 1 bis 2 Bogen. Insertionsgebühren für die Zeile 30 Pf. Kommissionsverlag von Breitkopf & Härtel in Leipzig. Bestellungen nimmt jede Buch- und Musikhandlung entgegen.	**No. 11.**

Michael Weyda und Heinrich Albert.

Michael Weyda, ein geborener Danziger, denn sein Vater war Organist an der Marienkirche zu Danzig und starb 1623, erhielt im Jahre 1635 denselben Posten als Organist, geriet aber wegen einer theologischen Schrift mit der Geistlichkeit in Streit und wurde seines Amtes entsetzt. 1650 fand er in der reformierten Gemeinde Königsbergs i. Pr. als Organist Ersatz für die verlorene Stelle. In der Universitätsbibliothek zu Königsberg befinden sich zwei Gelegenheitsgesänge von 1635 und 1654. Herr Karl Lohmeyer fand im Universitätsarchiv ebendort eine Kritik Heinrich Albert's über eine Komposition Weyda's, die derselbe in der Altpreufsischen Monatsschrift 1894 Bd. 31, Heft 3/4 veröffentlicht und die wohl wert ist den Fachkreisen näher bekannt zu machen. Das Schreiben Albert's ist an den Rektor der Universität gerichtet. Herr Lohmeyer schreibt:

Nach einer kurzen Einleitung, die es für durchaus richtig erklärt, „dass alle sonstigen Schriften vor dem Druck von Kundigen censiert werden müssen," fährt das ex Musaeo meo vom 4. Januar 1635 datierte Schreiben Alberts fort: „Wundert mich aber, warum man einzig und allein die liebe Musicam hat ausgeschlossen und einem jeglichen Phantasten freigelassen seine Grillen durch öffentlichen Druck hervorzubringen, daher denn diejenigen, so durch täglichen Fleifs etwas Tüchtiges hierin zu prästieren sich bearbeiten, gewisslich gar schlecht aufgemuntert werden. Vermeine auch, dass nicht wenig der Hoheit und Reputation dieses Orts daran gelegen, dass, wenn solche unzeitige [d. i. unreife] Kompositionen fremden Musikern unter Augen kommen, man schließen möchte, es wären hier solche Eselsköpfe, die es nicht besser verständen; zu geschweigen des offenbaren Betrugs, indem einem rechtschaffenen Musiker das praemium seines in der Jugend angewendeten Fleißes damit entwendet und unrechtmäßigerweise an sich gebracht wird, in welchem Fall die schlichten Handwerksleute viel glückseliger, welche keinen öffentlich zur Arbeit kommen lassen, es sei denn dass er seinem Thun recht und wohl wisse vorzustehen."

„Dieses habe aus Schuldigkeit gegen Ew. Magnificenz und diese ganze löbliche Universität hiermit zu erinnern ich nicht unterlassen wollen, als der ich nicht gern sehe, dass dero Lob und Ruhm bei Fremden zu verkleinern die geringste Ursache und Anlass gegeben werden möchte, mit ... Bitte solches in hoher Gunst von mir zu vermerken, zu welchem mich insonderheit bewogen die unzeitige Komposition *Michael Weydas*, verschienenen Montag allhier zu Königsberg gedruckt. Was von solcher und dergleichen, so mir bisher unter Händen gekommen, zu halten, ist fast Schande zu melden. Ew. Magnificenz stelle ich es hiermit anheim, ob Sie nicht der lieben Musica zu Ehren hierin eine Änderung treffen und solch Kinderwerk hinfür drucken zu lassen in hochverständiges Bedenken nehmen wollen ..."

Die auf dem zweiten Zettel stehende Kritik lautet (ebenfalls in geänderter Schreibweise):

„Im ersten *tempore* [d. i. Takt]
   halten alle Stimmen einen ganzen Takt still, thut sich keine
   regen; item der Bass ist zu weit von den anderen Stimmen,
   nämlich die erste Note.

Im andern *tempore:*
   das *es* im Diskant, weil so bald auf das *a* im ersten *tempore*
   folgt, kommt ganz ungeschickt im Singen, weil das zwischen-
   stehende *b* allzu kurz hält.
   Die Sexta im Tenor und Bass kommt sehr übel;
   item die Quint bleibt weg einen ganzen Takt lang.

Im dritten *tempore:*
   f im Diskant und *cis* im Bass schlagen zugleich an, das kling
   sehr hässlich.

Im 4. *tempore:*
   im Aufschlag des ersten Takts wird die Quint vergessen

Darauf folgen 2 Quinten im Alt und Bass, und ist die dazwischenstehende geschwänzte Note nicht genugsam solche zu entschuldigen.

Im 5. tempore

halten die Stimmen alle zwei Takte aufeinander still, muss sehr lieblich zu hören sein.

Item der Alt singt erstlich das *fis*, darauf das *f*; solche Mutation der Noten pflegt selten rein zu geraten.

Im 6.

ist der Bass viel zu weit von den anderen Stimmen. Drei Quinten folgen hintereinander her im Alt und Diskant.

Im 7.

kommen die 3 Rossquinten [?] wieder.

Im 8.

kommt der Text auf die Noten ganz widerwärtig.

Im 9.:

die Quint bleibt weg ein Viertel Takt lang.

Item die Sexta im Bass und Tenor taugt nichts.

Im 10.:

zwei Quinten im Alt und Diskant.

Item der Bass liegt zu weit ab, und bleibt die Quint einen ganzen Takt lang aus.

Im 11., 12. und 13.

kommen vorige Sachen noch einmal aufgezogen.

Im 14.

sieht man, wie weit er den Diskant von den anderen Stimmen gesetzt hat, als wenn er sie nicht anginge.

Im 15.

lässt er die Terz wegbleiben, und bleibt der Diskant noch immer abgesondert.

Im 16.

sind die Stimmen so zerstreut, dass man sie mit beiden Händen nicht greifen kann, man muss sich aufs Pedal verlassen.

Im 17.

soll im Final billig auch die Quint sein. —

Man findet im ganzen Lied nicht eine einzige Bindung, und mag das Hüpfwerk am Ende sehr verdrießlich zu hören sein."

11*

Glückselig ist der Mann.

Dieses hat komponiert **Michael Weida Dantiscanus**, ein Organista.

NB. Die unter die Noten gesetzten Kreuze rühren von Albert selbst her und bezeichnen die in seinen Bemerkungen kritisierten Stellen.

In dulci iubilo.
Neues zu Text und Melodie.

Die Texte *) des alten Weihnachtsliedes lassen sich hinsichtlich des Umfanges der einzelnen Strophen in zwei Gruppen teilen: solche mit sieben-, bzw. (mit Wiederholung der letzten Zeile) achtzeiligen und solche mit neun-, bzw. zehnzeiligen Strophen. Die zweite Gruppe, welche am Ende jeder Strophe die eine bzw. zwei den übrigen Texten fremden Zeilen aufweist, wird durch die niederdeutschen und niederländischen Fassungen des Liedes (Hoffmann, Nr. 15, Wackernagel III, Nr. 1074, Jellinghaus, nd. jahrb. 7, 1, Hölscher VI und Bäumkers zweistimmige Sätze) und die ganz lateinische Fassung bei Bolte, Zs. f.

---

*) Bequeme Übersicht der Druckstellen jetzt bei J. Bolte, In dulci iubilo, in: Festgabe an Karl Weinhold, dargebracht von der Gesellschaft für deutsche Philologie in Berlin, Leipzig 1896, 124; die dort gebrauchten Abkürzungen sind auch hier angewandt.

deutsche phil. 21, 241 dargestellt. Zu dieser zweiten Klasse gehört auch der im folgenden mitgeteilte bisher nicht bekannte Wortlaut.

Die Handschrift 2276 der Grofsherzoglichen Hofbibliothek zu Darmstadt, sicher dem 15. Jh. angehörig, aus der Karthause zu Köln stammend und in der Sammlung Hüpsch an ihren jetzigen Auf- bewahrungsort gelangt, giebt auf Blatt 43 b den nachstehenden Text; bei seiner Wiedergabe ist die Schreibweise der Hs. gewahrt worden und nur statt der dortigen durchlaufenden Schreibung der Verse die gewöhnliche Zeilenteilung gegeben.

v In dulci iubilo.
  fynget ind weset vro.
  al vnses hertzen wonne.
  ligt in p̄ſepio.
  hie luicht recht als de ſonne.
  matris ī gremio.
  Ergo merito
  ergo merito.
  Des ſullen alle hertzē.
  ſweūē ī gaudio.

v Vbi ſūt gaudia.
  neren dan alda.
  da hoert men ſeyden clyngen
  in regis curia.
  da hoert mē engel ſyngen.
  de nova cantica.
  Eya qualia.
  eya qualia.
  o moẹder alre goeden.
  brengh vns ad talia.

v O ihū p̄uule.
  na dir is myr ſo we.
  troiſte du myn gemoede.
  tu puer inclite.
  hilp vns durch dine goede.
  tu puer optime.
  Trahe me poſt te.
  Trahe me poſt te.
  in dines vader riche.
  tu p̄nceps gle.

v Maria nostra spes.
  iuncfrau helpt vns des.
  dat wyr ſo ſeelich wden
  alß dyn p̄genies.
  vergijff vns vnſe ſunden.
  vyel me dan ſepcies.
  Vitā nobis des.
  vitā nobis des.
  dat vns tzo deile wde.
  eterna rquies.

Der vorliegende Wortlaut berührt sich am nächsten mit Hoff- manns und Hölschers Texten. Die Abweichungen, hauptsächlich in der dritten Strophe, zu besprechen ist hier nicht der Ort.

Unmittelbar auf den Text folgt in der Darmstädter Hs. die Me- lodie, deren recht fehlerhafte Aufzeichnung möglichst getreu wieder- gegeben ist.

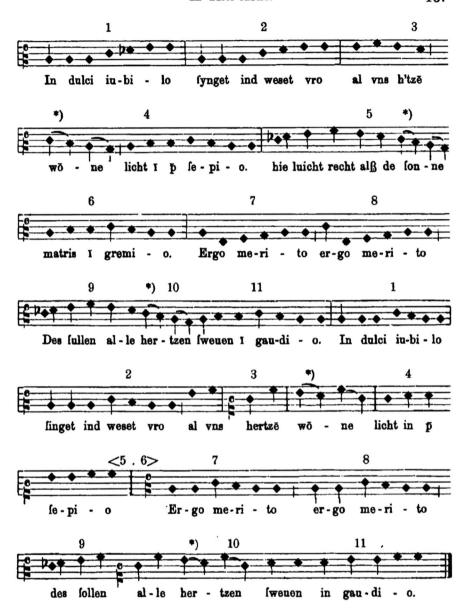

Es ist klar, dass hier zwei Singweisen vorliegen. Die erste ähnelt am meisten der von Boehme, Altdeutsches Liederbuch Nr. 528 mitgeteilten Melodie; diese ist für unseren längeren Text erweitert, wie auch bei Hoffmann S. 125. Mit dem zweiten In dulci iubilo beginnt

---

*) Die im Druck schwer darzustellenden Ligaturen der Hs. sind durch ⌢ wiedergegeben.

die andere Melodie. Hier fehlt der Abschnitt hie luicht — gremio, vergessen wegen des ähnlichen Schlusses in Noten und Text, doch leicht aus dem Vorhergehenden zu ergänzen. Im einzelnen zeigen beide Melodieen Varianten von den bekannten Weisen, von denen übrigens auch keine ganz mit einer anderen übereinstimmt.

Wie sehr die Melodieen überhaupt einander durchkreuzen (ähnlich wie ja auch die Textstrophen und -Zeilen umgestellt werden), darauf sei unter Heranziehung von Bäumkers zweistimmigen Sätzen noch kurz hingewiesen.

Die erste Darmstädter Melodie entspricht (die übergeschriebenen Ziffern bezeichnen die entsprechenden Melodie-Abschnitte bei Bäumker) in

	Bäumker KL.	Bäumker Vjs.
Abschn. 1. 2:	I. Mel., Abschn. 1. 2.	L. Mel., Abschn. 1. 2.
„ 3—6:	II. „ „ 3—6.	II. „ „ 3—6.
„ 7. 8:	I. „ „ 7. 8.	II. „ „ 7. 8.
„ 9—11:	II. „ „ 9—11.	II. „ „ 9—11.

Die zweite Darmstädter Melodie gleicht in

	Bäumker KL.	Bäumker Vjs.
Abschn. 1. 2:	II. Mel., Abschn. 1. 2.	II. Mel., Abschn. 1. 2.
„ 3—6:	I. „ „ 3—6.	I. „ „ 3—6.
„ 7. 8:	II. „ „ 7. 8.	I. „ „ 7. 8.
„ 9—11:	I. „ „ 9—11.	I. „ „ 9—11.

Die Fragen, welche Erk-Boehme, Liederhort 3, 636 ff. anregt, nach der ursprünglichen Fassung der Melodie und des Gedichtes, ob lateinisch oder deutsch, niederdeutsch oder hochdeutsch, ferner nach dem Umfang, ob drei- oder vierstrophig, erhalten durch die vorstehende Mitteilung keine Förderung.

Darmstadt.   *Ludwig Voltz.*

Mitteilungen.

* *Riemann*, Dr. *Hugo:* Geschichte der Musiktheorie im IX.—XIX. Jahrhundert von ... Leipzig 1898 Max Hesse. 8⁰. 20 u. 529 S. Preis 10 M. Ein Werk von eminenter Gelehrsamkeit und doch wieder so abgefasst, dass es jeder Dilettant mit Erfolg lesen kann. An der Hand der theoretischen Werke der frühesten christlichen Zeitrechnung bis zur Gegenwart entwickelt sich, durch viele Irrwege aufgehalten, mit unendlicher Langsamkeit die theoretische, harmonische Grundlage unserer Musik. Was anfänglich geboten ist, verwandelt sich später in ein Verbot. Die Begriffe Konsonanz und Dissonanz brauchen Jahrhunderte ehe sie an der Hand der Akustik zu ihrem Rechte gelangen. Sehr richtig betont der Herr Verfasser immer wieder, dass im Altertum die Volksmusik, besonders im Norden Europas, die treibende Kraft war, welche allen Regeln der Theoretiker trotzte und schließlich sie auf den rechten Weg führte. Einzelne geniale Männer lenkten schon früher ein, doch langsam in Jahrhundert langem Kampfe folgte die Masse der Theoretiker, während die Komponisten einen Lehrsatz nach dem anderen umstießen und nur widerwillig die Gelehrten folgten. Diesen Jahrhundert langen Kampf schildert der Herr Verfasser mit außerordentlicher Gründlichkeit, indem er im Texte die Übersetzung der wechselnden Lehrsätze wiedergiebt und in der Anmerkung die Originalien mitteilt, so dass jeder im stande ist die Erklärung des Verfassers zu kontrolieren.

Es wird nicht ausbleiben, dass mancher Ausspruch auf Widerstand stößt, denn die Ausdrucksweise der alten Theoretiker ist oft dunkel und manches Wort uns heute unverständlich, oder die überlieferte Handschrift verdorben, so dass der Verfasser aus dem allgemeinen Sinne die Regel konstruieren musste. Mit Sorgsamkeit sind alle bisherigen Auffassungen der Lehrsätze geprüft und manches Irrtümliche nachgewiesen. Durch die gründliche Durcharbeitung aller theoretischen Schriften — eine wahre Riesenarbeit — hat der Verfasser auch chronologisch auf Grund der ausgesprochenen Lehrsätze in die Zeitfolge der Schriftsteller über Theorie Ordnung zu bringen versucht; ferner weist er nach, dass manche der Schriften, die bisher einem Autor zugeschrieben wurden, von zwei verschiedenen mit gleichem Namen herrühren müssen. Andererseits setzt er wieder durch schlagende Beweise Autoren in ihr Recht ein, denen die Autorschaft bisher abgesprochen wurde (Hucbald u. a.). Man staunt über die Belesenheit des Verfassers, dem keine ältere und neuere Arbeit entgangen ist und jeder Ausspruch einer erneuten Prüfung unterworfen wird. Hervorragenden Theoretikern wird ein breiter Raum gewährt und ihre Lehrsätze in ihrem ganzen Umfange mitgeteilt, stets begleitet von kritischen Bemerkungen, die das für und wider mit Nachdruck hervorheben. So z. B. *Zarlino*, den der Verfasser überhaupt mit Vorliebe hervorhebt und seine Lehrsätze bis ins 18. Jahrhundert als wirksam nachweist, dann wieder *J. Phil. Rameau*, *Sorge* und in der Neuzeit *Gottfried Weber* und *Oettingen*, sich selbst nicht ausschließend. Auch für die Biographie der ältesten Meister ist das Werk fruchtbringend, nur bedauert man, dass das Namenregister so lückenhaft angefertigt ist. Aushelfend ist allerdings das Inhaltsverzeichnis S. XII ff.

* *Der Ursprung des Motetts.* Vorläufige Bemerkungen von Wilhelm Meyer, Professor in Göttingen. (Separat-Abdruck aus den Nachrichten der

Gesellschaft der Wissenschaften zu Göttingen. Philologisch-historische Klasse. 1898. Heft 2.) Den auf dem Gebiete der lateinischen Dichtung des Mittelalters rastlosen Forscher führen seine Untersuchungen der Motettentexte zu den ersten Formen der mehrstimmigen Komposition, unter welchen das Motett eine hervorragende Stelle einnimmt. Wie die Sequenzen aus dem Alleluja-Neuma, so sind die Motetten aus dem Diskantus, Triplum etc. entstanden, welche als zweite, dritte etc. Stimme einem meistens dem cantus planus entnommenen Tenore beigefügt wurden. Mit der Ähnlichkeit der Entstehung verband sich auch die Ähnlichkeit der Beschaffenheit: auf jede Note eine Silbe. Aus dem Ursprunge des Motetts ergaben sich für die Motettentexte, welche einer bestimmten Melodie angeschmiegt werden mussten, bezüglich ihrer Form wichtige Folgerungen. Der Anonymus bei Coussemacker 1. 327—364 berichtet uns von einem starken Bande mehrstimmiger Kompositionen, der lange im Chore von Notre-Dame in Paris gebraucht wurde und die Meister *Leonius* und *Perotinus* zu Urhebern hatte. Diese wertvolle Sammlung ist besonders in einer Florentiner Handschrift des 13. Jahrhunderts noch ziemlich vollständig erhalten, welche von dem Verfasser bezüglich ihres Inhaltes und dessen Anordnung genau beschrieben wird. Die Untersuchung dieser Gesänge unter Berücksichtigung der mittelalterlichen Musiker führt den Verfasser zu sehr interessanten Aufklärungen in einem noch vielfach dunkeln Gebiete der Musikgeschichte.   P. Bohn.

    * Herr Archivrat Dr. Th. Distel in Dresden sendet folgendes Vorkommnis am sächsischen Hofe ein. Am 1. August 1819 war der in italienischer Musik wohl bewanderte König von Preußen, Friedrich Wilhelm III. — nach dem Wiener Frieden erstmalig — wieder zum Besuche in Pillnitz. Der Sachsenkönig hatte genügende Vorkehrungen getroffen, dass Mißstimmungen nicht laut werden konnten. Allgemeine Verwunderung entstand aber, als Morlacchi, der sächsische Kapellmeister, die Tafelmusik mit der Ouverture zur *diebischen Elster* von Rossini eröffnete. Nach dem Weberbiographen soll Morlacchi der Löwe des Tages gewesen sein.

    * Herr Prof. *Emil Krause* in Hamburg kündigt den 23. Kursus seiner populär gehaltenen wissenschaftlichen Vorträge über Musik und Musikgeschichte an, begleitet von Chorvorträgen und einem kleinen Orchester.

    * *Leo Liepmannssohn*, Antiquariat, Berlin S.W., Bernburgerstr. 14. Katalog 134, enthaltend 305 Nrn. Musik-Litteratur und Musikalien, vorwiegend in Hds. Eine interessante Sammlung von vielfachen Seltenheiten. Auch ein komplettes Exemplar der Monatshefte f. M. von 1869—1896 in 53 Bänden wird für den Preis von 220 M angezeigt. Komplette Exemplare sind äußerst selten, ebenso Farrenc's Trésor des Pianistes in 13 voll.

    * Die Breitkopf & Härtelsche Verlagshandlung in Leipzig versendet einen Katalog: Bibliothek für Blas-, Schlag- u. a. Instrumente.

    * Der Dresdener Tonkünstler-Verein versendet seinen Bericht über das letzte Vereinsjahr 1897—98. Außer den sachgemäßen Mitteilungen enthält er S. 8 auch einen Bericht über jüngst verstorbene Mitglieder.

    * Hierbei zwei Beilagen: 1. Joh. Phil. Krieger, Bog. 16, Schluss. 2. Katalog der v. Thulemeier'schen Musikalien-Sammlung, Bog. 3.

Verantwortlicher Redakteur Robert Eitner, Templin (Uckermark).
Druck von Hermann Beyer & Söhne in Langensalza.

MONATSHEFTE

für

MUSIK - GESCHICHTE

herausgegeben

von

der Gesellschaft für Musikforschung.

| III. Jahrg. 1898. | Preis des Jahrganges 9 Mk. Monatlich erscheint eine Nummer von 1 bis 2 Bogen. Insertionsgebühren für die Zeile 30 Pf. Kommissionsverlag von Breitkopf & Härtel in Leipzig. Bestellungen nimmt jede Buch- und Musikhandlung entgegen. | No. 12. |

Zur Familiengeschichte des Leipziger Thomas-Kantors Johann Herman Schein.

Nachstehende Zusammenstellung von Lebensnachrichten über Johann Herman Schein, insbesondere seine Familie, ist das Ergebnis einer Reihe von Spezialforschungen, die nach dem Erscheinen meiner Biographie über Schein (Leipzig 1895, Breitkopf & Härtel) von den Herren Pfarrer Dr. Buchwald in Leipzig, Oberlehrer Dr. Max Hofmann in Schulpforta und insbesondere durch den derzeitigen Pfarrer in Grünhain, im sächsischen Erzgebirge, dem Geburtsort Johann Herman Scheins, Herrn E. A. Seidel, angestellt worden sind und die meine eignen Forschungen in dankenswertester Weise ergänzen und berichtigen, insbesondere sei an dieser Stelle der rastlosen Bemühungen des zuletzt genannten Herren ehrenvollste Erwähnung gethan, der durch unablässige Umfragen in den Kirchen- und Schularchiven der benachbarten, erzgebirgischen Pfarrämter und auch in den Archiven der Kirchen Dresdens, sowie durch Wiedereinführung Scheinscher Choräle in den gottesdienstlichen Handlungen seiner Parochie, endlich durch Anbringung einer aus Mitteln seiner Gemeinde beschafften Gedenktafel, sowie eines aus Leipzig geschenkten Ölbildes ihres berühmtesten Sohnes an und in der Kirche zu Grünhain, sich um die Kunst und Wissenschaft ein nicht zu unterschätzendes Verdienst erworben und das Andenken und die Werke Scheins in seinem Kreise zu neuem Leben erweckt hat. Mögen diese Lebensdaten jetzt, wo der Verfasser im Begriffe steht — eine Anzahl ausgewählter und

in ihrer Wirksamkeit in den modernen Konzertsälen und Gesangvereinen zum Teil bereits erprobter weltlicher Lieder Scheins für
gemischten Chor zu veröffentlichen, willkommen sein und zugleich
als Ersatz für die vor drei Jahren angekündigte Gesamtausgabe der
Werke des Künstlers dienen, deren bisheriges Nichtinslebentreten
durch Gründe verschuldet ist, die den Lesern dieser Zeitschrift nicht
interessieren.

I. Scheins Vater.*)

Hieronymus Schein (auf den Titelblättern der Kirchenrechnungen
im Grünbainer Pfarrarchive steht zweimal, 1585 und 1586, *Scheijnn*
geschrieben) geboren 1533 zu Dresden, genoss, zufolge seiner eigenhändigen Aufzeichnung im Wittenberger Ordinatenbuch, zuerst den
Unterricht des Magisters Nicol. Cusius in Dresden, trat am 24. Juni
1549 in die Fürstenschule von St. Afra zu Meifsen ein, wo er, laut
Eintrags im Afraneralbum, bis 1555 verblieben ist. Doch widerspricht
des letzteren Angabe seine eigne Aufzeichnung, wonach er bereits 1554
die Afra verlassen habe und noch in demselben Jahre auf der Universität Leipzig als Student inskribiert worden ist. Die erstere Annahme dürfte indes den Vorzug verdienen und Hieronymus Schein einen
Gedächtnisfehler begangen haben, da die Aufenthaltsdauer derjenigen
Schüler, die nicht als Kapellknaben „der kurfürstlichen Kantorei" in
Dresden weiterhin musikalisch ausgebildet wurden, in St. Afra 6 Jahre
betrug. Hieronymus Schein hat aber nicht zu den churfürstlichen
Kapellknaben gehört. In Leipzig wurde er 1559 Magister und in
demselben Jahre Prorektor am Lyceum zu Annaberg. Auch hier
weicht die eigenhändige Aufzeichnung des Magister Hieronymus von
der des Afraneralbums ab, sofern er erst 1560 als Conrektor nach
Annaberg gekommen sein will. Leider ist hier ein genauerer Nachweis nicht zu führen, da die Quellen uns im Stich lassen, 1561 finden
wir den Magister aber bereits wieder als „Schulmeister" in Kaden
und Brüx. Ersterer Ort war nach der Vermutung des Herrn Pfarrers
Seidel ein Besitztum des Klosters zu Grünhain. Doch erst viele Jahre
später sollte Hieronymus in Grünhain selbst als Pfarrherr einziehen.
Er erzählt, dass er während seiner Stellung als Schulmeister in Kaden
„4 mal verjagt" worden sei, wahrscheinlich infolge der Krypto-Kal-
vinischen Wirren von denen das Kurfürstentum Sachsen in der damaligen Zeit heimgesucht wurde und unter denen auch der nachmalige Pfarrer von Grünhain abermals zu leiden hatte (s. Biographie

---

*) Biographie S. 2/3.

S. 2). Auf einer der Irrfahrten, in denen Hieronymus nach seiner Verjagung von Kaden umhergetrieben wurde, scheint er auch in Lübeck Hilfe und Unterkommen bei seinem Bruder Calixtus Schein (s. unter III, 1), der daselbst als Stadt-Syndikus lebte, gesucht und gefunden zu haben, denn in Lübeck wirkte Hieronymus nach seinen eignen Aufzeichnungen als Prorektor, wahrscheinlich am Gymnasium. Er berichtet alsdann eine Stellung als Präceptor am Hofe Alberts von Schlicks bekleidet zu haben, worüber er uns aber ohne genauere Nachrichten lässt; darauf finden wir den Vielgewanderten wiederum in Sachsen, als „Schulmeister" zu Weesenstein. Als Schullehrer und Schlosskantor ist er von dem damaligen Patron von Weesenstein, Rudolf von Bünau, eingesetzt worden und hat diese Ämter über vier Jahre verwaltet, es sind das die Jahre 1574—78 gewesen, denn von Weesenstein aus übernahm Hieronymus zum erstenmal eine Pfarrstelle und zwar in Arnsfeld, wo er am 10. September 1578 durch den Dresdner Oberhofprediger Polycarpus Leyser den Älteren, den nämlichen, dem sein Sohn Johann Herman Schein im Jahre 1599 seine Aufnahme in die berühmte Dresdner „Kantorei" verdankte (Biogr. S. 4), ordiniert wurde. Danach berichtigt sich auch die Angabe meiner Biographie (S. 4), wonach diese Einsetzung erst 1580 erfolgt sei. 1584 übernahm M. Hieronymus Schein endlich die durch Versetzung seines Amtsvorgängers Wolfgang Schaller nach Markneukirchen erledigte Pfarrstelle von Grünhain, als vierter Geistlicher, (nicht dritter wie es irrtümlich in der Biographie S. 2 heifst) seit Einführung der Reformation im Kurfürstentum Sachsen.

II. Scheins erste Gattin.

Sidonia, Tochter des Kurfürstlich Sächsischen Rentsekretarius Eusebius Hösel zu Dresden, mit der sich Johann Herman Schein am 12. Februar 1616 zu Weimar als Hofkapellmeister hat trauen lassen (Biographie S. 20), war nicht, wie dort aus dem Text zu entnehmen, eine geborene Dresdnerin, sondern hat gleichfalls in Grünhain das Licht der Welt erblickt. Denn ihr Vater bekleidete daselbst das Amt eines kurfürstlichen „Amptsschreibers zum Grünhain" wie er auf einem Aktenstücke, das Herr Pfarrer Seidel eingesehn hat, und auch in einer Grünhainer Kirchenrechnung vom Jahre 1593 genannt wird (ersteres ist eine um 1587, also noch bei Lebzeiten des Magister Hieronymus Schein, ausgefertigte Taufurkunde, wo „her" Eusebius

---

*) Der erste war Johann Winkler, der noch 1575 in Grünhain amtierte, der zweite Johann Grabner, der die Concordienformel unterschrieb, der dritte der obengenannte Wolfgang Schaller.

Hösel mit obigem Titelzusatz, mit der Mutter Scheins zusammen, als Paten aufgeführt werden. Der von mir auf S. 20 der Biographie gebrauchte Ausdruck, es sei eine Jugendgeliebte gewesen, die Schein an den Traualtar geführt hat, findet durch diesen Sachverhalt erst seine volle Bestätigung. Denn es erhellt daraus, dass die Familien Schein und Hösel schon in Grünhain durch freundschaftliche Beziehungen verbunden gewesen sind. Sidonias Vater ist dann später als kurfürstlicher Rentsekretarius nach Dresden versetzt worden, wohin sich auch die Witwe des Magister Hieronymus Schein, eine geborene Dresdnerin, nach dem Tode ihres Gatten, zurückzog. (Biographie S. 3.) So erklärt es sich, dass Johann Herman Schein sich 1616 seine Braut von Dresden nach Weimar geholt hat.

III. Scheins Verwandte.

Im Afraneralbum der Meifsner Fürstenschule findet sich aufser Hieronymus Schein, der Name Sch. noch öfters genannt.

1. „*Calixtus Schein*," (der oben unter I. erwähnte) aus Dresden, gehörte der St. Afra von 1543—1549 an, demnach als einer ihrer ersten Schüler. Er ward 1555 Stadtschreiber in Meifsen, 1560 als Doctor juris Stadtsyndikus in Kiel, dann oberster Syndikus in Lübeck, wo er in Gemeinschaft mit andern das Lübeckische Stadtrecht herausgab, auch mehrere Gesandtschaftsreisen an den kaiserlichen Hof, nach Dänemark und an andere Höfe unternahm. 1564 wird er endlich als Mecklenburgischer Rat und Kanzler zum letztenmal genannt.*) Da sowohl Calixtus, als Hieronymus Schein aus Dresden gebürtig waren und letzterer, nach seiner Vertreibung, bei dem angesehenen Lübecker Doctor juris und Stadtsyndikus Schutz suchte, so düfte die Annahme gerechtfertigt sein, dass Calixtus ein älterer Bruder des Magister Hieronymus und also ein Oheim unseres Johann Herman Schein gewesen ist.

2. *Gottfried Schein* aus Lübeck, Schüler von St. Afra vom 14. Januar 1581 bis 3. Oktober 1585, Sohn des Syndikus Calixtus Schein, demnach ein Vetter unseres Künstlers.

3. *Schein*s Geschwister.

a) *Zacharias* Schein aus Grünhain, aufgenommen in St. Afra am 8. Juli 1592, Sohn des Pfarrers Hieronymus Schein. Geboren ist dieser aber aller Wahrscheinlichkeit nach während der Amtsführung seines Vaters in Weesenstein (s. o. S. 143) innerhalb der Jahre 1574 bis 1578. Jedenfalls noch vor dessen Antritt des Pfarramtes in Arns-

*) Nach Zedler, Universallexikon ist er 1600 gestorben.

feld im Jahre 1578, denn, laut Zeugnisses des dortigen Pfarramtes, wurden dem Magister Hieronymus in Arnsfeld folgende Kinder geboren:

b) „Anno [15]82, den 10. Dezember ist den H. M. Hieron. ſchein und seiner Hausfrau ein Son mit Namen *Samuel*";

c) „Anno [15]83 den 8. Aprilis ist mein liebes ſönlein *Johannes* zu Arnsfeld begraben worden";

d) „Anno [15]84 den 26. Aprilis ist des Pfarhern ſönlein *Daniel* zu Arnsfeld begraben worden".

e) Demnach ist unser am 20. Januar 1586 in Grünhain geborener *Johann Herman Schein* das fünfte und jüngste, nachweisbare Kind gewesen und, da es nun in dem seiner Leichenpredigt angehängten „Berichte" (Biographie S. 1 und 3) heiſst, die Witwe des Hieronymus sei 1593 nach dem Tode ihres Gatten „mit allen Kindern" nach Dresden verzogen, so müssen dies mindestens die beiden Knaben Samuel und Herman gewesen sein. Zacharias war, laut Eintrags im Afraneralbum, schon seit 1592 in Meiſsen auf der Fürstenschule und von andern Geschwistern Scheins ist bisher nichts bekannt geworden, sowenig als auch über das Leben seiner drei überlebenden Brüder etwas weiteres nachweisbar gewesen ist.

Endlich

4. *Johann Samuel Schein*, der erste Sohn aus Scheins erster Ehe (Biographie S. 22), am 7. Juli 1632 als Schüler in St. Afra aufgenommen. Dieses Datum wird übereinstimmend von offiziellen und gleichzeitigen Listen, die Herrn Oberlehrer Dr. Hofmann in Pforta vorgelegen haben, bestätigt und damit wird die auf S. 9 meiner Biographie aufgestellte Vermutung, die Aufnahme Johann Samuels sei schon 1630, noch bei Lebzeiten seines Vaters erfolgt, hinfällig.

Leipzig. *Dr. Arthur Prüfer.*

Die Zigeuner-Musik in Ungarn.

(Von **Ludwig Fökövi** in Szegedin.)

Pietro Busto aus Brescia, Diplomat und Musiker am Hofe des Fürsten Sigmund Bathory im 16. Jahrhundert, hat im Manuskript eine Beschreibung Siebenbürgens hinterlassen, welche sich in der Pariser National-Bibliothek befindet und den Titel trägt: Descrizione della Transilvania, fatta da maestro Pietro Busto Bresciano Musico

di quel Serenissimo Principe 1595. Hier erwähnt er auch die Zigeuner
und schreibt: „Neben den Festungen und Dörfern hausen viele
Zigeuner (Zingari), welche im Winter in Lehmhütten, im Sommer
unter freiem Himmel wohnen. Sie betreiben allerlei schmutzige Gewerbe, und die Scharfrichter werden meistens aus ihren Reihen genommen." — Diese Charakterisierung der Zigeuner durch Busto ist
ein wichtiger Beweis, dass die Zigeuner bei uns nicht immer das
musikalische Volk waren, wie sie in neuerer Zeit dargestellt werden,
denn, wenn sie schon damals sich als Musiker ausgezeichnet hätten,
würde Busto, der Musiker par excellence, gewiss ihrer Begabung gedacht haben. Die Zigeuner lebten seit Jahrhunderten schon in Ungarn und ihre musikalische Begabung hätten sie schon längst zur
Geltung bringen können.

Nach einer bisher allgemeinen Annahme kamen die Zigeuner
ungefähr um 1417 zur Zeit der Regierung des Königs Sigmund nach
Ungarn. Eine Abteilung zog unter ihrem Ladislaus benannten Woj-
woden in die Zips, und da gab ihnen König Sigmund um 1423 zu
Szepesváralja einen Freiheitsbrief. Später bekamen sie auch unter
Wladislaw II. ein ähnliches Diplom, und auch Sigmund Báthory gab
ihnen ein solches. Jedoch nach neueren Nachforschungen mussten
sie schon im 14. Jahrhunderte hier gewesen sein. Wie könnte man
es auch sonst erklären, dass es in unserem Vaterlande schon um
diese Zeit nicht nur mehrere „Zigány" genannte edle und begüterte
Familien, sondern auch im Comitate Zemplén „Zigany" benannte
völkerreiche Dörfer gab. Das beweist Lehoczky (Szazdok, 1894er
Jahrgang) durch zwei im Archive des Lelesz-er Konvents aufgefundene
Dokumente. In dem einem, datiert 1373 zu Visegrád, befiehlt Palatin
Emerich dem Lelesz-er Konvente, dass man in der Angelegenheit des
Sohnes des Dominik Zigány Untersuchung führen solle; in dem
andern, aus dem Jahre 1377, erlässt König Ludwig der Grofse einen
Befehl an den Lelesz-er Konvent, dass er die Angelegenheit des
Ladislaus Zigány untersuchen soll. Diese Beweise zeigen, dass im
14. Jahrhunderte eine Zigány genannte Edelfamilie blühte, die sich
wenigstens ein Jahrhundert früher niedergelassen haben musste, in
welcher Zeit sie die Verdienste zur Erlangung des adeligen Titels
erwerben konnte.

In der Dokumenten-Sammlung der Anjou-Zeit (II. B. 244. S.)
ist ein Dokument veröffentlicht, datiert „Visegrád 16. Mai, 1326".
König Karl I. befiehlt den Kapiteln und Konventen, dass sie die
dem Palatine gebührenden Geldstrafen eintreiben sollen. Hier kommt

ein Edelmann Domenik Czigáni (oder Czigandi; Kis- und Nagy Czigánd im Bodrogköz) vor, der in dem Dokumente als homo regius fungiert. Der Name Zigany wird in alten Dokumenten auch anderen Ortschaften beigelegt und unterstützt die oben ausgesprochene Annahme.

Ich bin der Meinung, dass in dieser Zeit die Zigeuner sich wohl hie und da mit Musik beschäftigten, und wohl auch in der Csarda als Musiker wirkten, oder in den Dörfern musizierten, doch in den Städten, wo die zunftartige Institution der „Stadtpfeifer" bestand, konnten sie als Musiker keine Rolle spielen. Der Zustand, wo Volks- und Tanzmusik beinahe ausschliefslich in die Hand der Zigeuner überging, erfolgte viel später und zwar in dem Zeitalter der Denationalisierung.

Die ersten Spuren von ihnen als Musiker, finde ich in den Rechnungen der 1489er Graner erzbischöflichen Expensen (veröffentlicht vom Baron Albert Nyáry), wo folgendes von den Csepelszigeter Zigeunern der Königin Beatrix gesagt wird: „datto a zingani, qualli sonono di lauto a lisola della Maesta di madama duc I." Die Zigeuner der Königin Beatrix spielten also unsere Nationallieder auf einer Laute.

Auch unter König Ludwig II., Rechnungsbuch von 1525,[*]) werden die Zigeuner als Musiker bei den im Jahre 1525 den 3. Mai abgehaltenen Wettrennen erwähnt, wo ihnen die Musik übertragen war: „Eodem die pharahonibus, qui coram Regia Maiestate in stadio cytharam tangere habuerunt, jussu Suae Maiestatis, pro bibalibus eorum dedi fl. 2." Aus alledem ist ersichtlich, dass die Zigeuner als Musiker nicht früher als im 15. Jahrhunderte eine Bedeutung erlangten, doch ist es in keiner Weise gerechtfertigt von einer besonderen Zigeuner-Musik zu sprechen, denn was sie spielen sind ungarische Volksmelodien und Tänze. Eine sich davon unterscheidende Zigeunermusik giebt es nicht.

Im Anschlusse teile ich noch die Namen einiger Musiker mit, die in Siebenbürgen im 16. Jahrhundert bei Hofe angestellt waren, nach den Angaben Busto's und Szamosközy's:

1. Baptista Mosto Venetus, Magister capellae, filius Spurius nobilis cujusdem Itali, mortuus Albae et in majore aede sepultus 1597.

2. Antonetto Venetus, organista, dieser war ein unmoralischer ehebrecherischer gemeiner Pfaffe.

---

*) Herausgegeben durch Fraknuoi im 22. Bande des Történelmi tár der Ungarischen Historischen Gesellschaft.

3. Nicoletto Menti, cantor Venetus.

4. Petrus Paulus Veronensis, musicus.

5. Pompejus Bononiensis, musicus.

6. Christoforus Polonus, musicus.

7. Zephirus Spira, Venetus, et hic Zephirus mortuus Albae. Er heiratete die Tochter des Stephan Nyirö.

8. Joannes Maria Rodolphus Genuenzis, musicus.

9. Mattheus Mantuanus, musicus.

10. Simon Ponte, Florentinus musicus.

11. Petrus Busti, musicus Brixianus, dessen Tochter Pictor Nicolaus zur Frau nahm.

12. Prosper Ponte, musicus, Simonis filius.

13. Gothardus Romanus, organista.

14. Joannes Chalibius, Halberstadensis, Saxo musicus. Er heiratete zu Stuhlweifsenburg die Frau des Franz Trombitas.

15. Jeremias, organista Gallus; er starb 1604 im Oktober zu Kassau.

16. Franciscus magister capellae, musicus Anconitanus, Italus.

17. Joannes Borussus, musicus.

18. Constantinus, musicus Borussus.

Rechnungslegung
über die
Monatshefte für Musikgeschichte
für das Jahr 1897.

Einnahme	1063,00 M.
Ausgabe	1062,90 M.

Specialisierung:

a) Einnahme: Mitgliederbeiträge nebst den Extrabeiträgen der Herren Dr. Eichborn 100 M und S. A. E. Hagen 26 M . .	856,50 M.
Durch die Musikalienhandlung von Breitkopf & Haertel . .	206,50 M.
b) Ausgabe für Buchdruck	641,89 M.
Papier	105,00 M.
Verwaltung, Porto, Feuerversicherung, Inserate und Defizit aus 1896, etc.	316,11 M.
c) Überschuss	—,10 M.

Templin (U./M.) im Nov. 1898.

Robert Eitner,
Sekretär und Kassierer der Gesellschaft für Musikforschung.

Mitteilungen.

* *Études de Philologie musicale.* Fragments de L'Éenéide en musique d'apres un Manuscrit inédit. Fac-similes phototypiques précédés d'une introduction par *Jules Combarieu*, Dr. és lettres. Paris, bei Picard & Söhne. Das Manuskript, womit der Verfasser sich beschäftigt, ist zwar nicht unbekannt, allein mit Ausnahme eines Blattes noch nicht ediert. Letzteres wird von mehreren Gelehrten erwähnt, von denen einige glauben, die Notation steige in ein sehr hohes Altertum hinauf und bezeuge, dass die Verse Virgil's durch seine Zeitgenossen gesungen worden seien. Die Untersuchungen des Verfassers nebst den Gutachten namhafter Gelehrten auf dem Gebiete der Archäologie stellen jedoch mit ziemlicher Sicherheit fest, dass das Manuskript im 10. bis 11. Jahrhundert in St. Gallen teils nach einer Vorlage, teils dictando geschrieben worden ist, und die melodischen Stücke der Gruppe profaner Gesänge zuzuweisen sind, welche das Mittelalter neben den liturgischen Gesängen hervorgebracht hat, von denen uns in dem Manuskripte von Saint Marcial in Limoges die ältesten Specimina bewahrt sind. Die genaue Beschreibung des Manuskriptes bietet dem Archäologen und Philologen Lehrreiches und Interessantes. In musikalischer Beziehung finden die Resultate, welche in der Paleographie der Benediktiner von Solesmes bezüglich der liquescenten Neumen, des Rhythmus, der musikalischen Reime dargelegt sind, ihre Bestätigung. Die liquescenten Neumen zeigen das enge Band zwischen der musikalischen Notation und der lateinischen Sprache. Die musikalische Notation ist der Wiederhall der Aussprache des Lateinischen in gewissen Ländern und Zeiten. Bezüglich des Rhythmus ist besonders bemerkenswert, dass die Verse hier als Prosa behandelt sind, was sich schon daraus ergiebt, dass über gewissen der Elision unterworfenen Silben sich Noten befinden; dass also beim Gesange diese Silben nicht elidiert wurden. Die musikalischen Reime, welche die feine Beobachtungsgabe der Verfasser der musikalischen Paleographie in den Gesängen nach der Version der Manuskripte entdeckt hat, finden sich auch hier. Die phototypisch wiedergegebene Handschrift umfasst 8 Blätter in kl. fol. Vorher geht eine Übertragung in die traditionelle und in die moderne Notation und in eine solche mit Harmonisation. P. Bohn.

* *Joseph Haydn* von *Leopold Schmidt*, in Berühmte Musiker, herausgegeben von Heinrich Reimann. Berlin 1898 „Harmonie" Verlagsgesellschaft, gr. 8° 136 S. mit zahlreichen Abbildungen: Porträts aus verschiedenen Lebensaltern, das Geburtshaus, die Denkmäler und mehrere Autographe, darunter auch das Lied „Gott erhalte Franz den Kaiser", Pr. 3,50 M. Die Literatur über Haydn ist recht reichhaltig und C. F. Pohl's unvollendete Biographie (2 Bände) findet in seinem früheren Werke: Mozart und Haydn in London (Wien 1867 Gerold's Sohn) eine quellenmäfsig bearbeitete Fortsetzung bis zum Jahre 1800. Die vorliegende Biographie fasst das ganze Quellenmaterial zusammen und bringt es in eine vortrefflich geschriebene Ausdrucksweise, die in gewandter Weise das äufsere Leben Haydn's mit seinem Wirken als Komponist verbindet. Haydn's bahnbrechendes Verdienst besteht in der Ausbildung der Instrumentalmusik, in der Übertragung der Sonatenform auf Quartett und Sinfonie und zugleich deren Erweiterung in der Form, sowie in der selbständigen Führung der Streichinstrumente und Bläser im Orchestersatze. Der jüngere Mozart

überflügelte ihn zwar, doch auch er gesteht gern ein, dass Haydn der Bahn-
brecher war und ebenso bereitwillig nimmt Haydn Mozart's Formenvollendung
und seinen Orchestersatz auf und schuf seine letzten Meisterwerke im Quartett-
und Orchesterstile. Im Greisenalter lernte er in England Händel's Oratorien
kennen und seine Schöpfung und Jahreszeiten, die er nach dieser Zeit schuf,
bilden in der Kunstentwickelung einen hervorragenden Markstein, der auch auf
das Kunstleben im Publikum von mächtigem Einflusse war. Alles dies weifs
der Verfasser mit lebhaften Farben zu schildern und schafft ein kleines Kunstwerk in seiner Art. Die brillante Ausstattung der Biographie wird mit beitragen das Unternehmen beim Publikum in Gunst zu setzen.

    * *Claude Goudimel.* Essai Bio-Bibliographique par *Michel Brenet.* Extrait
des Annales franc-comtoises. Separatabdruck: Besançon 1898, Paul Jacquin.
gr. 8⁰. 46 Seiten. Goudimel's Leben ist schon mehrfach in neueren Arbeiten
dargestellt worden, doch stets scheiterten alle Versuche in dasselbe einzudringen
an dem Mangel hinreichenden Quellenmaterials. Der Herr Verfasser geht sehr
gründlich zu Werke und zieht alles herbei was je über ihn mitgeteilt ist; doch
auch ihm wollen die Quellen nicht ergiebiger fliefsen, da Kirchenbücher und
Dokumente alle Mithilfe versagen. Nur eine Thatsache weifs er mit Beweisen zu belegen, nämlich, dass Goudimel Hugenott war, denn er verkehrte
zu Metz 1565 im Hause des Antoine de Senneton, Präsident des Gerichtshofes
daselbst und war am 18. März 1565 Pate bei der Taufe der Tochter Katharine
Senneton. Ebenso verkehrte er beim General-Lieutenant Jacques de Montberon
d'Auzances, der zeitweise Kommandant von Metz war. Beide waren ausgesprochene Hugenotten und liegt wohl der Schluss auf Goudimel's religiöse
Gesinnung nahe genug, um ihn ebenfalls als Hugenott zu kennzeichnen. Ebenso
gründlich wie der biographische Teil ist das Verzeichnis seiner Werke, chronologisch geordnet und stets der Fundort mitgeteilt, eine nicht zu unterschätzende
Beigabe, die leider immer noch vielfach versäumt wird.

    * 54 Erlkönig-Kompositionen. Gesammelt von *Wilh. Tappert.* Berlin 1898,
Leo Liepmannssohn. kl. 8⁰. 14 S. Eine interessante Zusammenstellung von der
ältesten Komposition an, die von der Sängerin und Schauspielerin Corona
Schröter aus dem Jahre 1786 in Weimar herrührt (sie ist in Noten mitgeteilt)
bis zur Neuzeit. Die 54. rührt vom Verfasser selbst her und ist ebenfalls in
Noten ohne Begleitung mitgeteilt. Sämtliche Kompositionen besitzt der Ver-
fasser selbst. Ein kurzer Anhang berichtet noch über ihm unbekannt gebliebene
Kompositionen, deren es nur drei sind, von A. Methfessel, Meyerbeer und
Wilh. Fritze.

    * On an early sixteenth century Ms. of english music in the library of
Eton College (in Cambridge). Communicated to the Society of Antiquaries by
W. Barclay Squire, Esq., B. A., F. S. A. Printed by J. B. Nichols and Sons,
Westminster (in London). gr. 4⁰. 14 S. Ein Chorbuch im Ms., Pergament.
125 Bll. mit ausgemalten Initialen, die zugleich Gelegenheit geben die Zeit der
Herstellung festzustellen, die in die ersten Jahre des 16. Jhs. fällt, also Kom-
positionen enthält, die noch dem Ende des 15. Jhs. angehören. Das Seite
5/6 mitgeteilte Register umfasst 43 lateinische geistliche Gesänge zu 4, 5, 6
und einen zu 13 Stimmen. An Autoren werden genannt: *Banester, John Browne,
Cornysch, Richard Davey, Fawkyner, Fayrfax, Hacumplaynt* (Rob. Hacomblene)
Hampton, Horwud, Huchyn, Hygons, Kellyk, Walter Lambe, Sturton, John Sutton,

Turges und *Wilkinson*. Die Register im Ms. verzeichnen aber 97 Gesänge. Es fehlen demnach 54 Gesänge, die sich einst in dem Codex befanden, darunter Gesänge von Dunstable, Davey, Wm. Brygeman u. a. Die vorliegende Arbeit zerfällt in eine historische Einleitung, eine Beschreibung des Chorbuches und in biographische Daten der vertretenen Autoren. Es wäre sehr erwünscht ähnliche Arbeiten auf alle alten Mss. auszudehnen, die sich in Europa in den verschiedensten Bibliotheken befinden und ein ganz enormes Material umfassen. Als Muster möge Dr. Em. Bohn's Breslauer Hds.-Katalog, Dr. Hugo Riemann's Beschreibung des Leipziger Codex in Haberl's Jahrb. 1897, S. 7 ff. die Beschreibung des Codex Z 21 der Kgl. Bibl. zu Berlin in M. f. M. 21, 93 ff. dienen und auch Giuseppe Lisio's Beschreibung der 2 Codices in Bologna, abgerechnet das sehr unbequeme Format, welches in kein Repositorium passt. Henry Davey erwähnt zwar in seiner Geschichte der englischen Musik zahlreiche Mss., doch beschränkt er sich nur auf die Wiedergabe der Autornamen.

* Dr. phil. *Alfred Jonquière's* Grundriss der musikalischen Akustik. Ein Leitfaden für Musiker und Kunstfreunde, von ... Mit 63 Abbildgn., 1 Taf. und zahlreichen Notenbeispielen. Leipzig 1898, Th Grieben's Verlag (Th. Fernan). 8⁰. XVI, 378 S. und Register. Preis 6 M. Eine für den Laien ganz vorzügliche Anleitung Kenntnisse von den akustischen Verhältnissen des Tones und der Harmonie zu erlangen. Selbst die Berechnungen der Schwingungen werden dem Leser erklärt und der Verfasser erwartet vom praktischen Musiker, dass er sich die Grundgesetze der Akustik zu eigen macht.

* *H. Ad. Köstlin's* Geschichte der Musik im Umriss, 5. verb. Aufl. Berlin bei Reuther & Reichard wird Ende November komplet erschienen sein und bildet ein passendes Weihnachtsgeschenk für den praktischen Musiker, wie für Dilettanten.

* Mitteilungen der Musikalienhandlung *Breitkopf & Härtel* in Leipzig Nr. 55. Neben zahlreichen Verlagsartikeln von Kompositionen der Jetztzeit, werden *Gretry's* Operetten angezeigt, die bis zum Bande 23 in neuer Partiturausgabe erschienen sind (sein Porträt schmückt die Titelseite). Eine revidierte Ausgabe der Orgelwerke von *Seb. Bach*, dessen 45. Bd. der Bachgesellschaft mit Instrumentalwerken und der Lucaspassion, ein revidierter Text von Levi zu *Mozart's Figaro*. Biographie und Urteile über *Hugo Kaun* nebst Porträt, ebenso über *Lorenzo Perosi*, eines Oratorien- und Messen-Komponisten.

* *Aristide Staderini*. Zettel-Kataloge. Beschreibung und Preisverzeichnis. Rom, via dell' Archetto 18, 19. gr. 4⁰. 15 S. mit einer photographischen Abbildung eines Zettelkatalog-Saales und mit 3 Empfehlungsschreiben von Bibliothekaren aus Rom und Venedig, welche die Einrichtung als sehr praktisch anerkennen. Die Sache mag wohl ganz praktisch sein, doch die Anschaffungskosten sind doch etwas teuer. 100 Zettel kosten je nach der Gröfse 4—4, 40 M und der Kasten aus Nussbaumholz von 10,80 bis 13,60 M, je nach der Gröfse zu 500—1000 Zettel. Im grofsen angeschafft kosten 16 Kasten für 20000 Zettel je nach der Gröfse 336 bis 368 M. 5 Tafeln Abbildungen geben ein anschauliches Bild der Einrichtung. Zettel nebst Kasten sind jetzt durch Herrn Moritz Göhre in Leipzig, Salomonstr. zu beziehen.

* *Sönnecken's* Bücherstützen aus Eisen, fein lackiert, um das Umfallen von Büchern zu verhindern, von 75 Pf. ab bis 1,50 und 4,35 M. Ferner zeigt

derselbe seine Katalogbücher an von 300—400 Blätter. Preise fehlen, zu beziehen durch F. Sönnecken, Schreibwarenfabrik in Berlin, Leipzig und Bonn.

* Antiquarische Kataloge: 1. von *J. L. Beijers* in Utrecht, Neude G. 21. Musik aus allen Fächern des 18. und 19. Jhs. 2. *Kirchhoff & Wigand* in Leipzig, Marienstr. 19, Kat. 1016, ebenso, 1160 Nrn. 3. *List & Francke* in Leipzig, Kat. 300, aus dem Nachlasse des Oscar Paul in Leipzig nebst anderen, 1787 Nrn. für den Historiker und Büchersammler eine sehr wertvolle Sammlung Am Ende auch Autographe. 4. *Leo Liepmannssohn* in Berlin, Katalog 135, Vokalmusik: Opern, Oratorien, in Part. und Kl.-Auszg., weltliche und geistliche Gesänge aller Art, Gesangschulen und Solfeggien etc. 654 Nrn., darunter ältere und neuere Werke. Die Titelanzeigen zeichnen sich durch ihre Vollständigkeit vorteilhaft aus.

* Die Gesellschaft für Musikforschung hat durch Beschluss vom 31. Okt. einstimmig die Herausgabe eines 3. Gesamtregisters für die zehn Jahrgänge der Monatshefte für Musikgeschichte von 1889—1898 bestimmt. Den Jahresbeitrag der Mitglieder für 1899 auf 7 M festgesetzt, den Nichtmitgliedern, die durch eine Buchhandlung die Monatshefte beziehen, zugestanden das Register zum Preise von 1 M von der Redaktion zu beziehen, wenn sie im Laufe des Januars 1899 dieselbe an den unterzeichneten Sekretär einsenden (gegen 1 Stimme, die 1,50 M ansetzen will). Der Preis des Registers wird nach diesem Termine auf 2 M festgesetzt.

Templin (U./M.)   Der Sekretär *Rob. Eitner.*

* Mit diesem Hefte schliefst der 30. Jahrgang der Monatshefte und ist der neue Jahrgang bei buchhändlerisch bezogenen Exemplaren von neuem zu bestellen. Der Jahresbeitrag für die Mitglieder beträgt laut Abstimmung für 1899: 7 M und ist im Laufe des Januar an die Kasse abzuliefern. — Der 27. Jahrg. oder 23. Bd. der Publikation wird im Anfange des Januar versandt und enthält 60 französische vierstimmige Chansons aus der ersten Hälfte des 16. Jhs. Der Subskriptionspreis ist 9 M, für neu eintretende Subskribenten 15 M.

* Hierbei drei Beilagen: 1. Titel und Register zum 30. Jahrg. 2. Titelblatt zu Joh. Phil. Krieger's Tonsätzen. 3. Katalog der v. Thulemeier'schen Musikalien-Sammlung, Bog. 4, Fortsetzg. im nächsten Jahrgange.

Verantwortlicher Redakteur Robert Eitner, Templin (Uckermark).
Druck von Hermann Beyer & Söhne in Langensalza.

Sach- und Namen-Register.

Beyer, C., siehe Brahms.

Beyer, Wilhelm † 86.

Biaggi, Girolamo Alessandro † 86.

Bianchi, Angelo † 86.

Bianchi, Giovanni † 86.

Biedermann, Sam., Instrumentenm. 77.

Bird, Horace G. † 86.

Bisaccia, Giov. Battista † 86.

Bleuer, Ludwig † 86.

Böhner-Album 61.

Boëllmann, Léon † 87.

Boerenliedjes en Contradans 19.

Boesse, Olga † 87.

Boetti, Alessandro † 87.

Bohn, Dr. Em. histor. Konzerte 20. 64.

Bolelli, Giovanni † 87.

Bols, Jan, 100 alte vlaem. lied. 20.

Borschitzky, John Francis † 87.

Boscop, Cornelis, Notiz 10.

Bossart, Rud., Lautenmach. 77.

Bottegari, Cosimo 16. Jh. 109.

— Gentil signora 117, 73.

— Un giorno andai 117, 68.

— Mi parto ahi sorte 117, 72.

Bouvin, Ludw., Verz. s. Werke 80.

Bradley, Frank † 87.

Brahms, Joh. † 87.

— Biogr. v. C. Beyer 19.

— — Deiters 95.

— — Heinr. Reimann 28.

Brant, Jobst vom 129.

Bratford, Dr. Jacob † 87.

Brenet, Michel: Claude Goudimel 150.

— L'homme armé 124.

Brennemann, August † 87.

Brenon, 15. Jh. 109.

Briemann, Ant. Jos. 1778 Harfenist 84.

Briemann, Joh. Nepom. 1787 Harf. 84.

Broad. William B. † 87.

Brocchus, Joannes, Veron. 15. Jh. 109.

Browne, John 150.

Brückmann, Bruno † 87.

Brulliot, Karl † 87.

Buchheister, L. † 87.

Burck, Jochim von, Neuausg. in Publik. 22. Bd.

Busto, Pietro, Musiker u. Höfling 27, Anmkg. 145. 148.

Butenuth, Leopold † 87.

Caccini, Giulio, 16. Jh. 109.

Cäcilien-Verein in Wiesbaden, Festschr. 43.

Caldicott, Alfred James † 87.

Cano, Antonio † 87.

Cappelli, Antonio, Hds. d. 15. Jhs. 108·

Caradog, siehe Jones †.

Carmelitus, frater, siehe Bartolino.

Carvaille, siehe Carvalho †.

Carvalho, Léon † 87.

Casanova, Ulrich 1789 Harfenist 84.

Caserta, siehe Anthonellus, Donato und Filipoctus.

Castelmary, Graf Armand de Castan † 87.

Cavazza, Guglielmo † 88.

Cecchi, Pietro † 88.

Chanadi, Ant., Musico 26.

Chivot, Henri † 88.

Chromatische Alteration im lit. Gesge 40.

Cicogna, Giov. 15. Jh. 109.

Ciconia, J. 15. Jh. 109.

Claudin, siehe Sermisy.

Claus, 1471 Pfeifer 82.

Clinton, James † 88.

Coccius, Theodor † 88.

Codex im Eton College 150.

Cogni, Giacomo † 88.

Cohn-Holländer, Cäcilie † 88.

Combarieu, Jules, Étude de philolog. mus. 149.

Conrad, Anton † 88.

Conradus, Fr. de Pistorio 15 Jh. 109.

— Veri almi pastoris mus. 116, 43.

Consilium, 2 Chans. 9.

Contzmann von Pfersee, Martin 1603 83.

Conversi, Girolamo, 16. Jh. 109.

Cornysh, Wm. 15. Jh. 150.

Courtoys, 1 Chans. 9.

Crispinus (Stappen) 15. Jh. 109.

Cross, Michael † 88.

Dactalus de Padua 15. Jh. 109.

Damcke, Madame † 88.

Dannström, Joh. Isidor † 88.

Davey, Richard 150.

Naubert, August † 94.
Naylor, Dr. John † 95.
Neuendorff, Adolph † 95.
Neuner, Ludwig † 95.
Neusidler, Melch. Stadtpfeif. 83.
Newland, Robert A .. † 97.
Nicolaus prepositus de Perugia = Ni-
    colo del Proposto 118.
Nicolo del Proposto da Perugia: Tel
    mi fa guerra 114, 11.
— O giustizia regina 114, 12.
— Cogliendo per un prato 115, 19.
— La donna mia vuol 115, 25.
— Tal sotto l'acqua 115, 30.
Nola, Giov. Dom. da 113.
— Quando da voi 117, 67.
Norbert-Hagen, Hannah † 97.
Nordica, Lilia † 97 fraglich.
Notation des Mittelalters von H. Beller-
    mann 44.
Noufflard, George-Frédéric † 97.
Noyer, Michael Alfred † 97.
Olivieri, Gideoni † 97.
Orologio, Aless., der Wiener und der
    Dresdner 36.
Ostermair, Hans Christof, Spielm. 78.
Othmayer 129.
Otthauser, Christof, Stadtpfeif. 78.
Pabst, Paul † 97.
Pache, Johann † 97.
Paix, Jacob 1583 Organ. 83.
Palestrina, ein ihm fälschl. zugeschrieb.
    Werk 44. 113.
Paolo tenorista di Firenze 118.
Paris, Bibl. Nationale 108 ff.
Parodistische altengl. Musik 31.
Parsifal von Parsons 10.
Paul, Meister, Organist 1509, 82. Siehe
    auch Hofhaimer.
Paulus Abbas de Florentia = Paolo 118.
Perger, Wolfg. 1552 Stadtpfeif. 83.
Persichini, Venceslao † 97.
Peters, C. F. Jahrbuch 1897. 63.
Peyrlin, Leonh. 1498 Meistersinger 82.
Pfalz, Geschichte der Musik 128.
Pfeffer, Karl † 97.
Philipoctus, siehe Filipoctus.
Philipot, Jules † 98.

Piatti, Bartolo † 98.
Pichler, Wolfg. 1617 Stadtmusik. 84.
Pinsuti oder Pisuti, Domenico † 98.
Pisani über die Mandoline 129.
Pistorio, siehe Conradus, Frater.
Pisuti, s. Pinsuti.
Plüddemann, Martin † 98.
Pohl, Baruch, siehe Pollini.
Pohl, Julius † 98.
Pohle, Hugo † 98.
Pollini, Bernhard † 98.
Pontecchi, Egisto Napodano † 98.
Portraits 46.
Prenner, Yerg 1552 Stadtpfeif. 83.
Prenner, Seb. 1585 Stadtpfeif. 83.
Promptuarium, liturgische Codices 120.
Proposto, siehe Nicolo del Prop ..
Prospero, Discantist 26.
Prüfer, Dr. A., über Schein's Familie
    141.
— Winterfeld's und Krüger's Brief-
    wechsel 109.
Puchinger, Mich., Musikus 26.
Pughe-Evans, David † 98.
Pugno, Camillo † 98.
Purcell's Cäcilien-Ode, Neuausg. 80.
Purcell, Daniel, Biogr. u. Kritik seiner
    Kompos. 47.
Quaranta, Francesco † 98.
Quintillo, Vincenzo 98.
Ramann, Bruno † 98.
Rameau's Gesamtausg. s. Kompos. 110.
Rampone, Agostino † 98.
Rauber, Theodor † 98.
Rauchwolf, Sixt, Lautenmacher 81.
Rechnungslegung über das Jahr 1897,
    148.
Redaelli, Napoleone † 98.
Reden, Helena von † 98.
Reisch, Georg, Choralist 81.
Reifsach, Peter, Stadtpfeifer 81.
Rem, Bernh. Organ. 1522. 82.
Réty, Amélie † 98.
Riedel-Verein, histor. Konzert 45.
Riegel, Ludwig † 98.
Riehl, Dr. Wilhelm Heinrich † 99.
Riemann, Dr. Hugo: Anonymus, Abdr.
    1 ff.

Wiesner, Otto † 101.
Wilderer, Joh. Hugo 129.
Wilkinson, Rob. 15. Jh. 151.
Williams, Marian † 102.
Williams, Rae, siehe Lockey †.
Winderstein, Hans, Biogr. 80.
Winterfeld's u. Krüger's Briefwechsel 109.
Wolf, Frank de † 102.
Wolf, Hermann † 102.
Wolff, Leonh. Biogr. 44.
Wylkynson = Wilkinson.
Wynne, Edith † 102.
Xell, Hans 1581 Stadtpfeif. 83.
Young, John Matthew Wilson † 102.
Zacharias, Mag., cantore del Papa 109.

— Benchè lontan mi trovi 114, 3.
— Sol mi trafigge 114, 6.
Zamperini, Gio. Dom., Operndirekt. 75.
Zangel, Jos. Gregor † 102.
Zelle, Prof. Friedr. Über: Komm hlg. Geist 78.
Zendelin, Phil., Organist 81. S. 83, 1604 als Stadtpfeif. verz.
Ziehn, Bernh., Ein feste burg 120.
Zigeunermusik in Ungarn 145.
Zimmermann, Ignaz † 102.
Zindelin, Phil. siehe Zendelin.
Zirler 129.
Zobel, Martin 1617 Stadtmusik. 84.
Zöllner, Heinr. Biogr. 80.
Zschocher, Johann † 102.

Fehlerverbesserung.

S. 25 Anmkg. Z. 10 v. u. lies Theorbe statt Thorbe.
S. 52 Z. 1 v. o. lies tolle (einsilbig) statt tol-lo.
S. 82 Z. 19 v. o. lies Ulrich statt Uzlrich.
S. 130 Z. 1 v. o. lies Dirk statt Dick.